RABBÍ IOSEF GIKATILLA

שערי אורה

LAS PUERTAS DE LA LUZ

SHAAREI ORAH

RABBÍ IOSEF GIKATILLA

שערי אורה

LAS PUERTAS DE LA LUZ

SHAAREI ORAH

EDICIONES OBELISCO

Si este libro le ha interesado y desea que le mantengamos informado de nuestras publicaciones, escríbanos indicándonos qué temas son de su interés (Astrología, Autoayuda, Ciencias Ocultas, Artes Marciales, Naturismo, Espiritualidad, Tradición…) y gustosamente le complaceremos.

Puede consultar nuestro catálogo en www.edicionesobelisco.com

Colección Cábala y Judaísmo
Las puertas de la luz
Rabbí Iosef Gikatilla

1.ª edición: junio de 2023

Título original: *Shaarei Orah*

Traducción: *Equipo editorial*
Maquetación: *Rodrigo Lascano*

Edita: Ediciones Obelisco, S. L.
Collita, 23-25. Pol. Ind. Molí de la Bastida
08191 Rubí - Barcelona - España
Tel. 93 309 85 25
E-mail: info@edicionesobelisco.com

ISBN: 978-84-911-981-4
DL B 5976-2023

Printed in India

PRESENTACIÓN

El rabino Iosef ben Abraham Gikatilla, o Gikatella o Chiquitilla, nació en Medinaceli en el año 1248. Falleció algo después de 1305 en Peñafiel.[1]

Fue discípulo en su juventud de Abraham Abulafia, que lo consideraba su mejor alumno, aprendió con él los rudimentos de la cábala práctica y los secretos de la guematria. Abulafia, que lo tenía en gran estima, sostenía que Gikatilla era capaz de obrar milagros.

Se le considera la figura más representativa de una corriente de la Cábala dedicada en particular a la investigación de los misterios de los nombres de Dios y sus atributos. Conocedor de la obra de Ibn Gabirol, Ibn Ezra y, sobre todo de Maimónides, cuyos libros comentó, llegó a establecer una cierta síntesis entre la filosofía y la cábala.

Autor prolífico e inspirado, escribió su primer tratado cabalístico a los 26 años, un número muy especial en toda su obra, el *Ginnat Egoz*, «Jardín de los nogales», título tomado del *Cantar de los cantares* (VI-11).

Ginnat (גנת) es de hecho una palabra formada por las siglas de *Guematria*, *Notarikon* y *Temurah*, los tres métodos de exégesis cabalística por excelencia. Nuestro autor tenía una debilidad especial por el *Cantar de los cantares*, que conocía muy bien y al que cita en 17 ocasiones en *Las Puertas de la Luz*. Por otra parte, *Egoz* (אגוז) significa «nuez», «nogal», «nogueral» y para los cabalistas simboliza a la *Torah*.

1. Según el *Compendio de la memoria del justo*, de Yosef ibn Tzaddik, el «sabio R. Iosef ben Gikatilla fue enterrado en Peñafiel».

Una de las palabras más importantes del *Cantar de los cantares*, *Ishakti* (ישקני)[2] «que me bese» tiene por guematria 470. Se trata exactamente de la guematria de *Ginnat Egoz*.

Rashi sostenía que la nuez es un fruto en el que sólo se aprecia el exterior y cuyo interior no se conoce si no se rompe la cáscara. Eso ha hecho que se la comparara a la Torah, que ha de ser «abierta» para poder penetrar en sus secreto y disfrutar de sus delicias. El Midrash Rabba sobre *Cantar de los cantares* hace hincapié en que es precisamente la cáscara la que protege a la nuez, *comparable* con «las palabras de la Torah». Que la nuez, *Egoz* (אגוז) es algo «bueno», Tov, nos lo delata su guematria común, 17. Las cáscaras, las apariencias, bastarán al rústico pero el cabalista, deseoso de degustar el fruto, ha de realizar el esfuerzo de partirla.

El tema de la nuez será una constante en los textos cabalísticos. Leemos, por ejemplo, en el *Zohar de Ruth* (83a):

> «Rabbí Azarías dijo a Rabbí Ezequías: las palabras de la *Torah* se comparan con una nuez, ¿por qué? Le dijo: así como la nuez tiene una cáscara por fuera y un núcleo por dentro, así son las palabras de la *Torah*, tienen hechos (*Maasseh*), explicación (*Midrash*), leyenda (*Haggadah*) y secreto (*Sod*) cada uno dentro del otro».

Curiosamente, en *Las Puertas de la Luz*, la palabra «nuez» no aparece ni una sola vez. Las alusiones veladas al número 17 serán, sin embargo, constantes.

Contemporáneo de nuestros autor, el sabio Moisés de León escribía en su obra *El Siclo del Santuario*:[3]

> «Y cuando el hombre llega a la corona, entonces entra en secreto por la fe y queda ligado a la fe. Y aquí conocerás que el secreto de la nuez

---

2. Véase *Cantar de los cantares* (I-2).
3. Véase Moisés de León, *Sefer Shekel ha Koddesh, El Libro del Siclo del Santuario*, pág. 123 de nuestra edición, publicado en esta misma colección, Ediciones Obelisco, Rubí 2022.

cuando el hombre rompe la cáscara no es nada hasta que entra al meollo[4] y el meollo se descubre como ocurre con el prepucio».

Esta alusión al prepucio nos revela que en cábala estamos ante misterios sexuales. Gikatilla fue un escritor prolífico, del que nos han llegado unas veinte obras,[5] y antes de escribir el *Ginnat Egoz*, ya había escrito un comentario cabalístico al *Cantar de los cantares.*

Nuestro autor cita a Ibn Gabirol, Semuel ibn Nagrella y Abraham Ibn Ezra y bebe tanto del *Sefer Yetzirah*[6] como del *Sefer haBahir*[7] con los que a veces discrepa.

Como su maestro Abulafia, Gikatilla consideraba la *Guía de Perplejos*, a la que cita y otras veces reproduce ideas sin citarla, el antecedente necesario para quien desee iniciarse en los estudios cabalísticos

Ciertamente Abraham Abulafia desempeñó un papel fundamental tanto en la transmisión de las ideas de Maimónides a Gikatilla como en la «corrección» o «rectificación» de las mismas, a fin de adecuarlas a una elaboración mística más amplia.

Las obras de Gikatilla, muchas de las cuales se editarían en Italia dos siglos después de su muerte, ejercieron una profunda influencia en los cabalistas que le siguieron, particularmente en Moisés Cordovero, Joseph Caro o Jaim Vital. Se dice que el mismo *Ari* recomendaba su lectura.

Tal fue el éxito de *las Puertas de la luz.* que fueron traducidas al latín por Paolo Ricci, e influenciaron a los denominados «cabalistas cristianos» particularmente a Johann Reuchlin.

---

4. En hebreo *Moa*j (מוח), que también significa "cerebro". Señalemos el extraordinario parecido entre la nuez y el cerebro humano.
5. *Sha'are Zedek* o *Sha'ar ha-Shamayim*, (1561). *Sefer ha-Nikkud*, (1601); *Sod ha-Hashmal, Zofnat Pa'aneah, Sodot ha-Mitzvot, Iggeret*, 1556); *Teshuvo*t, *Shaar Meshalim*, y *Ozar ha-Kavod* entre otras.
6. Véase nuestra edición de esta obra imprescindible en traducción de Joan Mateu Rotger, 3ª edición, Barcelona, 2004.
7. Recomendamos la traducción de Mario Satz, publicada en esta misma colección, *El Libro de la Claridad, Rubí, 2012.*

Según el cabalista polaco Matías ben Salomón Delacrut (posiblemente una deformación de «de la Cruz»), que estudió en la universidad de Bolonia, autor de un comentario del *Shaarei Orah*, Gikatilla discute en su libro 300 nombres. Probablemente no se trate de una cantidad exacta. Se trata de un guiño a la guematria *atbash* del principal Nombre de Dios, el Tetragrama, que es precisamente 300.

Como señala la estudiosa Elke Morlok, el joven Gikatilla no se forma como creen algunos en la escuela cabalística castellana, sino en un pequeño y elitista círculo inspirado por el comentario del *Sefer Yetzirah* de Rabbí Baruj Torgami. Muy probablemente estudió en Barcelona junto con Abraham Abulafia, que lo llamaría «mi maestro», hacia el año 1270.

La obra de Gikatilla influyó mucho en su contemporáneo y probablemente también amigo, Moisés de León. Gikatilla tuvo conocimiento de las enseñanzas de los cabalistas de Girona y de algún modo actúa como transmisor de éstas. Según Habiba Pedaya,[8] intentó armonizar la tradición de Isaac el ciego y su escuela con la de Moisés de León.

Como nos confiesa al final del libro (106a) el lector hallará aquí:

> «diez llaves que te permitirán atravesar muchas puertas»

Y es que la obra está dividida en diez capítulos, o «puertas» que se corresponden, en orden ascendente, con las diez Sefirot, cada una de las cuales se asocia con uno de los Nombres de Dios que aparecen en la *Torah*. *Las Puertas de la Luz* son, pues, las Sefirot, y cumplen el doble papel de permitirnos llegar hasta la luz atravesándolas, y de dejar que la luz llegue a nosotros a través de ella.

En la Introducción que precede a la «Puerta Primera», Gikatilla advierte cariñosamente a un discípulo que desea ser instruido en Cábala, que el estudio y meditación sobre los atributos y Nombres de Dios debe tener como única finalidad el acercamiento íntimo a Dios,

8. *Name and Sanctuary in the Teaching of R. Isaac the Blind*, Magnes, 2001.

y nunca el intento de obtener cualquier tipo de provecho en beneficio propio. Se dirige a él con estas palabras:

> «Tú me pediste, hermano mío, amigo de mi alma, que iluminara ante ti el sendero que lleva al conocimiento de los nombres del Santo, bendito sea, para realizar tu deseo y alcanzar gracias a ellos el puerto anhelado. Y como he visto que tu intención es honesta y mejor aún tu deseo, he decidido darte a conocer este camino de luz y cuál es el camino que *El Eterno*, bendito sea, desea o no desea».

Podemos encontrar por internet una traducción de esta obra lamentablemente amputada (reducida a 134 páginas) y absolutamente carente de interés publicada como «Independently Published» en el mes de julio de 2022. No podemos dejar de desaconsejarla.

Sin embargo, la que sí hemos de aconsejar es la magnífica traducción española del sacerdote Francisco López López publicada en el año 2009 en Guadalajara, una traducción íntegra, honesta y ampliamente comentada. Probablemente haya sido una suerte de undécima puerta para los buscadores de esa luz que se halla en el interior de la nuez.

Apoyándonos en el dicho cabalístico que afirma que «el camino es la luz», subrayaremos que la guematria de *Derej* (דרך), «camino», 224, es la misma que la de *Ze haOr* (זה האור), «es la luz». Si a este número le añadimos 3 por las tres palabras (*Derej, Ze, haOr*) obtenemos 227, la guematria de *Berajah* (ברכה), «bendición», o sea la influencia espiritual capaz de abrirle al lector estas puertas.

El editor

1a

LAS PUERTAS DE LA LUZ

הקדמה

שאלת ממני אחי ידיד נפשי להאיר לפניך נתיב בעניין שמותיו של הקב"ה יתעלה ויתברך, להפיק בהם רצונך ולהגיע בהם למחוז חפצך. ולפי שראיתי כוונתך ישרה וטובה יותר משאלתך, הוצרכתי להודיעך איזה דרך יחלק אור ומה הוא הדרך שהשם יתברך חפץ או אינו חפץ. וכשתגיע לידיעת דבר זה אז תקרא וי"י יענה, ותהיה מן הקרובים אליו ותאהב אותו בכל נפשך, ותתענג על ה' ויתן לך משאלות לבך:

PRÓLOGO

(1a) Tú me pediste, hermano mío, amigo de mi alma, que iluminara ante ti el sendero que lleva al conocimiento de los nombres del Santo, bendito sea, para realizar tu deseo y alcanzar gracias a ellos el puerto anhelado. Y como he visto que tu intención es honesta y mejor aún tu deseo, he decidido darte a conocer este camino de luz y cuál es el camino que *el Eterno,*[1] bendito sea, desea o no desea. Y cuando llegues a este conocimiento, entonces invocarás y oirás al *Eterno*, te acercarás a él y lo amarás con toda tu alma; entonces te deleitarás en el *Eterno* (י"י)[2] y él te concederá los deseos de tu corazón.

---

1. Literalmente «el Nombre».
2. A lo largo de todo el libro Gikatilla se referirá al nombre inefable utilizando dos letras *Iod* (י"י). Siguiendo a los traductores más prestigiosos utilizaremos IHVH para traducir el nombre de cuatro letras.

1a

הלא ידעת אם לא שמעת אלהי עולם י"י, מפניו יחילו עליונים ות־
חתונים, מפחדו תרעש הארץ ולפני זעמו מי יעמוד ומי יקום בחרון
אפו (נחום א, ו). הן בקדושיו לא יאמין ושמים לא זכו בעיניו, אף כי
נתעב ונאלח איש שותה כמים עולה (איוב טו, טו טז). והיאך ישת־
מש ילוד אשה בשמותיו הקדושים ויעשה מהם גרזן לחתוך בו. ומי
הוא זה ואי זה הוא אשר מלאו לבו לעשות כן לשלוח יד בכתר מל־
כות ולהשתמש בו? והנה אמרו רז"ל: כל ההוגה את י"י באותיותיו
אין לו חלק לעולם הבא. והנה קדוש עליון ר' חנינא בן תרדיון שלא
היה הוגה את י"י דרך חול ודרך תשמיש, זולתי. דרך כבוד כדי ללמוד
ולהבין דרכי י"י יתברך ועם כל זה נענש, אנו העניים והחסרים קל
וחומר.

¿No sabéis, no habéis oído al Dios del mundo, IHVH (י"י)?[3] Delante de él tiemblan los grados superiores y los inferiores, y la Tierra se estremece de miedo, y «¿Quién permanecerá delante de su ira? ¿Y quién quedará en pie en el furor de su enojo?» (*Nahum* I-6). «He aquí que en sus santos no confía, y ni los cielos son limpios delante de sus ojos» (*Job* XV-15). «¿cuánto menos el hombre abominable y vil, que bebe la iniquidad como agua?» (*Job* XV-16). Y, ¿cómo usará un nacido de mujer sus santos nombres como se utiliza un hacha para cortar con ella? ¿Y quién es éste y de qué ha llenado su corazón para poner una mano en la corona real (כתר מלכות) y usarla para sí mismo? Es lo que han dicho nuestros maestros, de bendita memoria, «todo el que deletrea IHVH (י"י) con sus letras no tiene parte en el mundo venidero».[4] Y he aquí que el santo supremo, Rabbí Janina ben Tardion, que no pronunció IHVH (י"י) de un modo profano o utilitario, sino sólo de una manera honorable con el fin de enseñar y comprender los caminos de IHVH (י"י), bendito sea, fue sin embargo castigado,[5] cuánto más nosotros que somos pobres y necesitados.

---

3. Véase *Isaías* (XL-21).
4. Véase Talmud, tratado de *Sanhedrín* (90a).
5. Véase Talmud, tratado de *Avodah Zarah* (18a).

1a

הלא תראה מה שכתב י"י יתברך בתורתו: לא תשא את שם י"י אלהיך לשוא (שמות כ, ז). ואף על פי שבא להזהיר על שבועת שקר הוציא הדבר בלשון שיש משמעות שלא תשא את שמו על שפתיך לבטלה; שהיה יכול לומר לא תישבע בשם י"י אלהיך לשקר, אבל כשכתב לא תשא וגו' שמע מינה תרתי. ומשה רבינו עליו השלום כשעלה למרום למד ממלאכי השרת סוד הזכרת י"י יתברך, והזהיר את ישראל על זה ואמר: כי שם י"י אקרא הבו גודל לאלהינו (דב־רים לב, ג). ואם מלאכי מעלה מוזהרים בהזכרת י"י יתברך, על אחת כמה וכמה רימה ותולעה, וכל שכן המתפתה בדעתו להשתמש בכתר קונו.

Verás que lo que ha escrito IHVH (י"י), bendito sea, en su *Torah*: «No tomarás el nombre del *Eterno* tu Dios en vano» (*Éxodo* XX-7). Y aunque se refiera a un juramento falso, está expresado de un modo que significa que no llevarás su nombre a tus labios en vano. Porque podría decir «no jurarás en nombre del *Eterno*, tu Dios, para mentir», en vez de decir «no tomarás el nombre del *Eterno* tu Dios en vano, la expresión aparece dos veces. Y *Moshé Rabbeinu*,[6] la paz sea con él, cuando ascendió al cielo, aprendió de los ángeles guardianes el secreto del recuerdo del *Eterno*, bendito sea, y advirtió a Israel contra ello, diciendo: «Porque el nombre del *Eterno* invocaré; engrandeced a nuestro Dios» (*Deuteronomio* XXXII-3). Y si los ángeles superiores han de cuidar el recuerdo del *Eterno*, bendito sea, tanto más un simple gusano o una inútil lombriz y tanto más aquel que está tentado a usar la corona de su Creador.

קל וחומר שאין בזמן הזה בקיאין בהזכרת י"י ובשימושיו על דרך הפעולה. ואם כן לא יעלה ביד המזכירו רק איבוד עולמו ומעלה חרס בידו, ועל כיוצא בו אמרו רז"ל: כל שלא חס על כבוד קונו ראוי לו שלא בא לעולם:

6. Moisés, nuestro maestro.

1a

ועתה בני שמע בקולי ותהיינה אזניך קשובות לעצתי. בני, אם יפתוך חטאים אל תאבה (משלי א, י). אם יאמרו: לכה אתנו ונמסור בידך שמות והזכרות שתוכל להשתמש בהם, בני אל תלך בדרך אתם. מנע רגלך מנתיבתם, כי אותם השמות והשימושים כולם מיני רשת ומכ־מורת לצודד בהם הנפשות וללכת לאבדון.

Y tanto más actualmente cuando nadie está capacitado para recordar el nombre del *Eterno* (י"י) y utilizarlo de un modo activo y si es así no conseguirá más que la ruina de su mundo y la perdición. Y a propósito de esto, nuestros maestros, de bendita memoria, han dicho: «en lo que se refiere a aquel que no glorifica a su creador, mejor hubiera sido que no hubiera venido al mundo».[7] Y ahora, hijo mío, has oído mi voz y tus oídos estarán atentos a mi consejo.[8] Hijo mío, «si los pecadores te quisieren engañar, no consientas» (*Proverbios* I-10). Si te dicen: ven con nosotros y te enseñaremos los nombres y recuerdos[9] que puedes usar, hijo mío no los acompañes en este camino. Aparta tu pie de sus sendas, ya que los nombres y su utilización son redes y lazos que utilizan para cazar a las almas y llevarlas a la perdición.

ואם באמת היו ביד החכמים הראשונים שמות הקדושים מקובלים מפי הנביאים, כגון שם של ע"ב, שם של מ"ב, ושם של י"ב, ושאר שמות הקודש הרבה, והיו יכולים לחדש בהם אותות ומופתים בעו־לם, לא היו משתמשים בהם לצרכם רק בעת הגזירה לפי שעה או על צד קידוש השם. כגון, רבי מאיר שהציל אחות אשתו מקובה של זונות, ואמר לאותו הגוי השומר: בכל שעה שתראה עצמך בצער אמור אלהי מאיר ענני ואתה ניצול. ואף על פי שאמר כך לאותו הכותי בשעה שנצרך רבי מאיר וראה עצמו בסכנה, לא נשתמש בשם אלא ברח לו, כדאיתא בפרק קמא דעבודה זרה. או כעניין חוני

7. Vease Talmud, tratado de *Jaguigah* (11b).

8. Véase *Salmos* (CXXX-2).

9. En hebreo *Zikarot* (זכרות), «recuerdos», «evocaciones». Gikatilla lo utiliza en este último sentido que entra en lo que podemos llamar «cábala mágica» o «cábala práctica».

1a

המעגל, או כעניין רבא עם שבור מלכא כדאיתא בפרק סדר תעניות או כעניין דוד כשכרה שיתין וקפא תהומא ובעא למשטפא לעלמא כדאיתא פרק החליל ובסנהדרין:

Ciertamente los primeros sabios tuvieron en sus manos los nombres sagrados que recibieron de la boca de los profetas, como el nombre de 72, el nombre de 42 y el nombre de 12 (letras) y otros nombres de gran santidad, y con ellos renovaron signos y prodigios en el mundo, pero nunca los utilizaron en beneficio propio, sólo al decidir la hora o el lado por dónde santificar el nombre, como Rabbí Meir que salvó a la hermana de su mujer de una casa de prostitutas y le dijo al guardián, que era un gentil, cada vez que te veas afligido, di «Dios de Meir, escúchame», y serás liberado. Y aunque había dicho esto al mismo enemigo, cuando el rabino Meir se vio en peligro no utilizó el nombre para sí y huyó según se cuenta en *Avodah Zarah*.[10] O como un asunto de Ioni haMeaguel,[11] o en el de Rabba con el rey Shabur como se explica en el tratado de *Taanit*.[12] O en el asunto de David, cuando hizo los fundamentos de templo y surgieron aguas profundas que podían inundar el mundo como está dicho en el tratado de *Sanhedrín*.[13]

וגדר האמת ומסורת הברית כי הרוצה להשיג חפציו בעניין שמותיו של הקב"ה הוא שישתדל אדם בכל כוחו בתורה להשיג כוונת כל שם ושם מאותן שמות הקודש הנזכרים בתורה, כגון אהיה, יה, יהוה, אדני, אל, אלוה, אלהים, שדי, צבאות. וידע אדם ויבין כי כל שם ושם מאלו השמות כולם הם כדמיון מפתחות לכל דבר ודבר שאדם צריך לכל צד ועניין בעולם. וכשיתבונן באלו השמות, ימצא כל התורה והמצוות תלוי בהם; וכשידע כוונת כל שם ושם מאלו השמות, יכיר וידע גדולת מי שאמר והיה העולם, ויפחד ויירא מלפניו וישתו-

10. Véase Talmud, tratado de *Avodah Zarah* (18a).

11. El hacedor de círculos, que sabía cómo hacer llover.

12. Véase Talmud, tratado de *Taanit* (24b).

13. Véase Talmud de Jerusalén, tratado de *Sanhedrín* (38a).

1b

קק ויכסוף ויתאווה להידבק בו מתוך ידיעת שמותיו יתברך, ואז יהיה קרוב לי"י ותהיה תפילתו. לא אמר הכתוב אשגבהו כי יזכור שמי, אלא 'כי ידע שמי', הידיעה היא העיקר, ואחר כך, 'יקראני ואענהו מקובלת, ועל זה נאמר, אשגבהו כי ידע שמי יקראני ואענהו (תהלים צא, טו'); כלומר, כשיצטרך לדבר ויתכוון באותו השם שאותו הדבר שהוא צריך תלוי בו, אז 'אענהו'. הלא תראה כי בעת הצרה הזכיר יעקב אל שדי ואמר: אל שדי יתן לכם רחמים (בראשית מג, יד). וד־ניאל כשהתפלל אל המקדש אמר:

(1b) Y pon un cerco a la verdad, y a la tradición del pacto, porque aquel que desea obtener sus objetivos por medio de los nombres del Santo, bendito sea, ha de esforzarse con todas sus fuerzas en el estudio de la *Torah*, a fin de descubrir el significado de cada uno de los nombres sagrados mencionados en la *Torah*, tales como *Ehieh*, *Iah*, IHVH (יהוה), *Adonai, Eloha, Elohim, Shaddai, Tzevaoth*. Y Adán conocía y entendía que cada uno de estos nombres todos son como llaves para todo y para cualquier cosa que el hombre necesite en cualquier lugar del mundo. Y cuando observas esos nombres, te das cuenta de que toda la *Torah* y las *Mitzvot* dependen de ellos. Y cuando conoció el significado de todos y cada uno de esos nombres, percibió y conoció la grandeza de aquel que habló y creó el mundo.[14] Y el que tiemble y sienta temor delante del *Eterno,* su oración será recibida, y a propósito de esto ha sido escrito (*Salmos* XCI-15): "lo pondré en alto, por cuanto ha conocido mi nombre. Me invocará, y yo le responderé". El versículo no dice que "lo exaltaré porque ha recordado mi nombre", sino "lo exaltaré porque ha conocido mi nombre". El conocimiento es lo principal y después viene el recuerdo; además el salmo también dice "Me llamará y le responderé" (*Salmos* (XCI-15) es decir que cuando llegue el momento, ha de conocer el nombre relacionado con lo que necesita y entonces "le responderé". Esto lo verás en que cuando Jacob estaba en momentos de angustia mencionó al *El Shaddai* y dijo: «que *El*

14. Véase *Génesis* (I-1), *y también Talmud, tratado de Shabbat* (139a).

1b-2a

Shaddai os conceda misericordia» (*Génesis* XLIII-14). Y cuando Daniel oraba en el templo, dijo:

והאר פניך על מקדשך השמם למען אדני (דניאל ט, יז). ואף על פי שדרשו רז"ל בברכות: למען אברהם שקראך אדון, עדיין צריכין אנו למודעי. וחנה כשהתפללה שיתן לה י"י זרע אנשים מה כתיב י"י צבאות אם ראה תראה בעני אמתך (שמואל, א, יא). ואף על פי שדרשו בו בברכות מה שדרשו, עדיין יש עיקר ושורש פנימי לדבר, ולא לדרשא קאתינא אלא לעיקרא דמלתא קאתינא. ואחר שכן הוא, צריכין אנו למסור בידך עיקר ושורש להישען עליו:

«Haz resplandecer tu rostro sobre tu santuario desolado por amor de ti mismo, oh Señor (*Daniel* IX-17) (2a). Y aunque nuestros sabios, de bendita memoria, consideran que este pasaje se refiere a Abraham, que te llamó «señor», el versículo requiere una explicación más profunda. Por otra parte, cuando Hanah oró para que el Eterno le enviara la simiente de los hombres, ¿qué está escrito?: «El Eterno *Tzevaot*, si te dignares mirar la aflicción de tu sierva» (1 *Samuel* XI-1). Y aunque en boca de nuestros sabios se interprete de un modo diferente en *Berajoth*,[15] hay una explicación más esencial y radical interior que explicar. Y no vine para darte explicaciones diversas, sino para mostrarte el significado último. Y ya que es así, debo reformar tu base por medio de una raíz y un tronco sólidos antes de empezar.

דע כי כל שמותיו הקדושים הנזכרים בתורה כולם תלויים בשם בן ד' אותיות שהוא יהוה. ואם תאמר והלא שם אהי"ה הוא העיקר והמקור? דע כי שם בן ד' אותיות הוא כדמיון גוף האילן, ושם אהי"ה הוא עיקר האילן הזה וממנו ישתרשו שורשים ויתפשטו ענפים לכל צד וצד, ושאר כל שמות הקודש כולם בדמיון ענפים וסנסנים נמ־

15. Véase Talmud, tratado de *Berajoth* (31b).

2a

שכים מגוף האילן, וכל אחד מן הענפים עושה פרי למינהו ומל־
בד שמות הקודש הידועים שאסור למוחקן, יש כמה כינויים אחרים
תלויים בכל שם ושם, כגון שתאמר כינויין של יהו"ה מי הם: נורא,
נושא עוון, עובר על פשע. כינויין של אל מי הם: כגון גדול, רחום,
וחנון. כינויין של אלהים מי הם: כגון אדיר, שופט, דיין. ולכל אחד
מאלו הכינויים יש כינויין אחרים תלויים בכל כינוי וכינוי מאלו,
והם שאר כל מלות התורה. עד שנמצא כל התורה כולה נארגת על
הכינויין, והכינויין על השמות, והשמות הקדושים כולם תלויים על
שם יהו"ה וכולם מתאחדים בו. נמצאת כל התורה כולה נארגת על
שם יהו"ה, ולפיכך נקראת תורת י"י תמימה (תהלים יט, ח). נמ־
צאת למד כשתבין כוונת שמות הקודש למשפחותיהם ותשיג הכי־
נויים המיוחדים לכל אחד מהם, אז תראה שהכול תלוי בשמו הג־
דול יתברך ותכסוף ותשתוקק להידבק בו ותירא ותפחד ממנו, ואז
תבין יראת י"י ודעת אלהי"ם תמצא (משלי ב, ה) ותכנס בכלל אותם
שנאמר בהם 'אשגבהו כי ידע שמי' (תהלים צא, טו) ואז תבין כמה
הוא עונש המזכיר שם שמים לבטלה, כל שכן ההוגה את השם
באותיותיו, קל וחומר המשתמש בו. וקודם שאתחיל בכוונת החיבור
יש לי להקדים לפניך הקדמה אחת והיא זאת:

Has de saber que todos sus nombres sagrados, mencionados en la *Torah*, todos ellos dependen del nombre de cuatro letras que es IHVH (יהוה). Y si dijeras que el nombre *Ehieh* es el principal y la fuente, debes saber que el nombre de cuatro letras es como el tronco del árbol, y el nombre *Ehieh* es la raíz de este árbol y de él surgirán otras raíces y la raíz y las ramas se extenderán a cada lado y lado, y lo mismo con todos los demás nombres sagrados, y cada una de las ramas da frutos de su propia naturaleza,[16] y además de los nombres sagrados bien conocidos que no deben borrarse, hay varios otros apodos[17] que dependen de un nombre específico, como para decir el nombre del Eterno (יהו"ה) que son: *Gaddol*, *Rajum* y *Janun*.[18] Los apodos de *Elohim*, por ejemplo,

16. Véase *Génesis* (1-11).
17. O sobrenombres.
18. Grande, Misericordioso y Compasivo.

2a

son: *Adir, Shofet, Dayan.*[19] Y así como estos nombres tienen apodos, también los apodos tienen otros apodos y esto hasta ver que todas las palabras de la *Torah* están unidas entre sí, y todos los nombres sagrados dependen del nombre del Eterno (יהו"ה, bendito sea, y todos están unidos en Él. Toda la *Torah* está tejida por el nombre del Eterno (יהו"ה),[20] y por esta razón ha sido dicho: «la *Torah* del Eterno (י"י) es completa» *Salmos* (XIX-8). Lo cual nos enseña que aquel que comprende los sentidos de todos los nombres sagrados y de aquellos que están ligados con ellos y cada una de sus denominaciones, descubrirá que todo depende de su gran nombre bendito, y aspirará a ligarse a él y a temerlo. Sólo entonces será capaz de comprender el versículo «entonces entenderás el temor del Eterno y hallarás el conocimiento de *Elohim*» (*Proverbios* II-5). Y formarás parte de aquellos para los que ha sido escrito «lo exaltaré porque él conoce mi nombre» (*Salmos* XCI-94) y así comprenderéis cuán grande es el castigo del que pronuncia el nombre de los cielos en o los que vano, más aún aquellos que pronuncian el nombre con sus letras o lo usan para propósitos indignos. Y antes de comenzar con este ensayo, tengo que presentarte una introducción y es ésta:

כלל גדול: דע כי אמיתת עצם הבורא יתברך איננה מושגת לזולתו ואין בכל המוני מעלה יודע מקומו, כל שכן עצם אמיתתו. הלא תראה מלאכי מעלה מה הם אומרים: ברוך כבוד י"י ממקומו (יחזקאל ג, יב) בכל מקום שהוא. ואם עליונים כך, תחתונים על אחת כמה וכמה. אם כן כל אותם העניינים שאנו קורים בתורה, כגון יד ורגל, אוזן ועין, ושאר כל כיוצא בהם, מה הוא? דע והאמן כי כל אותם העניינים אף על פי שהם מורים ומעידים על גדולתו ואמיתתו, אין כל בריה יכולה לדעת ולהתבונן מהות אותו הדבר הנקרא יד ורגל ואוזן וכיוצא בהם.

19. Poderoso, Juez, Justiciero.

20. Najmánides, en su *Comentario a la Torah*, escribe: "Poseemos una tradición auténtica según la cual toda la *Torah* está compuesta por nombres de Dios, y esto ocurre de tal manera que las palabras que leemos pueden distribuirse también de forma totalmente diferente, dando lugar a nombres esotéricos".

2b

Una gran regla: has de saber que la verdad de la esencia del bendito creador no puede ser percibida por otro y ninguno de los seres superiores conoce su lugar, y mucho menos su verdad misma. Observa lo que dicen los ángeles superiores: «Bendita (2b) sea la gloria del *Eterno* desde su lugar» (*Ezequiel* III-12); su lugar está en todas partes. Si es así con los seres superiores, cuánto más lo será con los inferiores, y si esto es así, ¿qué significan las expresiones que leemos en la *Torah*, como mano y pie, oído y ojo, y otras parecidas? Has de saber y creer que todas estas expresiones testifican de su verdad y de su grandeza, y ninguna criatura puede conocer y penetrar en la esencia de una expresión llamada mano, pie y oreja y así sucesivamente.

ואם אנו עשויים בצלם ודמות, אל יעלה בדעתך, כי עין בצורת עין ממש, או יד בצורת יד ממש, אבל הוא עניינים פנימיים ופנימים לפ־נימיים באמיתת מציאות י"י יתברך, אשר מהם המקור והשפע יוצא לכל הנמצאים בגזירת השם יתברך. אבל אין מהות יד כמהות יד, ולא תבניתם שווה, כמו שאמר ואל מי תדמיוני ואשוה (ישעיה מ, כה).

Y si nosotros estamos hechos a su imagen y semejanza, no pienses en «ojo» como la forma de un ojo real, o «mano» en forma de una mano real, sino que son asuntos íntimos e internos que reflejan la verdad del *Eterno*, bendito sea, del que brota la fuente y la *Shefa* que se derraman sobre todos aquellos que están bajo su nombre, bendito sea. Pero la esencia de «mano» no es como la esencia de una mano, ni su patrón es igual, como ha sido dicho: ¿Y a qué, me haréis semejante, para que me comparéis?» (*Isaías* XX-25).

ודע והבן שאין בינו ובינינו דמיון מצד העצם והתבנית, אלא כוונת צורות האברים שבנו שהם עשויים בדמיון סימנים, עניינים סתומים עליונים שאין הדעת יכולה לדעתם אלא כדמיון זכרון: כמו שכותב 'ראובן בן יעקב'. שהרי אין אלו האותיות ואין זו הצורה עצמה של ראובן בן יעקב צורתו ותבניתו ומהותו, אלא זיכרון, שזה ראובן בן

יעקב הכתוב הוא סימן כנגד אותו עצם, ותבנית הידוע הנקרא ראובן בן יעקב.

Y has de saber y comprender que no hay semejanza en la esencia y en la forma entre nosotros mortales y él, pero la utilización de las formas de órganos que han sido construido a semejanza de cosas misteriosas y elevadas, que la mente no puede conocer sino como una semejanza de recuerdo: como cuando escribimos «Rubén, hijo de Jacob»: estas las letras no son la forma misma de Rubén, hijo de Jacob, su forma, su estructura o su esencia, sino un recuerdo de que es Rubén, hijo de Jacob, la escritura es una señal que corresponde a esa sustancia y ese patrón llamado Rubén, hijo de Jacob.

ולפי שי"י יתברך רצה לזכותינו, ברא בגוף האדם כמה אברים נסתרים ונגלים בדמיון סימן למעשה מרכבה ואילו יזכה אדם לטהר אבר מאבריו, יהיה אותו אבר כדמיון כיסא לאותו דבר עליון הפנימי הנקרא בשם זה, אם עין עין, אם יד יד, וכן לכל השאר. כיצד כגון שנזהר ונשמר אדם אחד במראה עיניו שלא יביט ולא יסתכל בדבר ערוה ולא בשאר כל דבר של גנאי אלא בכל דבר שהוא קדושת י"י ועבודתו, אז אותה עין נעשית כמו כיסא לאותו דבר הנקרא למעלה עין. וכן היד והרגל ושאר כל האברים. ועל זה אמרו חז"ל:

Y como quiso que adquiriéramos méritos, el *Eterno* creó en el cuerpo humano algunos órganos ocultos y visibles en la semejanza del signo de la *Merkavah*,[21] y cada vez que una persona llega a purificar un órgano de sus miembros, ese órgano será como un trono parecido a la misma cosa superior oculta llamada con ese nombre. Si se trata de un ojo, se dice «ojo», si se trata de una mano, «mano», y así con el resto. (3a) Una persona es cuidadosa con la vista de sus ojos y no mirará nada desnudo u obsceno o sino sólo cualquier cosa que sea la santidad

---

21. La carroza de la visión de Ezequiel.

3a

del Eterno y los caminos de los que lo siguen, entonces ese ojo se vuelve como un trono para lo mismo llamado ojo en lo alto. Así también con la mano y el pie y todos los demás órganos. Y a propósito de esto dijeron nuestros sabios, de bendita memoria:

האבות הם המרכבה, ולא אמרו כל אחד מהאבות הוא המרכבה, אלא האבות. כיצד? אברהם אבינו עליו השלום לקח בטהרה צד ימין וירש ימין של מעלה, שהוא מידת החסד, ועל זה נאמר: ויסע אברם הלוך ונסוע הנגבה (בראשית יב, ח). יצחק לקח בטהרה מידת צד שמאל, שהוא הפחד, ועל זה נאמר וישבע יעקב בפחד אביו יצחק (שם לא, נג). ויעקב לקח בטהרה צד קו האמצעי ועל זה נאמר: ויעקב איש תם יושב אוהלים (שם כה, כז), בין אהל אברהם ובין אהל יצחק. נמצאו שלושת האבות כיסא למרכבה, ועל דרך זה הושב הדבר על בוריו ויוצר על מכונו:

«Los patriarcas son el carro»,[22] y no está dicho «cada uno de los patriarcas es el carro», sino «los patriarcas». ¿Cómo? Abraham Avinu,[23] la paz sea con él, tomó con pureza el lado derecho y heredó del lado derecho de arriba, que es el grado de *Hessed*, y ha sido dicho a propósito de esto: «Y movió Abram de allí, caminando y yendo hacia el mediodía» (*Génesis* XII-9). Isaac tomó la pureza del lado izquierdo, que es el temor, y por esto se dijo: «Jacob juró por el temor de Isaac su padre» (*Ibíd.* XXXI-53). Y Jacob tomó la pureza del lado de la línea media, y a propósito de esto se dijo: «Jacob, empero, era varón entero, que estaba en las tiendas» (*Ibíd* XXV-27). Los tres patriarcas sirven de trono para el carro (*Merkavah*), y de esta manera la cosa fue puesta de nuevo en el lugar que le correspondía.

---

22. Véase Zohar (I-154b), pág. 125, vol. V de nuestra edición, Ediciones Obelisco, Barcelona, 2008.

23. Abraham, nuestro padre.

3a

ועתה יש לנו להאיר עיניך בעניין תלוי על זה. דע כי המידות הם תלויות באברים. כיצד? מידת העין היא הראות, מידת האוזן היא השמע, מידת היד היא המישוש, מידת הרגל היא ההליכה. והנה המידות נמשכות אחר האברים ולפי שהזכירו חז»ל כלפי מעלה לשון מידות, יש לנו לדון עניין המידות כמו שיש לך לדון עניין אוזן ויד ורגל שאמרנו. וכמו שאין ערך בינינו בעניין האברים, כך אין ערך בינינו לעניין המידות.

Y ahora tenemos que iluminar tus ojos sobre un asunto que ya hemos visto. Has de saber que las *Middoth* dependen de los órganos. ¿Cómo? La *Middah* del ojo es la vista, la *Middah* del oído es el sonido, la *Middah* de la mano es el tacto, la *Middah* del pie es el andar. Y he aquí que las *Middoth* se dibujan después de los órganos y según los sabios, de bendita memoria, como dijeron más arriba a propósito del lenguaje de las *Middoth* tenemos que seguir el asunto de las *Middoth* como el asunto de la oreja y la mano y el pie como ya vimos. Y como no hay comparación entre nosotros en el asunto de los órganos, tampoco la hay respecto a las *Middoth*.

ולפי שאנו צריכים להשתמש בחיבור זה בלשון המידות, הישמר לך ושמור נפשך מאוד פן תכשל ותאמר שיש לי"י יתברך מידה מוגבלת או משוערה, שאין הדבר כך. אבל כמו שאין לעניין עין ואוזן שיעור וגבול ודמיון, כך הוא הדין במידות. והנה רז"ל קראו לשמותיו הקדושים מידות, כדגרסינן פרק קמא דראש השנה: אמר רב יהודה ברית כרותה לשלש עשרה מידות שאינן חוזרות ריקם, שנאמר הנה אנכי כורת ברית (שמות לד).

Y como debemos usar este lenguaje con las *Middoth*, hemos de vigilar de no fracasar y decir que el *Eterno*, bendito sea, tiene una *Middah* limitada o medible, pues no es así. Pero, así como su ojo o su oído no tienen parecido en este mundo, así es la ley de las *Middoth*. Y nuestros rabinos, de bendita memoria, llaman a sus santos nombres *Mid-*

3a

doth, como en el tratado de *Rosh haShannah*:[24] dijo Rabbí Iehudah: ha sido hecho un pacto para que las trece *Middoth* que no regresen vacías, como ha sido dicho: «y él dijo: he aquí, yo hago pacto delante de todo tu pueblo» (*Éxodo* XXXIV-10).

ושלוש עשרה מידות הם י"י י"י אל רחום וחנון ארך אפים וגו'. והכלל שיש לך להאמין בזה שאין דמיון בין מידות י"י יתברך ובין מידותינו, זולתי בדרך הזכרת סימן בשם לבד. ועל זה ארז"ל בכמה מקומות: בוא וראה שלא כמידת הקב"ה מידת בשר ודם ואחר שמסרנו בידך מפתח הקדמה זו, יש לנו להיכנס בביאור כל שם ושם משמות הקודש הכתובים בתורה ולהאיר עיניך בכל מקום שתמצא כתוב שם אחד מהם, וכדי שתבין ותשכיל מקור מים חיים שהוא נובע מכל שמותיו יתברך. וכשתשיג דבר זה או תצליח את דרכיך ואז תשכיל.

Y trece *Middoth* son *El Eterno*, *El Eterno*, Dios (*El*) clemente y compasivo, lento a la ira, etc.[25] Sin embargo, has de admitir que no hay similitud alguna entre estas *Middoth* del *Eterno*, bendito sea, y nuestras *Middoth*, excepto en las palabras. Y nuestros sabios, de bendita memoria, han escrito en varios lugares «observa cómo las *Middoth* del Santo, bendito sea, no son como las *Middoth* de carne y de sangre».[26] Y una vez que hemos colocado en tu mano la llave de esta introducción, hemos de seguir adelante y explicarte cada uno de estos nombres sagrados, tal y como están escritos en al *Torah*. Y hemos de iluminar tus ojos dondequiera que encuentres escrito uno de ellos, a fin de que comprendas y aproveches las bondades de la fuente de aguas vivas que brota de todos sus sagrados nombres. Y cuando hayas entendido esto, triunfarás en tus caminos y serás iluminado.

---

24. Véase Talmud, tratado de *Rosh haShannah* (17b).
25. Véase *Éxodo* (XXXIV-6).
26. Véase Talmud, tratado de *Berajoth* (5a).

PRIMERA PUERTA

השער הראשון - הספירה העשירית:

Primera puerta - Décima sefirah

(תהלים נא יז): "אדנ"י שפתי תפתח ופי יגיד תהלתך"

«*Adonai* abre mis labios y deja que mi boca hable tus alabanzas» (*Salmos* LI-17).

יסוד החכמה ועיקר הקבלה, אמונת ה' יתברך האמן, אם דרך נכו־חה ידרכו מחשבותיך, 'אז תלך לבטח דרכך ורגלך לא תגוף' (משלי ג, כג). השם הראשון משמות הקודש הוא השם הנקרא אדנ"י. אמר שלמה המלך עליו השלום: שמור רגלך כאשר תלך אל בית האלהים (קהלת ד, יז) הודיענו בפסוק זה שצריך האדם לבדוק עצמו ולהיזהר כשרוצה להתפלל לפני י"י יתברך, ולראות ולהבין אם יש לו מקטרי־גים ומעכבים לקבל תפילתו, ויש לו לסקל המסילה ולהרים מכשול מדרכיו.

El fundamento (יסוד) de la sabiduría (החכמה), y la esencia (ועיקר) de la cábala (הקבלה),[1] residen en la fe (אמונת)[2] en el Eterno, bendito sea, el fiel; si sigues el camino firme con tus pensamientos «Entonces andarás por tu camino confiadamente, y tu pie no tropezará» (*Proverbios* III-23). El primero de los nombres sagrados es el nombre denomi-

1. Observemos que las letras iniciales de estas cuatro palabras están en el original en negrita formando el nombre IHVH.
2. El sentido de *Emunah* (fe) indica certeza.

nado *Adonai*. Dijo el rey Salomón, la paz sea con él, «Cuando fueres a la casa de Dios, guarda tu pie» (*Eclesiastés* IV-17). (3b) Este versículo advierte que el hombre ha de controlarse a sí mismo y ser cuidadoso cuando vaya a rezar ante *El Eterno*, bendito sea, para ver y entender si tiene acusadores que puedan interferir con él en la oración. Ha de despejar el camino y quitar todos los obstáculos de su camino.

משל לאדם ההולך לחצר המלך להפיק שאלה, שהוא צריך להזדרז ולדעת אם יש בדרך פגע או סכנה. ומלבד זה יש לו להתבונן כמה שערים יש בבית המלך, זה לפנים מזה, ולהכיר אותם השוערים הממונים לשמור השערים, ולהיותו אהוב אצל כולם, ולדעת אם יש בהם איש שונאו שישלים עמו. ומלבד כל זה ראוי לו לדעת ולהתבונן בבגדים שהוא לבוש אם הוא ראוי להיכנס בהם בחצר המלך, כמו שאמר: כי אין לבוא אל שער המלך בלבוש שק (אסתר ד, ב).

Parábola: un hombre va a la casa del rey para pedir consejo; necesita prepararse y evaluar si hay daño o peligro en el camino; además de esto tiene que observar cuántas puertas hay en la casa del rey, una enfrente de la otra, y saber qué porteros están designados para guardar las puertas, y estar en paz con los acusadores. Aparte de todo esto, también debe considerar la ropa que lleva puesta y si su indumentaria es realmente adecuada para la presencia de un rey. Porque está escrito: «Y vino hasta delante de la puerta del rey: porque no era lícito pasar adentro de la puerta del rey con vestido de saco» (*Esther* IV-2).

ואם יש בהם מי שיערער על בקשתו, וכמו כן אם יזדמן לו שיתעכב בהיכל המלך שעה או שתים אם יכול לסבול. ורז"ל הוצרכו להעיר אותנו ואמרו כלל גדול: מלכותא דארעא כעין מלכותא דרקיעא ואם במלכות בשר ודם יש לו להיזהר בכל אלו הדברים שאמרנו, כל שכן בהיות האדם נכנס להקביל פני מלך מלכי המלכים הקב"ה יתברך ויתברך. שיש לו לאדם להבין ולדעת כי מן הארץ ועד הרקיע אין שם מקום פנוי, אלא הכול מלא גדודים והמונים מהם טהורים בעלי חסד

3b

ורחמים, ויש למטה מהם כמה בריות טמאות מזיקים ומקטריגים, וכולם עומדים ופורחים באוויר.

Y si hay alguno entre ellos que se oponga su petición, y también si tiene la oportunidad de quedarse en el palacio del rey por una o dos horas ha de saber si podrá permanecer allí. Nuestros maestros, de bendita memoria, nos advirtieron con esta gran regla: «El reino de la Tierra es idéntico al reino del cielo».[3] Y si una persona es respetuosa con un rey de carne y de sangre, debe serlo aún más cuando entra en el dominio del rey de reyes, el Santo, bendito sea. Porque el hombre debe darse cuenta de que no hay lugar vacío desde la Tierra hasta el cielo, pues cada lugar está lleno de legiones y multitudes. Algunos lugares están llenos de *Hessed*[4] y *Rajamim*.[5] Otros, los de abajo, están llenos de criaturas impuras que buscan desacreditar y dañar, algunas quietas y otras que vuelan en el cielo.

ואין מן הארץ ועד הרקיע מקום פנוי, אלא הכול מלא המונים; מהם לשלום מהם למלחמה, מהם לטובה ומהם לרעה, מהם לחיים ומהם למוות. ועל זה מיוסד שיר של פגעים: יושב בסתר עליון (תהלים צא, א), כי הוא יצילך, באברתו, לא תירא, מדבר באופל יהלוך, כי מלאכיו. וכל אלו המחנות בין הארץ ובין השמים. דוגמת ההולך בדרך במקום סכנה, כך תפילתו של אדם עוברת בין אלו הכיתות ועולה עד לרקיע; אם יש בו זכות, לא יפגעו למטים תפילתו, ואם אין בו זכות, כמה פגעים ומשחיתים פוגעים בדרך! ולפי זה הדרך תיקן דוד המלך עליו השלום הזמירות, כדי לפנות דרך לתפילות לעבור, כי כל אותן הכיתות הן כמו ענן מעכבין לעלות התפילה, ועל זה נאמר: סכתה בענן לך מעבור תפלה (איכה ג, מד).

3. Véase Talmud, tratado de *Berajoth* (58a).
4. Gracia. Lo dejaremos en hebreo en todo el libro.
5. Misericordia. Lo dejaremos en hebreo en todo el libro.

3b - 4a

Y, no hay espacio vacío entre la Tierra y los cielos porque cada lugar está habitado por ellos: unos para la paz y otros para la guerra; unos para el bien y otros para el mal; unos son para la vida y otros para la muerte. Y sobre esto se apoya el salmo de los enemigos: «El que habita en el escondedero del Altísimo, morará bajo la sombra del Omnipotente; irá al *Eterno*: esperanza mía, y castillo mío; mi Dios, me aseguraré en él. Y él te librará del lazo del cazador; de la mortandad que todo asuela. Con su ala te cubrirá, y debajo de sus alas estarás seguro; escudo y adarga es su verdad. No tendrás temor de espanto nocturno, ni de saeta que vuele de día; ni de pestilencia que ande en oscuridad, ni de mortandad que destruya al mediodía (*Salmos* XCI-1 a 6). Todos estos campamentos están entre el cielo y la Tierra. Así, un hombre que reza es como uno que viaja a un lugar peligroso, su oración debe pasar a través de estas hordas y ascender al cielo. Si es digno, los malhechores no dañarán sus oraciones, pero si es indigno, los poderes destructivos serán muchos y terribles. Así, el rey David, que la paz sea con él, reveló los Salmos a fin de despejar el camino para que las oraciones se puedan hacer sin dificultad. Todas estas fuerzas son como una nube que impide que la oración ascienda, y éste es lo que dice: «Te has envuelto en una nube para que la oración no pase» (*Lamentaciones* III-44).

וכשבא דוד עליו השלום והתקין זמירות, בהיות האדם מסדר אותן הזמירות אזי מסתלקין והולכין להם אותם המשחיתים והמקלקלים והמעכבים. ונקראו זמירות מלשון מזמר; וכרת הזלזלים במזמרות (ישעיה יח, ה), ועל זה אמר הכתוב: זמירות היו לי חוקיך בבית מגורי (תהלים קיט, נד).

Y cuando David, la paz sea con él, vino e instituyó los Salmos, fue para que el hombre integrara los cantos en sus oraciones (4a), dispersando así las fuerzas destructivas, dañinas y perturbadoras. Los cantos

4a

se llamaban *zimroth*, de la raíz *mezamer*,[6] porque ha sido escrito: «La vid se corta con las podaderas (*mazmeroth*)» (*Isaías* XVIII-5). También ha sido escrito: «Tus leyes son canciones para mí en la casa de mis moradas» (*Salmos* CXIX-54).

כלומר, באותם המקומות שהייתי מתיירא מהן בדרך והיה לי פחד ומגור, באותן הזמירות פזרתים והכרתים. ולפי זה הדרך נאמר: ברון יחד כוכבי בוקר וגו' (איוב לח, ו). ועניין רינה הם הזמירות הנאמרים בבוקר, ואזי יתפזרו ויתרועעו כל בעלי הדין הקשה הנקראים בני אלהים. ולשון יריעו מלשון רועה התרועעה הארץ (ישעיה כד, יט). ולפיכך צריך אדם לכוון עצמו בשעת תפילה ולכוון מחשבותיו כראוי, בעניין שלא תתעכב תפילתו ולא תשוב ריקם בקשתו. ועל זה אמרו: לעולם ימוד אדם עצמו, אם יכול להתפלל, יתפלל, ואם לאו, אל יתפלל:

Es para decir que son estos *zimroth* los que dispersan y eliminan el mal de estos lugares de miedo. Así, ha sido escrito: «Entre el alegre concierto de las estrellas de la mañana» (*Job* XXXVIII-7), el canto de las estrellas de la mañana incluye los *zimroth* que se cantan en el servicio de la mañana. Estos *Salmos* tienen el poder de asustar a los jueces rigurosos que se asustan y huyen diciendo: «Se tambalea y tiembla la Tierra» *Isaías* (XXIV-19). Por lo tanto, el hombre debe concentrarse durante su oración y dirigir sus pensamientos correctamente, para que su oración no sea perturbada y sus pensamientos no vuelvan sin respuesta. A propósito de esto, ha sido escrito: «El hombre debe analizarse siempre a sí mismo: si puede rezar, debe rezar; si no puede rezar, no debe hacerlo».[7]

---

6. Arrancar, podar, recitar, cantar.

7. Véase Talmud, tratado de *Berajoth* (21b).

4a

ואחר שהודענוך זה כי עיקר האמונה ויסוד הייחוד זה הוא להבין שימושי, כי כל שמותיו הקדושים הנזכרים בתורה כולם כלולים בשם בן ד' אותיות שהוא יהו"ה יתברך והוא נקרא גוף האילן, ושאר כל השמות, מהם שורש, ומהם ענפים, ומהם אוצרות וגנזים, וכל אחד מהם יש לו פעולה מיוחדת מחבירו. משל לאוצר שיש בו כמה חד־רים, כל חדר מהם מיוחד לדבר בפני עצמו; בחדר זה אבנים טובות ומרגליות, ובחדר זה כסף, ובחדר זה זהב, ובחדר זה מיני מאכל, וב־חדר זה מיני משקה, ובחדר זה מיני מלבוש.

Y después de haberte informado de que la esencia de la fe y el fundamento de la unidad deben contener las peticiones de cada nombre, porque todos sus nombres, mencionados en la *Torah* están contenidos en el nombre de cuatro letras, que es IHVH (יהו"ה), bendito sea, que es como el tronco de un árbol. Cada uno de los otros nombres, que he comparado con raíces, ramas, que son joyas y tesoros, tiene una función particular. La cosa se parece a un edificio con varias habitaciones, cada una con una característica particular: una contiene piedras preciosas, otra plata, otra oro, mientras que otra contiene diferentes tipos de alimentos y otra bebidas, y en otra hay ropas.

וכשהאדם צריך למיני מאכל ואינו יודע אותו החדר שהמזונות בתו־כו אפשר שימות ברעב, והחדרים מלאים כל טוב, ולא מפני שמ־נעו ממנו בקשתו, אלא שאינו יודע באיזה חדר הוא הדבר שהוא צריך. ועל דרך זה בעצמו השגת שמותיו הקדושים יתברך: יש שמות ממונים על התפילה והרחמים והסליחות, ומהם על הדמעה, ומהם על הפגעים ועל הצרות, ומהם על המזונות והפרנסה, ומהם על הג־בורה, ומהם על החסד, ומהם על החן. ואם אינו יודע להתכוון בתפי־לתו באותו שם שהוא מפתח למה שהוא צריך, מי גרם לו שלא יפיק רצונו? סכלותו ומיעוט השגתו. ועל זה נאמר: אולת אדם תסלף דרכו ועל י"י יזעף לבו (משלי יט, ג).

Y si una persona necesita algún tipo de comida y no sabe en qué habitación está la comida, se puede morir de hambre, aunque las habitaciones estén llenas. No es porque su petición haya sido rechazada, sino simplemente porque no es consciente de la habitación a la que tiene que ir. Lo mismo ocurre con el conocimiento de los nombres sagrados benditos; hay nombres encargados de la oración, la piedad y la misericordia, mientras que otros llevan la carga del llanto, otros de la tristeza, otros del daño, otros de las heridas, otros sobre las dificultades, otros sobre la comida y el sustento, otros sobre la fuerza, otros sobre el *Hessed* y otros sobre el *Hen.* Si uno no sabe concentrarse en el nombre correcto, que es la clave para la respuesta de su petición, entonces ¿quién tiene la culpa, si la petición no es concedida, sino la propia necedad e ignorancia? Ha sido escrito: «la locura del hombre tuerce su camino; y contra *el Eterno* se aíra su corazón» (*Proverbios* XIX-3)

כי י"י יתברך ידיו פתוחות לכול, אבל הסכלות שאין אדם יודע באיזה אוצר הוא הדבר שצריך, חוזר ריקם וחושב בדעתו מחשבה רעה שהשם מנע ממנו חפצו ורצונו ואינו כן, אלא סכלותו שאינו יודע באיזה אוצר הוא אותו דבר שהוא צריך מנעו ממנו. ועל זה נאמר: חטאתיכם מנעו הטוב מכם (ירמיה ה, כה).

Porque *El Eterno* está abierto a todos y los fracasos se deben a la insensatez del hombre, pues aquel que no sabe a qué habitación ir, se va con las manos vacías. Sin embargo, el hombre puede albergar el mal pensamiento de que *el Eterno* ha impedido su deseo, pero no es así: es su propia necedad la que le ha hecho caer. Porque ha sido escrito: «vuestras iniquidades han estorbado estas cosas; y vuestros pecados impidieron de vosotros el bien» (*Jeremías* V-25).

ולפיכך צריך אדם לשוטט בדרכי התורה ולדעת כוונת שמות הקודש, בעניין שיהיה בקי בהם ובשמותיהם, וכשיצטרך לבקש לפני י"י יתברך שאלה ובקשה יכוון באותו השם הממונה על שאלתו, ולא די לו שיפיק כל חפצו אלא שיהיה אהוב למעלה ונחמד למטה, ונמצא נוחל העולם הזה והעולם הבא: ואחר שמסרנו בידך עיקרים הללו

4a-4b

להיותם כדמיון יסוד ועיקר למה שאנו עתידים לפרש, יש לנו להיכנס בביאור שמותיו יתברך הכתובים בתורה כל אחד כפי הכוונה בעזרת השם:

Por lo tanto, hay que seguir los caminos de la *Torah* y (4b) conocer el significado de los nombres sagrados, y cuando se familiarice con ellos y cuando tenga que hacer alguna petición ante *el Eterno*, bendito sea, se podrá concentrar en el nombre adecuado para hacer la petición. A aquel que lo haga se le concederá su petición, y será amado arriba y amado abajo; y gozará de este mundo y del mundo venidero. Y después de haberte entregado estos principios para que sean como una base y lo principal de lo que vamos a interpretar, vamos intentar penetrar en el significado de los nombres sagrados que aparecen en la *Torah*, con la ayuda de Dios.

דע כי השם הראשון שהוא קרוב לכל הנבראים ובו נכנסים לפני המלך יהו"ה יתברך, ואין דרך בעולם לראות פני המלך יתברך אלא על ידי שם זה, הוא השם הנקרא אדנ"י. כיצד? דע כי השם המיוחד יהו"ה יתברך הוא המורה על מציאות בוראנו יתברך והכול תלוי בו, אבל תחילת השערים והמפתחות שבו נכנסים לשם יתברך הוא השם הנקרא אדנ"י, והוא סוף כל מעלות של ה' יתברך מלמעלה למטה.

Has de saber que el primer nombre y el más cercano a todas las criaturas por el que entran ante IHVH (יהו"ה), bendito sea, Y no hay forma en el mundo de ver el rostro del bendito rey excepto por este nombre, es el nombre denominado *Adonai*. ¿Cómo? Has de saber que el nombre unificado IHVH (יהו"ה), bendito sea, es el del creador y todo lo que depende de él. Pero el principio de las puertas y llaves por donde se entra al *Eterno*, bendito sea, es el nombre denominado *Adonai*. Este nombre es el primero de los nombres de IHVH (יהו"ה), bendito sea, contando de arriba a abajo.

4b

ועד שם אדנ"י הוא יסוד הייחוד האמיתי השלם, כמו שעדיין נפרש בעזרת השם, ומשם ולמטה הוא עולם הפירוד. והסוד ונהר יוצא מעדן להשקות את הגן ומשם יפרד והיה לארבעה ראשים (בראשית ב, י). ואלו הם ד' מחנות שכינה שהם תחת אדנ"י יתברך, שהוא סוף כל מעלות של יחוד השם מלמעלה למטה.

Y el nombre *Adonai* es la base de la unicidad verdadera y completa, como explicaremos con la ayuda de Dios, y desde allí y hacia abajo está el mundo de la separación. «Y salía un río de Edén para regar el huerto, y de allí se repartía en cuatro cabezas» (*Génesis* II-10). Los ríos simbolizan a los cuatro campamentos de la *Shekinah*, que están supeditados a *Adonai*, que es el final de todos los grados de la unicidad del nombre contando de arriba a abajo.

השם הזה הנקרא אדנ"י הוא בדמיון אוצר ובית גנזים לכל מיני שפע ומיני אצילות כל ההויות הנמשכות מאת יהו"ה י"ת בדרך כל הצי־נורות, עד שנמצא שלוש שמות מכוונים זה כנגד זה; אדנ"י למטה, יהו"ה באמצע, אהיה למעלה. ומשם אהיה יתאצלו כל מיני שפע האצילות מן המקור הנקרא אין סוף בדרך המעלות, עד שיגיעו לשם יהו"ה יתברך; ומשם יהו"ה ילכו כל הצינורות וההמשכות לשם אדנ"י. ושם אדנ"י הוא אוצר שבו כל טכסיסי המלך, והוא הפרנס הגדול על כל הנבראים כולם, והוא הזן ומפרנס לכל בכוח יהו"ה שבקרבו, על פיו יצאו ועל פיו יבואו כל הבאים להידבק בשם יהו"ה י"ת.

Este nombre denominado *Adonai* es como un almacén y un tesoro destinado a recibir todo tipo de *Shefa*[8] y las emanaciones de todas las *Jaiot* que derivan su sustento de IHVH (יהו"ה), bendito sea, a través de la red de canales donde encontramos los tres nombres dispuestos en orden: *Adonai* en la parte inferior, IHVH (יהו"ה) en el centro y *Ehieh* en la parte superior. Del nombre *Ehieh* proceden abundantes emana-

8. Literalmente, «influencia», viene de un verbo que significa «fluir», «desbordar», alude a la abundancia.

4b

ciones, de la fuente conocida como *Ein-Sof* hasta llegar al nombre IHVH (יהו"ה), bendito sea, y desde el nombre IHVH (יהו"ה), todos los canales y todos los conductos irán a parar al nombre *Adonai.* Y el nombre *Adonai* es un tesoro en el que se encuentra todas las ordenanzas del rey, y él es el gran sustentador de todas las criaturas a las que limpia y alimenta por el poder de IHVH (יהו"ה) que está en medio de él, por su boca salieron y por su boca vinieron todos los que se apegan al nombre de IHVH (יהו"ה), bendito sea.

ואין דרך וצד ועניין להידבק בשם יהו"ה אלא על ידי אדנ"י, ולפיכך זה השם הוא בית אוצר השם המיוחד והוא ההיכל שבו שוכן יהו"ה. וכן נקרא תמיד בתורה יהו"ה בכינוי אדנ"י, כלומר כל מבקש יהו"ה ימצאנו בשם אדנ"י. ולפי שהדבר כך, צריך אתה לדעת כי ה' יתברך יש לו נ"ד שמות מרובעים בצירוף יהו"ה יתברך, והם עולים לחשבון רי"ו אותיות, ואלו נ"ד שמות הם סוד המשכת כוח בכל הנמצאים שבעולם בהיות כל הווה, והם בדמיון נשמה אצל ירשו אותיות שהם בויסע ויבא ויט. ובתוך אלו נ"ד שמות נכללים כל הדברים שבעולם, ואלו הן המספיקים צורך כל הנבראים על ידי אדנ"י.

Y no hay forma, lado ni interés que se le pueda atribuir al nombre de IHVH (יהו"ה) excepto por *Adonai.* Y, por lo tanto, este nombre es la casa del tesoro del nombre unificado y es el templo donde mora IHVH (יהו"ה). Y en la *Torah,* siempre se hace referencia a IHVH (יהו"ה) con el apodo *Adonai,* es decir, todo el que busque a IHVH (יהו"ה), bendito sea, lo encontrará en el nombre *Adonai.* Dicho de otro modo, aquel que desee descubrir a IHVH (יהו"ה) lo encontrará en el nombre *Adonai.* Además, has de saber que IHVH (יהו"ה), bendito sea, tiene 54 nombres por combinaciones (צירוף) de IHVH (יהו"ה), bendito sea, que suman 216 letras.[9] Estos 54 nombres contienen el secreto del poder de todo lo que

9. 54 es la guematria de *Din,* «juicio». Si multiplicamos este número por 4, por las cuatro letras del nombre, nos da 216. Curiosamente 216 es la guematria de la sefirah de *Guevurah.*

existe en el mundo (5a). Y éste es el alma de las 216 letras contenidas en los versículos.[10] Todas las cosas del mundo están incluidas en estos 54 nombres, que reúnen los medios para satisfacer las necesidades de cada criatura a través de *Adonai*.

ואם כן נמצא שם אדנ"י באותיותיו מורות על ממשלתו ועניינו. כיצד? א' שבו הוא סוד אהיה שהוא למעלה, י' שבו הוא סוד יהו"ה שהוא שוכן בו, ד"נ הוא סוד נ"ד שמות ההויות שהם סוד כל מיני שפע ואצילות וקיום כל הנבראים שבעולם. נמצאת למד כי כל הממשלה והשלטנות הוא ביד אדנ"י, ולפיכך הוא מורה לשון אדנות, שזה השם הוא אדון כל הארץ בכח יהו"ה השוכן בו.

Y siendo así, vemos que las letras que forman *Adonai* nos hablan de su esencia y su Semejanza. Por ejemplo, el nombre *Adonai* une los otros grados por medio de sus letras. *Alef* contiene el secreto de *Ehieh* que está arriba. *Iod* es el secreto de IHVH (יהו"ה), que habita en él. *Dalet-Nun*[11] es el secreto de los 54 nombres, constituyendo el secreto de toda la *Shefa*,[12] de la emanación y de todo lo que sostiene a las criaturas que hay en el mundo. He aprendido que todo gobierno y gobernanza están en manos de *Adonai*. Por eso toma la forma *Adnut*, que expresa su señorío sobre toda la Tierra por el poder con el que IHVH (יהו"ה) habita en él.

ולפי שאין לכל נברא בעולם דרך להיכנס לשם יתברך אלא על ידו, וכל שאלה ותחנונים ובקשה אינם נכנסים אלא על ידי אדנ"י, הוצרכו לקבוע בראש כל התפילות: 'אדנ"י שפתי תפתח', כי פסוק זה כתוב אל"ף דל"ת נו"ן יו"ד, וזהו העיקר. ועל ידי שם זה נכנסות התפילות לפני יהו"ה יתברך:

10. Hace referencia a los versículos 19, 20 y 21 del capítulo XIV del libro del *Éxodo*.

11. Cuya guematria es 54.

12. La guematria *Siduri* u ordinal de esta palabra es 54.

5a

Y es el único camino en el mundo para acercarse al *Eterno*, bendito sea, y no hay otro, y todas las demandas y súplicas y solicitudes no entran sino por medio de *Adonai*, y por eso es necesario al principio de las oraciones decir «*Adonai*, abre mis labios».[13] Porque este versículo está escrito con *Alef*, *Dalet*, *Nun* y *Iod*, y ésta es la esencia, ya que por este nombre entran las oraciones delante de IHVH (יהו"ה), bendito sea.

ולפי שיהו"ה יתברך משפיע כל מיני שפע ואצילות בשם אדנ"י ובו כל גנזי המלך וכל מיני עושרו, ואליו יבואו ובו יתכנסו ויגנזו, ומשם יתפשטו למלאות צורך כל הבריות, והוא כדמיון בריכה שהנחל נמשך לתוכה ומן הבריכה מספיקים מים להשקות את הגן ולשתות ולשאר הצרכים, מכנים בתורה שם אדנ"י בכינוי ברכה, כי הבר־כה מלשון בריכה. וזהו השם שבו בירך יעקב אבינו עליו השלום את בניו, שירש אותו מיצחק אבינו ויצחק מאברהם.

Y según IHVH (יהו"ה), bendito sea, toda clase de *Shefa* y emanación se efectúan a través del nombre *Adonai*, y en él están todos los tesoros del rey y todo tipo de riquezas. Estas emanaciones se ocultan a través de él, y está ahí para alimentar y satisfacer las necesidades de todas las criaturas, y es como un estanque en el que se dibuja la corriente y en el estanque hay suficiente agua para regar el jardín y proporcionar para beber y para otras necesidades. En la *Torah* el nombre *Adonai* se llama bendición (ברכה), que viene de la palabra estanque (בריכה). Y éste es el nombre con el que bendijo Jacob, la paz sea con él, a sus hijos, que había heredado de su padre Isaac, e Isaac de Abraham.

וה' יתברך מסר שם זה לאברהם אבינו עליו השלום, לפתוח שערי אדנ"י ולתת כל מה שצריך לו ולשאר כל בני העולם ומסר בידו ברכ"ה זו. וזהו סוד ואברככה ואגדלה שמך והיה ברכה (בראשית יב,

---

13. Véase *Salmos* (LI-17).

ב); לא אמר והיה מבורך אלא 'והיה ברכה', הרי הברכה מסורה בידך קח כפי רצונך, ולא לך לבדך אני נותן לך רשות ליטול אלא לכל מי שתרצה תן בפי רצונך לכל בני העולם, וזהו:

Y *El Eterno*, bendito sea, se lo dio a Abraham nuestro patriarca, la paz sea con él, para que abriera las puertas de *Adonai* y le diera a él y los hijos del mundo esta bendición. Y éste es el secreto: «y haré de ti una nación grande, y te bendeciré, y engrandeceré tu nombre, y serás bendición» (*Génesis* XII-2). No dice «y serás bendecido», sino «y serás una bendición». La bendición ha sido puesta en tu mano, tómala y sabe que no es sólo para ti (5b), es para ser entregada a todas las personas del mundo, y eso es todo.

ונברכו בך כל משפחות האדמה (שם, ג,ו) כלומר כל הרוצה ליטול כלום מברכה זו אינו נוטל אלא על ידך, שהרי היא מסורה בידך ושלך היא. ולפיכך אמרו רז"ל שהראשון שקרא את י"י יתברך אדנ"י הוא אברהם אבינו עליו השלום באמרו אדנ"י יהו"ה מה תתן לי (שם טו, ב), כי ממנו שאל צרכיו לשם הגדול. ואחר אברהם ירשה יצחק, וזהו: ויהי אחרי מות אברהם ויברך אלהים את יצחק בנו (שם לה, יא).

«Y serán benditas en ti todas las familias de la Tierra» (*Íbid* XII-3). Es decir, aquel que quiera tomar algo de esta bendición, lo hace a través de ti, después de todo, está en tus manos y es tuya. Pero nuestros rabinos, de bendita memoria, dijeron que el primero en llamar *Adonai* al *Eterno*, bendito sea, fue Abraham nuestro patriarca, la paz sea con él,[14] cuando dijo: «*Adonai El Eterno*, ¿qué me has de dar?» (*Íbid.* XV-2), porque pidió lo que necesitaba al gran nombre. Después, Abraham heredó a Isaac, y es: «Y sucedió, después de muerto Abraham, que Dios bendijo a Isaac su hijo» (*Íbid.* XXXV-11).

14. Véase Talmud, tratado de *Berajoth* (7a).

5b

ועל הברכה הזאת נתקוטטו עשו ויעקב, וזוהי הבכורה שמכר עשו ליעקב, וחזר יצחק וקיים המקח כששלחו לפדן ארם, וזהו: קום לך פדנה ארם ואל שדי יברך אותך ויתן לך את ברכת אברהם לך ולז־רעך אתך (שם כח, ב). הרי נתייחדה ברכה זו לירושה ליעקב ולזר־עו לבד כשאמר 'לך ולזרעך אתך'. ולפיכך כשבא יעקב להיפטר מן העולם פתח ברכה זו לשנים עשר שבטים, שיקח כל אחד מהשבטים חלקו מברכה? לירושה, וזהו סוד:

Y fue por esta bendición por lo que Jacob y Esaú se pelearon. Y éste es el derecho de progenitura que Esaú vendió a Jacob. Isaac reafirmó esta venta cuando envió a Jacob a *Padan Aram*, como ha sido escrito: «levántate, ve a Padan Aram, a casa de Betuel, padre de tu madre, y toma de allí para ti mujer de las hijas de Labán, hermano de tu madre. Que *El Shaddai* te bendiga y te haga fructificar, y te multiplique, hasta venir a ser congregación de pueblos; y te dé la bendición de Abraham, y a tu simiente contigo, para que heredes la tierra de tus peregrinaciones, que Dios dio a Abraham» (*Génesis* XXII-2 a 4). Después de todo, esta bendición fue designada como una herencia sólo para Jacob y su descendencia cuando dijo: «y a tu simiente contigo». Y, por lo tanto, cuando Jacob estaba a punto de dejar este mundo, abrió esta bendición a las doce tribus, ¿Tomará cada una de las tribus su parte de bendición? Y éste es el secreto:

כל אלה שבטי ישראל שנים עשר וזאת אשר דיבר להם אביהם ויב־רך אותם איש אשר כברכתו ברך אותם (בראשית מט, כח). מאי איש אשר כברכתו? שמא תאמר מדעתו בירך לאחד מהם? אינו כן, אלא לכל שבט ושבט נתן לו חלקו הראוי לו מבריכה זו, ולא מדעתו אלא מדעת הברכה עצמה. ומשה רבינו עליו השלום בברכה זו בירך את ישראל קודם שנכנסו לארץ, וזה סוד, וזאת הברכה אשר ברך משה איש האלהים את בני ישראל לפני מותו (דברים לג, א).

«Todos estos fueron las doce tribus de Israel: y esto fue lo que su padre les dijo, y los bendijo; a cada uno por su bendición los bendijo»

5b

(*Génesis* XLIX-28). ¿Cuál es el significado de «los bendijo»? Uno podría pensar que los bendijo por su cuenta. Pero no es así, pues concedió una porción de bendición a cada una de las tribus mientras las bendecía. Y esto no lo hizo él, sino la propia bendición. Y *Moshé Rabbeinu*, la paz sea con él, bendijo a Israel con esta bendición antes de que entraran en la tierra, y éste es el secreto: «Y ésta es la bendición con la cual bendijo Moisés varón de Dios a los hijos de Israel, antes que muriese» (*Deuteronomio* XXXIII-1).

נמצא שם אדנ"י הוא סוד הברכה, וזוהי הברכה המעשרת לדבקים בה בלי עצב ודאגה, והסוד; ברכת י"י היא תעשי"ר ולא יוסיף עצב עמה (משלי י, כב) ולפי כי שם אדנ"י הוא כדמיון אוצר לקבל שפע כל הברכות ומיני האצילות והוא בדמיון בריכה ובית קיבול, לכך הוא מלשון אדנ"י החצר שבהן נכנסין העמודים. ותמצא כי מאה אדנ"י כסף נעשו במשכן, כמו שכתוב: ומאת אדנ"ים למאת הככר ככר לאדן (שמות לה, כו).

Allí se encuentra que Dios es el secreto de la bendición, y ésta es la bendición que enriquece a los que se adhieren a ella sin tristeza ni preocupación. Y es el secreto de: «La bendición del *Eterno* es la que enriquece, y no añade tristeza con ella» (*Proverbios* X-22). Porque el nombre *Adonai* es como una vasija que contiene la abundancia de todas las bendiciones, así como otros efluvios. Es el estanque y una casa de recepción, y el nombre de *Adonai* contiene la misma raíz que *Adani ha-Jatzer*[15] pues ha sido dicho: «Y los cien talentos de plata fueron para hacer de fundición las basas del santuario» (*Éxodo* XXXVIII-27).

ואלו מאה אדנ"י שבמשכן הם בדמיון מאה בריכות שמתמלאות מן הבריכה הגדולה הנקרא אדנ"י. לפיכך חייב אדם לברך מאה ברכות

15. Las bases de las columnas.

5b

בכל יום כדי להמשיך מכל אחת ואחת, ומפני שמאה ברכות באות בשם אדנ"י מאלו הבריכות, ואם חיסר ברכה אחת פוגם ומטיל מום. והסוד תלוי בסוד אי"ק בכ"ר, שהוא סוד כהן לוי וישראל, שהוא סוד נפש ורוח ונשמה. ולפי עיקר?ה אמר דוד המלך עליו השלום: ברכי נפשי את י"י (תהלים קג, א); תלה הברכות בנפש בסוד שלוש המ־ערכות העליונות והנפש צריכה לברך בכל יום מאה ברכות, שהיא כנגד ישראל; ומן הברכות המאה יגיעו עשרה, שהם המעשר, לרוח שהיא כנגד לוי; ומן העשרה של רוח לוי, יתן אחת לנשמה שהיא כנגד כהן.

Estos cien *Adanim* (bases) del santuario, son parecidos a los cien estanques que se llenan desde el gran estanque de *Adonai*. Por lo tanto, hay que decir cien bendiciones por día, para extraer de cada estanque. Si uno dice menos de cien en el secreto del *Aik Bakar*[16] en el secreto del Cohen, de los levitas y de Israel; y el secreto de *Nefesh*, y *Ruaj*, y *Neshamah*. Esto es lo que quería decir el rey David, la paz sea con él: «bendice, alma mía al *Eterno*» (*Salmos* CIII-1). Las bendiciones al alma por tres emanaciones superiores. *Nefesh* se refiere a las cien bendiciones, que corresponden a Israel, como hemos demostrado. De estas cien bendiciones, diez van al *Ruaj*, que corresponde a los levitas, y de estas diez del *Ruaj* de los levitas, sólo una va a la *Neshamah*, que corresponde al Cohen.

ואם כן נמצאת למד שאם לא תברך נפשו של אדם ק' ברכות בכל יום לא תגיע לנשמה ברכה אחת, מאחר שאין מגיע לרומ עשר בר־כות, שזהו סוד הלויים שלוקחין מעשר מישראל וחוזרין ונותנין לכהן אחד מעשרה ממה שנטלו. וזהו סוד פרשת מעשר לויים וכהנים הכתובה בתורה, ולפיכך אמר: ואל הלוים תדבר ואמרת אליהם כי תקחו מאת בני ישראל את המעשר אשר נתתי לכם מאתם בנחל־תכם והרמותם ממנו תרומת י"י מעשר מן המעשר (במדבר יח, כו). וסוד מעשר מן המעשר הוא סוד אי"ק: שאם אין ק' אין י', ואם אין י'

16. Sistema de guematria.

6a

אין א'. ולפיכך צריך האדם להיות זריז לברך מאה ברכות, ואם ח"ו חיסר אחת, פגם. ואלו ק' ברכות הם בדמיון מאת אדנ"י כסף שבהן שפע אדנ"י מתפשט לכל צד למאה בריכות:

(6a) Por lo tanto, se entiende que si el alma del hombre no dice las cien bendiciones requeridas cada día, la *Neshamah* no recibe su bendición, ya que el *Ruaj* no ha recibido sus diez bendiciones. Es a través de este secreto como los levitas toman el diezmo dado a Israel. Como está escrito en la *Torah*: «Porque he aquí, yo he tomado a vuestros hermanos los levitas de entre los hijos de Israel, dados a vosotros en don del *Eterno*, para que sirvan en el ministerio del tabernáculo del testimonio (*Números* XVIII-6). El secreto del diezmo es el secreto de *Aik* pues si no hay *Kof* (ק),[17] no hay *Iod* (י)[18] y si no hay *Iod*, no hay *Alef* (א).[19] Por lo tanto, hay que apresurarse en decir las cien bendiciones del día, sin omitir ninguna de ellas. Estas cien bendiciones simbolizan los cien *Adoni Kesef*[20] a través de las cuales la *Shefa* de *Adonai* se derrama a los cien estanques.

ולפעמים נקרא שם אדנ"י בתורה בכינוי באר, והטעם כי הוא באר מים חיים שבו יתכנסו כל מיני שפע ואצילות של מעלה, כמו שאמרנו. ועל זה נאמר: מעיין גנים באר מים חיים ונוזלים מן לבנון (שי"הש ד, טו). ובעוד שישראל צדיקים ומברכין מאה ברכות בכל יום כהוגן, הבאר הזאת מתמלאת ממים חיים משפע אצילות עליונה, ואז כולן עשירים מלאים כל טוב, שואבין מים חיים כפי צרכם. ולפעמים נקרא ג"כ באך שבע, לפי שנמשכין עליה שבעה נחלים דרך יסוד עולם משבע מעלות עליונות.

17. Valor numérico 100.

18. Valor numérico 10.

19. Valor numérico 1.

20. Las bases de plata.

6a - 6b

A veces se escribe en la *Torah* el nombre *Adonai* con el apodo *Beer* (pozo) porque es el «Pozo de aguas vivas» donde se reúnen toda la *Shefa* y la emanación, por lo que ha sido dicho: «fuente de huertos, pozo de aguas vivas, que corren del Líbano» (*Cantar de los Cantares* IV-15). Y mientras Israel es justo y bendice cien bendiciones cada día como debe ser, este pozo estará lleno de aguas vivas, de *Shefa* y emanación elevada, y entonces todos son ricos, llenos de todo bien, y extraerán aguas vivas según sus necesidades. Y a veces se llama *Beer Sheva* (siete pozos) porque de él salen siete ríos,[21] conocidos como *Iesod Olam* (fundamento del mundo) de la *Shefa* más elevada.

וכנגד באר זאת יש באר אחרת מבחוין, עם שאר כמה בארות מלאות נחשים ועקרבים ונקראין בארות נכריות, ועליהם אמר: כי שוחה עמוקה פי וונה ובאר צרה נכריה (משלי כג, כז). וכל אותם שהם רשעים גמורים אין להם זכות לשאוב מבאר שבע ונופלים בבאר צרה נכריה, אותם הנמשכים אחר עבירות קשות. ואל זה רמז אדנ"י כשחטאו ישראל במידה זו. אמר הנביא: כי שתים רעות עשה עמי אותי עזבו מק"ור מי"ם חיי"ם לחצוב להם בארות בארות נשברים אשר לא יכילו המים (ירמיהו ב, יג).

Y enfrente de este pozo, hay otro lleno de serpientes, escorpiones y criaturas extrañas, del que ha sido dicho: «Porque sima profunda es la ramera, y pozo angosto la extraña» (*Proverbios* XXIII-27). Todos aquellos que son totalmente malvados no tienen derecho a sacar de *Beer Sheva* y caen en el pozo angosto de la extraña debido a la gravedad de sus transgresiones. Y ésta es la alusión que hizo *Adonai* cuando Israel cayó en este nivel, según las palabras del profeta: «Porque dos males ha hecho mi pueblo: me dejaron a mí, fuente de agua viva, por cavar para sí cisternas, cisternas rotas que (6b) no detienen aguas» (*Jeremías* II-13).

21. Que corresponden, según los cabalistas, a las siete Sefirot inferiores.

6b

כלומר באר צרה, אין לה קרקע, כי כולה שברים שברים ואין מים מתקיימים בה אלא מלאה נחשים ועקרבים. ואל זה רמז דוד: ואל תאטר עלי באר פיה (תהלים סט, טז): ולפעמים נקרא שם אדנ"י בכינוי ים, והטעם כי כל מיני הבריכות והשפע והאצילות נמשכים אליו כדמיון הנחלים, וזהו סוד כל הנחלים הולכים אל הים (קהלת א, ז). ולשון ים הוא הקרקע המחזיק את המים כאמרו וכמים לים מכ־סים (ישעיהו יא, ט), ואומר ולמקוה המים קרא ימים (בראשית א, יא) הרי בית קיבול המים נקרא ים. ומתוך זה הים נבראו כמה מלא־כים ומחנות, וכמה מינים משונים אשר שרצו המים אשר בתוכו, וכולן מרכבות ומחנות עליונות, ועל זה רמז: זה הים גדול ורחב ידים שם רמש ואין מספר חיות קטנות עם גדולות (תהלים קד, כה). ובתוך הים הוה כמה ספינות וכמה שייטים, וכמה דגלים פרושים על ראש התורן של הספינות, וכמה מיני גלים ומיני שאון מתגלגלים בתוכו, ועליו נאמר: שם אניות יהלכון (שם, כו).

Es decir, un pozo angosto, no tiene fondo, porque está todo quebrado y roto, y no hay agua en él, mas está lleno de serpientes y escorpiones. Y esto es a lo que aludía David: «ni el pozo cierre sobre mí su boca» (*Salmos* LXIX-16). A veces el nombre *Adonai* recibe el apodo de *Iam* (mar) porque todas las bendiciones, la *Shefa* y la emanación fluyen allí como ríos. Y éste es el secreto de: «Los ríos todos van al mar...» (*Eclesiastés* I-7). La palabra *Iam* se refiere a la tierra que contiene el agua, como está escrito: «como las aguas cubren el mar» (*Isaías* XI-9), o: «al ayuntamiento de las aguas llamó mares» (*Génesis* I-10). Vemos que el receptáculo del agua se llama *Iam*. En este mar fueron creados ángeles y legiones y otras criaturas extrañas, que las aguas rodean. Todas estas criaturas forman parte de los más altos poderes y conjuntos que emanan de la fuente divina. A esto se alude en: «Asimismo este gran mar y ancho de términos; allí hay peces sin número, animales pequeños y grandes» (*Salmos* CIV-25). En este mar hay muchos barcos, con diferentes banderas en sus mástiles. Los barcos se levan-

6b - 7a

tan, impulsados por las olas (7a), los rugidos y los torbellinos, rompiendo sobre ellos: «Ahí van los barcos...» (*Íbid.* 26).[22]

ובקצה ים זה יש מקום אחד הנקרא ים סוף, והוא קרוב לגבול תחומי הארץ הידועה במידת אדנ"י, ומן המקום הזה ירד הדין על מצרים ונטבעו בים סוף של מטה, וזהו סוד כי י"י נלחם להם במצרים (שמות יד, כה). וחכמי הפנימיות מיחסים לפעמים למידה זאת הנקרא אדנ"י ים החכמה, לפי שכל מיני חכמה ואצילות הנמשכין מן החכמה העליונה כולן נופלים בתוכו, וממנו שואבים כל חכמי לב חכמה. והמידה הזאת נתנה י"י יתברך לשלמה, וזהו; וי"י נתן חכמה לשלמה (מלכים, ה, כו).

Y al final de este mar hay un lugar llamado *Iam Suf* (Mar Rojo), y está cerca de la frontera de los territorios del país conocido en la *Middah* de *Adonai*, y de este lugar descendió el juicio sobre Egipto y fueron ahogados en el Mar Rojo de abajo, y éste es el secreto de: «porque *El Eterno* pelea por ellos contra los egipcios» (*Éxodo* XIV-25). Y los sabios de la escuela interior[23] relacionan a veces la *Middah Adonai* con *Iam haJojmah* (mar de la sabiduría), pues en él han caído toda clase de sabidurías y emanaciones de la *Middah* superior de *Jojmah,* y de ella obtienen su sabiduría los sabios. Y ésta es la *Middah* que *El Eterno* le dio a Salomón, por lo que ha sido escrito: «*El Eterno* le dio la sabiduría a Salomón» (1 *Reyes* V-26).

וכשנכנס בים החכמה היה בו כוח לדעת ולהבין כל סדרי המערכות עליונות ותחתונות ולא נכחד ממנו כל דבר. ובכוח שם אדנ"י ישב על כסא י"י ומלך על העליונים והתחתונים, לפי שחכמת אלהים בקרבו לעשות משפט:

---

22. Los barcos representan a las almas y el puerto al mundo venidero. Véase Zohar (I-242a), Vol. VIII de nuestra edición, página 248, Barcelona, 2009.

23. Los cabalistas.

7a

Y cuando entró en el mar de la sabiduría, tuvo el poder de conocer y comprender todos los grados superiores e inferiores y nada quedó oculto para él. Y por el poder del nombre *Adonai, El Eterno* se sentó en un trono y reinó sobre lo alto y lo bajo, pues la sabiduría de *Elohim* estaba cerca de él para impartir justicia.

ולפעמים נקרא שם אדנ"י בכינוי כל, והטעם לפי שלא יחסר כל בו, שהרי כל מיני השפע והאצילות וכל מיני הברכות והקיום כולן נכ־נסים בתוכו. ונקרא כ"ל לפי שהכל בו, וכל מיני צורך שיצטרך דבר בעולם אין לבקש אלהות אחרת ולא ממקום אחר, כי הכול כלול בתוך שם וה, וממקום זה יפיק כל שואל רצונו כל אחד ואחד כפי חפצו ורצונו, בהיותו קורא אותו באמת. ועוד כי יסוד, המידה שהיא למעלה משם זה, נקראת כל, על עיקרים שעדיין נבאר אותם בעזרת השם. והמידה הזאת הנקראת כ"ל נתנה י"י במתנה לאברהם, כמו שהודענוך, שהרי היא יסוד הברכה והבריכה. ואל זה רמז באמרו: וי"י ברך את אברהם בכל (בראשית כד, א). ומאברהם ליצחק, באמרו:

Y a veces el nombre *Adonai* se llama con el apodo *Kol* (todo), y la razón es que no faltará todo en él. Él contiene todo tipo de *Shefa* y emanación, así como todas las bendiciones y la fuente de la existencia. Se le llama *Kol* porque todo está en él. Porque en cualquier de este mundo, no es necesario invocar a otras deidades, porque todo está contenido en este nombre. Es el lugar que puede conceder todas las necesidades y deseos, si los buscadores apelan a él sinceramente. Además, la *Middah Iesod*, por encima de este nombre, se llama también Kol por razones que explicaremos más adelante, si Dios quiere. La *Middah Kol* fue entregada por *El Eterno* como un regalo a Abraham, como explicaremos. *Kol* es el fundamento de la bendición y del estanque. Y a esto alude: «*El Eterno* bendijo a Abraham con *Kol*» (*Génesis* XXIV-1). Abraham lo legó a Isaac.

7a

ואוכל מכל בטרם תבא ואברכהו (שם, כז, לג). ומיצחק ליעקב, באמרו: כי חנני אלהים וכי יש לי כל (שם לג, יא) פי' אמר יעקב לעשו: שמא יעלה בדעתך שאני חסר על מה שאני נותן לך? תדע שהרי כל מפתחות הברכה העליונה כולם מסורות בידי, והרי היא כלולה מן הכל, וזהו 'וכי יש לי כל', ולפיכך איני חסר על מה שאני נותן לך כלום:

«Y comí de todo antes que vinieses. Yo le bendije» (*Íbid.* XXVII-33). Isaac se lo dio a Jacob, diciendo: «Porque *Elohim* me ha favorecido con todo» (*Íbid.* XXXIII-11). Jacob dijo a Esaú: «A pesar de los regalos que te he dado, no me faltará nada. Has de saber que mis recursos no han disminuido con estos regalos. Has de saber que las llaves de todas las bendiciones superiores me han sido dadas y todas ellas están contenidas en *Kol*, por eso está escrito: «porque tengo todo», nada me falta con todo lo que os he dado».

ולפעמים נקרא שם אדנ"י בכינוי אבן, לפי שהוא היסוד לכל הבניינים אשר בעולם, וכל הנמצאים שבעולם הם עליה סמוכים ואליה צריכין. ונקראת אבן הראשה (זכריה ד, ז) אשר ממנה יצאו כל המוני מעלה ומטה במעשה בראשית. ונקראת אבן ספיר לפי שהיא מקבלת כל הגוונים משאר כל מעלות שעליה ופועלת בנבראים דבר והפכו, פעמים לטובה פעמים לרעה, להחיות ולהמית, להכות ולרפא, להוריש ולהעשיר, וכיוצא בהם. ורמז לדבר: ראו עתה כי אני אני הוא ואין אלהים עמדי אני אמית ואחיה מחצתי ואני ארפא (דברים לב, לט). ועוד, לפי שהמידה הזאת שואבת כוח הספירות ומושכת אליה כל מיני האצילות והברכות, ואחר שמושכת מן הברכות מלמעלה חוזרת ונותנת פרנסה ומזון לשאר כל הנמצאים תחתיה, איש כפי הראוי. ועליה נאמר: אבן מאסו הבונים היתה לראש פנה (תהלים קי"ח, כב).

El nombre *Adonai* también recibe el apodo de *Even* (piedra), porque es el fundamento de todas las construcciones del mundo. Todo en el mundo depende de él y satisface todas las necesidades. Se le llama

Even haRishah (piedra principal) (*Zacarías* IV-7), de donde salieron todas las multitudes de arriba y abajo en la obra del *Génesis*. Y se llama «piedra de zafiro» por el hecho de que recibe todos los matices de los atributos superiores. Entonces funciona creando cosas mutuamente contradictorias, a veces causando el bien y otras el mal. Puede dar la vida o la muerte, causar aflicción o curar, arruinar o enriquecer. A esto alude el versículo: «Sabed que yo (7b) soy, y que no hay *Elohim* fuera de mí; yo traigo la vida y traigo la muerte, yo hiero y curo. (*Deuteronomio* XXXII-39). Y, además, de acuerdo con la *Middah* que atrae el poder de las Sefirot y atrae hacia ellas todo tipo de nobleza y bendiciones. Y después de tomar de las bendiciones de lo alto, regresa y da sustento y comida a todos los demás que están debajo de ella, como el hombre se merece. Y a propósito de esto, ha sido dicho: «a piedra que desecharon los edificadores, ha venido a ser cabeza del ángulo» (*Salmos* CXVIII-22).

שהרי אברהם יצחק ויעקב נטלו חלקם למעלה ממנה בספירות עליונות אשר עליה, עד שבא דוד והחזיק בה ולקחה למידתו, והוא שאמר 'היתה לראש פנה', לפי שאליה פונים כל הפנים אשר בכל הנמצאות עליונים ותחתונים, בין אותן המעלות שלמעלה ממנה, בין אותן המעלות שלמטה ממנה שלמעלה ממנה פונים אליה להמשיך לה כוחם והשפעתם וטובתם וברכותם; ושלמטה הימנה פונים אליה לבקש ממנה פרנסתם ומזונותם וקיומם. וזהו סוד 'לראש פנה', והסוד; או מי ירה אבן פנתה (איוב לח, ו).

Después de todo, Abraham, Isaac y Jacob tomaron su parte en las Sefirot superiores que están por encima de él hasta la llegada de David, que se apoderó de él y lo aprovechó al máximo. Como dice el versículo: «ha venido a ser cabeza del ángulo", hacia el cual están orientados los rostros superiores e inferiores, entre esos grados que están por encima de él, los superiores para derramar en ella su fuerza y los inferiores para recibir alimento, sustento y subsistencia. Y éste es el secreto de la

7b

piedra angular y el secreto de: «¿Quién puso esa piedra angular?» (*Job* XXXVIII-6).

וזוהי המפרנסת את ישראל, וסימניך: משם רועה אבן ישראל (בראשית מט, כד). והאבן הזאת תשוקתה וחפצה ומגמתה אל אבן אחרת עליונה למעלה הימנה, וממנה יבואו לה כל מיני האצילות, ושתים אבנים טובות הם לישראל, וסימניך; ולקחת את שתי אבני שהם ופתחת עליהם שמות בני ישראל (שמות כח, ט), והסוד: אדנ"י יהו"ה מה תתן לי (בראשית טו, ב) שכינה מושכת מלמעלה למטה, ונמשכת מלמטה למעלה. וכנגד אבן זאת יש אבן אחרת ונקראת אבן גדולה, וכשהיא עומדת על פי הבאר ישראל משועבדים תחתיה, עד בא אשר לו המשפט, וסימניך: ויגש יעקב ויגל את האבן מעל פי הבאר (בראשית כט, י), והסוד פרשת ויעקב נסע סכותה (שם לג, יז) ופרשת הנה יום בא לי"י (זכריה יד, א):

Y esto es lo que apoya[24] a Israel: «de allí apacentó la piedra de Israel» (*Génesis* XLIX-24). Esta piedra, desea, aspira y espera otra piedra de un nivel superior, de la que provienen todo tipo de emanaciones, que son dos piedras preciosas para Israel, indicadas por: «tomarás dos piedras de ónice, y grabarás en ellas los nombres de los hijos de Israel» (*Éxodo* XXVIII-9). Y el secreto es: «*Adonai* IHVH (יהו"ה), ¿qué me darás?» (*Génesis* XV-2). La *Shekinah* atrae lo que está arriba, pero también es atraída hacia arriba. En correspondencia con esta piedra, otra piedra se llama *Even Guedulah*.[25] Cuando permanece en la boca del pozo, Israel está esclavizado abajo, hasta que lleguen el juicio y las señales. «Se acercó Jacob, y removió la piedra de sobre la boca del pozo» (*Génesis* XXIX-10). Y éste es el secreto de la parashah «Y Jacob partió a Sukot» (*Génesis* XXXIII-17), y de: «He aquí, el día del *Eterno* viene...» (*Zacarías* XIV-1).

---

24. Literalmente «que provee sustento».

25. Gran piedra.

ומידת שם אדנ"י נקרא לפעמים בכינוי בית המקדש, לפי שהוא הבית שהשם המיוחד שוכן בתוכו. ולפי שהש"י קידש הר המוריה והיה חלקו של אדנ"י, נבנה בו בית המקדש, וסימניך: מקדש אדנ"י כוננו ידיך (שמות טו, יז). וזה השם היה שוכן בתוכו, וכל צורות הבית ולשכותיו והיכליו וגנזיו ואולמיו כולם היו בצורת סוד אדנ"י, כעניין שאמרנו בסוד צורת אברים שבאדם. וכשחטאו ישראל ונס־תלקה השכינה, נחרב הבית. וכשבא דניאל והתפלל לפני י"י יתברך כדי לבנות בית המקדש, נתכוון אצל מידה זו ואמר: והאר פניך על מקדשך השמם למען אדנ"י (דניאל ט, יז), באל"ף דל"ת נו"ן יו"ד.

Y la *Middah Adonai* se refiere a veces al templo, que es la morada donde reside el nombre unificado (8a). Dios santificó el monte Moriah, un lugar de *Adonai* donde se construyó el templo. Y la señal es: «En el santuario del *Eterno,* que han afirmado tus manos (*Éxodo* XV-17). Y el nombre moraba en su interior y todas las formas de la vivienda: recintos, salas, vestíbulos y tiendas, estaban en la forma secreta del nombre *Adonai,* y en el secreto de los miembros del hombre. Y cuando Israel pecó y la *Shekinah* partió, el templo fue destruido. Y cuando Daniel vino y oró ante el *Eterno,* bendito sea, para reconstruir el templo sagrado, invocó esta *Middah,* por eso, cuando Daniel vino a orar ante el *Eterno,* bendito sea, dijo: «Haz brillar tu rostro sobre tu santuario en ruinas por amor a *Adonai* (*Daniel* IX-17). Con *Alef, Dalet, Nun, Iod.*

כלומר, בנה בית המקדש שהוא הכיסא וההיכ"ל לשם אדנ"י. ומה שדרשו ז"ל במסכת ברכות: למען אדנ"י, למענך מיבעי ליה; אלא למען אב שקראך אדון אמת ויציב, כי המידה הזאת היתה שומרת לאברהם ולוחמת מלחמותיו, בסוד: ויחלק עליהם לילה הוא ועבדיו ויכם (בראשית יד, טו), ובסוד: מי העיר ממזרח צדק יקראהו לרגלו (ישעיהו מא, ב), כמו שנבאר במילת צדק בע"ה:

Es decir, construyó el templo que es el trono y el palacio del nombre *Adonai.* Y nuestros comentaristas, de bendita memoria, han interpre-

8a

tado en *Berajoth:*[26] «Es por tu bien». Pero significa: para Abraham que te llamó *Adonai*. Lo han interpretado verdaderamente, porque esta *Middah* protegió a Abraham y luchó en sus guerras, y éste es el secreto del versículo: «se derramó sobre ellos de noche él y sus siervos, y los hirió» (*Génesis* XIV-15), y el secreto de: «¿Quién despertó del oriente la justicia, y lo llamó para que le siguiese?» (*Isaías* XLI-2). Lo que significan justicia y *Adonai* lo veremos más adelante, con la ayuda de Dios.

ולפעמים נקראת מידה זו שכינה, והיא היתה שוכנת עם ישראל תמיד משעת עשיית המשכן, כאמרו: ועשו לי מקדש ושכנתי בתוכם (שמות כה, ח). וצריך אתה לדעת עיקר גדול. דע, בתחילת בריאת העולם עיקר שכינה בתחתונים היתה, שהרי מערכת כל הנבראים על סדר המעלות היו; עליונים כנגד עליונים, תחתונים כנגד תחתונים. ולפיכך היתה שכינה שרויה בתחתונים, ובהיות השכינה למטה נמצאו שמים וארץ אחדים, וזהו לשון ויכולו השמים והארץ וכל צבאם (בראשית ב, א), שנשתכללו אלו מאלו ונתמלאו אלו מאלו, והיו הצינורות והמקורות פועלים בשלימותם ונמשכים מלמעלה למטה. נמצא י"י יתברך ממלא מלמעלה למטה, וסימניך: השמים כסאי והארץ הדום רגלי (ישעיהו סו, א).

Y a veces esta *Middah* se llama *Shekinah*, y estuvo morando siempre con Israel desde el momento de la construcción del templo, pues está escrito: «Me harán un santuario, y yo habitaré en medio de ellos» (*Éxodo* XXV-8). Y ahora necesitas conocer un importante principio. Has de saber que, al principio de la creación del mundo, la naturaleza de la *Shekinah* permanecía en los niveles inferiores, pues el propósito original de la creación era mantener unidos los mundos superiores e inferiores,[27] de modo que las existencias superiores de los grados superiores estuvieran en relación con las existencias superiores de los grados inferiores; y que también fuera así para las existencias inferiores de cada

26. Véase Talmud, tratado de *Berajoth* (7b).

27. Unión que se perdió a raíz de la caída.

grado. Por lo tanto, la *Shekinah* habitó abajo y debido a que la *Shekinah* había descendido, los cielos y la Tierra se separaron, y es lo que se significa: «Y fueron acabados los cielos y la Tierra, y todo su ornamento» (*Génesis* II-1), Cada uno estaba adornado por el otro y cada uno se llenaba con el otro, y sus canales así como sus fuentes funcionaban perfectamente juntos, distribuyendo desde arriba lo que *El Eterno*, bendito sea, llenaba desde abajo, y la señal es: «El cielo es mi trono, y la Tierra, estrado de mis pies» (*Isaías* LXVI-1).

נמצא שי"י יתברך היה שרוי במיצוע שוה בין העליונים ובין התחתונים. בא אדם הראשון וחטא, נתקלקלו השורות ונשתברו הצינורות ונפסקו הבריכות, ונסתלקה שכינה ונתפרדה החבילה. באו אברהם יצחק ויעקב עליהם השלום, התחילו להמשיכה למטה ותיקנו לה ג' כסאות, והמשיכוה קצת המשכה ועשו גופותיהם כסאות לשכינה, אבל לא נמשכה השכינה בארץ לדירת קבע, אלא לדירת עראי, והיתה יושבת על גביהם. והסוד: ויעל אלהים מעל אברהם (בראשית יז, כב), רוצה לומר מעל אברהם ממש.

Según esto, *El Eterno*, bendito sea, se coloca como intermediario entre lo superior y lo inferior. Luego vino *Adam haRishon*, que pecó y arruinó el sistema, rompiendo los canales hasta el punto de detener el agua en los estanques, y así la *Shekinah* desapareció. Y todo se vino abajo. Luego vinieron Abraham, Isaac y Jacob, de bendita memoria, que siguieron atrayendo a lo alto. Se convirtieron en tres tronos (8b) de la *Shekinah*, que no podía estar en la Tierra permanentemente, sino sólo temporalmente, sentada detrás de ellos. Y éste es el secreto del versículo: «y subió *Elohim* de estar con Abraham» (*Génesis* XVII-22). Es decir que estaba por encima de Abraham.

וביעקב ויעל מעליו אלהים (שם לה, יג) ועל זה אמרו: האבות הם המרכבה. נמצא השכינה בימיהם פורחת באוויר, ולא מצאה מנוח לכף רגלה בארץ כאשר בתחילת הבריאה. בא משה רבינו עליו הש-

8b

לום וכל ישראל עמו ועשו משכן וכלים, ותיקנו קלקול הצינורות, וסידרו את השורות, והתקינו את הבריכות, והמשיכו מים חיים מבית השואבה והחזירו השכינה לשכון בתחתונים, באוהל, אבל לא בקרקע כאשר בתחילת הבריאה, וסוד זה הוא: ועשו לי מקדש ושכ־נתי בתוכם (שמות כה, ח).

Y estaba por encima de Jacob: «*Elohim* se elevó por encima de él» (*Génesis* XXXV-13). Y esto nos enseña: nuestros patriarcas son la *Merkavah*. Durante sus días, la *Shekinah* vagaba por el aire, sin poner un pie en la tierra, sin encontrar nunca la paz como en el principio de la creación. Luego vino *Moshé Rabbeinu* y todo su pueblo Israel, para hacer el tabernáculo y sus vasos sagrados. Repararon los canales rotos, reorganizaron y reconstruyeron los estanques, de modo que las aguas vivas volvieron a fluir de la fuente. La *Shekinah* volvió a morar abajo, pero en la tienda, no en la tierra como al principio de la creación. Y éste es el secreto de: «Y me harán un santuario, y yo habitaré entre ellos» (*Éxodo* XXV-8).

ונמצאת השכינה כאכסנאי הולך ממקום למקום, ולזה אמר 'ושכנתי בתוכם' ולא אמר ושכנתי למטה, אלא בתוכם, בדמיון אכסנאי. כלו־מר, בכל מקום שילכו ישראל אלך עמהם ואשכון בתוכם, אבל לא במקום קבוע, וזהו סוד: ויהי בנסוע הארו"ן וגו' (במדבר י, לה) ועל דרך זה הסוד נצטער דוד וביקש לקבוע מקום לשכינה למטה במקום קבוע, וזהו סוד: אשר נשבע לי"י. נדר לאביר יעקב אם אבא באהל ביתי וגו' אם אתן שנת לעיני עד אמצא מקום לי"י משכנות לאביר יעקב (תהלים קלב, בה). וכתיב: כי בחר י"י בציון איווה למושב לו זאת מנוחתי עדי עד (שם, יג יד).

Y la *Shekinah* se encuentra como nómada, yendo de un lugar a otro, y a esto se refiere «y yo habité entre ellos» y no dijo y «yo habité abajo» sino «entre ellos», como un nómada. En otras palabras, dondequiera que Israel ande errante, yo iré y habitaré con él, pero no en un lugar estable, y éste es el secreto de: «al mover el arca» (*Números* X-35). Y a

8b

causa de este secreto David estaba angustiado por esta situación y anhelaba preparar un lugar fijo para recibir a la *Shekinah* en el mundo inferior. Y éste es el secreto de: «Acuérdate, oh *El Eterno*, de David, de toda su aflicción; de cómo juró a *El Eterno*, prometió al Fuerte de Jacob: no entraré en la morada de mi casa, ni subiré sobre el lecho de mi estrado; no daré sueño a mis ojos, ni a mis párpados adormecimiento, hasta que halle lugar para *El Eterno*, moradas para el Fuerte de Jacob» (*Salmos* CXXXII-1 a 5). Y ha sido escrito: «Porque *El Eterno* ha elegido a Sion; la deseó por habitación para sí, éste será mi reposo para siempre (*Íbid.* 13).

ולפי שביקש דוד לקבוע מקום למנוחת השכינה ואמר קומה י"י למנוחתך אתה וארון עוזך (שם, ח), ישרו מחשבותיו לפני השכי־נה ושלח ואמר לו י"י יתברך ביד נתן הנביא: לך ואמרת אל עבדי אל דוד כה אמר י"י האתה תבנה לי בית לשבתי כי לא ישבתי בבית למיום העלותי את בני ישראל ממצרים ועד היום הזה, ואהיה מתה־לך באהל ובמשכן בכל אשר התהלכתי בכל בני ישראל הדבר דב־רתי את אחד שבטי ישראל וגו' למה לא בניתם לי בית ארזים וגו' (שמואל ז, ז).

Y de acuerdo con la solicitud de David para determinar un lugar para el lugar de descanso de la *Shekinah*, dijo «Levántate, oh *Eterno*, a tu reposo; tú y el arca de tu fortaleza» (*Íbid.* CXXXII-8). pensamientos eran agradables a la *Shekinah* y *El Eterno,* bendito sea, envió un mensaje a través del profeta Natán: lo envió y le dijo: «Ve y di a mi siervo David: así dijo *el Eterno*: ¿Tú me has de edificar casa en que yo more? Ciertamente no he habitado en casas desde el día que saqué a los hijos de Israel de Egipto hasta hoy, sino que he andado en tienda y en tabernáculo. Y en todo cuanto he andado con todos los hijos de Israel, ¿he hablado palabra en alguna de las tribus de Israel, a quien haya mandado que apaciente mi pueblo de Israel, para decir: ¿Por qué no me habéis edificado casa de cedros? (2 *Samuel* VII-5 a 7).

8b

ובמקום אחר כתיב: רק אתה לא תבנה הבית, כי בנך היוצא מחלציך הוא יבנה הבית לשמי וגו' (דברי הימים, ו, ט). מה עשה דוד המלך? הכין כסף וזהב, ונחושת וברזל, עצים ואבני שוהם ומילואים, ואבני פוך ורקמה וכל אבן יקרה ואבני שוהם לרוב, וסידר כל מערכת והמקדש וכל בתיו וגנזכיו ועליותיו וחדריו, העזרת והאולם ההיכלות ושאר כל תבנית הבית, וחצרותיו ולשכותיו, הכול קיבל ברוח הקודש, וצורת כל מקום ומקום, ושיעור הכסף והזהב ואבנים טובות, ושאר כל הדברים הצריכים לו, במשקל במידה ובמשורה, הכול כפי סדרי המערכת וצורך השכינה, כמו שכתוב: ויתן דוד לשלמה בנו את תבנית האולם ואת בתיו וגנזכיו ועליותיו וחדריו הפנימים ובית הכפורת.

Y en otro lugar dice: «pero tú no edificarás la casa, sino tu hijo que saldrá de tus lomos, él edificará casa a mi nombre» (2 *Crónicas* VI-9). ¿Qué hizo el rey David? Preparó plata, oro, cobre, hierro, madera, ónice, colocó piedras preciosas, gemas brillantes, adornos y muchas otras piedras valiosas, aunque la mayoría de las piedras eran ónice. Dispuso la explanada, el santuario, sus casas, sus tiendas, sus escaleras, los salones, el patio del templo, el vestíbulo, los palacios, el resto de la explanada del templo, sus patios y sus habitaciones. Cada pieza de información fue recibida a través del espíritu de santidad (רוח הקודש), el lugar, las proporciones de plata, oro, piedras preciosas, y cualquier otra proporción necesaria en peso, tamaño o forma, y todo de acuerdo con el orden y de acuerdo con las necesidades de la *Shekinah*. Como está escrito: «Y David dio a Salomón su hijo la traza del pórtico, y de sus casas, y de sus despensas, y de sus salas, y de sus recámaras de adentro, y la casa de expiación».

ותבנית כל אשר היה ברוח עמו לחצרות בית י"י ולכל הלשכות סביב לאוצרות בית האלהים ולאוצרות הקדשים. ולמחלקות הכהנים והלויים ולכל מלאכת עבודת בית י"י ולכל כלי עבודת בית י"י. לזהב במשקל לזהב לכל כלי עבודה ועבודה לכל כלי הכסף במשקל לכל כלי עבודה ועבודה. ומשקל למנורות הזהב ונרותיהם זהב במש-

8b

קל מנורה ומנורה ונרותיה ולמנורות הכסף במשקל למנורה ונרו־
תיה כעבודת מנורה ומנורה. ואת הזהב משקל לשולחנות המערכת
לשולחן ושולחן וכסף לשולחנות הכסף. והמזלגות והמזרקות והק־
שות זהב טהור ולכפורי הזהב במשקל לכפור וכפור ולכפורי הכסף
במשקל לכפור וכפור. ולמזבח הקטורת זהב מזוקק במשקל ולתבנית
המרכבה הכרובים זהב לפורשים וסוככים על ארון ברית י"י. הכול
בכתב מיד י"י עלי השכיל כל מלאכות התבנית (שם, כח, יא יט).

«Asimismo, la traza de todas las cosas que tenía en su voluntad, para los atrios de la casa de *El Eterno*, y para todas las cámaras en derredor, para los tesoros de la casa de Dios, y para los tesoros de las cosas santificadas. También para los órdenes de los sacerdotes y de los Levitas, y para toda la obra del ministerio de la casa de Jehová, y para todos los vasos del ministerio de la casa del *Eterno*. Y dio oro por peso para lo de oro, para todos los vasos de cada servicio; y plata por peso para todos los vasos, para todos los vasos de cada servicio. Oro por peso para los candeleros de oro, y para sus lámparas; por peso el oro para cada candelero y sus lámparas; y para los candeleros de plata, plata por peso para el candelero y sus lámparas, conforme al servicio de cada candelero. Asimismo, dio oro por peso para las mesas de la proposición, para cada mesa; del mismo modo plata para las mesas de plata. También oro puro para los garfios, para las bacines, para los incensarios, y para los tazones de oro, para cada tazón por peso; asimismo para los tazones de plata, por peso para cada tazón. Además, oro puro por peso para el altar del incienso; asimismo para la semejanza del carro de los querubines de oro, que con las alas extendidas cubrían el arca del pacto del *Eterno*. Todas estas cosas por escrito de la mano del *Eterno* que fue sobre mí, dijo David, y me hizo entender todas las obras del diseño (1 *Crónicas* XXVIII-11 a 19).

הרי לך כי דוד עליו השלום סידר כל צורת בית המקדש ומשקל כל
דבר ודבר על פי י"י יתברך, והכול תבנית המרכבה עליונה, כיסא
ומעון לשכינה. אחר כך בא שלמה ובנה את הבית וסידר כל המער־

כות והצורות, כפי שסידר לו דוד אביו עליו השלום, ואז ירדה שכינה למטה ושכנה בבית עולמים. וזהו שכתוב: אז אמר שלמה י"י אמר לשכון בערפל בנה בניתי בית זבול לך מכון לשבתך עולמים (מלכים, ח, יב). וכתיב: ועתה י"י אלהי ישראל יאמן דברך אשר דיברת לע־בדך לדויד, כי האמנם ישב אלהים את האדם על הארץ הנה שמים ושמי השמים לא יכלכלוך אף כי הבית הזה אשר בניתי וגו' (דברי הימים, ו, יז יח) ועתה קומה י"י אלהים למנוחתך אתה וארון עוזך וגו', י"י אלהים אל תשב פני משיחך זכרה לחסדי דויד עבדך (שם, מא מב), וככלות שלמה להתפלל והאש ירדה מן השמים ותאכל העולה והזבחים וכבוד י"י מלא את הבית (שם ו, א). נמצאת השכי־נה חוזרת למנוחתה בארץ בבית עולמים, ואז חזרו הצינורות והמ־שכות כולם להריק ברכה בבית המקדש, והיינו דכתיב: כטל חרמון שיורד על הררי ציון כי שם צוה י"י את הברכה חיים עד העולם (תה־לים קלג, ג), וכתיב: מציון מכלל יופי אלהים הופיע (שם נ, ב). ומ־בית המקדש היו כל הצינורות נמשכות לכל הארצות כולן, לשבעים משפחות כנגד שבעים שרים, ומירושלים היו נוטלין פרס, כמו דכ־תיב: ונברכו בך כל משפחות האדמה (בראשית יב, ג).

Así que verás que David, la paz sea con él, era el guardián de la forma del templo y del peso de cada objeto, de acuerdo con el Eterno, bendito sea, y fue construido como la *Merkavah* de arriba para preparar un trono y una morada para la *Shekinah.* (9a) Entonces vino Salomón y edificó el templo, arreglando todos los planos y formas, como David, la paz sea con él, los había arreglado. Entonces la *Shekinah* descendió y residió en la casa de eternidad. Y es lo que ha sido escrito: «Entonces dijo Salomón: *El Eterno* ha dicho que él habitaría en la oscuridad. O he edificado casa por morada para ti, asiento en que tú habites para siempre». (1 *Reyes* VIII-12 y 13). Y ha sido escrito: «Ahora pues, oh *Eterno* Dios de Israel, sea firme tu palabra que dijiste a tu siervo David. ¿Es verdad que Dios ha de habitar con el hombre en la Tierra? He aquí, los cielos y los cielos de los cielos no pueden contenerte; ¿cuánto menos esta casa que he edificado?» (2 *Crónicas* VI-17 y 18). «Oh *Eterno* Dios, levántate ahora para habitar en tu reposo, tú y el arca de tu fortaleza; sean, oh *Eterno* Dios, vestidos de salvación tus

9a

sacerdotes, y gocen de bien tus misericordiosos. *Eterno* Dios, no hagas volver el rostro de tu ungido; acuérdate de las misericordias de David tu siervo» (2 *Crónicas* VI-41 y 42). «Y cuando Salomón acabó de orar, el fuego descendió de los cielos, y consumió el holocausto y las víctimas; y la gloria del *Eterno* llenó la Casa» (2 *Crónicas* VI-1). La *Shekinah* regresó a su casa de la eternidad y habitó en la Tierra. Con los canales restaurados, pudieron comenzar de nuevo a derramar sus bendiciones sobre el templo. Así está escrito: «como el rocío de Hermón, que desciende sobre los montes de Sion. Porque allí envía *el Eterno* bendición, y vida eterna» (*Salmos* CXXXIII-3). También ha sido escrito: «De Sion, perfección de hermosura, *Elohim* ha resplandecido» (*Íbid.* L-2). Y desde el templo salían todos los canales extendiéndose a todas las tierras, por medio setenta familias correspondientes a setenta Príncipes, recibiendo sus recompensas de Jerusalén, por lo que está escrito: «y serán benditas en ti todas las familias de la Tierra» (*Génesis* XII-3).

ולפי שהיה שלמה יודע דרך המשכת השפע מירושלים לכל המקו־מות, אמר: עשיתי לי גנות ופרדסים ונטעתי בהם עץ כל פרי (קהלת ב, ה). וכי אפשר במקום אחד שיצמחו בו כל מיני אילנות שבעולם? אלא היה יודע שלמה איזה גיד נמשך לכוש, נטע בו פלפלין; וכן לכל צד וצד, והיינו דכתיב: מציון מכלל יופי אלהים הופיע (תהלים נ, ב), מציון, משתיתו של עולם ואם כן נמצאת השכינה משלחת הברכה כפי השיעור הראוי לכל הארצות מבית המקדש:
ועתה יש לנו להודיעך כי השכינה מיוחדת לישראל לבד, והיינו דכ־תיב: ועשו לי מקדש ושכנתי בתוכם (שמות כה, ח), וכתיב: אשר הוצאתי אותם מארץ מצרים לשכני בתוכם (שם כט, מו), וכתיב: ונתתי משכני בתוככם (ויקרא כו, יא).

Cuando Salomón pudo extender la abundante bendición de Jerusalén a todos los lugares, dijo: «me hice huertos y jardines, y planté en ellos árboles de todos frutos» (*Eclesiastés* II-5). ¿Es posible que todos los árboles del mundo crezcan en un solo lugar? Salomón sabía que el canal iba a Kush y plantó en él un pimentero. Y así fue con todos los demás. Porque está escrito: «De Sion, perfección de hermosura, *Elohim* ha resplandecido» (*Salmos* L-2). «Desde Sion regaré el mundo». Y así, la *Shekinah* se encuentra enviando la bendición para todas las tierras del *Beit haMikdash*. Ahora bien, debemos aclarar que la *Shekinah* es una especificidad de Israel, por lo que está escrito: «Y me harán un santuario, y *yo* habitaré entre ellos» (*Éxodo* XXV-8). Y está escrito: «que los saqué de la tierra de Egipto, para habitar en medio de ellos» (*Éxodo* XXIX-46). También ha sido escrito: «Y pondré mi morada en medio de vosotros» (*Levítico* XXVI-11).

והסוד, כבר הודענוך כי זה הוא היכל ששם יהו"ה יתברך שוכן בתו־כו, וי"י יתברך אמר לישראל קחו לכם משכני שאני שוכן בו ולא אפרד מכם לעולם; ואף על פי שאתם מקבלים טומאה, אין שכינתי נבדלת מכם. והיינו דכתיב: השוכן אתם בתוך טומאותם (ויקרא טז, טז) וכשנתן י"י יתברך לישראל המתנה הזאת ושרתה שכינה בי־ניהם, נמצאו כל אוצרות השם יתברך וגנזיו וחדריו, וכל מיני שפע וכל אצילות ברכה, נמצאים ביד ישראל. ומסר ביד ישראל מפתחות כל אוצר ואוצר לפתוח ולקבל כל שפע וברכה מאת השכינה, וזהו שנאמר: ונתתי משכני בתוככם והתהלכתי בתוככם והייתי לכם לא־להים (שם כו, יא יב).

Y el secreto, ya os hemos informado que éste es el palacio en el que reside IHVH (יהו"ה), bendito sea, donde dijo a Israel: «tomad para vosotros mi morada en la cual habito y nunca me separaré de vosotros». A pesar de tu inclinación a la impureza, mi *Shekinah* nunca se apartará de ti. Por eso está escrito: «el cual mora entre ellos, en medio de sus inmundicias» (*Levítico* XVI-16). Así, cuando IHVH (יהו"ה, bendito sea, dio a Israel este regalo, y la *Shekinah* habitó entre ellos, todos sus tesoros, sus tiendas, sus habitaciones llenas de *Shefa* y emanaciones estaban en manos de Israel. Israel recibió en sus manos las llaves de cada tesoro revelando y recibiendo toda la *Shefa* (9b) y toda la bendición de *Shekinah*. Y esto es lo que ha sido dicho: «Y pondré mi

9b

morada en medio de vosotros, y mi alma no os abominará. andaré entre vosotros, y yo seré vuestro Dios, y vosotros seréis mi pueblo» (*Levítico* XXVI-11 y 12).

וכאילו השכינה משכנו ומשכונו של הקב"ה יתברך ביד ישראל, וכ־שחטאו ישראל לפניו ונחרב הבית, הרי זה המשכון שלו ממשכנו ביד ישראל ומוליכו עמהם בגלות, והסוד: אלה פקודי המשכ"ן משכ"ן העדו"ת (שמות לח, א). והיינו דאמרינן: חביבין ישראל, שבכל מקום שגלו שכינה עמהם. גלו למצרים שכינה עמהם, שנא־מר: הנגלה נגליתי אל בית אביך בהיותם במצרים (שמואל, ב, כז), וכתיב: אנכי ארד עמך מצרימה (בראשית מו, ד) גלו לבבל שכינה עמהם, שנאמר: למענכם שלחתי בבלה (ישעיה מג, יד).

Y la *Shekinah* es nuestra morada y la morada del Santo, bendito sea, en manos de Israel. Y cuando Israel pecó delante de él y el templo fue destruido, él lo dio como salvaguarda a Israel, para que lo mantuvieran con ellos durante el exilio. Y éste es el secreto de: «éstas son las cuentas del tabernáculo, del tabernáculo del testimonio» (*Éxodo* XXXVII-21). Así, Israel es amado y dondequiera que esté en el exilio, la *Shekinah* lo acompañará, y ha sido dicho: «Así dijo *el Eterno*: ¿No me manifesté yo claramente a la casa de tu padre, cuando estaban en Egipto en casa de Faraón?» (1 *Samuel* II-27), y ha sido escrito: «Yo descenderé contigo a Egipto» (*Génesis* XLVI-4). Cuando fueron exiliados a Babilonia, la *Shekinah* estaba con ellos, por lo que ha sido escrito: «por vosotros envié a Babilonia» (*Isaías* XLIII-14).

גלו לעילם שכינה עמהם, שנאמר: ושמתי כסאי בעילם (ירמיה מט, לח). גלו לאדום שכינה עמהם, שנאמר: מי זה בא מאדום וגו' (יש־עיה סג, ג). וכשהן חוזרין שכינה עמהם, שנאמר: ושב י"י אלהיך את שבותך ורחמך (דברים ל); והשיב לא נאמר, אלא ושב. ואומר: אתי מלבנון כל"ה (שי"ה ד, ח). רבי מאיר אומר:

9b

Salieron de Elam y la *Shekinah* iba con ellos: «y pondré mi trono en Elam» (*Jeremías* 49:38). Marcharon a Edom y la *Shekinah* iba con ellos: «¿Quién es este que viene de Edom?» (*Isaías* LXIII-3). Cuando regresaron el exilio, la *Shekinah* volvió con ellos, pues está ha sido: «*el Eterno* también volverá tu cautividad, y tendrá misericordia de ti» *Deuteronomio* XXX-3). En lugar de «volver a ti», está escrito «volverá tu». Y ha sido dicho: «conmigo del Líbano, oh esposa» (*Cantar de los Cantares* IV-8).

משל למלך שאמר לעבדו אם תבקשני הריני אצל בני, שנאמר: השו־כן אתם בתוך טומאתם (ויקרא טז, טו), בטמאם את משכני אשר בתוכם (שם טו, לא), ואומר: ולא יטמאו את מחניהם אשר אני שוכן בתוכם (במדבר ה, ג), ואומר: ולא תטמא את הארץ אשר אתם יוש־בים בה וגו' כי אני יי שוכן בתוך בני ישראל (במדבר לה, לד) ונק־ראת מידה זו אהל מועד בכל התורה כולה. וכלל הדבר, כי זהו בית יהו"ה, ובו שוכן. והיינו דכתיב: ויקרא אל משה וידבר יהו"ה אליו מאה"ל מוע"ד לאמר (ויקרא א, א).

Parábola del rey que dijo a su siervo: si me buscas, ve a casa de mi hijo, porque estaré con él, según ha sido escrito: «el cual reside entre ellos en medio de sus inmundicias» (*Levítico* XVI-16), si contaminan mi tabernáculo que está en medio de ellos» (*Levítico* XV-31). También ha sido escrito: «fuera del campamento los echaréis; para que no contaminen el campamento de aquellos entre los cuales yo habito» (*Números* V-3). Y ha sido dicho: «no contaminéis, pues, la tierra donde habitáis, en medio de la cual yo habito; porque yo *el Eterno* habito en medio de los hijos de Israel» (*Números* XXXV-34). Esta *Middah* se denomina *Ohel Moed,*[28] que puede verse como la morada del *Eterno*, y ha sido escrito: «Y llamó *el Eterno* a Moisés, y habló con él desde el tabernáculo del testimonio» (*Levítico* I-1).

---

28. Tienda de asignación o tabernáculo del testimonio.

9b

כל מי שמדבר עמו, על ידי אה"ל זה מדבר עמו, אבל משה רבנו עליו השלום נכנס בתוך האהל ומדבר עם יהו"ה פנים אל פנים, שנא־מר: ובבא משה אל אה"ל מוע"ד לדבר אתו (במדבר ז, פט); ותרגום אהל, משכנא, הוא סוד שכינה. וענין מועד, מלשון בית הוועד וזימון; כלומר שהשם מזומן תמיד בו הוא בית הוועד שלו, והיינו דכתיב: ונועדתי לך שם (שמות כה, כב).

Todo el que quería hablar con él, tenía que hacerlo a través del *Ohel Moed*, sin embargo, *Moshé Rabbeinu*, la paz sea con él, habló cara a cara como ha sido escrito: «Y cuando entraba Moisés en el *Ohel Moed*, para hablar con él…» (*Números* VII-89). Y la traducción de *Ohel* es tabernáculo, que es el secreto de la *Shekinah*, que, como Moisés, designa una «Casa de Reuniones», en la que siempre se está disponible. Porque Él siempre está disponible en su «Casa de Reuniones». Como está escrito: «Allí te encontraré» (*Éxodo* XXV-22).

ולפעמים נקראת מידה זו צדק, ולפי שהשכינה היתה תמיד בירוש־לים משנבחר בית עולמים, אמר: מלאתי משפט צדק ילין בה (יש־עיהו א, כא). ועניין צדק, צריך אתה לדעת כי המידה הזאת נקראת בית דין של מטה, שמקבלת שפע מבית דין של מעלה שהוא מידת הגבורה והפחד הנקרא אלהי"ם:

Esta *Middah* también se denomina *Tzedek*, porque la *Shekinah* siempre ha permanecido en Jerusalén después de ser elegida como la «Casa de la Eternidad». Ha sido dicho: «la ciudad fiel llena estuvo de *Tzedek*» (*Isaías* I-21). También debes saber que la *Middah* de *Tzedek* también se llama *Beit Din*[29] de abajo, que recibe su influjo del *Beit Din* de arriba, derivado de las *Middoth Guevurah* y *Pajad*, conocidas como *Elohim*.

---

29. Tribunal.

9b - 10a

ולפעמים נקראת מידה זו אלהים כשהיא מתמלאת ושואבת ממידת הגבור"ה והפח"ד, ואז היא עושה דין ומשפט בעולם, אם לחרב אם לשלום, אם לרעב אם לשובע, אם למוות אם לחיים, אם לחולי אם לבריאות. וכן בשאר כל הדינין שבעולם, ממידה זו נמשכין כששואבת ממידת הגבורה והפחד. וזוהי המידה הלוחמת מלחמות י"י, וששים גבורים סביב לה כולם אחוזי חרב מלומדי מלחמה, להשמיד להרוג ולאבד, ולהחריב הארצות ולעקור המלכויות ולנקום נקמות.

A veces esta *Middah* se llama *Elohim* cuando se llena y procede de la *Middah* de *Guevurah* y *Pajad*, trayendo así el *Din* al mundo, por la espada o la paz, por la abundancia o el hambre, por la vida o la muerte, por la enfermedad o la salud. Es a través de *esta Middah* que todos los juicios son eternos y son tomados de la *Middah* de *Guevurah* o *Pajad*. Ésta es la *Middah* la que combate en los combates del *Eterno*, «sesenta fuertes la rodean, de los fuertes de Israel. Todos ellos tienen espadas, diestros en la guerra»,[30] listos para destruir, matar, saquear y desarraigar reinos y tomar venganza.

וביד המידה הזאת שנקראת צד"ק מסורים כמה מחנות וכמה חיילות הנקראים אנשי המלחמה, בעלי רמחים וקשתות וחצים וחרבות ואבני בליסטראות, ללחום ולעקור ולהשמיד. והמידה הזאת הלכה עם אברהם אבינו ע"ה במלחמת המלכים והיא השמידה אותם מלפניו וניצח המלחמה, דכתיב: מי העיר ממזרח צד"ק יקראהו לרגלו יתן לפניו גוים ומלכים ירד יתן כעפר חרבו כקש נדף קשתו (ישעיהו מא, ב).

En manos de la *Middah Tzedek* hay varios campos y legiones conocidos como hombres de guerra. Son luchadores armados con lanzas, arcos, flechas, espadas y hondas para hacer la guerra, arrancar y aniquilar. Fue esta la *Middah* la que Abraham, nuestro patriarca (10a), la paz

30. Véase *Cantar de los Cantares* III-7 y 8.

sea con él, invocó en su guerra contra los reyes, y fue esta *Middah* la que los destruyó y ganó la guerra, por lo que está escrito: «¿Quién despertó del oriente a *Tzadek*, y lo llamó para que le siguiera? Entregó delante de él gentiles, y le hizo enseñorear de reyes; como polvo los entregó a su espada, y como hojarasca arrebatada a su arco» (*Isaías* XLI-2).

ולפעמים נקראת חרב נוקמת נקם ברית, וזו היא המידה שהיתה תמיד שוכנת בירושלים, מייסרת את ישראל תמיד, כמו הדיין הק־בוע לדין. וכשהיתה מייסרת אותם, היתה גובה מהם חובותיהם ופ־שעיהם וחטאתם עד שהיו כולם צדיקים. ולפיכך אמרו שנקראת צדק, על שהיא גובה מהם פשעיהם ומצדקת אותם. וזהו שאמר ובל יאמר שכן חליתי העם היושב בה נשוא עון (שם לג, כד).

Y a veces se le llama «espada vengadora» que venga la sangre de la alianza. Esta *Middah* siempre ha permanecido en Jerusalén y, como un juez severo, ha afligido constantemente a Israel con su juicio. Sin embargo, sus aflicciones fueron a causa de las transgresiones y los pecados, hasta que se convirtieron en *Tzaddikim*. Así, esta *Middah* se conoce como *Tzedek*, pues exige el pago de sus pecados y los hace *Tzaddikim*, como está escrito: «No dirá el morador: estoy enfermo; el pueblo que morare en ella, será absuelto de iniquidad» (*Íbid.* XXXIII-24).

ופירוש הפסוק הזה: אל יאמרו האנשים השוכנים בירושלים, למה אנו חולים תמיד ביסורין. לפי שהמידה הזאת בית דין צדק שוכנת שם תמיד, והיא רוצה לזכותם ולגבות מהם חובותם מכל פשעיהם וחטאתם, כדי שיהיו צדיקים ומזומנים לחיי העולם הבא, וזה פירוש 'ובל יאמר שכן חליתי העם היושב בה נשוא עון'. כיוצא בדבר: רק אתכם ידעתי מכל משפחות האדמה על כן אפקוד עליכם את כל עו־נותיכם (עמוס ג, ב).

10a

Y la explicación de este versículo es: «los habitantes de Jerusalén preguntarán: ¿por qué estamos constantemente enfermos, afligidos por esta *Middah*? *Tzedek* siempre está ahí y quiere que sean dignos, por lo que exige el pago de todas sus transgresiones y pecados, para que se conviertan en *Tzaddikim* y entren en la vida del mundo venidero. Por eso ha sido dicho: «estoy enfermo; el pueblo que morare en ella, será absuelto de iniquidad». Del mismo modo, ha sido dicho: «a vosotros solamente he conocido de todas las familias de la tierra; por tanto, visitaré contra vosotros todas vuestras iniquidades» (*Amós* III-2).

ולפי שהמידה הזאת הנקראת צדק היתה תמיד בירושלים ופוסקת הדינין, לא לן אדם בירושלים ועון בידו, לפי שגובה בכל יום חובות אותו היום כדי שלא יתרבו חובות על אנשי ירושלים. והיינו דכתיב: צד"ק ילין בה (ישעיהו א, כא). ולפי שהמידה הזאת היא בית שער להיכנס לשם יתברך, והיא המבחנת בין הצדיקים והרשעים ואינה נותנת לרשעים רשות להיכנס, היה דוד שמח כשהיה בשלום עימה, ועל ידה היה נכנס להקביל פני י"י יתברך, והיינו דכתיב: אני בצדק אחזה פניך (תהלים יז, טו).

Y esta *Middah* llamada *Tzedek* estuvo siempre en Jerusalén y fue árbitro en los juicios porque «nadie dormirá en Jerusalén estando en pecado», pues exige el pago todos los días para que no se hagan grandes las deudas de los habitantes de Jerusalén. Ha sido escrito: «donde habitó *Tzedek*» (*Isaías* I-21), porque esta *Middah* es la puerta del nombre bendito, y establece una separación entre los justos y los malvados, no permitiendo que ninguno de estos últimos entre. David era feliz cuando estaba en paz con estas *Middoth* y se presentaba ante *El Eterno*, bendito sea, por lo que ha sido escrito: «Yo, con *Tzedek*, veré tu rostro» (*Salmos* XVII-15).

ולפעמים שואבת המידה הזו ממידות החסד והרחמים ומתמלאת רחמים על ישראל, והיא עושה הדין מצד החסד והרחמים. ואותו

10a

הדין נקרא משפט והוא מעורב בחסד וברחמים, ולפיכך אמר: מלא־תי משפט צד"ק ילין בה (ישעיהו א, כא), וכתיב: צד"ק ומשפט מכון כסאך (תהלים פט, טו), ועל זה אמר: יסרני י"י אך במשפט אל באפך פן תמעיטני (ירמיהו י, כד).

Y a veces esta *Middah* se deriva de las *Middoth* de *Hessed* y *Rajamim* y está llena de *Rajamim* para con Israel. En este caso, el juicio se llama *Mishpat*, porque está mezclado con *Hessed* y *Rajamim*. Sin embargo, ha sido dicho: «lleno de *Mishpat* y *Tzedek*» (*Isaías* I-21). Y está escrito: «*Tzedek* y *Mishpat* son el fundamento de tu alma» (*Salmos* LXXXIX-15). A este respecto ha sido dicho: «castígame, oh *Eterno*, mas con *Mishpat*; no con tu furor, para que no me aniquiles» (*Jeremías* X-24).

וזו היא המיוחדת לבית דין של ארץ ישראל, דכתיב: והוא יש־פוט תבל בצדק (תהלים ט, ט). ושאר האומות נדונים בבית דין של מעלה הנקרא מישרים, דכתיב: ידין לאומים במישרים (שם). ופי־רש, שאותן בתי דינין שדנין את אומות העולם אין דנין בחסד ורח־מים אלא מידה במידה, אין שם סליחות עון ופשע אלא מידה במי־דה ממש. אבל מידת צד"ק מיוחדת לבית דין של ישראל, שנאמר: שופטים ושוטרים תתן לך בכל שעריך ושפטו את העם משפט צדק (דברים טז, יח), וכתיב 'צד"ק צד"ק תרדוף', צדק עליון וצדק תחתון, בסוד אדנ"י יהו"ה. וסמוך לו: 'למען תחיה', כנגד צד"ק עליון; 'וירשת את הארץ', כנגד צד"ק תחתון:

Y éste es exclusivo del *Beit Din* de la tierra de Israel, por lo que ha sido escrito: «juzgará los pueblos con *Mishpat*» (*Salmos* IX-9). Las demás naciones son juzgadas por el *Beit Din* del mundo superior que se llama *Mesharim*: «Él juzga a los pueblos con *Mesharim*» (*Íbid.*). Los *Beit Dines*, al juzgar a las naciones, no lo hacen ni con *Hessed*, ni con *Rajamim*, sino sólo *Middah beMiddah* (medida por medida). No existe el perdón de los pecados sino la aplicación estricta de la *Middah*. La *Middah Tzedek* concierne sólo al *Beit Din* de Israel, por lo que ha sido dicho: «Jueces y alcaldes pondrás en todas las puertas de tus ciudades que *el Eterno* tu Dios te dará en tus tribus, los cuales juzgarán al pueblo con juicio de justicia» (*Deuteronomio* XVI-18). Y ha sido escrito: «*Tzedek, Tzedek*», pues hay un *Tzedek* de arriba y un *Tzedek* de abajo, en el secreto de *Adonai* IHVH (יהו"ה). Y la señal es: «para que vivas», con el *Tzedek* de arriba, y «heredes la tierra», con el *Tzedek* de abajo.

אבל שאר האומות דינן בבית דין של מעלה ונפרעין מהם על ידי מלאך או שר, ואין שר ומלאך יכול למחול ולשנות, כמו שכתוב: הנה אנכי שולח לפניך וגו' השמר מפניו אל תמר בו כי לא ישא לפשעכם (שם כג, כ). אבל במידת צדק שהיא אדנ"י, והוא בית דין של ישראל, מה כתיב? לאדנ"י אלהינו הרחמים והסליחות כי מרדנו בו (דניאל ט, ט), וכתיב: אדנ"י "שמעה אדנ"י "סלחה אדנ"י" הקשיבה ועשה אל תאחר (שם, יט).

Pero (10b) el resto de las naciones son juzgadas por un *Beit Din* superior y seremos liberados de ella por mediación de un ángel o un Príncipe y no puede haber llamada o cambio, según ha sido escrito: «He aquí yo envío el ángel delante de ti para que te guarde en el camino, y te introduzca en el lugar que yo he preparado» (*Éxodo* XXIII-20). Pero respecto la *Middah Tzedek*, que es *Adonai* y el *Beit Din* de Israel, ha sido escrito: «*Adonai*, nuestro Dios, aunque contra él nos hemos rebelado» (*Daniel* IX-9). Y también ha sido escrito: «Oye, *Adonai*. Perdona *Adonai*. Está atento, *Adonai*, y haz; no pongas dilación» (*Íbid.* 19).

ופירש, דע כי מצוות לא תעשה שאדם עומד עליהם לדין להיפרע ולהינקם ממנו הם שס"ה, כמניין ימות השנה שאדם יכול לעבור בהם שהם גם כן שס"ה. הנה שבכל יום ויום אדם עומד לדין על מעשיו, אבל מידת אדנ"י מרחמת ובה נקבל סליחה לכל עון ולכל חטאת. ולפי כך תמצא בפסוק ג' פעמים אדנ"י וסמיך להם שס"ה כנגד מצוות לא תעשה. וכשהמידה הזאת רוצה לגזור דין על ישראל, מתמלאת חסד ורחמים וכמה פעמים מהפכת מידת הדין למידת רחמים,

10b

כמו שכתוב: איך אתנך אפרים אמגנך ישראל איך אתנך כאדמה אשימך כצבאים נהפך עלי לבי יחד נכמרו נחומי (הושע יא, ח).

Y la explicación es que has de saber que los preceptos negativos por los que todos los hombres son juzgados y castigados, son necesarios y son 365, el mismo número de los días del año en los que el hombre puede transgredir, y en los que está sometido al *Din* a causa de sus transgresiones, pero la *Middah Adonai* es misericordiosa y por lela recibimos la absolución de todos nuestros pecados. Por eso el versículo menciona el nombre *Adonai* tres veces, lo que corresponde al número 365 que equivale al número de preceptos negativos. Cuando esta *Middah* quiere juzgar a Israel, a veces se llena de *Hessed* y *Rajamim.* Y a veces se convierte ella misma en *Rajamim*. Y ha sido escrito: «¿Cómo tengo de dejarte, oh Efraín? ¿He de entregarte yo, Israel? ¿Cómo podré yo hacerte como Adma, ni ponerte como a Zeboim? Mi corazón se revuelve dentro de mí, se inflama toda mi compasión» (*Oseas* XI-8).

ולפי שלא היו ישראל רוצים לחזור בתשובה, ואי אפשר שלא לגמור את הדין, היתה מידה זו מצטערת. אבל מכל מקום אף על פי שבית דין זה הנקרא צד"ק דן את ישראל, דן אותם כמו האב לבן ומיסר אותם ברחמים, כמו שכתוב כי אשר יאהב י"י יוכיח (משלי ג, יב).

Y como Israel no quería arrepentirse, no pudo evitar el juicio porque no hizo penitencia. Pero, en cualquier caso, a pesar de que este *Beit Din* llamado *Tzedek* juzga a Israel, los juzgó como un padre a un hijo y los entregó en *Rajamim*. Es como ha sido escrito: «porque el Eterno castiga al que ama» (*Proverbios* III-12).

ולפי שהמידה הזאת היא בית דין של ישראל והיא הנוקמת נקמתם, נקראת בכל התורה אני, וכמה פעמים היא מזהרת את ישראל שלא יחטאו ושייראו לעמוד לדין לפניה, לפי שאי אפשר שלא לגמור את הדין. ועל זה נאמר בכל מקום: ויראת מאלהיך אני י"י (ויקרא יט,

10b

לב), כלומר יש לך לירא ולפחד מן הדין שלי, ואף על פי שהוא דין מעורב ברחמים. ועל יסוד זה נאמר; ואם תלכו עמי בקרי והלכתי אף אני עמכם בקרי ויסרתי אתכם אף אנ"י (שם כו, כא). ומה שאמר שבע על חטאתיכם, לפי שזאת המִדה באר שבע נקראת, ויש בה בארות מלאות פח"ד וגבור"ה ודין והם בארות יצחק, דכתיב: ויעל משם בא"ר שב"ע (בראשית כו, כב).

Y por cuanto esta *Middah* es el *Beit Din* de Israel y es la ejecutora de su venganza, se llama a lo largo de la *Torah, Ani* (אני). Esta *Middah* a menudo advertía a Israel contra el pecado y era temida por su juicio, ya que no es posible que deje un juicio sin cumplir. Esto es lo que se quiere decir cuando se dice: «Temerás a tu Dios. Yo soy *El Eterno* (אני י"י)» (*Levítico* XIX-32). Esto significa que debes temer y aterrorizarte en el juicio del hombre, aunque es un juicio mezclado con *Rajamim*. Y éste es el secreto de: «Y si anduviereis conmigo en oposición, y no me quisiereis oír, yo añadiré sobre vosotros siete veces más plagas según vuestros pecados» (*Íbid.* XXVI-21). ¿Por qué dice siete veces? Según esta *Middah* se llama *Beer Sheva*, el lugar en el que se encuentran los siete pozos de Isaac que están llenos de *Pajad*, *Guevurah* y *Din*, por lo que ha sido escrito: «Y de allí subió a *Beer Sheva*.» (*Génesis* XXVI-23).

ויצחק הוא המושך למידת אדנ"י הדינים שהם בשבעה נחלים, מהם בדין ומהם ברחמים. והיינו דכתיב: אנ"י אמית ואחיה מחצתי ואנ"י ארפא (דברים לב, לט). ולפי שהמידה הזאת נוקמת נקמתן של ישראל ולוחמת מלחמותם, היא עשתה מכת בכורות במצרים והוציאה ישראל בכוח צד"ק העליון שעליה נקראת יובל לי. וכשעשתה מכת בכורות, לא בא עמה לא מלאך ולא שר ולא דבר אחר, והיינו דכתיב: ועברתי בארץ מצרים בלילה הזה והכתי כל בכור בארץ מצרים מאדם ועד בהמה ובכל אלהי מצרים אעשה שפטים אני י"י (שמות יב, ב). ודרשו רבותינו ז"ל; ועברתי בארץ מצרים, אנ"י ולא מלאך; והכתי כל בכור, אנ"י ולא שרף; ובכל אלהי מצרים אעשה שפטים, אנ"י ולא השליח, אנ"י י"י אנ"י הוא ולא אחר. ולפיכך מזהיר את יש-

ראל ואומר: במידה זו גאלתי אתכם, במידה זו אנ"י דן אתכם, והיינו דכתיב אני י"י אלהיכם אשר הוצאתי אתכם מארץ מצרים (ויקרא יט, לו), וחזר ואמר בסוף הפסוק 'אני י"י אלהיכם'. הלא תראה פסוק זה ראשו וסופו אנ"י י"י, אחד לרחמים ואחד לדין:

Isaac une la *Middah* de *Adonai* con la de *Din*, y los juicios proceden de los siete canales, algunos de los cuales conducen al *Din* y otros a *Rajamim*, por lo que ha sido escrito: «yo hago morir, y yo hago vivir; yo hiero, y yo curo» (*Deuteronomio* XXXII-39). Porque es a través de esta *Middah* como se venga y hace guerras Israel. Es la responsable de la muerte de los primogénitos de Egipto y de la redención de Israel por el poder del *Tzedek* superior, llamado *Iobel*. Y cuando mató a los primogénitos, no vino con ella ángel, ni ministro, ni ninguna otra cosa, ya que ha sido escrito: «Pues yo pasaré aquella noche por la tierra de Egipto, y heriré a todo primogénito en la tierra de Egipto (11a), así en los hombres como en las bestias; y haré juicios en todos los dioses de Egipto. Yo soy *el Eterno*» (*Éxodo* XII-12). Y nuestros rabinos, de bendita memoria, lo interpretan así: en la tierra de Egipto *Ani* y ningún ángel; para herir a todo primogénito, *Ani* y ningún *Saraf*;[31] para castigar a los dioses de Egipto, *Ani* y ningún emisario; *Ani el Eterno*, Yo soy el único sin segundo. Él advierte a Israel diciendo: Por esta *Middah* te he redimido y por esta *Middah* te juzgaré, como está escrito: «*Ani* El *Eterno*, tu Dios, que te sacó de la tierra de Egipto» (*Levítico* XIX-36). Y estas palabras terminan al final del versículo *Ani, el Eterno*, tu Dios. El versículo comienza y termina con *Ani, el Eterno*, en un caso para *Rajamim*, y en el otro para el *Din*.

ולפי שהמידה הזאת היא מושלת על כל הנבראים בעולם, והוא הפ־ רנס הגדול שכל היצורים צריכים לו, נקראת בתורה בלשון מלכות, לפי שכל ענייני המלך י"י וכל מעשיו כולן נעשין על ידי מידה זו,

31. Serafín, de significa «quemar», «abrasar».

11a

והיינו דכתיב: כי לי"י המלוכה ומושל בגוים (תהלים כב, כט), ועניין מלוכה ואדנות כולם מורים ממשלה ושלטונות. אלא ששם אדנ"י, שהוא שם האדנות, הוא מורה ומעיד על דרך קבלת השפע והכח משם אהי"ה יהו"ה יתברך. ולשון מלכות הוא דרך ממשלה בכוח הדין היוצא בכוח שם אדנ"י, כי באותיות רי"ו שהם בתוך ד"נ שמות ההוי"ה בשם אדנ"י, ד"ן ידין עמו (בראשית מט, טז).

Y por medio de esta *Middah* gobierna a todas las criaturas del mundo. También actúa como su gran benefactor, ya que todas las criaturas están unidas en él. Esta *Middah*, en el lenguaje de la *Torah*, se llama *Maljut*, porque todo lo que concierne al rey eterno y su obra se produce a través de esta *Middah*. Así, está escrito: «Porque del Eterno es el reino; y él se enseñoreará de los gentiles» (*Salmos* XXII-29). Los términos «reino» y «enseñoreará» se refieren al gobierno y la autoridad del nombre *Adonai*, que es el nombre de la *Adanut*,[32] y enseña y da testimonio de la manera de recibir la *Shefa* y el *Koaj*[33] del nombre *Ehieh* IHVH, bendito sea. La palabra *Maljut* es el camino del poder del *Din*, cuya fuerza emana del nombre *Adonai*. Porque en las 216 letras que están en los 54 nombres de *Havaiah* (הוי«ה) en el nombre *Adonai*: «Dan juzgará a su pueblo» (*Génesis* XLIX-16).

ולפי שהמידה הזאת היא נוקמת נקם ברי"ת, ולא גמר שאול מצותה, מאסה בו ונמסרה לדוד ונקרא מלכות בית דוד, והיא היתה הולכת תמיד עם דוד ועושה מלחמותיו ומנצחת אויביו, ועל זה אמר: ארד־פה אויבי ואשיגם ולא אשוב עד כלותם ואכלם ואמחצם ולא יקומון (תהלים יח, לח).

También es la *Middah* que compensa el pacto que Saúl no llegó a cumplir otorgando este poder a David y se llama *Maljut Beit David*. Esta *Middah* acompañó constantemente a David, librando sus guerras

32. Dominio.

33. Fuerza, poder.

11a

y permitiendo las victorias contra sus enemigos. Por lo que ha sido dicho: «Perseguiré a mis enemigos, y los alcanzaré, y no volveré hasta acabarlos» (*Salmos* XVIII-38).

ובמידה הזאת היה דיבוקו של דוד וממנה ירש המלכות, ובה היה מתחנן ומשתטח באומרו: אליך י"י אקרא ואל אדנ"י אתחנן (שם ל, ט), ובה היה לוחם עם אויביו באמרו: העירה והקיצה למשפטי אלהי ואדנ"י לריבי (שם לה, כג), ראיתה י"י אל תחרש אדנ"י אל תרחק ממני (שם, כב). ואליה היתה תשוקתו באמרו: אדנ"י נגדך כל תאותי (תהלים לח, יא), וכתיב: כי לך י"י הוחלתי אתה תענה אדנ"י אלהי (שם, יז), ועתה מה קויתי אדנ"י תוחלתי לך היא (שם לט, ח). ובכל עת צרותיו, במידה הזאת היה מתדבק בה באומרו: ביום צרתי אדנ"י דרשתי (שם עז, ב), וכתיב: חנני אדנ"י כי אליך אקרא כל היום (שם פו, ג). ולפי שהמידה הזאת היא בגלות עם עם ישראל, אנו אומרים 'ומלכו"ת בית דוד משיחך במהרה תחזירנה למקומה':

Y esta *Middah* estaba adherida a David y de ella heredó el reino. Y a ella suplicaba y ante ella se postraba, cuando dijo: «A ti, oh Dios, llamaré; y al *Eterno* suplicaré» (*Salmos* XXX-9), por medio de ella libró guerras contra sus enemigos, diciendo: «Recuerda y despierta para mi juicio, para mi causa, Dios mío y *Adonai* mío» (*Íbid.* XXXV-23), «Tú lo has visto, oh *Eterno*; no calles: *Adonai*, de mí no te alejes». (*Íbid.* XXXV-22). Y a ella fue su pasión cuando dijo: «*Adonai*, delante de ti están todos mis deseos» (*Salmos* XXXVIII-9), y ha sido escrito: «Porque a ti, oh *Adonai*, he esperado; tú responderás, *Adonai*, Dios mío» (*Íbid.* 15), y: «Ahora, *Adonai*, ¿qué puedo esperar? En ti está mi esperanza» (*Íbid.* XXXIX-8). En todas sus pruebas se aferró a esta *Middah*, como él mismo dijo: «A *Adonai* busqué en el día de mi angustia» (*Salmos* LXXVII-3). Y está escrito: «ten misericordia de mí, oh *Adonai*; porque a ti clamo cada día» (*Íbid.* LXXXVI-3). Y de acuerdo a esta Middah está en exilio pueblo de Israel, y decimos que «el reino de David, tu ungido, vuelva a su lugar».

11a

ולפעמים נקראת המידה הזאת נשך, והטעם כי לפעמים היא עשי־
רה מלאה כל טוב, בהיות ישראל צדיקים, מושכים אליה מכל המ־
עלות העליונות כמה מיני שפע ואצילות וברכה וחסד ורחמים מכל
הספירות שעליה; ובהיות ישראל נסוגים מדרכי י"י אז המידה הזאת
חסרה ודלה ושפלה, והיא כעלה נובלת עליה ובגנה אשר מים אין
לה, ואז היא כאילן שנוש"ר פירותיו, ואז ישראל דלים ושפלים בזויים
שלולים לחרפה ולקלס. שהרי כשאין המידה הזאת יונקת מלמעלה,
אינה יכולה להניק את ישראל ונקראת נשר, מלשון אילן שמשיר את
פירותיו. והסוד הזה הנני מעירך עליו. כבר הודעתיך כי עיקר שכינה
בארץ, וסימניך: והארץ הדום רגלי (ישעיהו סו, א), וכשהשכינה מק־
בלת שפע מברכות של מעלה נקראת מקוה המים, ונשאינה מקבלת
ברכות נקראת יבשה, וסימניך; ויקרא אלהים ליבש"ה ארץ ולמקו"ה
המי"ם קרא ימים (בראשית א, יא).

A veces esta *Middah* puede denominarse *Nesher*,[34] porque a veces puede ser rica, y estar llena de todo lo que es bueno, y cuando Israel tiene *Tzaddikim* extrae, de todos los grados superiores la *Shefa* y la *Berajah*, *Hessed* y *Rajamim* de todas las Sefirot superiores. Sin embargo, cuando Israel se desvía del camino del *Eterno*, entonces esta *Middah* es deficiente y pobre y miserable. Es como una hoja que se ha secado en un jardín sin agua. O es como un árbol cuyo fruto ha caído. Entonces Israel también es pobre, miserable, triste, se acerca a la deshonra y a la humillación. Esta *Middah* ya no recibe su sustento de lo alto, por lo que ya no puede alimentar a Israel y se llama *Nesher*, cuya raíz designa a un árbol que ha dejado caer sus frutos. Permíteme aclararte este secreto: ya he afirmado que el lugar original de la *Shekinah* está en la Tierra, y la señal es: «la Tierra es su pedestal» (*Isaías* LXVI-1). Cuando la *Shekinah* recibe la afluencia de bendiciones, se llama *Mikveh haMaim* y cuando no recibe las bendiciones, se llama *Iabashah*;[35] y la señal es: «Y llamó Dios a lo seco (*Iabashah*) Tierra, y al ayuntamiento de las aguas llamó mares; y vio Dios que era bueno» (*Génesis* I-10).

34. Águila.
35. Seca.

וכשהמידה הזאת היא יבשה וחסרה אז ישראל הם ברעב ובצ־
מא ובעירום ובחוסר כל, והם נשורים ממנה, שהרי ישראל הם כמו
העלין, והיא כמו גוף האילן. והמידה הזאת פעמים עשירה ופעמים
חסרה, פעמים מלאה פעמים ריקנית, וזהו סוד; כנשר יעיר קנו על
גוזליו ירחף (דברים לב, יא). וכשישראל חוזרים בתשובה, מחדשים
אותה כנש"ר כאשר בתחילה; כשמתקנות הצינורות ומשפיעין אליה
הברכות ומתמלאת על כל גדותיה, אזי היא מתחדשת ומתעשרת,
ועל זה נאמר:

Y cuando esta *Middah* está seca y es deficiente, entonces Israel tiene hambre y sed y está desnudo y falto de todo (11b), porque Israel es como las hojas y ella es como el tronco del árbol. A veces esta *Middah* es rica y a veces está desprovista, a veces está llena y a veces vacía. Y éste es el secreto de: «Como el águila que despierta su nidada, revolotea sobre sus pollos, extiende sus alas» (*Deuteronomio* XXXII-11). Cuando Israel hace *Teshuvah*, vuelve a su lugar original, como un águila. A través de la restauración del flujo de los canales, las bendiciones regresan y abundan, como ha sido dicho:

המשביע בטוב עדיך תתחדש כנש"ר נעורייכי (תהלים קג, ה). והמי־
דה הזאת הנקראת נש"ר יש לה כמה נשרי"ם בעלי כמה כנפיים, ונ־
קראת נשר"י המרכבה, וכולן מגינות על ישראל ופורשין כנפיהם על
ישראל ומצילין אותם מכמה צרות. והנש"ר הזאת עם כל שאר מח־
נותיה, הנקראים נשרי המרכבה, הגינו על ישראל במצרים והוציאו
אותם מתחת סבלותם, והסוד: אתם ראיתם אשר עשיתי למצרים
ואשא אתכם על כנפי נשרים (שמות יט, ד). וכל אלו המחנות הנק־
ראים נשרי המרכבה מעלתם ומלואם בעלות ישראל בתורה ובמצ־
וות, וירידתם וחסרונם בהתרחק ישראל מן התורה ומן המצוות:

Él es «el que sacia de bien tu boca de modo que te rejuvenezcas como el águila» (*Salmos* CIII-5). Con esta *Middah*, llamada *Nesher* hay muchas águilas, con muchas alas y se llaman *Neshereí haMerkavah*. Todas ellas defienden a Israel y extienden sus alas hacia arriba,

11b

preservándolos de muchas pruebas. Esta águila con todas sus legiones, llamada *Nesherei haMerkavah*, defendió a Israel en Egipto y lo libró del sufrimiento, y éste es el secreto de: «Vosotros visteis lo que hice a los egipcios, y cómo os tomé sobre alas de águilas, y os he traído a mí» (*Éxodo* XIX-4). Todas estas legiones, llamadas *Nesherei haMerkavah*, se sitúan por encima de Israel y de los preceptos de la *Torah*, y la decadencia de Israel los separa de la *Torah* y de sus preceptos.

ולפי שהמידה הזאת צריכה להיותה נקשרת עם המעלות שעליה כדי שיבאו לה מיני שפע וברכה מהם, נתן השם לישראל כוח לקשור אותה עם המעלות שעליה, וזהו סוד שנקראת תפלה של יד, ועל זה נאמר: וקשרתם לאות על ידך והיו לטוטפות בין עיניך (דברים ו, ח).

Como esta *Middah* debe estar unida a las emanaciones que están por encima de ella, para que pueda llevar la *Shefa* y la *Berajah*, *El Eterno* le dio a Israel el poder de unir esta *Middah* a las que están por encima de ella. Y éste es el secreto del nombre *Tefilah Shel Iad*,[36] del que ha sido dicho: «y has de atarlas por señal en tu mano, y estarán por frontales entre tus ojos» (*Deuteronomio* VI-8).

והקורא בשחר קריאת שמע בלא תפילין כאילו מעיד עדות שקר בעצמו ואין לו דרך להיכנס תפילתו, שהרי תפלה תלויה בתפילה; כלומר, תפילת הפה תלויה בתפילה של יד, ותפילת היד פותחת השערים בשחר להיכנס כל תפילות אותו היום לפני ה' יתברך, ולפיכך צריך תפילין בקריאת שמע של שחרית. והתקינו לקרא קריאת שמע ואחר כך להתפלל לפי שהתפילה של יד בקריאת שמע פותחת שערי התפילה, ולפיכך קריאת שמע קודמת לתפילה.

36. Filacteria de la mano.

11b-12a

Porque aquel que hace *Kiriat Shemah* sin filacterias se parece a aquel que da falso testimonio, y sus oraciones no serán aceptadas. Porque la *Tefilah* va unida al *Tefilín*, es decir que depende del *Tefiin* de la mano que es el que llevamos por la mañana ante el Eterno, bendito sea, para todas las oraciones del día. Por lo tanto, los *Tefilín* son necesarios para el *Shemah* de la mañana pues (12a), la recitación del *Shemah*, así como el uso del *Tefilín* de la mano, abren las puertas de la oración, y por lo tanto el *Kiriat Shemah* precede a la *Tefilah*.

ובשבתות ובימים טובים אין צריך תפילין, שהרי עניינים אחרים גדו־לים יש באותן הימים והשערים כולם פתוחים. משל למה הדבר דומה? כשיש המלך אין צריך לחותמו, ולפיכך יצאו שבתות וימים טובים שהן בעצמן אות ואין צריך וקשרתם לאות. והלשון שהוא סימן למידה זו בתורה נביאים וכתובים הוא לשון כה. והמידה הזאת לפי שהיא הפותחת לכל המעלות היא סוד רוח הקודש, וממנה נכ־נסים הנביאים לעולם הנבואה, ומשתמשין בה הנביאים הרבה. וזהו שאומרים הנביאים במקומות הרבה בכינוי שכינה: כה אמר יהו"ה.

Y en *Shabbat* y en las festividades no necesitas *Tefilín*, porque hay otras cosas importantes en esos días y las puertas están todas abiertas. Parábola. ¿A qué se parece la cosa? Cuando el rey está presente, no hay necesidad de su sello. El *Shabbat* y las festividades son en sí mismos una señal y no es necesario vincularlos a ninguna otra señal. Y el término utilizado para esta señal en la *Torah*, los Profetas y los Escritos es *Koh*. Esta *Middah*, al abrirse a todas las virtudes, es el secreto del espíritu de santidad de los profetas que entran en el mundo de la profecía, pues los profetas utilizan a menudo este término. Y esto es lo que dicen los profetas en muchos lugares del apodo *Shekinah*: así (*Koh*) dice IHVH (יהו"ה).

והמידה הזאת, כמו שהודענוך, אברהם אבינו עליו השלום הת־חיל להחזירה למטה, והוא התחיל לקרא בשם אדנ"י באמרו; אדנ"י

12a

יהו"ה מה תתן לי (בראשית טו, ב), והשיב יהו"ה יתברך כי בכל מע־
רכות הכוכבים ושאר כל צבאות עולם, עליונים ותחתונים, אין לו
זרע זולתי בכוח המידה הנקרא כ"ה, שהיא שער התפילה ובה יפיק
כל שואל שאלתו לשנות כוח המזלות, והיא המהפכת מידת הדין
לרחמים ומביאה תחת מוות חיים, תחת חולי רפווה, תחת עקרות
זרע, לפי שהכל תלוי בה והיא פתח עינים. ולפי שהכול תלוי במידה
הזאת הנקראת כה, אמר לו יהו"ה יתברך לאברהם: כ"ה יהיה זרעך
(שם ה), כלומר, מן המידה הזאת תיכנס למקור כל המקורות ומעיין
כל התולדות, עד המקום הנקרא כתר עליון, מזל כל המזלות שממנו
נוזלים מים חיים לכל המזלות ובכך יהיה לך זרע' וזהו המזל שאפי־
לו ספר תורה שבהיכל תלוי בו, ולא כמחשבת החושבים כי על מזל
הכוכבים אומרים. ומה שארז"ל בפ' מי שהחשיך כמה ענינים נוראים
ונפלאים כלולין בהן: ולפי שהמידה הזאת ירש אותה אברהם אבינו
באמרו: והיה ברכה (שם יב, ב).

Esta *Middah*, como os he dicho, la trajo de nuevo al mundo Abraham, nuestro patriarca, la paz sea con él, y la llamó con el nombre de *Adonai*, diciendo: «*Adonai* IHVH (יהו"ה), ¿qué me darás?» (*Génesis* XV-2). Y IHVH (יהו"ה) respondió que todas las constelaciones, así como todas las legiones del mundo, de arriba y de abajo, no tienen una semilla como la *Middah* denominada *Koh*. Porque es la puerta de la oración, porque el que hace la petición puede desviar el poder de los planetas. Al tener la capacidad de transformar la *Middah* de *Din* en *Rajamim*, traerá vida en lugar de muerte, salud en lugar de enfermedad, fertilidad en lugar de esterilidad, porque todo depende de ella y es la puerta de los ojos. Y como todo depende de la *Middah* denominada *Koh*, IHVH (יהו"ה) dijo a Abraham: «*Koh* será tu descendencia» (*Íbid.* XV-5), es decir, por medio de esta *Middah* entrarás en a la fuente de todos los manantiales que siguen a un lugar llamado *Koh*, el manantial de todas las generaciones, hasta el lugar denominado *Keter Elion*, *Mazal* de todas las *Mazaloth*, del que brota el agua viva para todas las *Mazaloth*, que darán tu semilla. Es el *Mazal* del que todo depende, incluso el *Sefer Torah* en el palacio, así como todas las cosas sujetas o no a la guía de las estrellas. Es lo que nuestros maestros, de bendita memoria, enseñaron: «Contienen cualidades tanto terribles como maravillosas».[37] Esta *Middah* fue dada a Abraham como ha sido dicho: «serás una fuente de bendición» (*Génesis* XII-2).

ובסוף: ויהו"ה ברך את אברהם בכל (שם כד, א), הוצרר השם יתב־רך למסור ביד ישראל המפתחות לפתוח הבריכה הזאת. ומסר ביד הכהנים מפתחות עליונים להמשיך הברכות והשפע והאצילות מכל המעלות והספירות העליונות לבריכה זו הנקראת כה, וצוה ברכת כהנים: דבר אל אהרן ואל בניו לאמר כ"ה תברכו את בני ישראל (במדבר ו, כג). וכשהמידה הזאת מתברכת ומתמלאת אזי יבוא השפע והאצילות לישראל, וסימניך: ושמו את שמי על בני ישראל ואני אברכם (שם כז).

Y al final: «Y IHVH (יהו"ה) bendijo a Abraham con *Kol*» (*Génesis* XXIV-1). Y *el Eterno*, bendito sea, entregó las llaves de este estanque a Israel, y las llaves superiores a los sacerdotes para preservar las bendiciones, la *Shefa* y las emanaciones de todas las virtudes y los Sefirot superiores a este estanque, llamado *Koh*. De ahí la bendición sacerdotal: «Hablad a Aarón y a sus hijos, diciendo: *Koh* bendecirá a los hijos de Israel» (*Números* VI-23). Cuando esta *Middah* sea bendecida y llenada, la *Shefa* y las emanaciones vendrán sobre Israel. Esto corresponde a: «*Koh* pondrán mi nombre sobre los hijos de Israel, y yo los bendeciré» (*Íbid.* VI-27).

ועל סוד ברכת כהנים במידת כ"ה אמר דוד עליו השלום: יודור י"י כל מעשיך וחסידיך יברכוכ"ה (תהלים קמה, י), מלא בה"א, כלומר יברכו כ"ה. וזו היא תפילה של יד שאמרנו, ועליה אמר בתורה: והיו לאות על ידכ"ה (שמות יג, טז), מלא בה"א. ומה שאנו קושרים תפי־לה של יד בשמאל לפי שממידת שמאל, שהיא מידת הפחד והגבו־

37. Véase Talmud, tratado de *Shabbat* (156a).

12a - 12b

רה, נמשך הכוח למידת כה. ולפי שמידת כה היתה עושה מלחמותיו של דוד ע"ה, אמר: כי בכ"ה ארוץ גדוד (תהלים יח, ל). לא אמר בך, אלא בכ"ה מלא, שבכוח מידה זו הכה דוד ורדף את כל אויביו. וזו היא שעשתה מלחמתו של אברהם עליו השלום במלכים, כמו שפי־רשנו במידת צד"ק:

Y a propósito del secreto de la bendición de los sacerdotes que se encuentra en la *Middah Koh*, David, la paz sea con él, dijo: «Alábente, oh *El Eterno*, todas tus obras; y tus misericordiosos te bendigan» (*Salmos* CXLV-10). La palabra *Ibarkokoh* (יברכו«כה) significa que «*Koh* te bendecirá», (12b) y esta es la *Tefilah* de la mano, como ya hemos dicho. Y así lo dice la *Torah*: «será una señal en tu mano». Atamos el *Tefilín* en la mano izquierda, porque el poder que dirige la *Middah Koh* está en la izquierda, donde están las *Middoth Pajad* y *Guevurah* apoyadas por el poder de *Koh*. Ésta era la *Middah* de *Koh* que hizo las guerras de David, la paz sea con él. Dijo: «con *Koh* saltaré muros» (*Salmos* XVIII-30). Y no dijo *beKah* (contigo) sino b*eKoh* (con *Koh*) completo, con todas las consonantes. Porque fue por el poder de esta *Middah* que David golpeó y persiguió a sus enemigos. Es también ella con la que hizo la guerra de Abraham con los reyes, como ya explicamos al hablar de la *Middah Tzedek*.

והמידה הזאת היא המחדשת אותות ומופתים בעולם ועשתה במצ־רים עשר מכות. וצריך אני להאיר עיניך בטעם זה. דע שכבר אמרו שארץ מצרים שנייה לארץ ישראל, ושר של מצרים מגדולי שרי האומות הוא, עד שנטל חלקו הבכורה, ראש המזלות, והוא טלה, וצומח בניסן שהוא ראש החדשים, והוא בדמיון בכור לי"ב מזלות, כאמרו: החדש הזה לכם ראש חדשים (שמות יב, ב).

Esta *Middah* es la que renueva los signos y milagros en el mundo y la que causó las diez plagas de Egipto. Debo abrir tus ojos a esto. Has de saber, como se ha dicho, que la tierra de Egipto es la segunda después de la tierra de Israel y que el Príncipe de Egipto era más grande que

12b

los Príncipes de las demás naciones. Porque había ocupado el lugar del primogénito a la cabeza de las constelaciones, es decir, Aries. Este último floreció en el mes de Nisán, que es el primero de los meses, considerado el primogénito por las demás constelaciones, pues está escrito: «Este mes será para vosotros el primero de los meses» (*Éxodo* XII-2).

ולפי שפרעה היה אדוק ודבוק בשר שלו ולא היה לו חלק בשם יהו"ה יתברך, לפי שהשר שלו מיוחד לו, הוצרך השם יתברך לשלוח לו ביד משה רבינו עליו השלום שיודיעהו שיש בעולם אדון ומושל על כל השרים ועל כל צבאות עולם, והוא יהו"ה יתברך, ושישראל הם חלקו ונחלתו, ושהוא מתרה בו לשלוח אותם לפי שישראל אינם חלק מזל או כוכב אלא חלק יהו"ה יתברך. ואמר למשה שאין דרך ליכנס לידיעת שם יהו"ה יתברך, אלא אם פותח לו השער הראשון שהוא כה.

El Faraón estaba atento a su Príncipe y apegado a él, pero no tenía parte en el nombre IHVH (יהו"ה), bendito sea. Como sólo le importaba su Príncipe, IHVH (יהו"ה), tuvo que enviar a Moisés, nuestro maestro, la paz sea con él, para decirle que había un señor y un jefe sobre todos los Príncipes y todas las legiones del mundo: IHVH (יהו"ה), bendito sea, habiendo tenido Israel su parte y su dotación. Cuando Moisés pidió al Faraón que los dejara ir, tuvo que explicar que Israel no estaba ligado a una constelación o a un planeta, sino que dependía de IHVH (יהו"ה), bendito sea. Dios le dijo a Moisés que no hay manera de conocer el nombre de IHVH (יהו"ה), bendito sea, a menos que abras la primera puerta que es *Koh*.

ומתוכו יתגלה שם יהו"ה יתברך, כי הוא היכלו וביתו, וזהו אמרו: ויאמר אלהים אל משה אהי"ה אשר אהי"ה ויאמר כ"ה תאמר לבני ישראל אהי"ה שלחני אליכם (שם ג, יד). וכפל דבר זה פעם שנית ואמר: ויאמר אלהים אל משה כ"ה תאמר אל בני ישראל יהו"ה אלהי אבותיכם וגו', זה שמי לעלם וזה זכרי לדור דור (שם טו). מהו

12b

זה שמי וזה זכרי? אף על פי שיש במקום הזה כמה עיקרים וכמה סודות, העיקר האחר הוא:

Y a través de ella se revelará el nombre IHVH (יהו"ה), bendito sea, porque es su palacio y su casa, y es lo que ha sido dicho: «Y respondió *Elohim* a Moisés: *Ehieh Asher Ehieh.* Y dijo: *Koh* dirás a los hijos de Israel: *Ehieh* me ha enviado a vosotros» (*Éxodo* III-14). Y repitió esto por segunda vez y dijo: «Y dijo más *Elohim* a Moisés: *Koh* dirás a los hijos de Israel: *El Eterno* Dios de vuestros padres, el Dios de Abraham, Dios de Isaac y Dios de Jacob, me ha enviado a vosotros. Éste es mi nombre para siempre, y éste es mi memorial por todos los siglos» (*Éxodo* III-15). ¿Cuál es el significado de «éste es mi nombre y éste es mi memorial»? Aunque hay algunos puntos principales y algunos secretos en este lugar, el punto principal es el siguiente:

'זה שמי', יהו"ה, ולפיכך 'לעלם' חסר וי"ו, כלומר צריך אתה להעלים שם יהו"ה בקריאתו, שאסור להזכירו באותיותיו רק במקדש כדאמרינן במקדש ככתבו ובמדינה בכנויו. וזה זכרי' הוא שם אדנ"י, שהוא היכלו של יהו"ה והוא כינוי לקריאתו, כלומר בכל מקום שאתם מוצאים שם יהו"ה בתורה, הזכירו אותו בכינוי אדנ"י. וזהו שאמרו חז"ל: לא כשאני נכתב אני נקרא, אלא אני נכתב יהו"ה ואני נקרא אדנ"י, והנה כשכתב בכאן לשון כה, בשני מקראות שבהם אהי"ה יהו"ה, הודיע כי כ"ה הוא הפתח להם להיכנס לשניהם, כמו שהודענוך במה שכבר פירשנו, שהן ג' שמות: אהיה למעלה, יהו"ה באמצע, אדנ"י למטה. ולפיכך הזכרת שם יהו"ה נקראת בשם אדנ"י שהוא היכלו, ולפיכך כתב בשני הפסו־קים, שבהן אהי"ה יהו"ה, לשון כ"ה.

«Éste es mi nombre», IHVH (יהו"ה), y la siguiente palabra es *leOlam* (por todos los siglos), que carece de la letra *Vav*, para enseñarnos que la forma de leer el nombre IHVH (יהו"ה) debe estar oculta, ya que no es posible leerlo de la misma manera. La pronunciación de este nombre está prohibida, excepto en el templo.[38] Sabemos que en el templo se pronunciaba, pero fue sustituido por el apodo *Adonai* que es palacio para IHVH (יהו"ה), y un sustituto en la lectura. Esto significa que en cada lugar en el que se encuentre el nombre IHVH (יהו"ה), en la *Torah*, se necesita su sustituto, *Adonai*. Por eso, nuestros maestros, de bendita memoria, dijeron: «No me pronuncio como me escribo, pues me escribo IHVH (יהו"ה), y me pronuncio *Adonai*».[39] Podemos observar que *Koh* introduce los versículos que contienen *Ehieh* y IHVH (יהו"ה), indicando que *Koh* es el acceso a los dos, que en realidad son tres, como ya he explicado: *Ehieh* está arriba, *Ehieh* en medio y *Adonai* abajo. Y, por lo tanto, la mención del nombre IHVH (יהו"ה) se hace con el nombre *Adonai*, que es el palacio, y por esta razón los dos versículos que contienen *Ehieh* y IHVH (יהו"ה), comienzan por *Koh*.

וכשהלך משה אצל פרעה בשליחות השם יתברך התחיל במי-
לת כ"ה, לפי שהוא הפתח להיכנס לשם יהו"ה יתברך. וזהו שכתוב:
ואחר באו משה ואהרן ויאמרו אל פרעה כ"ה אמר יהו"ה אלהי יש-
ראל שלח את עמי וגו' (שם ה, א), והשיב פרעה: מי יהו"ה אשר
אשמע בקולו, לא ידעתי את יהו"ה (שם ב).

Y cuando Moisés fue a Faraón en nombre de Dios, bendito sea, comenzó con la palabra *Koh*, porque es la puerta de IHVH (יהו"ה), bendito sea. Y ha sido escrito: «después de esto Moisés y Aarón entraron a la presencia del Faraón, y le dijeron: «IHVH (יהו"ה), Dios de Israel, dice así: deja ir a mi pueblo y el Faraón respondió: ¿Quién es *el Eterno*, para que yo oiga su voz y deje ir a Israel? Yo no conozco al *Eterno*, ni tampoco dejaré ir a Israel» (*Éxodo* V-1 y 2).

---

38. Véase Talmud, tratado de *Iomah* (69b).
39. Véase Talmud, tratado de *Pesajim* (50a).

12b

אמר לו משה רבנו עליו השלום: אם אינך יודע שם יהו"ה, דע כי הפתח הראשון שנכנסין לידיעתו היא המידה הנקראת כה, ובה נב־ראו שמים וארץ, והיא המחדשת אותות מכות גדולות לכל הפוש־עים והמורדים בו, וזהו סוד שאמר לו: והנה לא שמעת עד כ"ה, כ"ה אמר י"י בזאת תדע כי אני יהו"ה הנה אנכי מכ"ה במטה אשר בידי (שמות ז, טז יז). וכל מכה ומכה באה ממידת כה והיתה של חמש מכות באמת, כי כן הדין. וזו היא בעצמה שעשתה מכות בכורות, כי אלהי מצרים כמו בכור הוא לשאר כל השרים, והך הכפתור וירעשו הסיפים (עמוס ט, א).

Moisés, nuestro maestro, la paz sea con él, le dijo: si no conoces el nombre de IHVH (יהו"ה), has de saber que la primera puerta para conocerlo es la *Middah* llamada *Koh*, por la que fueron creados los cielos y la Tierra. Ésta es la *Middah* por la que se renuevan los signos y las grandes plagas para todos aquellos que se rebelan contra él. Y éste es el secreto de lo que ha sido dicho: «y he aquí que hasta ahora no has querido oír *Koh* ha dicho *El Eterno*, en esto conocerás que yo soy *El Eterno*; he aquí, yo heriré con la vara que tengo en mi mano el agua que está en el río» (*Éxodo* VII-16 y 17). Y todas y cada una de las plagas provienen de la *Middah Koh* que es el único verdaderamente responsable de las cinco plagas, porque ella es el juez. *Koh* derramó la plaga sobre los primogénitos, porque los dioses de Egipto son como los primogénitos a los ojos de los demás Príncipes: «Golpead los capiteles y que se estremezcan los umbrales» (*Amós* IX-1).

ולפיכך כשחטא אדם בעבירות הרבה מן התורה, מידת כה מזומנת להכותו ולהלקותו ולהינקם ממנו על העבירות שעשה. וציווה השם ית־ברך להלקותו בבית דין שלנו על מספר ר"ז עבירות, על כל אחת ואחת מלקות ארבעים, כדי שלא יבואו ישראל לידי מלקות כה, שהרי הוא חזק ואמיץ יותר ממלקות שלנו. ולפי שידע שור קונהו וחמור אבוס בעליו (ישעיה א, ג) כשהיא מלקה החוטאים היא מלקה על ידי שור וחמור, ולפיכך ראויה להיות רצועת הלוקים בלולה משור וחמור דכ־

12b - 13a

שהמידה הזאת שואבת ממידת הגבורה והפחד ומתמלאת מהן, אזי היא מחרבת מדינות ומשלחת מכות לכל בני העולם.

Por lo tanto, cuando un hombre peca a menudo contra la *Torah*, la *Middah Koh* es llamada a golpearlo (13a), a azotarlo y a castigarlo por todos los pecados que ha cometido. Y *El Eterno*, bendito sea, enumera 207[40] tipos de transgresiones que conducen a una flagelación de 40 latigazos, para que Israel no sea golpeado por la *Middah Koh*, cuyos golpes son mucho más poderosos que los nuestros. Porque: «El buey conoce a su dueño, y el asno el pesebre de su madre; Israel no sabe nada, mi pueblo no tiene entendimiento» (*Isaías* I-3). Cuando azota a los pecadores, azota con un buey y un asno, por lo tanto, es apropiado tener un látigo confeccionado con la piel de un buey y de un asno. De hecho, esta *Middah* se basa en la *Middah* de *Guevurah* y *Pajad* y está llena de ellos. Puede destruir países enteros y golpear a todos los hijos del mundo.

ולפיכך ציווה השם את ישראל ואמר: היזהרו במידת כה פן תימלא אף וחימה ממידת הפחד והגבורה, ואתם צריכין למשוך אליה רחמים וברכות פן תחריב העולם, וזהו סוד: כ"ה תברכו את בני ישראל (במדבר ו, כג). כלומר, המשיכו אליה הברכות והחסד והרחמים כדי שתברכו אותם, והיזהרו מן ההיפך שהרי המלקות שלה קשה הוא, ולפיכך:

Y por eso mandó Dios a Israel y dijo: «Tened cuidado con la *Middah Koh*, para que no se llene de furia y cólera por las *Middoth Pajad* y *Guevurah*. Usad *Rajamim* y las bendiciones, para no causar la destrucción del mundo. Y éste es el secreto de: «*Koh* bendecirá a los hijos de Israel» (*Números* VI-23). Es decir, repartirá bendiciones, *Hessed* y

40. 207 es un número recurrente en los escritos de los cabalistas ya que es la guematria de *Or*, «*luz*». En nuestro caso quiere decir que hay muchas (Rabbah) transgresiones, y que la guematria de Rabbah también es 207.

13a

Rajamim entre vosotros. Esto te enseña cuáles son las consecuencias y porque los golpes son duros, por lo tanto:

ארבעים יכנו לא יוסיף (דברים כה, ג). מאי לא יוסיף? כלומר, אם יקבל החוטא מלקות ארבעים לא יבא לידי מלקות של מידת כה, שיש בה כמה תוספות על מלקות שלכם. 'פן יוסיף להכותו על אלה', כלומר, אם לא יקבל מלקות ארבעים בעולם הזה יבוא לידי מלקות הבא מכה רבה, וזהו מאמר חז"ל אל תקרי מכה רבה אלא מכ"ה רבה, וסימניך: ר'ב'ה' הוא רמז ר"ז מלקיות שבתורה. וגם דרשו חז"ל ארבעים יכנו לא יוסיף, ארבעים חסר אחת, והכול תלוי בכתוב. והנה כשבא משה רבנו עליו השלום להודיע מכת בכורות, רמז כי היא במידת כ"ה ואמר; כ"ה אמר יהו"ה כחצות הלילה אני יוצא בתוך מצרים ומת כל בכור וגו' (שמות יא, ד). וזהו שאמרו חז"ל: ועברתי בארץ מצרים אנ"י ולא מלאך אנ"י ולא שרף וגו':

«Se le darán cuarenta golpes, no más» (*Deuteronomio* XXV-3). ¿Qué significa «no más»? Significa que si el malhechor recibe cuarenta golpes, no recibirá los golpes de la *Middah Koh*, que son más poderosos que los vuestros. Es más, significa que si no recibimos los cuarenta golpes en este mundo, en el mundo venidero nos serán dados por el Gran *Koh* en correspondencia con *Resh, Beth, He.*[41] Por esta razón, nuestros sabios, de bendita memoria, dijeron «cuarenta golpes, no más» en el sentido de «cuarenta menos uno», y esto está ciertamente contenido en lo que está escrito. Podemos ver cómo Moisés, nuestro maestro, la paz sea con él, anunció, alusivamente por la *Middah Koh,* la matanza del primogénito. Ha sido dicho: «*Koh* ha dicho *El Eterno*: a la medianoche yo saldré por en medio de Egipto, y morirá todo primogénito en tierra de Egipto» (*Éxodo* XI-4 y 5). Y es lo que dijeron, nuestros sabios, de bendita memoria: «Pasaré yo y no un ángel, pasaré yo un no un *Saraf*».

---

41. *Rabbah, guematria 207.*

והמידה הזאת נקראת במעשה בראשית עץ הדעת, ובה חטא אדם הראשון ונסתלקה. לפי שהיא מקבלת כל הגוונים, כמו שהודענוך, והיא פועלת בתחתונים כפי אותו הכוח הנמשך אליה מן המעלות שלמעלה הימנה, אם חיים אם מוות, אם טוב אם רע, לפיכך אמרה תורה: ועץ הדעת טוב ורע (בראשית ב, ט), אם טוב, למה רע? ואם רע, למה טוב, אלא נקראת עץ הדעת, וליודעים נעלמות שם יהו"ה יתברך הוא הדעת, והמידה הזאת היא עץ של יהו"ה הנקרא דעאת, שהיא היכלו וביתו ובה משלח שרשים וכח ברכה ואצילות, ומשם יביא יהו"ה לע"ץ הדעת כל טוב, על ידי מידת צדק הנקראת טוב ואם ח"ו יפסקו הצינורות הבאים על ידי צדק, אזי מושכת ממידת הדין הקשה.

Esta *Middah* es llamada en el *Maaseh Bereshith Etz haDaat* (árbol del conocimiento), y en ella pecó *Adam haRishon* y se retiró. Recibe todos (13b) los matices, como hemos explicado, y actúa en los grados inferiores según el poder que recibe de los grados superiores, ya sea la vida o la muerte, el bien o el mal, y por eso la *Torah* dice: «El árbol del conocimiento del bien y del mal» (*Génesis* II-9). Pero si hay bien, ¿por qué hay mal? Y si hay mal, ¿por qué hay bien? Por ello, se llama *Etz haDaat* que, para quienes conocen su esencia, es el nombre IHVH (יהו"ה) bendito sea, y esta *Middah* es *Etz* IHVH (יהו"ה), y se llama *Daat* porque es su palacio y su morada. Las raíces y el poder de la bendición y la emanación van del nombre IHVH (יהו"ה) al *Etz haDaat*, totalmente bueno, y se dan a la *Middah Tzedek*, que se denomina *Tov*. Sin embargo, si, Dios no lo quiera, los canales que fluyen del *Tzedek* se secaran, entonces el árbol derivaría su poder de la *Middah* del *Din* duro.

ומצד שמאל יש דברים שבהן מתחדשות ר"ע בעולם, וזהו 'טוב ורע'. ואדם הראשון חטא במחשבה ונענש מיתה, וסימניך. ראה נתתי לפניך היום את החיים ואת הטו"ב את המו"ת ואת הר"ע (דברים ל, טו). וכתיב: והמה כאדם עברו ברי"ת (הושע ו, ז) וכי איזו ברית נכרת לאדם הראשון? אלא בברית חטא והמידה הזאת היא נוק־מת נקם ברית והיא נפרעת על כל עובר במקצת העריות הכתובות

13b-14a

בתורה, כמו שעדיין נעורר עליו בעזרת השם. והנה בהיות המידה הזאת שואבת ברכות עליונות ומיני שפע ואצילות מעץ החיים, על ידי המידה הנקראת אל חי, נקראת ארץ החיים, והמתים הנקברים בארץ ישראל המיוחדת לה יחיו תחילה וכל עושה טוב ושומר תורה ומצוות ונדבק במידה הזאת על ידי טהרת האיברים, כמו שהודענוך בהקדמה, נקרא חי גם אחרי מותו, וסימניך: ובניהו בן יהוידע בן איש ח"י (שמואל, כג, כ), כתיב ח"י וקרי חיל, ושניהם אדוקים זה בזה והנה כל הדבק במידה זו זוכה לחיי עד, וסימניך; ואתם הדבקים בי"י אלהיכם חיים כולכם היום (דברים ד, ד:

Y en el lado izquierdo el mal se renueva en el mundo, y éste es el significado de *Tov veRa*. *Adam haRishon* pecó con el pensamiento (*Majshavah*) y fue castigado con la muerte. Esto corresponde a: «Mira, yo he puesto delante de ti hoy la vida y el bien, la muerte y el mal» (*Deuteronomio* XXX-15). Y ha sido escrito: «mas ellos, cual Adán, traspasaron el pacto» (*Oseas* VI-7). ¿Qué pacto se hizo con *Adam* (14a) *haRishon*, además del pacto del pecado? Esta *Middah* es la que venga el pacto y exige el castigo de todos los que transgreden las prohibiciones relativas a la sexualidad escritas en la *Torah*, como aclararemos con la ayuda de Dios. Y he aquí que esta *Middah* deriva sus más altas bendiciones de la *Shefa* de la emanación del Árbol de la Vida, a través de la *Middah* denominada *El Jai*, que se llama *Eretz haJaim*. Y los muertos que están enterrados en *Eretz Israel* resucitarán primero. Los que hacen el bien y respetan los preceptos de la *Torah*, adhiriéndose a esta *Middah* mediante la purificación de sus miembros llamarán a la vida, como explicamos en la introducción, incluso después de su muerte. Y la señal es: «Benaía hijo de Joiada, hijo de un varón esforzado» (2 *Samuel* XXIII-20). Está escrito *Jai*, y se pronuncia *Jail* (esforzado) y nos hace suponer que estos dos significados son equivalentes, y ambos son piadosos el uno con el otro, y aquí todos los que se aferran a *esta Middah* merecerán la vida eterna. Y la señal es: «Mas vosotros que os acercasteis al *Eterno* vuestro Dios, todos estáis vivos hoy» (*Deuteronomio* IV-4).

14a

ומה שדרשו חז"ל בפסחים: וכי אפשר לו לאדם להדבק בשכינה וכו', הכול אמת ולמדרש באו. אמנם מה שאמר השם יתברך את י"י אלהיך תירא ואותו תעבוד ובשמו תשבע (שם ו, יג), ואומר אותו תעבוד ובו תדבק (שם י, כ), ואומר ואתם הדבקים בי"י אלהיכם וגו' (שם ד, ד). דע והאמן כי יש ענין בסוד צורת טהרת האיברים, שא־פשר לאדם להידבק בשכינה אם היא אש אוכלת, היא האש שבה מתעדנים ומתפנקים הדבקים בה בנשמה הטהורה הנקראת נר י"י, וממנה הדליקו נר הנשמה ובה דבוקה ואליה תשוקתה, וכמו שעדיין נבאר בעזרת השם:

¿Por qué nuestros maestros, de bendita memoria, comentaron en *Pesajim:*[42] «porque Adán debe adherirse a la *Shekinah*»? Todo esto es correcto y quisieron considerarlo como un *midrash.* Ciertamente, ésta es la razón por la que *El Eterno* nos ha dicho: «Honrarás al *Eterno*, tu Dios, y le servirás, y jurarás por su nombre» (*Deuteronomio* XI-13). Y ha sido escrito: «él será tu alabanza, y él será tu Dios, que ha hecho contigo estas grandes y terribles cosas que tus ojos han visto» (*Íbid.* IX-21) y ha sido dicho: «Y tú, que estás apegado al *Eterno* «(*Deuteronomio* IV-4). Has de saber y creer que hay una cualidad especial en el secreto de la pureza de los miembros, que permite al hombre aferrarse a la *Shekinah*, aunque sea un fuego devorador, un fuego que calienta y tranquiliza a quienes se aferran a él con un alma pura llamada *Ner* IHVH. Estos mismos son los que han encendido la lámpara del alma y se han unido a ella, y esto se explicará más adelante, si Dios quiere.

והמידה הזאת נקראת לפעמים ספר החיים, והטעם לפי שהוא האוצר שבו נמשכין החיים מחיים עליונים הנקראים חיי העולם הבא, על ידי אל חי, והוא כדמיון ספר שבו כותבין, כך המידה הזאת בה מצטיירין כל הצורות למיניהה אם למות אם לחיים, כדכתיב: אני

42. En realidad, en el tratado talmúdico de *Ketuvim* (111b). Gikatilla probablemente se está refiriendo a la *Haggadah de Pesaj*.

14a - 14b

אמית ואחיה (דברים לב, לט), וכתיב: כל הכתוב לחיים בירושלים (ישעיה ד, ד) שהרי גם היא נקראת ירושלים על מידה ידועה.

Y esta *Middah* se denomina a veces *Sefer haJaim* (libro de la vida) y es la razón por la cual es un tesoro del que se extrae la vida superior, llamado *Jaie Olam haBa* (Vida del mundo venidero),[43] a cargo de *El Jai*. Y es como un libro en el que están inscritas todas las criaturas, y todos los actos relativos a la vida y la muerte. Porque está escrito: «Yo doy la muerte y la vida» (*Deuteronomio* XXXII-39). Es como está escrito: «todos los que en Jerusalén están escritos entre los vivientes» (*Isaías* IV-3), pues también se llama «Jerusalén», una *Middah* bien conocida.

ובעזרת ה' במידת אל חי נפרש כל הדברים על סדר הכוונה פירוש מבואר. והמידה הזאת היא מסוימת בתורה במילה מיוחדת, להודיע שעל ידיה ישראל מקבלים כל טוב וכל שפע שפע וכל ברכה, והיא המכנסת את ישראל ואת שלוחיהן לפני יהו"ה יתברך, ונקראת בל-שון זאת. ולפי שישראל ירשו המידה הזאת ונתייחדה להם, הם חלק יהו"ה יתברך ונחלתו, והיא שוכנת ביניהם תמיד, ועמה יפיקו כל שאלותם. וכשישראל צריכים להיכנס לפני י"י 'תברך, היא נכנסת עמהם ומעמידה אותם לפניו.

Y si Dios quiere, daremos una explicación detallada y un comentario sobre *El Jai* y todas las cosas que deben acompañarlo. Y esta *Middah* aparece en la *Torah* con una afirmación particular: a través de ella Israel recibe todo el bien (14b) y toda la *Shefa* y toda la bendición. Y ella es la que reúne a Israel y a sus emisarios delante de IHVH (יהו"ה), bendito sea, y se la llama con la palabra *Zot,* pues Israel ha heredado esta *Middah*, preparada sólo para él. Y son una parte de IHVH (יהו"ה), bendito sea, y sus legatarios para esta *Middah*, que habita siempre en-

43. Éste es también el título de una de las obras más conocidas de Rabbí Abraham Abulafia.

tre ellos. Todas sus peticiones se transmiten a través de esta *Middah* y cuando Israel tiene que comparecer ante IHVH (יהו"ה), bendito sea, *Zot* entra con ellos y le presenta las peticiones.

הלא תראה כי כהן גדול ביום הכפורים, שהוא יום מיוחד בשנה להיכנס לפני לפנים להפיק לישראל מחילה וסליחה וכפרה וברכה ומזונות לכל השנה, אינו רשאי להיכנס אלא במידה זאת, וזהו סוד: בזאת יבא אהרן אל הקדש (ויקרא טז, ג), אינו רשאי להיכנס כי אם על ידי 'זאת'. ואפילו משה רבנו עליו השלום בתחילה לא נכנס לאהל מועד לדבר עם יהו"ה אלא על ידי זאת והסוד: ויקרא אל משה, וידבר יהו"ה אליו (שם א, א)' מי הוא הקורא אל משה? אל"ף זעירא דויקרא, ואחר כך, וידבר יהו"ה אליו. ומאיזה מקום מדבר אליו? מאהל מועד. וכבר הודענוך כי זה הוא האהל שהוא בית ועד לשם יתברך שוכן תמיד.

Esto se puede observar con el *Cohen Gaddol*, durante *Iom Kippur*, que es un día único en el año para presentarse ante el rostro en nombre de Israel, para poder alcanzar el perdón, la bendición y el sustento para todo el año, y no se le permite entrar si no es con la *Middah Zot*. Y éste es el secreto de: «Con esto (*Zot*) entrará Aarón en el santuario» (*Levítico* XVI-3). Sólo se permite la entrada de Aarón, acompañado de *Zot*. Incluso Moisés, nuestro maestro, la paz sea con él, sólo entró en la tienda de la reunión para hablar con IHVH (יהו"ה), acompañado por *Zot*. Y éste es el secreto de: «Y llamó *el Eterno* a Moisés, y habló con él desde el tabernáculo del testimonio, diciendo» (*Íbid.* I-1). ¿Quién llamó a Moisés? Es la pequeña *Alef*, la última letra de *Vaikrá* con la que le habló IHVH (יהו"ה). ¿Y desde qué lugar le habló? Desde la tienda de la reunión. Y ya hemos explicado de que la tienda de la reunión es como un hogar y allí mora desde siempre *el Eterno*, bendito sea.

והמידה הזאת היא שעומדת ומגינה על ישראל בעת צרתם, ועליה נאמר: אם תחנה עלי מחנה לא יירא לבי אם תקום עלי מלחמה

14b

בזאת אני בוטח (תהלים כז, ב). והיא היושבת עם ישראל בגלות ומ־נחמת לבם, ועליה נאמר: זאת נחמתי בעניי (שם קיט, נ). והיא הקו־שרת קומת המרכבה, ועליה נאמר: זאת קומתך דמתה לתמר (שי"ה ז, ח).

Es esta *Middah* la que se mantiene listo y protege a Israel en tiempos de angustia. Así ha sido dicho: «Aunque se asiente campamento contra mí, no temerá mi corazón; aunque contra mí se levante guerra, yo en esto (*Zot*) confío» (*Salmos* XXVII-3). Es la *Middah* que está con Israel y lo consuela durante el exilio. Ha sido dicho: «*Zot* es mi consuelo en mi aflicción» (*Íbid* CXIX-50). Ésta es la *Middah* que reúne la forma de la *Merkavah*. Y ha sido dicho: «*Zot,* tu estatura es semejante a la palma» (*Cantar de los Cantares* VII-8).

ובה זכו ישראל לתורה שבכתב, על ידי תורה שבעל פה, ועליה נאמר: זאת התורה אדם כי ימות באהל (במדבר יט, יד). ועל ידיה אנו נכנסים לביאור תורה שבכתב, לפי שמידת 'זאת' היא סוד התו־רה שבעל פה ועל ידיה זכו ישראל לנחול את הארץ, לפי שהיא המי־דה השוכנת בארץ, ועל זה נאמר: זאת הארץ אשר תפול לכם בנח־לה (שם לד, ב).

Es también por ella que la *Torah* escrita fue entregada a Israel junto con la *Torah* oral, por lo que ha sido dicho: «*Zot* es la *Torah* para cuando alguno muere en la tienda» (*Números* XIX-14). Y es a través de ella que entramos en la interpretación de la *Torah* escrita. Por esto entendemos la *Torah* Escrita, pues la *Middah Zoth* es el secreto de la *Torah* Oral dada a Israel para heredar *Eretz* pues *esta Middah* permanece en *Eretz*. En este sentido, ha sido dicho: «*Zoth* es la tierra que os ha de caer en heredad» (*Íbid.* XXXIV-2).

והיא הטובה הגדולה שממנה אנו נכנסים לחיי העולם הבא, ועליה נאמר: זאת נחלת עבדי י"י (ישעיה נה, יז). ועל ידיה מקבלים ישראל

14b

כל הטובות והברכות. ועליה נאמר: וזאת אשר דבר להם אביהם ויברך אותם (בראשית מט, כח), אלמלא 'זאת', ברכה מאין? ומרע"ה על ידיה גמר ובירך את ישראל, שנאמר: וזאת הברכה אשר ברך משה וגו' את בני ישראל (דברים לג, א), והיא המידה המיוחדת למ־לכות אשר לה זכה יהודה, שנאמר: וזאת ליהודה ויאמר וגו' (שם ז), והשם יתברך מזהיר את ישראל ומזרז אותם להיות שומרים המידה הזאת ולהתנהג עימה בטהרה, ועליה נאמר: ולא יראה בך ערות דבר ושב מאחריך (שם כג, טו), ואומר: לו חכמ"ו ישכיל"ו זא"ת יבינ"ו לאחרית"ם (שם לב, כט).

También es el gran benefactor por el que entramos en la vida del *Olam haBa*, porque ha sido dicho: «*Zoth* es la herencia de los siervos del *Eterno* «(*Isaías* LIV-17). De él recibió Israel todos los beneficios y bendiciones. Así ha sido dicho: «y *Zoth* fue lo que su padre les dijo, y los bendijo; a cada uno por su bendición los bendijo» (*Génesis* XLIX-28). Sin *Zot*, ¿de dónde saldría la bendición? Moisés, nuestro Maestro, incluso bendijo a Israel utilizando esta *Middah*, como dice: «*Zot* es la bendición con la que yo, el hombre de Dios, bendigo a los hijos de Israel» (*Deuteronomio* XXXIII-1). Y es la *Middah* específica de *Maljut* que heredó Judá, por lo que ha sido dicho: «y *Zot* es la bendición para Judá» (*Íbid.* XXXIII-7). Y el *Eterno*, bendito sea, advirtió a Israel instándoles a servir la *Middah Zoth* y a llevarla con pureza, pues ha sido dicho: «No entregarás a su señor el siervo que huyere de su amo y acude a ti» (*Íbid.* XXIII-15). Y también ha sido dicho: «¡Deseo que fueran sabios, que entendieran esto (*Zoth*), entendieran su postrimería! (*Íbid.* XXXII-29).

ופירוש הפסוק: לו ימשיכו למידה 'זאת' ממקור החכמה שכל טו"ב, על ידי צדיק יסוד עולם, אז ימצאו חן ושכ"ל טוב ויאכלו מפרי צדי"ק כי טו"ב; 'יבינו לאחריתם', ימשכו רחובות הנהר ממקור הבינה למי־דת 'זאת' הנקראת אחרית הימים. האספו ואגידה לכם את אשר יקרא אתכם באחרית הימים (בראשית מט, א); ויש תקוה לאחריתך נאם י"י (ירמיהו לא, טז). ובכל מקום שתמצא בתורה לשון אמי־

14b - 15a

רה, כגון יאמר י"י ולשון לאמר ולשון אמרת, הכול הוא לשון המידה הזאת:

La explicación el versículo (15a): si tan sólo continuaran manteniendo *Zoth* de la fuente de sabiduría que es todo *Tov*, el bien de los justos serviría de fundamento del mundo. Entonces hallarían la gracia, la buena conciencia y podrían alimentarse de los frutos del *Tzaddik*, que es bueno, «y entenderían su postrimería».[44] Los canales del río extraerán de la fuente de *Binah* para la *Middah Zoth*, denominada *Ajerit haIamim* (final de los días). «Y os diré lo que os sucederá en los últimos días» (*Génesis* XLIX-1). «Hay esperanza para tu futuro» (*Jeremías* XXXI-17). En cada lugar en el que aparece el término *Amirah*, como en la expresión *Vaiomer* (y dijo) *El Eterno*, se utiliza de la misma manera y las palabras *Leemor* y *Amarta*, están relacionadas con la *Middah Zoth*.

והנני מפרש. דע כי כל דיבור בכל התורה הוא מידת הגבורה, והוא מעסקי תורה שבכתב, והסוד, תורה שבכתב מפי הגבורה שמענוה. ולשון אמירה היא מידת המלכות, והיא מעסקי תורה שבעל פה. ולפי שתורה שבכתב ותורה שבעל פה שתיהן צריכות זו לזו, ואין זו מתקיימת אלא עם זו, הוצרך השם לרמוז בתורה בכל מקום כי שתיהן צריכות זו לזו, וזהו: 'וידבר י"י אל משה לאמר', וידבר, בת־חילת הפסוק, סוד התורה שבכתב; לאמור, סוף הפסוק, סוד תורה שבעל פה. ושתי הלשונות, לשון דבו"ר ולשון אמיר"ה, בהן תיב־נה ותכונן כל התורה, וסימניך: כתב לך את הדברים האלה כי על פי הדברים האלה כרתי אתך ברית (שמות לד, כז). הרי ברית כרותה על תורה שבכתב כשהיא נדרשת על ידי תורה שבעל פה, באמרו: כתב לך את הדברים האלה כי על פי הדברים האלה כרתי אתך ברית:

44. Véase *Deuteronomio* XXXII-29

15a

Y voy a explicarlo. Has de saber que el *Dibur* (palabra), en toda la *Torah*, es la *Middah Guevurah* y se refiere a la *Torah* escrita. El secreto de la *Torah* está escrito por la boca de *Guevurah*. El término *Amirah* está relacionado con la *Middah Maljut* y se refiere a la *Torah* Oral. La *Torah* escrita y la *Torah* Oral se necesitan mutuamente y no pueden existir la una sin la otra. La *Torah* se refiere constantemente a esta necesidad recíproca. Y éste es el sentido de: «*Vaidaber el Eterno* a Moisés diciendo»,[45] y el secreto es: *Vaidaber* está al principio del versículo, porque es el secreto de la *Torah* escrita, y *Leemor* al final porque el secreto de la *Torah* oral. Y las dos expresiones, *Dabar* y *Amirah*, constituyen la totalidad de la *Torah*. Y la señal es: «escribe tú estas palabras; porque conforme a estas palabras he hecho el pacto contigo y con Israel» (*Éxodo* XXIV-27). Así vemos que se ha establecido un pacto en la *Torah* escrita, cuando se interpreta por la *Torah* oral, como ha sido dicho: «escribe tú estas palabras; porque conforme a estas palabras he hecho el pacto contigo».

והנני מוסר לך כלל, לוחות הברית בארון עומדות, וסימניך: ושמ־תם בארון (דברים י, ג). ותורה שבכתב על ידי תורה שבעל פה נדר־שת, לפי שהיכל תורה שבכתב היא תורה שבעל פה, וסימניך: אדנ"י, היכ"ל לשם יהו"ה. ושתי התורות מתדבקות כשני עפרים תאמי צבייה, והמפריד ביניהן עליו נאמר:

Y he aquí que ahora te enseñaré un precepto, relativo a las Tablas de la Alianza colocadas en el arca, según el versículo: «y las pondrás en el Arca» (*Deuteronomio* X-2). La *Torah* escrita es interpretada por la *Torah* oral, porque la *Torah* escrita es un palacio para la *Torah* oral. Es decir: «*Adonai* es un palacio para el Nombre IHVH (יהו"ה)». Las dos *Torot* están unidas como cervatillos gemelos, y de ambas se dice:

45. Véase *Levítico* (I-1).

15a-15b

ונרגן מפריד אלוף (משלי טז, כח), ודומה כמי שאין לו אלוה כלל. ולפיכך בכל מקום שהזכיר בתורה 'וידבר יהו"ה אל משה לאמר', רמז לתורה שבכתב ותורה שבעל פה, ואומר: ישקני מנשיקות פי ה"ו (שי"ה א, ב). וכשחטאו ישראל בתורה שבכתב ותורה שבעל פה, התחיל הנביא מקנתרן ואמר; כי מאסו את תורת ה' צבאות (ישעיהו ה, כד), זו תורה שבכתב; 'ואת אמר"ת קדוש ישראל נאצו', זו תורה שבעל פה. והסימן הכולל, לשון דיבור לגבורה, ולשון אמירה למל-כות: וידבר אלהים אל משה ויאמר אליו אני יהו"ה (שמות ו, ב).

«El hombre perverso levanta contienda» (*Proverbios* XVI-28). El que hace esto es como una persona que no tiene conexión con Dios. Así, en cualquier lugar en el que esté escrito: *Vaidaber El Eterno*, se alude a la *Torah* escrita y a la *Torah* oral. Y ha sido dicho: «Que me bese con los besos de su boca» (*Cantar de los cantares* I-2). Cuando Israel pecó contra la *Torah* escrita y la *Torah* oral, el profeta dijo: «Porque han despreciado la *Torah* de *El Eterno Tzevaoth*» (*Isaías* V-24). Esto se refiere a la *Torah* escrita, mientras que el resto del versículo: «y abominaron la palabra del santo de Israel» (*Isaías* V-24), se refiere a la *Torah* Oral. También hay una correspondencia entre *Dibur* y *Guevurah*, y *Amirah* y *Maljut*: «Habló todavía *Elohim* a Moisés, y le dijo: yo soy el *El Eterno* (*Éxodo* VI-2). (15b)

כלומר, בכל מקום שאתה מוצא בתורה 'וידבר', הוא אלהים, מידת הגבורה, ובכל מקום שאתה מוצא 'ויאמר', הוא אני י"י, שהיא מידת המלכות ותורה שבעל פה. ואחר שהודענוך העניין בעניין מילת ויאמר, התבונן תמיד כי המידה הזאת נקראת תמיד תורה שבעל פה. והטעם, כי תורת יהו"ה שהוא תורה שבכתב, בתוך מידה זו שוכנת; ותורה שבעל פה היא כמו אהל וארון לתורה שבכתב. ולפיכך על פי התורה שבעל פה יתבארו כל הסודות והסתרים והעומקים הנעלמים בתורה שבכתב, ועל זה נאמר: כי יפלא ממך דבר למשפט בין דם לדם בין דין לדין וגו' (דברים יז, ח).

15b

Para decir que en cualquier lugar en la *Torah* en el que encuentres *Vaidaber*, se refiere a *Elohim* y a la *Middah Guevurah*. Mientras que en cualquier lugar en el que encuentres *Vaiomer*, se refiere a «yo soy *El Eterno*», que es la *Middah Maljut* y la *Torah* oral. Y después de haberte expuesto este conocimiento sobre la expresión *Vaiomer*, medita en él, pues *esta Middah* se llama siempre *Torah* oral. La razón es que la *Torah* del *Eterno*, que es la *Torah* escrita, habita en esta *Middah*. La *Torah* oral es como una tienda y un arca para la *Torah* escrita. Por lo tanto, todos los secretos más profundos y elevados de la *Torah* escrita son explicados por la *Torah* oral. En este sentido, ha sido dicho: «Cuando alguna cosa te fuere difícil en el juicio entre sangre y sangre, entre causa y causa, y entre llaga y llaga...» (*Deuteronomio* XVII-8).

כלומר, כי יפלא ממך בעמקי תורה שבכתב, מה כתיב? 'ועשית על פי הדבר אשר יגידו לך' וגו', ואומר: לא תסור מן הדב"ר אשר יגידו לך ימין ושמאל (שם יא). ויש לך להבין מה שביארנו בסמוך, בעניין תורה שבעל פה במילת ויאמ"ר ובמלת זא"ת, ולסדר הכול בפיך. ויש לי להעמידך על יסוד דק. דע שאין לתורה שבעל פה שפע ואצילות זולתי מאת תורה שבכתב, ואין דרך להיכנס לתורה שבכתב אלא על ידי תורה שבעל פה. והסוד הוא: כמו שאין לשם אדנ"י שפע ברכה אלא מאת שם יהו"ה יתברך, כך אין דרך להיכנס לידיעת שם יהו"ה אלא על ידי אדנ"י, והרי הכול מבואר. ולפיכך תורה שבכתב ותורה שבעל פה שתיהן צריכות זו לזו ומתאחדות זו עם זו, וסימניך: יהו"ה אחד ושמו אחד (זכריה יד, ט), רוצה לומר יהו"ה אדנ"י בקריאת אחד:

Es decir, si las profundidades de la *Torah* escrita te asustan, ¿qué está escrito?: «Y harás según la palabra que ellos te enseñarán» (*Deuteronomio* XVII-10). Y ha sido dicho: «no te apartarás ni a diestra ni a siniestra de la palabra que te enseñaren» (*Íbid.* XVII-11). Y has de entender lo que explicaremos a continuación, a propósito de la *Torah* oral en las palabras *Amar* y *Zot*. Guarda todo esto en tu boca, porque también debo explicarte un fundamento más sutil. Has de saber que la

15b

Torah Oral no tiene *Shefa* ni emanaciones sin la *Torah* escrita. Pero no se puede comprender la *Torah* escrita sin pasar por la *Torah* oral. Y el secreto es éste: así como no hay *Shefa* de bendición en el nombre *Adonai* sin el nombre IHVH (יהו"ה), bendito sea, no se puede alcanzar el conocimiento del nombre IHVH (יהו"ה), bendito sea, sin pasar por el nombre *Adonai*. Así está todo dicho. La *Torah* escrita y la *Torah* oral se necesitan mutuamente y están unidas entre sí. Y la señal es: «IHVH (יהו"ה), es uno, y su nombre es uno» (*Zacarías* XIV-9), lo que quiere decir que IHVH (יהו"ה) y *Adonai* se leen juntos.

ואחר שעוררנוך על אלו העיקרים והיסודות הנכללות במידה זו הנקראת אדנ"י, יש לנו לחתום העניין ביסוד מוסד, בכלל גדול, ויהיה שמור בידך. והוא שתדע כי המידה הזאת, לפי שהיא מקבלת כוחות המעלות העליונות אשר עליה מתהפכת לכמה גוונים להחיות ולהמית להעלות ולהוריד להכות ולרפא, והכול כפי כוח הנמשך לה מן המעלות שעליה, וכפי כוח מה שהיא מקבלת כך היא פועלת בנבראים כולם. והכול על פי הדין הישר במשפט אמת, אין שם עוולה ולא שכחה ולא משוא פנים. ולפי שהמידה הזאת היא מתמלאת שפע מאותן המעלות שעליה, נקראת לפעמים בשם אותה המעלה שממנה מתמלאת לאותו הזמן:

Y después de haberte enseñado los principios y los fundamentos de esta *Middah* llamada *Adonai*, tenemos que sellar el asunto con un gran precepto, que debes guardar en tus manos como un tesoro. Has de saber que esta *Middah*, por el hecho de recibir las fuerzas de los grados superiores, tiene diversas cualidades, como dar vida, causar la muerte, elevar o derribar, golpear o curar. Todo ello depende del tipo de poder que se le otorgue a esta *Middah*, ya que actúa en toda la creación según el poder que recibe, de acuerdo con la verdadera justicia y bajo su dirección directa. Como esta *Middah* tiene la energía de las *Middoth* que residen por encima de ella, a veces lleva el nombre de una de estas *Middoth*, de la que se llena, en un momento determinado.

15b-16a

כיצד? כבר ידעת כי השם הידוע למידת הגבורה והפחד הוא הנקרא אלהים, והוא בית דין של מעלה ובו כל הנבראים כולם נדונים לימין ושמאל, על פי קו האמצעי, והכול באמת וביושר. וכשמידת הגבו־רה גוזרת דין על התחתונים להשמיד להרוג ולאבד אז מידת אדנ"י, שהוא האוצר לכל הדברים היורדים מלמעלה, מתמלאת מאותו דין שגזר אלהים, ואז פועלת וגומרת אותו הדין שגזר אלהים על התח־תונים, ונקראת גם היא אלהים באותו שעה על שם מידת הגבורה שגזרה הדין על אותן הנדונין, וכאילו השליח נקרא בשם המשלחו. ולפי דרך זה נקראת המידה הזאת לפעמים יהו"ה, ולפעמים אדנ"י, לפעמים אלהים, ולפעמים שד"י, הכול כפי אותה המידה המשפעת בה כוחה ועניינה: אם רחמים, אם היפך רחמים. והנה בהיות המי־דה הזאת מתמלאת מן המקור שלפניה, נקראת שדי; כלומר שיש די ושלמות ומילוי.

¿Cómo? Ya sabias que el nombre conocido por la *Middah* de *Guevurah* y *Pajad* se llama *Elohim*, y es el *Beit Din* del cielo en el que todas las criaturas son juzgadas a la derecha y a la izquierda, según la línea central, y todo con verdad y justicia. Y cuando la *Middah* de *Guevurah* emite su juicio sobre los mundos inferiores para su destrucción, diezmación y extinción, entonces la *Middah Adonai*, que es un almacén para todas las cosas de lo alto, se llena con el juicio decretado por *Elohim* y distribuye la justicia que *Elohim* ha dictado para el mundo inferior. Entonces se llena con el mismo *Din* que decretó *Elohim*, y entonces actúa y completa el mismo *Din* que decretó *Elohim* sobre sus súbditos y entonces también se llama *Elohim* en el nombre (16a) de la *Middah* de *Guevurah* y es como si el emisario llevara el nombre del que envía el mensaje. Y de esta manera las *Middoth* pueden llamarse a veces IHVH (יהו"ה), a veces *Adonai*; a veces *Elohim*, y a veces *Shaddai*, todo según la *Middah* que influye y su poder y cualidades, sea o no misericordioso. La *Middah* que se cumple en la fuente que lo precede se llama *Shaddai*, e indica que hay suficiente perfección y plenitud.

16a

וכשהיא נקראת שד"י אזי יברחו מפניה כל מיני משחית וכל מיני מזיקין, והסוד: יושב בסתר עליון בצל שד"י יתלונן (תהלים צא, א), בשיר של פגעים. ולפי שהמידה הזאת היא השער להיכנס לשם יהו"ה, קבעו שד"י במזוזה מבחוץ, כנגד פרשת והיה אם שמוע, וסי־מניך והי"ה שד"י בצריך (איוב כב, כה). וצריכים אנו להודיעך כי המידה הזאת מתלבשת בג' מיני אש, בהיותה נקראת ג' שמות: שדי, אלהים, אדנ"י. והכול בכוח שם יהו"ה יתברך, שהוא הנושא הכול והפועל הכול. כשנקראת שדי, מתלבשת מראה אש שחורה אוכלת ואז יברחו מפניה כל מיני מזיקין ורוחות רעות, ופוחדין ורועדין כמה חיילות והמונים מאותן הנבראות הטמאות ואין בהן כוח לעמוד, אלא כולן מתפזרין ובאין להם במחילות עפר.

Cuando se llama *Shaddai,* entonces todas las fuerzas destructivas son dispersadas. Éste es el secreto de: «el que habita en el escondedero del Altísimo, morará bajo la sombra de *El Shaddai* (*Salmos* XCI-1), es el cántigo del enemigo. Además, esta *Middah* la puerta de entrada al nombre de IHVH (יהו"ה), y por eso *El Shaddai* está escrito en el exterior de la *mezuzah* frente a la parashah *Veaiah* con *Shemah.*[46] Esto corresponde a «Y *El Shaddai* será tu defensa, y tendrás plata a montones» (*Job* XXII-25). Debemos recordar que esta *Middah* se revela mediante tres tipos de fuego, ya que hay tres nombres diferentes: *Shaddai, Elohim* y *Adonai.* Y todo está en el poder del nombre de IHVH (יהו"ה), bendito sea, quien es el portador de todo y el hacedor de todo. Cuando se le llama «Shaddai», se disfraza y se reviste de un fuego negro consumidor, que ahuyenta a los espíritus malignos destructivos y a las cohortes de criaturas impuras, que no tienen fuerza para resistirlo. Y todos son dispersados y reducidos a un montón de cenizas.

וכשנקראת אלהי"ם מתלבשת גוון אש אדומה, מראה אש אוכ־לת ושורפת ומכלה, לעשות דין בחזקה למעלה ולמטה, גומרת הדין

46. Véase *Deuteronomio* (XI-13).

16a

בצדיקים וברשעים. וממנה לוקחים רשות כל בעלי דינין וכל שלוחי מעלה השלוחים לעשות דין בנבראים. והמידה הזאת עומדת להמית ולהחיות, להכות ולרפא, להשפיל ולהרים, בכוח שם יהו"ה יתברך אשר בקרבו. וכשנקראת אדנ"י מתלבשת גוון אש ירוקה, אשר ממנה יראים ונבהלים כל הברואים, ואז עומדת על כיסא המלכות וכל המוני מעלה ומטה רגזו וחלו מפניה. והיא מתנהגת בטכסיסי המ־לכות, הנהגת אדון ושליט, רוכבת ומושלת על כל המרכבה, ושול־טת על הכול בשם של בן מ"ב, ועליה נאמר: יהו"ה אדונינו מה אדיר שמך בכל הארץ אשר תנה הודך על השמים (תהלים ח, י):

Cuando se le llama *Elohim*, se reviste de un fuego rojo con apariencia de fuego devorador, ardiente y destructor, que viene a impartir el *Din* tanto arriba como abajo. Sella el juicio de los malvados y de los justos. A partir de este momento, todos los que imparten el *Din* están autorizados a actuar sobre toda la creación. Esta *Middah* puede traer la muerte o la vida, la plaga o la curación, derribar o enderezar a través de la fuerza del nombre IHVH (יהו"ה), bendito sea, que está en el centro. Cuando se llama *Adonai*, se reviste de un fuego verde que aterroriza y provoca el pánico en todas las criaturas. A continuación, se sienta en el trono de *Maljut* y todos los campos de arriba y de abajo están en la ansiedad y la súplica. Sentado en *Maljut* como un maestro y montando la *Merkavah*, gobierna sobre el todo por el nombre de cuarenta y dos letras, pues está escrito: "Oh Dios, nuestro *Eterno*, ¡Cuán grande es tu nombre en toda la Tierra!" (*Salmos* VIII-9).

וכשמסרנו בידך אלו המפתחות המידה הנקראת אדנ"י, יש לנו לרמוז לך כי כמו שהן ג' שמות בקשר הייחוד האמיתי, בסוד אדנ"י יהו"ה אהי"ה, כך מג' קשרים הללו נמשכו באדם נפש רוח ונשמה. וצריך האדם לקשור הנפש ברוח, והרוח בנשמה, והנשמה באדנ"י, והסוד: והיתה נפש אדנ"י צרורה בצרור החיים את יהו"ה אלהיך (שמואל, כה, כט).

16a

Así como te hemos dado las llaves de la *Middah* llamada *Adonai*, también debemos hacer alusión a algo más. Así como hay tres nombres conectados a la unidad, que son *Adonai*, IHVH (יהו"ה), *Ehieh*, también hay tres elementos intrínsecamente unidos en el hombre, que son: *Nefesh, Ruaj* y *Neshamah*. Porque un hombre debe atar *Nefesh* en *Ruaj*, *Ruaj* en *Neshamah* y *Neshamah* en *Adonai*, y el secreto es: «*Nefesh Adonai* será ligada en el haz de los que viven con IHVH (יהו"ה), tu *Elohim*» (1 Samuel XXV-29).

ולפי שזה השם הנקרא אדנ"י היא המידה האחרונה מלמעלה למטה והראשונה מלמטה למעלה, הוא סוד ה' אחרונה של יהו"ה יתברך, והוא אדנ"י מתאחד עם ט' מעלות שעליו. ולפיכך צריך כל אדם להשתדל בכל כוחו להתאחז ולהתדבק בשם יהו"ה יתברך, והדיבוק הוא על ידי אדנ"י, כמו שאמר: ובו תדבק (דברים י, כ). והשם למען רחמיו וחסדיו יורנו הדרך להידבק בו ויסייענו לעשות רצונו בעולם הזה כדי שנזכה לחיי העולם הבא אמן:

Como el nombre llamado *Adonai* es la última *Middah* de arriba abajo y la primera de abajo a arriba, es el secreto de la última *He* de IHVH (יהו"ה), bendito sea, y es *Adonai*, que se une con los nueve grados que están por encima de él. Y por lo tanto, toda persona debe tratar con todas sus fuerzas de aferrarse y adherirse al nombre IHVH (יהו"ה), bendito sea, por medio de *Adonai*, como ha sido dicho: «a él te apegarás» (*Deuteronomio* X-20). Y El *Eterno*, por su *Rajamim* y su *Hessed*, nos mostrará el camino para aferrarnos a él y ayudarnos a hacer su voluntad en este mundo para que seamos bendecidos con vida en el mundo venidero, Amén:

ובראש כל העיקרים שמסרנו בידך יש לנו למסור בידך קבלה, כי בכל מקום שתמצא לרז"ל שמזכירין כנסת ישראל היא זאת המידה הנקראת אדנ"י, ונקראת שכינה ושאר כל השמות שאמרנו. והיא המחזקת בה כל קהל ישראל, ובה מתכנסים ומתקבצים, ועל ידיה

נבדלו ישראל מן האומות, כמו שאמר ואבדיל אתכם מן העמים להיות לי (ויקרא כ, כו);

En primer lugar, entre todos los principios que te hemos dado, debemos transmitirte una cábala, pues en cualquier lugar en el que encuentres que nuestros sabios mencionan a la *Kneset Israel* (la Asamblea de Israel), se trata de la *Middah* denominada *Adonai*, que también se llama *Shekinah*, y que incluye a todos los demás nombres que hemos mencionado. Es el término que engloba a todo Israel, que lo une, y (16b) lo distingue de las naciones, pues ha sido escrito: «os he apartado de los pueblos para que seáis míos» (*Levítico* XX-26).

והסודו בהנחל עליון גוים בהפרידו בני אדם יצב בגבולות עמים למספר בני ישראל כי חלק ה' עמו (דברים לב, ח) ולפי דרך זה נקראת ארץ ישראל, לפי שארץ ישראל נתחלקה לגבולותיה לי"ב שבטים; ולפי שאנו עתידים לפרש עניינים הללו להלן בעזרת השם, אין אנו רוצים להאריך בהן במקום זה. וגם המידה הזאת נקראת בשיר השירים כלה, ואין אנו עכשיו בביאור הטעם הזה. גם שאר שמות הרבה שנקראת המידה הזאת אין אנו עכשיו בביאורם, ובעזרת השם עדיין נעוררך עליהם:

Y éste es el secreto de: «estableció los términos de los pueblos según el número de los hijos de Israel» (*Deuteronomio* XXXII-8). Y de esta manera, se llama tierra de Israel, está dividida en doce tribus, pero como lo explicaremos más extensamente, con la ayuda de Dios, no entraremos en detalles aquí. En el *Cantar de los Cantares*, esta *Middah* también se llama *Kalah* (novia) pero ahora no explicaremos este asunto. También hay muchos otros nombres en los que no vamos a entrar ahora, pero, si Dios quiere, os contaremos más.

והנני מוסר בידך עיקר גדול דע כי זה השם הנקרא אדנ"י הוא ההיכל הגדול, שאליו יבואו כל מיני שפע ואצילות מראש הכתר הנקרא

16b - 17a

אהי"ה, דרך התפארת הנקרא יהו"ה, ובו יתחברו כל הנחלים הנמש־
כים מן י"ג מעלות הכתר, ומן ל"ב נתיבות חכמה, ומן חמשים שערי
בינה, ובה ע"ב גשרים הבאים ממים של חס"ד הגדולה, ומן מ' מיני אש
להבה הבאים מן הגבורה, ומן ע' צינורות הבאים דרך קו האמצעי.

Y he aquí que te enseñaré un gran principio. Has de saber que el nombre denominado *Adonai* es el gran palacio desde el que toda la *Shefa* y la emanación vendrán de la cabeza de *Keter*, conocida como *Ehieh* a través de *Tiferet*, denominada IHVH (יהו"ה), y todos los ríos se extraen de los trece grados de *Keter*,[47] y de los treinta y dos caminos de la sabiduría,[48] de las puertas de la inteligencia, de los setenta y dos puentes por los que pasan las aguas del gran *Hessed*,[49] los setenta y dos tipos de fuego que vienen de *Guevurah*, y los setenta canales de la línea media.

וכל אלו המעלות והנתיבות והשערים והגגמרים ומיני האש והצי־
נורות, כולן מתגלגלין ובאין דרך נצ"ח והו"ד, ומתחברים יחד במי־
דת א"ל ח"י הנקרא יסוד, 'ומשם באר"ה' (במדבר כא, טז) כלומה,
ממידת יסוד כולן נכנסים בבריכה עליונה הנקרא אדנ"י. ואל תאמר
כי כל אלו הנזכרים באין בהיות השם על מלואו ונקרא יהו"ה אח"ד,
הנזכרות נמשכות בחפץ אח"ד ורצון אח"ד, ונמצא שם אדנ"י מת־
ברך מכולם. וכפי שפע מילוי שם אדנ"י מתשע הספירות שעליו,
כך יהיה כל העולם מתברך משם אדנ"י, ואז כל היצורים למיניהם
מלאים כל טוב וכל שפע מן הבריכה:

Y todos estos son los grados y los pasillos y las puertas y los acueductos y los tipos de fuego (17a) y los canales que atraviesan *Netzaj* y desembocan en la *Middah* de *El Jai*, llamado *Iesod*. «Y de allí vinieron» (*Números* XXI-16), es decir, de la *Middah* de *Iesod* todo va a parar al

47. Que corresponden a las trece *Middoth* de Misericordia.

48. Como vemos en el *Sefer Yetzirah* (I-1).

49. La guematria de *Hessed es 72.*

17a

mismo tiempo al estanque superior denominado *Adonai*. Y no digas que todas estas *Middoth* aparecen con frecuencia separadas, pues el nombre debe estar en plenitud y ser llamado IHVH (יהו"ה) uno, y todas estas *Middoth* están distribuidas por un solo deseo y allí encontramos a *Adonai*, bendito por todos. Esto se debe a que es llenado de *Shefa* por las nueve Sefirot que están por encima de él, que el resto del mundo es bendecido por el nombre *Adonai*, mientras que todos los seres formados se llenan de todo bien y de toda abundancia del estanque.

ולפעמים היו החסדים ממעטים צינורות הדין ומרבים צינורות החסד והרחמים; ופעמים בני אדם חוטאים ממעטים צינורות החסד והרחמים ומרבים צינורות הדין ואז יימשכו כמה עניינים קשים לשם אדנ"י יתברך, ואז העולם כולו בצער ובחסרון וכל מיני נגע ומחלה. ופעמים מסתתמין כל צינורות העליונות ונמשכות מצינורות החיצונות כוחות רעות הנקראים מים רעים ואז כל המקומות בצער, ואז הוא חורבן ארצות ועקירת מלכויות וגלויות קשות ורעות:

A veces estos bienes obstruyen los canales del *Din*, saturando así los canales del *Hessed* y de *Rajamim*. Sin embargo, en otras ocasiones, cuando los hijos de Adán transgreden, los canales de *Hessed* y *Rajamim* se obstruyen y los canales de *Din* se saturan. Entonces el nombre *Adonai*, bendito sea, recibe todo tipo de males y el mundo experimenta sufrimiento y escasez, ya que esta situación provoca la destrucción de todas las tierras y el despojo de los reinos, lo que resulta en dureza y maldad.

סוף דבר: דע כי השם הנקרא אדנ"י, כפי הדבר הנמשך אליו, בין מבפנים בין מבחוץ, כך נקרא שמו אם לטוב אם לרע, אם לחיים אם למוות, אם לנגע או לעונג, וזהו סוד עץ הדעת טוב ורע. אם ההמשכה מצד החסד, נקרא טוב, ואם ההמשכה מצד הדין, יש צד שנקרא טוב ואף על פי שהוא מצד הדין, אם הוא מצד הדין של מחנות הפנימיים, וזהו סוד 'והוא אדמוני עם יפה עינים וטוב רואי' (שמואל, טז,

17a

יב). ואם הוא מצד הדין מכחות החיצונות, זו היא רע"ה חול"ה וזהו ענין רע. והבן זה מאוד: כי בשעה ששם אדנ"י מושך מצד החסד, נקרא טוב, וגם כשהוא מושך מצד הדין מן הפנימיים נקרא גם כן טוב, וזהו סוד 'ברוך דיין האמת', וזהו שתיקנו על הרוגי ביתר 'הטוב והמטיב'.

Finalmente: has de saber que el nombre llamado *Adonai* depende de lo que le llega externamente o internamente, y dispensa el bien o el mal, la vida o la muerte, el sustento o el hambre, y es el secreto del árbol del conocimiento del bien y del mal. Si se contempla desde el lado de *Hessed*, es bueno. Si viene del lado del *Din*, es bueno cuando viene del lado del juicio de los campos interiores, pero si viene del lado del *Din* de los campos exteriores, es el mal del infierno y es muy malo. Más precisamente, cuando *Adonai* recibe del lado de *Hessed* es bueno. Cuando recibe del lado interno de *Din*, también es bueno, y éste es el secreto de: «era rubio, de hermosos ojos y bello aspecto» (*Samuel* XVI-12). Y si es por parte del *Din* de fuerzas externas, es una mala cosa, una enfermedad y cosa mala. Entiende bien esto. Cuando el nombre *Adonai* recibe del lado de *Hessed*, es llamado bien, y también cuando recibe del lado del *Din* que está dentro, también se llama bien. Y éste es el secreto de «bendito es el juez verdadero», y por eso se decretó la bendición para aquellos que fueron asesinados en Betar, el bueno y el benefactor.

אבל אם הדין בא מצד הכחות החיצונות שחוץ לשורה, זהו ענין ר"ע. וכשהמידה הזאת מתלבשת ברוח ח"ן ותחנונים אזי כל העולם כולו מתפרנס בחסד וברחמים, וזהו סוד: לאדנ"י אלהינו הרחמים והסלי־חות (דניאל ט, ט). ושמור זה העיקר הגדול ותבין ממנו כי כפי השפע הנמשך לשם אדנ"י, כך מכנים שמו יתברך, והשם ברחמיו וחסדיו יאיר עינינו במאור השגתו:

Sin embargo, si el *Din* viene del lado de las fuerzas externas, entonces se denomina mal, esto es un asunto serio. Y cuando esta *Middah* se reviste del espíritu de *Hen* y de perdón, entonces el mundo entero es sustentado por *Hen* y *Rajamim*, y éste es el secreto de: «Con *Adonai* nuestro *Elohim*, misericordia y perdón» (*Daniel* IX-9). Guarda este gran principio y entiende que nos hemos tomado la libertad de exponer estas denominaciones de acuerdo con la *Shefa* del nombre *Adonai*, que en su misericordia y en su bondad ilumina nuestros ojos con luz para conocerle.

17b

SEGUNDA PUERTA

Segunda puerta - Novena sefirah

השער השני - הספירה התשיעית:
צמאה נפשי לאלהים לאל חי מתי אבא ואראה פני אלהים(תהלים מב ג)

(17b) «Mi alma tiene sed de Dios, del Dios vivo, ¿cuándo vendré y me presentaré ante el rostro de Dios» (*Salmos* XLII-3).

השם השני משמות הקודש על דרך המעלות הוא הנקרא א"ל ח"י. יטעם הנקרא א"ל ח"י, לפי שהוא סוף ט' המעלות הנקראות ט' אס־פקלריאות. והוא המושך מכל הספירות מידת החסד והחיים למידת אדנ"י, כמו שהודענוך. ולפי שמושך ממידת החסד נקרא אל, ולפי שמושך ממידת החיים נקרא חי, וכשיתחבר ביחד החסד והחיים נקרא א"ל ח"י.

El segundo de los nombres sagrados que aparece en el orden de las emanaciones se llama *El Jai* (א"ל ח"י), porque se encuentra al final de los nueve niveles que se conocen como los «nueve espejos» (ט' אספקלריאות). De entre todas las Sefirot, es la que atrae la *Middah* de *Hessed* y *haJaim*, a la *Middah* de *Adonai* (אדנ"י), como ya dijimos, y según lo que toma de la *Middah* de *Hessed* se le llama *El* (אל), y según lo que toma de la *Middah* de *Jaim* (חיים) se le llama *Jai* (חי),[1] y cuando une *Hessed* y *Jaim* se le llama *El Jai* (א"ל ח"י).

1. Vivo, viviente.

17b

וכשהוא ממשיך הכוח הזה במידת אדנ"י נקראת גם היא ארץ החיים, כלומר הארץ שבה מתקבצים החיים העליונים. ומכוח שם זה מושך שם אדנ"י החיים בכל הנבראים אשר בעולם למיניהם, במלא־כים, ובכל צבא השמים וכוכביהם, ובכל צבא הארץ וצאצאיה, וזהו סוד: תוצא הארץ נפש חיה למינה (בראשית, כד).

Y cuando este poder se extiende en el grado de *Adonai* (אדנ"י), también se llama «tierra de la vida», para decir que es la tierra en la cual se reúne la vida superior. Y por la fuerza de este nombre, *Adonai haJaim* (אדנ"י החיים) influye en todo tipo de criaturas que hay en el mundo, en los ángeles, y en todo el ejército de los cielos y sus estrellas, y en todo el ejército de la tierra y su descendencia, y es el secreto de «produzca la Tierra seres vivientes según su género» (*Génesis* I-24).

כי הפסוק הזה כולל בדרך החכמה העליונה נפש כל מתנועע וכל רומש באדמה, נפש כל מיני דגים ועופות וחיות ובהמות, והנפש הבהמיית אשר באדם, ובכלל זה גם כן הנפש העליונה אשר באדם הנקראת נשמה. ולפיכך דרשו בפסוק זה 'תוצא הארץ נפש חיה למינה', וזו נפשו של משיח ימה נפלאו דבריהם ומה עצמו ראשיהם.

Porque este versículo incluye en virtud de la sabiduría suprema el *Nefesh* de todo que se mueve y repta en la Tierra, el *Nefesh* de toda clase de peces y pájaros y animales y bestias, y el *Nefesh* animal que está en el hombre, incluyendo también el *Nefesh* superior que está en el hombre llamado *Neshamah*. Y por eso en el versículo «produzca la Tierra seres vivientes según su género» y éste es el *Nefesh* del Mesías, con sus palabras maravillosas y sus razones poderosas.

ומנין לנו לכלול בפסוק זה נפש כל בעלי חיים וכל רומש באדמה ונפש דגים ועופות וחיות ובהמות ונפשות האדם, ואפילו נפש המ־לאכים וכל צבא השמים והכוכבים, ואפילו נפש של משיח? תדע לך שהכול נכלל בפסוק זה בדיבור אחד שאמה, וזהו סוד 'למינה'. מאי

17b

למינה? כלומר, נפש כל מין ומין מבעלי חיים, כל אחד לפי מינו, אם עליון עליון, אם אמצעי אמצעי, ואם תחתון תחתון, ואפילו נפש של משיח.

¿Y cómo podemos concluir que este versículo se refiere al *Nefesh* de todos los animales y de todo lo que repta en la tierra y al *Nefesh* de los peces y las aves y los animales domésticos y las bestias y al *Nefesh* del hombre, y aun el *Nefesh* de los ángeles y todo el ejército de los cielos y las estrellas, e incluso al *Nefesh* del Mesías? Has de saber que todo está incluido en este versículo en una palabra que dijo, y éste es el secreto de *Leminah* (למינה), «según su género». ¿Qué es *Leminah* (למינה)? Es decir, el *Nefesh* de todas las especies de animales vivos, cada uno según su especie, ya sea superior, intermedio o inferior, hasta el *Nefesh* del Mesías.

והכול נכלל במילת 'למינה' שאמר. ואל יתפסו בעלי הפלוסופיא עלי לומר שאין נפש למלאך; שאין לך נברא בעולם שאין לו נפש חיים למינו, והכול כפי הראוי. וכפי החומר כך היא הנפש: אם עליון עליון, ואם תחתון תחתון. וכל הנפשות, העליונים והתחתונים, נמשכו להם משם אדנ"י, הנקרא ארץ חיים, בכח א"ל ח"י יתברך אשר משפיע בשם אדנ"י כוח החיים ממקור החיים באמצעות עץ החיים. ולפי שתמצא כי כל בעלי חיים אשר בעולם מקבלין חיים מא"ל ח"י על ידי אדנ"י, לפיכך אנו שואלין בראש השנה 'זכרנו לחיי"ם'. ולמי אנו מתכוונים? לא"ל ח"י ומגן: ועל דרך זה התבונן כי הרוצה להשיג חיי עולם ידבק במידת א"ל ח"י, וימשיך לאדנ"י בתפילתו א"ל ח"י. ועל עניין זה היה חושק ומתאווה דוד עליו השלום ואמר צמאה נפשי לאלהים לא"ל ח"י (תהלים מב, ג).

Y todo está incluido en la palabra *Leminah* (למינה) que dijo. Y no te dejes atrapar por los filósofos, que dicen que el ángel no tiene alma, pues no hay nada que haya sido creado en un mundo que no tenga alma viviente (נפש חיים) de su tipo, y todo es como debe ser. Y como es la materia, así es el *Nefesh*: superior con superior, inferior con infe-

17b - 18a

rior. Y todas las *Nefashot* (todas las almas), las superiores y las inferiores, dependen del nombre *Adonai* (אדנ"י), llamado *Etz Jaim* (ארץ חיים), «árbol de vida» por el poder de *El Jai* (א"ל ח"י), bendito sea, atraído por el nombre de *Adonai* (אדנ"י), cuya fuerza de vida anima la fuente de vida a través del Árbol de la Vida. Y constatarás que todos los seres vivos que están en el mundo reciben vida de *El Jai* (א"ל ח"י) por intermedio de *Adonai* (אדנ"י), y por esta razón, en *Rosh Hashaná* pedimos que «nos recuerde para la vida». ¿Y a quién nos referimos? A *El Jai* (א"ל ח"י), nuestro escudo. Y de este modo se comprende que aquel que quiera acceder a la vida eterna ha de ligarse a la *Middah* de *El Jai* (א"ל ח"י), y pasar por *Adonai* (אדנ"י) en su plegaria a *El Jai* (א"ל ח"י). Y a esto aspiraba David, que descanse en paz, cuando dijo: «Mi *Nefesh* tiene sed de Dios, de *El Jai* (א"ל ח"י)» (*Salmos* XLII-3).

ובהיות המידה הזאת הנקראת א"ל חי נקשרת עם אדנ"י, אז יפיקו ישראל כל צרכם ושאלתם וינצחו כל אויביהם ואיש לא יעמוד לפניהם. ועל זה רמז יהושע עליו השלום ואמר: בזאת תדעון כי אל ח"י בקרבכם והורש יוריש מפניכם את הכנעני וגו' (יהושע ג, י). ולפי שאנו צריכין לקשור קשר הספירות והמעלות במידת אדנ"י, אנו אומרים בברכה הסמוכה לפסוקי דזמרה; הבוחר בשירי זמרה מלך א"ל ח"י העולמים. וכל הרוצה לבקש חיים טובים יתכוון למידת א"ל ח"י. ובהיות האדם נדבק בשם אדנ"י בטהרה אז הוא נדבק בא"ל ח"י, ועל זה נאמר: ואתם הדבקים בי"י אלהיכם חיים כולכם היום (דברים ד, ד).

Y dado que esta *Middah* llamada *El Jai* (א"ל ח"י) está asociada con *Adonai* (אדנ"י), entonces (18a) Israel alcanza todo lo que necesita, derrota a todos sus enemigos y nadie puede resistir ante ellos. A esto se refería Josué cuando dijo: «En esto conoceréis que *El Jai* (א"ל ח"י) está en medio de vosotros, y que él echará de delante de vosotros al Cananeo, etc.» (*Josué* III-10). Y por eso necesitamos atar el nudo de las Sefirot y los grados en la *Middah* de *Adonai* (אדנ"י), y recitamos la bendición antes de las oraciones de la mañana en el canto «Quien elige

18a

canciones de alabanza, Rey *El Jai* (א"ל ח"י) de los Mundos», y cualquiera que quiera pedir una buena vida se dirige a la *Middah* de que *El Jai* (א"ל ח"י). Y cuando el hombre se apega con pureza al nombre de *Adonai* (אדנ"י), entonces se apega a *El Jai* (א"ל ח"י) y a propósito de esto ha sido dicho: «Mas vosotros que os allegasteis a *El Jai* (א"ל ח"י), vuestro Dios, todos estáis vivos hoy» (*Deuteronomio* IV-4).

ולפעמים נקראת מידה זו אלהי"ם חיי"ם, באומרו: הוא אלהים חיים ומלך עולם (ירמיהו י, י). והסוד, בהיות א"ל ח"י מריק חיים בבריכת אדנ"י הנקרא אלהי"ם, וכשממלא אותה חיים נקראת כל אחת משתיהן אלהי"ם חיי"ם, ואז בדרך הצינורות יתמלאו חיים כל בעלי חיים. ומשה רבנו עליו השלום כשעלה למרום המשיך מידת א"ל ח"י לאדנ"י, באומרו: ועתה יגדל נא כוח אדנ"י (במדבר יד, יז). מאי כוח אדנ"י? הוא סוד החיים הנמשכים אליה מא"ל ח"י. מה כתיב בתריה? סלחתי כדברך ואולם ח"י אני (שם, כא), זהו סוד שהמשיך חיים מא"ל ח"י למידת אני, ואלמלא כן מתו כולם לפי שעה. ולפיכך המתין להם בחיים עד שעשו פירות ופירי פירות ואח"כ נפרע מהם. והמשכיל דבר זה יבין כמה הוא כח המשכת מידת א"ל ח"י באדנ"י.

A veces a esta *Middah* se la llama *Elohim Jaim* (אלהי"ם חיי«ם), como ha sido dicho: «Él es *Elohim Jaim* y rey del mundo» (*Jeremías* X-10). Y el secreto es como cuando *El Jai* (א"ל ח"י) extrae toda la vida de la alberca de *Adonai* (אדנ"י) que se llama *Elohim* (אלהי"ם), y cuando rebosan de vida, cada uno de ellos es llamado *Elohim Jaim* (חיי«ם אלהי"ם), *Elohim Jaim* (אלהי"ם חיי«ם), y entonces por medio de los canales se llenan de vida todos los seres vivos. Y *Moshé Rabbeinu*, la paz sea con él, cuando ascendió al cielo, unió la *Middah* de *El Jai* (א"ל ח"י) con *Adonai* (אדנ"י), diciendo: «Ahora, pues, yo te ruego que sea magnificada la fortaleza de *Adonai* (אדנ"י)» (*Números* XIV-17). ¿Qué es la fortaleza de *Adonai* (אדנ"י)»? Es el secreto de la vida derramada en *Adonai* (אדנ"י) por *El Jai* (א"ל ח"י). ¿Qué está escrito a continuación? «Yo lo he perdonado conforme a tu palabra, mas tan ciertamente como vivo yo» (*Ibid.* XIV-21), éste es el secreto de la vida de *El*

18a

Jai (א"ל ח"י) derramada en la *Middah Ani*, y si esto sucede todos mueren cuando llega su hora. Y así los muertos siguen en vida hasta que producen fruto y fruto de su fruto y entonces se venga. Y el que entiende esto comprenderá cuánto es el poder que derrama la *Middah* de *El Jai* (א"ל ח"י) en *Adonai* (אדנ"י).

ומה שאמר הכתוב 'אלהי"ם חיי"ם', גם מידת אדנ"י נקראת אלהי"ם חיים. והטעם, לפי שאינו נותן חיים בלתי על פי הדין, ואין שם משוא פנים, ולפיכך הזכיר אלהי"ם חיים שהוא מידת הדין עם חיים. ולפיכך אנו מזכירים בראש השנה, שהוא יום הדין, שתי אלה המידות, אלהי"ם חיי"ם וא"ל ח"י ומגן, בברכה ראשונה, כמו שאנו אומרים: זכרנו לחיי"ם אל מלך חפץ בחיים כתבנו בספר החיים למענך אלהים חיים, א"ל ח"י ומגן. הלא תראה שתי אלו המידות נכללות בברכה זו:

¿Y qué dice la escritura a propósito de *Elohim Jaim* (אלהי"ם חיי«ם)? La *Middah* de *Adonai* (אדנ"י) también se llama *Elohim Jaim* (אלהי"ם חיי«ם). Esto indica que la vida únicamente es dada por *Din*, y no hay acepción de personas, y por esta razón en *Rosh haShannah*, que es el día del juicio, recordamos estas dos *Middoth*, *Elohim Jaim* (אלהי"ם חיי«ם) y de *El Jai* (א"ל ח"י) y el escudo, en la primera bendición, cuando decimos: «acuérdate de nosotros para la vida, *El*, rey que deseas la vida, inscríbenos en el libro de la vida por tu amor, *Elohim Jaim* (אלהי"ם חיי«ם), *El Jai* (א"ל ח"י) y el escudo. Verás que estas dos *Middoth* están incluidas en esta bendición.

ואחר שהודענוך עיקר זה, דע כי מידת א"ל ח"י נקראת לפעמים אל שדי. והטעם, לפי שממנו נמשך הכוח והשלימות והשפע והאצילות בשם הנקרא אדנ"י, עד שיאמר די. ולפיכך ארז"ל במסכת חגיגה: שד"י, שבו אמר לעולמו די. ואף על פי שמשמע, כמו שאמרו שם, שהיה העולם מרחיב עצמו והולך עד שאמר לו די, העיקר הפנימי הוא כי במידת א"ל שד"י הוא נותן מזון לכל בריה ובריה ומשלח ברכותיו לאדנ"י, עד שיבלו שפתותיהם מלומר די.

18a

Y habiendo sido elucidado este principio, has de saber que la *Middah* de *El Jai* (א"ל ח"י) a veces se llama *El Shaddai* (אל שדי). Y la razón es que derrama el poder y la perfección y la *Shefa* y la emanación en el nombre llamado *Adonai* (אדנ"י), hasta que dice *Dai* (די), «basta». Y por lo tanto los sabios, de bendita memoria, en Tratado de *Jaguigah*[2] dijeron: «*Shaddai*, con este nombre le dijo a su mundo ¡basta!». Aunque esto signifique, como ya se ha dicho «que el mundo siga creciente hasta que yo diga ¡basta!, la esencia interna es que, en el caso de la *Middah* de *El Shaddai*, aporta sustento a todas las criaturas y transmite sus bendiciones a *Adonai*, hasta que sus labios dicen «¡*Dai*!»

וכשמידת אדנ"י מתמלא מכוח א"ל שד"י אז גם היא נקראת על שמו שד"י וא"ל שד"י, כמו שכבר הודעתיך. וכל הברכות והטובות הנשפעות באדנ"י למלאות צורך כל בריה, על ידי אל שדי הם, כאמרו: ואל שדי יברך אותך ויפרך וגו' (בראשית כח, ב). גם המידה הזאת היא האומרת די לכל צרה שלא תבוא על האדם, ולפיכך התפלל יעקב אבינו עליו השלום באל שד"י. ולפעמים נקראת מידה זו מקור מים חיים.

Y cuando la *Middah* de *Adonai* está llena del poder de *El Shaddai*, entonces también recibe el nombre de *Shaddai* y *El Shaddai*, como ya he explicado. Y todas las bendiciones y bondades que vienen de *Adonai* para cubrir las necesidades de todas las criaturas proceden de *El Shaddai*, como ha sido dicho: «Y *El Shaddai* te bendiga y te haga fructificar, y te multiplique, hasta venir a ser congregación de pueblo» (*Génesis* XXVIII-3). Es también esta *Middah* la que dice «basta»[3] a cualquier problema para que se aleje del hombre y por eso nuestro antepasado Jacob, la paz sea con él, se dirigió en su oración a *El Shaddai*. Y a veces esta *Middah* se llama fuente de aguas vivas.

---

2. Véase Talmud, tratado de *Jaguigah* (12a).
3. Ya que *Dai* significa «basta».

18a - 18b

והטעם לפי שהמים האלה נובעין מעדן העליון, מן המקור הנקרא אין סוף, אשר מאותו המקור החיים נמשכים לכל חי ונקרא מקור מים חיים. ולפי שיש מים אחרים רעים, ונקראים מים מתים, והם המים העכורים הבאים מתמצית מים הזדונים, שהן בארות נכריות שיש בהן כמה מיני מים הרעים, ומהם יצאו מי המרים המאררים, ולפיכך הוצרך י"י יתברך להתרעם על כל ישראל ואמר: כי שתים רעות עשה עמי אותי עזבו מקור חיים לחצוב להם בארות בארות נשברים אשר לא יכילו המים (ירמיהו ב, יג), וכתיב: כל עוזביך יבושו וגו' כי עזבו מקור מים חיים את י"י (שם יז, יג).

Y la razón es porque esta agua brota del Edén supremo, de la fuente llamada *Ein Sof* (אין סוף),[4] del cual la fuente de la vida se derrama para ser distribuida a todas las criaturas vivientes, y esta fuente se llama *Makor Maim Jaim* (מקור מים חיים). Sin embargo, hay otras aguas malas, y se llaman aguas muertas, y son las aguas turbias que provienen de la sustancia de las aguas malévolas, contenidas en pozos extranjeros que contienen diversas aguas nocivas, de las cuales provienen las aguas malas. Es como el Eterno, bendito sea, que mostró su desagrado hacia Israel, cuando dijo: «Porque dos males ha hecho mi pueblo: me dejaron a mí, fuente de agua viva, por cavar para sí cisternas, cisternas rotas que no (18b) detienen aguas» (*Jeremías* II-13), y está escrito: «todos los que te dejan, serán avergonzados; y los que de mí se apartan, serán escritos en el polvo; porque dejaron la vena de aguas vivas, al Eterno» (*Ibid.* XVII-13).

והטעם היותו נקרא מקור מים חיים מכמה פנים. האחד, שהמקור הזה יוצא מעדן העליון ובו יחיו כל בעלי חיים, ובהיותם שותים מן המים האלה לא ירעבו ולא יצמאו, ותמיד יהיו חיים וקיימים לעו־לם; השני, כי כמו שהחי מתנועע לכאן ולכאן ועושה פעולות, כך המים הללו מתנועעים והולכין תמיד להשקות נחלות שדות וכרמים

4. Literalmente «sin límites», o sea lo opuesto a *Dai*.

18b

ופרדסים וליטול מהם בני אדם לכל צרכיהם, ופועלים כל הפעולות בהיותם מתנועעים ממקום למקום; השלישי, כי המבקש את החיים האמתיים לפני י"י, אלו המים יודיעוהו מקומו, והוא בהיות האדם הולך על שפת הנחל הזה ולא ייפרד משפתי הנחל, יודיעוהו המ־קום שממנו נמשך ויוליכוהו עד המקור שממנו יוצאין החיים, וסימן: וממתנה נחליאל ומנחליאל במות (במדבר כח, ח) ולפי דרך זה צריך האדם להתבונן מה שאמר יתברך בתורה; ראה נתתי לפניך היום את החיי"ם ואת הטוב ואת המו"ת ואת הרע (דברים ל, טו), לפי שהדי־בוק במידת אל ח"י ימצא חיים וטוב, והמתרחק מא"ל ח"י ימצא כנ־גדו מות ורע, שהרי אלו כנגד אלו נערכות כל המערכות, וסימן: גם את זה לעומת זה עשה האלהים:

Hay varias razones para llamarlo *Makor Maim Jaim* (מקור מים חיים): la primera: es la fuente que sale del Edén superior de la que viven todas las criaturas, y cuando beban de esta agua no pasarán hambre ni sed, y estarán siempre vivos y existirán para siempre. La segunda: al igual que un ser vivo se mueve y actúa, también lo hacen las aguas que alimentan los ríos, los campos, las viñas y los huertos y de las que el hombre toma lo que necesita y se dedica a sus asuntos, mientras las aguas fluyen de un lugar a otro. La tercera: al que busca la verdadera vida delante del Eterno, las aguas le anunciarán su lugar. Y cuando un hombre camina a la orilla de este río y no se separa de la desembocadura, conocerá el lugar de donde se extrae y será conducido a la fuente de donde brotará la vida, y una señal de esto es: «Y de Matana a Nahaliel; y de Nahaliel a Bamot» (*Números* XXI-19), y de este modo el hombre ha de comprender porque el Bendito, dijo en la *Torah*: «Mira, yo he puesto delante de ti hoy la vida y el bien, la muerte y el mal» (*Deuteronomio* XXX-15). Pues el que se apega a la *Middah* de *El Jai* (א"ל ח"י) hallará la vida y el bien, mientras que el que se aparta de la *Middah* de *El Jai* (א"ל ח"י) se encontrará con la muerte y al mal. El establecimiento del bien tiene su reflejo en un enfoque similar del mal, al que se refiere el *Eclesiastés*: «Dios también hizo esto delante de lo otro...» (*Eclesiastés* VII-14).

18b

והמידה הזאת נקרא יסוד, כלומר כמו שהבית נשען על היסודות, כך מידת אדנ"י נשענת על מידת יסוד. לפי שאין למידת אדנ"י שפע וקיום זולתי על מידת יסו"ד הנקרא א"ל ח"י. ובגמרא דחגיגה אמרו: העולם על מה הוא עומד? על עמוד אחד שהוא צדי"ק, שנאמר וצדי"ק יסו"ד עולם. ומה שאנו צריכין לעורר עליו הוא שאין כל היסודות שווין.

Y esta *Middah* se llama *Iesod* (יסוד), es decir, así como una casa descansa sobre los cimientos (יסודות), así la *Middah* de *Adonai* (אדנ"י) descansa sobre la *Middah* de *Iesod* (יסוד). Considerando que no hay para la *Middah* de *Adonai* (אדנ"י) *Shefa* ni sustento sino por medio de la *Middah* de *Iesod* (יסוד), denominada *El Jai* (א"ל ח"י). Y en la guemará de *Jaguigah*[5] ha sido dicho: «¿sobre qué se aguanta el mundo?» Sobre uno llamado *Tzaddik*, como está escrito: «el *Tzaddik* es el *Iesod* del mundo».[6] Y hemos de desvelar que no todas las *Iesodot* son iguales.

כי יש יסוד שהוא למעלה ובניינו למטה, ויש יסוד שהוא באמצע בניינו, ויש יסוד שהוא למטה ובניינו למעלה, וסימן: עולם עליון, עולם תיכון, עולם תחתון. וסימן בתוך סימן: עליון עליון, תיכון תיכון, תחתון תחתון. והסוד: חול"ם, שור"ק, חיר"ק. וכבר רמזו רז"ל: בוא וראה שלא כמידת הקב"ה מידת בשר ודם, בשר ודם הוא למטה ומשאו למעלה אבל הקב"ה אינו כן אלא הוא למעלה ומשאו למטה הימנו, שנאמר כה אמר י"י רם ונשא (ישעיה נז, טו).

Porque hay un *Iesod* arriba, así como un *Iesod* en el centro y un *Iesod* en la base del edificio. Estos corresponden al mundo superior, el mundo medio y el mundo inferior. Y la señal de cada uno es *Elion Elion* (עליון עליון), *Tikún Tikún* (תיכון תיכון) y *Tajaton Tajaton*». El secreto está en *Jolam* (חול"ם), *Shuruk* (שור"ק), *Jirik* (חיר"ק).[7] Y a esto han

---

5. Véase Talmud, tratado de *Jaguigah* (12b).
6. Véase *Proverbios* (X-12).
7. Los puntos de vocalización para O, U e I.

aludido nuestros maestros, de bendita memoria: ven y ve cómo las *Middoth* del Santo, bendito sea, difieren de las de carne y de sangre. La carne y la sangre se encuentran abajo mientras que el Santo, bendito sea, es diferente pues se encuentran arriba, como ha sido dicho: «porque así dice el alto y sublime» (*Isaías* LVII-15).

ולפי עניין זה יש לך להתבונן כי מידת א"ל ח"י הנקרא יסו"ד הוא למעלה, ואדנ"י הנקרא בנינו היא למטה הימנו. וזהו הסוד המופלא בהיות אדנ"י משתוקק ונכסף להתעלות בעלוי אל ח"י, ומתאווה לעלות אליו תמיד. ואל תתמה, שהרי יש דוגמא בעולם הזה: הלא תראה האבן השואבת מושכת אליה, והיא למעלה, ומה שהיא נרשאת, למטה ממנה. וגם יסוד האש ויסוד הרוח ויסוד המים, שלושתן עדים נאמנים על אלו הדברים:

Por lo tanto, debes entender que la *Middah* de *El Jai* (א"ל ח"י), que se llama *Iesod*, reside arriba, mientras que su edificio, llamado *Adonai* (אדנ"י), reside abajo. Éste es el secreto maravilloso que hace que *Adonai* (אדנ"י) se eleve al nivel de *El Jai* (א"ל ח"י)', y es arrastrado sin cesar. No te sorprendas por este fenómeno, pues también hay una piedra imán en el mundo, que extrae su carga de arriba y hace que lo que está abajo se mueva. El *Iesod* del fuego, el *Iesod* del aire y el *Iesod* del agua (19a) también dan testimonio inequívoco de estas cosas.

והמידה הזאת נקראת צדיק בכל התורה כולה. ולפי שנקרא יסוד ונושא כל הדברים אשר תחתיו בכל הנמצאות, נקרא צדיק יסוד עולם. ועניין שנקרא צדיק הוא סוד השפע שמשפיע כל טוב וברכה ונותן במידת אדנ"י, כעניין שנאמר וצדיק חונן ונותן (תהלים לז, כא). וצריך אני לעורר על עניין גדול ונכבד.

Y esta *Middah* se llama *Tzaddik* en toda la *Torah*. Se llama *Iesod* porque soporta todo lo que existe debajo de él, y se la denomina *Tzad-*

19a

dik Iesod Olam (צדיק יסוד עולם).[8] Y el asunto denominado *Tzaddik*, es el secreto de la *Shefa*, que derrama todos los bienes y bendiciones y el don de la *Middah Adonai* (אדנ"י), como ha sido dicho: «el *Tzaddik* es compasivo y da» (*Salmos* XXXVII-21). Y ahora debo instruirte sobre un asunto grande y glorioso.

דע כי שלושה שמות הם: צדי"ק, צד"ק, וצדק"ה. ומידת אל ח"י נקראת צדיק; ומידת אדנ"י נקראת צד"ק; ובהיות צדיק משפיע ברכתו בצדק, אותו השפע והאצילות נקרא צדקה. נמצאו שלושת שמות הללו מתאחדים כאחד: צדיק לתת, צדק לקבל, צדקה הוא סוד המתנה והדיבוק והחיבור. ולפי סוד זה נאמר: זכר צדיק לברכה (משלי י, ז). ועתה יש להאיר פניך בעיקר גדול.

Has de saber que hay tres nombres y son estos tres nombres: *Tzaddik* (צדי"ק), *Tzedek* (צד"ק) y *Tzedakah* (צדק"ה).[9] Y la *Middah* de *El Jai* (א"ל ח"י) se llama *Tzaddik* (צדי"ק), la *Middah Adonai* (אדנ"י) se llama *Tzedek* (צד"ק); porque el *Tzaddik* difunde su bendición con *Tzedek* (צד"ק), su *Shefa* y su emanación se llaman *Tzedakah* (צדק"ה). Estos tres nombres se encuentran en uno: *Tzaddik* (צדי"ק) para dar, *Tzedek* (צד"ק) para recibir, y *Tzedakah* (צדק"ה) es el secreto de lo que ha sido dicho: «la memoria del *Tzaddik* (צדי"ק) será bendición» (*Proverbios* x-7).

דע כי בהיות צדי"ק משפיע ברכתו וטובתו על צד"ק, נקראת אר"ץ החיים והיא מיטיבה לכל הנבראים; ואם חס ושלום ייפסקו צינורות זה הצדיק, ולא יבואו אל מידת צד"ק, אז היא מתמלאת מאותן הברות הנקראות מוות, והיא ממיתה ועושה כל מיני מגפה והשחתה בעולם. ובהיות הצדי"ק מתחבר עם צד"ק ונותן לו מתנה מברכותיו,

8. Literalmente, «el justo es el fundamento del mundo».

9. Literalmente, "justo", "justicia" y "caridad".

19a

אז באותו החיבור הנקרא צדק"ה מביא למידת צדק חיים תחת מווהו סוד: וצדקה תציל ממוות (שם, ב).

Has de saber que tratándose de un *Tzaddik* (צדי"ק), cuando derrama su bendición y sus bondades sobre *Tzedek* (צד"ק) se llama *Eretz haJaim* (אר"ץ החיים).[10] Es un beneficio para todas las criaturas. Si, Dios no lo quiera, los canales del *Tzaddik* (צדי"ק) se detuvieran y dejaran de fluir hacia la *Middah* de *Tzedek* (צד"ק), se llenaría una alberca denominada *Mavet* (מות).[11] *Mavet* (מות) causa la muerte y todo tipo de plagas y muchas calamidades al mundo. Sin embargo, la conexión de *Tzaddik* (צדי"ק) y *Tzedek* (צד"ק) produce bendiciones y esta conexión, llamada *Tzedakah* (צדק"ה), trae vida en lugar de muerte para *Tzedek* (צד"ק). Y éste es el secreto de: «La *Tzedakah* (צדק"ה) libra de la muerte» (*Ibid.* x-2).

בוא וראה כמה היא סגולת הצדק"ה. כי כמו שהאדם עושה צדק"ה, כך ממשיך מידת צדי"ק במידת צד"ק ומביא חיים אל העולם ומציל אותם מן המוות. ואם את העולם הוא מציל מן המוות, כל שכן את עצמו. ולא תאמר ממיתה משונה, אלא אפילו ממיתה עצמה. ובשעה שצדי"ק נפרד מצד"ק, ונשארת מידת צדק ריקנית, אז תקום המית ולהשחית, לעקור ולשרש, ומביאה על הבריות כמה מיני מיתות; מהם מיתה טבעית, ומהם מיתת מגפה, ומהם מיתה משונה, ושאר כמה מיתות.

Ven y ve lo preciosa que es la *Tzedakah* (צדק"ה), porque cuando un hombre hace *Tzedakah* (צדק"ה), conecta la *Middah* de *Tzaddik* (צדי"ק) con la *Middah* de *Tzedek* (צד"ק) y trae vida al mundo y lo salva de la muerte. Al salvar al mundo de la muerte, se salva a sí mismo. No estamos hablando de una muerte violenta, sino de la propia muerte, que sólo se conoce cuando *Tzaddik* (צדי"ק) y *Tzedek* (צד"ק)

10. «Tierra de vida».

11. Literalmente "muerte".

19a

se separan y la *Middah* de *Tzedek* (צד"ק) queda vacía. Entonces éste se lanza a matar, masacrar y aniquilar, trayendo al mundo varios tipos de muerte: la muerte natural, la muerte por peste, la muerte insólita y otras formas de muerte.

ולפי דרך זה יש לך להתבונן כי הרוצה לירש ארץ החיים צריך להידבק במידת צדי"ק, כי כל הדבק במידת צדי"ק נקרא צדיק על שמו, ונוחל ארץ החיים, ועל זה נאמר: ועמך כולם צדיקים לעולם יירשו ארץ (ישעיהו ס, כא), וכבר ידעת מה שדרשו בו חז"ל: כל ישראל יש להם חלק לעולם הבא שנאמר ועמך כולם צדיקים לעולם יירשו ארץ.

Siguiendo este camino, debes considerar que quien quiera poseer *Eretz haJaim* (ארץ החיים) ha de apegarse a la *Middah* del *Tzaddik* (צדי"ק), porque aquel que se apegue la *Middah* del *Tzaddik* (צדי"ק), será *Tzaddik* (צדי"ק) y poseerá *Eretz haJaim* (ארץ החיים), y a propósito de esto ha sido dicho: «entonces todos los de tu pueblo serán justos (צדיקים)» (*Isaías* LX-21). Así es como lo han entendido nuestros maestros, de bendita memoria, cuando dicen: «Todo Israel tiene parte en el mundo venidero porque según el profeta «Y contigo todos los justos (צדיקים) heredarán la Tierra para siempre».[12]

ועתה יש לנו לעורך על עיקר גדול, שהוא יסוד ושורש להיות אדם יודע כמה הוא גודל כל עובר עבירה. הנה הודענוך בספר זה כי בהיות מידת אדנ"י מתמלאת מן המקור העליון הנקרא אל ח"י וצדי"ק, היא מתברכת ועומדת במלואה והיא מספקת צורך כל הנבראים, ונמצא כל העולם כולו עומד במלואו ובשמחה ובכל מיני מעדנים ותענוגים. ולפעמים מסתלק אל ח"י ממידת אדנ"י ואז היא

12. Véase *Pirkei Avoth, prólogo.*

נשארת יבשה, ריקנית וחסרה כל טוב. ולפיכך צריך אני להודיעך היאך דבר זה אפשר להיות.

Ahora hemos de revelarte un gran principio, que es un fundamento y una raíz, del cual el hombre debe conocer el peso de las consecuencias. Ya te hemos dado a conocer en este libro, que muestra que cuando la *Middah* de *Adonai* (אדנ"י), es llenada por la fuente superior denominada *El Jai* (אל ח"י) y *Tzaddik* (צדי"ק), es bendecida y está en plenitud, alimentando a toda la creación. Así como todos los mundos que llenan y estallan de alegría, y celebran sus gracias. Pero a veces la *Middah* de *El Jai* (אל ח"י) se separa de *Adonai* (אדנ"י), dejándolo seco, vacío y privado de todo bien. Así que debo enseñarte cómo puede ocurrir esto.

דע כי מידת אל ח"י הנקראת צדי"ק עומדת להסתכל ולראות ולהשקיף על בני אדם, ובראותה בני אדם שהם עוסקים בתורה ובמצוות, והם חפצים לטהר עצמם ולהתנהג בטהרה ונקיות, אזי מידת צדיק מתפשטת ומתרחבת ומתמלאת מכל מיני שפע ואצילות מלמעלה, להריק על מידת אדנ"י, כדי לתת שכר טוב לאותם המחזיקים בתורה ובמצוות ומטהרים עצמם, ונמצא כל העולם מתברך על ידי אותם הצדיקים וגם מידת אדנ"י מתברכת על ידיהם, וזהו סוד 'זכ"ר צדי"ק לברכה'.

Has de saber que la *Middah El Jai* (אל ח"י), llamada *Tzaddik* (צדי"ק), consiste en observar, investigar y examinar a los hijos de Adán; cuando ve a los hijos de Adán ocupados en la *Torah* y las *Mitzvot*, con ganas de purificarse a sí mismos y comportarse con pureza y limpieza, entonces la *Middah Tzaddik* se engranda y se expande llenando de todo tipo de *Shefa* y efluvios superiores y se derrama sobre la *Middah* de *Adonai* (אדנ"י), para dar una buena recompensa a aquellos que guardan (19b) la *Torah* y las *Mitzvot* y se purifican a sí mismos. Y he aquí que el mundo entero es bendecido por estos *Tzaddikim* (צדיקים) así como la *Middah* de *Adonai* (אדנ"י) es bendecida a

19b

través de ellos. Y éste es el secreto de «el recuerdo del *Tzaddik* será para bendición».[13]

ואם ח"ו בני אדם מטמאים עצמן ומתרחקין מן התורה ומן המצוות ועושין רשע ועוול וחמס, אזי מידת צדיק עומדת להביט ולהסתכל ולהשקיף במעשיהן וכראותה בני אדם שמטמאים עצמן, מואסים בתורה ובמצוות ועושים עוול וחמס, אזי מידת צדיק מתאספת ומתכנסת ומסתלק למעלה למעלה, ואז ייפסקו כל הצינורות וההמשכות, ונשארת מידת אדנ"י כארץ יבשה ריקנית וחסרה מכל טוב. וזהו סוד 'כי מפני הרעה נאסף הצדי"ק (ישעיהו נז, א).

Y si los hombres, Dios no lo quiera, se impurifican a sí mismos y se apartan de la *Torah* y las *Mitzvot* y hacen el mal, la injusticia y la violencia, entonces la *Middah* del *Tzaddik* (צדי"ק), viendo a los hombres manchados, impuros, injustos y violentos porque se alejan de la *Torah* y las *Mitzvot,* para realizar iniquidades y engaños, se retiraría y se elevaría muy alto, provocando el cese de la *Shefa* y cerrando todos los canales y corrientes. Entonces la *Middah* de *Adonai* (אדנ"י), se convertiría en una tierra estéril, desolada y vacía de todo bien. Y éste es el secreto de: «porque de la aflicción es recogido el *Tzaddik* (צדי"ק)» (*Isaías* LVII-1).

ושלמה עליו השלום צווח ואמר יש צדיק אובד בצדקו ויש רשע מאריך ברעתו (קהלת ז, טו) והסוד הזה כולו רמוז בפסוק: י"י משמים השקיף על בני אדם לראות היש משכיל דורש את אלהים הכל סר יחדיו נאלחו אין עושה טוב אין גם אחד (תהלים יד, ג). הלא תראה היאך רמז הפסוק 'אין עושה טוב' כי כוח יש ביד התחתונים לבנות כמה עניינים למעלה, או להרוס ולהשחית, והסוד: עת לעשות לי"י הפרו תורתך (שם קיט, קכז), וכתיב: או יחזק במעוזי יעשה

13. Véase *Proverbios* (X-7).

19b

שלום לי שלום יעשה לי (ישעיהו כז, ה) והמבין זה הסוד, יבין כמה כוחו של אדם לבנות ולהרוס. ועתה בוא וראה כמה הוא כוחן של צדיקים המחזיקים בתורה ובמצוות, שיש להם כוח לחבר כל הספי־רות ולהטיל שלום בעליונים ובתחתונים, בהיות האדם הישר והטהור מחבר מידת צדי"ק למידת צד"ק ואז נקרא יהו"ה אחד, ונמצא מטיל שלום בפמליא של מעלה ובפמליא של מטה. נמצאו שמים וארץ אחדים על ידי אדם זה, אשרי חלקו ואשרי יולדתו, ועליו נאמר: ישמח אביך ואמך וגו' (משלי כג, כה) . ואומר ישמח י"י במעשיו (תהלים קד, לא).

Y la paz sea con él, también está escrito «hay un justo que se pierde en su justicia, y hay un hombre malo que alarga su vida en su perversidad» (*Eclesiastés* VII-17) y el secreto de todo esto está aludido en el versículo: «*El Eterno* miró desde los cielos sobre los hijos de los hombres, para ver si había algún entendido, que buscara a Dios. Todos declinaron, juntamente, se han corrompido; no hay quien haga bien, no hay ni siquiera uno» (*Salmos* XIV-2 y 3). ¿A qué se refiere el versículo cuando dice «no hay quien haga bien»? ¿No demuestra esto que los grados inferiores tienen el poder de construir o destruir los grados superiores? Éste es el secreto de: «Tiempo es de actuar, oh Eterno porque han invalidado tu *Torah*» (*Ibid.* CXIX-26). Y esto sido escrito: «a no ser que él confíe en mi protección, que haga la paz conmigo, que conmigo haga la paz» (*Isaías* XXVII-5). Y el que entiende este secreto entenderá también hasta qué punto el hombre está dotado del poder de construir y destruir. Ahora ven y observa el poder de los *Tzaddikim* (צדיקים) que siguen la *Torah* y sus *Mitzvot.* Ellos poseen el poder de unir todas las Sefirot y restaurar la paz entre lo superior y lo inferior. Cuando el hombre recto y puro conecta la *Middah* del *Tzaddik* (צדי"ק), con la *Middah* de *Tzedek* (צד"ק), entonces el nombre es *Adonai Ejad* (יהו"ה אחד), y así establece la paz en la corte de arriba y en la corte de abajo. Entonces los cielos y la Tierra son unidos por el intermedio de este hombre, bendita su parte y bendita su madre, y de él se dice: «Alégrense tu padre y tu madre, y gócese la que te dio a luz» (*Proverbios* XXIII-25), y ha sido dicho: «alégrese *el Eterno* en sus obras» (*Salmos* CIV-31).

19b

ואם ח"ו נמצא אדם רשע וטמא ובליעל, חורש מחשבות און, רג־
לים ממהרות לרוץ לרעה, מאוס בטוב ובחור ברע, מאוס בתורה וב־
מצוות, בהיות מידת צדי"ק עומדת להביט במעשיו הרעים, אזי המי־
דה הנקראת צדיק מתקבצת ומתאספת למעלה, ונמצא אדנ"י נשאר
לבדו יבש וחסר מכל טובותיו של צדיק. ומי גרם זה? רשעו של אותו
רשע, ועליו נאמר: ונרגן מפריד אלוף (משלי טז, כח). נמצא מח־
ריב העולם ומקלקל סדר כל הנבראים, ועל זה הזהירו חז"ל במסכת
קידושין פ"ק ואמרו: לעולם יראה אדם עצמו כאילו חציו זכאי וכו'.
ר"א בר"ש אומר לפי שהעולם נדון אחר רובו, עשה מצווה אחת
אשריו שהכריע עצמו וכל העולם כולו לזכות. ועל דרך זה יש לך
להתבונן מה שאמרו רז"ל העולם על מה הוא עומד, על עמוד אחד
שהוא צדיק, שנאמר וצדיק יסוד עולם:

Sin embargo, si un hombre es malvado, despectivo, apóstata, de malos pensamientos, corriendo a hacer el mal, despreciando el bien, eligiendo la malicia, rechazando la *Torah* y las *Mitzvot*, Dios no lo quiera, entonces la *Middah* del *Tzaddik* (צדי"ק), contempla estas malas acciones y se aleja levantándose, dejando a *Adonai* (אדנ"י), solo, sin fuerza, privado de todos los beneficios del *Tzaddik* (צדי"ק). ¿Cuál es la causa de esto? La maldad de los malvados, de quienes ha sido dicho: «El malvado levanta contiendas» (*Proverbios* XVI-28). Destruye el mundo y atormenta a toda la creación. Nuestros maestros, de bendita memoria, dijeron:[14] «El hombre debe ser consciente de su doble naturaleza: está hecho de mérito por un lado y de pecado por otro. Rabbí Eleazar, hijo de Rabbí Shimon, dijo: ya que el mundo es cuantitativo, quien cumple una *Mitzvah* es bendecido. Esto es lo que hay que tener en cuenta para entender las palabras de los maestros cuando dicen: «¿En qué descansa el mundo? Sobre uno llamado *Tzaddik* (צדי"ק), porque está escrito: «El *Tzaddik* (צדי"ק) es el fundamento del mundo».[15]

14. Véase Talmud, tratado de *Kiddushin* (41b).

15. Véase *Proverbios* (X-25).

19b-20a

ודע כי המידה הזאת נקראת בכל התורה טו"ב, וסימן: אמרו צדיק כי טו"ב (ישעיה ג, י). ועתה יש לנו לעורר על הדבר. דע כי כל ההמ־שכות היורדות מלמעלה מאת כל הספירות העליונות, כולם פוע־לות על דרך הטוב והשלמות. ואפילו ירד דין לעולם במידת הפחד והגבורה, אם בא הדבר על ידי צדיק, הכול בא על דרך הטוב הגמור ואין רעה פועלת בדבר לעולם, כי אם לטובת אותו הנפגם, לפי שה־דבר בא לו על ידי הצדיק, והכול לטובה. וזהו סוד מה שאמרו ז"ל: אין דבר רע יורד מן השמים ואם כן מה זה שאמר הכתוב כי ירד רע מאת י"י? (מיכה א, יב). דע, כי יש חוץ למחיצות הספירות נג־עים הנקראים רע, והם חוץ לספירות סביב, ולפעמים נטפלים למידת אדנ"י ויורדים לעולם, וזהו סוד 'כי ירד מאת י"י', ולא מי"י. ועל דרך זה נאמר במעשה בראשית: וירא אלהים כי טוב, ובסוף נאמר: והנה טוב מאוד (בראשית א, לא).

Y has de saber que esta *Middah* es denominada, a lo largo de toda la *Torah, Tov* (טו"ב), y la señal es: «dile al *Tzaddik* (צדיק) que bien (טו"ב)» (*Isaías* III-10). Y ahora hemos de esclarecerte algo al respecto. Has de saber que todos los efluvios que descienden desde arriba son de todos de las Sefirot superiores y cumplen su función a través de *Tov* (טו"ב) y de la plenitud. E incluso el juicio viene al mundo por la *Middah* de *Pajad* y *Guevurah*, pero si el *Tzaddik* (צדיק) interviene todo acaba bien (20a). Todo se reduce al bien perfecto y no hay maldad en el mundo., porque todo viene a través del *Tzaddik* (צדיק) y todo es para bien (לטובה). Y éste es el secreto de lo que dijeron nuestros sabios, de bendita memoria: «ningún mal desciende de los cielos, y si así es, ¿por qué dice la escritura «por cuanto el mal descendió con el Eterno»? (*Miqueas* I-12). Has de saber que hay canales de las fuerzas malignas que son las Sefirot denominadas «mal» (רע). Y estas Sefirot exteriores a veces están unidas a la *Middah* de *Adonai* (אדנ"י) y descienden al mundo, y éste es el secreto de «descendió con el Eterno» y no «del Eterno». Y así ha sido dicho en la obra de *Bereshit*: «y vio Dios que era bueno, y al final dijo «y he aquí que es muy bueno» (*Génesis* I-31).

20a

ואמרו בבראשית רבה; והנה טוב זה יצר טוב, מאוד וכו' מאוד זה המוות. כי אפילו המוות כשבא על ידי מידת צדיק, נקרא המוות חיים וטוב, וזהו סוד שאמר שהצדיקים אפילו במיתתן קרויים חיים ועל זה נאמר: ועץ הדעת טוב ורע (שם ב, ט), כשמידת אדנ"י הנק־ראת עץ הדעת שואבת ממידת טוב, כל מעשיה נקראים טוב, וכל חיים וכל מוות הבאים לעולם, הכול טוב.

Y está dicho en *Bereshit Rabbah* «y he aquí que es bueno» es la Buena Inclinación; «muy» es la muerte. Porque incluso la muerte cuando viene por la *Middah* del *Tzaddik* Porque incluso la muerte cuando viene por la *Middah* del *Tzaddik*, la muerte es llamada «vida» y «bien» y éste es el secreto de lo que ha sido dicho que los *Tzaddikim* (צדיקים), incluso muertos se les llama vivos[16] y a propósito de esto ha sido dicho: «y el árbol del conocimiento del bien y del mal» (*Ibid.* II-9). Cuando la *Middah* de *Adonai* (אדנ"י) llamada árbol del conocimiento se basa en la *Middah* de *Tov* (טוב), y entonces todas sus obras se llaman *Tov* (טוב), y toda vida y toda muerte son entonces *Tov* (טוב).

ועל דרך זה אמר נחום איש גם זו, בכל נגע ובכל מחלה הבאים עליו, 'גם זו לטובה' ורבי עקיבא עליו השלום היה אומר תמיד: כל דעביד מן שמיא לטב עביד, כההוא מעשה דברכות דפ' הרואה. אבל אם ח"ו ייפסקו צינורות צדי"ק מלכא ממידת צד"ק הנקרא עץ הדעת, אזי מידת צדק מושכת אליה מן הדברים החיצונים, הנקראים רעה חולה, כמה מיני משחית וכמה מיני פורעניות, ומשלחת לכל בני העולם כפי חיוב משפטיה, ואז יתחדשו בעולם כל נגע וכל מכה, וזהו 'עץ הדעת טוב ורע', וזה לעומת זה הם עומדים.

Y en este sentido dijo Najum, llamado Gam Zo, «en toda aflicción y en toda enfermedad que te sobrevenga, *Gam Zo leTovah* (גם זו לטובה)[17] y Rabbí Akiva, la paz sea con él, siempre decía: «todo lo que

16. Véase Talmud, tratado de *Berajoth* (18a).

17. También esto es para bien.

viene de los cielos es para bien», como está dicho en el tratado de *Berajoth* (60b). Pero si, Dios no lo quiera, los canales del *Tzaddik Malka* (צדי"ק מלכא) dejaran de alimentar a la *Middah* de *Tzedek* (צד"ק) llamada «árbol del conocimiento», entonces la *Middah* de *Tzedek* (צד"ק) atraerá traería elementos externos llamados *Raa Joleh* ((חולה רעה)) que contienen toda clase de plagas y males destructivos, para enviarlos a todos los hijos del mundo, recibiendo cada uno según su juicio, y entonces el mundo se llena de todo tipo de plagas y aflicciones. Y éste es el «Árbol del conocimiento del bien y del mal», y las dos cosas, el bien y el mal están una enfrente de la otra.

אבל מה שאתה צריך שתתבונן בעניין משה רבינו עליו השלום, שאמר בו ותרא אותו כי טוב הוא (שמות ב, ב) שהיה דבק במידה זו, ולפיכך נתמלא כל הבית כולו אורה. וצריך אתה להתבונן בברכת הטוב והמיטיב, שתקנוה ביבנה על הרוגי ביתר: הטוב שלא הסריחו, והמטיב שנתנו לקבורה. ודע והאמן כי מידת צדיק עומדת תמיד להפיק רצון כל שואל ולרחם, בהיות האדם מתכוון לתקן ולהיטיב דרכיו, ועליו נאמר: טוב י"י לכל ורחמיו על כל מעשיו (תהלים קמה, ט).

Pero lo que has de considerar en el asunto de *Moshé Rabbeinu*, la paz esté con él, de quien se dice: «vio que era *Tov*» (*Éxodo* II-2), él estaba apegado a esta *Middah*, y cuando él nació, toda la casa se llenó de luz. Y has de observar la bendición *haTov vehaMetiv*[18] los buenos y los excelentes que corrigió en Yavne en memoria de los muertos en Betar. *HaTov* se refiere al hecho de que los cadáveres no tenían olor, y *haMetiv* se refiere al hecho de que podían ser enterrados.[19] Has de saber y creer que la *Middah* del *Tzaddik* (צדי"ק), desea ser misericordiosa y ofrecer lo que se le pida, si la persona tiene la intención de rectificar

18. Literalmente «los buenos y los excelentes». Es la bendición de «el que da el bien y el que causa el bien».
19. Véase Talmud, tratado de *Berajoth* (48b).

y mejorar su comportamiento. Y a propósito de esto ha sido escrito: «*el Eterno* es bueno para con todos, y sus misericordias resplandecen sobre todas sus obras» (*Salmos* CXLV-9).

והוא המורה דרך לחטאים בתשובה, ועליו נאמר; טוב וישר ה' על כן יורה חטאים בדרך (שם כה, ח), ופירושו כך: מביא יסורים ונגעים ומחלות על בני אדם, הכול לטובתם, כדי שיחזרו בתשובה. ונמצאים כל אותם היסורים והנגעים טוב גמור, שהם סיבה שיחזור האדם בת־שובה ויזכה לטוב העליון ולחיי העולם הבא, וזהו פירוש של פסוק 'טוב וישר י"י על כן יורה חטאים בדרך'. ודע והבן כי מידת אדנ"י, שנקראת לפעמים אלהי"ם, כשבאה לברוא כל הנבראים, במידת טוב נסתכל ונתייעץ והיה בורא כל הנבראים ומצייר כל הצורות, כאמרו בכל מעשה בראשית: וירא אלהי"ם כי טו"ב (בראשית א, י).

Y él es la guía para los pecadores en la *Teshuvah*, y de él se dice: «Bueno y recto es el Eterno, y enseñará a los humildes en su camino» (*Ibíd.* XXV-9), y esto se explica así: trae angustia y heridas y enfermedades a los seres humanos que son para su único bien (20b), para que hagan *Teshuvah*. Así, todas estas aflicciones son absolutamente buenas, porque provocan al hombre a la *Teshuvah*, para merecer el *Tov* (טוב) superior y acceda a la vida del mundo venidero, y ésta es la explicación del versículo «Bueno y recto es el Eterno, y enseñará a los humildes en su camino». Y has de saber que cuando la *Middah* de *Adonai* (אדנ"י), que a veces se llama *Elohim*, vino a crear todas las criaturas, fue por consejo de la *Middah* de *Tov* (במידת טוב), como está dicho en todo el *Maaseh Bereshit*: «y vio *Elohim* que era bueno טוב» (*Génesis* I-1).

כלומר, במידת טוב נסתכל ונתייעץ אלהים וברא העולם, וזהו העיקר והאמת. ואלמלא מידת טוב אין אדנ"י, הנקרא אלהים במעשה ברא־שית, יכול להשלים סיפוק כל הנבראים וצרכיהם. ולפי שנחתמו כל מעשה בראשית במידה זו הנקראת טוב, כתיב: וירא אלהים את כל אשר עשה והנה טוב מאוד (שם, לא):

20b

Por lo tanto, *Elohim* tomó consejo de la *Middah* de *Tov* (טוב) y creó el mundo, y esto es cierto y verdadero, pues sin la *Middah* de *Tov* (טוב), *Adonai* (אדנ"י) llamada *Elohim* en *Maaseh Bereshit*, no habría podido realizar la obra de la creación ni cumplir con sus necesidades, porque todo el *Maaseh Bereshit* fue sellado con la ayuda de la *Middah* de *Tov* (טוב), como ha sido escrito: «Y *Elohim* vio todo lo que había hecho, y he aquí que era *Tov Meod*» (*Génesis* I-31).

ולפעמים נקראת מידה זו שכל טוב, לפי שמן המידה הזאת ייכנס אדם לאספקלריא המאירה, ובמידת אל ח"י ישכיל אדם דרך להיכנס ולדעת ולהתבונן ולהתחכם באמיתת י"י יתברך. ומידה זו הנקראת שכל טוב עומדת עם האדם בהיותו מקיים התורה והמצוות, וסי־מן: ראשית חכמה יראת י"י שכל טוב לכל עושיהם (תהלים קיא, י), והסוד הגדול: משכיל על דבר ימצא טוב (משלי טז, כ).

A veces esta *Middah* se llama *Sejel Tov*» (שכל טוב),[20] porque a través de esta *Middah* se puede penetrar en el *Aspeklaria haMeirah* (אספקלריא המאירה)[21] y a través de la *Middah El Jai* (אל ח"י) el hombre logra penetrar, comprender, observa y volverse sabio en la *Middah* del Eterno, bendito sea. Y esta *Middah* se llama *Shejel Tov*» (שכל טוב) se mantiene al lado del hombre que cumple la *Torah* y las *Mitzvot*, y la señal es: «El principio de la sabiduría es el temor del Eterno» (*Salmos* CXI-10), y he aquí un gran secreto: «el entendido en la palabra, hallará el bien» (*Proverbios* XVI-20).

ולפי שהיה דוד עליו השלום דבק במידה זו היה אומר 'לדוד מש־כיל', וכל לשון משכיל במקום הזה תלוי. והיודע סוד החן, ידע 'שכל טו"ב יתן ח"ן' ודע כי יש הפרש בין משכיל ובין מבין; כי סוד מבין

20. Literalmente «buen intelecto» podría traducirse como «sensatez» o también «buena conciencia».

21. Espejo luminoso.

20b

הוא מהמשכת מקור הבינה, והמשכיל הוא מהמשכת הטוב תחילה וסוף. והנה המידה הזאת נקראת בכל התורה כולה שלום. והטעם, כבר הודענוך, בהיות ישראל צדיקים וטובים אזי מידת אדנ"י במילוי ובשלימות ובכל מיני שפע וברכה, ואם ח"ו יצאו ישראל מחפץ השם יתברך אזי מידת רחמים הנקראת יהו"ה מסתלקת מהיכל אדנ"י, ואז נשארת ריקנית ושפלה.

Y así como David, la paz sea con él, se aferró a esta *Middah* (מידה), debería decir *David Maskil*, y cada vez que se utiliza la palabra *Maskil* (משכיל), depende de este lugar, porque el que conoce el secreto de la gracia, sabe que «el buen entendimiento da gracia»[22] y sabe que hay una diferencia entre *Maskil* (משכיל) y *Mevin* (מבין).[23] Porque el secreto de *Mevin* (מבין) tiene su origen en *Binah*, y el secreto de *Mevin* (מבין) tiene su origen y su fin en *Tov* (טוב). Y he aquí que esta *Middah* se llama *Shalom* (שלום) en toda la *Torah*. Y la razón de esto ya ha sido explicada: cuando los de Israel son *Tzaddikim* y buenos, entonces la *Middah* de *Adonai* (אדנ"י) se llena de perfección y de toda clase de bendiciones. Pero si, Dios no lo quiera, Israel descuida la voluntad del *Eterno*, bendito sea, entonces la *Middah* de *Rajamim* (רחמים) denominada *El Eterno* (יהו"ה) se retira del palacio de *Adonai* (אדנ"י) y lo deja abandonado y vacío.

ובהיות צדי"ק מתעורר בעולם לשוב בתשובה או לתקן הקלקול אזי המידה הזאת, הנקראת שלום, מליץ טוב בין יהו"ה ובין אדנ"י, והוא המטיל שלום ביניהם ומקרב אותם לשכון ביחד בלי פירוד וקיצוץ בעולם, ונמצא יהו"ה אחד באותה שעה. ודע והאמן שאי אפשר לבא ברכה לעולם זולתי על ידי המידה הזאת הנקראת שלום, ועל זה נאמר: י"י יברך את עמו בשלום (תהלים כט, יא). ואמרו ז"ל אין

22. Véase *Proverbios* (XIII-15).

23. Los cabalistas relacionan a Mevin con *Binah*, que comparten la misma raíz, y *Maskil* con *Iesod*. Curiosamente, la guematria de *Binah* es 67 y la guematria *Siduri* u ordinal de *Maskil* también es 67.

20b

לך כלי מחזיק ברכה אלא שלום. ודע כי לפי שהשלום הוא סוף תשע אספקלריאות עליונות, והוא המריק ברכה בשם אדנ"י, לפיכך נקבע בסוף ברכת כהנים ובסוף ברכה אחרונה של תפילה. והטעם, כי על פיו יצאו ועל פיו יבואו כל הבאים להידבק באור העליון הנקראת חיי העולם הבא ויש לי לעוררך על הסוד הפנימי.

Y cuando el *Tzaddik* (צדי"ק) lleva al mundo a la *Teshuvah* para corregir lo deteriorado, entonces esta *Middah* denominada *Shalom* (שלום) intercede y establece *Tov* (טוב) entre *el Eterno* (יהו"ה) y *Adonai* (אדנ"י) y pueden permanecer unidos, sin separación ni alteración en el mundo. Cuando esto sucede, en ese momento el Eterno (יהו"ה) es uno (אחד). Y has de saber y creer que no es posible traer bendición sobre el mundo si no es a través de la *Middah* denominada *Shalom* (שלום). Y a propósito de esto ha sido dicho: «*el Eterno* bendecirá a su pueblo con *Shalom* (שלום)» (*Salmos* XXIX-11). Y dijeron nuestros sabios, de bendita memoria que «el Santo, bendito sea, no encontró mejor recipiente para contener la bendición que la paz».[24] Has de saber que *Shalom* es el último de los nueve espejos superiores y es el que dispensa la bendición en nombre de *Adonai* (אדנ"י). Por esta razón lo hallamos en la bendición sacerdotal y en la última bendición de la oración (de las 18 bendiciones). Y la razón es que sólo ella permite que todos los que vienen y van estén conectados a la luz llamada *Jaié Olam haBa* (העולם הבא חיי),[25] y ahora he de contarte un secreto interior[26]

דע כי אמרו ז"ל: כשעלה משה למרום אמר לו הקב"ה, משה אין שלום בעירך; אמר: כלום יש עבד שנותן שלום לרבו? א"ל: היה לך לסייעני; באותה שעה פתח משה רבינו עליו השלום ואמר: ועתה יג דל נא כח אדנ"י (במדבר יד, יז) מה כתיב בתריה? סלחתי כדב־רך ואולם חי אני, כלומר החייתני בדברך. והסוד הזה, כי המידה הנ־

24. Véase Talmud, tratado *Uktzim* (3,11).
25. Vida en el mundo venidero.
26. Esotérico, profundo.

20b-21a

קראת שלום מריק חיים במידת אדנ"י בהתחברם כאחד, וגדול כוח השלום שאפילו העליונים צריכים לו, דכתיב: עושה שלום במרו־ מיו (איוב כה, ב). וכשהאדם מחזיק בתורה ובמצוות, כביכול כאילו מטיל שלום בפמליא של מעלה, והסוד: או יחזק במעוזי יעשה שלום לי שלום יעשה לי (ישעיהו כז, ה):

Has de saber que nuestros maestros, de bendita memoria, dijeron: cuando Moisés ascendió, el Santo, bendito sea, le dijo: Moisés, no hay paz (*Shalom*) en tu ciudad. Respondió: ¿acaso el esclavo da paz al amo? Dios le respondió: tu trabajo es ayudarme. En este momento, Moshé Rabbeinu abrió la paz y dijo: «yo te ruego que sea magnificada la fortaleza del Eterno» (*Números* XIV-17). ¿Qué está escrito a continuación? (21a) He perdonado, como dices, pero yo vivo,[27] lo que quiere decir «me has vivificado por tu palabra». El secreto de esto es que *Middah* denominada *Shalom* (שלום) vierte la vida en la *Middah Adonai* (אדנ"י)y cuando están unidas. Porque es grande el poder de *Shalom* (שלום), ya que incluso los grados superiores lo necesitan, por lo que está escrito: «El señorío y el temor están con él: él hace paz en sus alturas.» (*Job* XXV-2). El que se aferra a la *Torah* y a sus *Mitzvot*, instala *Shalom* (שלום) en los grados superiores. Y el secreto es: «¿O quién forzará mi fortaleza? Haga conmigo paz, sí, haga paz conmigo» (*Isaías* XXVII-5).

ודע כי המידה הזאת נקראת זכרון, ובמקום הזה נזכרים כל בני העו־ לם לכל מעשיהם, לטוב ולמוטב. וכפי הזכרון הבא מן המקום הזה כך הדין נגמר על כל בני העולם. ולפיכך נקרא יום ראש השנה זכרון, והסוד: ראש השנה הוא סוד אדנ"י, ויים הזכרון הוא סוד אל ח"י; לפי שאנו עומדים בראש השנה לדין וכל מעשינו באים לחשבון ולזכ־ רון לפני אדנ"י, וזהו סוד שאנו אומרים: זכרנו לחיים, אל מלך חפץ בחיים כתבנו בספר החיים וכו' א"ל ח"י ומגן. והמידה הזאת זוכ־

27. Véase *Números* (XIV-20).

21a

רת כל הנשכחות, לפיכך אנו חותמים בראש השנה 'זוכר הברית', לפי שהוא סוד הזכרון וסוד הברית אנו חותמים בשני אלו העניינים, 'זוכ"ר הברי"ת'.

Y has de saber que esta *Middah* se llama *Zikaron* (זכרון),[28] y en este lugar están recordados todos los hijos del mundo y todas sus obras, para bien y para mal. Según el *Zikaron* (זכרון) que viene a este lugar, el juicio se pronuncia sobre todos los hijos del mundo. Y esto se llama *Iom Rosh haShannah Zikaron* (יום ראש השנה זכרון)[29] y es el secreto de *Rosh haShannah* es el secreto de *Adonai* (אדנ"י) y el día de *Zikaron* (זכרון) es el secreto de *El Jai* (אל ח"י) porque cuando nos presentamos en *Rosh haShannah* para ser juzgados y hemos de responder de todos nuestros actos, *Zikaron* (זכרון) se presenta delante de *Adonai* (אדנ"י). Éste es el secreto de las palabras «recuérdanos para la vida, oh Dios, rey que te complaces en la vida e inscríbenos en el Libro de la Vida, etc.», por el poder de *El Jai* (א"ל ח"י) y *Maguen*. Esta *Middah* recuerda todo lo que ha sido olvidado, por lo que confirmamos *Rosh haShanah* con el recuerdo del pacto (זוכר הברית) porque esta *Middah* contiene el secreto de *Zikaron* (זכרון), así como el secreto de *Brit* (ברית). Por lo tanto, concluimos con estos dos conceptos: *Zojer haBrit* (תירבה רכוז).

ולפי היות דוד עליו השלום רוצה להתחבר ולהידבק במידה הזאת, היה אומר: מזמור לדוד להזכיר (תהלים לח, א) וזהו סוד אזכרתה של מנחה וסוד מנחת וכרון מזכרת עון, שהחטא של אשה סוטה במקום זה תלוי להיפרע, 'כי מנחת קנאות היא' (במדבר ה, יח) ובמקום זה היא הקנאה, וסימן: קנאת י"י צבאות (ישעיהו ט, ו). ופקדונות הרי הן כזכרונות, אלא שהפקדונות על ידי אדנ"י והזכרונות על ידי אל ח"י. ולפי ששתי אלה המידות, שהם אל ח"י ואדנ"י, בהתאחדם זו בזו אזי כל העולם כולו בשלמות, נתן י"י יתברך לישראל יום השבת כנגד שתי מידות הללו: זכור ליום, כנגד אל ח"י, ושמור

28. Recuerdo, memoria.

29. Memoria o recuerdo del primer día del año.

21a

ללילה, כנגד אדנ"י. ולפיכך נאמר בעשרת הדיברות זכור ושמור. ודע והאמן קבלה אמתית, כי מעיין כל הברכות הבאות למידת אדנ"י לברך את ישראל הוא המקום הזה הנקרא זכרון, והסוד:

Cuando David, la paz sea con él, quiso para unirse y aferrarse a esta *Middah*, dijo: «Salmo de David, para recordar» (*Salmos* XXXVIII-1). Y éste es el secreto de la *Azkaratah* de *Minjah* (אזכרתה של מנחה) [30] y el secreto de la ofrenda del *Zikaron* (זכרון), que recuerda el pecado de la mujer adúltera. En este lugar se recogerá el pecado: «y pondrá sobre sus manos el presente de la recordación, *que* es el presente de celos» (*Números* V-18). Y la señal es «el celo del *Eterno* de los ejércitos» (*Isaías* IX-7). Después de todo, los depósitos son como los recuerdos, excepto que los depósitos son de *Adonai* (אדנ"י) y los recuerdos son de *El Jai* (אל ח"י). Cuando estas dos *Middoth*, que son *El Jai* (אל ח"י) y *Adonai* (אדנ"י), se unen la una con la otra, el mundo entero se encuentra en la perfección y el Eterno, bendito sea, dio el día de *Shabbat* a Israel en relación con estas dos *Middoth*, «recuerda el día» en correspondencia con *El Jai* (אל ח"י) y «guarda la noche» en correspondencia con *Adonai* (אדנ"י). Por lo tanto, los diez preceptos contienen «Recuerda» y «Guarda». Has de saber y creer que la verdadera cábala, la fuente de todas las siguientes bendiciones para el grado de *Adonai* (אדנ"י) para bendecir a Israel vienen de ese lugar llamado *Zikaron* (זכרון), y el secreto es: «En cualquier lugar donde yo hiciere que esté la memoria de mi nombre, vendré a ti, y te bendeciré. (*Éxodo* XX-24). Y ha sido escrito: «la memoria del *Tzaddik* para bendición» (*Proverbios* X-7). Y el secreto reservado «*el Eterno* se acordó de nosotros, nos bendecirá» (*Salmos* CXV-112).

30. Memorial de la ofrenda.

וכנגד המידה הזאת נתן י"י יתברך לישראל סוד השבת, ויש לי להודיעך כיצד. דע כי שלושת הספירות העליונות, שהם כת"ר חכמ"ה ובינ"ה, מתאחדות למעלה, ובהיות הספירות נקשרות אלו באלו מתאחדת בינה עם שש ספירות שתחתיה עד ספירה זו הנק־ראת אל ח"י ונקראת שבת. ועל עיקר זה היתה בריאת העולם ששת ימים וביום השביעי שב"ת.

Y de acuerdo a esta *Middah, El Eterno*, bendito sea, dio a Israel el secreto del *Shabbat*, y he de explicarte cómo. Has de saber que las tres Sefirot superiores, que son *Keter*, *Jojmah* y *Binah*, se unen arriba y dado que las Sefirot están conectadas entre sí, se une con las seis Sefirot inferiores hasta llegar a la sefirah llamada *El Jai* (אל ח"י) y llamada *Shabbat*. Y en este principio la creación del mundo fue en seis días (21b) y el séptimo día fue *Shabbat*.

והנה השבת הוא כנגד ספירת יסוד שהיא ספירת א"ל חי, ולפיכך נקרא יום השבת מקור הברכות והקדושות, כאמרו: ויברך אלהים את יום השביעי ויקדש אותו כי בו שב"ת (בראשית ב, ב). נמצא יום השבת מקור כל הברכות והמשכת הקדושה למטה.

Y he aquí que el *Shabbat* corresponde a la sefirah de *Iesod*, que es la sefirah de *El Jai* (אל ח"י), y por lo tanto se llama *Iom haShabbat*, fuente de bendiciones y santificaciones, como ha sido dicho: «Y bendijo Dios al día séptimo, y lo santificó, porque en él reposó (שב"ת)» (*Génesis* II-3). *Iom haShabbat* es la fuente de todas las bendiciones y permite que desciendan las santificaciones.

ודע כי האדם השומר שבת כהלכה, נעשה אותו אדם כמו כיסא למ־רכבה לשם יתברך ולפיכך נקרא השבת מנוח"ה, וכתיב: זאת מנוח־תי עדי עד (תהלים קלב, יד), כאילו י"י יתברך נח על בני אדם ושוכן עליו כמלך על כסאו, וסימן: וינח ביום השביעי (שמות כ, יא), הוא בעצמו נ"ח. נמצא כל שומר את השבת כהלכה, כאילו מקיים את

21b

התורה כולה. ואמר הנביא: אשרי אנוש יעשה זאת ובן אדם יחזיק בה שומר שבת מחללו ושומר ידו מעשות כל רע (ישעיהו נו, ב). ודע והאמן כי המשמש מיטתו מלילי שבת ללילי שבת זוכה לבנים צדי־קים, כי השבת היא מידת צדי"ק, ראויין לחיי העולם הבא, כי שבת היא סוד א"ל ח"י, ועליו נאמר אשר פריו יתן בעתו (תהלים א, ג).

Y has de saber que el que guarda el *Shabbat* como debe ser, se convierte en un trono para la *Merkavah* del *Eterno*, bendito sea. Por eso el *Shabbat* se llama también *Menujah*,[31] y ha sido escrito: «éste será mi lugar de reposo para siempre» (*Salmos* CXXXII-14), asimismo, *el Eterno*, bendito sea, descansa y permanece por encima de los hombres como un rey en su trono, en correspondencia con «y descansó el séptimo día» (*Éxodo* XX-11), descansó él mismo. Así nos damos cuenta de que quien guarda *Shabbat*, como es debido, cumple la *Torah* en su totalidad. Y dijo el profeta: «Bienaventurado el hombre, que esto hiciere; y el hijo del hombre, que esto abrazare; que guarda el sábado de contaminarlo, y que guarda su mano de hacer todo mal» (*Isaías* LVI-2). *Tzaddikim*: porque *Shabbat* es la *Middah* del *Tzaddik*, y merecerá la vida en el mundo venidero, porque *Shabbat* es la *Middah* de *El Jai* (אל ח"י)y a propósito de ella ha sido dicho: «que da fruto a su tiempo» (*Salmos* I-3).

ולפיכך אמר הנביא: כי כה אמר י"י לסריסים אשר ישמרו את שב־תותי ובחרו באשר חפצתי ומחזיקים בבריתי (ישעיהו נו, ד). וכי הסריסים הם המשובחים בישראל, והסריסים לבדם הם שומרים השבת? אלא פי' הפסוק כן הוא; אותם הצדיקים שכל ששת ימי החול אינם משמשים מיטותיהם אלא הם כדמיון סריסים, ובלילי שבתות משמשים מיטותיהם. כי לשון ישמרו לשון אשה הוא, כד"א: מכל אשר אמרתי אל האשה תשמר (שופטים יג, יג).

31. Descanso, lugar de descanso.

21b

Y entonces dijo el profeta: «Porque así dijo el Eterno: a los eunucos que guardaren mis sábados, y escogieren lo que yo quiero, y abrazaren mi pacto» (*Isaías* LVI-4). ¿Acaso los eunucos son los mejores de Israel, y sólo los eunucos guardan el *Shabbat*? Pero en realidad el versículo se refiere a los *Tzaddikim*, que durante los seis días de la semana no usan sus camas[32] sino que son comparables a los eunucos, y el *Shabbat* por la noche sí usan sus camas. Porque en el término *Ishmoro* (ישמרו), «se abstendrá» se encuentra la palabra *Ishah* (אשה), «mujer», según ha sido dicho: «La mujer se guardará de todas las cosas que yo le dije» (*Jueces* XIII-13).

וסימן 'זכור' ליום 'ושמור' ללילה. וכשעושים כך, מה כתיב - והביאותים אל הר קדשי ושמחתים בבית תפלתי (ישעיהו נו, ז). 'הר קדשי' זה אל ח"י, 'בית תפלתי' זהו סוד אדנ"י, והלשון ממש מוכיח על שתי מידות, זכור ושמור. ואם ח"ו אדם מחלל את השבת כאילו כפר בעיקר, לפי שהשבת הוא עיקר האילן מלמטה למעלה. ולפיכך נקראת מידה זו יסוד עולם, כי הוא הנושא עליו כוחות אדנ"י, והוא עיקר העיקרים ועיקר ידיעת השם יתברך לשער הסמוך לכל הנבראים, והוא סוד עיקר אות וא"ו התחתון, כדמיון יסוד ממטה למעלה.ולפי שהשבת הוא סוד המשכת הכוח מהספירות העליונות בשם אדנ"י, והוא סוד התאחדות כל הספירות, כי א"ל ח"י נח בשם אדנ"י בסוד 'וינח ביום השביעי', בסוד 'ויכל אלהי"ם ביום השביעי' (בראשית ב, ב), ארז"ל: אמר הקב"ה למשה מתנה טובה יש לי בבית גנזי ושבת שמה, ואני רוצה ליתנה לישראל, לך והודיעם:

Y la señal de *Zajor* (זכור) es el día y la de *veShamor* (ושמור) es la noche. Y cuando es así, ¿qué está escrito?: «o los llevaré al monte de mi santidad; y los recrearé en la Casa de mi oración» (*Isaías* LVI-7). El monte de mi santidad se refiere a *El Jai* (אל ח"י) y la casa de mi oración es el secreto de *Adonai* (אדנ"י). Y estos términos se refieren a las

32. No tienen relaciones conyugales.

dos *Middot*, *Zajor* (זכור) y *Shamor* (שמור). Sin embargo, si, Dios no lo quiera, un hombre profana el *Shabbat*, es como si arrancara la raíz, ya que el *Shabbat* es la sustancia misma del árbol desde la base. Por lo tanto, esta *Middah* se llama *Iesod Olam* porque es el soporte de las fuerzas de *Adonai* (אדנ"י) y es el principio de los principios, el principio para conocerla puerta de *haShem*, bendito sea, el soporte de todas las criaturas. Y éste es el secreto esencial de las seis Sefirot inferiores, que introduce *Iesod* de abajo y de arriba. Así, el *Shabbat* es el secreto de la atracción del poder de las Sefirot superiores por el Nombre *Adonai* (אדנ"י). Y éste es el secreto de «Descansó en el séptimo día» (*Génesis* II-2) y en el secreto de «Y descansó el séptimo día». Nuestros sabios, de bendita memoria, nos enseñaron: «El Santo, bendito sea, dijo a Moisés: tengo un regalo maravilloso en mi casa del tesoro, *Shabbat* es su nombre y quiero ofrecéroslo a Israel y a ti».

הלא תראה כי השבת יושבת בבית גנזיו יתברך, וכבר ידעת כי בית גנזיו היא אדנ"י. ולפיכך כל שומר שבת כהלכה מקרב ב' השמות הללו ומייחדם זה בזה, ובהתקרב אלו שני השמות נמצאו כל הספירות כולן מתאחדות, והוא סוד מנוחה שהוא נח תוך אדנ"י, כאמרו: נחה רוח אליהו על אלישע (מלכים, ב, טו). ואומר: וינח ביום השביעי (שמות כ, יא), ולפיכך נאמר זכו"ר ושמו"ר. ולפי שהנשמות על ידי א"ל ח"י פורחות משם אדנ"י, הוצרך לומר כי נפש יתירה נתוספת בו באדם בשבת וניטלת במוצאי שבת בסוד: וביום השביעי שבת וינפש (שם לא, יז) ומי שיש לו עיניים יראה הדבר מפורש.

Así vemos que el *Shabbat* habita en la casa del tesoro del Bendito y ya sabemos que la casa del tesoro es *Adonai* (אדנ"י). Así, el que guarda el *Shabbat* como debe ser y une estos dos nombres entre sí. Y cuando estos dos nombres están unidos, entonces todas las Sefirot están unificadas, y éste es el secreto de *Menujah* (מנוחה), que es *Noaj* (נח) descanso, en *Adonai* (אדנ"י). Como ha sido escrito: «el espíritu de Elías reposa sobre Eliseo» (II *Reyes* II-15). Y ha sido dicho: «y descansó el séptimo día» (*Éxodo* XX-11). Así se dice (22a) en los diez preceptos: *Zajor veS-*

hamor (זכו"ר ושמו"ר). Dado que las almas florecen por medio de *El Jai* (א"ל ח"י) a través del nombre *Adonai* (אדנ"י), es necesario recordar que un alma (*Nefesh*) suplementaria es concedida al hombre durante el *Shabbat*, y le es retirada al final del *Shabbat*, y éste es el secreto de: «y en el séptimo día cesó, y reposó» (*Éxodo* XXXI-17). Y aquel que tenga ojos lo verá fácilmente.

נמצאת השבת קושרת ספירה אחרונה שהיא אדנ"י עם כל הספירות העליונות, ולפיכך נקרא השבת יום השביעי, שהיא ספירה שביעית מבינ"ה ולמטה. ונמצאת בינה קושרת שתי ספירות שעליה עם שש ספירות שתחתיה, והיא גם כן שביעית ממטה למעלה. נמצאת אומר כי אל ח"י הוא סוד השביעית בעולם הזה, ובינ"ה היא סוד השביעית בעולם הבא, ובבינ"ה נקשרות כל הגאולות וכל מיני חירות:

Shabbat relaciona la última Sefirah, que es *Adonai* (אדנ"י), con todas las Sefirot superiores, y por eso el *Shabbat* se llama día séptimo, porque es la séptima Sefirah por debajo de *Binah*. La Sefirah *Binah* también conecta las dos Sefirot que están por encima de ella con las seis que están por debajo, por lo que es la séptima hacia arriba. De esto podemos deducir que *El Jai* (אל ח"י) es el secreto del séptimo en este mundo y *Binah* es el secreto del séptimo en el mundo venidero. Y a *Binah* se asocian todas las redenciones y todo tipo de libertad.

וצריך אני לעוררך על עיקר גדול: דע כי בהתאחד מידת אל ח"י במידת אדנ"י אזי מידת אדנ"י יושבת על כיסא המלכות ומושלת על כל הנבראים, וכשא"ל ח"י נבדל ומסתלק ממנה אזי מידת אדנ"י, שנקרא שכינה, הולכת בגלות תחת שאר ממשלות וכוחות נכריות, והסוד: ושפחה כי תירש גבירתה (משלי ל, כג).

Y ahora debo esclarecerte un gran principio. Has de saber que cuando la *Middah* de *El Jai* (אל ח"י) está unida a la *Middah Adonai* (אדנ"י), entonces la *Middah Adonai* (אדנ"י) está sentada en el trono de

22a

Maljut y gobierna sobre toda la creación. Pero cuando *El Jai* (אל ח"י) se separa y se va, entonces la *Middah Adonai* (אדנ"י) se llama *Shekinah* y se va al exilio bajo el dominio de otras leyes y poderes extranjeros. Y éste es el secreto de: «Cuando la sierva hereda de su señora...» (*Proverbios* XXX-23).

לפיכך אמרו: צריך לסמוך גאולה לתפילה, כי סוד גאולה, אל ח"י, וסוד תפילה, אדנ"י ובהיותם שניהם סמוכים זה לזה אזי הכול בייחוד בשלימות ובברכה, וסימן: סומך ה' לכל הנופלים (תהלים קמה, טו). ואומר: נפלה לא תוסיף קום (עמוס ה, ב). ולפיכך צריכים ישראל להתכוון בכל יום כוונה גדולה לסמוך גאול"ה לתפיל"ה, כדי שית־חברו ויתאחדו שני שמות הללו. וכשמגיע אדם בברכת אמת ויציב לגאל ישראל, צריך להתכוון בלבו סוד גאולה זו מה היא, והיאך סומך אותה לתפילה כשמתחיל 'אדנ"י שפתי תפתח', כי בכאן הוא העיקר הגדול. ואותו חכם שהיה משתבח שפעם אחד סמך גאולה לתפילה, אל יעלה בדעתך כי שאר הימים היה מפסיק ומספר בין גאולה לתפילה והיה עובר עבירה; חלילה חלילה לה' אלהינו, וחלי־לה לחסידיו ועבדיו הקדושים מעשות כדבר הזה. אלא סוד סמיכות גאולה לתפילה, שהיה מתכוון בברכת אמת ויציב להמשיך כל הצי־נורות ולייחד כל הספירות עד שתגיע המשכות כל הצינורות אצל חתימת גאל ישראל, וכשהתחיל אדנ"י שפתי תפתח, נח כוח א"ל חי במידת אדנ"י ונתאחדו הספירות על ידי חכם זה:

Por lo tanto, dijeron: se debe confiar en la redención a través de la oración,[33] porque el secreto de la redención es *El Jai* (אל ח"י), y el secreto de la oración es *Adonai* (אדנ"י). Cuando estos dos se apoyan mutuamente, entonces todo es unidad, universalidad y bendición. Y la señal es: «*El Eterno* sostiene a los que se caen» (*Salmos* CXLV-15). Y ha sido dicho: «ha caído, no volverá a levantarse» (*Amós* V-2). Por lo tanto, Israel debe dirigir sus oraciones diarias con gran fervor para apoyar la

33. La *Amidah,* la plegaria de las 18 bendiciones.

redención, a través de la oración, para que estos dos puedan estar unidos y reunidos. Cuando en la oración que comienza con «Verdadero y cierto», se llega a las palabras «Para liberar a Israel», hay que dirigir el corazón al secreto de la redención. ¿Y cómo se puede apoyar la oración «*Adonai* (אדנ"י) abre mis labios...»? Éste es un principio importante. El mismo sabio que se jactaría de que ha logrado obtener la redención mediante la oración, no debes pensar que otros días interrumpió sus oraciones entre estos dos pasajes, cometiendo así un pecado. *El Eterno* nos prohíbe pensar que nuestro Dios, en su piedad y en su santidad, pueda hacer tal cosa. Éste es el secreto del apoyo de la redención por medio de la oración, que se restablece con la bendición «Verdadero y cierto», para conectar todos los canales y unir todas las Sefirot, hasta que haya una efusión de todos los canales hasta las palabras «para la liberación de Israel». Y así cuando empieza «*Adonai* (אדנ"י) abre mis labios», el poder de *El Jai* (אל ח"י) reposa en el grado de *Adonai* (אדנ"י) y todas las Sefirot son unidas por este sabio.

וזהו דבר גדול שצריך מחשבה נכונה, להמשיך כל הצינורות ולסדר כל הספירות עד שיגיעם כולם למידת אל ח"י, ויריקו כולם במידת אדנ"י. ולפי שדבר גדול כזה אין כוח ביד האדם להתכוון בו ולעשותו בכל יום, הוצרך לומר 'פעם אחת סמך גאולה לתפילה'. לפי שהסמיכה הזאת בדיבור ובמעשה היתה, שהיה יודע לכוון אל הכוחות ולהמשיך השפע דרך הצינורות עד שהגיעם כולם לאל ח"י, ומשם הריק בשם אדנ"י. וזהו סוד סמיכת גאולה לתפילה, וסימן: סמוכים לעד לעולם עשויים באמת וישר (תהלים קיא, ח). ולפי שסוד גאולה ותפילה הוא סוד אל ח"י אדנ"י, והוא סוד זכור ושמור, אמרו ז"ל: אילו שמרו ישראל שבת אחת כהלכה מיד נגאלין. וזהו טעם ברור שיהיו סומכים כל ישראל זכור אצל שמור, שזהו סוד סומך גאולה לתפילה.

Y ésta es una gran cosa que necesita de una reflexión adecuada, para hacer fluir todos los canales y ordenar todas las Sefirot, hasta la extensión de la *Middah El Jai* (אל ח"י), para llenar la *Middah Adonai* (אדנ"י). Como el hombre carece de la fuerza para realizar esta gran hazaña todos los días, se dice que hay que apoyar la redención mediante la oración. Este apoyo se logra con la palabra y los hechos, y así sabe dirigir las fuerzas y distribuir la afluencia a través de los canales, hasta que todos hayan llegado a *El Jai* (אל ח"י) y desde allí derramar el nombre *Adonai* (אדנ"י). Y éste es el secreto de la redención por la oración, y la señal es: «afirmados eternamente y para siempre, hechos en verdad y en rectitud» (*Salmos* CXI-8). Por lo tanto (22 b), el secreto de la redención y la oración es el secreto de *El Jai* (אל ח"י) y de *Adonai* (אדנ"י) así como el secreto de *Zajor veShamor* (זכו"ר ושמו"ר). Y los sabios, de bendita memoria, han dicho que «si Israel guardara un *Shabbat* como debe ser, sería liberado inmediatamente».[34] Y ésta es una razón clara por la que Israel tiene a *Zajor* (זכור) al lado de *Shamor* (שמור) pues es el secreto del apoyo de la redención a través de la oración.

ואם תאמר: מדוע לא נגאלו ישראל אותו היום שסמך אותו החכם גאולה לתפילה? דע כי אדם אחד אינו יכול לסמוך אלא כפי שיעור אדם, אבל אם כל ישראל היו סומכין כפי שיעור כל השלמות והמי־לוי המספיק להתחבר ולהתאחד גאולה בתפילה, אז היו נגאלין כולן. וסוד סמך גאולה לתפילה בסוד אל ח"י אדנ"י הוא סוד הגואל משחת חייכי, המעטרכי חסד ורחמים, המשביע בטוב עדיך, תתחדש כנשר נעורייכי)שם קג, ה:)

Y si preguntas por qué Israel no fue redimido, en el día en el que el sabio unió la redención y la oración, has de saber que un hombre sólo no puede realizar la unión, pero si todo Israel lo sostiene, sería suficiente para lograr el apoyo y unir completamente la redención a la oración, entonces todos serían liberados. El secreto del apoyo de la redención a través de la oración está en el secreto de *El Jai* (אל ח"י) y de *Adonai* (אדנ"י) que es el secreto de: «Él es quien libra tu vida de la fosa,

34. Véase Talmud, tratado de *Shabbat* (117b).

quien te corona de bondad y misericordia; es quien sacia tu alma de bienes, quien te hace rejuvenecer como un águila» (*Salmos* CIII-4 y 5).

ואחר שעוררנוך על העיקר הגדול הזה, דע כי ה' יתברך ויתברך כש־רצה לגאול את ישראל ממצרים חיבר מידת אל ח"י הנקרא גאולה, למידת אדנ"י הנקרא תפילה, והסוד: ויאנחו בני ישראל מן העבודה ותעל שועתם אל האלהים מן העבודה (שמות ב, כג), וכתיב: וירא אלהים את בני ישראל וידע אלהים (שם) והסוד הגדול: וגם אני שמ־עתי את נאקת בני ישראל אשר מצרים מעבידים אותם ואזכור את בריתי (שם ו, ה).

Después de haberte instruido en este concepto grandioso, has de saber que cuando *el Eterno*, bendito sea, deseó liberar a Israel de Egipto, unió la *Middah* de *El Jai* (אל ח"י) llamada «redención» (גאולה) con la *Middah* de *Adonai* (אדנ"י), llamada «oración» (תפילה), y es el secreto de: «y los hijos de Israel gimieron a causa de la servidumbre, y clamaron» (*Éxodo* II-23), y ha sido escrito: «Y miró Dios a los hijos de Israel, y los reconoció Dios» (*Ibid.*-25). Y es un gran secreto: «Y asimismo yo he oído el gemido de los hijos de Israel, a quienes hacen servir los egipcios, y me he acordado de mi pacto» (*Éxodo* VI-5).

ואחר שידעת זה, דע כי לפעמים נקרא בלשון גואל. והטעם, דע כי בהתחבר אל ח"י עם אדנ"י, שהוא סוד הגאולה ותפילה, הרי אדנ"י מתמלא משפע הגאולה, וגם מידת אדנ"י פועלת גאולה בשליחות אל ח"י ומצלת את הצדיקים וגואלת אותם מכל פגע ומחלה ומכל מיני משחית ופורעניות, ונקראת באותה השעה המלאך הגואל. ולפי שמידת אדנ"י, הנקראת שכינ"ה, היה הולכת עם יעקב בשליחות אל ח"י, כאמרו: אם יהיה אלהים עמדי ושמרני בדרך הזה ושבתי בשלום אל בית אבי והיה יהו"ה לי לאלהים (בראשית כח, כ), והיתה המידה הזאת הולכת עם יעקב לגאול אותו מכל מיני משחית, אמר יעקב: המלאך הגואל אותי מכל רע (שם מח, טז).

22b

Y después de saber esto, has de saber que a veces recibe el nombre de *Goel* (גואל).[35] Y has de saber que la razón es que cuando se unen *El Jai* (אל ח"י) con *Adonai* (אדנ"י), que es el secreto de la redención y de la oración, entonces *Adonai* (אדנ"י) se llena de influencia redentora y se inviste también con el papel de emisario de *El Jai* (אל ח"י) y salva a los *Tzaddikim*, librándolos de todos los males, así como de todo tipo de corrupciones y catástrofes. Y entonces es llamado *haMalaj haGoal* (המלאך הגואל).[36] Porque la *Middah* de *Adonai* (אדנ"י), denominada *Shekinah*, se alía con Jacob como emisario de *El Jai* (אל ח"י), y ha sido dicho: «Si Dios está conmigo y me guarda en este camino en que voy... y si vuelvo en paz a casa de mi padre, *el Eterno* será mi Dios» (*Génesis* XXVIII-20 y 21). Y esta *Middah* acompañó a Jacob librándolo de todo tipo de males y Jacob dijo: «*haMalaj haGoal* (המלאך הגואל) libera de todos los males» (*Génesis* XLVIII-16).

והטעם שקרא למידה זו מלאך, לפי שאינה פועלת גאולה אלא בשליחות אל ח"י, שהרי היא עצמה צריכה גאולה, כאמרם ז"ל 'גלו למצרים שכינה עמהם'. ולפיכך כשאדנ"י פועל גאולה, הוא בשליחות אל ח"י. ולכן נקרא המלאך הגואל, כלומר נקרא בשם המשלחו. וביאור העיקר הזה: דע, כי מידת היובל למעלה היא שביעית, היא עליונה, והיא סוד הגאולה השלמה והחירות; ומן היובל, שהיא סוד הגאולה השלמה, מקבלת מידת אל ח"י שפע הגאולה ומביא גאולה לעולם, כמו שמקבל מן היובל כוח החיים ונקרא על זה אל ח"י. ודע כי בכוח ספירת היובל, שנמשכת בא"ל ח"י, נגאלו ישראל ויצאו ממצרים, שנאמר: וחמושים עלו בני ישראל מארץ מצרים (שמות יג, יח); אל תקרי וחמושים אלא וחמישים.

La razón por la que esta *Middah* se denomina *Malaj* (מלאך) es porque en la liberación actúa únicamente como un emisario de *El Jai* (אל ח"י), ya que esta *Middah* necesita ser entregada como dijeron

35. Salvador.

36. Ángel de la liberación.

22b

nuestros sabios, de bendita memoria, «cuando estaban en Egipto, la *Shekinah* iba con ellos». De este modo, cuando *Adonai* (אדנ"י) actúa para la redención, lo hace sólo como emisario de *El Jai* (אל ח"י), y por eso *Adonai* (אדנ"י) es denominado *haMalaj haGoal* (המלאך הגואל), es decir que es llamado el nombre de quien lo envía. La explicación de este asunto es la siguiente: has de saber que la *Middah* de *Iobel* (יוב"ל) es la séptima hacia arriba, la más elevada, y es el secreto de la redención completa y de la libertad y de *Iobel* (יוב"ל), que es el secreto de la redención completa que recibe de la *Middah* de *El Jai* (אל ח"י) la *Shefa* redentora y trae la liberación al mundo. Es porque la vida se recibe de *Iobel* (יוב"ל), *El Jai* (אל ח"י) pudo liberar a Israel de Egipto, por lo que ha sido dicho: «Y subieron los hijos de Israel de Egipto armados (*Jamushim*)» (*Éxodo* XIII-18). No leas *Jamushim* (חמושים)[37] sino *haHamishim* (חמישים).[38]

וכן הוא אומר: יובל היא שנת החמישים שנה, וכתיב: גאולה תהיה לו וביובל יצא, וכתיב: ובכל ארץ אחוזתכם גאולה תתנו לארץ (ויקרא כה, כד). והכלל הגדול הוא שכתוב: בשנת היובל הזאת תשובו איש אל אחוזתו (שם, יג) ודע כי מן היובל מושך א"ל ח"י הגאולה וגואל את הצדיקים, בשעה שהוא סומך לאדנ"י. נמצא היובל, שביעית עליונה, והשבת שהוא סוד א"ל ח"י, שביעית תחתונה. ואנו סופרים ליובל שבע שבתות שנים, ולשבת ששת ימים וביום השביעי שבת. ואם תאמר: היובל היא תחילת השמינית כאמרו 'שנת החמישים'? דע כי בעזרת השם בעניין זה נרמוז לך עיקרים גדולים, בהגיענו לביאור שם יהו"ה יתברך, שהוא סוד היובל וסוד בינה, ושם אתן את דודי לך:

Porque ha sido dicho: «el quincuagésimo año será *Iobel* (יוב"ל)». Y ha sido escrito: «Será liberado y saldrá al *Iobel* (יוב"ל)». Y ha sido escrito: «Por tanto, en toda la tierra de vuestra posesión, otorgaréis re-

37. Armados.

38. Cincuenta

22b-23a

dención a la tierra» (*Levítico* XXV-24). Pero principalmente está escrito: «En este año de *Iobel* (יוב"ל) volveréis cada uno a su posesión» (*Íbid.* 13). Y has de saber que *El Jai* (אל ח"י) recibe su poder de la redención de *Iobel* (יוב"ל) y así libera a los *Tzaddikim* cuando confían en *Adonai* (אדנ"י). Y se encuentra que *Iobel* (יוב"ל) es el séptimo de arriba, y *Shabbat* (שבת) que es el secreto de *El Jai* (אל ח"י) es el séptimo de abajo. Por eso contamos (23a) *Iobel* (יוב"ל) por ciclos de siete años y *Shabbat* (שבת) con los seis días más el séptimo día, *Shabbat* (שבת). Y si dijeras que *Iobel* (יוב"ל) es de hecho el comienzo del octavo ciclo, ya que es el quinto. Has de saber, con la ayuda de Dios, que esta pregunta alude a grandes conceptos. Pero te lo explicaré cuando analice el nombre IHVH (יהו"ה), bendito sea, que es el secreto de *Iobel* (יוב"ל), y el secreto de *Binah*, y entonces te daré mi amado a ti.

ועתה דע והאמן כי השבת היא מעיין כל הטובה ומקור כל האצילות לשם אדנ"י ולישראל הדבקים במידה הזאת. ומן השבת אדם נכנס לחיי העולם הבא, שהוא סוד היובל, כמו שהודענוך. והעולם הבא נקראת שבת הגדול שהיא שביעית עליונה, ואל ח"י הוא סוד השבת שהיא שביעית של מטה; ומן העולם הבא מושכת השבת כל האצי-לות והטוב הגדול והחיים והגאולה.

Y ahora has de saber y creer que el *Shabbat* (שבת) es la fuente de todo bien y de toda emanación para el nombre *Adonai* (אדנ"י) y para Israel que se aferra a esta *Middah*. A través del *Shabbat* (שבת) el hombre accede a la vida del mundo venidero, que es el secreto de *Iobel* (יוב"ל), como ya hemos mencionado. Y el mundo venidero es denominado gran *Shabbat* (שבת), que es séptimo hacia arriba, mientras que *El Jai* (אל ח"י) es el secreto de *Shabbat* (שבת), que es el séptimo hacia abajo. Y a partir del mundo venidero el *Shabbat* (שבת) distribuye todas las emanaciones, los grandes bienes, la vida y la redención.

23a

ואם כן פקח עיניך וראה היאך תשמור השבת, אם אתה חפץ לזכות לחיים ולגאולה ולהיכנס לחיי העולם הבא. והנה השבת שלנו בדמיון בית שער להיכנס לטרקלין הגדולים לחיי העולם הבא הנקרא שבת הגדול, והתקן עצמך בפרוזדור כדי שתיכנס לטרקלין.

Por lo tanto, debes abrir los ojos y mirar cómo se debe observar el *Shabbat* (שבת), si aspiras a alcanzar la vida, la redención y merecer la vida del mundo venidero. Y he aquí que nuestro *Shabbat* (שבת) es como una casa que sirve de vestíbulo al gran salón de la vida del mundo venidero, denominado «Gran *Shabbat* (שבת)» y hay que corregirse a uno mismo en el vestíbulo antes de entrar en el salón.

וכשתבין דבר זה, אז: 'וקראת לשבת עונ"ג', זו היא שבת שלנו, 'ול־קדוש י"י מכובד', זו שבת עליונה שנקראת יובל. ולפיכך דרשו רז"ל: ולקדוש י"י מכובד, זה יום הכיפורים. ודע והאמן. כי הכיפורים כולם, מן היובל הם יוצאים, ומשם הסליחה נמשכת לשם אדנ"י, ואז נאמר: כי לי"י אלהינו הרחמים והסליחות (דניאל ט, ט), ואומר: אדנ"י שמעה, אדנ"י סלחה, אדנ"י הקשיבה (שם, יט). ובעזרת השם במקו־מו נבאר לך הטעם שנקראת מידת יובל שביעית ושמינית. נמצאת אומר כי כל אדם השומר שבת כהלכה, אז מתאחד בשביעית התח־תונה הנקראת שב"ת, ומשם זוכה לשביעית העליונה הנקראת עולם הבא.

Y si entiendes esto, ha sido dicho: «y al *Shabbat* (שבת) llamarás delicias (עונ"ג)»[39] (*Isaías* LVIII-13), y éste es nuestro *Shabbat* (שבת), santificar al Eterno glorificándolo, esto hace referencia al *Shabbat* (שבת) superior, denominado *Iobel* (יוב"ל). Y nuestros sabios, de bendita memoria lo interpretaron: «santificar al Eterno glorificándolo se refiere a *Iom haKippurim*.[40] Has de conocer y creer que todo perdón sale de *Iobel* (יוב"ל), y desde aquí se distribuye a través del nombre

39. Literalmente «placer».
40. Véase *Vaikrá Rabbah* (34,17).

23a

Adonai (אדנ"י), y entonces se dice: «al *Eterno*, nuestro Dios, pertenecen la compasión y el perdón» (*Daniel* IX-9), y ha sido dicho: «Oye, *Adonai* (אדנ"י). Perdona *Adonai* (אדנ"י)» (*Ibid*. 19). Y si Dios quiere, te explicaremos la razón por la que «*Iobel* (יוב"ל) se llama el séptimo y el octavo. Se puede ver que aquel hombre que observa el *Shabbat* (שבת), de acuerdo con la *Halajah*, une el séptimo inferior llamado *Shabbat* (שבת), con el séptimo superior llamado mundo venidero.

ואם ח"ו אדם מחלל את השבת הרי הוא רחוק מן החיים; ומחלליה מות יומת, שהרי נסגר לפניו הפתח מלהיכנס לחיי העולם הבא. ולפיכך אמרו רז"ל בעניין שבת: אע"ג דאיהי עבידא לאגלויי, מתן שכרה לא עבידא לאגלויי ז, לפי ששכר העולם הבא גנוז הוא, וטובו, עין לא ראתה אלהים זולתך יעשה למחכה לו (ישעיהו סד, ד) וכתיב: מה רב טובך אשר צפנת ליראיך פעלת למוסים בך (תהלים לא, כ).

Y si, Dios no lo quiera, el hombre profana el *Shabbat* (שבת), será eliminado de la vida, porque los que lo profanan morir morirán.[41] Porque la puerta del mundo venidero permanecerá cerrada ante él. Por esta razón dijeron nuestros maestros, de bendita memoria, a propósito del *Shabbat* (שבת): «el don del *Shabbat* está a la vista de todos, pero la recompensa permanece oculta»,[42] y su bondad, «que hiciera otro tanto por el que en él espera» (*Isaías* LXIV-4), y está escrito: «¡Cuán grande es tu bondad, que has guardado para los que te temen» (*Salmos* XXXI-19).

ולפי עיקר זה יש לך לדעת שאף על פי שהשבת גלויה לפנינו, מתן שכרה אינו גלוי אלא חתום וסתום הוא, ואפילו אחד מהנביאים לא נתנבא עליו מה הוא, לפי שהוא הטוב הגדול והאור הגנוז מששת ימי בראשית שאין כל בריה יכולה להסתכל בו זולתי י"י יתברך. וצ־

41. Véase *Éxodo* (XXXI-14).
42. Véase Talmud, tratado de *Beitzá* (16a).

23a

ריך אתה להיות זריז בקיום שלוש סעודות בשבת, שהם סוד קשר הייחוד וסוד קשר השבת הגדול ביום השבת שאנו עושים.

Por este principio debes saber que, aunque el *Shabbat* (שבת) nos ha sido revelado, sus recompensas no han sido reveladas. Están tan ocultas y encerradas que ningún profeta sabe lo que son. Es el gran bien, la luz reservada de los seis días de *Bereshit*, que ninguna criatura puede contemplar excepto *el Eterno*, bendito sea. Y tienes que ser diligente para tener tres comidas el *Shabbat* (שבת), ya que contienen el secreto de la unión entre el gran *Shabbat* (שבת) y el *Shabbat* (שבת) que nosotros hacemos.

ובהיות אדם מקיים שלוש סעודות בשבת הרי הוא כאילו מייחד י"י יתברך בסוד י"י אחד ושמו אחד, כלומר בשלוש ושבע. וזו היא ראוי להינצל משלוש פורעניות ושלוש סעודות הללו, אחד, כנגד אדנ"י שמתאחדת ביום השבת, וזהו סוד התאחדות השבע; שנית, כנגד יהו"ה; שלישית, כנגד בינה הקשורה בסוד אהי"ה, וזהו סוד התא־חדות השלוש, וסוד 'וקראת לשבת ענ"ג'. וסוד עונ"ג הוא סוד נה"ר יוצא מעד"ן להשקות את הג"ן, כי זהו סוד הייחוד האמיתי השלם, בסוד עד"ן, נה"ר, ג"ן.

Y cuando una persona tiene tres comidas en *Shabbat* (שבת), es como si uniera al *Eterno*, bendito sea, con el secreto de «*el Eterno* es uno y su nombre es uno», es decir la tercera y la séptima. Esto es lo que nos salvará de los tres castigos. Estas tres comidas: la primera corresponde a *Adonai* (אדנ"י), la segunda está asociada al *Eterno*; la tercera corresponde a *Binah*, que está relacionada con el misterio de *Ehieh* (אהי"ה). Y éste es el secreto de la unidad de los tres y el secreto de «y al *Shabbat* (שבת) llamarás delicias (עונ"ג)», porque el secreto del *Oneg* (עונ"ג) es el secreto del versículo: «Un río salió del Edén para regar el jardín», porque éste es el secreto de la unicidad completa en el secreto de Edén, río y jardín.[43]

---

43. Las iniciales de estas tres palabras forman la palabra *Oneg*, deleite, placer.

23a-23b

וכל המקיים שלוש סעודות בשבת כאילו מייחד עשר הספירות בייחוד שלם, בסוד אדנ"י יהו"ה אהי"ה, וכולן מתאחדות על ידי א"ל ח"י למעלה ולמטה: למעלה נקשר בבינה שהוא סוד קשר אהי"ה, שהרי הבינה נקשרת באהי"ה בסוד שלוש ספירות; למטה נקשר באדנ"י, שהוא סוד קשר שבע ספירות תחתונות. נמצאת השבת קו־שרת כל הספירות למעלה ולמטה, ולפיכך השבת זכו"ר ושמו"ר. ועתה דע והתבונן כיצד תשמור את השבת, וכיצד תתנהג בעניין שמירה ממלאכה ודיבור, ועניין מנוחה ועונג וכבוד, ואשריך בהיותך שומר שבת שתיקרא אכסנאי לעשר ספירות:

Así, todos aquellos que celebran las tres comidas del *Shabbat* (שבת), unifican la totalidad de las diez Sefirot, con el misterio de *Adonai* (אדנ"י), IHVH y *Ehieh* (אהי"ה), todos unidos por *El Jai* (א"ל ח"י), de arriba hacia abajo. Arriba, está conectada a *Binah*, que es el secreto de la conexión con la siete Sefirot inferiores, y el *Shabbat* (שבת) une todas las Sefirot, las de arriba con las de abajo, y por esta razón el *Shabbat* (שבת) es recordado y guardado. (23b) Y ahora has de saber y observar cómo guardarás el *Shabbat* (שבת), y cómo debes comportarte en lo referente al trabajo, al descanso, el placer y el honor. ¡Dichoso el que guarda el *Shabbat* (שבת) pues será llamado el huésped de las diez Sefirot!

ולפעמים נקראת מידת אל ח"י בתורה ברית. ודע והבן כי כל לשון ברית שבא בתורה הוא לשלוש מיני עניינים נחלק במשמעותו, והכול הוא אחד בחיבור. ואותן הג' מיני עניינים נחלקים לג' שמות אלו, שהם אדנ"י, אל ח"י, בינ"ה. וברית בינה הוא ברית הפה וברית הל־שון וברית השפתים, שנאמר; על פי הדברים האלה כרתי אתך ברית (שמות לד, כז). וברית אל ח"י הוא הנקרא ברית שלום, שנאמר: הנני נותן לו את בריתי שלום (במדבר כה, יג). וברית שבת וברית הקשת; וי"י יתברך נתן לנו ברית מיל"ה לזכותינו לאל ח"י. וברית אדנ"י הוא כנגד ברית התורה, שהיא נקשרת בין ברית אל ח"י ובין ברית אדנ"י. ובהיות אדנ"י נקשר בא"ל ח"י ובבינה, אזי גם הוא נקרא בלשון ברית על שם שניהם, והסוד: ברית הלשון וברית המעו"ר.

23b

Y en ocasiones la *Middah El Jai* (אל ח"י) es llamada *Brith* (ברית). Y has de saber y entender que cuando la palabra *Brith* (ברית) aparece en la *Torah*, se refiere a tres conceptos que conforman una única unidad. Sin embargo, cuando se conectan, estos tres conceptos se dividen en tres nombres: *Adonai* (אדנ"י), *El Jai* (אל ח"י) y *Binah* (בינ"ה). Por medio de *Binah* (בינ"ה) es el *Brith* (ברית) de la boca, el *Brith* (ברית) de la lengua y el *Brith* (ברית) de los labios. Es como ha sido escrito: «escribe tú estas palabras; porque conforme a estas palabras he hecho el pacto contigo» (*Éxodo* XXXIV-27). El *Brith* (ברית) de *El Jai* (אל ח"י) es denominado el *Brith* (ברית) de la paz, como ha sido escrito: «he aquí yo establezco mi pacto de paz con él» (*Números* XXV-12). Es el *Brith* (ברית) del *Shabbat* y el *Brith* (ברית) del arco iris. Y *el Eterno*, bendito sea, nos dio el *Brith* (ברית) de la *Brith Milah* (ה"לימ תירב)[44] para dotarnos de *El Jai* (אל ח"י). El *Brith* (ברית) de *Adonai* (אדנ"י) corresponde al *Brith* (ברית) de la *Torah* que une el *Brith* (ברית) de *El Jai* (אל ח"י) con el *Brith* (ברית) de *Adonai* (אדנ"י). Y dado que *Adonai* (אדנ"י) está unido con *El Jai* (אל ח"י) y con *Binah* (בינ"ה), también es considerado como el nombre de estos dos y el secreto es: el *Brith* (ברית) de la lengua y el *Brith* (ברית) de la piel.

וזהו סוד ברית מילה בפריעה, מה שאמרו רז"ל: מל ולא פרע כאילו לא מל. כלומר, שהפריעה הוא סוד אדנ"י, וכשלא פרע הרי הוא חסר הספירה הראשונה שבה ייכנס להיכל יהו"ה יתברך. כי מאדנ"י יכנס לא"ל ח"י, ומן א"ל ח"י לשם יהו"ה יתברך; ואחרי שלא פרע, אפילו לשם א"ל ח"י לא יכנס, כי חסר הפריעה שהיא שם אדנ"י.

Y este secreto de la *Brith Milah* (סוד ברית) requiere la remoción del prepucio, como dicen nuestros maestros, de bendita memoria: «La circuncisión sin la remoción del prepucio no se considera circuncisión».[45] Es decir, que el descubrimiento del prepucio es el secreto de *Adonai*

44. Circuncisión.

45. Véase Talmud, tratado de *Shabbat* (137b).

23b

(אדנ"י) y si no se descubre, se carece de la condición de la primera sefirah para entrar en el palacio del *Eterno*, bendito sea. Porque es a través de *Adonai* (אדנ"י) como se entra en *El Jai* (א"ל ח"י) y de *El Jai* (א"ל ח"י) a IHVH (יהו"ה), bendito sea. Y si el prepucio no está descubierto no se entra ni en *El Jai* (א"ל ח"י) porque falta el descubrimiento, que es el nombre *Adonai* (אדנ"י).

ואחרי שהודענוך זה, דע כי י"י יתברך רצה להשלים לאברהם אבינו עליו השלום בכל הספירות ואמר לו: התהלך לפני והיה תמים (בראשית יז, א) ולמען תהיה נאחז במרכבה שלי אני נותן רושם בבשרך ונקרא ברית בשר, כאמרו: ואתנה בריתי ביני ובינך (שם, ב), וכתיב: והיתה בריתי בבשרכם לברית עולם (שם, יג). בריתי בבשרכם, זו ברית בשר; לברית עולם, זו ברית הלשון, שהוא סוד התורה שנמשכה מן הבינה, בסוד ספירת חמישים יום כנגד ספירת חמישים של יובל. ואלמלא שקיבלו ישראל ברית בשר, לעולם לא זכו לקבל תורה שהיא ברית הלשון.

Y después de anunciarte esto, has de saber que *el Eterno*, bendito sea, quiso curar a nuestro padre Abraham con todas las Sefirot, diciéndole: «anda delante de mí y sé perfecto» (*Génesis* XVII-1). Para que te apegues a mi *Merkavah* (מרכב), haré una huella en tu carne, un *Brith* (ברית) de la carne, como ha sido dicho: «Establezco mi *Brith* (ברית) entre tú y yo» (*Íbid.* XVII-2). Y ha sido escrito: «Mi *Brith* (ברית) que está en tu carne será un *Brith* (ברית), eterno» (*Íbid.* XVII-13). «Mi *Brith* (ברית) que está en tu carne» es el *Brith* (ברית) de la carne; *Brith* (ברית) eterno, es el *Brith* (ברית) de la lengua, el secreto de la *Torah*, que derrama *Binah*, el secreto de la cuenta de los cincuenta días correspondientes a los cincuenta años del *Iobel* (יובל). Si Israel no hubiera recibido el *Brith* (ברית) de la carne, habría podido recibir nunca la *Torah*, que es el *Brith* (ברית) de la lengua.

23b

וזהו שאמרו בספר יצירה: כשבא אברהם אבינו והביט וחקר והבין וחקק וחשב ועלתה בידו, נגלה אליו אדון העולם וקראהו אוהבו, וכרת לו ברית בין עשר אצבעות ידיו וזהו ברית הלשון, ובין עשר אצבעות רגליו וזהו ברית מילה. וא"ת: פריעה לא נתנה לאברהם אבינו? אותה המידה ממש שלו היתה, והיא מידת אדנ"י, שהוא היה ראשון שקרא זה השם. נמצאת למד כי שלוש מיני ברית הם: האחד, ברית הלשון, שהוא ברית הפה, שהוא ברית התורה, שהוא ברית עולם, שהוא ברית הבינה והב' שהוא ברית מילה, שהוא ברית בשר, שהוא ברית הקשת, שהוא ברית שבת. ובתוך שתי בריתות אלו נא־חזת ברית אדנ"י, שהוא ברית תורה שבעל פה, שהוא ברית הפריעה. ולפי דבר זה נאמר: על פי הדברים האלה כרתי אתך ברית (שמות לד, כז), שזו היא ברית תורה שבכתב ותורה שבעל פה.

Es lo que está escrito en el *Sefer Yetzirah*: cuando Abraham nuestro patriarca, que repose en paz, miró, vio y comprendió, sondeó, grabó y talló con sus manos, reveló al señor del mundo, llamándolo «Abraham mi amado (אברהם אוהבי)» y estableció un pacto con él y con su descendencia para siempre, como está dicho: «Y creyó en el Eterno y le fue contado por justicia».[46] Y estableció un pacto con él entre los diez dedos de sus manos, que es el pacto de la lengua, y entre los diez dedos de los pies, es el pacto de la circuncisión (ברית המילה). Si dudas de que el prepucio de Abraham, nuestro padre, estaba descubierto, esto está asegurado por la *Middah Adonai* (אדנ"י); pues él fue el primero en llamarlo con este nombre.[47] De esto aprendemos que hay tres tipos de *Brith* (ברית), que son: el primero es el *Brith* (ברית) de la lengua, *Brith* (ברית) de la boca, *Brith* (ברית) de la *Torah*, *Brith* (ברית) del mundo, *Brith* (ברית) de *Binah*; el segundo es el *Brith* (ברית) de la circuncisión,*Brith* (ברית) de la carne, *Brith* (ברית) del arco iris, *Brith* (ברית) del *Shabbat* (שבת). Entre estos dos pactos se encuentra el *Brith* (ברית) de *Adonai* (אדנ"י), que es el pacto de la *Torah* Oral, el pacto del descubrimiento del prepucio. De hecho, se afirma: «conforme a estas

46. Véase *Génesis XV-6.*
47. Véase *Sefer Yetzirah* (VI-7).

23b - 24a

palabras he hecho el *Brith* (ברית) contigo» (*Éxodo* XXXIV-27), y es el *Brith* (ברית) de la *Torah* escrita y la *Torah* oral.

ושלוש בריתות אלו: ברית ראשונה, בינה יהו"ה ז, אחרונה, מלכות אדנ"י, ברית אמצע, שבת א"ל ח"י. נמצאת ברית שבת קושרת בין אדנ"י ובין יהו"ה. ואלמלא ברית מילה, שהיא ברית שבת, לא זכינו לתורה שבכתב ולא לתורה שבעל פה, שהם סוד יהו"ה אדנ"י.

Y estos tres pactos son: primer *Brith* (ברית) *Binah* IHVH (יהו"ה בינה), el último *Maljut Adonai* (מלכות אדנ"י); el *Brith* del medio es *Shabbat El Jai* (שבת א"ל ח"י). De este modo el *Brith* (ברית) del *Shabbat* (שבת) conecta a *Adonai* (אדנ"י) con *el Eterno*. Y en medio está el *Brith Milah* (ברית מילה), que es *Brith Shabbat* (ברית שבת) sin los cuales no somos favorecidos para poseer la *Torah* oral o escrita, ya que están contenidas en el misterio del *Eterno* y *Adonai* (אדנ"י).

ודע כי שם א"ל ח"י הנקרא ברית הוא בית שער להיכנס למידת התפאר"ת, שהיא סוד תורה שבכתב הנאצלת מאת הבינה בסוד חמישים יום, כמו שביארנו. ואילו לא ייכנס אדם בשער זה שהוא ברית, מניין ישיג התורה שהיא לפנים למעלה? ולפי שברית מילה הוא סוד א"ל ח"י, והוא סוד שבת, קבעו רז"ל בברכת מילה: א"ל ח"י חלקנו צורנו, צווה להציל ידידות זרע קודש שארנו משחת, למען בריתו אשר שם בבשרנו, ברוך אתה ה' כורת הברית. הלא תראה כי שם א"ל ח"י קבעו בברכת ברית מילה, ועל זה נאמר: ואתם הדבקים בי"י אלהיכם חיים כולכם היום (דברים ד, ד):

Y has de saber que el nombre *El Jai* (א"ל ח"י) denominado *Brith* (ברית) es la puerta de entrada (24a) a la *Middah* de *Tiferet*, que es el secreto de la *Torah* escrita, influenciado por *Binah* según secreto de los cincuenta días.[48] Si no se entra por esta puerta, ¿cómo se puede acceder a la *Torah* que está en su interior y por encima? Dado que la circuncisión (ברית מילה) es el secreto de *El Jai* (א"ל ח"י), el secreto del *Shabbat* (שבת), nuestros sabios, de bendita memoria ordenaron que se dijera en la bendición de la circuncisión: *El Jai* (א"ל ח"י), nuestra porción, nuestra roca, nos ha ordenado preservar nuestra amada semilla santa, nuestra carne de la destrucción, por su *Brith* (ברית) que ha sido colocado en nuestra carne. Bendito tú, *el Eterno* que has instituido el *Brith* (ברית). Se puede observar que el nombre *El Jai* (א"ל ח"י) aparece en la bendición del *Brith* (ברית), de la circuncisión, del que se dijo: «Mas vosotros que os allegasteis *al Eterno* vuestro Dios, todos estáis vivos hoy» (*Deuteronomio* IV-4).

ודע כי ברית מילה הוא סוד שבת, בסוד מילה ופריעה, בסוד זכו"ר את יום השבת ושמו"ר; זכור ליום ושמור ללילה, כנגד אל ח"י אדנ"י ולפ, שברית מילה כוללת ברית שתי ספירות הללו, אמר הכתוב: אם לא בריתי יומם ולילה חוקות שמים וארץ לא שמתי (ירמיהו לג, כה). וסוד חוקו"ת הם אל ח"י אדנ"י, בסוד חק וחק"ה, וסימן: את חקותי תשמורו (ויקרא יט, יט), וסוד חקותי הם אל ח"י אדנ"י.

Sabed que el *Brith* (ברית) de la circuncisión es el misterio del *Shabbat* (שבת) en el secreto de la circuncisión y la retracción del prepucio contenido en el secreto del recuerdo y la observancia del *Shabbat* (שבת) recordar de día y observar de noche, en relación con *El Jai* (א"ל ח"י) *Adonai* (אדנ"י). Y dado que el *Brith* (ברית) de la circuncisión incluye el compromiso entre estas dos Sefirot, el versículo dice: «si no permaneciere mi pacto con el día y la noche, si yo no he puesto las leyes (חוקו"ת) del cielo y de la Tierra» (*Jeremías* XXXIII-25). Y el secreto de las *Jukot* (חוקו"ת), leyes, es *El Jai* (א"ל ח"י) *Adonai* (אדנ"י), en el secreto de *Jak* חק y *Jukah* (וחק"ה), y la señal es «mis leyes

48. Entre *Pesaj y Shavuot.*

24a

(חוקו"ת)guardaréis» (*Levítico* XIX-19). Y el secreto de «mis leyes», *Jukotai* (חקותי), es *El Jai* (א"ל ח"י) *Adonai* (אדנ"י).

ודע כי הברית הנקרא יומם ולילה הוא סוד מילה ופריעה, זכו"ר ושמו"ר, אל ח"י אדנ"י, תורה שבכתב ותורה שבעל פה, שהם סוד חקו"ת שמים וארץ, זה כנגד זה. וזהו סוד: ובתורתו יהגה יומם ולילה (תהלים א, ב).

Y has de saber que el *Brith* (ברית) es denominado día y noche y es el secreto de la circuncisión y la retracción del prepucio, de *Zajor* (זכו"ר) y *Shamor* (שמו"ר), *El Jai* (א"ל ח"י) *Adonai* (אדנ"י), *Torah* escrita y *Torah* oral, que es el secreto de las *Jukot* (ת"וקח) del cielo y de la Tierra, correspondiendo una a la otra. Y éste es el secreto de: «en su *Torah* medita de día y de noche» (*Salmos* 1-2).

יומם הוא תורה שבכתב, וסוד אל ח"י, וסוד זכור, וסוד מילה; ולילה הוא סוד תורה שבעל פה, סוד אדנ"י, סוד שמור, סוד פריעה. ולפי־כך אין התורה מסורה אלא למי שקיבל ברית בשר, ומתוך ברית בשר ייכנס אדם לברית הלשון, שהוא קריאת התורה. וצריך אני להאיר עיניך היאך חתם י"י יתברך שמו הגדול יהו"ה יתברך באברהם אבינו ובזרעו, אותם שקיבלו את התורה. כיצד? אמר בספר יצירה: כרת לו ברית בעשר אצבעות ידיו, וזה הוא ברית לשון.

El día es la *Torah* escrita, el secreto de *El Jai* (א"ל ח"י), el secreto de *Zajor* (זכו"ר) y el secreto de la circuncisión; la noche es el secreto de la *Torah* oral, el secreto de *Adonai* (אדנ"י), el secreto de *Shamor* (שמו"ר), el secreto de la retracción del prepucio. Por lo tanto, la *Torah* sólo puede ser recibida por aquel que ha aceptado el *Brith* (ברית) de la carne Y por el *Brith* (ברית) de la carne, el hombre puede escribir el *Brith* (ברית) de la lengua, que es la lectura de la *Torah*. Y ahora debo ilustrarte sobre cómo *el Eterno*, bendito sea, selló su gran nombre, *el Eterno*, bendito sea, en Abraham nuestro patriarca y su descendencia, los que recibieron la *Torah*. ¿Cómo? Dice el *Sefer Yetzirah*: «Y estableció un pacto con él entre los diez dedos de sus manos, que es el pacto de la lengua».[49]

וחותם י"ה, בסוד י' עשר אצבעות, ה' חמש מקורות בלשון התורה; בסוד אחה"ע בומ"ף גיכ"ק דטלנ"ת זסשר"ץ. אחה"ע, בגרון. בומ"ף, בשפתים. גיכ"ק, בחיך. דטלנ"ת, בלשון. זסשר"ץ, בשינים. נמצא חותם י"ה, ברית הלשון שהוא ברית הפה. וכרת לו ברית בין עשר אצבעות רגליו, זהו ברית מילה וחותם ו"ה, חצי השם, בסוד עשר אצבעות וברית מילה שהוא אחד, הרי י"א, וחשבון י"א כנגד ו"ה. ועוד, סוד ו"ה:, תורה שבכתב, - תורה שבעל פה. והכול תלוי בברית מילה, שהוא השורש התחתון של אות ו'.

Y lo selló con los misterios de *Iod-He*. El misterio de *Iod* son los diez dedos y el misterio de *He* son las cinco fuentes del término *Torah*, cuyo secreto es: *Aleph, He, Jet, Ayin; Beth, Mem, Vav, Pe; Guimel, Iod, Kaf, Kof; Dalet, Tet, Lamed, Nun, Tav; Zain, Samej, Shin, Resh, Tzade*. El primer grupo: *Aleph, He, Jet, Ayin* se vocaliza con la garganta. El segundo grupo: *Beth, Mem, Vav, Pe*, se vocaliza con los labios. El tercer grupo: *Guimel, Iod, Kaf, Kof*, se vocaliza con el paladar. El cuarto grupo: *Dalet, Tet, Lamed, Nun, Tav*, se vocaliza con la lengua. El quinto grupo: *Zain, Samej, Shin, Resh, Tzade*, se vocaliza con los dientes. Y el sello de *Iod-He*, el pacto de la lengua es el pacto de la boca. También hizo un *Brith* (ברית) con los diez dedos de los pies, que son el *Brith Milah* (ברית מילה), que es *Vav-He*. La mitad del nombre, en el secreto diez dedos y el *Brith Milah* (ברית מילה), que es uno, pues la suma es once,[50]correspondiendo a *Vav-He* (ו"ה). Y además el secreto de *Vav-He* (ו"ה) es la *Torah* escrita, y el de *He* es la *Torah* oral. Y todo depende de la *Brith Milah* (ברית מילה), que es la raíz inferior de la letra *Vav* (ו).

49. Véase *Sefer Yetzirah* (VI-10).

50. El valor numérico de *Vav* es 6 y el de *He* es 5. Sumados son 11.

24a

וה' היא סוד התורה שבעל פה, שהיא סוד הפריעה. ולפיכך אין התורה מסורה לכותי לפי שהוא ערל, וזהו שאמרו בברכת המזון: צריך שיקדים ברית לתורה, באומרו: שהנחלת לאבותינו וכו' ועל בריתך שחתמת בבשרנו ועל תורתך שלימדתנו. וזהו שאמר: מגיד דבריו ליעקב (תהלים קמז, יט), למי שהוא מהול כיעקב עליו הש־לום. וכותי, שהוא ערל, שעסק בתורה היה חייב מיתה. ולפי שברית מילה ופריעה הוא סוד השבת בזכור ושמור, לפיכך המילה דוחה את השבת, והיא ביום השמיני שהיא סוד אדנ"י, שהיא סוד הפריעה הנ־עשית אחר המילה, והסוד: אדנ"י יהו"ה, נמצאת למד שברית מילה דוחה את השבת, שהיא היא המידה עצמה.

La letra *He* (ה) es el secreto de la *Torah* oral, el misterio de la retracción del prepucio. Por eso la *Torah* no puede ser transmitida a que no ha sido circuncidado. Y esto es lo que se dice en el *Birkat haMazon* (ברכת המזון):[51] «el *Brith* (ברית) debe preceder a la *Torah*». Como está escrito: «por el *Brith* (ברית) que inscribiste en nuestra carne y por tu *Torah,* que nos enseñaste». También está escrito: «di estas palabras a Jacob» (*Salmos* CXLVII-19), a los que se circuncidan como Jacob, la paz sea con él, porque un incircunciso que estudia la *Torah* se arriesga a morir. Porque la *Brith Milah* (ברית מילה), y la retracción del prepucio es el secreto del *Shabbat* (שבת) en *Zajor* y *Shamor* (זכור ושמור). De este modo, la circuncisión prevalece sobre el *Shabbat* (שבת), y la circuncisión tiene lugar en el octavo día, que es el secreto de *Adonai* (אדנ"י), que es el secreto de la retracción realizada después de la circuncisión, y he aquí el secreto: *Adonai* (אדנ"י) el Eterno, vemos que de la circuncisión prevalece sobre el *Shabbat* (שבת), porque es la incorporación de esta *Middah.*

ועתה התבונן בכל מה שתמצא לשון ברית, לאיזה צד נזכרה, אם לברית לשון, אם לברית בשר, או לפריעה. ואחר שעוררנוך על העי־

51. La bendición de los alimentos después de la comida.

24a-24b

קרים האלו, יש לך לשמור עצמך ולהיזהר מאוד לבל תהיה מאותם המטמאים אות ברית קודש, שהרי כל הפרשיות הכתובות בעניין העריות בכל התורה, באלו שתי ספירות תלויות: באל ח"י ובאדנ"י; וקצת מהם בשתי ספירות הדבקות עמהם, הנקראות אלהים צבאות יהו"ה צבאות. ובעזרת השם עדיין ניתן לך דרך שתבין כמה מעלות טובות וכמה עניינים נוראים נקשרין במילת ברית, וכן תבין מה הוא דין המגלה עריות, או המקשה עצמו לדעת, או האוחז באמה ומשתין. וכמה עניינים סתומים וחתומים תבין עדיין בעזרת השם מתוך אל הדברים שרמזנו בכאן:

Y ahora mira que en cualquier lugar en el que se encuentra el término *Brith* (ברית), es el *Brith* (ברית) de la lengua, el *Brith* (ברית) de la carne o de la retracción del prepucio. Después de haberte hecho conocer estos principios, debes protegerte a ti mismo, guardarte de los que desconfían del signo de sagrado *Brith* (ברית), porque todas las *parashiot* de la *Torah* dedicadas a las prohibiciones sexuales dependen de las dos Sefirot: de *El Jai* (אל ח"י) y de *Adonai* (אדנ"י), y en parte a las dos Sefirot adheridas a ellos (24b), denominadas *Elohim Tzevaot El Eterno Tzevaot.* Con la ayuda de Dios, te mostraremos cómo entender varias bondades y las terribles consecuencias que implica la palabra *Brith* (ברית), y comprenderás cuál será el juicio para el que transgrede las prohibiciones sexuales, o el que provoca una erección, o el que sostiene su pene mientras orina. A partir de lo que aquí se informa, podrás entender, con la ayuda de Dios, otras cuestiones que insinuamos aquí.

ולפעמים נקראת בתורה בלשון אות, לפי שבמידה זו תלויים האותות והמופתים, בסוד א"ל ח"י בהתחברו לשם אדנ"י, אזי מתחדשים אותות ומופתים בעולם. וכשנסמך גאולה לתפילה ביציאת מצרים נתחדשו כמה אותות וכמה ניסים ונפלאות, בסוד: וירא אלהים את בני ישראל וידע אלהי"ם (שמות ב, כג) ובסוד: ואזכור את ברית"י. ועתה יש לנו להודיעך כי השבת שהיא מידת א"ל ח"י נקרא אות, כאומרו: ביני ובין בני ישראל או"ת היא לעולם (שם לא, יז). וברית

24b

מילה נקרא גם כן אות, כאומרו: ונמלתם את בשר ערלתכם והיתה לאו"ת ברי"ת ביני וביניכם (בראשית יז, יא).

Y a veces aparece en la *Torah* designado con el término de «signo» (אות), porque todos los signos y maravillas dependen de él, en el secreto de *El Jai* (אל ח"י) cuando se une con *Adonai* (אדנ"י), entonces se renuevan los signos y maravillas en el mundo. Y al hablar de la redención en la oración,[52]a propósito de la salida de Egipto. Éste es el secreto de: «Y miró Dios a los hijos de Israel, y Dios los tuvo en cuenta» (*Éxodo* II-25), y el secreto de «y me acordé del *Brith* (ברית)».[53] Ahora debemos aclarar que el *Shabbat* (שבת), que es la *Middah* de *El Jai* (א"ל ח"י) , se llama «signo» (אות), como ha sido dicho: «Será una señal (אות) entre yo y los hijos de Israel para siempre» (*Ibid*. XXXI-17). Y la *Brith Milah* (ברית מילה) también se llama «signo» (אות), como ha sido dicho: «Circuncidaréis, pues, la carne de vuestro prepucio, y será por señal del pacto entre mí y vosotros» (*Génesis* XVII-11).

והסוד הזה רמזו אותו בברכת ברית מילה: ברוך אתה ה' אשר קידש ידיד מבטן, וחק בשארו שם, וצאצאיו חתם באו"ת ברית קודש, על כן בשכר זו אל ח"י חלקנו צורנו, ציווה להציל ידידות זרע קודש שארנו משחת, למען בריתו אשר שם בבשרנו, ברוך אתה ה' כורת הברית. והקשת נקרא אות, כאמרו: את קשתי נתתי בענן והיתה לאות ברית ביני ובין הארץ (שם ט, יג).

Y a este secreto se hace alusión durante la bendición del *Brith* de la palabra (ברית מילה):[54] «Bendito eres tú, el Eterno, que santificaste a un amigo querido desde el vientre materno, e grabaste en su carne y marcaste a su descendencia con el «signo» (אות), del sagrado *Brith* (ברית). Gracias al *Brith* (ברית) has impregnado nuestra carne, *El Jai*

52. La *Amidá* u oración de las 18 bendiciones.

53. Véase (VI-5).

54. La circuncisión.

24b

(אל ח"י); nuestra herencia y nuestra roca, libras a nuestro amado, la simiente santa que has ungido, de la destrucción por tu *Brith* (ברית) que está aquí en nuestra carne. Bendito seas tú, *el Eterno*, cortador del *Brith* (ברית). Y el arco iris es llamado «signo» (אות), como ha sido dicho: «Mi arco pondré en las nubes, el cual será por señal de pacto entre mí y la Tierra» (*Ibid.* IX-13).

וכבר הודענוך כי ברית הקשת הוא ברית אל ח"י. ולפיכך דע כי בכל מקום שתמצא בתורה אות, הוא סוד אל ח"י, שהוא סוד זכרון שמזכיר אדנ"י לכל בני עולם; ואות ברי"ת שבת וברית מילה היא מיוחדת בינו ובין כל בשר אשר על הארץ. ודע כי לפעמים נכלל אדנ"י במילת אות. כבר ידעת שיום השבת נקרא אות, והרי השבת כלולה בזכור ושמור, וברית מילה נקראת אות, והרי היא כלולה במילה ופריעה. וסוד פירוש מילת אות, על דרך הפשט, הוא כי סוד ין"ך קטנה הידועה לבעלי חכמה, שהוא הקצה התחתון של וא"ו, נקראת אות קטנה ונקראת אות ברית קודש. ועתה דע והבן כל הדברים הללו וכתבם על לוח לבך ואל יליזו מעיניך:

Y ya hemos enseñado que *Brith* (ברית) del arco iris es el *Brith* (ברית) de *El Jai* (אל ח"י). Y de hecho has de saber que en cualquier lugar en el que se encuentre la palabra *Ot* (אות) en la *Torah*, es el secreto de *El Jai* (אל ח"י), el secreto de la memoria por la que *Adonai* (אדנ"י) recuerda a todos los hijos del mundo. *Ot Brith* (אות ברית) es el *Shabbat* (שבת) y *Brith Milah* (ברית מילה) es un vínculo único con toda la carne que está en la Tierra. Y has de saber que a veces *Adonai* (אדנ"י) está incluido en la palabra *Ot* (אות)y que el día del *Shabbat* (שבת) se llama *Ot* (אות) y la observancia del *Shabbat* (שבת) está contenida en *Zajor* y *Shamor*. El *Brith* (ברית) de la circuncisión también se llama v y está contenido en la circuncisión y la remoción del prepucio. Dicho de un modo sencillo, es el secreto de es el final de la letra *Vav* (ו)[55] co-

55. Que está en el centro de la palabra *Ot* (אות).

24b

nocido por nuestros sabios como la pequeña *Iod* (אות קטנה). Y ahora has de conocer y comprender todas estas palabras, escríbelas en la tabla de tu corazón y no las pierdas de vista.

ודע כי על יסוד הספירה הזאת נתייסדה בתורה לשון שבועה. והנני מפרש. דע כי כל שבועה שאדם נשבע תלויה במידה זאת הנקראת אל ח"י. והטעם, לפי שכל לשון שבוע"ה היא מלשון שבעה, וסוד העניין הוא מה שאמר אברהם אבינו לאבימלך; כי את שבע כבשות תקח מידי בעבור תהיה לי לעדה כי חפרתי את הבאר הזאת על כן קרא למקום ההוא באר שבע כי שם נשבעו שניהם (שם כא, ל)

Has de saber que el fundamento de esta sefirah se llama *Shevuah* en la *Torah* (שבועה).[56] Déjame explicarte: has de saber que todos los juramentos que el hombre hace dependen de esta *Middah* denominada *El Jai* (אל ח"י). Y el asunto es que el juramento (שבוע"ה) depende del número siete (שבעה) y el secreto de este asunto se encuentra en lo que Abraham nuestro patriarca le dijo a Abimelec: «Que estas siete corderas tomarás de mi mano, para que me sean en testimonio de que yo cavé este pozo. Por esto llamó a aquel lugar Beerseba; porque allí juraron ambos». (*Ibid.* XXI-30 y 31).

. הלא תראה ג' לשונות שהזכיר במקום הזה, כל אחד מהן לשון נופל על הלשון. אמר בתחילה 'כי את שבע כבשות תקח מידי לעדה על הבאר', ואמר אחריו 'על כן קרא למקום ההוא באר שבע', ומה כתיב אחריו? 'כי שם נשבעו שניהם'. ופירוש הדבר הרי ג' לשונות שבע: כבשות, באר שבע, ושם נשבעו, כל אלו ג' לשונות נתאחדו באותה השבועה. ולפיכך אמר: על כן קרא למקום ההוא באר שבע. מאי על כן? כלומר, על טעם שבע כבשות והשבועה. כי על שני טעמים קרא

56. Literalmente, "juramento".

אותו באר שבע, על שבע כבשות והשבועה. ובמקום אחר כתיב: ויקרא אותה שבעה על כן שם העיר באר שבע (שם כו, לג).

Fíjate en las tres formas diferentes de lenguaje que se utilizan en este lugar. Cada uso de la raíz *Shevah* tiene un impacto en el otro. La primera parte del versículo dice: «Que estas siete corderas tomarás de mi mano, para que me sean en testimonio de que yo cavé este pozo». Luego el versículo continúa: «Por esto llamó a aquel lugar Beerseba; porque allí juraron ambos». El significado de estos tres *Shevahs*: *Shivah* (siete), Beer *Shevah* (Beerseba), *Nishvaou* (juraron) es que estos tres significados están unidos por la semana (*Shavuah*). Así, el versículo menciona: «Por esto llamó a aquel lugar Beerseba». ¿Por qué dice el versículo «Por esto»? Se refiere a *Shivah* (siete) ovejas y a *Shavuah* (juramento), porque ambos son la razón por la que el lugar se llama *Beer Shevah*. Más adelante está escrito: «Y lo llamó Seba, por cuya causa el nombre de aquella ciudad es Beerseba hasta este día» (*Génesis* XXVI-33).

הלא תראה כי על שם שבעה קרא שם העיר באר שבע ולא הזכיר בכאן שבועה, והסוד העיקר תלוי בסוד שבעה, ומקום הבאר תלוי בשבועה. ועכשיו יש לנו לברר. דע כי כל הנשבע הוא נשבע בסוד שבע הספירות, שהם סוד שבעת ימי עולם, והכול תלוי במידת אל ח"י שהוא השבת, שהוא יום השביעי, וכל שבועה תלויה בשביעי, והסוד: וביום השביעי שבת וינפש (שמות לא, יז).

Verás que el nombre de la ciudad de *Beer Sheba* lleva el nombre de *Shivah* (siete) y no menciona ningún *Shavuah* (juramento), y el secreto principal depende (25a) del secreto de *Shivah*, y el lugar del pozo depende de un juramento. Y ahora hay algo que debemos aclarar. Has de saber que todos los que prestan juramento lo hacen en el secreto de las siete Sefirot, el secreto de los siete días (de la creación) del mundo. Por lo tanto, todo depende de la *Middah El Jai* (אל ח"י), que es el *Shabbat*

25a

y el séptimo día. Cada juramento (*Shavuah*) depende del *Shevi* (séptimo). Y el secreto es: «en el séptimo día cesó, y reposó» (*Éxodo* XXXI-17).

ולפיכך הנשבע, נשבע בנפש ונשבע בחיים כשהוא אומר נשבע בשם י"י, והסוד; חי י"י וחי נפשך (שמואל, כה, כו). כי סוד 'חי נפשך' הוא סוד א"ל ח"י, שממנו נמשכים החיים וכל הנפשות הפורחות מארץ אדנ"י, כאמרו: תוצא הארץ נפש חיה למינה (בראשית א, כד) והוא סוד השבת שהוא יום השביעי שממנו נמשכים חיי הנפש, כאמרו: וביום השביעי שבת וינפש. הרי חיי הנפש תלויים בשביעי, שהוא סוד השבועה.

Y, por lo tanto, aquel que jura lo hace por su alma y por su vida (בנפש ונשבע בחיים) cuando jura por el nombre del *Eterno*, bendito sea, y he aquí el secreto: «vive *el Eterno* y vive tu alma» (*Samuel* XXV-26). Porque el secreto de «y vive tu alma» (וחי נפשך) es *El Jai* (א"ל ח"י), de quien proceden toda la vida y las almas florecientes de la tierra de *Adonai* (אדנ"י) como ha sido dicho: «que la tierra produzca almas vivas según su especie» (*Génesis* I-24) y éste es el secreto del *Shabbat*, que es el séptimo día, del que procede la vida del alma, como ha sido dicho: «y en el séptimo día descansó y reposó».[57] Así vemos que «vive tu alma» (וחי נפשך) depende del séptimo (שביעי), que es el secreto del juramento.

וכל הכופר בשבועתו כאילו כופר בא"ל ח"י ובו' ספירות, שהם סוד שבעת ימי עולם. ואם ברב פשעו וכחשו כפר בשביעיות, מאין לו חיים וטובה? שהרי לא נברא העולם אלא על ידי אלו שבע ספירות ובהן מתקיימים כל הנבראים, ז' ימים בסוד ז' ספירות, בסוד שבועה. ואם חס ושלום ישקר אדם בשבועתו הרי הוא נעקר מאלו שבע הס־פירות שהם סוד קיומו, ונמצא נעקר מן העולם. נמצאת למד כי הש־

57. Véase *Éxodo* (XXXI-17).

25a

בועה היא בא"ל ח"י שהוא סוד השביעי, שהוא סוד השבת, שהוא סוד חיי נפש, שהוא סוד 'שבת וינפש'. ולפי שהשבועה היא בא"ל ח"י אומר בעניין: וירם ימינו ושמאלו אל השמים וישבע בחי העולם (דניאל יב, ז). הלא תראה השבועה שהיא בחי העולם, שהוא א"ל ח"י. ובשאר מקומות: חי י"י אשר עמדתי לפניו (מלכים, יז, א). חי י"י וחי נפשך אם אעזבך, חי נפשך אדנ"י (מלכים, ב; שמואל, א).

Y todo el que transgrede un juramento se opone a *El Jai* (א"ל ח"י) y a las siete Sefirot, que son el misterio de los siete días (de la creación) del mundo. Si, por negligencia o espíritu de contradicción, transgrede su juramento, ¿cómo puede alcanzar la vida y el bien? Porque el mundo fue creado solamente por estas siete Sefirot, y por ellas todas las criaturas se sostienen siete días en el secreto de las siete Sefirot contenidas en el secreto del juramento. Si, Dios no lo quiera, uno negara su juramento, sería desarraigado de las siete Sefirot, que son el secreto de su existencia y, por tanto, sería arrancado del mundo. De esto aprendemos que el juramento está contenido en *El Jai* (א"ל ח"י), el siguiente versículo dice al respecto: «Y oí al varón vestido de lino, que estaba sobre las aguas del río, el cual alzó su mano derecha y su mano izquierda al cielo, y juró por Aquel que vive por siempre…» (*Daniel* XII-7). Está claro que el juramento está relacionado con la vida del mundo (חי העולם),[58] que es similar a *El Jai* (א"ל ח"י). Esto se observa Esto se observa en varios lugares: «¡Vive *el Eterno*, Dios de Israel, delante del cual estoy!» (1 *Reyes* XVII-1). «Vive el Eterno y vive tu alma, que no te dejaré» (2 *Reyes* II-2).

ולפיכך אמרו רז"ל: שבועה כנשבע במלך, לפיכך אין נשבעין לבטל את התורה או אחת ממצוותיה, ואם ישבע לוקה ומקיים את המצ־ווה, שאין שבועה חלה לבטל דברי תורה, שהרי הם סוד שבעה קו־לות יצאו משבע ספירות במתן תורה, ואין אדם נשבע לבטל דברי

58. Juego de palabras, pues también se puede traducir como «vive para siempre».

25a

תורה וכל שבועה, בי"י, וכל נדה, לי"י, וסוד נדר לי"י עדיין נפרש אותו במקומו בעזרת השם, כי הנדר הוא סוד השבת הגדול, שהיא סוד השביעית העליונה.

Y ésta es la razón por la cual nuestros maestros, de bendita memoria, han dicho: «Prestar un juramento es como jurar ante un rey». Por lo tanto, no se puede hacer un juramento para anular la *Torah* o sus *mitzvot*; y si se jura de todos modos es azotado y luego pasa a cumplir la *mitzvah*, pues el juramento no puede ser efectivo si llega a anular la *Torah*, ya que es la esencia de las siete voces que salieron de las siete Sefirot cuando se dio la *Torah*, por lo que ninguna persona puede jurar para anular las palabras de la *Torah*. Todos los juramentos que se pronuncian en el nombre del *Eterno* mientras que todos los votos se hacen en nombre del *Eterno*. El secreto del voto al *Eterno* la explicaremos en otro lugar, con la ayuda de Dios, pues el voto es la esencia del gran *Shabbat*, que es el secreto de los otros siete.

ואם תמצא כתוב אשר נשבע לה' (תהלים קלב, ב) ולא אמר נשבע בי"י, פי' הפסוק כן הוא: שדוד המלך עליו השלום נשבע לעשות דבר זה לי"י, כלומר שלא ישקוט וינוח עד אשר ימצא מקום מנוחה לש־כינה לבנות בו בית המקדש.

Y si encuentras escrito «que juró por *el Eterno*» (*Salmos* CXXXII-2), y no «en *el Eterno*», este versículo significa que el rey David, la paz sea con él, ha jurado hacer algo por *el Eterno*, es decir que David no descansará ni reposará hasta que encuentre un lugar de descanso para la *Shekinah* y le edifique un santuario.

נמצאת אומר כי כל הכופר בשבועתו נעשים לו שבעת ימי בראשית, שהם סוד כל ימי העולם, כמו אויבים ומבקשי רעתו, שהרי כשכפר בשבועה, כפר בשבעה; וכשכפר בשבעת ימי בראשית, נמצא כל יום ויום משבעת הימים אצלו כאויב, וכל יום ויום מקלל לזה הכופר.

ולפיכך כל הנשבע בארץ ישבע באלהי אמן (ישעיהו סה, טז), ויש להיזהר מאמונת אלהי אמן.

Uno encuentra que se dice: a los que desatienden sus juramentos, los siete días de la creación (*Bereshit*) se les oponen y son el secreto de todos los días del mundo. Se convierten en enemigos que le desean el mal, pues aquel que desprecia un juramento ha negado los siete días. Después de haber ido en contra de los siete días de la creación, cada uno de estos siete días (25b) se convierte en un enemigo y cada día maldice a este hereje. Así pues, «el que jurare en la Tierra, por el Dios de verdad jurará» (*Isaías* LXV-16). Y hay que tener cuidado con la fe en el Dios de verdad (*Elohei Amen*).

ועונש השבועה כבר גילו אותה במסכת שבועות כאמרם ז"ל: דברים שאין האש מכלה אותן, שבועת שקר מכלה אותן. וטעם זה טעם ברור בדרך היצירה. כיצד? הרי בטבע האש היא שורפת כל מיני עצים ובגדים ושאר כיוצא בהם ומכלה אותם, אבל האבנים והעפר אין האש מכלה אותם, שאין האש מכלה את העפר, שאפילו ישרפו האבנים, חוזרות עפר ואינן כלות. אבל שבועת שקר מכלה האבנים והעפר, והטעם כי כל הנבראים כולן לא נבראו ואין להם קיום אלא בשבע ספירות הנקראות שבעת ימים, ובאותן ספירות תלויים שמים וארץ וכל צבאותם, וגם האש והמים והרוח והעפר, והרים וגבעות וימים ונהרות, וכל מיני צמחים וכל בעלי חיים למיניהם וכל בני אדם.

Y el castigo del juramento en falso ya ha sido revelado en el tratado de *Shevuoth*[59] como han dicho nuestros maestros, de bendita memoria: «lo que el fuego no consume puede consumirlo un juramento falso». Y la razón se ve muy claramente en el orden natural. ¿Cómo? Después de todo, en la naturaleza el fuego quema todo tipo de árboles y ropa y

59. Véase Talmud, tratado de *Shevuoth* (39a).

25b

otras cosas por el estilo y las consume, pero no puede consumir las piedras y el polvo, porque incluso si las quema, las piedras vuelven a ser polvo y no desaparecen. Pero un falso juramento consume las piedras y el polvo, y la razón es que todas las criaturas creadas no tienen existencia sino por las siete Sefirot denominadas «siete días», y de esas Sefirot penden el cielo y la Tierra y todos sus ejércitos, y el fuego y el agua y aire y tierra, y las montañas, las colinas, los mares y los ríos y todo tipo de plantas y animales, y todos los seres humanos.

ולפיכך כשאדם כופר בשבועה, הרי הוא ככופר בשבע הספירות שחייו וקיומו ואשתו ובניו וממונו וכל מה שיש לו תלויים בהם. וכ־שכופר באלו שבע ספירות, שהם סוד השבועה, הרי אלו שבע ספי־רות מכלות גופו חייו וממונו קרקע ומטלטלין, לפי שהכול תלוי בהם מאחר שבהם נבראו כל היצורים, והם היו כמו האומן העושה את המלאכה, שהוא יכול להרוס ולהשחית המלאכה שעשה. כן הכו־פר בשבועה כופר באומן שעשה את העולם. וכשכפר באומן שעשה את העולם, יכול האומן להחריב את ביתו ואותו ואת כל אשר יש לו, אפילו העפר והאבנים, לפי שהאומן שעשה את האבנים יכול למחות זכרם מן העולם. וסוד האומן הוא סוד אמן, ולפיכך העונה אמן כנ־שבע

Y así, cuando una persona traiciona un juramento, es como si traicionara a las siete Sefirot de las que dependen su vida y su existencia, su esposa e hijos y sus finanzas y todo lo que posee. Y cuando se anulan las siete Sefirot, que son el secreto del juramento (שבועה), estas siete Sefirot consumen su cuerpo, su vida y sus bienes, tierras y patrimonio. Pues todo depende de ellas ya que todas las criaturas fueron creadas por ellas, y son como el artesano que realiza su trabajo y que tiene el poder de destruir y corromper el trabajo que hizo. Así, el que traiciona el juramento, traiciona al artesano que hizo el mundo. Y así como el artesano hizo el mundo, el artesano puede destruir su casa y todo lo que tiene, incluso el polvo y las piedras, porque el artesano que hizo, las piedras pueden borrar su memoria del mundo. Y el secreto del artesano (*Uman*) es el secreto del Amén, y por esta razón se responde «Amén» al juramento.

. וזהו סוד: ישבע באלהי אמן (שם). כלומר, הנשבע, באומן שברא העולם נשבע. וזהו סוד שדרשו בפסוק ואהיה אצלו אמון (משלי ח, ל), אל תקרי אמון אלא אמן. ולפיכך ארז"ל שעניין שבועה ואמן, אחד הוא בעת שמשביעין אותו. ובעזרת השם עוד נבאר לך סוד מילת אמן, על דרך המשכת השפע בדרך הצינורות.

Y éste es el secreto de: «por el Dios de verdad (*Amén*) jurará» (*Ibid.* LXV-16). Como ha sido dicho, el que jura, jura al *Uman* (artesano) que hizo el mundo. Y éste es el secreto de la interpretación del versículo: «Estaba con él como un *Amon* (confidente)» (*Proverbios* VIII-30). No lo vocalices como *Amon*, léelo como *Amén*. Así, nuestros sabios, de bendita memoria, entendieron que el juramento y la respuesta *Amén* son lo mismo en el momento en que uno presta un juramento. Con la ayuda de Dios, explicaremos más sobre el secreto de la palabra *Amén* en lo que respecta a la atracción de la *Shefa* flujo a través de los canales celestiales.

ולפי שהשבועה היא כלל שבע ספירות שהיו האומ"ן לכל הנבראים, אמר: דברים שאין האש מכלה אותם שבוע"ת שקר מכלה אותם. והטעם, שהשבועה היא האומן שברא את האש ואת האבנים ואת העפ"ר ואת כל היצורים, ולפיכך אין האש יכולה לאבד ולכלות את האבנים ואת העפר, לפי שהעפר אחד מן היסודות הוא כמו האש, ושניהם נבראים. אבל השבועה, שהיא סוד האומן והבורא, היא יכולה לכלות האש והאבנים ואת שאר כל היצורים, לפי שהכל ביד האומן שעשה היצורים כולם יתברך ויתברך.

Porque la *Shevuah* es el principio de las siete Sefirot de las que el *Uman* hizo todas las criaturas, se dijo: «lo que el fuego no consume puede consumirlo un juramento falso». Por la *Shevuah* el artesano creó

25b

el fuego, las piedras, la tierra y todas las criaturas. El fuego, por lo tanto, no puede destruir las piedras y la tierra, pues la tierra también es uno de los elementos básicos, como el fuego, y ambos fueron creados. Pero la *Shevuah*, que es el secreto del artista y del creador, puede consumir el fuego y las piedras y todas las demás criaturas, porque todo lo que esté en la mano del artesano que hizo las criaturas, bendito sea, que sea bendito.

וזהו שאמר: לפנים הארץ יסדת ומעשה ידיך שמים המה יאבדו ואתה תעמוד וכולם כבגד יבלו כלבוש תחליפם ויחלופו (תהלים קב, כו). וזהו סוד שאמר: דברים שאין אש ומים מכלין אותם, שבועת שוא מכלה אותם; לפי שהשבועה היא האומן והכל תלוי ביד האומן, כאמרו 'ישבע באלהי אמן', וכאמרו 'ואהיה אצלו אמון', ואחז"ל: אל תקרי אמון אלא אומן, והסוד הגדול הזה: כבר ידעת כי סוד שבועה היא סוד אל ח"י, והיא סוד כי טוב, ולפיכך אמרו בכל הנבראים שנ־עשו במעשה בראשית: וירא אלהים כי טוב (בראשית א, יב), וסימן: ואהיה אצלו אמון, וסוד ואהיה, ו' הדבקה עם אהיה, היא סוד שש ספירות, והאחרונה מן השש היא סוד 'כי טו"ב'.

Y esto es lo que dijo: «Tú fundaste la Tierra antiguamente, y los cielos son obra de tus manos. Ellos perecerán, y tú permanecerás; y todos ellos como un vestido se envejecerán; como una ropa de vestir los mudarás, y serán mudados» (*Salmos* CII-25 y 26). Y éste es un secreto de lo que ha sido dicho: lo que ni el fuego ni el agua consumen, lo consume el juramento falso, pues el juramento es como el artesano y todo depende de la mano del artesano, según ha sido dicho «juré en el Dios de verdad»[60] y también «yo estaba a su lado como artesano».[61] Y nuestros sabios, de bendita memoria, dijeron que no hay que leer *Amon*, sino *Uman*. y éste es un gran secreto: ya sabías que el secreto del juramento es el secreto de *El Jai* (אל ח"י), y es un secreto que es bueno,

60. Véase *Isaías* (LXV-16).
61. Véase *Proverbios* (VIII-30).

y por eso dijeron que todas las criaturas fueron hechas en la obra del *Génesis*: «Y vio Dios que era bueno»(*Génesis* I-12). Y la señal es: «y yo estaba a su lado como artesano», y un secreto de «yo estaba» es la letra *Vav* adherida a «estaba» (**אהיה**), el secreto de las seis Sefirot, y la última de las seis es el secreto de *Ki Tov* (era bueno).

ולפיכך כל הפעולות שעשה אלהים, שהוא אדנ"י, במעשה בראשית על כל פעולה ופעולה נתיעץ ב'כי טוב'. ביום הראשון מה כתיב? וירא אלהים את האור כי טוב (בראשית א, ד); ביום השני לא נאמר בו כי טוב לפי שהוא סוד ההבדל והפירוד, כאמרו יהי רקיע בתוך המים ויהי מבדיל בין מים למים (שם, ו), ובכל מה שיש בו חילוק ופירוד אין טוב מצוי בו, כי אין טוב בא אלא להביא שלו"ם ולחבר כל הדברים:

Y por tanto en todas las obras que ha hecho Dios, que es *Adonai* (**אדנ"י**), en la obra del *Génesis*, en todas estas obras tomó consejo del *Ki Tov* (era bueno). ¿Qué está escrito a propósito del primer día? «Y vio *Elohim* que la luz era buena (*Ki Tov*)» (*Génesis* I-4). El segundo día (26a) no dijo «era bueno» (*Ki Tov*), porque se trata del secreto de la diferencia y la separación, como ha sido dicho «Sea un extendimiento en medio de las aguas, y haya apartamiento entre aguas y aguas» (*Ibid.* 6). Y en todo donde hay división y separación no hay nada bueno, porque lo bueno no viene sino a traer paz y conectar todas las cosas.

ולפיכך כשמסתלק ונפרד ונבדל 'כי טוב', שהוא סוד אל ח"י, ממידת אדנ"י אזי העולם כולו חרב ואין טוב מצוי בעולם, שנאמר כי מפני הרעה נאסף הצדיק (ישעיהו נז, א) ואמר: אמרו צדיק כי טוב (שם ג, י). ולפיכך כשהצדיק נמצא בעולם אז מטיל שלום בין שני חולקים, נמצא צדיק מכריע. וזהו סוד שני כתובים המכחישים זה את זה עד שיבוא הכתוב השלישי ויכריע ביניהם. והסוד; נצח, ימי"ן, הוד, שמא"ל, כי טוב, צדי"ק, הוא כתוב שלישי מכריע ביניהם. ולפיכך לא נאמר ביום השני כי טוב, אבל נאמר ביום השלישי שתי פעמים כי

26a

טו"ב. והטעם, 'כי טוב' ראשון כנגד א"ל ח"י, 'כי טוב' שני כנגד אדנ"י שהוא סוד אדנ"י הארץ.

Así pues, cuando *Ki Tov* es arrebatado, separado y eliminado del mundo lo cual es el secreto de *El Jai* (אל ח"י) con la *Middah Adonai* (אדנ"י), entonces el mundo entero es destruido y *Tov* ya no está en el mundo, como ha sido dicho: «ante el mal, es quitado el *Tzaddik*» (*Isaías* LVII-1), y ha sido dicho: «decid al *Tzaddik* que le irá bien (*Tov*)» (*Idem*. III-1). De este modo, cuando hay un *Tzaddik* en este mundo, hace la paz entre las partes enfrentadas, que toman al *Tzaddik* como mediador. Y éste es el secreto de «dos versículos se contradicen hasta que llega un tercero y decide entre los dos». Y el secreto es: *Netzaj* a la derecha, *Hod* a la izquierda y *Ki Tov*, que es el *Tzaddik*, es el tercer versículo que decide entre los dos. Y por eso no se dijo *Ki Tov* en el segundo día, pero *Ki Tov* es dicho dos veces en el tercer día, y la razón es que el primer *Ki Tov* corresponde a *El Jai* y el segundo a *Adonai*, que es el secreto de *Adonai* de la Tierra.

וסימניך: אמרו צדי"ק כי טו"ב (שם), ואומר בברכת המזון: ארץ חמדה טוב"ה. והסוד הזה, כי אלהים כולל בכל מעשה בראשית 'כי טוב' בכל דבר ודבר, שהוא סוד האומן. ובהבדל הדברים לא נמצא טוב, אלא בשעת חיבורן. הלא תראה כשהיה אדם הראשון לבדו נפרד, בלי חבור בת זוגו, מה כתיב בו? כי לא טוב היות האדם לבדו (בראשית ב, יח); וכשנתחבר אצל אשתו, מה כתיב ביה? מצא אשה מצא טו"ב (משלי יט, כב). כלומר, מצא אותו הטוב שהיה אבד ממנו. ואם באדם ואשה כך, כל שכן בשאר המעלות העליונות; כי בשעת חיבור נמצא 'כי טו"ב', ובשעת הפירוד לא נמצא 'כי טו"ב'.

Y la señal es: «decid al *Tzaddik* que le irá bien (*Tov*)» (*Idem*. III-1). Y como está dicho en el *Birkat haMazon*: «la tierra agradable y buena (*Tovah*)». Y el secreto es éste, *Elohim* incluye *Ki Tov* en cada acto de la obra del *Génesis* en cada cosa y cosa, y éste es el secreto del *Uman*. Y cuando hay separación no aparece *Ki Tov*, sino sólo cuando hay unión.

26a

Por ejemplo, cuando Adán *haRishon* estaba solo y separado, sin compañía, ¿qué está escrito? «Porque no es *Tov* que el hombre esté solo» (*Génesis* II-18). Cuando se une a su esposa, ¿qué está escrito: «Si encuentras una esposa, encuentras a *Tov*» (*Proverbios* XIX-22). Esto significa que ha encontrado el *Tov* que había perdido. Si esto es cierto para el hombre y la mujer, es aún más cierto para las entidades superiores, porque en el momento de la conexión *Ki Tov* está presente, mientras que en la separación no hay *Ki Tov.*

ועל דרך זה דע, כי שלוש הספירות, שהם נצ"ח והו"ד וטו"ב, מתאחדות תמיד, נצ"ח והו"ד זה לעומת זה, וטוב הוא הכתוב השלישי שהוא מכריע ביניהם. ולפי סוד זה תמצא כי טו"ב הוא שורש תחתון של וא"ו, שהוא קו האמצעי והוא שלישי. כיצד? ו' הוא סוד שש ספירות - שלוש למעלה ושלוש למטה. שלוש למעלה בדרך זה: הגדול"ה לצד ימין, והגבור"ה לצד שמאל, והתפארת שלישי מכריע ביניהם. ושלוש למטה, מן הוא"ו ולמטה, בדרך זה: הנצ"ח לצד ימין, וההוד לצד שמאל, טוב שלישי מכריע ביניהם.

Y de este modo has de saber que las tres Sefirot *Netzaj*, *Hod* y *Tov*, que están siempre unidas, *Netzaj* y *Hod* se oponen entre sí y *Tov* decide entre ellas. Y por este secreto descubrirás que *Tov* es la raíz inferior de *Vav*, que es la línea media y la tercera. ¿Cómo? La *Vav* es el secreto de las seis Sefirot, tres arriba y tres abajo. Las tres de arriba están dispuestas de este modo: *Guedulah* a la derecha, *Guevurah* a la izquierda y la tercera, *Tiferet*, entre ellas. Y las tres de abajo están dispuestas de este modo: *Netzaj* a la derecha, *Hod* a la izquierda y la tercera, *Tov*, entre ellas.

ולפיכך תמצא ענין 'טוב' שהוא שוכן על גבי אדנ"י, שהיא הספירה האחרונה מעשרת הספירות, ונקרא ההך הטוב. ובזמן ששוכן טו"ב תוך אדנ"י, נקרא אדנ"י ארץ טובה, על שם טו"ב השוכן בתוכו. וזהו סוד: וברכת את ה' אלהיך על הארץ הטובה אשר נתן לך (דברים ח,

26a

י), וזהו סוד: לא תחסר כל בה (שם, ט), וכתיב: ודורשי י"י לא יחסרו כל טוב (תהלים לד, יא). ולפי שאדנ"י נתלבש בלבוש הגבורה, במי־דת אלהים, ופעל כל מעשה בראשית, תמיד היה אלוהים מתייעץ ומסתכל במעשה בראשית ב'כי טוב', וזהו שאמר בכל דבר ודבר:

Y, por lo tanto, se encuentra el concepto de *Tov* cuando reside sobre *Adonai*, denominándose *Adonai Arets Tovah* (la buena tierra) cuando *Tov* reside allí. Misterio del versículo: «Bendecirás a *Adonai*, tu Dios, por la buena tierra (*Erets Tovah*) que te ha dado». Y el nombre *Tov* reside en su interior. Y éste es el secreto de: «bendecirás al *Eterno* tu Dios por la buena tierra que te habrá dado» (*Deuteronomio* VIII-10)» y éste es el secreto de: «no te faltará nada en ella» (*Deuteronomio* VIII-9). Y está escrito: «Pero los que buscan al *Eterno*, no tendrán falta de ningún bien» (*Salmos* XXXIV-11). Pues *Adonai* se revistió de un vestido de *Guevurah*, con la *Middah* de *Elohim*, en todo lo que hizo en la obra del *Génesis*, *Elohim* siempre consultó y miró la obra del *Génesis* a partir de *Ki Tov*, y esto fue lo que dijo en todos (los versículos):

וירא אלהים כי טוב: ולפי עיקר זה התבונן סוד ואהיה אצלו אמון (משלי ח, ל) שהוא סוד האמון והאומן והאמן, וזהו סוד טו"ב וסוד השבועה. לפיכך כל השביעיות כולן קשורות בשביעי, שהוא כלל השבעה, שהוא סוד השבועה. ודע והאמן שאין לשום בריה בעולם קיום, זולתי באחד יתברך מאלו ז' ספירות.

«Y vio *Elohim* que era bueno»: considera este principio a través del secreto de: «Yo estaba entonces junto a él, como arquitecto (*Amon*)» (*Proverbios* VIII-30), lo cual es el secreto de *Amon, Umen* y *Amen*, y éste es el secreto de *Tov* y el secreto de *Shavuah*. Así, los siete están todos conectados con el séptimo, que es el secreto de *Shavuah*. Has de saber y creer que ninguna criatura del mundo existe sino a través de estas siete Sefirot.

26a-26b

וכשאדם משקר בשבועה, הרי נעקר מכל שבע הספירות ולא נשאר לו בשמים ובארץ שורש, וזהו שאמרו בנשבע לשקר: ולנה בתוך ביתו וכלתו את עציו ואת אבניו (זכריה ה, ד), שהכול נעקר, שורש וענף. ועתה בני שמעה זאת והתבונן כמה הוא חומר השבועה וענשה, כי אפילו הוצאת שם שמים מן הפה לבטלה, אף על פי שאינו נשבע, נענש עליו כל שכן הנשבע לשקר, י"י יצילנו מעונש זה וישלח לנו סליחה וכפרה על כל מה שעברנו על ככה.

El que jura en falso es desarraigado de estas Siete Sefirot y no tiene raíces ni en el cielo ni en la Tierra. A propósito de alguien que jura en falso ha sido escrito: «y vendrá a la casa del ladrón, y a la casa del que jura falsamente en mi nombre; y permanecerá en medio de su casa, y la consumirá, con sus enmaderamientos y sus piedras» (*Zacarías* V-4). (26b) Todo será desarraigado desde la raíz hasta las ramas. Ahora, hijo mío, escucha esto y contempla la severidad de un juramento y su castigo, pues la pronunciación vana del nombre del cielo, incluso sin prestar juramento, es una ofensa reprobable, más aún si se ha prestado un juramento falso. Que *el Eterno* nos preserve de tal castigo y nos perdone por todas nuestras transgresiones.

ולפי שעניין השבועה הוא סוד שבע הספירות מעשר ספירות הכלולות בשמו יתברך, נאמר בתורה: ובשמו תשבע (דברים י, כ) י"י כי בשמו תלוי הכל: וכל הנשבע בארץ ישבע באלהי אמן (ישעיהו סה, טז). ולפיכך אמרו ז"ל שבועה כנשבע במלך עצמו. וסוד השבועה כלולה מן השבעה, כמו שכתוב: חצבה עמודיה שבעה (משלי ט, א). וכתיב; ויקרא אותה שבעה על כן שם העיר באר שבע (בראשית כו, לג), וכתיב: על כן קרא למקום ההוא באר שבע כי שם נשבעו שניהם (שם כא, לא). והמידה הזאת נקראת בתורה בלשון חוק, ועתה יש לי להאיר עיניך בדבר זה. דע כי ה' יתברך ויתברך חקק כל היצורים ותלה גבולם ושיעורם בשמו הגדול, ונתן קץ וגבול לכל הנבראים שבעולם. ולכל הנבראים עליונים ותחתונים יש קץ וגבול, ולשמו הגדול אין לו קץ וגבול, באמרו קץ שם לחשך ולכל תכלית הוא חוקר אבן אפל וצלמות (איוב כח, ג).

26b

Y el asunto del juramento es el secreto de las siete Sefirot entre las diez Sefirot incluidas en su nombre, bendito sea. Ha sido dicho en la *Torah*: «Y juró en su nombre» (*Deuteronomio* X-20). Porque todo depende de su nombre: «El que se bendijere en la Tierra, en el Dios de verdad se bendecirá» (*Isaías* LXV-16). Por esta razón, nuestros maestros, de bendita memoria, decían: «Prestar un juramento es como jurar ante un rey». Y el secreto de la *Shavuah* (juramento), es *Shevah* (siete), según ha sido escrito: «La Sabiduría edificó su casa; labró sus siete pilares»[62] y ha sido escrito: «Y lo llamó Seba: por cuya causa el nombre de aquella ciudad es Beer-seba hasta este día» (*Génesis* XXVI-33). Y está escrito: «Por esto llamó a aquel lugar Beer-seba; porque allí juraron ambos» (*Idem* XXI-31). Y esta *Middah* se llama en la *Torah Jok* (חוק),[63] y ahora tengo que aclarar este asunto a tus ojos. Has de saber que el Eterno, bendito, bendijo y puso límites a todas las criaturas mediante su gran nombre, y estableció un fin y un límite a todas las criaturas del mundo. Y todas las criaturas superiores e inferiores tienen un fin y un límite. Por esto ha sido dicho: «A las tinieblas puso término; y a toda obra perfecta que él hizo, puso piedra de oscuridad» (*Job* XXVIII-3).

ואומר: לכל תכלה ראיתי קץ רחבה מצותך מאד (תהלים קיט, צב). ופירוש הפסוק הזה כן הוא; כל דבר ודבר מכל הנבראים יש לו גבול ותכלית, אבל אותה המידה הנקראת מצווה שהיא סוד ספירה עשירית משמו הגדול, והיא הראשונה ממטה למעלה והאחרונה מלמעלה למטה ונקראת מצווה, אין לה גבול כי רחבה היא מאוד, והיא המקפת בכל הנבראים ונותנת להם שיעור והטעם שנקראת מצווה, כי כל עניני ה' יתברך נעשית על ידה, ועל פי מצוותה מתנהגים כל הנבראים שבעולם. וזהו סוד התורה והמצווה: התורה זו תורה שבכתב, והמצווה זו תורה שבעל פה. כי תורה שבכתב יש לנו להתנהג

62. Véase *Proverbios* (IX-1).

63. Literalmente *Hok* (חק) significa estatuto. En el texto está escrito con una letra *Vav* (ו) en medio de la palabra y podría tener el sentido de "peldaño".

26b

בה על צווי אדנ"י הנקרא מצווה, הנקראת תורה שבעל פה. ולפיכך אמר הכתוב: לכל תכלה ראיתי קץ רחבה מצותך מאד.

Y ha sido dicho: «A toda perfección he visto fin; amplia sobremanera es tu *Mitzvah*» (*Salmos* CXIX-96). Y la explicación de este versículo es la siguiente: todas las cosas y todas las criaturas tienen un límite y un propósito, pero esta *Middah* denominada *Mitzvah* es el secreto de la décima sefirah de su gran nombre, y es la primera sefirah en orden ascendente y la décima en orden descendente. Se llama *Mitzvah* porque carece de límites y se expande. Es la Mitzvah que abarca a todas las criaturas y les da medida. La razón por la que se le conoce como una *Mitzvah* es que todo lo relacionado con *el Eterno*, bendito sea, tiene lugar a través de ella y según su *Mitzvah* se comportan todas las criaturas del mundo. Y éste es el secreto de la *Torah* y la *Mitzvah*: la *Torah* es una *Torah* escrita y la *Mitzvah* es una *Torah* oral. Porque hemos en la *Torah* escrita según los mandamientos de *Adonai*, llamados *Mitzvah*, llamados *Torah* oral. Por esta razón ha sido escrito: «a toda perfección he visto fin; amplia sobremanera es tu *Mitzvah*».

ודע והבן כי כל החקיקות הנזכרות בספר יצירה שחקק ה' יתברך במעשה בראשית, כולן חקקן על ידי א"ל ח"י אדנ"י. ובשני אלו השמות נתן קץ וגבול לכל הנבראים ושיעור ידוע שלא יצאו חוץ לגבול ולא ישנו את תפקידם. וכל זה נכלל במלת חוק וחוק"ה, אל ח"י אדנ"י, שבהם נחקקו ונגבלו כל הנבראים לבל יצאו חוץ לגבולם. וזהו הסוד הרמוז במזמור הללו את ה' מן השמים (שם קמח, א) כשהזכיר כל הנבראים עליונים ותחתונים 'יהללו את שם י"י כי הוא צוה ונבראו ויעמידם לעד לעולם חק נתן ולא יעבור'. ואומר חוקות שמים וארץ (ירמיהו לג, לד). ובברכת הלבנה אמרו חז"ל: אשר במאמרו ברא שחקים וברוח פיו כל צבאם חוק וזמן נתן להם שלא ישנו את תפקידם.

26b

Has de saber y entender que todas las *Jukikot* mencionadas en el *Sefer Yetzirah*[64] por *el Eterno*, bendito sea, en la obra del *Génesis*, fueron ordenadas por medio de *El Jai Adonai*. Y con estos dos nombres dio un fin y un límite a todas las criaturas y un ritmo conocido que no fue más allá del límite y no cambió su función. Porque las limitaciones se han establecido para que no se puedan sobrepasar y cambiar su dirección. Todo esto está contenido en las palabras *Jok, Jukah, El Jai, Adonai*, que determinan la limitación de toda la creación y aseguran que nada exceda los límites. Y éste es el secreto que se insinúa en este salmo: «alabad a el Eterno en las alturas» (*Salmos* CXLVIII-1), ya que son mencionadas todas las criaturas celestiales y terrestres: «Alaben el nombre del *Eterno*; porque él mandó, y fueron creados» (*Salmos* CXLVIII-5), y ha sido dicho: «*Jukot* del cielo y de la Tierra» (*Jeremías* XXXIII-34). Y en la bendición de la Luna nuestros sabios, de bendita, memoria, dijeron: «el que con su palabra creó los cielos y todos sus ejércitos por el soplo de sus labios, les dio *Jok* y el tiempo para que no cambiaran de comportamiento».

ואומר: נותן שמש לאור יומם חוקות ירח וכוכבים לאור לילה (שם לא, לט). כלומר, גבול היום וגבול הלילה בסוד מידת יו"ם ומידת ליל"ה. ואומר: האותי לא תיראו נאם י"י אם מפני לא תחילו אשר שמתי חול גבול לים חוק עולם ולא יעברנהו (שם ה, כב). ואומר: גבול שמת בל יעבורון בל ישובון לכסות הארץ (תהלים קד, ט). הרי בכל מקום שתמצא לשון חוק, הוא עניין גבול כל הדברים ושיעורם. וכן. יאכלו אה חוקם אשר נתן להם פרעה (בראשית מז, כב), וכן: הטריפני לחם חוקי (משלי ל, ח):

Y ha sido dicho: «que da el Sol para luz del día, las leyes de la Luna y de las estrellas para luz de la noche» (*Jeremías* XXXI-35). Es decir, la limitación del día y la limitación de la noche están contenidas en

64. Véase *Sefer Yetzirah* (I-1 y II-1).

la *Middah Iom* (día) y la *Middah Leila* (noche). Y ha sido dicho: «¿A mí no temeréis?, dice *el Eterno*; ¿no os amedrentaréis a mi presencia, que al mar por ordenación eterna, la cual no quebrantará, puse arena por término» (*Jeremías* V-22). Y ha sido escrito: «Has puesto un límite que las aguas no deben cruzar, para que no vuelvan a cubrir la Tierra» (*Salmos* CIV-9). En todo lugar en el que encuentres el término *Jok*, se trata del límite y la proporción de las cosas. Y así: «y vivían de la ración (*Jok*) que Faraón les daba» (*Génesis* XLVII-22), y también: «dame a comer mi porción (*Juki*) de pan» (*Proverbios* XXX-8).

ולפי שנחקקו כל הנבראים למיניהם וגבוליהם, על ידי שתי ספירות הללו, הוצרך ה' יתברך ויתברך לשים אותם בתורה בסימנים ידועים בלשון חוק ובלשון חוק"ה; ובכל מקום שאתה מוצא לשון חוק הוא מידת אל ח"י, ולפיכך הוא מכריע בינתיים, שהוא הכתוב השלישי. וזהו שאמרו בספר יצירה: ולשון חוק מכריע בינתים, כי הלשון היא באמצע כל איברי הגוף, ולפיכך נקראת חוק, ומידת אל ח"י נקראת חוק. וזהו סוד:תקעו בחדש שופר בכסה ליום חגנו כי חו"ק לישראל הוא משפט לאלהי יעקב (תהלים פא, ג).

Y con el fin de que todas las criaturas según su especie fueran limitadas por medio de estas dos Sefirot, *el Eterno*, bendito sea, les puso en la *Torah* en signos conocidos con el término de *Jok* y con el término de *Jukim*. Y en todo lugar (27a) en el que encuentres el término *Jok*, es la *Middah* de *El Jai*, y por lo tanto es decisivo y tiene la función del tercer versículo. Y esto es lo que dijeron en el *Sefer Yetzirah*. Y el término *Jok* es decisivo entre los dos, porque la lengua está en medio de todos los órganos del cuerpo, y por eso la *Middah El Jai* se llama *Jok*. Y esto es un secreto: «Tocad el *Shofar* en la nueva Luna, en el tiempo señalado, en el día de nuestra fiesta» porque es un *Jok* para Israel y un mandamiento de Dios para Jacob» (*Salmos* LXXXI-3).

27a

וכבר הודעתיך שהוא יום הזכרון בסוד 'זכרנו לחיים', ולפיכך; 'כי חוק לישראל הוא משפט לאלהי יעקב'. דע כי המשפט הוא סוד תפאר"ת, וסוד יעקב, וסוד ו' שבשם; וחוק הוא הקצה התחתון של ו' שהוא סוד המשפט שהוא סוד יעקב. וכבר זכרנו למעלה שהקצה של הוא"ו נקרא יו"ד קטנה. ולפיכך אמר 'כי חוק לישראל הוא משפט לאלהי יעקב', וכתיב: שם שם לו חוק ומשפט (שמות טו).

Y ya hemos dicho que se refiere a *Iom haZikaron*,[65] cuyo secreto es «recordamos para la vida», y por lo tanto, «es un *Jok* para Israel y un mandamiento de Dios para Jacob». Has de saber que este mandamiento es el secreto de *Tiferet*, y el secreto de Jacob y el secreto de la *Vav* que está en el nombre.[66] *Jok* es el extremo inferior de la *Vav*, y el secreto de la ordenanza (משפט), que es el secreto de Jacob. Y ya hemos mencionado anteriormente que el extremo de la letra *Vav* se llama «pequeña *Iod*». Por esa razón dice: «porque es un *Jok* para Israel, una ordenanza (משפט) de Dios para Jacob. Y ha sido escrito: «Le puso un *Jok* y una ordenanza (משפט)» (*Éxodo* XV-25).

ומתוך חוק שהוא אל ח"י, שהוא יום הזכרון, אדם נכנס למשפט ביום זה י, ולפיכך דע שתמצא בתורה מצוות הרבה שיש בהן סימן חוק, ומצוות הרבה שיש בהן סימן חוקה. ובסוד הדבר כך הוא: כל מקום שתמצא במצוות לשון חוק, סימן הוא שאותה המצווה דבקה באל ח"י שהוא סוד חוק, כאמרו בפסח מצרים: ושמרת את הדבר הזה לחוק לך ולבניך (שמות יב, כד).

Es a través de *Jok*, que es *El Jai* y es *Iom haZikaron*, porque el hombre entra al día del juicio en ese día. De esto se sabe que la *Torah* contiene muchas *Mitzvot* en las que hay una señal de *Jok* y muchas *Mitzvot* en las que hay una señal de *Jukah*. El secreto de este concepto es: en todo lugar en las *Mitzvot* donde encuentres el término *Jok*, es una señal

65. Literalmente «día del recuerdo», se trata de *Rosh haShannah*.

66. O sea, la tercera letra del Tetragrama.

es que la misma *Mitzvah* se adhirió a *El Jai*, que es el secreto de *Jok*, como ha sido dicho en la salida de Egipto: «Y guardaréis esto por *Jok* para vosotros y para vuestros hijos para siempre» (*Éxodo* XII-24).

וכן בכל מקום שתמצא חוק, יוצא במידת אל ח"י. ובברכת ברית מילה, שהיא סוד מידת אל ח"י: ברוך אתה י"י אשר קידש ידיד מבטן וח"ק בשארו שם וצאצאיו חתם באות ברית קודש. ובכל מקום שנ־מצא חוקה, הוא סימן שאותה מצווה דבקה בשם אדנ"י, כגון: ושמ־רת את החוקה הזאת למועדה מימים ימימה (שם יג, י), זאת חוקת התורה (במדבר יט, ב) וכן כל כיוצא בזה. נמצאת למד כי לשון חוק וחוקה סימן אל ח"י ואדנ"י, הם מידת יום ומידת לילה, הם זכור וש־מור, וכל כיוצא בעניינים אלו. ועתה יש לך לדעת כי בכל מקום שת־מצא בתורה חוקים הם סימן חוק, כאמרו: חקי"ם ומשפטים צדיקים (דברים ד, ח).

Asimismo, en cualquier lugar donde se encuentre *Jok*, se refiere a *El Jai* (אל ח"י). Y en la bendición del *Brith Milá*, que es el secreto de la *Middah El Jai* (אל ח"י), se dice: «Bendito eres tú, *el Eterno*, que has santificado a este ser amado desde el vientre y has grabado en su carne y su descendencia sellados por el signo del sagrado pacto. Y en cualquier lugar donde se utilice la palabra *Jukah*, es una señal de que esta *Mitzvah* se adhiere al nombre *Adonai* (אדנ"י), como en: «Guardarás, pues, esta ordenanza (*Jukat*) a su debido tiempo de año en año» (*Ibid.* XIII-10), esta ordenanza (*Jukat*) de la *Torah* (*Números* XIX-2). Esto son señales de *El Jai* (אל ח"י) y *Adonai* (אדנ"י), de día y noche, de «recuerda» y «guarda» y todo lo demás en estos asuntos. Y ahora has de saber que en cualquier lugar donde encuentres *Jukim* en la *Torah*, es una señal de *Jok*, como ha sido dicho: «estatutos (*Jukim*) y decretos (*Mishpatim*) justos» (*Deuteronomio* IV-8).

ובכל מקום שתמצא חוקות הם סימן חוקה, כאמרו: אם בחוקותי תלכו ואת מצותי תשמרו (ויקרא כו, ג). אבל מכל מקום כשמזכיר

27a

לשון חוקים בלשון רבים, א"ל ח"י ואדנ"י נכללים בהם; וכן כשמזכיר חוקות, שתי מידות אלו נכללות. ואם כן מה הפרש יש בין חוקים וחוקות? דע כי חוקים הם סוד אל ח"י בראשונה, ובכלל שלו אדנ"י מלמעלה למטה; וחוקות הם סוד אדנ"י בראשונה, ובכלל שלו אל ח"י מ.למטה למעלה.

Y en todo lugar donde encuentres *Jukot*, es una señal de *Jukah*, como ha sido dicho: «si observáis mis estatutos y guaráis mis preceptos» (*Levítico* XXVI-3). Pero en todo lugar donde encuentres el término *Jukim*, en plural, son *El Jai* y *Adonai* los que están incluidos. Y al hablar de *Jukim*, está incluidas estas dos *Middoth*. Y si es así, ¿cuál es la diferencia entre *Jukim* y *Jukot*? Has de saber en primer lugar que *Jukim* son el secreto de *El Jai* (אל ח"י) y en general a *Adonai* contando de arriba hacia abajo. Y *Jukot* son en primer lugar el secreto de *Adonai*, y en general el secreto de *El Jai* de abajo hacia arriba.

והתבונן בעיקר הגדול הזה: ואחר שהודענוך זה, יש לנו להודיעך הטעם שקרא קצת המצוות חוקים או חוקות. כבר הודענוך כי לשון חוק הוא סוד חקיקת הדברים ושיעורם וגבולם, ושאינן יכולים לעלות חוץ לגבולם. וכן כל המצוות הנקראות חוקים או חוקות, מצוותיהם סתומות ונעלמות מאוד.

Y considera, sobre todo, este importante principio. Y después de esta introducción, tenemos que informarte de la razón por la que algunos preceptos han sido llamados *Jukim* o *Jukot*. Ya te he dicho que *Jok* es el secreto de la formulación de las cosas dándoles límite y medida. Del mismo modo, todos los preceptos llamados *Jukim* o *Jukot* están sellados y son muy ocultos.

והוציאה אותם התורה בלשון חוק, לומר לנו שנקיים אותן ולא נהרהר אחריהן מה טעם נתנו לנו, ונשמור חוק גבול ההרהור והמחשבה בהם, ולא נצא חוץ לגבולי המחשבה וההרהור, ולפיכך נקראו

27a

חוקים והוקות. וכבר גילו דבר זה חז"ל בתלמוד ואמרו: את חוקו־תי תשמרו, דברים שהיצר מקטרג עליהם ואומות העולם משיבים, ואלו הן אכילת חזיר ולבישת שעטנז וחליצת יבמה והרבעת כלאיים ושור הנסקל ועגלה ערופה וציפורי מצורע. ושמא תאמר מעשה תהו הן? ת"ל: אני י"י חקקתיה, ואין לך רשות להרהר בהם, וזהו סוד: את משפטי תעשו ואת חוקותי תשמרו ללכת בהם אני י"י (ויקרא יח, ד).

Y la *Torah* reveló estos preceptos a través del concepto del *Jok* para hacernos entender que debemos observarlos sin cuestionarlos y mantenernos dentro del límite del *Jok* en nuestra concepción y racionalización de los mismos, pues no debemos ir más allá de los límites del pensamiento racional, y por eso se llaman *Jukim* o *Jukot*. Esto ya fue revelado por nuestros maestros, de bendita memoria, cuando dijeron: «Guardaréis mis *Jukot*, cuestiones que la Mala Inclinación denigra y las naciones del mundo rechazan».[67] Y éstas son: comer cerdo, usar lana y lino (juntos), el divorcio, la hibridación de plantas, la ordenanza relativa al deshuesado del buey, la rotura del cuello del ternero y la ofrenda de un ave en caso de *Metzorah*. Y puede que digas que estos son actos inútiles, la *Torah* responde: no está permitido legislar sobre ellos, y darles un segundo sentido. Y éste es el secreto: «Habréis de cumplir mis leyes y guardaréis mis estatutos para vivir según ellos. Yo soy el Eterno, tu Dios» (*Levítico* XVIII-4).

ולפיכך בכל מקום שתמצא בתורה לשון חוק או חוקה, הוא סוד שאתה ראוי לקבל ולקיים ואין לך רשות להרהר על אותה המצ־ווה ולצאת חוין לגבול השגתך. ולפי שטעם המצוות הנקראות חו־קים עמוק הם בחקיקה, וזהו סוד: את חוקותי תשמרו (שם יט, יט). כמו שתמצא בפסח מצרים: ולקחתם אגודת אזוב וטבלתם בדם אשר בסף והגעתם אל המשקוף (שמות יב, כב), ואמר בו: ושמרתם את הדבר הזה לח"ק לך ולבניך (שם כד). וכן לעניין כלאיים ושעט־

67. Véase Talmud, tratado de *Iomah* (67b).

27a - 27b

נז נאמר בו: את חקות"י תשמרו בהמתך לא תרביע כלאים שדך לא תזרע כלאים ובגד כלאים שעטנז לא וגו' (ויקרא יט, יט)' וכן בשעיר המשתלח: והיתה לכם לחוקת עולם (שם טז, כט). וכן בפרה אדומה: זאת חוקת התורה (במדבר יט).

Y, por lo tanto, en cualquier lugar de la *Torah* donde encuentres el término *Jok* o *Jukah*, es un secreto que mereces recibir y mantener y no te está permitido detenerte en este precepto que está más allá de tu capacidad de comprensión. Y el sentido de los preceptos denominados *Jukim* es que son impenetrables y han sido añadidos a la legislación, y es el secreto de: «Guardarás mis estatutos (*Jukotai*) (*Levítico* XIX-19). Como vemos en el relato de la salida de Egipto, «Y tomad un manojo de hisopo, y mojadlo en la sangre que estará en un lebrillo, y untad el dintel y los dos postes con la sangre que estará en el lebrillo» (*Éxodo* XII-22). Y a este respecto está escrito: «Y guardaréis esto por estatuto para vosotros y para vuestros hijos para siempre.» (*Ibid.* XII-24). Y en materia de sembrar dos especies diferentes, de usar lana y tela de lana, como está escrito: «A tu animal no harás ayuntar para misturas; tu haza no sembrarás con mistura de semillas, y no te pondrás vestidos con mezcla de diversas cosas» (*Levítico* XIX-19). Y a propósito del macho cabrío enviado al desierto está dicho: «y esto os será un estatuto (*Jukah*) perpetuo» (*Levítico* XVI-29) y con la vaca roja: «Es una *Jukah* de la *Torah*» (*Números* XIX-2).

ועתה התבונן כי בהיות לשון ח"ק חקיקת כל הדברים בשמו הגדול ועמקם, נתן גבול לדעתו של אדם במצוות העמוקות הנקראות חו־קים, ואמר לנו לקיים אותם ושלא נהרהר אחריהם ולא נצא חוץ לג־בול ההשגה, ואמר: עד פה תבא להרהר ולא תוסיף, כמו שאמר לגלי הים 'עד פה תבא ולא תוסיף', וכן הוא דין האמונה והרהור המחשבה על המצוות הנקראות חוקים.

Ahora considera esto en el sentido de que *Jok* es la promulgación de las cosas (27b) en su condición más íntima de su nombre grande y

27b

profundo, él ha puesto límites al entendimiento humano con respecto a estos preceptos denominados *Jukim*. Así, se nos pidió que los observáramos sin cuestionarlos para no sobrepasar los límites del intelecto y se nos dijo: «hasta aquí llegarás pero no más allá».[68] Así como se dice con el mandato impuesto a las olas del mar «hasta aquí llegarás pero no más allá», así es la ley de la fe y la contemplación y análisis de los preceptos denominados *Jukim*.

ולפי שעניין סוד ברית מילה הוא מהדברים הנסתרים והנעלמים בסוד אל ח"י שהוא סוד חוק, קבעו בברכת ברית: ברוך אתה יהו"ה אלוהינו מלך העולם אשר קידש ידיד מבטן, וח"ק בשארו שם, וצאצאיו חתם באות ברית. והסוד הפנימי: שם שם לו ח"ק ומשפט ושם נסהו (שמות טו, כה). ולפי דרך זה התבונן בכל מקום שתמצא בתורה לשון חוק שהוא סוד אל ח"י, וחוקה הוא סוד אדנ"י. ועתה פקח עיניך וראה סתרים נעלמים גלוים לעין, ואדם צריך להתבונן בהן בכל מקום שהוא מסתכל בהם בכל התורה:

Y según el asunto del secreto de la circuncisión (*Brith Milá*) es una de las cosas ocultas y escondidas por el secreto de *El Jai*, que es el secreto del *Jok*, como se dice en la bendición de la circuncisión: «Bendito eres tú, el Eterno, nuestro Dios, rey del universo, que has santificado a un amigo querido desde el vientre materno y grabaste en su carne y marcaste a su descendencia con el «signo» (אות), del sagrado *Brith* (ברית). Y el secreto interior: «allí les dio estatutos y ordenanzas, y allí los probó» (*Éxodo* XV-25). De esta manera, se puede observar que en cualquier lugar de la *Torah* donde se encuentra la palabra *Jok*, es el secreto de *El Jai*, y *Jukat* es el secreto de *Adonai*. Y ahora abre los ojos y contempla los secretos ocultos visibles a simple vista, que el hombre debe considerar en todo lugar donde los encuentre en la *Torah*.

68. Véase *Job* (XXXVIII-11).

27b

ולפעמים נקראת המידה הזאת בתורה בלשון הר, וצריך אני לעורר על זה. דע כי מילת ה"ר היא רומזת בתורה עניינים רבים, וצריך אתה לדעת בהיותך מוצא לשון ה"ר או הרי"ם לאיזה צד הכוונה נוטה. דע כי המידה הואת הנקראת אל ח"י נקראת בתורה הר ציון, ומידת אדנ"י הר המוריה, והר עשו היא המידה המקטרגת את ישראל. וה־נני מאיר עיניך בטעם זה. דע כי הר ציון בכל מקום היא מידת יסו"ד, והוא סוד אל ח"י, לפי שהר ציון הוא המקום אשר משם היתה המי־דה ראשונה לבריאת עולם, כאמרו: מציון מכלל יופי אלהים הופיע (תהלים נ, ב).

Y a veces esta *Middah* recibe en la *Torah* la denominación de montaña ((הר), y debo ilustrarte al respecto. Has de saber que la palabra *Ar* (הר), «montaña» alude en la *Torah* a muchos asuntos y has de conocerlos cuando te encuentres con las palabras *Ar* (הר), o *Arim* (הרים) en la *Torah*. Has de saber que la *Middah El Jai* es denominada *Ar Sion* en la *Torah*. Y has de saber que esta *Middah* denominada *El Jai*, en la *Torah* se llama monte Sion, y la *Middah Adonai* monte *Moriah*, y monte Esaú es la *Middah* que persigue a Israel. Voy a aclararte aquí el significado de esto. Has de saber que *Ar Sion* es siempre la *Middah Iesod*, que es el secreto de *El Jai*, porque *Ar Sion* es el lugar del que salió la primera *Middah* de la creación del mundo, como ha sido dicho: «de Sion, belleza perfecta, surgió *Elohim*» (*Salmos* L-2).

וא"ת: והלא אדנ"י הוא בית שער הראשון הסמוך לנבראים? דע שאילו לא יגיע אצילות שפע הר ציון, שהוא אל ח"י, בהר המוריה, שהיא ירושלים, הנקרא אדנ"י, לא יוכל אדנ"י לעשות דבר. וכבר הודענוך כי כל הפעולות שפועל אדנ"י, בהיותו נשפע ממידת אל ח"י; כן העניין בהר ציון הוא סוד אל ח"י, והר המוריה הוא סוד אדנ"י, שהוא סוד ירושלים. ואין הקב"ה משפיע טובו ושוכן בירושלים אלא על ידי ציו"ן, כמו שכתוב: ברוך ה' מציון שוכן ירושלים (תהלים קלה, כא). ופי' הפסוק: מעם ציו"ן ועל ידי ציון הוא שוכן בירושלים. ואין ברכה באה לעולם אלא על ידי ציון כשהוא מריק ברכותיו בי־

27b

רושלים, כאמור: כטל חרמון שיורד על הררי ציון כי שם ציוה י"י את הברכה חיים עד העולם (תהלים קלג, ג).

Y no digas ¿acaso no es *Adonai* la puerta que está más cerca de las criaturas? Has de saber que si la *Shefa* de *Ar Sion,* que es *El Jai,* no llega a *Ar Moriah,* o sea a Jerusalén, denominada *Adonai*, *Adonai* no puede hacer nada. Y ya te he dado a conocer que *Adonai* depende de la *Shefa* de la *Middah El Jai*, y ciertamente el asunto de *Ar Sion* es el secreto de *El Jai*, y *Ar Moriah* es el secreto de *Adonai* y el secreto de Jerusalén. El Santo, bendito sea, no brilla ni habita en Jerusalén sino por la virtud de Sion, como ha sido escrito: «bendito *El Eterno* de Sion, el que mora en Jerusalén» (*Salmos* CXXXV-21). La interpretación de este versículo es que por Sion y en virtud de Sion él habita en Jerusalén. Porque ninguna bendición puede venir al mundo sino por la virtud de Sion, mientras otorga su bendición a Jerusalén. Como ha sido escrito: «como el rocío de Hermón, que desciende sobre los montes de Sion. Porque allí envía *El Eterno* bendición, y vida eterna» (*Salmos* CXXXIII-33:3).

והררי ציון הם נצ"ח והו"ד, ומשם שמן הטוב נמשך על ציון, ומשם יורד לירושלים. והסוד: שנים כרובים עצי שמן שעשה שלמה בדביך. ומהררים אלו נחצבו הררי נחושת, בסוד: ארץ אשר אבניה ברזל ומהרריה תחצוב נחושת (דברים ח, ט), בסוד מידת הדין האדומה, בסוד וההרים הרי נחושת (זכריה ו, ב).

Ar Sion es *Netzaj* y *Hod* y de allí el buen aceite fluye a Sion, y luego baja a Jerusalén. Y éste es el secreto de los dos *Kerubim*[69] y la madera de esencia que Salomón tenía en el templo. De estas montañas se extraían montes de cobre, el secreto es: «tierra cuyas piedras son hierro, y de sus montes sacarás bronce» (*Deuteronomio* VIII-9). Porque el se-

69. Querubines.

creto de la *Middah* del *Din* es rojo, el secreto del versículo es: «Y los *Harim* son montañas de cobre» (*Zacarías* VI-2).

ולפיכך דע כי הר ציון הוא סוד אל ח"י, והר המוריה הוא סוד בית המקדש וירושלים בכלל, והר עשו הוא הצד המקטרג מצד שמאל מבחוץ, והסוד: מלחמה לי"י בעמלק מדור דור (שמות יו, טז). וזהו המעכב בבניין הר ציון ובבניין המזבח בהר המוריה, עד שיגיע זמן פורענותו של אדום לקבל הנקמה ממנו. ואימתי? בזמן שילבשו בגדי נקם הרר"י ציון, שהם יהו"ה צבאות אלהים צבאות, ויתישבו על הר ציון. ואלו הן הנקראין מושיעים, אלו הם יהו"ה אלהים צבאות, והסוד: ועלו מושיעים בהר ציון לשפוט את הר עשו (עובדיה א, כא). מושיעים אלו הם יהו"ה אלהים צבאות; בהר ציון, זהו א"ל ח"י; לש־פוט את הר עשו, זהו עמלק בנו של עשו, שיש לי"י בו מלחמה, והוא המקטרג כנגד הר ציון, והוא סמאל שרו של עשו ששלח יד בברית שלומים. מה כתיב בתריה והיתה לי"י המלוכה (שם), שהיא סוד המלכות, שהיא סוד הר המוריה, שהיא סוד ירושלים, שהיא סוד אדנ"י:

Y has de saber, pues, que el *Ar Sion* es un secreto de *El Jai* y *Ar Moriah* es el secreto del templo, que contiene a Jerusalén, y *Har Esau,* el acusador que está a la izquierda, afuera. Y la señal es: «*El Eterno* tendrá guerra con Amalek de generación en generación» (*Éxodo* XVII-16). Este es quien impedirá la construcción del templo de *Ar Sion* y la construcción del altar en *Ar Moriah*, hasta que llegue el momento (28a) en que Edom sea castigado y se vengue de él. ¿Cuándo? Cuando *Ar Sion* lleva las vestiduras de la venganza que son los nombres IHVH (יהו"ה) *Tzevaoth* y *Elohim Tzevaoth*, que residen en *Ar Sion*. Estos son los nombres que se conocen como liberadores: IHVH (יהו"ה), *Elohim Tzevaoth*, cuyo secreto es: «Y vendrán salvadores al monte de Sion para juzgar al monte de Esaú» (*Abdías* I-21). Los salvadores son: IHVH (יהו"ה) *Elohim* y *Tzevaoth*; *Ar Sion* es *El Jai* y «juzgar a al monte de Esaú» es Amalek, el hijo de Esaú, contra el que *El Eterno* debe hacer la guerra, el que persigue a *Ar Sion* es Samael, el ángel protector de Esaú, que se opone a la alianza de la paz. ¿Y qué está escrito a continuación? «Y el reino será del *Eterno*» (*Íbid.*), que es el secreto de *Maljut*, que es el secreto de *Ar Moriah*, el secreto de Jerusalén y el secreto de *Adonai*.

ודע כי תחת ממשלת אדנ"י, שהיא סוד ירושלים והשכינה והמלכות, יש ארבע מחנות נושאות כיסא אדנ"י ונקראים הרי אררט, והם נו־שאי כסא מרכבתו. ועל דה נאמר: והיה באחרית הימים נכון יהיה הר בית י"י בראעמ ההרים (ישעיהו ב, ב) בראש ארבע מחנות. וזהו סוד: כל יושבי תבל ושוכני ארץ כנשוא נ"ס הרים תראו וגו' (שם ימ, ג), שיעמוד נם אדנ"י, שהוא סוד המזבח שעשה משה רנינו עליו השלום על מלחמתו של עמלק, ויעמוד הנס על ראש ההרים הידו־עים, ארבע חיות של ארבע מחנות. ודע, עוד יש כמה הרים אחרים, ומהם גבנונים ומהם הרי נשף ושאר כמה הרים חיצונים, וכולם מקי־פין סביב להר המוריה בסוד אדנ"י, וזהו סוד: ששים המה מלכות ושמונים פילגשים ועלמות אין מספר אחת היא יונתי תמתי (שיר"ה ו, ח, ט)' ועל זה נאמר; ירושלים הרים סביב לה וי"י סביב לעמו (תהלים קכה, ב) ודע כ, מן ההרים שסביבות ירושלים, מאותן שנק־ראים הרי נש"ף וכיוצא בהן, כשישראל יוצאין חוץ להר ציון מתנג־פין רגליהם על הרי נשף, לפי שאין להם לישראל קיום ועמידה זולתי בהר ציון ובהר המוריה. ולפי עיקר זה אמר י"י יתברך לישראל שנתן לעשו את הר שעיר לרשת אותו. והטעם, כי הר שעיר הוא טמא ובו שוכנים השעירים אשר הם זונים אחריהם:

Y has de saber que, bajo la autoridad de *Adonai*, el secreto de Jerusalén, la *Shekinah* y *Maljut*, hay cuatro campamentos que llevan el trono de *Adonai* y que se llaman *Harei Ararat*, y son los portadores del trono de la *Merkavah*, de los que ha sido dicho: «Y acontecerá en lo postrero de los tiempos, que será confirmado el monte de la casa del *Eterno* por cabeza de los montes» (*Isaías* II- 2). Estos serán los jefes de los cuatro campamentos, y el secreto del versículo es: «Todos los moradores del mundo, y los vecinos de la tierra, cuando levantare bandera como ejemplo en los montes, la veréis; y cuando tocare *Shofar*, la oi-

28a

réis» (*Isaías* XVIII-3). «Veréis» que el estandarte de *Adonai* se alzará, un secreto del altar que *Moshé Rabbeinu*, la paz sea con él, construyó durante su guerra con Amalek y del estandarte que se alzó sobre los *Harim*, conocidos como las cuatro fuerzas de los cuatro campamentos. Has de saber que hay otros *Harim*, algunos están arados y otros son estériles, y otros en otros lugares. Todos ellos rodean el *Ar Moriah*, el secreto de *Adonai*. Y éste es el secreto: «Sesenta son las reinas, y ochenta las concubinas, y las doncellas vírgenes sin número; una es mi paloma, mi perfecta» (*Cantar de los Cantares* VI-8 y 9). Y a propósito de esto ha sido dicho: «Como Jerusalén tiene montes alrededor de ella, así *el Eterno* alrededor de su pueblo» (*Salmos* CXXV-2). Has de saber que cuando Israel sale de *Ar Sion* a las montañas que rodean Jerusalén, éstas se llaman *Harei Neshef*,[70] sus piernas chocan con la ladera de estas montañas, pues las únicas fuentes de alimento para Israel son *Ar Sion* y *Ar Moriah*. Y de acuerdo con este principio, *El Eterno*, bendito sea, dijo a Israel que le dio *Har Seir* a Esaú como herencia. Y la razón es que *Ar Seir* es impuro y allí habitan los *Shairim*[71] con los que fornican.

ושעיר על רעהו יקרא (ישעיהו לד, יד). שעיר, 'הן עשו אח"י איש שעיר' (בראשית כז), וכנגדן שעיר המשתלח, וכנגדן: ולא יזבחו עוד את זבחיהם לשעירים (ויקרא יז, ז). ותדע כי עשו לקח בחלקו מן השעירים השפלים הקרובים לארץ, כעניין שאמר: אלה הם בני שעיר החורי יושבי הארץ (בראשית לו, כ), ולפיכך נאמר בעשו 'וילך אל ארץ מפני יעקב אחיו' (שם, ו) והוא העניין שאמר: הנה קטן נתתיך בגוים בזוי אתה מאד (עובדיה א, ב). והטעם, כי שאר הגוים יש להם שרים עליונים, כעניין שנאמר:

«El peludo (*Sair*) gritará a su compañero» (*Isaías* XXXIV-14). *Sair*, es el hermano de Esaú, el hombre peludo (*Génesis* XXVII-11), y su paralelo es «*Seir* emisario» y su paralelo es «Y nunca más sacrificarán

70. Montes tenebrosos.

71. Cabras.

sus sacrificios a los demonios (*Seirim*)» (*Levítico* XVII-7). Y has de saber (28b) que Esaú tomó como su porción de los *Seirim* de abajo que estaba cerca de la tierra, como ha sido dicho: «Y estos son los hijos de Seir, el horeo, moradores de aquella tierra» (*Génesis* XXXVI-20). También está escrito a propósito de Esaú: «y se fue a otra tierra de delante de Jacob su hermano» (*Íbid.* XXXVI-6). Y también ha sido dicho: «*El Eterno Elohim* dijo así a Edom: oído hemos el pregón del *Eterno*, y mensajero es enviado a los gentiles. Levantaos, y levantémonos contra ella en batalla. He aquí, pequeño te he hecho entre los gentiles; abatido serás tú en gran manera» (*Abdías* I-1 y 2). Y la razón es que los demás gentiles tienen Príncipes superiores, como ha sido dicho:

והנה שר יון בא ושר מלכות פרס (דניאל י, כ) וכן לשבעים אומות, ובישמעאל שנים עשר נשיאים לאומותם, אבל עשו חלקו ונחלתו השעירים שהם השפלים שבכל הנבראים, ולפיכך נקרא שעיר, ואומר: ואתן לעשו את הר שעיר לרשת אותו (יהושע כד, ד). ומה שאמר באדום אם תגביה כנשר (עובדיה א, ד) לפי שיש לו שר הנקרא סמאל, והוא נותן הכוח בשעירים והנפש לגלגל מאדים, אבל אינו מכלל השרים השבעים הקיימים לעולם על עמדם. ולפיכך אמר הכתוב: מלחמה לי"י בעמלק מדו"ר דו"ר (שמות יז, טז), וסוד 'ד"ר ד"ר' הוא סוד 'י"י זכרך לדור ודו"ר' (תהלים קלה, יג), ו'זה זכרי לד"ר ד"ר' (שמות ג, טו).

«Y he aquí al príncipe de Grecia y también el príncipe de Persia» (*Daniel* X-20). Y así, las setenta naciones. Se asignaron doce Príncipes a Ismael, pero a *Seir*,[72] que son los más viles de la creación, los *Seirim*,[73] y por eso se llama *Seir*. Y ha sido dicho: «y a Esaú di el monte de Seir, que lo poseyese» (*Josué* XXIV-4). Y respecto a Edom ha sido dicho: «Si te encaramares como águila» (*Abdías* I-4) según el cual tiene un Príncipe llamado Samael, que da fuerza a los *Seirim* y soporta la fuerza

72. O sea a Esaú.

73. Los machos cabríos. Son los demonios y los espíritus impuros.

28b

vital del planeta Marte.[74] Sin embargo, ninguno de los setenta Príncipes podrá seguir en pie. Como dice lo que está escrito: «*El Eterno* tendrá guerra con Amalek de generación en generación» (*Éxodo* XVII-16). Y el secreto de «de generación en generación» es el secreto de «y Oh *Eterno*, tu nombre es eterno; tu memoria» (*Salmos* CXXXV-13), y «éste es mi nombre para siempre» (*Éxodo* III-15).

והוא השטן המקטרג למעלה כנגד ישראל, והוא סמא"ל הרשע. ובבא עת הגאולה, מה כתיב על סמא"ל הרשע? אם תגביה כנשר ובין כוכבים שים קנך משם אורידך נאם י"י (עובדיה א). וכיצד יורידוהו? בעלות מושיעים שהם יהו"ה אלהים צבאות, על הר ציון שהוא סוד אל ח"י, לשפוט את הר עשו שהוא הר שעיר, 'יפקוד ה' על צבא המרום במרום ועל מלכי האדמה באדמה' (ישעיהו כד, כא) ואז; כי רותה בשמים חרבי (שם לד, ה), ואחר כך: הנה על אדום תרד (שם לד, ה) ובהיות זה, מה כתיב? מי זה בא מאדום חמוץ בגדים מבצרה וגו' (שם סג) אני מדבר בצדקה רב להושיע, בסוד ועלו מושיעים בהר ציון (עובדיה א, כא). ולפי דרך זה אמרו כי הר ציון נקרא הר י"י, בהתחבר ה"ר ציון וה"ר המוריה, בסוד: ויקרא אברהם שם המקום ההוא י"י יראה אשר יאמר היום בהר י"י יראה (בראשית כב, יד). ומעמד הר המוריה על ידי אצילות הר ציון בשפע הברכה היה, ולפיכך אמר. בי נשבעתי נאם י"י כי יען אשר עשית את הדבר הזה ולא חשכת את בנך את יחידך כי ברך אברכך והרבה ארבה את זרעך וגו' (בראשית כב, יז). ולפי כך כל מקום שתמצא 'מי יעלה בהר י"י' הוא סוד ציון בחיבור ירושלים; 'הר בית ה' הוא סוד הר המוריה וירושלים בחיבור:

Es el Satán, el acusador celestial de Israel, es Samael el malvado. Cuando llegue el momento de la redención, ¿qué está escrito a propósito de Samael el malvado? «Si te encaramares como águila, y si entre las estrellas pusieres tu nido, de ahí te derribaré, dijo *El Eterno*» (*Ab-*

74. Considerado en astrología como un planeta maléfico.

días I-1). ¿Cómo lo derribará? Con salvadores que son IHVH (יהו"ה), *Elohim Tzevaoth*, en el monte Sion, que es secreto de *El Jai*, para juzgar a *Ar Esaú*, que es *Ar Seir*. «Y acontecerá en aquel día, que *el Eterno* visitará sobre el ejército sublime en lo alto, y sobre los reyes de la tierra, sobre la tierra» (*Isaías* XXIV-21). Y luego: «Porque en los cielos se embriagará mi espada» (*Íbid.* XXXIV-5). Y luego está escrito: «he aquí que descenderá sobre Edom» (*Íbid.* XXXIV-5). Y después de esto, ¿qué está escrito?: «¿Quién es éste que viene de Edom, de Bosra, con vestidos bermejos? «(*Íbid.* LXIII-1): Hablo con gran claridad en el secreto de la salvación, en el secreto del versículo: «y subirán libertadores al monte Sion» (*Abdías* I-21). De esta manera dijeron que el *Ar Sion* se llamaba monte del *Eterno*, cuando *Ar Sion* y *Ar Moriah* están unidos, en el secreto de: «Y llamó Abraham el nombre de aquel lugar, IHVH (יהו"ה), verá. Por lo tanto, se dice hoy, en el monte del Eterno será visto» (*Génesis* XXII-14). La presencia de *Ar Moriah*, a través de la efusión de *Ar Sion*, está envuelta en la bendición, «y dijo: por mí mismo he jurado, dijo *el Eterno*, que por cuanto has hecho esto, y no me has rehusado tu hijo, tu único; bendiciendo te bendeciré, y multiplicando, multiplicaré tu simiente como las estrellas del cielo, y como la arena que está a la orilla del mar» (*Génesis* XXII-16 y 17).

ולפעמים נקראת המידה הזאת ציון, ועניין ציון וירושלים הם סוד אל ח"י אדנ"י, זכו"ר ושמו"ה. ומתוך ציון, שהוא סוף תשע ספירות, שוכן השם בירושלים שהיא סוד הספירה העשירית למטה, כאמ־רו: ברוך י"י מציון שוכן ירושלי"ם (תהלים קל"ה) ואמר: כטל חרמון שיורד על הרר"י ציון ומשם הברכה נמשכת לירושלים ולכל העולם (שם קל"ג).

Y esta *Middah* se llama a veces Sion y la relación entre Sion y Jerusalén es entonces la misma que entre *El Jai* y *Adonai*, y *Shamor* y *Tzajor*. Es en Sion al final de las nueve Sefirot donde Sion mora con Jerusalén, el secreto de la décima sefirah, contando de arriba a abajo, como está escrito: «Bendito *el Eterno* de Sion, el que mora en Jerusalén» (*Sal-*

mos CXXXV-21) Y ha sido escrito: «como el rocío de Hermón, que desciende sobre los montes de Sion» (*Salmos* CXXXIII-3). A partir de ahí, la bendición continúa hasta Jerusalén, y luego hasta el mundo entero.

וכבר הודענוך כי א"ל ח"י הוא סוף ט' ספירות מלמעלה למטה, והוא המריק ברכה באדנ"י; וכן בהיות הצדיקים נמצאין בעולם, אזי י"י יתברך ויתברך מאציל ברכותיו למטה. ועל ידי מי? על ידי ציון. וכן הוא אומר: מציון מכלל יופי אלהים הופיע. ואם ח"ו עושין ישראל שלא כהוגן, מה כתיב? כי מפני הרעה נאסף הצדיק (ישעיהו נז, א) והצדיק הוא מידת הדין. וכן הוא אומר: וצדיק יסוד עולם (משלי י, כה), ואומר: 'מציון מכלל יופי אלהים הופיע'. וכשנאספת מידת צדיק אז נחרב הר ציו"ן, מה כתיב בהסתלק אל ח"י מהר ציון? אז כתיב; על הר ציון ששמם שועלים הלכו בו (איכה ה, יח).

Ya hemos explicado que *El Jai* es el final de las Sefirot en orden descendente. Es él quien vierte su bendición en *Adonai*. De la misma manera, porque hay *Tzaddikim* en el mundo, *El Eterno*, bendito sea, envía su bendición hacia abajo. ¿Por dónde lo hace? A través de Sion. Como está escrito: «De Sion, perfección de hermosura, *Elohim* ha resplandecido»[75] (*Salmos* L-2). Si, Dios no lo quiera, Israel actuara indebidamente, ¿qué está escrito?: «delante de la aflicción es recogido el justo» (*Isaías* LVII-1). «El justo» (*Tzaddik*) se refiere a la *Middah* de *Din*. Ha sido escrito: «el justo, fundado para siempre» (*Proverbios* X-25). Y ha sido dicho: «De Sion, perfección de hermosura, *Elohim* ha resplandecido». Así, cuando la *Middah Tzaddik* es eliminada, entonces *Ar Sion* es destruido. ¿Qué está escrito cuando *El Jai* se retira (29a) de *Ar Sion*? Está escrito: «Por el Monte de Sion que está asolado; zorras andan en él» (*Lamentaciones* V-18).

---

75. Véase *Salmos* (L-2).

29a

מי הם השועלים שהלכו בו? שאר כוחות של טומאה, הנקראים שו-
עלים קטנים מחבלים כרמים. מי הם כרמים? כרם י"י צבאות. אבל
לעתיד לבוא, מה כתיב? 'ועלו מושיעים בהר ציון לשפוט את הר
עשו והיתה לי"י המלוכה', ואז יתחברו ירושלים וציון כאחד, כי ירוש-
לים היא עיר המלוכה, וזהו 'והיתה לי"י המלוכה'. וזהו סוד גילי מאד
בת ציון הריעי בת ירושלים (זכריה ט, ט).

¿Quiénes son las zorras que andan? Las otras fuerzas inmundas denominadas «zorras», destructoras de viñedos. ¿Quiénes son los viñedos? La viña del *Eterno Tzevaoth*. Entonces, ¿qué está escrito para el futuro? «Y vendrán salvadores al Monte de Sion para juzgar al monte de Esaú; y el reino será del *Eterno*» (*Abdías* I-21). Entonces Jerusalén y Sion estarán unidas como una sola, porque Jerusalén es la ciudad del reino» y éste es el significado de «el reino será del *Eterno*». Y es el secreto de: «¡Alégrate mucho, hija de Sion!; ¡da voces de júbilo, hija de Jerusalén!» (*Zacarías* IX-9).

ובשוב הספירות לתיקונן, מה כתיב? ובאו האובדים בארץ אשור
והנדחים בארץ מצרים והשתחוו לי"י בהר הקודש בירושלים (יש-
עיהו כז, יג). בהר הקודש, זה הר ציון, בירושלים, היא עיר המלוכה.
והסוד רמזו רז"ל מי הם האובדים באומרו 'הצדיק אבד' ומה אבד?
אבד את הצד"ק. ולפיכך 'ובאו האובדים', צדי"ק אבד לצדק וצד"ק
אבד לצוי"ק, וזהו 'ובאו האובדים', ולא אמר האבודים; צדיק וצדק
הם הנקראים הר הקודש בירושלים. ולפי עיקר זה קבעו בתפילה:
המחזיר שכינתו לציון, והסוד: ברוך המחזיר אבדה לבעליה:

Y volvamos a la corrección de las Sefirot, sobre la que ha sido escrito: «y vendrán los que habían sido esparcidos en la tierra de Asiria, y los que habían sido echados en tierra de Egipto, y adorarán al *Eterno* en el monte santo, en Jerusalén» (*Isaías* XXVII-13). *Ar haKoddesh* (el monte santo) se refiere a *Ar Sion,* y Jerusalén es la ciudad del reino. Y el secreto está en la interpretación de los sabios, de bendita memoria: ¿Quiénes son los perdedores?» Es el *Tzaddik* de quien ha sido dicho:

29a

«Perece el justo, y no hay quien eche de ver»[76] ¿Qué ha perdido? Ha perdido *Tzedek*. El *Tzaddik* perdió a *Tzedek* y *Tzedek* perdió al *Tzaddik*. Y éste es el significado de «y vendrán los que habían sido esparcidos». Son el *Tzaddik* y el *Tzedek,* que equivalen al *Ar haKoddesh* de Jerusalén. Así, según este concepto, el que devuelve su *Shekinah* a Sion se establece en la oración de las dieciocho bendiciones «Dichoso el que devuelve un objeto a su dueño».[77]

ואחר שעוררנוך על העיקרים, דע כי המידה הזאת על היותה מידה לאבות ועימה נכנסו שלושתן לקבל כל אחד ואחד חלקו במרכבה, ובמידה הזאת נכללין כל מיני שפע ואצילות הבאים מכל ט' ספירות, נקראת גם כן בלשון כל. והטעם, לפי שהמידה הזאת מושכת מכל הספירות העליונות כל ההמשכות כולם למיניהם, ומביאה אותם בתוך השם הנקרא אדנ"י. ולפי שהכול תלוי במידה זו נקראת כ"ל. וגם לפעמים נקראת המידה העשירית, שהיא אדנ"י, בלשון כ"ל על שם המידה הזאת, ועל סוד זה נאמר: אנכי י"י עושה כל נוטה שמים לבדי וגו' (ישעיהו מד, כד) שהרי בכוח המידה הזאת נבראו שמים וארץ וכל צבאות מעלה ומטה, והסוד: ויכולו השמים וגו' (בראשית ב, א), ויכולו, לשון כל. והסוד הגדול: השבת הוא סוד כל, וכולל שתי המידות בסוד זכור ושמור, וזהו סוד ויכולו השמים והארץ ויכל אלהים ביום השביעי (שם, ב).

Después de hacerte consciente de estos principios, has de saber que como esta *Middah* es la de nuestros patriarcas, cada uno de los tres entra en ella para recibir su parte de la *Merkavah.* Es a través de *esta Middah* como todo tipo de *Shefa* y generosidad llega a las nueve Sefirot, y es por eso por lo que también se llama *Kol.* La razón es que *esta Middah* dispensa todo lo que se deriva de las Sefirot superiores y lo lleva a la *Middah Adonai*, porque «todo» depende de esta *Middah*, denominada *Kol.* A veces, la décima *Middah, Adonai*, se conoce como

---

76. Véase *Isaías* (LVII-1).

77. Véase *Levítico* (v-24).

Kol, debido a esta cualidad. En virtud de este significado entendemos el secreto de: «Yo soy el Eterno, que lo hago todo, que extiendo solo los cielos» (*Isaías* XLIV-24), porque por el poder de esta *Middah* fueron creados los cielos y la Tierra y todos los ejércitos arriba y abajo. Y el secreto es «Y fueron acabados (*Vayekulu*) los cielos y la Tierra».[78] El secreto de «*Vayekulu*» es la raíz *Kol*. Y el gran secreto es que el *Shabbat* es el secreto de *Kol*, e incluye las dos *Middoth* en el secreto de *Shamor* y *Tzajor* así como el secreto de «Y fueron acabados (*Vayekulu*) los cielos y la Tierra», «y acabó Dios en el día séptimo su obra que hizo» (*Íbid*. 2).

ושלושת האבות ירשו מידה זו, שהיא כ"ל, בסוד זכור ושמור. אב־רהם כתיב ביה: וי"י ברך את אברהם בכ"ל (שם כב, א). יצחק כתיב ביה: ואוכל מכ"ל (בראשית כז, לג). יעקב כתיב ביה: כי חנני אלהים וכי יש לי כ"ל (שם לג, יא). ועל זה אמר דוד עליו השלום: על כן כל פקודי כל ישרתי (תהלים קיט, קכח). ולפי שהמידה הזאת היא שבי־עית עד ספירת בינה, כמו שאמרנו, ולספירת בינה יש חמשים שע־רים ומאותם חמשים שערי בינה יונק א"ל ח"י, על כן נקראת בלשון 'כל', כי משם נמשכים הכול. ולפיכך כ"ל בגימטריא חמישים, כי כל הדברים הנמצאים בנבראים, מחמישים שערי בינה יצאו, וסימן כל הנבראים הוא 'כל'. והסוד הגדול: וירא אלהים את כל אשר עשה והנה טו"ב מאד (בראשית א, לא), וכבר הודענוך כי המידה הזאת נקראת כ"ל. ויש לי לעוררך על סוד פנימי דק. דע כי בהתחבר מידת זכו"ר ושמו"ר אזי כל העולם במילוי ובשלימות, והסוד: את הכל עשה יפה בעתו (קהלת ג, יא), כי מידת זכור נקראת בסוד 'כל', ומי־דת שמור נקראת 'ע"ת'. וכשזכור ושמור מתאחדות כאחד, בסוד כ"ל ובסוד ע"ת, אזי אומר: את הכ"ל עשה יפה בעתו. והסוד, בעת ו':

Estos tres patriarcas heredaron esta *Middah Kol*, que contiene el secreto de *Tzajor* y *Shamor*. A propósito de Abraham, ha sido escrito: «Y *El Eterno* bendijo a Abraham con *Kol*» (*Génesis* XXIV-1). A propó-

78. Véase *Génesis* (II-1).

29a

sito de Isaac, ha sido escrito: «Que comí *Kol*» (*Génesis* XXVII-33). Y a propósito de Jacob ha sido escrito: «porque Dios me ha hecho merced, y todo (*Kol*) lo que hay aquí es mío» (*Íbid.* XXXIII-11). Y dijo David, la paz sea con él, escribió: «Por eso todos (*Kol*) los mandamientos de todas (*Kol*) las cosas» (*Salmos* CXIX-128). Porque *esta Middah* es la séptima de la sefirah *Binah,* como dijimos, y la sefirah *Binah* tiene cincuenta puertas y *El Jai* se eleva a través de estas cincuenta puertas de *Binah* por eso se llama *Kol,* pues todo se deriva de ella. Por eso el valor numérico de *Kol* es cincuenta, pues todo lo creado ha salido de las cincuenta puertas de *Binah* y la señal de toda la creación es *Kol.* Y es un gran secreto: el significado oculto de esto se encuentra en el secreto del versículo: «Y *Elohim* vio todo (*Kol*) lo que había hecho y vio que era bueno» (*Génesis* I-31). Y ya dijimos que esta *Middah* se denomina *Kol.* Y ahora debo informarte a propósio de un sutil secreto interior. Has de saber que cuando las *Middoth Tzajor* y *Shamor* están unidas, el mundo está pleno y completo. Y el secreto es: «Todo (*Kol*) lo hizo hermoso en su tiempo (*Beito*)» (*Eclesiastés* III-11). Pues la *Middah Tzajor* es el secreto de «Kol» y la *Middah Shamor* es el secreto de *Aat.*[79] Y cuando *Tzajor* y *Shamor* están unidos en el secreto son *Kol* y *Aat*, se dice: «Todo (*Kol*) lo hizo hermoso en su tiempo (*Beito*)», y el secreto es *BeAat Vav.*[80]

ודע כי יש עתים לטובה ועתים לרעה, כבר גלה שלמה עליו השלום הסוד ואמר: עת ללדת (שם, ב). ויש כמו כן עת רצון ועת רעה, כמו שדרשו רז"ל בפרק חלק, והנני מגלה לך הסוד. דע כי מידת אדנ"י נקראת ע"ת, וכשהיא מחוברת לצדי"ק הנקרא טו"ב אזי היא 'עת טובה', שהרי טוב מתחבר עם עת. ואם חס ושלום טוב נפרד מעת, הרי מתחבר עם עת עניין אחר שיושב חוץ לספירות ונקרא רע, וזהו 'עץ הדעת טוב ורע'. וכבר פירשנו זה בעניין עץ הדעת טוב ורע, שהיא מידת אדנ"י הנקרא במידה זו. והכול כפי הדין הישר ומשפט

79. Tiempo.

80. En el tiempo de *Vav.*

האמת, וכבר גילה שלמה עליו השלום עניין זה בסוף קהלת ואמר; כי את כל מעשה האלהים יבא במשפט על כל נעלם אם טוב ואם רע (שם יב, יד). ולפי דרך זה אחז"ל: חייב אדם לברך על הרעה כשם שמברך על הטובה. וזהו סוד אמרו: דבר אל אהרן אחיך ואל יבא בכל עת אל הקדש (ויקרא טז, ב).

Y has de saber que hay *Aatim* (tiempo) para el bien y *Aatim* para el mal. Salomón, la paz sea con él, ya ha revelado el secreto y dijo: «*Aat* nace...» (*Íbid.* III-2). Del mismo modo, hay un *Aat* de benevolencia y un *Aat* de malicia (29b), como lo interpretaron los maestros, de bendita memoria, en *Perek Helek*,[81] y voy a revelarte el secreto. Has de saber que la *Middah Adonai* se llama *Aat* y cuando se une al *Tzaddik* denominado *Tov*, es entonces *Aat Tovah*, porque *Tov* está unido a *Aat*. Si, Dios no lo quiera, *Tov* se separase de *Aat*, algo más, fuera de las Sefirot, vendría a unirse con *Aat Ra*, el mal. Éste es el significado del árbol del conocimiento del bien (*Tov*) y del mal (*Ra*) que es la *Middah Adonai* llamada con esta medida.[82] Y todo según el juicio justo y la ley verdadera, y lo que Salomón, la paz sea con él, reveló al final del *Eclesiastés* es justo: «Porque *Elohim* traerá toda obra a juicio, el cual se hará sobre toda cosa oculta, buena o mala» (*Íbid.* XII-14). Y nuestros, de bendita memoria, dijeron en el mismo sentido: «El hombre debe bendecir el mal como se bendice el bien»[83] Ý a propósito de este secreto dijeron: «Di a Aarón tu hermano, que no entre en todo tiempo en el santuario del velo adentro» (*Levítico* XVI-2).

מאי בכל עת? כלומר, בכל עת שהיא עת רעה, שהדברים הנקראים רע מחוברים לעת. או שמא אותה העת היא באותם העתים החי־צונים הנקראים עתות טומאה. כי כמה עתים חיצונים יש מחוץ לפ־רגוד, וכל אחד מהם מזומנת לפורענות, וגם הם בכלל 'ואל יבוא

81. Véase Talmud, tratado de *Sanhedrín* (102a).
82. Véase Fol. 13a y 13b.
83. Véase Talmud, tratado de *Berajoth* (54a).

29b

בכל עת אל הקדש'. ובאיזו עת ראוי לו לבוא? בזא"ת יבא אהרן אל הקדש (שם, ג), במידה הנקראת זא"ת. לפי שמידת 'זה אלי' שהוא טוב מחובר לה והוא טוב, ועל שמו נקראת זא"ת. וכבר הודענוך כי על ידי שם אדנ"י היא נקראת עת רצון, והיא עתו של אדנ"י שהוא צדק, שהוא טוב הנמשך מצדי"ק. ולפי שעל ידיה מקבלים כל היצו־רים פרנסה ומזון לפיכך נאמר: עיני כל אליך ישברו (תהלים קמה, טז) ואתה נותן להם את אכלם בעתו, בסוד 'את הכל עשה יפה בעתו'. והיודע לחבר מידת זכור אצל שמור, עליו נאמר: אשרי שומ־רי משפט עושה צדקה בכל עת (שם קו, ג).

¿Qué significa «en todo tiempo»? Significa que cualquier tiempo es malo, ya que las cosas que son malas se unen a *Aat*, o que *Aat* puede relacionarse con aquellos tiempos que se conocen como *Aat* impuros. Porque hay muchos *Aatim* que residen fuera de la cortina celestial y cada uno está destinado al desastre. Estos están incluidos en el versículo: «que no entre en todo tiempo en el santuario». Si es así, ¿cuál es el momento adecuado para entrar? «Sólo con *Zoth* entrará en el santuario» (*Íbid.* XVI-3). Sólo con la *Middah* llamada *Zoth*, porque la *Middah Zeh Eli*, que es *Tov*, está unida al momento adecuado para entrar. Por eso *Zoth* se llama así. Ya hemos dicho con *Adonai* que se llama *Aat Ratzon*, el tiempo de *Adonai*, el *Tzedek*, que es el *Tov* denominado *Tzaddik*. Y dado que todas las criaturas reciben sustento y alimento de sus manos, por eso ha sido dicho: «Los ojos de todas las cosas esperan a ti, y tú les das su comida en su tiempo» (*Salmos* CXLV-15). Sobre el que sabe unir *Tzajor* y *Shamor*, ha sido dicho: «Dichosos los que guardan juicio, los que hacen justicia en todo tiempo» (*Salmos* CVI-3).

כלומר, המקרב מידת שמור אצל משפט אזי הוא משפיע הברכות בכל הדברים שבעולם, בין בספירות הפנימיות, בין בדברים החי־צונים שהם חוץ לספירות. כי כשהספירות הפנימיות נשפעות ונסד־רות, אזי כל הדברים שבעולם מקבלים כוח שפע ואצילות. וזהו סוד 'עושה צדקה בכל עת', כי היאך אפשר לו לאדם לעשות צדקה בכל עת ועת מכל עתות היום? אלא סוד הדבר כך הוא: כשהאדם מחבר

29b

מידת שמור אצל משפט, אזי הוא עושה צדקה בכל הדברים שבעו־לם, ואפילו בדברים החיצוניות כל שכן בפנימיות, שכלל הכל נקרא כ"ל ע"ת. והמבין סוד הפסוק שנאמר עושה שלום ובורא רע (ישעיהו מה, ז) יבין סוד עץ הדעת טוב ורע, וסוד עת טובה ועת רעה. כי מה עניין שלום אצל רע, שאמר 'עושה שלום ובורא רע', כי שלום הוא אצל המלחמה וטוב אצל רע? אלא עניין שלום שאמר אצל רע זה, ידוע הוא למשיגי האמת, כי מידה הנקרא שלום, טוב; ולפיכך אמר 'עושה שלום ובורא רע', כי הרע הוא חוץ למחיצת המקום הנקרא טוב שהוא סוד כ"ל. ולפי שנחתמו מעשה בראשית בחותם הנקרא טוב, לפיכך כתיב: וירא אלהים את כל אשר עשה והנה טוב מאד (בראשית א, לא):

Es decir, aquel que lleva la *Middah* de *Shamor* a *Mishpat*, permite el derramamiento de bendiciones sobre todas las criaturas del mundo, tanto en el mundo de la Sefirot como en lo que reside fuera de Sefirot. Porque cuando las Sefirot internas están funcionando y fluyendo, entonces todas las realidades del mundo reciben poder y *Shefa*. Y éste es el secreto de «los que hacen justicia en todo tiempo». Pero, ¿cómo puede una persona hacer caridad en todo momento y en cualquier momento del día? Éste es el secreto de estas palabras: cuando conecta la *Middah Shamor* a *Mishpat*, hace *Tzedakah* para todas las criaturas del mundo, tanto en las cosas exteriores como en las interiores que incluyen lo que se llama *Kol Aat*. Y aquel que entienda el secreto del versículo: «Hace la paz y crea el mal» (*Isaías* XLV-7), comprenderá la verdadera naturaleza del árbol del conocimiento del bien y del mal, y el secreto de *Aat Tov* y el *Aat Ra*. Porque, ¿qué tiene que ver la paz con el mal? Está dicho «Hace la paz y crea el mal». ¿Por qué la paz se relaciona con la guerra y el bien con el mal? Por esto entendemos lo que conocen los buscadores de la verdad. La *Middah* conocido como *Shalom* (paz) es sinónimo de *Tov* y ha sido dicho: «Hace *Shalom* y crea el *Ra*», ya que el mal existe más allá del muro de lo que se llama *Tov*, como está escrito: «*Elohim* vio todo lo que había hecho: era muy bueno (*Tov Meod*)» (*Génesis* I-31).

29b

והמידה הזאת לפעמים נקראת אביך יעקב. והטעם, כי מבינ"ה יאבר נ"ץ החכמה, בסוד שבת קטן ושבת גדול. והטעם שנקראת אביר יעקב, ולא אביר אברהם ולא אביר יצחק, לפי שזאת המידה תלויה במידת יעקב, שהרי יעקב קו האמצעי בתווך, וא"ו של השם יתברך. וסוד וא"ו של שם מיוחדת ליעקב, בסוד תפארת, ובה נאחזות מידות אברהם ויצחק, אברהם לימין, ויצחק לשמאל, ויעקב קו האמצעי, וסימן: ויעקב איש תם יושב אהלים (שם כה, כז).

A veces esta *Middah* se llama *Abir Jacob*[84] porque es *Binah* el poderoso halcón de la sabiduría. La razón por la que esta *Middah* se llama *Abir Jacob* y no *Abir Abraham* o *Abir Isaac*, es que esta *Middah* depende de la *Middah* Jacob, porque Jacob es el mediador; él es la *Vav* del nombre, bendito sea. El secreto de la *Vav* está conectado a Jacob a través del secreto de la sefirah *Tiferet*, al que están conectadas las *Middoth* de Abraham e Isaac, Abraham a la derecha e Isaac a la izquierda. Y Jacob es la línea media. Y la señal es: «Jacob era un *Ish Tam* que habitaba en las tiendas» (*Génesis* XXV-57).

וסוד איש תם, בסוד תיומת של לולב, שהוא סוד קו האמצעי של לולב יושב אוהלים, הם שתי אוהלים, אוהל אברהם ואוהל יצחק, כי הם שני צדי הלולב. ולפי שסוד יעקב הוא קו האמצעי והוא סוד וא"ו, אנו אומרים: אלהי אברהם אלהי יצחק ואלהי יעקב, ו' נוס־פת ביעקב. וכן: האל הגדול הגבור והנורא והסוד הגדול: וזכרתי את בריתי יעקוב (ויקרא כו, מב), מלא עם וא"ו, וברית יעקב הוא סוד אביר יעקב. ולפעמים נקראת אבי"ר ישראל, בסוד סתום וחתום: לכן נאם האדון י"י צבאות אביר ישראל (ישעיהו א, כד). ויש לך לדעת מי הוא הנקרא אדון בסוד י"י צבאות אביר ישראל. כבר ידעת כי הג' ספירות תחתונות נאחזות בשורש ו' התחתון, והם נצ"ח הו"ד יסו"ד, ושלושתן נקראות צבאות בכלל. וכשתמצא נצח לימין והוד לשמאל ויסוד באמצע, שהוא אל ח"י שהוא אביר ישראל, תמצא אביר יש־

84. El poderoso Jacob.

ראל מכריע בין נצח ובין הוד. וכן הוא אומר: הנה ארון הברית אדון כל הארץ (יהושע ג, יא).

El secreto de *Ish Tam* es como el secreto de la rama de palma del rito de Sukot, que es un secreto de la línea media. «Habitaba en las tiendas» se refiere a las dos tiendas (30a): la tienda de Abraham y la tienda de Isaac, que simbolizan los dos lados de la rama de la palma. El secreto de Jacob es el de la línea media, y éste es el secreto de la *Vav*. Decimos:[85] «*Elohi Abraham, Elohi Isaac veElohi Jacob*».[86] En Jacob se añade una *Vav*, Y también: «*haEl, haGaddol, haGuibor vehaNorah*». Y el secreto de *haGaddol*: «Me acordaré de mi alianza con Jacob» (*Levítico* XXVI-42). En este versículo Jacob se escribe con una *Vav* y *Brith Jacob* es el secreto de *Abir Jacob*. Esta *Middah* se conoce a veces como *Abir Israel*, y su secreto contenido y sellado: «por lo tanto, dice el IHVH *Tzevaoth*, *Abir Israel*» (*Isaías* I-24). Has de saber quién es el que es llamado *Adon* (señor), el secreto de *Tzevaoth Abir Israel*. Ya sabes que tres Sefirot se mantienen por la raíz inferior de la *Vav* y que estas tres Sefirot son *Netzaj*, *Hod* y *Iesod* y se llaman *Tzevaoth*. Cuando te encuentres con *Netzaj* a la derecha, *Hod* a la izquierda y a la izquierda y *Iesod* en el medio, que es *El Jai* y *Abir Israel*, encontrarás que *Abir Israel* decide entre *Netzaj* y *Hod*. Asimismo, ha sido dicho: «He aquí, el arca del pacto del Señoreador de toda la Tierra pasa el Jordán delante de vosotros» (*Josué* III-11).

האדון נקרא ההיכל ששוכן בו על שמו יהו"ה. ולפיכך אביר יעקב אביר ישראל, ולא אביר אברהם ואביר יצחק. והוא מגן דוד:י העו־שה המלחמות גדולות, והוא אדון כל הארץ. ודע כי מכוח אביר יעקב יתחדש אבר הנשר הידוע, בסוד אבר"ה חסידה ונוצה (איוב לט, יג). והסוד: המבינתך יאבר נץ יפרוש כנפיו לתימן (שם, כו), שהוא סוד מידת חס"ד, חסיד"ה, חסדי דוד הנאמנים. ובהתחבר בינה

85. Al principio de la oración de las dieciocho bendiciones.

86. Dios de Abraham, Dios de Isaac y Dios de Jacob.

30a

לאבי"ר יעקב, אזי 'יאבר נץ יפרוש כנפיו לתימן', כי הבינה מידה שביעית היא לאביר יעקב, ועל יובל ישלח שרשיו. ובהתחבר אביר יעקב למידה הנקראת נשר, אזי היא מתחדשת ומתמלאת כל טוב, ועליה נאמר אברה חסידה ונוצה. ועל זה נאמר: המשביע בטוב עדיך תתחדש כנשר נעורייכי (תהלים קג, ה).

Y *Adon* (señor) se llama palacio y en él habita el nombre IHVH (יהו"ה). Se escribe *Abir Jacob* y *Abir Israel* y no *Abir Abraham* o *Abir Isaac*. También se manifiesta con las palabras *Maguen David*,[87] que libra grandes guerras y es el amo de la Tierra. Nótese que es por el poder de *Abir Jacob* que el ala del águila será reemplazada, como se describe en el secreto de: «¿Diste tú hermosas alas al pavo real, o alas y plumas al avestruz?» (*Job* XXXIX-13), y el secreto es: ¿Por ventura vuela el gavilán por tu industria, y extiende hacia el mediodía sus alas?» (*Job* XXXIX-26). Es el secreto de la *Middah Hessed*, *Jasidah* y *Jasdei David haNeamnim*. Así, cuando *Binah* se une a *Abir Jacob*, entonces el halcón puede alzar el vuelo y extender sus alas hacia el Sur. Porque *Binah* es la séptima sefirah de *Abir Jacob* y sus raíces estarán en el *Iobel*. Cuando *Abir Jacob* se une a la *Middah Nesher*, regenera y llena todo lo que es *Tov,* del que ha sido dicho: «alas y plumas al avestruz» y «el que sacia de bien tu boca de modo que te rejuvenezcas como el águila» (*Salmos* CIII-5).

והמידה הזאת נקראת חסד תחתון, יצריך אתה לדעת כיצד. דע כי שלושת מיני חסד הם. האחד, חס"ד עליו"ן הבא מן המקור העליון, שאין בו תערובת דין זולתי חסד ורחמים, ונקראים חסדים טובים, והסוד: וחסדי מאתך לא ימוש (ישעיהו נד, י), ועל זה נאמר: כי המלך בוטח בי"י ובחסד עליון בל ימוט (תהלים כא, ח). והב', הוא חסד עולם והוא חסד אברהם, שנאמר: תתן אמת ליעקב חסד לאברהם (מיכה ז, כ).

87. Estrella de David o escudo de David.

Así, esta *Middah* se llama *Hessed Tajton* y deberías saber por qué. Has de saber que hay tres clases de *Hessed*. La primera es el *Hessed Elion,* que procede de la fuente más elevada sin *Din*, es sólo *Hessed* y *Rajamim*, se llama *Jasadim Tovim*, y su secreto es: «mas no se apartará de ti mi misericordia» (*Isaías* LIV-10). Y del que ha sido dicho: «Por cuanto el rey confía en *el Eterno*, y en la misericordia del altísimo, no será conmovido» (*Salmos* XXI-7). Y el segundo, él es *Hessed Olam* y es *Hessed Abraham*, como ha sido dicho: «Cumplirás la verdad a Jacob, y a Abraham la misericordia» (*Miqueas* VII-20).

ולפי שפחד יצחק הוא סוד מידת הדין מתערבת עם חסד אברהם ולפעמים מעכבת את החסד מצד הדין, כאומרו ושם חביון עוזו (חב־קוק ג, ד) ואומר ימינך י"י תרעץ אויב (שמות טו, ו), אין חסד אב־רהם חסד פשוט אלא מעורב עם דין, כי לפעמים מתגברת מידת הג־בורה ומסתתרת בתוכה חס"ד אברהם. ולפיכך חסד אברהם נקרא חסד עולם, כי לפעמים הוא מתעלם בסוד ב' מידות שבהם מתנהג העולם, בסוד גלוי ונעלם, בסוד מעלה ומטה, ימין ושמאל, פנים ואחור, ולפיכך חסד עולם יש בו דין ורחמים. השלישי נקרא חסדי דוד הנאמנים, והם חסדי אל ח"י הבאים מכוח חסדים טובי"ם וחסד אברהם, ונקראים חסדי דוד בהגיעם אצל מידתו. וכשנמשכים אלו החסדים, הבאים דרך עיר דוד היא ציון ונקראים חסדי דוד, בהגיעם לשם אדנ"י נקראת אדנ"י בלשון חסידה, וסימן: אבר"ה חסיד"ה ונו־צה (איוב לט, יג).

Y como el temor de Isaac es el secreto de la *Middah* de *Din*, se une con *Hessed Abraham*. A veces el *Hessed* se mantiene como ha sido dicho: «allí estaba escondida su fortaleza» (*Habacuc* III-4) y ha sido escrito: «tu diestra, oh *El Eterno,* ha molido al enemigo» (*Éxodo* XV-6). El *Hessed Abraham* no es un *Hessed* puro, está mezclado con *Din,* y a veces la *Middah Guevurah* aumenta y el *Hessed Abraham* está dentro de ella. Así, *Hessed Abraham* es llamado *Hessed Olam*, porque a veces desaparece y el mundo es gobernado por el misterio de las dos *Middoth Hessed* y *Din* (30b), es el secreto de lo revelado y lo oculto, el secreto

30b

de arriba y abajo, derecha e izquierda, adelante y atrás, así *Hessed Olam* contiene *Din* y misericordia. El tercer tipo se llama *Hassedei David haNeamnim* y es a través del *Hessed* de *El Jai* que fluye la fuerza de los *Hassidim Tovim* y del *Hessed Abraham*. Y se llaman *Hassedei David* cuando alcanzan *esta Middah*. Cuando estas *Middoth* de *Hessed* llegan a través de la ciudad de David, que es Sion, llamada *Hassedei David,* acceden entonces al nombre *Adonai*, representado por la palabra *Hassidah.* Y la señal es ««¿Diste tú hermosas alas al pavo real, o alas y plumas al avestruz?» (*Job* XXXIX-13)».

ולפי שהיה דוד המלך עליו השלום שואב חסדים העליונים מלמעלה, הנקראים חסדים טובים וחסדים ראשונים, אמר הכתוב: איה חסדיך הראשונים אדנ"י נשבעת לדוד באמונתך (תהלים פט, נ). והיה מכנה דוד לעצמו על זה ואמר: שמרה נפשי כי חסיד אני (תהלים פו, ב). ולפי שהמשכת התולדות בצאצאי אדם מן המידה של דוד, אמר הכ־תוב: אמרתי עולם חס"ד יבנה (שם פט, ג). ולפי שלפעמים מסתלקת ונאספת למעלה המידה הנקראת חסדי דוד, כאומרו כי מפני הרעה נאסף הצדיק (ישעיהו נז, א) לפיכך אמר הכתוב: הושיעה י"י כי גמר חסי"ד כי פסו אמונים מבני אדם (תהלים יב, ב) בסוד חסדי דוד הנאמנים. והיודע סוד חסדי דוד ידע סוד הודו לי"י כי טוב כי לעולם חסדו (שם קו, א), ראש וסוף ואמצע, ויבין כמה עניינים עמו־קים נרמזים בתורה:

Y dado que el rey David, la paz sea con él, atrae los *Hassadim* de arriba, denominados *Hassadim Tovim* y *Hassadim Rishonim*, dice lo que está escrito: «Señor, ¿dónde están tus antiguas misericordias? Has jurado a David por tu verdad» (*Salmos* LXXXIX-50). El propio David dijo sobre sí mismo: «Guarda mi alma porque soy un *Hassid*» (*Salmos* LXXXVI-2). Porque también es cierto que la descendencia de Adán es a través la *Middah* de David, como ha sido dicho: «Porque dije que el mundo será construido por *Hessed*» (*Salmos* LXXXIX-3). Y al igual que la *Middah Hassedei David* desaparece, se dice: «A causa del mal, el *Tzaddik* ha desaparecido» (*Isaías* LVII-1). Por eso está dicho: «Mentira

30b

habla cada uno con su prójimo con labios lisonjeros; con corazón doble hablan. Mentira habla cada uno con su prójimo con labios lisonjeros; con corazón doble hablan» (*Salmos* XII-2). Así está escrito: «salva, oh *Eterno*, porque se acabaron los misericordiosos; porque se han acabado los fieles de entre los hijos de los hombres» (*Íbid.* XII-1). Los fieles mencionados en este versículo son el secreto de *Hassedei David*, cabeza, fin y medio, el que lo comprenda cuán profundos son lo asuntos de la *Torah*.

ואחר שעוררנוך על אלו העיקרים הגדולים, יש לנו להודיעך כי המידה הנקראת אל ח"י היא כדמיון מצרף ומבחן לקבל התפילות מיד אדנ"י. ובהיכל זה עומדים כמה שומרים וכמה חיילות לבחון ולצרוף כל התפילות הנכנסות בהיכל אדנ"י, ובהיכל זה בודקים התפילות וצעקה ותחנונים. וכשהיחיד מתפלל, נכנסה תפילתו דרך היכל אדנ"י ובודקים אותה במקום הזה. ואם היא ראויה להיכנס דרך מידת אל ח"י, אז שומרי הפתחים מקבלים אותה תפילה ומכניסין אותה עד הגיעה לפני יהו"ה יתברך. ואם חס ושלום התפילה שאדם מתפלל אינה הגונה, קורין לאותה תפילה מלמעלה תפילה פסול"ה. וקורין כל דברי אותה תפילה 'פסילים'. והכרוז קורא: אל תיכנס אותה תפילה לפני יהו"ה יתברך! והקול מכריז: אני י"י הוא שמי וכבודי לאחר לא אתן ותהלתי לפסילים (ישעיהו מב, ח). ומיד מוציאין אותה תפילה בנזיפה ודוחין אותה לחוץ ואינה נכנסת וננעלים השערים בפניה, וזהו שאמר:פנה אל תפלת הערע"ר (תהלים קב, יח).

Después de darte a conocer estos principios básicos, debemos mostrarte que la *Middah El Jai* es como un analizador y un limpiador para recibir las oraciones de *Adonai*. Muchos centinelas y guardianes están en este lugar sagrado para examinar las oraciones que entran en la santidad de *Adonai*. Es en este lugar sagrado donde se examinan las oraciones, las quejas y las peticiones. Cuando alguien reza, su oración entra en el lugar santo de *Adonai* y es allí donde se examina. Si es apto para entrar a través de la *Middah* de *El Jai*, los vigilantes lo aceptan y permiten que llegue a IHVH (יהו"ה), bendito sea. Si, Dios no lo quiera, las

30b

oraciones de la persona no son correctas, son *Pasulah*[88] y todas las palabras de esta oración se consideran *Pasilim*. Entonces el heraldo anuncia: «No está permitido que se diga esta oración ante IHVH (יהו"ה), bendito sea». Entonces la voz grita: «Yo soy *El Eterno*, éste es mi nombre y mi gloria, además está su tierra llena de ídolos» (*Isaías* XLII-8). Inmediatamente esta oración es rechazada con desprecio y lo empujan fuera y no entra y las puertas están cerradas en su rostro. Ha sido escrito: «habrá mirado a la oración de los solitarios» (*Salmos* CII-17).

כי במקום זה פונים ובודקים כל תפילה שאדם יחיד מתפלל ומערערים עליה. וא"ת, נמצאו רוב התפילות שמתפלל היחיד נפסדות ונאבדות, כי אחת מני אלף לא יוכל להתכוון בתפילת יחיד בעניין שתהא ראויה להתקבל. דע שאין הדבר כן, אלא כל אותן התפילות הפסולות הנקראות פסילים כשדוחין אותן לחוץ ואינן נכנסות, י"י יתברך נתן להם מקום להיכנס בו. שהשם יתברך ברא רקיע ומסר עליו ממונים ושומרים, ועמד והתפלל תפילה אחת בכוונה גדולה ותפילתו זו הגונה ושלמה, אז אותה התפילה הכשרה מסתלקת והולכת ונכנסת באותו היכל החיצון שהתפילות הפסולות שהתפלל מקודם עומדות שם, ומוציאה משם כל אותן התפילות הפסולות שהתפלל ועולות כולן עם אותה התפילה הכשרה שהתפלל, וכולן נכנסות עמה באגודה אחת לפני הש"י, ונמצא שלא יפול דבר אחד מכל התפילות שהיחיד מתפלל. ואם לא חזר האדם בתשובה ולא התפלל תפילה בכוונה כהוגן, כל אותן התפילות הפסולות מוציאין אותן אל מחוץ למחנה למקום טמא, בהיות אותו האדם נמשך אחר הטומאה, ואז נועלים לפניו שערי תשובה:

Porque éste es el lugar donde se examina y revisa cualquier oración de los solitarios. Si sugieres que la mayoría de las oraciones de un individuo se pierden porque sólo uno de cada mil sabe dirigir sus oraciones correctamente, debes saber que no es así. Por el contrario, cuando se

88. Inadecuadas, defectuosas, viciadas.

rechazan las oraciones impropias, llamadas *Pasilim*, *El Eterno*, bendito sea, encuentra un lugar para que entren. Porque *El Eterno*, bendito sea, creó los cielos y les dio vigilantes y guardianes y todas las oraciones no conformes están allí. Si alguien, que había hecho oraciones inadecuadas que moraban en las capas exteriores del firmamento, dice una oración con gran fervor y de manera correcta, esa oración alcanza a todas (31a) las oraciones deficientes y las lleva con ella ante el creador, asegurando así de que no se pierdan las oraciones de ese individuo. Sin embargo, si la gente nunca reza rezara correctamente, estas oraciones inadecuadas serían desterradas a un lugar impuro, ya que esta persona generaría impureza y se le cerrarían las puertas de la *Teshuvah*.

ובהיכל זה הנקראת מידת אל ח"י יש מקום אחד שיש בו שערים הנקראים שערי דמעה, וי"י יתברך הוא בעצמו פותח אותם השערים שלוש פעמים בכל יום, והם שערים נכונים לבעלי תשובה כשהם חוזרים ומתנחמים על מעשיהם הרעים. וכשאותו בעל תשובה מתפלל ובוכה ומוריד דמעות בתפילתו, נכנסת תפילתו ובכיותיו לפניו בשערי דמעה. וזהו שאמרו רז"ל: אף על פי ששערי תפילה ננעלו שערי דמעה לא ננעלו, שנאמר שימה דמעתי בנאדך הלא בספרתך (תהלים נו, ט) והרמז, תפילת חזקיהו שנאמר בה: ויבך חזקיהו בכי גדול ואמר י"י יתברך שמעתי את תפלתך ראיתי את דמעתך (ישעיהו לח, ג). ואף על פי שיש הפרש בעניין דמעה בזמן שבית המקדש קיים לזמן חורבנו, מכל מקום שערי דמעה פתוחים תמיד. וכבר אמר הנביא: שובו עדי בכל לבבכם ובצום ובבכי ובמספד (יואל ב, יב). ולפיכך כשאדם רוצה שתתקבל תפילתו, יתכוון בה וישפוך דמעה ואין תפילתו חוזרת ריקם. וכן נאמר בעניין חנה: והיא מרת נפש ותתפלל על י"י ובכה תבכה (שמואל, א, י).

Y en este palacio, denominado *El Jai*, hay un lugar llamado «las puertas de las lágrimas» y *El Eterno*, bendito sea, abre él mismo estas puertas tres veces al día. Y son verdaderas puertas para los que, al volver, se arrepienten donde encuentran consuelo y arrepentimiento por sus malas acciones. Y cuando la persona que se arrepiente reza,

31a

clama y derrama lágrimas en sus oraciones, sus oraciones y sus gritos entran delante de él por las puertas de las lágrimas. Y nuestros maestros, de bendita memoria, han dicho: «Aunque las puertas de la oración estén cerradas, las puertas de las lágrimas permanecen abiertas»,[89] como ha sido escrito: «Mis huidas has contado tú; pon mis lágrimas en tu odre» (*Salmos* LVI-9). Una alusión: «Y lloró Ezequías con gran lloro. Entonces vino palabra del *Eterno* a Isaías, diciendo: ve, y di a Ezequías: *El Eterno* Dios de David tu padre dice así: tu oración he oído, y tus lágrimas» (*Isaías* XXXVIII-3 a 5). Y aunque hay una gran diferencia en el asunto de las lágrimas mientras existió el templo hasta el momento de su destrucción, en cualquier caso, las puertas de las lágrimas siempre están abiertas. Y el profeta ya dijo: «Convertíos a mí con todo vuestro corazón, con ayuno y lloro y llanto» (*Joel* II-12). Por lo tanto, hay que rezar con gran fervor y llorar si se quiere que las oraciones sean aceptadas y no volver con las manos vacías. Con respecto a *Hannah*, también está escrito: «Y ella con amargura de alma oró al *Eterno* llorando abundantemente» (1 *Samuel* I-10).

תדע לך שאותה הצדקת כל שערי היכלות היתה יודעת, וכל מעשיה היו בכוונה ידועה להיכנס לחדרי מרכבה. מה כתיב בתריה? ותדור נדר ותאמר י"י צבאות אם ראה תראה בעני אמתך וזכרתני ולא תשכח את אמתך (שם, יא). ותדור נדר, הגיעה עד הבינה, שהיא מושכת הבנים מן הכתר; י"י צבאות - במקום תולדות כל הנבראים נכנסה ונתכוונה. ובהיכל זה יש מקום אחד שבו נכנסות התפילות של אותם היחידים שהקדימו תפילותיהם לתפילת הציבור; וכל אותם המשכימים באותו היכל, כשמשלימין ציבור תפילותיהן, ממונה ידוע נכנס באותו מקום ולוקח משם כל אותן תפילות הקודמות לתפילת הציבור ומעלה אותן עם תפילת הציבור לפני י"י יתברך.

89. Véase Talmud, tratado de *Shabbat* (105b).

31a

Y has de saber que esta piadosa mujer conocía todas las puertas de todos los lugares sagrados y todas sus acciones estaban dirigidas a las habitaciones de la *Merkavah*. ¿Qué está escrito en los dos versículos?: «e hizo voto, diciendo: oh *Eterno Tzevaoth*, si te dignares mirar la aflicción de tu sierva, y te acordares de mí, y no te olvidares de tu sierva» (*Íbid.* I-10). «E hizo voto», la oración alcanzó la *Middah Binah* que atrae a los hijos desde *Keter*. «*Eterno Tzevaoth*», rezó y entró en el lugar donde nacen todas las criaturas. Hay un lugar sagrado en este palacio donde entran estas oraciones, las oraciones de los que precedieron a las oraciones de la comunidad. Todos los que son los primeros en entrar en este palacio, después de la finalización de las oraciones en común, son tomados a cargo por un asistente que los lleva junto con las oraciones comunales ante *El Eterno*, bendito sea.

וכל העניינים האלו שאמרנו הם בתפילות היחידים, אבל בתפילת הציבור אין כל ממונה וכל שוער יכול לעכב, אלא כשהציבור מתפללים תפילתם נכנסת ומתקבלת על כל פנים' וזהו סוד: פנה אל תפלת הערער ולא בזה את תפלתם (תהלים קב, יח) - את תפילתו לא נאמר, אלא את תפילתם. ופירוש הפסוק 'פנה אל תפלת הערער', כלומר כשהיחיד מתפלל בודקין את תפילתו אם היא ראויה להתקבל, וכמה מערערים יש עליה. אבל כשהציבור מתפללין, לא בזה את תפילתם, אף על פי שאין תפילתם כל כך הגונה מקבלים אותה מלמעלה. וזהו שאמרו ז"ל: מנין שאין הקב"ה מואס בתפילתם של רבים שנאמר הן אל כביר ולא ימאס (איוב לו, ד).

Y todos estos asuntos de los que hemos hablado se refieren a las oraciones individuales; las oraciones en común no pueden ser interrumpidas por ningún centinela o asistente. Porque cuando la comunidad reza, las oraciones son siempre aceptadas.[90] Y éste es el secreto: «habrá mirado a la oración de los solitarios y menesterosos, y no habrá

90. Véase Talmud, tratado de *Berajoth* (8a).

31a

desechado el ruego de ellos» (*Salmos* CII-17). No digas «la oración», sino «su oración». La interpretación del versículo: «habrá mirado a la oración de los solitarios...», es que cuando un individuo reza, examinamos su oración para ver si es adecuada para ser aceptada y para ver cuántos elementos consistentes hay en ella. Sin embargo, cuando la comunidad reza, «no habrá desechado el ruego de ellos», aunque sus oraciones no sean totalmente cumplidas, siguen siendo aceptadas en lo alto. Y es lo que dijeron nuestros sabios, de bendita memoria: «¿De dónde aprendemos que el Santo, bendito sea, no rechaza las oraciones comunales? Está escrito: «He aquí que Dios es grande, y no aborrece; fuerte es en virtud de corazón» (*Job* XXXVI-5)».

ואמרו רז"ל: לעולם ישתתף אדם עצמו עם הציבור, ואמרו רו"ל: אימתי ובזמן שהציבור מתפללים, ואומר: כי מי גוי גדול אשר לו אלהים קרובים אליו כי"י אלהינו בכל קראנו אליו (דברים ד' ז). ועתה דע והתבונן כי שתי היכלות אלו, שהאחד נקרא אדנ"י והשני נקרא אל ח"י, בהם עולות ונבדקות כל תפילות שישראל מתפללים. וסוד תפילת ציבור הוא סוד אדנ"י, שהוא סוד כנסת ישראל, ולפיכך אינה נדחת:

Y decían nuestros maestros, de bendita memoria: «Hay que participar siempre en la comunidad». Y dijeron nuestros maestros, de bendita memoria enseñó: «Cuándo podemos considerar que estamos en un momento propicio? Cuando la comunidad reza junta.[91] Ha sido escrito: «Porque, ¿qué nación grande hay que tenga a Dios cercano de sí, como lo está el *Eterno* nuestro Dios en todo cuanto le pedimos?» (*Deuteronomio* IV-7). Y ahora has de saber y entender que estos dos palacios, el primero llamado *Adonai* y el segundo llamado *El Jai,* examinan todas las oraciones que surgen de Israel, pues el secreto de la

91. Véase Talmud, tratado de *Ievamoth* (105a).

oración comunitaria es el secreto de *Adonai*, el secreto de la asamblea de Israel, y por eso las oraciones no pueden ser rechazadas.

וכל אלו הדברים שאמרנו בתפילת יחיד ותפילת ציבור, בהיות ישראל על אדמתם, וכל שכן בירושלים, וכל שכן בבית המקדש. אבל כשישראל בחוצה לארץ, כמה מערערים וכמה מקטריגים עומדים אצל תפילות הציבור, כל שכן אצל תפילות היחידים, שהרי כשישראל הם בחוץ לארץ הרי הם ברשות שרי האומות ואין דרך לעלות תפילתם, שאין שערי שמים אלא בארץ ישראל. וכן הוא אומר ביעקב: מה נורא המקום הזה אין זה כי אם בית אלהים וזה שער השמים (בראשית כח, יז). ואם כן בחוצה לארץ הכול סתום אצל השמים. ועוד, שאותן שרי האומות אין מסייעים לישראל כלום, וכן הוא אומר: ואין אחד מתחזק עמי על אלה כי אם מיכאל שרכם (דניאל י, כא).

Y todas estas palabras a propósito de las oraciones individuales y comunitarias sólo son aplicables cuando Israel reside en su tierra y más aún en Jerusalén y ciertamente todavía más en el templo (31b). Sin embargo, cuando Israel está en la diáspora, muchas fuerzas deterioran y dañan incluso las oraciones comunitarias, por no hablar de las individuales. Porque cuando Israel está en el exilio, está bajo la autoridad de Príncipes extranjeros y no hay manera de que sus oraciones asciendan, porque las puertas del cielo sólo residen en Israel. Como ha sido dicho a propósito de Jacob: «Y tuvo miedo, y dijo: ¡Cuán terrible es este lugar! No es otra cosa que casa de Dios, y puerta del cielo» (*Génesis* XXVIII-17). Así, todas las puertas quedan bloqueadas durante el exilio. Además, los Príncipes de las naciones nunca ayudan a Israel, como ha sido escrito: «y ninguno hay que se esfuerce conmigo en estos asuntos, sino Miguel vuestro príncipe (*Daniel* X-21).

וכל שכן כי סמאל שר אדום עומד ומקטרג תמיד על ישראל ומערער עליהם לאבד זכיותיהם. וכל המקטרגים על ישראל בארץ האומות,

31b

כולם עומדים בין הארץ ובין השמים, כדמיון כותל ומחיצה להפסיק בין ישראל לאביהם שבשמים, והם הנקראים ענן המפסיק, ועל זה נאמר: סכותה בענן לך מעבור תפלה (איכה ג, מד). וכן הוא אומר במראות יחזקאל בגולה: וארא והנה רוח סערה באה מן הצפון ענן גדול ואש מתלקחת וגו' ומתוכה כעין החשמל (יחזקאל א, ד).

De hecho, Samael, el Príncipe de Edom, acusa constantemente a Israel y afirma que debe perder sus privilegios. Todos los calumniadores de Israel, que viven entre las naciones, residen entre el cielo y la Tierra. Actúan como una barrera que aísla a Israel de su padre celestial y son llamados «la nube que detiene». A propósito de esto ha sido escrito: «Te cubriste de nube, para que no pasara la oración nuestra» (*Lamentaciones* III-44). Y así lo dice en las visiones de Ezequiel en el destierro: «Y miré, y he aquí un viento tempestuoso venía del aquilón, y una gran nube, y un fuego que venía revolviéndose, y tenía en derredor suyo un resplandor, y en medio de él, en medio del fuego una cosa que parecía como de ámbar» (*Ezequiel* III-44).

המבין פסוק זה יבין כמה מחיצות מעכבות בגלות. ואפילו בארץ ישראל כתיב: כי אם עונותיכם היו מבדילים ביניכם לבין אלהיכם (ישעיהו נט, ב). וכל זה בארץ, כל שכן בחוצה לארץ. ואם כן מה יהיה על תפילות של ישראל בחוצה לארץ? דע שהתפילות שהן חוצה לארץ אין להם דרך לעלות לפני י"י יתברך, זולתי כשישראל משלחים אותם מחוצה לארץ נגד ירושלים. וכשמגיעות לירושלים, משם הם מסתלקות ועולות למעלה, וזהו שאמר דניאל כשהתפלל בגולה: וכוין פתיחן לה בעליתה נגד ירושלם וזמנין תלתה ביומא הוא ברך על ברכוהי ומצלא ומודא קדם אלהה (דניאל ו, יא).

Aquel que entienda este versículo, comprenderá cuántas barreras obstaculizan durante el exilio. En referencia a Israel, está escrito: «pero vuestras iniquidades han hecho división entre vosotros y vuestro Dios» (*Isaías* LIX-2). Y si todo esto es en Israel, ¡cuánto más será en el exilio! Has de saber que las oraciones hechas fuera de la tierra sólo pueden

31b

elevarse si se dirigen a Jerusalén, y cuando llegan a Jerusalén de ahí parten y ascienden al cielo. Y esto es lo que dijo Daniel cuando rezaba en el exilio: «Y Daniel, cuando supo que la escritura estaba firmada, entróse en su casa, y abiertas las ventanas de su cámara que estaban hacia Jerusalén, hincábase de rodillas tres veces al día, y oraba, y confesaba delante de su Dios, como lo solía hacer antes» (*Daniel* VI-10).

וכל זה אמר שלמה בפירוש כשנבנה בית המקדש והיה מתפלל על ישראל, ואמר; כי יחטאו לך כי אין אדם אשר לא יחטא ואנפת בם ונתתם לפני אויב ושבום שוביהם אל ארץ האויב רחוקה או קרובה. והשיבו אל לבם בארץ אשר נשבו שם ושבו והתחננו אליך וגו' והתפללו אליך דרך ארצם אשר נתתה לאבותם העיר אשר בחרת והבית אשר בנית לשמך. ושמעת השמים מכון שבתך את תפלתם ואת תחנתם ועשית משפטם וגו' (מלכים, מ, מו מט). ועתה דע וראה איך גילה שלמה המלך עליו השלום שאין תפילת חוצה לארץ עולה למעלה באותו המקום שמתפללים, עד שהיא עולה לארץ ישראל ומשם לירושלים, ומשם לבית המקדש, ואז היא עולה למעלה. ולפיכך כל ישראל שהם בגלות הם בסביבות ירושלים בארבע כנפות הארץ, וירושלים עומדת באמצע. לפיכך כל אותם שהם בגלות לצד מזרח יתפללו לנגד מערב, נגד ירושלים. וכן אותם שהם בצפון, יהפכו פניהם לדרום.

Y todo esto Salomón lo dijo claramente cuando se construyó el templo y estaba orando por Israel, diciendo: «Si hubieren pecado contra ti (porque no hay hombre que no peque) y tú estuvieres airado contra ellos, y los entregares delante del enemigo, para que los cautiven y lleven a tierra enemiga, sea lejos o cerca, y ellos volvieren a su corazón en la tierra donde fueren cautivos; si volvieren, y oraren a ti en la tierra de los que los cautivaron, y dijeren: Pecamos, hemos hecho iniquidad, hemos cometido impiedad; y si se convirtieren a ti de todo su corazón y de toda su alma, en la tierra de sus enemigos que los hubieren llevado cautivos, y oraren a ti hacia su tierra, que tú diste a sus padres, hacia la ciudad que tú elegiste y la casa que yo he

31b

edificado a tu nombre (1 *Reyes* VIII-46 a 48). Comprende ahora, cómo el rey Salomón, la paz sea con él, reveló que las oraciones hechas en el exilio no suben directamente, sino que deben subir a Israel, luego a Jerusalén y finalmente al templo, para luego elevarse arriba. Y, por tanto, todo Israel que está en el destierro está alrededor de Jerusalén en los cuatro ángulos de la Tierra, y Jerusalén está en medio. Por tanto, todos los desterrados al este orarán hacia el oeste, hacia Jerusalén. Y los que están en el norte, volverán su rostro hacia el sur.

נמצאו כל ישראל, שהם מתפללים בארץ גלותם, משלחים תפילותיהם לירושלים ולבית המקדש, ומשם התפילות עולות לפני י"י יתברך. ועתה יש לנו להודיעך מה בין תפילת חוצה לארץ לתפילת ארץ ישראל. דע כי תפילת ארץ ישראל דומה למי שהוא צריך לדבר עם המלך וביתו קרוב למלך, ואין שטן ואין פגע רע ולא משחית בדרך. ותפילת חוצה לארץ דומה למי שצריך לדבר עם המלך וביתו רחוק מאוד מן המלך, ויש בדרך כמה ליסטים וכמה פגעים רעים וכמה חיות רעות; עתה ראה כמה אדם צריך ליזהר כדי שימלט מנזק הדרך. ואחר הטורח והשמירה, יתכוון שתהא תפילתו ראויה להתקבל, כמו שאמרנו. ועל דרך זה, דע כי כמה מעכבין ומקטריגין יש לתפילות ישראל, כשהן הולכות לירושלים, על ידי הכוחות הטמאות של עובדי כוכבים. ולפיכך יש לך להתבונן כמה אנו חייבים לטהר עצמנו ולהתכוון בתפילותינו בהיותנו מתפללין בחוצה לארץ, כדי שנהיה ראוים להתקבל לפני י"י יתברך:

Todo Israel se encontró orando en la tierra de su destierro, enviando sus oraciones a Jerusalén y al templo, desde donde las oraciones se elevan al *Eterno*, bendito sea. Y ahora tenemos que informarte de que existe la oración dentro de la tierra de Israel y una oración fuera de la tierra de Israel. Has de saber que la oración en la tierra de Israel se parece a aquel que tiene que hablar con el rey y que vive cerca del rey, y no encuentra ningún demonio o entidad dañina en el camino. Ahora observa cuán cuidadosa debe ser una persona para escapar de los peligros del camino. Después de proteger la oración, hay que concentrarse en componer una oración adecuada, como hemos explicado. Hay que tener en cuenta que muchas fuerzas idólatras impuras frenan y abruman las oraciones de Israel en el camino hacia Jerusalén. Por lo tanto, debes considerar la dificultad de nuestra tarea y la necesidad de purificarnos para dirigir nuestras oraciones fuera de la tierra, para que sean aceptables al *Eterno*, bendito sea (32a).

ואחר שעוררנוך על העיקרים האלו הדקים שהם כדמיון רמזים, יש לנו להודיעך כי סוד אל ח"י הוא סוד מקום בדיקת התפילות והב־קשות, וכשהתפילה היתה כהוגן ונדבקה באל ח"י אזי השם הנקרא אדנ"י, שהוא סוד התפילה, מתקרב עם אל ח"י, ואז מתאחדות כל הספירות על ידי התפילה. וכשמתדבקת התפילה באל ח"י הרי היא נכנסת בכל החדרים, עד שתעלה למקום הבינ"ה. ומן הבינ"ה מת־דבקת בחכמ"ה הנקראת רצון. ולפיכך אנו אומרים בראש התפילה 'אדנ"י שפתי תפתח', שהוא השער להיכנס; ובסוף התפילה אנו אומ־רים 'יהיו לרצון אמרי פי', לפי שהרצון הוא סוף המעלות ממטה למ־עלה, והוא סוד יו"ד של שם המיוחד הנקרא רצון. ומן הרצון שהוא י', עולה בקוצו של יוד העליון ומתדבקת בכתר עליון, הנקרא אין סוף. נמצאת למד כי התפילה מחזרת על שם הגדול יתברך, שהרי בתחלת התפילה אנו אומרים 'אדנ"י שפתי', שהוא סוד ה' אחרו־נה של שם והיא למטה מכל הספירות של שם יתברך, ובסוף התפי־לה אנו אומרים 'יהיו לרצו"ן אמרי פי', שהוא סוד אות יו"ד של שם שהוא סוף כל המעלות ממטה למעלה.

Después de abrirte a estos delicados conceptos, que son a modo de meras pistas, debemos hablarte del secreto de *El Jai*, el secreto del lugar donde se examinan las oraciones y las quejas. Así, cuando la oración es justa y se adjunta a *El Jai*, entonces el nombre *El Jai* proyecta a *Adonai*, que es el secreto de la oración que produce la unidad de todas las Sefirot. Porque cuando la oración se une a *El Jai*, y cuando se une a *El Jai* accede a todas las habitaciones antes de llegar a *Binah* y desde *Binah* se une a *Jojmah*, denominada también *Ratzon*. Por eso decimos al principio de las dieciocho bendiciones: «*Adonai* abre mis

32a

labios…». Y es el secreto de la última *He* del nombre y está debajo de todas las Sefirot del nombre, bendito sea; y al final decimos: «que las palabras de mi boca sean el *Ratzon*», que es el secreto de la letra *Iod* del nombre, que es el fin de todos los grados de abajo hacia arriba.

הרי שם חתום בתפילה, תחילה וסוף, שם י"ה שהוא חצי י"י יתב־רך, וחציו ככולו. ולפי שהתפילות עולות עד הכתר, התקינו במוסף 'כתר יתנו לך י"י אלהינו'. כלומר, כל התפילות של יוצר שהתפללו ישראל עולות עד הכתר. ולפיכך אנו אומרים 'כתר יתנו לך' בתפי־לת מוסף ולא בתפילת יוצר, כי בתפילת יוצר עדייז לא הגיעו התפי־לות עד הכתר, אבל בתפילת מוסף כבר הגיעו התפילות עד הכתר, כי כבר נשלמו תפילות יוצר ועלו לכת"ה. ואם כן מתוך עיקרים הללו שעוררנוך עליהם יש לך להתבונן, כי בהיות האדם מתכוון בתפי־לתו נמצא מייחד את ה' באותה תפילה, ומתחיל באות ה' אחרו־נה של שם, עד שהוא מייחד כל הספירות ומגיע עד אות יו"ד שהיא אות ראשונה של שם, עד שנמצאת התפילה דבקה בכתר עליון. אם כן יש לך להבין כי התפילה נקראת עבודה, כדרך שאמרנו. וזהו סוד שאמרו: אי זו היא עבודה שבלב? הווי אומר זו תפילה:

De este modo se inicia la oración y se cierra con *Iod He*, que es la mitad de *El Eterno*, bendito sea, la mitad de su totalidad. Y como las oraciones ascienden hasta *Keter*, en el *Musaf* se añadió: «*El Eterno*, nuestro *Elohim*, te da una corona». Es decir, todas las oraciones del creador rezadas por Israel ascienden hasta *Keter*. Y por eso decimos «te da una corona» en la oración de *Musaf* y no en la oración de *Iotzer*, porque las oraciones no llegan hasta *Keter*, mientras que en la oración de *Musaf*, las oraciones llegan hasta *Keter*, ya que con esta oración quedan completa la oración de *Iotzer*, y ascienden hasta *Keter*. Y siendo así, a partir de estos principios que te hemos inspirado, tienes que observar que cuando una persona quiere hacer su oración, con esta oración unifica el nombre en la misma oración y comienza con la última letra *He* del nombre y continúa unificando todas las Sefirot antes de llegar a la *Iod*, la primera letra del nombre, permitiendo que la oración atraviese

32a

Keter Elion. De este modo, la oración se llama *Avodah*,[92] como ya hemos explicado. Y éste es el secreto de la máxima: «¿Qué es la *Avodah* del corazón? Te diré que es la oración».[93]

ולפי דרך זה התבונן כי התפילות עומדות במקום הקרבנות. וכבר ידעת כי סוד הקרבנות הוא סוד קירוב הספירות וסדר המעלות ותי־קון הצינורות. ולפיכך נקראים קרבן מלשון קירוב. אם כן התפי־לה עומדת במקום הקרבנות, אלא שהקרבנות מקרבין המעלות על ידי המעשה, ותפילות על ידי דיבור, והסוד: ונשלמה פרים שפתינו (הושע יד, לא). וזהו שארז"ל: תפילות כנגד תמידין ומוספין תקנום. ואחר שעוררנוך על העיקרים הללו בשם הנקרא אל ח"י, יש לנו עכ־שיו להיכנס לביאור שאר שמותיו של י"י יתברך על דרך המעלות, והשם יורנו דרך האמת אמן ואמן סלה:

De esta manera podemos entender que la oración vino a sustituir a los sacrificios del templo. Y ya sabes que el secreto de los sacrificios es el secreto de reunir las Sefirot, de ordenar los grados y reparar los canales. Por eso se les llama *Korbanot*, de la misma raíz que *Kiruv*.[94] De este modo, la oración es un sustituto del sacrificio. Los sacrificios reparan las Sefirot con hechos y las oraciones hacen lo mismo con palabras, y el secreto es: «te ofreceremos como holocausto el sacrificio de nuestros labios» (*Oseas* XIV-3). Y es lo que dijeron nuestros maestros, de bendita memoria: «las oraciones equivalen a los sacrificios conocidos como *Tamidin* y *Musafin*». Y después de haberte dado a conocer estos principios relativos al nombre *El Jai*, hemos de explicarte los demás nombres del *Eterno*, bendito sea, en orden ascendente. Que Dios nos muestre el verdadero camino.

Amén, Amén, Selah.

92. Trabajo, servicio.
93. Véase Talmud, tratado de*Taanit* (2a).
94. Acercamiento.

השער השלישי והרביעי - הספירה השמינית והשביעית:

(32b) Tercera y Cuarta puerta

Octava y Séptima sefirot

י"י אלהי"ם צבאו"ת שמעה תפלתי האזינה אלהי יעקב סלה. גם צפור מצאה בית ודרור קן לה אשר שתה אפרוחיה את מזבחותיך יהו"ה צבאו"ת מלכי ואלהי (תהלים פד ד)

«*El Eterno Elohim Tzevaoth*, escucha mi oración, oh Dios de Jacob, *Selah*» (*Salmos* LXXXIV-8). «Aun el gorrión halla casa, y la golondrina nido para sí, donde ponga sus pollos en tus altares, oh *Eterno Tzevaoth*, rey mío, y Dios mío» (*Salmos* LXXXIV-3).

שני שמות הקודש שהם שלישי ורביעי על דרך המעלות הם הנקראים אלהי"ם צבאו"ת, יהו"ה צבאו"ת. ושניהם נכללים לפעמים כאחד, כאמרו: יהו"ה אלהי"ם צבאו"ת שמעה תפלתי (תהלים פד, ט).

Los dos nombres sagrados, que son tercero y cuarto en el camino ascendente se llaman *Elohim Tzevaoth, El Eterno Tzevaoth.* Y ambos se consideran a veces como uno solo, según ha sido dicho: «*El Eterno Elohim Tzevaoth* escucha mi oración» (*Salmos* LXXXIV-8).

ולפעמים נזכרים כל אחד בפני עצמו, כאמרו: אלהי"ם צבאו"ת השיבנו והאר פניך ונוושעה (שם פ, ח), וכאמרו: יהו"ה צבאו"ת עמנו משגב לנו אלהי יעקב סלה (שם מו, יב). והוצרכנו להביא אלו השני שמות בשער אחד, אף על פי ששאר השמות הבאנום כל אחד מיוחד בשער שלו, לפי ששני אלו השמות צריכים בביאורם זה לזה. וכשא־

32b

נו מפרשים האחד גם השני צריך ביאור עמו, הוצרכנו לבארם כאחד
שהרי שניהם מתאחדים זה בזה.

Aunque a veces son mencionados por separado, como ha sido dicho: «Oh *Elohim*, haznos tornar; y haz resplandecer tu rostro, y seremos salvos» (*Íbid.* LXXX-3). Y ha sido dicho: «IHVH (יהו"ה) *Tzevaoth* es con nosotros; nuestro refugio es el Dios de Jacob. *Selah*» (*Íbid.* XLVI-11). Y es necesario juntar estos otros nombres en una misma puerta, a pesar de que cada uno de estos nombres posea su propia puerta, pues estos dos nombres se interpretan el uno a partir del otro. Y para interpretar a uno de ellos es necesario tener en cuenta al otro por lo que necesitábamos interpretarlos conjuntamente pues no se pueden separar el uno del otro.

ושני אלו השמות, הנקראים אלהי"ם צבאו"ת י"י צבאו"ת, שניהם
נכונים להריק בדרך הצינורות כל המשכות שפע הספירות העליונות
ולהביאם במידת א"ל ח"י. ושניהם פועלים לפי הדין הישר בכל
צבאו"ת העולם: האחד פועל מצד החסד, והשני פועל מצד הדין.
ושניהם מושכים דין וחסד ורחמים במידת א"ל ח"י.

Y estos dos nombres, denominados *El Eterno Tzevaoth* y *Elohim Tzevaoth*, tienen la capacidad de emanar a través de los canales la *Shefa* de las Sefirot superiores en la *Middah* de *El Jai*. Y ambos obran conforme al juicio recto en todos los ejércitos del mundo: uno obra del lado de *Hessed,* y el otro obra del lado de *Din*. Y ambos atraen *Din*, *Hessed* y *Rajamim* a través de la *Middah* de *El Jai*.

ויש לנו להודיעך כי מידת י"י צבאו"ת היא המושכת חסד עליון וחסד
אברהם, שהוא חסד עולם, במידת א"ל ח"י; ומידת אלהי"ם צבאו"ת
מושכת כח הגבורה והדין והפחד והעונש במידת אל חי. ולפיכך
מידת א"ל ח"י כוללת הכל, נקראת 'כל' שהכול בה. וכל הספירות
משפיעות כוח חסד ודין ורחמים על ידי יהו"ה אלהי"ם צבאו"ת, וזהו

32b

סוד: אנכי י"י עושה כל (ישעיהו מד, כד), שהכול יצא מן המידה הנקראת כ"ל, כאומרו: וירא אלהי"ם את כל אשר עשה והנה טו"ב מאוד (בראשית א, לא), ואומר: על כן כל פקודי כל ישרתי (תהלים קיט, קכח). ואומר: וי"י ברך את אברהם בכל (בראשית כד, א).

Y hemos de informarte de que la *Middah El Eterno Tzevaoth* atrae el *Hessed Elion* y el *Hessed* de Abraham, que es el *Hessed* eterno en la *Middah El Jai*. Y la *Middah Elohim Tzevaoth* atrae el poder de *Guevurah*, *Din*, *Pajad* y *Onash*, en la *Middah El Jai*. De este modo, la *Middah El Jai* lo contiene todo y se llama *Kol*, porque todo está contenido en ella. Todas las Sefirot están influenciadas por *Hessed*, *Din* y *Rajamim* a través de *El Eterno Elohim Tzevaoth*, y éste es el secreto de: «Yo, *el Eterno*, he hecho a *Kol*» (*Isaías* XLIV-24). Porque todo emana de la *Middah* denominada *Kol*, como ha sido dicho: «*Elohim* vio a *Ko*l (todo) lo que había hecho y he aquí que era muy bueno» (*Génesis* I-31). Y ha sido dicho: «estimo rectos todos (*Kol*) tus preceptos acerca de todas las cosas». Y ha sido dicho: «Y el Eterno bendijo a Abraham en todo (*Kol*)» (*Génesis* XXIV-1).

וכבר הודענוך כי מידת א"ל ח"י נקראת כל, שהכול בה. וכשהיא משפעת שפע אצילות במידת אדנ"י, נקראת גם מידת אדנ"י בלשון כ"ל, כי היא כלולה מן הכ"ל, מטעם כי שמי בקרבו (שמות כג, כא). וכשמידת אדנ"י כלולה מן הכ"ל, אזי גם היא משפעת ברכותיה בכל הנבראים למיניהם. ולפיכך נקרא כלל כל הנבראים גם כן בשם כ"ל, על שם מידת אדנ"י המפרנסת כל נברא ונברא כפי מינה:

Ya hemos dicho que la *Middah El Jai* se llama *Kol*, porque todo está contenido en ella, y cuando se vierte en la *Middah Adonai*, entonces *Adonai* también se llama *Kol*, porque está incluido en *Kol*, según: «porque mi nombre está en él» (*Éxodo* XXIII-21). Y es porque la *Middah Adonai* está contenida en *Kol*, que él difunde sus bendiciones en toda clase de criaturas. De este modo, *Kol* es el nombre que lo abarca todo para todas las criaturas, a través de la *Middah Adonai* que sostie-

32b

ne a toda criatura, de cualquier tipo. En adelante, debes aplicar esta regla siempre que se utilice la palabra *Kol*, pues designa tres cosas: unas veces designa a la *Middah El Jai*, otras veces designa a la *Middah Adonai* y otras veces se refiere a la totalidad de las criaturas,

ועתה יש לך לשמור כלל זה בכל מקום שאתה מוצא לשון "כל", שהוא מורה שלושה עניינים: לפעמים מורה לשון כ"ל מידת א"ל ח"י, ולפעמים מורה מידת אדנ"י, ולפעמים מורה על כלל הנבראים כולם. והטעם, כמו שעתה הודענוך, כי מכח כל יוצא הכול. ואם כן תתבונן במה שנאמר באברהם וי"י ברך את אברהם בכל, וביצחק ואוכל מכל (בראשית כג, לג), וביעקב וכי יש לי כל (שם לג, יא).

Y ahora has de poner cuidado y tienes que mantener esta regla dondequiera que encuentres la expresión *Kol*, que nos enseña tres cosas: unas veces se refiere a la *Middah El Jai*, otras a la *Middah Adonai* y otras se refiere a la totalidad de las criaturas. El significado, como hemos explicado, depende del poder por el que todo lo trae. Así, podemos entender por qué se dijo para Abraham: «El Eterno había bendecido a Abraham con *Kol*», para Isaac: «Comí de *Kol*» (*Génesis* XXVII-33), y para Jacob: «tengo para mí *Kol*» (*Íbid.* XXXIII-11).

כי שלושתן במידה הכלולה מן הכול נתברכו. נמצאת למד, כי כל הברכות והטובות באות למידת א"ל ח"י על ידי יהו"ה אלהי"ם צבאו"ת, ולפיכך א"ל ח"י כלול בכל הדברים כולם, חסד ודין ורחמים משלוש רגלים. ולפי שדוד המלך עליו השלום נתלבש במידת א"ל ח"י, והוא סוד הרגל הרביעי מרגלי המרכבה, היה כלול בחסד ודין ורחמים, משלוש רגלים, ועליו נאמר: והוא אדמוני עם יפה עינים וטוב רואי (שמואל, טז, יב).

De este modo, los tres fueron bendecidos por la *Middah* completa incluida en *Kol*. Así aprendemos que todas las bendiciones y beneficios provienen de la *Middah* de *El Jai*, intermediario de *El Eterno Elohim*

Tzevaoth. Por lo tanto, *El Jai*, está incluido en todas las cosas, *Hessed*, *Din* y *Rajamim*, [1] en tres pies. Y el mismo rey David, la paz sea con él, se viste con la *Middah El Jai*, y es el secreto del cuarto pie de la *Merkavah* y está incluido también en *Hessed, Din* y *Rajamim*, formando los tres pies. A propósito de David ha sido escrito: «el cual era rojo, de bellos ojos y hermoso parecer» (1 *Samuel* XVI-12).

'אדמוני' הוא סוד המשכת הדין, הנקרא אש אדומה; 'עם יפה עי־נים' זהו סוד חסד אברהם, שהוא סוד עין החסד, והוא היה עינו של עולם; 'וטוב רואי', תפארת יעקב, שהטוב תלוי בו. ואם תאמר: הרי כתיב בעשו 'ויצא הראשון אדמוני' (בראשית כה, כד)? באדמוני של עשו אין בו תערובת טוב ולא יופי, אלא אדמוני כולו כאדרת שער, אבל בדוד כתיב אדמוני עם יפה עינים

Adumah, «de bellos ojos» es el secreto de *Hessed Abraham*, que es el ojo del mundo; «de hermoso parecer» es *Tiferet Jacob*, de la que depende *Tov*. (33a) Y si dijeras ¿Acaso no ha sido escrito a propósito de Esaú «Salió el primero rojizo» (*Génesis* XXV-25)? La rojez de Esaú no contenía bondad ni belleza, era rojo como una manta de pelo, mientras que David «era rojo, de bellos ojos y hermoso parecer».

נמצאת למד כי עשו הרשע ירש החרב ושפיכת הדם, ודוד עליו הש־לום ירש מידת המלכות על מתכונתה, לעשות חסד ורחמים ומשפט וצדקה ולעשות דין ולהרוג על פי הדין. וזהו סוד שנאמר בעשו: ויצא הראשון אדמוני כולו כאדרת שער, ובדוד נאמר: והוא אדמוני עם יפה עינים וטוב רואי, ותמצא דוד כלול מן הדין ומן הרחמים. תמצא בכתוב בדוד: ויהי דוד עושה משפט וצדקה לכל עמו (שמואל, ח, טו).

1. *Hessed, Din* y *Rajamim*, corresponden a Abraham, Isaac y Jacob, denominados «los tres pies» de la *Merkavah*.

33a

De esto aprendemos que Esaú, el malvado, heredó la espada y el derramamiento de sangre, mientras que David heredó la *Middah* de *Maljut* en toda su extensión, de modo que realizaría tanto actos de *Hessed*, *Rajamim*, *Mishpat* y *Tzedakah*, como actos de *Din* según la ley. Éste es el misterio de lo que se ha dicho a propósito de Esaú: «El primero salió rojizo, como un manto de pelo». Y a propósito de David ha sido dicho: «el cual era rojo, de bellos ojos y hermoso parecer» (1 *Samuel* XVI-12).

משפט, מצד הדין, והוא אדמוני; צדקה, מצד החסד והרחמים, עם יפה עינים וטוב רואי. ולפיכך כשהיה דוד מתלבש במידת 'אדמוני' היה נלחם מלחמות י"י באויבי י"י ולא תשוב חרבו ריקם, וכשהיה מתלבש 'יפה עינים' היה מפרנס ישראל ועושה עמהם כמה חסדים בעין יפה, וכן הוא אומר: טוב עין הוא יברך כי נתן מלחמו לדל (משלי כב, ט).

Mishpat del lado de *Din*, y él es rojizo: *Tzedakah* de lado de *Hessed* y *Rajamim*, «de bellos ojos y hermoso parecer». De este modo, cuando David se vistió con la *Middah Admoni*,[2] peleó en guerras del *Eterno* con los enemigos del *Eterno*, y su espada no volvió vacía. Y cuando se vistió con «ojos hermosos» proveería para Israel y les haría bondades con un ojo hermoso, y por eso ha sido dicho: «El ojo misericordioso será bendito, porque dio de su pan al menesteroso» (*Proverbios* XXII-9).

וכשהיה מתלבש טוב רואי' היה יורד לעמקי תורה והיה רואה ומסתכל במסתרים ונכסף לטעום טעמיה, והיה אומר: טוב לי תורת פיך מאלפי זהב וכסף (תהלים קיט, עב), והיה נכסף ומתאווה ואומר: גל עיני ואביטה נפלאות מתורתך (שם, יח), והיה מקיים התורה במידת 'טוב רואי', ובמידה הזאת היה יורד לסתרי תורה.

2. La rojez, que corresponde al juicio severo, *Din*.

33a

Y cuando se vestía de *Tov*, descendía hasta las profundidades de la *Torah* y penetraba en su misterio y aspiraba a degustar sus sabores y decía: «Mejor me es la *Torah* de tu boca, que millares de oro y plata» (*Salmos* CXIX-72). Y en otro lugar: «¡Abre mis ojos para que pueda contemplar las maravillas de tu *Torah*!» (*Salmos* CXIX-18). Levantará la *Torah* con la ayuda de su «hermoso parecer». Ya través de esta *Middah* descenderá a los secretos de la *Torah*.

ולפי ששלושה מידות הללו נתחברו במידת אל חי, שהם חסד ודין ורחמים ונאחז דוד בשלושתן, נעשה גם הוא רגל רביעי לכסא נושא השלושה. ולפיכך אמרה תורה: שלש רגלים תחוג לי בשנה (שמות כג, 'ד), כנגד אברהם ויצחק ויעקב. והרגל הרביעי הוא חג העצרת, כמו שאמר :ביום השמיני עצרת תהיה לכם (במדבר כט, לה).

Y como estas *Middoth* están conectadas con la *Middah* de *El Jai*, que contiene a *Hessed* y *Din* y *Rajamim* unidas, igualmente David une los tres, por lo que David es el cuarto que une los tres. Y por eso dice la *Torah*: «Tres veces en el año me celebraréis fiesta» (*Éxodo* XXIII-14), que corresponden a Abraham, Isaac y Jacob, y el cuarto pie es la fiesta de *Atzeret*, como ha sido dicho: «El octavo día tendréis solemnidad» (*Números* XXIX-35).

ואמרו חז"ל בסוף סוכה, שמיני חג העצרת לענין פז"ר קש"ב, ואמרו שהוא רגל בפני עצמו ואם הם רק שלוש רגלים היאך שמיני עצרת רגל בפני עצמו, והרי הם ד' רגלים? רביעית לכסא מרכבה. והסוד, כמו שאמרה תורה 'שלש רגלים תחוג לי בשנה', ואמרה ג' פעמים. וכשנולד יהודה, שהוא סוד מגן דוד, שהוא בסוד הרגל הד', שהוא סוד הבן הרביעי, מה אמרה לאה? הפעם אודה את ה' על כן קראה שמו יהודה ותעמוד מלדת (בראשית כט, לה).

33a

Y dijeron nuestros maestros, de bendita memoria, al final de *Sukkah*,[3] «El octavo día tendréis solemnidad; ninguna obra servil haréis».[4] En el octavo día tiene lugar la fiesta de *Atzereth*, en el octavo día hay que señalar el tiempo de la fiesta de la ofrenda del canto de bendición, y dijeron que hay un pie independiente. Si sólo hay tres pies, ¿cómo puede considerarse la fiesta de *Atzereth* como un pie separado, pues entonces habría cuatro pies? *Shemini Atzereth* debe considerarse un pie verdaderamente independiente que corresponde al *Maguen David*, que es el secreto del cuarto pie del trono de la *Merkavah*, por lo que está escrito en la *Torah*: «Tres fiestas al año celebraréis en mi honor» (*Éxodo* XXIII-14). Este pasaje está repetido tres veces. Cuando nació Judá, que es el secreto del *Maguen David*, el secreto del cuarto pie, que es el secreto del cuarto hijo. ¿Qué dijo Leah cuando dio a luz? «este mes alabaré al Eterno, así que le puso por nombre Judá;[5] y dejó de dar a luz» (*Génesis* XXIX-35).

'הפעם' בודאי, שהוא סוד פעם רביעית, רגל רביעית; 'אודה' שהוא דוד שרוה לאל בהודאות ותשבחות; 'ותעמוד מלדת', עד כאן הוא עמידת הספירות, מכאן ואילך הפירוד. ובהתחבר זכור ושמור, מלכות בית דוד לדוד, אזי: ונהר יוצא מעדן להשקות את הגן ומשם יפרד והיה לד' ראשים: ודע כי שתי מידות הללו הנקראות יהו"ה אלהי"ם צבאו"ת, מהם נמשכין כל צבאו"ת העולם, עליונים ותחתונים למיניהם, ומהם נמשכין כל מלחמות העולם. ובמקום זה הוא סוד הקנאה, וזהו סוד קנאת י"י צבאו"ת תעשה זאת (ישעיהו לז, לב), ואומר:

«Este mes alabaré» es el misterio del cuarto mes, el cuarto pie. «Alabaré» se refiere a David que llenará a Dios de cantos de alabanza y acción de gracias. «Y dejó de dar a luz» es el momento en que cesan las

3. Véase Talmud, tratado de *Sukkah* (47b).

4. Véase *Éxodo* (XXIX-35).

5. Juego de palabras entre *Odeh, "alabaré"* (אודה) y *Iehudah, Judah* (יהודה).

Sefirot pues este momento es anterior a la separación. Pero cuando *Zajor* (זכור) se une a *Shamor* (שמור), *Maljut Beit David* (בית דוד מלכות)se une a David. Entonces, «salía un río de Edén para regar el huerto, y de allí se repartía en cuatro cabezas» (*Génesis* II-10). Y has de saber que las dos *Middoth* denominadas *El Eterno, Elohim Tzevaoth*, sostienen a todos los ejércitos del mundo, de los mundos de arriba y de los mundos de abajo, y son responsables de todas las guerras del mundo. Y es el secreto de: «el celo del Eterno de los ejércitos hará esto» (*Isaías* XXXVII-32).

ויקנא יהו"ה לארצו (יואל ב, יח). וממקום זה יונקים הנביאים נבואתם, כאמרו; כה אמר י"י צבאו"ת. ודע כי מעלת משה רבינו עליו השלום היתה על כל הנביאים כולם, ומשה רבינו לא נשתמש במילת יהו"ה צבאו"ת, לפי שמעלתו היא דבקה ביהו"ה, ואינו צריך להסתכל במראות הצובאות.

«Y está celoso el Eterno por su tierra» (*Joel* II-18). Y de este lugar los profetas obtienen su profecía, como ha sido escrito: «Así dice *El Eterno, Elohim Tzevaoth*». Has de saber que Moisés, nuestro maestro, fue más grande que todos los demás profetas, y Moisés, nuestro maestro, nunca utilizó la *Middah El Eterno, Elohim Tzevaoth*, porque estaba apegado al Eterno y no contempló en «los espejos de las mujeres» (במראות הצובאות).[6]

לפיכך נאמר כי משה רבינו עליו השלום נסתכל באספקלריא מצוחצחת, שנאמר: פה אל פה אדבר בו ומראה ולא בחידות ותמונת יהו"ה יביט (במדבר יב, ו). ושאר הנביאים נסתכלו באספקלריא שאינה מצוחצחת, הדא הוא דכתיב: וביד הנביאים אדמה (הושע יב, יא), ואמר: אם יהיה נביאכם יהו"ה במראה אליו אתודע' הוא סוד

6. Véase *Éxodo* (XXXVIII-8). También puede interpretarse como «en los espejos de los impíos».

33a - 33b

מראות הצובאות ולפיכך מראות הנביאים הן בשם יהו"ה צבאו"ת, ולפיכך מזכירין הנביאים תמיד יהו"ה צבאו"ת, שהוא מקום יניקתם, והוא סוד מראות הצובאות אשר צבאו פתח אהל מועד (שמות לח, ח) נמצאת למד כי ג' מעלות הם: תורה נביאים וכתובים, כנגד מקו"ר ונח"ל ובריכ"ה מרע"ה נאחז במקור שהוא סוד מים זכים, אין בהם צד עכירות, ולפיכר נבואתו מצוחצחת.

Por eso está dicho que *Moshe Rabbeinu* contemplaba en el espejo luminoso, pues está escrito: «Boca a boca hablaré con él, y de vista; no por enigmas, él verá la semejanza del *Eterno*» (*Números* XII-8). Los profetas, en cambio, miran a través de un espejo oscuro. Así ha sido escrito: «Y por medio de los profetas también he hablado» (*Oseas* XII-10). Y ha sido dicho: «si tuviereis profeta del *Eterno*, le apareceré en visión, en sueños hablaré con él».[7] «En visión, en sueños hablaré con él», es el secreto de «los espejos de las mujeres» (במראות הצובאות). Así, las visiones de los profetas se perciben a través del nombre *El Eterno Tzevaoth* que es el lugar (33b) de su profecía. Éste es también el secreto de «los espejos de las mujeres» (במראות הצובאות) que se colocaban alrededor de la tienda de reunión (*Éxodo* XXXVIII-8). Esto nos enseña que hay tres grados, a saber: la *Torah*, los Profetas y los Escritos, que corresponden a *Makor* (fuente), *Nahal* (río) y *Brikah* (alberca) Moisés, nuestro maestro, captó la fuente que es el misterio de las aguas puras, que nunca se manchan, su profecía se hizo transparente.

הנביאים נאחזו בעיקרי הנחל למטה, ולפיכך נבואתם מעורבת בד־מיונות כמו שהנחל מעורב ממיני עפר. ושאר דברים הכתובים נא־חזים בבריכה, שהם מים מקובצים ואינן מצוחצחים כל כך. ואחר שהודענוך עיקרים הללו על דרך כללי בשני שמות הללו, יש לנו להיכנס בביאור כל אחד ואחד משניהם, כפי סיוע עליון עלינו לכתוב בסדר זה בעזרת השם, והוא יורנו דרך האמת והנבואה:

7. Véase *Números* XII-6.

33b

Los demás profetas se aferraron al río de abajo y sus profecías se llenaron de imágenes, igual que un río se llena de barro. El resto de los escritos sólo acceden a la alberca, que contiene agua estancada y turbia. Ahora que hemos dado una idea general de la naturaleza de estos dos nombres, debemos intentar describirlos individualmente. Nuestra tarea suprema es describirlos todos y cada uno de ellos, con la ayuda de arriba, para que nos enseñe el camino de la verdad y la profecía.

השם הנקרא אלהי"ם צבאו"ת הוא סוד המידה המושכת כל מיני דין וגבורה מצד שמאל, ושואבת מן הבינה ומן הפחד, ולוחמת מלחמות י"י צבאו"ת מעלה ומטה, וזהו שכתוב : ביום ההוא יפקוד י"י על צבא המרום במרום ועל מלכי האדמה על האדמה (ישעיהו כד, כא).

El nombre llamado *Elohim Tzevaoth* es el secreto de la *Middah* que atrae toda clase de *Din* y *Guevurah* de la izquierda, y procede de *Binah*, y pelea las guerras de *Elohim Tzevaoth* arriba, y es lo que está escrito: «Y acontecerá en aquel día, que *el Eterno* visitará sobre el ejército sublime en lo alto, y sobre los reyes de la Tierra, sobre la Tierra» (*Isaías* XXIV-21).

וצריך אני להודיעך עיקר הדבר. כבר הודעתיך כי השם הנקרא אדנ"י הוא המושל על כל המוני מעלה ומטה, והוא הפרנס הגדול בנבראים, ובידו כל גנזי המלך וכל גבורי המלחמה וכל כלי המלחמה, רכבי אש וסוסי אש, כלי זיין רמחים וחרבות, וקשתות חצים ואבני בלסטראות ושאר כל כלי המלחמה. ושישים גיבורים סביב לשם זה, כולם אחוזי חרב מלומדי מלחמה, איש חרבו על יריכו, וכולם מקבלין כוח וגבורה מצד הפחד, והסוד: איש חרבו על ירכו מפחד.

Debo enseñarte el principio de la cosa. Ya sabes que el nombre llamado *Adonai* gobierna todas las especies arriba y abajo, y es el gran administrador de la creación, pues en su mano están almacenados los tesoros del rey, todos los héroes de la guerra, todas las armas de guerra,

33b

los carros de fuego, los caballos de fuego, las espadas de la destrucción, los arcos y las flechas, las hondas, así como todos los demás instrumentos de guerra. Y sesenta valientes están dispuestos alrededor del nombre, y todos ellos son finos espadachines, curtidos en la batalla, con la espada ceñida a la cadera, y todos ellos reciben fuerza y *Guevurah* del lado de *Pajad*. Y es el secreto de: «cada uno lleva la espada en su cadera de *Pajad*».

וכבר הודענוך כי השם הנקרא אדנ"י שהוא מידת המלכות והוא מושל על כל הנבראים, והוא מחיה וממית, מוריש ומעשיר, משפיל ומרומם, מוחץ ורופא. וכל אלה הדברים אשר שם אדנ"י פועל בכל הנבראים, כולם הם כפי השפע הבא אליו מז' המעלות העליונות על ידי א"ל ח"י, אם לטובה אם לרעה, אם לחיים אם למות, אם לשלום אם למלחמה, אם לשובע אם לרעב.

Pues ya te hemos enseñado que el nombre llamado *Adonai*, que es la *Middah* de *Maljut*, gobierna sobre todas las criaturas, concede la vida o la muerte, arruina o enriquece, envilece o exalta, enferma o cura. Sin embargo, todo lo que *Adonai* hace por la creación, todo proviene de la *Shefa* de los siete grados superiores, por medio de *El Jai*, ya sea bueno o malo, ya sea para vivir o para morir, ya sea para la paz o para la guerra, ya sea para la saciedad o para el hambre.

ועתה יש לנו להודיעך כי בהיות שם אדנ"י לובש בגדי מלחמה ומזדיין ללחום בשמים ובארץ, מתלבש כלי מלחמה מגבורי הפח"ד. ועל ידי מי הוא מתלבש כלי מלחמה? על ידי אלהי"ם צבאו"ת, שהוא מושך למידת א"ל ח"י מידת אדמוני. חקור ותמצא בשם אדמוני רמוז אדנ"י, ורוצה לומר, משם נמשך הגבורה והמלחמה לשם אדנ"י. והסוד הזה: הלא אתה אלהי"ם זנחתנו ולא תצא אלהי"ם בצבאו"תינו (תהלים ס, יב).

33b

Y ahora hemos de explicarte que cuando el nombre *Adonai* se reviste con ropas de guerra y va a luchar en los cielos y en la Tierra, se adorna con los instrumentos de guerra de los héroes de *Pajad*. En este caso, ¿quién lo adorna con instrumentos de guerra? Es *Elohim Tzevaoth* que transmite la *Middah Admonei* a la *Middah El Jai*. A través del nombre *Admonei* alude a *Adonai*, por lo que podemos deducir que la *Guevurah* y la guerra proceden del nombre *Adonai*. Éste es el misterio de: «Ciertamente, tú, oh Dios, que nos habías desechado; y tú, oh Dios, que no salías con nuestras armadas» (*Salmos* LX-10).

התבונן בפסוק זה ותמצא אלהי"ם צבאו"ת בענין המלחמה. ופי' הפסוק כך הוא: למה אלהי"ם זנחתנו, שהוא סוד מידת המלכות והמלחמה, למה זנחתנו ולא תלבש בגדי נקם ומלחמה מיהו"ה אלהי"ם צבאו"ת, שהם צבאו"ת שלנו, כי לנו הם ולהם אנו, ואין לאומה אחרת עובדי גילולים חלק ביה"ו אלהי"ם צבאו"ת כי אם לישראל, וכן הוא אומר; כי אל קנא י"י אלהיך בקרבך (דברים ו, טו), בקרבך ולא בעם אחד. ואומר: קנאת י"י צבאו"ת תעשה זאת (ישעיהו לז, לב).

Analizando el versículo, nos damos cuenta de que *Elohim Tzevaoth* está vinculado a la guerra. El significado del versículo es: «¿Por qué nos ha abandonado *Elohim*, tú que eres el secreto de la *Middah Maljut* y de la guerra? ¿Por qué nos ha abandonado, sin ponerte las vestiduras de venganza y de guerra, de *El Eterno Elohim Tzevaoth*, que son nuestros *Tzevaoth*? Porque nosotros somos de ellos y ellos son nuestros, ya que ninguna otra nación tiene parte en *El Eterno Elohim Tzevaoth*, excepto Israel, por lo que se dice: "Esto es lo que hará el celo de *El Eterno Tzevaoth*"» (*Isaías* XXXVII-32).

ולפיכך אמר 'ולא תצא בצבאו"תינו', כלומר באותן שני שמות הנקראים יהו"ה אלהי"ם צבאו"ת, שהם צבאו"תינו: וענין המלחמות הוא בדרך זה. דע כי כשהשם יתברך רוצה לעקור אומה או להש-

33b-34a

פילה אינו משפיל או עוקר האומה עד שמשפיל השר שלה תחילה, שהרי ארז"ל: אין אומה נופלת אלא אם כן נופל שרה תחלה שנאמר ביום ההוא יפקוד יאי על צבא המרום במרום ועל מלכי האדמה על האדמה (שם, כד, כא) ודע והאמן, כי כשרדף פרעה אחרי ישראל על הים ונאמר עליו 'ויקח שש מאות רכב בחור וכל רכב מצרים', (שמות יד), כי המלחמה היתה למעלה ולמטה, והמלחמה היתה חזקה בשמים.

Y por eso dijo «no saldrás de nuestros *Tzevaoth*», lo cual denota los dos nombres llamados *El Eterno Elohim Tzevaoth* porque se menciona *Tzevaoteinu* (nuestros ejércitos). El concepto de guerra debe entenderse de este modo. Has de saber que cuando *El Eterno*, bendito sea, desea desarraigar o humillar a una nación, primero humilla a su Príncipe, como dijeron nuestros sabios, de bendita memoria: «Ninguna nación cae, si no cae primero su Príncipe», por lo que está escrito: «Y acontecerá en aquel día, que el Eterno visitará sobre el ejército sublime en lo alto, y sobre los reyes de la Tierra, sobre la Tierra» (*Íbid.* XXIV-21). Y has de saber que cuando el Faraón arrojó a Israel al mar, está escrito: «tomó seiscientos carros escogidos, y todos los carros de Egipto» (*Éxodo* XIV-7), porque la guerra fue arriba y abajo, y la guerra fue más fuerte en los cielos (34a).

והסוד: 'ויקח שש מאות רכב בחור', ואחר כך: 'וכל רכב מצרים', שהרי שר של מצרים נתחבר עם סמאל, וניתוספו לו שש מאות רכב בחור מלבד רכב מצרים, שאם לא תאמר כן, מאי דכתיב ויקח שש מאות רכב בחור, ואחר כך וכל רכב מצרים וכי כולם לא היו רכב מצרים? אלא, שש מאות רכב בחור מלבד רכב מצרים, ולפי־כך הוצרך לומר 'וכל רכב מצרים' והמלחמה היתה למעלה, והוצרך אדנ"י ללבוש שלושת מיני מלבושים: לבוש מלכות, והיא תפארת גאון יעקב; ולבוש החסד, מצד אברהם, להציל את ישראל; ולבוש מלחמה, מצד יצחק, הגבור"ה להלחם עם מחנה מצרים למעלה. וכשנתלבשה באותן שלושת מלבושים, בסוד וים"ע ויב"א וי"ט שהם

34a

סוד ג' מלבושים שאמרנו, עשתה מלחמה במצרים של מעלה ונצחה אותם.

Y el secreto es: «tomó seiscientos carros escogidos», seguido de «todos los carros de Egipto», Después de todo, el príncipe de Egipto se había adherido a Samael, que le proporcionó seiscientos carros escogidos que se agregaron a «todos los carros de Egipto». Si se rechaza esta interpretación, ¿por qué se menciona que tomó «seiscientos carros escogidos» y luego «todos los carros de Egipto»? ¿No eran todos los carros de Egipto? Por eso debemos considerar que estos seiscientos carros eran diferentes de los carros de Egipto, por eso el versículo especifica: «y todos los carros de Egipto». La guerra tuvo lugar en las alturas y *Adonai* tuvo que ponerse tres tipos de ropas: las ropas de *Maljut*, que es el esplendor (*Tiferet*) del genio de Jacob, las ropas del *Hessed* del lado de Abraham, para salvar a Israel. Luego se puso la prenda de guerra del lado de Isaac, *Guevurah*, para ir con el campamento egipcio en el nivel superior. Luego tomó sus tres vestiduras, en el secreto de «partió», «y vino» «y plantó», que son el secreto de las tres vestiduras con las que guerreó con Egipto desde arriba y lo derrotó.

וזהו סוד: ויסר את אפ"ן מרכבותיו וינהגהו בכבדות ויאמר מצרים אנוסה מפני ישראל כי י"י נלחם להם במצרים (שם יד, כד) וזהו שא־מרה תורה: י"י ילחם לכם ואתם תחרישון (שם, יד), ואומר: וירא ישראל את היד הגדולה אשר עשה יהו"ה במצרים. ומה שהזכיר יהו"ה במלחמת מצרים, ואיננו מזכיר אדנ"י בפירוש, כבר הודענוך כי כל השמות כלולים בשם יהו"ה, וכל שם ושם ידוע מהו מלאכתו. וכשהוא אומר 'יהו"ה נלחם להם במצרים', ידוע כי הוא סוד ה' אח־רונה של שם יהו"ה, והיא הלוחמת מלחמות יהו"ה ונקראת אדנ"י. וכל אלו המלחמות, מנצח אותם אדנ"י בכח יהו"ה אלהי"ם צבאו"ת, שנתלבש בהן בכח ג' מרכבות הידועות בסוד ויס"ע ויב"א וי"ט.

Y éste es el secreto de: «Y les quitó las ruedas de sus carros, y los trastornó gravemente. Entonces los egipcios dijeron: huyamos de de-

34a

lante de Israel, porque *El Eterno* pelea por ellos contra los egipcios» (*Ibid.* XIV-25). Y esto es lo que dice la *Torah*: «*El Eterno* peleará por vosotros, y vosotros estaréis quietos» (*Íbid.* XIV-14). Y dice: «Y vio Israel aquel grande hecho que *El Eterno* ejecutó contra los egipcios».[8] Y la razón por la cual *El Eterno* es mencionado en la guerra de Egipto en lugar de *Adonai*, es obvia. Ya hemos explicado que todos los nombres están incluidos en el nombre *El Eterno* (יהו"ה) y el papel de cada nombre ya es conocido. Cuando está escrito «el Eterno pelea por ellos contra los egipcios» se sabe que se refiere al secreto de la última letra *He* de «*El Eterno* (יהו"ה)», pues es él quien hace las guerras del *Eterno* y quien se llama *Adonai*. Y todas estas guerras son ganadas por *Adonai*, por el poder del *Eterno Elohim Tzevaoth*, quien está revestido con el poder de tres carros cuyo misterio es «y viajó», «y vino» «y se instaló».[9]

ולפי דרך זה התבונן כי השם הנקרא אלהי"ם צבאו"ת הוא המשפיע כח בשם אדנ"י ללחום מלחמות יהו"ה, והסוד: אלהי"ם צבאו"ת שוב נא הבט משמים וראה ופקוד גפן זאת (תהלים פ, טו). 'שוב נא', כמו שכתוב 'שובה י"י רבבות' (במדבר י, לו) שוב להשפיע כח בשם אדנ"י הנקרא 'גפן זאת', ועל ידי מי אתה פוקד גפן זאת? על ידי הפקיד שהוא אל חי. ולפי דרך זה נאמר: אלהי"ם השיבנו והאר פניך ונושעה (תהלים פ, ד).

Y de este modo, observa que el nombre llamado *Elohim Tzevaoth* es aquel que ejerce poder sobre *Adonai* para luchar en las guerras del Eterno. Y el secreto: «Oh Dios de los ejércitos, vuelve ahora; mira desde el cielo, y ve, y visita esta vid» (*Salmos* LXXX-14). «Vuelve ahora», como está escrito en «vuelve, oh el Eterno a los diez millares» (*Números* X-36). Vuelve de nuevo una fuerza denominada *Adonai*, llamada «esta vid». ¿Y de quién se sirve para visitar la vid? Lo hace por medio del visitador denominado *El Jai*. Y de este modo se dice: «Oh Dios,

---

8. Véase *Éxodo* (XIV-31).
9. Véase *Éxodo* (XIV a XXI).

haznos tornar; y haz resplandecer tu rostro, y seremos salvos» (*Salmos* LXXX-3).

ונקראת מידה זו הו"ד בפסוק זה, שנאמר: לך י"י הגדולה והגבורה והתפארת והנצח וההוד (דברי הימים, כט, יא) והסוד שנקרא הו"ד הוא בהיותו מתלבש במידת הגבורה והכוח, להשפיל האויבים ולנ־צח מלחמות ולהציל אוהבי י"י, והסוד: והודי נהפך עלי למשחית ולא עצרתי כ"ח (דניאל י, ח). ולפי שזה הוא מקום ניצוח המלחמות וע־שיית הנסים והנפלאות, אצל מקום זה נאמרות ההודאות. וכל מיני הודאות שאמר דוד עליו השלום בספר תהלות, אצל שתי מידות הללו סמוכות:

Esta *Middah* se llama *Hod* en este versículo: «Tuya es, oh *Eterno*, la magnificencia, y el poder, y la gloria, la victoria, y el honor» (1 *Crónicas* XXIX-11) y el secreto por el que se le llama *Hod* radica en que está cubierto por la *Middah* de *Guevurah* y *Koaj*, para derrotar al enemigo, ganar guerras y salvar a los amados del *Eterno*. Y el secreto es: «mi fuerza se me trocó en desmayo, sin retener vigor alguno» (*Daniel* X-8). Porque es el lugar de las victorias los signos y los portentos y en ese lugar se dirigen las palabras de agradecimiento. Porque David, la paz sea con él, pronunció muchos agradecimientos en el *Libro de los Salmos*, dirigidos a estas dos *Middoth* tan estrechamente unidas.

וההודאות על הנסים והנפלאות, במקום זה קבועות, בסוד: יודו לי"י חסדו ונפלאותיו לבני אדם (תהלים קז, ח). ובסוד ד' צריכין להודות, כגון חולה שנתרפא וחבוש שיצא מבית האסורים ופורשי ימים והולכי מדברות, וממקום זה גומל לחייבים טובות. כי בשתי מידות הללו יש מקומות שבהן מלאכים ממונים לקרוע גזר דינו של אדם, אם נגזרה עליו מיתה או שאר עונשין. וזהו סוד שאמרו חכמים ז"ל: קורעין לו גזר דינו של שבעים שנה. כי שבעים שרים שהם עומדים בבית דין העליון ואחד מכריע, ואותו פסק דין שחותמין שם עדיין יש לו רפואה במקום זה, ולפיכך ד' צריכין להודות, כי זהו מקום

34a-34b

ההודאות, ובכאן הוא סוד גמילות חסדים, ולפיכך אנו אומרים: הגו־
מל לחייבים טובות.

Las oraciones por los signos y los portentos establecidas en este lugar, en el secreto de: «Alaben al Eterno por su misericordia; y sus maravillas para con los hijos de los hombres» (*Salmos* CVII-8). Y el secreto de las cuatro necesidades, que permiten sanar de la enfermedad, liberar del cautiverio, atravesar mares y desiertos. Y desde este lugar se recompensa a los indignos. Porque en estas dos *Middoth* hay lugares donde se designan ángeles para anular las sentencias de una persona, ya se trate de la muerte o de otro tipo de sufrimientos. Y es el secreto de lo que dijeron nuestros maestros, de bendita memoria: «Su juicio fue anulado durante setenta años».[10] Porque los setenta príncipes que se sientan en *Beit Din* superior y pueden anular (34b) su veredicto en este lugar, por eso son cuatro los que están obligados a recitar las acciones de gracias, ya que es el lugar de las acciones de gracia. Y también es el lugar del secreto de los actos de bondad (*Guemilut Jasadim*) como ya dijimos: desde este lugar se recompensa a los indignos.

וסוד כריעה ומודים, אצל מקומות הללו קבועים, וסימן; כי לי תכרע
כל ברך (ישעיהו מה, כג). וסוד מודים דרבנן, במקום זה הוא קבוע,
כי יהו"ה אלהי"ם צבאו"ת הם סוד מידת 'תלמידי חכמים מרבים
שלום בעולם', וסודו ליודעים חן, כי הם המרבים שלום. וכן הוא
אומר: כי ורע השלום הגפן תתן פריה והארץ תתן את יבולה והש־
מים יתנו טלם (זכריה ח, יב), וכבר ידעת כי 'ט"ל חרמון יורד על
הררי ציון', שהם נצח והוד. ולפי שהם מקום ההודאות והם סוד 'כי לי
תכרע כל ברך', אמרו חז"ל: צריך לכרוע במודי"ם.

Y éste es el secreto de la flexión de la rodilla y la confesión que tiene lugar en este punto de la oración, simbolizada por: «Porque ante mí se

10. Véase Talmud, tratado de *Berajoth* (31b).

doblará toda rodilla» (*Isaías* XLV-23). Y el secreto de la *Middah* de los rabinos en este lugar procede del hecho que *El Eterno, Elohim Tzevaoth* es el secreto de la *Middah* mencionada en el axioma: «los sabios multiplican la paz en el mundo»[11] y es el secreto de los que conocen la gracia (*Hen*), porque ellos son los que hacen la paz. Por ello ha sido dicho: «Porque la simiente de la paz quedará; la vid dará su fruto, y la tierra dará su fruto, y los cielos darán su rocío (*Zacarías* VIII-12), y es sabido que el «rocío del Hermón que fluye hacia las colinas de Sion» representa a las Sefirot *Netzaj* y *Hod*, y son el lugar de las confesiones y son el secreto de «Porque ante mí se doblará toda rodilla». Y nuestros sabios de bendita memoria, dijeron: «hay que arrodillarse durante la acción de gracias (*Modim*)».[12]

וכל ברכה הבאה לעולם, על ידי אלו באה; ולפיכך מי שאינו כורע במודי"ם, שדרו נעשית נחש לאחר שבעים שנה. וסוד שבעים שנה הם שבעים שרים העומדים בשורת העגולה, והנחש מבחוץ עומד כאורב נגד נצח והוד. וכל מי שאינו נזהר עם ת"ח או עם נצ"ח והו"ד, ראוי להכישו נחש, וזהו שאמרו: כל העובר על דברי חכמים חייב מיתה וראוי להכישו נחש דלפיכך דע כי כשמתלבש השם הנקרא אדנ"י לבוש הוד, נוצח כל מלחמות ישראל ונפרע לנו מצרינו ומשלם גמול לכל אויבי נפשינו, ולפיכך צריכים אנו להודות למי שנתלבש לבוש הוד ונצח מלחמה, והסוד: הוד והדר לבשת (תהלים קד, א). וזהו: אל ההודאות אדון הנפלאות.

Porque toda bendición que viene al mundo proviene de ellos, y por lo tanto, aquel que no dobla su rodilla durante la oración de acción de gracias (*Modim*) su columna se convertirá en una serpiente a los setenta años.[13] Y el secreto de los setenta años son los setenta Príncipes que forman un círculo para alejar a la serpiente que se cierne como un de-

---

11. Véase Talmud, tratado de *Berajoth* (64a).
12. Véase Talmud, tratado de *Berajoth* (34b).
13. Véase Talmud, tratado de *Baba Kama* (16a).

34b

predador alrededor de *Netsaj* y *Hod*. Porque aquel que no se comporta correctamente con un sabio, o con *Netsaj* y *Hod*, será mordido por la serpiente. Por eso ha sido dicho: «Aquel que transgrede las palabras de los sabios se arriesga a la pena de muerte y merece ser mordido por una serpiente».[14] Has de saber, pues, que cuando la *Middah* de *Adonai* se reviste con *Hod*, Israel gana todas las guerras, nos libera de todas nuestras angustias y es el secreto de «te has vestido de *Hod*» (*Salmos* CIV-1). Y son el Dios de la gracia y el señor de las maravillas.

ולפיכך התבונן בכל מקום שתמצא לשון הודאה, שהוא כנגד מקום זה: ודע כי כנגד המידה הזאת עשה שלמה בבית המקדש העמוד השני, וקרא שמו בועז. כי שני עמודים היו, יכ"ן ובוע"ז, והסוד: שו־קיו עמודי שש מיוסדים על אדנ"י פז (שיה"ש ה, טו). שוקיו אלו הן נצ"ח והו"ד, שהם סוד י"י אלהי"ם צבאו"ת, והם עמודי הספירות, וכנגדם עשה שלמה עמודים שניים יכי"ן ובוע"ז. ומה שאמר 'עמודי שש', כבר ידעת כי קו האמצעי הוא סוד התפארת שהוא סוד ו' של שם המיוחד.

Y por lo tanto observa que en cualquier lugar en el que encuentres la expresión *Hodaa* (alabanza), corresponde a este lugar. Y has de saber que, en correspondencia con esta *Middah*, Salomón hizo construir la segunda columna del templo que llevaba el nombre de Boaz. Porque había dos columnas: Yakin y Boaz. Y el secreto es: «Sus piernas, son como columnas de mármol fundadas sobre basas de fino oro» (*Cantar de los Cantares* V-5). Las piernas a las que se refiere son *Netsaj* y *Hod*, que son el secreto de *El Eterno Elohim Tzevaoth*, que sirven de columnas a las Sefirot, y corresponden a las dos Y lo que dijo 'seis columnas', ya sabías que la línea media, que es el secreto de *Tiferet,* que es el secreto de la *Vav* del nombre unificado.

---

14. Véase Talmud, tratado de *Berajoth* (4b).

34b

ואלו שני העמודים הם בתחתית ו' של שם, כי אות ו' הוא סוד שש, וסובל ששה שמות: גדול"ה, גבור"ה, תפאר"ת, נצ"ח, הו"ד, יסו"ד. ולפיכך אמר 'שוקיו', שהם נצ"ח והו"ד; 'עמודי שש', שהם עמודי ו'. ועל מי הם עומדים? על יסוד, ויסוד יושב על הכסא הנקרא אדנ"י. נמצא הסוד מפורש: 'מיוסדים' הוא רמו ליסוד; 'על אדנ"י פז' זהו שם אדנ"י.

Y estas dos columnas se encuentran debajo de la *Vav* porque la letra *Vav* del nombre es el secreto de «seis»,[15] ya que soporta los seis nombres: *Gedulah, Guevurah, Tiferet, Netzaj, Hod* y *Iesod*. ¿En quién se apoyan? En *Iesod*, y *Iesod* descansa en el trono denominado *Adonai*. El secreto se encuentra de forma explícita: *Meiusadim* (מיוסדים)[16] alude a *Iesod* sobre basas (*Adnai*) de oro puro, o sea el nombre *Adonai*.[17]

נמצא ז' ספירות תחתונות קשורות בפסוק זה: 'שוקיו עמודי שש', הרי כאן ה' ספירות, גדול"ה, גבור"ה, תפאר"ת, נצ"ח והו"ד; 'מיוסדים', ספירה ששית שהיא יסו"ד; 'על אדנ"י פז', זו היא מידה שביעית להם, שהיא אדנ"י' ואחר שעוררנוך על הסוד הגדול הזה, דע כי מן המקום הזה, שהוא גדולה גבורה תפארת נצח והוד ויסוד, שהוא סוד 'שוקיו עמודי שש', מכאן נבראו השרפים השנים הנקראים בעלי שש כנפי"ם. ונקראים שרפים, שהם שורפים לכל אותם שאינן חוששים לכבוד קונם כשהם מסתכלים במעשה מרכבה ועוסקים בסוד חשמ"ל, והם השורפים לכל אותם המשתמשים בשמות הכתר.

Encontramos a las siete Sefirot inferiores relacionadas con este versículo. «Sus piernas, son como columnas de mármol» contiene a las cinco Sefirot inferiores, *Gedulah, Guevurah, Tiferet, Netzaj, Hod*, *Meiusadim* (מיוסדים) es la sexta sefirah, que es *Iesod*, «sobre basas de

15. El valor numérico de esta letra es seis.
16. Literalmente "fundadas", "apoyadas", "establecidas".
17. Juego de palabras entre *Adnai* y *Adonai* que se escriben igual.

34b

fino oro» es la séptima sefirah, que es *Adonai*, y después de revelarte este gran secreto, has de saber que en este lugar, formado por *Gedulah, Guevurah, Tiferet, Netzaj, Hod*, y *Iesod*, cuyo secreto es «Sus piernas, son como columnas de mármol», fueron creados los Serafines llamados «señores de las seis alas».[18] Se les llama Serafines (שרפים) porque queman (שרפים) a todos los que no honran la gloria de su creador cuando emprenden la *Maaseh Merkavah* y tratan con el secreto del *Hashmal*, y son los que purifican a todos los que usan los nombres de *Keter*.

ואלו הן המקורות והמעינות שמהם נמשכו שתא סדרי משנה, עד שמגיעים למידת אדנ"י הנקרא תורה שבעל פה. ולפי שאלו שני הע־מודים הם עמודי שש, הם סוד שתי הלוחות המחברים בין תורה שבכתב, שהיא בשתי הלוחות, לתורה שבעל פה שהיא שתא סדרי. וסימן: שוקיו, שהם שתים; עמודי שש, הם מעמידים שתא סדרי משנה. הרי לך שתי הלוחות ושתא סדרי משנה באין כאחד, ושתיהן קשורים זה בזה.

Y éstas son las fuentes y manantiales de los seis órdenes de la *Mishnah* hasta llegar a la *Middah* de *Adonai* llamada *Torah Oral*. Y estas dos columnas son seis columnas y son el secreto que forman las dos tablas de la *Torah Oral* frente a las dos tablas de la *Torah* escrita, ordenadas y simbolizadas por las dos piernas. Las «columnas de mármol y los órdenes de la *Mishnah* están unidos, así como todo lo que depende de ellos.

וכל העוסק בתורה שבכתב ותורה שבעל פה, הרי זה מחבר את האהל להיות אחד, ומייחד את השם יתברך, והסוד: יכי"ן ובוע"ז. ודע כי המידה הזאת הנקראת בועז מקבלת עוז מן הגבור"ה ומעוז מן

18. Véase *Isaías* (VI-2).

הבינה, והוא הנותן עוז ותעצומות לעם. ומן המקום הזה נמשכין כל מיני כוח ואצילות וגבורה מצד הדין והפחד, ובכוח זה יושבת המידה הנקראת אדנ"י בהוד מלכות. ועתה בין ודע, בכל מקום שאתה מוצא לשון ההודא"ות, או מודים, שאתה צריך להוציא משפטים לאור:

Y todos los que se esfuerzan en la *Torah Oral* y la *Torah* escrita acceden a la tienda para unificar el nombre (35a), bendito sea, y el secreto es: *Yakin* y *Boaz*. Y has de saber que la *Middah* denominada *Boaz* (בועז) es la fuerza (עוז) de *Guevurah* y el refugio (מעוז) de *Binah*, y es lo que da fuerza (עוז) y seguridad al pueblo. Y de este lugar son atraídos todo tipo de poder y emanación y *Guevurah* del lado de *Din* y *Pajut*. Y en esta fuerza se asienta la *Middah* denominada *Adonai*, en *Hod* y *Maljut*. Y ahora has de saber y entender que en cualquier lugar en el que encuentres las expresiones *Hodaoth* o *Modim*, hay que cumplir con las normas establecidas.

ודע כי שתי מידות האלו שהם נצ"ח והו"ד, שהם י"י אלהי"ם צבאו"ת, נקראים שחקים. ואלו שני היכלות המכינים מזון לצדיקים ונקראו שחקים. וזהו שארז"ל: שחקים שבהם טוחנים מן לצדיקים. ותדע לך בבירור כי בסוד שחקים נמשך המן והטל, וסימן: וברדת הטל על המחנה לילה ירד המן עליו (במדבר יא, ט).

Y has de entender y saber que estas dos *Middoth* son *Netzaj* y *Hod*, que son *El Eterno Elohim Tzevaoth*, son llamadas «nubes». Se trata de dos palacios que preparan la comida de los justos y que se llaman «nubes». Por ello dijeron nuestros sabios, de bendita memoria: «en las nubes se muele el rocío de los *Tzaddikim*».[19] Has de entender que es a través del secreto de las nubes como se distribuyen el maná y el rocío, y la señal es: «Cuando el rocío descendía sobre el campamento por la noche, también descendía el maná» (*Números* XI-9).

---

19. Véase Talmud, tratado de *Jaguigah* (12b).

35a

וכבר ידעת כי 'טל חרמון יורד על הררי ציון'. ולמי הוא טוחן? לצדיקים שהם צדי"ק וצד"ק, ובכלל צדיק וצדק מקבלים כוח ופרנסה וחיים כל הצדיקים הנקראים על שמם. ובזמן שישראל הם צדיקים, כאילו הם מסייעים את השם והמרכבה העליונה הסודרת עליהם, ורוכב שמים בעזרתן של ישראל, שנאמר: רוכב שמים בעזרך ובגאותו שחקים (דברים לג, כה) "י ואז מה' זכו מתן שכרן, מתקן להם נצח והוד לעשות עמהם כמה טובות וכמה נסים ונפלאות בשם י"י אלהי"ם צבאו"ת, שנאמר 'ובגאותו שחקים'.

Y ya sabías que «el rocío de Hermón descendió sobre las colinas de Sion». ¿Para quién se muele el maná? Para los *Zaddikim*, que constituyen las *Middoth Tzedek* y *Tzaddik*. Porque todos los *Tzaddikim*, dignos de ese nombre, reciben el poder a través de *Tzaddik* y *Tzedek*. Y cuando en Israel hay *Zaddikim*, sostiene el nombre y la *Merkavah* de arriba, que puede entonces elevarse con la ayuda de Israel, ya que ha sido escrito: «quien cabalga sobre los cielos para tu ayuda; en las nubes con su grandeza» (*Deuteronomio* XXXIII-26). Y entonces fueron recompensados por el Eterno por medio de *Netzaj* y *Hod*, que conceden favores y realizan milagros y maravillas en el nombre de *Yhwh Elohim Tzevaoth*, pues está dicho: «en las nubes con su grandeza».

. ופירוש הפסוק כך הוא: שהשם יתברך רוכב שמים בעזרך, מהו שכרך כשהוא מתגאה על ידך? מתקן שחקים להוריד לך כל ברכות גנזי עליונים, כאמרו: הרעיפו שמים ממעל ושחקים יזלו צד"ק תפתח ארץ ויפרו ישע (ישעיהו מה, ח), וכן הוא אומר: אשר יזלו שחקים ירעפו עלי אדם רב (איוב לו, כט), ואומר: ויצו שחקים ממעל ודלתי שמים פתח (תהלים עח, כג).

La interpretación del versículo es que el Santo, bendito sea, «cabalga sobre los cielos para tu ayuda». ¿Cuál es la recompensa por esto? Él prepara las nubes para que derramen todas las bendiciones de los reinos superiores, pues ha sido escrito: «Desatad, cielos, de arriba, y las nubes derramarán la justicia» (*Isaías* XLV-98). También ha sido escrito: «cuando gotean de las nubes, gotean sobre los hombres en abundancia» (*Job* XXXVI-28), y ha sido dicho: «mandó a las nubes de arriba, y abrió las puertas de los cielos» (*Salmos* LXXVIII-23).

וסוד הכולל כל אלו העניינים הוא מקרא דכתיב: הרעיפו שמים ממעל ושחקים יזלו צד"ק תפתח ארץ ויפרו ישע וצדקה תצמיח יחד אני י"י בראתיו. ופירוש הפסוק כך הוא: הרעיפו שמים ממעל, התקינו שמים, הנקראים אש ומים, הנקראים גדולה גבורה, הנקראים אל אלהי"ם, התקינו שמים אלו להמשיך שפע האצילות ממעל, כלומר מן שלש ספירות של מעלה מהם, וכשיהיו השמים מקבלים שפע אצילות משלש ספירות שעליהן, אזי ישפיעו טובתם על ג' ספירות שתחתיהן שהם נצ"ח הוא"ד יסו"ד, ומשם תתברך הבריכה, הנקראת אדנ"י, הנקרא צד"ק. וזהו סוד שאמר 'ושחקים יזלו צדק'.

El secreto que encierran todos estos asuntos está contenido en: «Desatad, cielos, de arriba, y las nubes derramarán la justicia; ábrase la tierra, y fructifíquense la salud y la justicia; háganse producir juntamente. Yo, el Eterno, lo he creado».[20] Y la explicación del versículo es la siguiente: «Desatad, cielos, de arriba», la corrección de los cielos (שמים), llamados *Esh* (אש), «fuego» y *Maim* (מים), «agua», llamados *Guedulah* y *Guevurah*, llamados *El* y *Elohim*. Corrige este cielo para derramar *Shefa* y emanación desde arriba, es decir desde las tres Sefirot superiores que derraman su *Shefa* desde *Guedulah* y *Guevurah* hacia las tres Sefirot inferiores, es decir, *Netzaj*, *Hod* y *Iesod*, y desde allí será bendecida la alberca denominada *Adonai*, denominada *Tzedek*. Y es el secreto de lo que ha sido dicho: «y las nubes derramarán la justicia».

מצאת למד כי סוד שמים הוא סוד גדולה וגבורה, ורקיע אמצעי, תפארת, בסוד שחקים - נצ"ח והו"ד ורקיע האמצעי, יסוד; מכאן

20. Véase *Isaías* (XLV-8).

ואילך 'תפתח ארץ ויפרו ישע'. נמצאת למד: אל אלהי"ם נקראים
שמים, ושני שמות שתחתיהם, שהם נצח והוד, נקראו וחקים.

De aquí aprendemos que el secreto de «cielos» (שמים) es el secreto de *Guedulah* y *Guevurah*, cuyo firmamento central es *Tiferet*, en el misterio de *Netzaj* y *Hod* cuyo firmamento central es *Iesod*. A partir de ahora «ábrase la tierra, y fructifíquense». De esto aprendemos que *El* y *Elohim* son llamados *Shamayim* y que los dos nombres inferiores, *Netzaj* y *Hod*, son denominados *Shejakim*.

ושמים למעלה, ושחקים למטה מהם. ולפי סוד שני שמות הללו,
שהן אל אלהי"ם שנקראים שמים, ויהו"ה ביניהם, שסוד שלושתם,
אל אלהי"ם יהו"ה, נקרא השם היושבי בשמים:, ואומר: רוכב שמים
בעזרך (דברים לג, כה), ואומר: השמים שמים לה' (תהלים קטו,
טז), ועל זה נאמר: ואתה תשמע השמים מכון שבתך (מלכים, ח,
לט). וכן הוא אומר; ויעקב איש תם יושב אהלים (בראשית כה, כז)
ואומר: יהי רקיע בתוך המים ויהי מבדיל בין מים למים (שם א, ו).
וכן הוא אומר; ויעקב איש תם יושב אהלים (בראשית כה, כז)
ואומר: יהי רקיע בתוך המים ויהי מבדיל בין מים למים (שם א, ו).

Y *Shamaim* están arriba y *Shejakim* abajo. A través del secreto de los dos nombres *El* y *Elohim*, llamado *Shamaim*, *El Eterno* mora entre ellos a través del secreto de los tres: *El Elohim el Eterno* denominado: «*El Eterno* que mora en *Shamaim*». Y ha sido dicho: «Es llevado sobre *Shamaim* con tu ayuda» (*Deuteronomio* XXXIII-26), así como «*Shamaim* son los *Shamaim* del Eterno» (*Salmos* CXV-16), y a propósito de esto ha sido dicho: «Tú oirás en los *Shamaim*, desde el lugar de tu morada» (1 *Reyes* VIII-39). Y ha sido dicho que «Jacob era un hombre tranquilo, que habitaba en tiendas» (*Génesis* XXV-27), y ha sido dicho: «Que haya un firmamento (35b) entre las aguas, y que separe las aguas de las aguas» (*Ibid.* I-6).

35b

ולפי דרך זה תתבונן בכל מקום שתמצא שמים שהוא סוד שני הש־מות שהם גדולה וגבורה, שהם אל אלהי"ם, ששניהם נקראו שמים: ויהו"ה הוא באמצע שניהם, והוא רקיע בתוך המים; ובכל מקום שאתה מוצא שחקים שהוא סוד שני השמות שהם נצ"ח והוד, שהם ה' אלהי"ם צבאו"ת, וא"ל ח"י הוא באמצע שניהם, והוא הכתוב הש־לישי המכריע ביניהם. ומן השמים יורד השפע אל השחקים, ומן השחקים לא"ל ח"י, ומא"ל ח"י לאדנ"י. וסוד כל זה: הרעיפו שמים ממעל ושחקים יזלו צדק (ישעיהו מה, ח), וכן הוא אומר: ויצו שח־קים ממעל ודלתי שמים פתח (תהלים עח, כג). ופירוש הפסוק כך הוא: ויצו שחקים, מן המקום שהוא למעלה מהם, ומהו? הוא הש־מים, שנאמר 'ודלתי שמים פתח':

Por este camino entendemos que en cualquier lugar donde se encuentre la palabra *Shamaim*, se refiere al secreto de los dos nombres: *Guedulah* y *Guevurah*, así como *El* y *Elohim*, ambos unidos por el nombre *Shamaim*. *El Eterno* está en medio de los dos, es el firmamento que separa las aguas. En cualquier lugar donde se encuentre la palabra *Shejakim*, se refiere al secreto de los dos nombres: *Netzaj* y *Hod*, que son *El Eterno Elohim Tzsevaoth*. Y *El Jai* está en medio de las dos, y es el tercero escrito el que los confirma. Y de *Shamaim* fluye la *Shefa* a los *Shejakim* y de los *Shejakim* a *El Jai* y de *El Jai* a *Adonai*. Y el secreto de todo esto es: «Que el *Shamaim* se derrame desde arriba y los *Shejakim* dejen fluir a *Tzedek*» (*Isaías* XLV-8). Del mismo modo, está escrito: «Él ordenó a los *Shejakim* desde arriba, y abrió las puertas del *Shamaim* «(*Salmos* LXXVIII-23). La interpretación de este versículo es: «y ordena a los *Shejakim* desde arriba». ¿A quién se refiere esto? Al *Shamaim*, como ha sido dicho: «Abrió las puertas del *Shamaim*».

ודע כי שני שמות אלו שהם יהו"ה אלהי"ם צבאו"ת, שהם נצח והוד, נקראים עצם השמים' ועליהם נאמר: וכעצם השמים לטוהר (שמות כד, י), לפי שעצומם הוא בא מן המקום הנקרא שמים, והוא בסוד ידוע כתוב ליודעים חן. והם עצם השמים ממש, ומהם מקבלים כוח

35b

כל העצמות למיניהם, ועצם היום הזה מהם מקבל כוח, והסוד: כל עצמותי תאמרנה ה' מי כמוך (תהלים לה, י).

Y has de saber que estos dos nombres, *El Eterno Elohim Tzevaoth*, que son *Netzaj* y *Hod*, se llaman «esencia del cielo», de la que ha sido dicho: «Como la esencia del cielo cuando está sereno» (*Éxodo* XXIV-10). Pues su esencia proviene de un lugar llamado *Shamaim* y el poder de su esencia es un secreto bien conocido de ellos, y es de *Etzem*[21] de donde recibe su poder. Éste es el secreto de: «Todos mis huesos dirán: ¿Quién es como tú?» (*Salmos* XXXV-10).[22]

וזהו המקום שממנו יבא כוח החיים למתי ישראל, על ידי א"ל ח"י. וכן הוא אומר: ועצמותיך יחליץ (ישעיהו נח, יא) כלומר יזיין, מלשון נחנו נעבור חלוצים (במדבר לב, לב), ואומר: כל חלוץ צבא, ואומר: שנים עשר אלף חלוצי צבא (שם לא, ה), ממקום יהו"ה צבאו"ת הם חלוצי צבא ועצמותיך יחליץ. ודע כי יש עצם אחד בשדרתו של אדם ונקרא לו"ז, שהוא עצמו של אדם והוא עיקרו ושרשו, וממנו עיקר תולדתו של אדם בלב ובמוח ובכבד ומקום הזרע. והעצם הזה הוא מסולת וממבחר טיפת הזרע, והוא עיקר עמידת כל עצמותיו של אדם.

De este mismo lugar proviene la fuerza de la vida para los muertos de Israel a través de *El Jai*. Como ha sido dicho: «y vuestros huesos reverdecerán» (*Isaías* LXVI-14), es decir, se armarán, como en la expresión «Nosotros cruzaremos armados» (*Números* XXXII-32), y ha sido dicho: «Doce mil hombres armados para el ejército» (*Ibid.* XXXI-5). En el lugar de *El Eterno Tzevaoth*, están los soldados armados y los huesos reforzados. Has de saber que hay un hueso en la columna vertebral del hombre, que se llama *Luz* (לוז), que es la esencia del hombre, su origen y su raíz; es el principio hereditario del hombre

---

21. Esencia.
22. La palabra que significa "esencia" también significa "hueso".

35b

en el corazón, el cerebro, el hígado, el lugar del semen. De esta semilla y de este hueso proceden lo exquisito y lo escogido de la gota de semen y es la esencia de todos los huesos del hombre.

וכשמת האדם ונתפרקו אבריו ונרקבו עצמותיו, אותו העצם אינו נפסד ואינו נמוח. אילו יכניסוהו באש, אינו נשרף, בריחיים, אינו נטחן, בפטיש, אינו מתפוצץ. והוא העצם הקיים לעולמי עולמים, הוא המקבל כוח התענוג והעדנים אחר מיתתו של צדיק, שנאמר 'ועצמותיך יחליץ', והוא המקבל עונשים ברשעים ועליו נאמר: ותהי עונותם על עצמותם (יחזקאל לב, כז).

Cuando el hombre muere y todos sus huesos se desintegran y sus miembros se pudren, este hueso no desaparece ni se degrada. Si lo pones en el fuego, no arde, un molino no puede molerlo, si lo golpeas con un martillo, no se rompe. Este hueso existe eternamente y recibe la fuerza del placer y de los gozos después de la muerte del *Tzaddik*, como ha sido dicho: «y tus huesos serán liberados», pero es él quien recibe el castigo por los malvados, de quienes ha sido dicho: «mas sus pecados estaban sobre sus huesos» (*Ezequiel* XXXII-27).

והעצם הזה שורשו ועיקרו מעצם השמים הוא, ומשם מקבל כוח קיום ועמידת כל גוף האדם. ודע כי סוד הכריעה באדם הוא בסוד העצמות, ולפיכך הוצרכו לרמוז: עד שיתפרקו כל חוליות שבשדרה, שצריך לכרוע במודים. וכבר ידעת כל מודי"ם הוא בנצח והוד. לפי שהקנאה הוא באה מעצם השמים, בכל מקום שנזכר בתורה לשון קנאה כאומרו כי אל קנא י"י אלהיך בקרבך, במקום הזה רומז. והסוד: קנאת י"י צבאו"ת תעשה זאת (ישעיהו לז, לב), לפיכך נאמר: ורקב עצמות קנאה (משלי יד, ל). ולפי שהקנאה תלויה במקום זה, נאמר במנחת סוטה: מנחת קנאות היא מנחת זכרון מזכרת עון (במדבר ה, יח). והיודעים סוד קנאה וסוד זכרו"ן יודעים כי הקנאה והזכרון סמוכות לעד לעולם:

35b-36a

La esencia y raíz de este hueso proceden de la esencia del cielo, y es de ahí de donde se recibe la fuerza para mantener en pie el cuerpo del hombre. Y has de saber que el secreto de la flexión de la rodilla del hombre está en el secreto de los huesos, al que se alude en: «Hay que doblar las rodillas durante la oración de *Modim*, hasta que las vértebras se hayan separado».[23] Ya sabes que *Modim* está en *Netzaj* y *Hod*. Los celos también proceden de la esencia de los Cielos, y en cualquier lugar en la *Torah* en el que aparezca la expresión «celos», como en «porque yo, *El Eterno*, soy un Dios celoso»,[24] se refiere a este lugar. Éste es el secreto de: «Los celos del *Eterno Tzevaoth* harán esto» (*Isaías* XXXVII-32), por lo que ha sido dicho: «mas los celos, pudrimiento de huesos» (*Proverbios* XIV-30). Y como los celos giran en torno a este lugar, cuando hay sospecha de adulterio se dice: «porque es presente de celos, presente de recordación, que trae en memoria» (*Números* V-5). Y aquellos que conocen el secreto de los celos y el secreto del recuerdo saben que los celos y el recuerdo están conectados siempre.

ודע כי שני שמות הללו שהם נצח והוד הם מקום יניקת הנביאים, ומן המקום הזה שואבים הנביאים כל מיני הנבואות, כל אחד מהם כפי כוחו וכפי השגתו, מלבד משה רבינו עליו השלום שעלה לקבל תורה ממעל למקום זה, כי נבואתו במראה ולא בחידות. ולפיכך תמצא הנביאים רומזים בנבואתם כה אמר י"י צבאו"ת', אבל בנבואת משה רבינו עליו השלום אינו מזכיר י"י צבאו"ת, לפי שנבואתו עלתה למעלה ממקום זה. ותמצא הנביאים רומזים בנבואתם ד' ספירות תחתונות, שהם אדנ"י, א"ל ח"י, י"י צבאו"ת, אלהי"ם צבאו"ת, וכולן נכללות בסוד 'כה אמר י"י צבאו"ת'.

Y has de saber que estos dos nombres, *Netzaj* y *Hod*, son el lugar de donde su nutren los profetas, y de este lugar los profetas derivan sus profecías (36a), cada uno según su capacidad de recibir. Es decir, todos

23. Véase Talmud, tratado de *Berajoth* (2b).
24. Véase *Éxodo* (XX-5).

36a

los profetas, a excepción de *Moshe Rabbeinu*, la paz sea con él, que ascendió a lo alto de este lugar para recibir la *Torah*, sólo tienen visiones y nada en sus manos. Por lo tanto, encontrarás que los demás profetas se refieren a «*Ko* (así) dice *el Eterno Tzevaoth*», mientras que *Moshe Rabbeinu*, la paz sea con él, nunca menciona *al Eterno Tzevaoth*, porque su profecía asciende más allá de este lugar. Por otro lado, los demás profetas se refieren en sus profecías a las cuatro *Sefirot* inferiores, que son *Adonai*, *El Jai*, *el Eterno Tzevaoth* y *Elohim Tzevaoth*, y todos están contenidos en el secreto de «*Ko* (así) dice *el Eterno Tzevaoth*».

ומה שאתה צריך לדעת ולהאמין כי נבואת כל הנביאים, בין נבואת משה רבינו עליו השלום בין נבואת שאר כל הנביאים, היתה מאת שם יהו"ה יתברך; לא שתאמר שנבואת משה רבינו עליו השלום על ידי יהו"ה יתברך ונבואת שאר כל הנביאים על ידי מלאך, אל תאמן זה. ואם כן מה הפרש יש בין נבואת משה רבינו עליו השלום לנבואת שאר כל הנביאים עליהם השלום דע כי נבואת משה רבינו עליו השלום נתאחדה בתפאר"ת שהיא אספקלריאה מאירה, ומשם נתדבק בספירות עליונות, ושאר כל הנביאים לא נתאחדו בתפארת שהוא סוד יהו"ה, אלא על ידי אמצעות הספירות התחתונות, שם אדנ"י וא"ל ח"י ויהו"ה אלהי"ם צבאו"ת.

Y lo que debes entender y saber es que toda profecía, ya sea que venga de *Moshe Rabbeinu* o de otros profetas, proviene del nombre *El Eterno*, bendito sea. No que digas que únicamente la profecía de *Moshe Rabbeinu*, la paz sea con él, viene del *Eterno* y será bendecida y la profecía de todos los demás profetas viene por intermedio de un ángel, no lo creas. Y si así fuera, ¿cuál es la diferencia entre la profecía de *Moshe Rabbeinu*, la paz sea con él, y la profecía de todos los demás profetas, la paz sea con ellos? Has de saber que la profecía de *Moshe Rabbeinu*, la paz sea con él, está unida con *Tiferet*, que es un espejo luminoso, y desde allí está unida a las Sefirot superiores. Sin embargo, todos los demás profetas no estaban unidos a *Tiferet*, que es el secreto

36a

del *Eterno,* sino a las Sefirot inferiores, el nombre *Adonai*, *El Jai,* y *el Eterno Elohim Tzevaoth.*

ולא השיגו הנביאים דיבוק יהו"ה אלא באמצעות מלכו"ת ויסו"ד נצ"ח והו"ד, וזהו סו"ד 'כה אמר י"י צבאו"ת'. ומה שתמצא הנביאים מדברים עם יהו"ה, על ידי אמצעות ודאי, כמו שאמרנו, אינו כי אם באמצעות הד' ספירות תחתונות. וכבר ידעת כי הספירה האחרו־נה, הנקראת אדנ"י, נקראת אספקלריאה שאינה מצוחצמת, ומתוכה ראו הנביאים על ידי דמיון, ולכך נאמר: וביד הנביאים אדמה (הושע יב, יא). ווהו סוד אמרם תמיד 'כה אמר י"י צבאו"ת', והסוד הוא שאמר: במראות הצובאות אשר צבאו פתח אהל מועד (שמות לח, ח), ואהל מועד הוא סוד אדנ"י.

Y por lo tanto los profetas no están adheridos al *Eterno,* sino en *Maljut* y *Iesod*, *Netzaj* y *Hod*. Y éste es el secreto de «*Ko* (así) dice *el Eterno Tzevaoth*». Y, por lo tanto, los profetas hablan con *El Eterno,* con certeza, como hemos dicho, a través de las cuatro Sefirot inferiores, denominadas *Adonai*, a su vez llamadas espejo sin pulir a través del cual ven imágenes. Y así ha sido dicho: «Y hablé por los profetas, y yo aumenté las visiones» (*Oseas* XII-10). Y éste es el misterio de las palabras «»*Ko* (así) dice *El Eterno Tzevaoth*» y el secreto de lo que ha sido dicho: «de los espejos de las que velaban a la puerta del tabernáculo del testimonio» (*Éxodo* XXXVIII-8).

ומשה רבינו עליו השלום נכנס באהל מועד ומדבר עם יהו"ה, שהיא אספקלריאה מצוחצחת, פנים בפנים. ושאר הנביאים מדברים עם יהו"ה על ידי אדנ"י, שהיא אספקלריאה שאינה מצוחצחת. וזהו סוד: וארא אל אברהם אל יצחק ואל יעקב באל שדי ושמי יהו"ה לא נו־דעתי להם (שם ו, ג). כלומר, לא נתגליתי אליהם בשם יהו"ה שיראו אותי באספקלריאה מצוחצחת, אלא באל שד"י.

36a

Y *Moshe Rabbeinu*, la paz sea con él, entró en el tabernáculo del testimonio y habló con *El Eterno*, que es el espejo luminoso que da la visión cara a cara. Mientras que los demás profetas hablaron con *El Eterno* a través de *Adonai* que es un espejo sin pulir. Y éste es el secreto de: «Y aparecí a Abraham, a Isaac y a Jacob, como *El Shaddai*; pero no me conocieron por mi nombre, *El Eterno*» (*Éxodo* VI-3). Dicho de otro modo: no me he dado a conocer por el nombre del *Eterno*, para que no me miren como en un espejo luminoso, sino como *El Shaddai*.

וכבר ידעת כי שדי הוא סוד אדנ"י, כמו שהודענוך כבר בסוף שער ראשון. נמצאת למד כי הנבואה של כל הנביאים היתה בדיבוק ובדי־בור יהו"ה יתברך, ואין נבואה על ידי מלאך אלא כל הנביאים על ידי יהו"ה יתברך. וההפרש בין נבואת משה רבינו לנבואת שאר הנביאים היא שנבואת משה רבינו על ידי יהו"ה יתברך בלי אמצעות ארבע ספירות תחתונות, ושאר כל הנביאים על ידי אמצעות ד' ספירות תחתונות:

Porque ya sabes que *El Shaddai* es el secreto de *Adonai*, como ya hemos explicado al final de la Primera Puerta. Así aprendemos que las profecías de todos los profetas estaban vinculadas a la palabra del IHVH (יהו"ה), bendito sea, pero la diferencia entre la profecía de *Moshe Rabbeinu* y la de los demás profetas radica en que la profecía de *Moshe Rabbeinu* procedía de IHVH (יהו"ה), bendito sea, sin las cuatro Sefirot inferiores, mientras que la de todos los demás profetas procedía de las cuatro Sefirot inferiores.

ואם תאמר: הרי מצינו נבואות הרבה על ידי מלאך, כמו שכתוב באברהם ויקרא אליו מלאך י"י מן השמים (בראשית כב, יא), ובנבואת זכריה ויען המלאך הדובר בי וגו' (זכריה ד, ה), שנראה כי זה הנבואה היתה על ידי מלאך? אל תבהל ברוחך במקומות הללו וכיוצא בהם, כי עוד תשמע בהם דברי אלהי"ם חיים. ובשאר מקו־מות הרבה, בשאר הנביאים, אל תתפתה בדעתך בדבר, שאין הנ־

36a

בואה אלא בשם יהו"ה יתברך. ובויקרא רבה אמרו; ויקרא אל משה, לא כאברהם.

Y si dijeras que muchas de las profecías vinieron a través de los ángeles, pues está escrito a propósito de Abraham: «Entonces el ángel del *Eterno* le llamó desde el cielo» (*Génesis* XXII-11), y en la profecía de Zacarías: «El ángel que habló conmigo me respondió» (*Zacarías* IV-5), en ambos casos, ¿está claro que la profecía fue dada a través de un ángel? Que no te asusten estos versículos y otros similares, pues pronto sabrás qué son las palabras de *Elohim* vivo. Cuando las encuentres en otros lugares con otros profetas, no dejes que tu mente se deje engañar por esta evidencia, porque la profecía viene sólo del *Eterno*, bendito sea. Y en el *Midrash Vaikrá Rabbah* está escrito: «y llamó a Moisés», pero no a Abraham.

באברהם כתיב ויקרא מלאך י"י אל אברהם שנית מן השמים, המ־לאך קורא והדיבור מדבר, ברם הכא אמר הקב"ה אני הוא הקורא ואני הוא המדבר. ופירוש הדבר: כל הנביאים כולן צריכים לתקן עצמם ולהתכוין לנבואה קודם שתשרה הנבואה עליהם, בין על ידי עצמם בין על ידי מלאך, אבל מרע"ה אינו צריך להכין עצמו לנבואה שהרי הוא מוכן ועומד תמיד, שנאמר עמדו ואשמעה מה יצוה י"י לכם (במדבר ט, ח), ואומר ובבא משה אל אהל מועד לדבר אתו וישמע את הקול מדבר אליו (שם ז, פט).

Para Abraham está escrito: «El ángel del Eterno llamó a Abraham de nuevo desde el cielo».[25] El ángel llama, pero es la palabra la que habla, mientras que en el caso del Santo, bendito sea, dice: «Yo soy el que llama y yo soy el que habla». Esto significa que todos los profetas deben prepararse y fijar su atención en la profecía, antes de que ésta descienda a ellos a través de un ángel. Pero *Moshe Rabbeinu*, la paz

---

25. Véase *Génesis* (XXII-15).

sea con él, no tuvo necesidad de prepararse, pues estaba constantemente preparado y dispuesto. Así está escrito: «Esperad, y oiré qué mandará *El Eterno* acerca de vosotros» (*Números* IX-8), y ha sido dicho: «Y cuando entraba Moisés en el tabernáculo de la congregación, para hablar con él, oía la voz que le hablaba» (*Íbid.* VII-89).

ואם כן התבונן ודע והאמן, כי נבואת כל הנבראים היא בנצח והוד ומהם יונקין. ואם תראה בתורה מלאך מדבר עם נביא במראה הנבואה, או עם אדם אחר, יש לך להבין ולדעת כי יש עניין דבר אחר צריך פירוש. כי תדע לך, שהרי המלאך דיבר עם הגר שפחת שרי, שנאמר: וימצאה מלאך י"י על עין המים וגו' ויאמר לה מלאך י"י (בראשית טז, ז) וכל אותו העניין של הגר. ותדע לך שלא היתה הגר נביאה. וכן בעניין מנוח: ויאמר מלאך ה' אל מנוח אם תעצרני לא אוכל בלחמך (שופטים יג, טז). והלא תראה שאפילו מנוח לא היה מבין שהמלאך מדבר עמו, כי עם הארץ היה.

Y si es así observa y conoce y cree, pues la profecía de todas las criaturas está en *Netzaj* y *Hod*, a través de los cuales se establece la profecía. Y si ves en la *Torah* a un ángel hablando con un profeta durante una visión profética, o con otra persona, debes percatarte de que esto puede entenderse de diferentes maneras. Porque has de saber que fue un ángel el que habló (36b) a Agar, la doncella de Sarah, pues está escrito: «El ángel del *Eterno* la encontró junto a una fuente de agua, etc.». Y le dijo el ángel del *Eterno*: «Vuelve con ella» (*Génesis* XVI-7), y todo el asunto trata de Agar. Has de saber que Agar no era una profetisa, y lo mismo ocurre con Manoa: «Y dijo el ángel del *Eterno* a Manoa: aunque me detengas, no comeré de tu pan» (*Jueces* XIII-16). Y vemos que Manoa no se dio cuenta de que era un ángel el que le hablaba, pues era una persona sencilla.

והעד, כשראה מנוח את מלאך י"י עולה בלהב המזבח, נתיירא ואמר לאשתו: מות נמות כי אלהי"ם ראינו. ואל יעלה בדעתך שמנוח או

36b

אשתו היו נביאים, שהרי אינן בכלל הנבואה. אבל לעניין ראיית המלאכים לוכי עיניים, יש בו סוד מופלא. שהרי שלושה מלאכים נראו לאברהם אבינו בדמות אנשים, שנאמר: וישא עיניו וירא והנה שלשה אנשים ניצבים עליו (בראשית יח, ב); וכשבאו השנים הנ־שארים מהם אצל לוט נראו לו בדמות מלאכים, שנאמר: ויבאו שני המלאכים סדומה בערב ולוט יושב בשער סדום וירא לוט ויקם לק־ראתם (שם יט, א).

Obsérvese que, cuando Manoa vio al ángel del Eterno elevarse en las llamas del altar, se asustó y dijo a su mujer: «Ciertamente moriremos, porque a *Elohim* hemos visto» (*Jueces* XIII-22). No pensemos que Manoa y su esposa eran profetas, pues no estaban preparados para la profecía. Pero éste es el maravilloso secreto de aquellos cuyos ojos merecen ver a los ángeles. Porque a Abraham se le aparecieron tres ángeles en forma humana. Como está escrito: «Y alzó sus ojos y miró, y he aquí tres varones que estaban junto a él» (*Génesis* XVIII-2). Y cuando dos de ellos salieron, se dirigieron a Lot y se le aparecieron como ángeles, por lo que ha sido dicho: «Llegaron, pues, los dos ángeles a Sodoma a la caída de la tarde; y Lot estaba sentado a la puerta de Sodoma. Y viéndolos Lot, se levantó a recibirlos, y se inclinó hacia el suelo» (*Íbid.* XIX-1).

ואל יעלה בדעתך כי לוט היה נביא, אבל בדברים הללו יש כמה עניינים וכמה סודות נסתרות צריכים בינה גדולה. ועניין דניאל שאינו נביא היה מדבר עם המלאך, כעניין שנאמר בו: והאיש גבריאל אשר ראיתי בחזון בתחלה מועף ביעף (דניאל ט, כא). ודברים אלו עדיין תשמע בהם דברי אלהי"ם חיים בעזרת השם. ולפי דרך זה התבו־נן כי הנביאים יונקים מנצח והוד, שהם סוד ה' אלוהים צבאו"ת, כמו שהודענוך כבר. ולפיכך דע, כי לפי שהם המראות שבהן היו נביאים מסתכלין, תמצא כי בעת הנבואה היה גוף הנביאים נרתעו נפחדו ונזדעזעו ועצמותיהם נבהלות עד שמתהפכין כענין שהיו בראשונה, שנשמתן מזדככת ואז רואים במראה הנבואה מה שהם רואים, ועל זה נאמר; במראה אליו אתודע (במדבר יב, ו).

36b

Y no penséis que Lot era un profeta, pero en estas cosas hay algunos asuntos y algunos secretos ocultos que necesitan una gran inteligencia. Lo mismo ocurre con Daniel, que no era un profeta, pero que sin embargo habló con un ángel como ha sido dicho: «y aquel varón Gabriel, al cual había visto en visión al principio, volando con presteza» (*Daniel* IX-21). Y con la ayuda del *Eterno*, te contaremos más sobre el Dios vivo. Y de este modo has de entender que los profetas reciben de *Netzaj* y *Hod*, que son el misterio del *Eterno Elohim Tzevaoth*, como ya hemos dicho. Has de saber que los profetas ven a través de imágenes, y en el momento de la profecía el cuerpo del profeta estaba lleno de temor y temblor, y sus huesos estaban animados por un temblor incontrolable, hasta que volvía a su origen, cuando su alma era pura. Entonces podría tener la visión profética que deseaba contemplar. Y a propósito de esto ha sido dicho: «En una visión me revelaré a él» (*Números* XII-6).

ולפעמים על ידי חלום, וכפי רוב המחיצות ירבו המשלים והחידות בהם, וזהו אמרו 'בחלום אדבר בו', ואומר: הנביא אשר אתו חלום יספר חלום ואשר דברי אתו ידבר דברי אמת (ירמיהו כג, כח). אבל משה רבינו עליו השלום בלי אמצעות נצח והוד היה מתנבא, שהיה נכנס לפני ולפנים, ולפיכך: פה אל פה אדבר בו ומראה ולא בחידות (במדבר, שם). ולפיכך לא הזכיר משה רבינו עליו השלום בתורה שם י"י צבאו"ת, לפי שנבואתו בשם יהו"ה היתה, ועד מקור המעין הגיע, וכל צבאו"ת מעלה ומטה על פיו היו יוצאין ובאין:

A veces, a través de un sueño y otras formas diversas, enunciaba multitud de proverbios y enigmas, y es lo que ha sido dicho: «En una visión me revelaré a él»[26] y ha sido dicho: «El profeta que tuviere sueño, cuente el sueño; y el que tuviere mi palabra, cuente mi palabra verdadera» (*Jeremías* XXIII-28). Pero *Moshe Rabbeinu*, la paz sea con él, habló sin el intermedio de *Netzaj* y *Hod*, porque estaba cara a cara, y

26. Véase *Números* (XII-6).

por lo tanto «Cara a cara hablo con él, abiertamente y no en dichos oscuros» (*Números* XII-8). Por esta razón, *Moshe Rabbeinu*, la paz sea con él, nunca mencionó en la *Torah* el nombre *El Eterno Tzevaoth*, pues sus profecías fueron en el nombre del *Eterno*, gracias al cual llegó hasta la fuente original de todos los *Tzevaoth* de arriba y de abajo, que iban y venían a través de sus palabras.

ודע כי כל הבאים להתפלל לפני י"י יתברך ושואלים בנים מאת יהו"ה יתברך, אצל נצח והוד היו מתכוונים, להמשיך הכוח לשם אדנ"י, אשר מהם נל צבאו"ת שמים וארץ נמשכים למיניהם, ובא השפע לכל המינים ולהצמיח ולהגדיל כל מין ומין כפי עניינו. ומהם נמש־נין כוח הצמיחה בצמחים ובאילנות ובכל עץ עושה פרי, ומהם נמשך כוח התולדות בכל התולדות שבעולם, וספר תולדות אדם במקום זה תלוי, ומהם נמשך כוח הגידול בכל הדברים הגדילים בעולם מכל בעלי חיים, וכל זה בהתחבר נצח והוד אצל יסוד.

Y has de saber que todos los que vienen a orar ante *El Eterno*, bendito sea, y le piden hijos al *Eterno* bendito, por *Netzaj* y *Hod*, reciben poder a través del nombre *Adonai*, de todos los *Tzevaoth* de todo tipo en el cielo y la Tierra. Y la *Shefa* llega así a cada especie para que se desarrolle y florezca, cada una según su categoría. A partir de ellas, la fuerza se distribuye a las plantas, los árboles y los árboles frutales. De ellas procede la fuerza de las generaciones de todas las generaciones (37a) del mundo. Y el Libro de las Generaciones de Adán está colocado en este lugar, y de ellas procede De ahí también proviene la fuerza de crecimiento de todos los seres vivos en el mundo. Todo esto puede suceder porque *Netzaj* y *Hod* están conectados a *Iesod*.

ואצל מידה זו היו מתכוונים כל הבאים לשאול בנים לפני י"י יתברך, וייכנסו בתפילתם בהיכל י"י צבאו"ת תחילה, לעלות למעלה עד הבי־נה. שכן חנה בהתפללה לא נכנסה אלא לאותו היכל שהיתה צריכה, מה כתיב? ותדו"ר נד"ר ותאמר (שמואל, א, יא). כי מה עניין נדר

37a

במקום זה? אלא עלתה בתפילתה עד מקום הבינה הנקרא נד"ר, והיא המושכת את הבנים מן הכתר, מן המקום הנקרא מזל. ובאיזה היכל נכנסה להפיק ממנו בנים? בהיכל הנקרא ה' צבאו"ת, וזהו סוד שא־מרה: יהו"ה צבאו"ת אם ראה תראה בעני אמתך (שם).

Y a esta *Middah*, han de dirigirse todos los que vinieron a pedir hijos ante el Eterno, bendito sea, entonces entrarán en el palacio del *Eterno Tzavaoth* en primer lugar, para ascender hasta *Binah*. Hannah oraba de este modo, y sus oraciones sólo se dirigían al palacio que ella deseaba. ¿Qué está escrito? «E hizo voto y dijo» (1 *Samuel* I-11). ¿Hacia qué lugar se dirige esta oración? La oración se dirigió al lugar de *Binah*, que se llama *Neder*,[27] que extrae a los hijos desde *Keter*, desde un lugar denominado *Mazal*. ¿Y a qué Palacio tenía que ir por los niños? Al palacio llamado *El Eterno Tzevaoth*. Y éste es el secreto de lo que ha sido dicho: «*El Eterno Tzevaoth* si te dignares mirar la aflicción de tu sierva» (*Íbid.*).

הזכירה בתפילתה מקום תולדות כל הנולדים, ומשם עלתה עד הבינ"ה המושכת הבנים ממזל כתר, שהוא המזל העליון בסוד י"ג מידות רחמים הקבועים בכתר. כי מאותו המזל בנים חיים ומזונות תלוים, ואפילו ספר תורה תלוי בו, וזהו שאמר ז"ל: הכול תלוי במזל ואפילו ספר תורה שבהיכל ואל יעלה בדעתך כי במזלות של כוכבי שמים ספר תורה תלוי, שהוי כל העולם כולו בתורה נברא, והיאך תהיה התורה תלויה נמזל אחר שהוא על ידי התורה?

En su oración mencionó el lugar de la generación de todos los nacidos, y desde allí accedió a *Binah* que atrajo a los hijos de *Keter*, que es la estrella suprema, a través del misterio de las 13 *Middoth* de la misericordia dispuestas en *Keter*. Porque de este *Mazal*, dependen los hijos vivos, la comida e incluso el *Sefer Torah*, como dijeron nuestros sabios,

27. Literalmente «voto».

37a

de bendita memoria: «todo depende del *Mazal*, incluso el *Sefer Torah* en su palacio, pero «no pienses que el *Sefer Torah* se basa en el curso de las estrellas en los cielos, porque todo el mundo fue creado con la *Torah*». ¿Cómo podría la *Torah* depender de una estrella que está contenida y depende de la *Torah*?

אלא סוף זה שאמר 'הכול תלוי במזל אפילו ספר תורה שבהיכל', הוא המזל העליון הידוע בכתר, שממנו תלויות הספירות וכל הנבראים כולם, ואפילו התורה תלויה בו. ונקרא מזל, כי ממנו נוזלים הכוחות בכל הספירות ובכל בני העולם, וגם ספר תורה מן המזל הזה שואב כוח וממנו הוא מקבל. וחנה בהתכוונה בתפילתה עלתה למעלה למעלה עד המקום הנקרא מזל, והוא סוד שבכתוב: והיא מרת נפש ותתפלל על יהו"ה (שמואל, א, י);

Es el secreto de: «Todo depende del *Mazal*, incluso el *Sefer Torah* en su palacio»,[28] que se refiere *Mazal Elion* conocido en *Keter*, de la que dependen todas las *Sefirot*, así como todas las criaturas, contenidas en la *Torah*. *esta Middah* se llama *Mazal* porque distribuye todo tipo de poder en todas las *Sefirot*, en todos los hijos del mundo, y también en el *Sefer Torah*, que recibe su poder de este *Mazal*. Y Hannah dirigió sus oraciones lo más arriba posible para que llegaran al lugar conocido como la *Mazal*. Éste es el secreto de lo que está escrito: «Y ella con amargura de alma oró sobre el Eterno» (1 *Samuel* I-10).

לא אמר הכתוב ותתפלל אל יהו"ה אלא על יהו"ה. כבר ידעת כי ג' שמות הם: למטה, אדנ"י, באמצע, יהו"ה, למעלה, אהיה שהוא הכתר, ובו תלוי המזל שממנו נמשכים הבנים. וזהו סוד 'ותתפלל על יהו"ה', על יהו"ה ממש, שהוא אהיה העומד למעלה משם יהו"ה, כי עלתה בתפילתה עד שם אהיה ומשם הפיקה רצונה בדבר וה. וזהו

---

28. Véase *Tikkunei haZohar* (127a).

שאמר נו: בני חיי ומזוני לאו בזכותא תליא מילתא אלא במזלא תליא מילתא. ומקום זכות הוא מקום בית דין הגדול של מעלה הנ־קרא בית דין של שבעים ואחד, שהוא הנקרא אלהי"ם, שהוא מידת הגבורה והפחד כמו שנפרש במקומו בעזרת השם.

El versículo no dice «al Eterno», sino «sobre *El Eterno*». Ya sabes que hay tres nombres: *Adonai* abajo, *El Eterno* en el medio y *Ehieh* arriba, que es *Keter* y en quien está el *Mazal* del que vienen los niños. Y éste es el secreto de «oró sobre *El Eterno*». «Al *Eterno*» mçismo, pero en realidad, oró al *Eterno* que es el nombre IHVH (יהו"ה), que es el nombre *Ehieh* que está encima del nombre *El Eterno* (IHVH (יהו"ה)), y a través de estas oraciones pudo acceder al nombre de *Ehieh*, y así pudo lograr lo que había deseado. Y es lo que ha sido dicho: «ni la longevidad, ni los hijos vivos ni los bienes dependen del mérito, sino del *Mazal* de cada uno» Y el lugar del mérito es el lugar del gran *Beit Din* del altísimo llamado atrio de los setenta y uno (37b), denominado *Elohim*, que es la *Middah* de *Guevurah* y temor como explicaremos en su lugar, con la ayuda de Dios.

אלא במזלא תליא, שהוא מקום המזל הידוע שנותן מצד החן והר־חמים למי שמוצא חן בעיניו, בסוד י"ג מידות רחמים בספירת אהי"ה שהוא סוד הכתר. והרוצה להוליד בנים על ידי הנס, עד המקום הזה ראוי לעלות. וכן הרוצה להשיג חיים נוספים על ימי חייו, וכן הוא הרוצה להשיג מזונות יותר ממה שראוי לו לפי כוח תולדתו. וחיי בני ומזוני, שלושתן מפורשים בתורה שהם למעלה מבית דין הגדול הנ־קרא זכות, שהוא שמא"ל התפארת הנקרא יהו"ה. ומנין לך שאלו השלשה דברים למעלה משם זה הנקרא יהו"ה הם תלויות? חיים דכ־תיב בחזקיה מלך יהודה: שמעתי את תפלתך ראיתי את דמעתך הנני יוסיף על ימיך (ישעיהו לח, ה).

Esto depende del *Mazal*, pues se trata del lugar del *Mazal*, conocido del lado de *Jen* y *Rajamim* del que ha hallado gracia a sus ojos, y es el secreto de las 13 *Middoth* de *Rajamim* en la sefirah de *Ehieh*, que

37b

es el secreto de *Keter*. Pues aquel que desee tener hijos por milagro debe ascender a este lugar, y el que desee alargar sus días u obtener más comida de la que le corresponde de acuerdo con la potencia de su generación, vida, hijos y alimentos, la *Torah* declara explícitamente que los tres está por encima del gran *Beit Din* denominado mérito, que está a la izquierda de *Tiferet* y se llama *El Eterno*. ¿Cómo sabemos que estas tres cosas están por encima del denominado *El Eterno*? La vida, porque está escrito a propósito del rey Ezequías de Judá: «tu oración he oído, y tus lágrimas he visto; he aquí que añadirá a tus días quince años» (*Isaías* XXXVIII-5).

לא אמר הנני מוסיף אלא יוסיף, כלומר בית דין הגדול; הנני דנתי את הדיה אם ירצה האור הידוע, יוסיף על ימיך. בנים, דכתיב בתפילת חנה, כששאלה זרע אנשים, ותתפלל על יהו"ה ממש, שהוא אהיה שבו המזל קבוע, ולפיכך אמר הכתוב 'ותתפלל על יהו"ה'. מזונות, דכתיב: השלך על יהו"ה יהבך והוא יכלכלך (תהלים נה, כג).

No dice «añadiré» sino «añadirá» en referencia al gran *Beit Din*. He aquí, he hecho un juicio, si la luz conocida quiere, añadirá a tus días. Hijos, por lo que está escrito en la oración de Hannah, sabemos que cuando ella pedía fertilidad la oración era para *El Eterno*, es decir a *Ehieh*, ya que el *Mazal* depende de este nombre. Por eso la Escritura dice: «oró sobre *El Eterno*». Comida, porque está escrito: «Echa sobre *El Eterno* tu carga, y él te sustentará» (*Salmos* LV-22).

על יהו"ה, ולא אל יהו"ה. והטעם, לפי שכל הרוצה להשיג שלושה דברים הללו אינו יכול להשיג אותם בעולם הזה על פי הדין הנקרא זכות, שהוא בית דין הגדול של מעלה. ובאיזה מקום יכול להשיג דבר זה? ראוי להעלות כוונתו למעלה למעלה, לפנים מן העולם הבא, עד מקום הכתר שהוא אהי"ה שהוא אין סוף, במקום י"ג מידות של רחמים, שאחת מאותן י"ג מידות נקראת מז"ל. תהו שאמרו ז"ל: בני חיי ומווני לא בזכותא תליא מילתא אלא במזלא תליא מילתא:

37b

Dice «sobre *El Eterno* «y no «al *Eterno* o». Y la explicación es: aquel que aspira a alcanzar estas tres cosas no puede alcanzarlas en este mundo a través del juicio llamado *Zejut*, que es el gran *Beit Din* de arriba. Si es así, ¿en qué lugar puede conseguirlo? Debe elevar su *Kavanah*[29] de grado en grado para acceder al *Olam haBa*, al lugar de *Keter*, que es *Ehieh* que es *Ein Sof*, en el lugar de los trece *Middoth* de la misericordia, uno de los cuales se llama *Mazal*, por lo que nuestros sabios, de bendita memoria, dijeron: «ni la longevidad, ni los hijos vivos ni los bienes dependen del mérito, sino del *Mazal* de cada uno».

ולפי דברים אלו דע והבן, שאף על פי שאנו אומרים שהרוצה לה־שיג חפצו מאת ה' יתברך יהיה מתכוון באותו השם הידוע משמותיו לאותו החפץ שהוא צריך, אין כוונתי לומר שיתכוון לאותו שם לבד ויעמוד; אלא כוונתי לומר שיתכוון באותו השם שהדבר שהוא צריך תלוי בו, וימשיך כוונת אותו השם עד סוף י' ספירות שהוא המקור העליון הנקרא מקור הרצון, וכשיגיע למקור הרצון אז יפיק רצונו ומשאלות לבו.

A partir de estas palabras has de saber y comprender que, aunque hemos dicho que aquel que desea la satisfacción de sus peticiones al *Eterno*, bendito sea, debe dirigir sus oraciones a aquel nombre que se sabe que está relacionado con su petición para aquello que necesita, pero no quiero decir que únicamente deba dirigir sus pensamientos y permanecer allí. Pero quiero decir, sin embargo, que ha de dirigir sus pensamientos al nombre del que depende lo que desea, y llevar la intención del mismo nombre hasta el final de las diez Sefirot que son el manantial supremo denominado manantial de los deseos, porque cuando llegue al manantial de los deseos, entonces obtendrá su deseo y lo que ha pedido su corazón.

29. Literalmente, «intención».

37b

והו שכתוב: פותח את ידיך ומשביע לכל חי רצון (שם, קמה), אל תקרי ידיך אלא יודי"ך. כלומר, שאתה פותח סוד יו"ד של שם יהו"ה, שהוא מקור הרצון, אזי אתה משלים רצון והרצון מלמעלה למטה עד סוף הרצון, שהוא שם אדנ"י, ונמצאו הספירות מתברכות על ידו ונמצא הוא מתברך על ידי הספירות, וזהו סוד שכתוב: אשר המת־ברך בארץ יתברך באלהי אמן (ישעיהו סה, טז). וסוד אמן הוא סוד המשכת הברכות משם אהי"ה לשם יהו"ה, ומשם יהו"ה לשם אדנ"י נמצאת למד כי כל מתפלל שהוא מכוון על דרך זו שאמרנו, שהוא מייחד הספירות ומקרב אותן זו לזו.

Y es como ha sido escrito: «Abres tu mano, y sacias el deseo de todo viviente» (*Ibid.* CXLV-16). No leas *Iadeja* (su mano) sino *Iodeja* (su *Iod*). En otras palabras, que abras el secreto de la *Iod* del nombre IHVH (יהו"ה), que es el manantial de los deseos y así cumples el deseo de arriba y el deseo de abajo hasta el final del deseo, que es el nombre *Adonai*, las Sefirot traerán bendiciones en su mano y él bendecirá las diez Sefirot. Éste es el secreto de lo que está escrito: «El que se bendijere en la Tierra, en el Dios de verdad se bendecirá» (I*saías* LXV-16). Y el secreto del secreto del Amén, el secreto de las bendiciones que fluyen del nombre *Ehieh* a través del nombre *El Eterno* y del nombre *El Eterno* a través del nombre *Adonai*. Por lo tanto, aprendemos que aquel que reza de esta manera une las Sefirot acercándolas entre sí.

ואם כן התבונן במה שאמר י"י יתברך לאברהם: כ"ה יהיה זרעך (בראשית טו, ה) כלומר אתה צריך לעלות ממידת כ"ה שהיא הת־חתונה, עד מעלת אהי"ה שהיא העליונה, ואז תשיג זרע בנים. ולפי שאדם צריך להתכוון בתפילתו ולעלות מספירה לספירה ומחפץ לחפץ, עד שיגיע בלבו למקור החפץ העליון הנקרא אין סוף, אמר דוד: שיר המעלות ממעמקים קראתיך י"י (תהלים קל, א).

Y si es así, observa lo que *El Eterno*, bendito sea, dijo a Abraham: «Así (*Koh*) será tu descendencia» (*Génesis* XV-5). Es decir, debes elevarte desde la *Middah Koh*, que es la más baja, hasta alcanzar la *Middah*

Ehieh, que es la más alta, y entonces obtendrás la semilla de los hijos. Por lo tanto, el hombre ha de dirigir su oración y ascender de sefirah en sefirah, y de deseo en deseo, hasta llegar a la fuente del deseo supremo, llamada Ein *Sof*, de la que David dijo: «Canción de los grados. Desde las profundidades te invoco, ¡oh *El Eterno*!» (*Salmos* CXXX-1).

ופירוש 'ממעמקים קראתיך י"י' כלומר, מאת המקור העליון הנקרא אין סוף שהוא עמוק, שהוא סוד קוצו של יו"ד יהו"ה. וזהו פירוש 'ממעמקים קראתיך י"י', והיאך הוא מתכוון על דרך המעלות ממטה למעלה, להיכנס בה' אחרונה של שם, לעלות ממידה למידה ומספירה לספירה, עד שתעלה מחשבתו בקוצו של יוד, בכתר הנקרא אין סוף. זהו סוד 'ממעמקים', ולפיכך אמר: שיר המעלות ממעמקים קראתיך י"י ואל תחשוב כי לשון עומק הוא כל דבר שהוא שפל ועמוק למטה ואינו כולל דבר אחר, אלא כל דבר שהוא נעלם ונסתר וקשה להשיגו נקרא עמוק, כמו שאמר: רחוק מה שהיה ועמוק עמוק מי ימצאנו (קהלת ז, כד).

El significado de: «Desde las profundidades te invoco, ¡oh *El Eterno*!» se refiere al manantial supremo, denominado *Ein Sof*, que es una profundidad y es el secreto final de la *Iod* de IHVH (יהו"ה). (38a) Y ésta es la explicación de: «Desde las profundidades te invoco, ¡oh *El Eterno*!». Pero entonces, ¿cómo debe dirigir su elevación de abajo hacia arriba y arriba penetrar en la última *He* del nombre, subiendo de sefirah en sefirah, hasta llegar al final de la *Iod* en *Keter*, que se llama *Ein Sof*? Éste es el secreto de «profundidades» y por eso se llama: «Canción de los grados. Desde las profundidades te invoco, ¡oh *El Eterno*!». Y no pienses que la palabra *Omek* (profundidad) se refiere sólo a algo que es bajo y profundo y no incluye nada más. Porque algo oculto, escondido y de difícil acceso también puede llamarse *Omek* (profundidad), como ha sido dicho: «Lo que está lejos, lo que está profundo (*Omek*), lo profundo (*Omek*), ¿quién puede alcanzarlo?» (*Eclesiastés* VII-24).

38a

והסוד הגדול הכולל הכול: מאד עמקו מחשבותיך (תהלים צב, ו). הנה תלה לשון עומק במקום המחטבה, וכבר ידעת כי סוד המחשבה הוא אות י' של שם ובספר יצירה אמר: עומק רום ועומק תחת עומק ראשית ועומק אחרית עומק מזרח ועומק מערב: ומה שתמצא בכ־תוב 'שמים לרום וארץ לעומק' (משלי כה, ג) אין בזה קושיא לדב־רינו, כי באמת כל הדברים אינם יוצאים מידי תכונתם.

Éste es el gran secreto que lo incluye todo: «Cuán profundos son tus pensamientos» (*Salmos* XCII-6). Aquí encontrará el concepto de *Omek* (profundidad), asociado al pensamiento y ya sabes que el secreto del pensamiento está en la *Iod* del nombre. Como está dicho en el *Sefer Ietzirah*: «Profundidad de arriba, profundidad de abajo, profundidad del principio, profundidad del final, profundidad del este, profundidad del oeste».[30] Por eso encontramos en lo que está escrito: «Los cielos en su altura, la Tierra en su profundidad» (*Proverbios* XXV-3). Esto no contradice lo que estamos diciendo, pues en verdad, ninguno de estos conceptos puede separarse.

כי ידוע הוא שהשמים רמים על הארץ, ולפי שהשמים רמים על הארץ ומקיפים סביב הארץ, שמא תאמר שהשמים מקיפים למטה מן הארץ שהם יותר עמוקים והם יותר למטה מן הארץ? אינו אמת, שאין דבר בעולם שהוא למטה יותר מן הארץ וצאצאיה, כי השמים שהם למטה מן הארץ, רמים הם כנגד הארץ. ואם תבין סוד תכונת הארץ באמצע השמים, תדע שהארץ בתוך השמים היא כמו נקודה באמצע העגולה.

Pues se sabe que los cielos son más altos que la Tierra, y que la rodean. Entonces puedes decir: ¿cómo los cielos que se mueven debajo de la Tierra, son más profundos, y están debajo de la Tierra? Esto no es cierto, porque no hay nada en el mundo que esté debajo de la Tierra,

30. Véase *Sefer Ietzirah* (I-4).

pues los cielos que están debajo de la Tierra son comparativamente más altos que la Tierra. Y si comprendes la situación de la Tierra respecto a los cielos, verás que se parece a la del centro de un círculo respecto a la circunferencia.

וכשתבין בחכמת התכונה תמצא כי כל העגול בסיבוב הוא רם מכל צד, והנקודה היא למטה מכל צד, ולפי שהארץ היא באמצע השמים והיא כנקודה בתוך העגולה, והשמים רמים עליה מכל צד, והיא למטה מכל גלגלי שמים בהיותם מקיפים עליה מכל צד, לפיכך נאמר 'שמים לרום וארץ לעומק'. ודבר זה צריך בינה גדולה לאותן שאינן רגילים בחכמת התכונה, כי אצל בעלי התכונה דבר קרוב הוא להבין:

Y cundo entiendas la ciencia de la astronomía comprenderás todo esto, pues en cualquier esfera los lados de alrededor están por encima del punto central que está dentro. Asimismo, la Tierra, que es el centro de los cielos, es comparable al centro de un círculo, y cada lado de los cielos está por encima. Por ello ha sido dicho: «los cielos en la altura y la Tierra en su profundidad». Y estas palabras precisan de una gran comprensión por parte de aquellos que no están familiarizados con la astronomía pero es fácilmente comprensible por parte de los que entienden.

ואחר שהודענוך זה, נחזור לענין שהיינו בו. כי המתכוון צריך להתכוון במחשבתו עד שיגיע בכוונה שלמה אל מקור החפץ, שהוא קוצו של יוד, שהוא עומק המחשבה י, ועל זה נאמר 'ממעמקים קראתיך', ואומר 'מאד עמקו מחשבותיך'. ועתה התבונן ודע כמה הוא עמוק כוח התפילה, ומאיזה מקום היא מתחלת ועד איזה מקום משתלשלת והולכת. שעל ידי התפילה העשויה כהוגן מתאחדות כל הספירות והשפע נמשך מלמעלה למטה, ונמצאו עליונים ותחתונים מתברכים על ידו של זה המתפלל, ונמצאת תפילתו מקובלת ונמצא אהוב למעלה ונחמד למטה, מפיק צרכיו וכל משאלות לבו כולן נעשות, בהיותו אהוב מכל

38a

הספירות, ועליו נאמר: קרוב י"י לכל קוראיו לכל אשר יקראוהו באמת (תהלים קמה, יח) ואומר: אז תקרא וי"י יענה (ישעיהו נח, ט), ואומר: יתן לך כלבבך וכל עצתך ימלא (תהלים כ, ה)

Y después de explicar esto, debemos volver al asunto que ya hemos considerado. Es esencial que el aspirante dirija sus pensamientos hasta centrarse totalmente en la fuente de su deseo, que es el final de la *Iod*, la parte profunda del pensamiento. A propósito de esto ha sido dicho: «Desde las profundidades te invoco», y «qué profundos son tus pensamientos». Ahora has de entender y conocer la profundidad del poder de la oración, y en qué lugar empieza y a qué lugar se dirigen. Porque en la oración hecha correctamente Sefirot se unen y la *Shefa* fluye de arriba hacia abajo, mientras que las bendiciones superiores e inferiores descansan en la mano de aquel cuyas oraciones son aceptadas. Es amado arriba y apreciado abajo. Sus peticiones son atendidas y lo que desea con todo su corazón se cumple, pues es amado por todas las Sefirot. A propósito de él ha sido dicho: «El Eterno está cerca de todos los que le invocan, de todos los que le invocan con sinceridad» (*Salmos* CXLV-18). Y ha sido dicho: «Entonces llamarás, y el Eterno responderá» (*Isaías* LVIII-9), y ha sido dicho: «Que te dé lo que tu corazón desea, y que cumpla tus propósitos» (*Salmos* XX-5).

ודע כי שתי אלו המידות שהם נצח והוד הם מקום העצה בבית דין של מעלה והסוד: כי יהו"ה צבאו"ת יעץ ומי יפר (ישעיהו יד, כז). וכשהשם יתברך ויתברך גוזר דבר בבית דין של מעלה, בשתי אלו המידות מתייעץ, וזהו שכתוב: זאת העצה היעוצה על כל הארץ (שם, כו), ואומר: כי יהו"ה צבאו"ת יעץ ומי יפר. ואף על פי שתחילת העצה ממקום הבינה, סוף העצה בנצח והוד. והסוד הגדול: את מ"י נועץ ויבינה"ו וילמדהו באורח משפט (שם מ, יד) ואומר: לי עצה ותושיה אני בינה לי גבורה (משלי ח, יד).

Y has de saber que los dos *Middoth Netzaj* y *Hod* son el lugar de consejo en el *Beit Din* de arriba. Y el secreto es: «porque el Eterno

Tzevaoth ha tomado esta resolución: ¿quién se opondrá a ella?» (*Isaías* XIV-27). Pues cuando el Eterno bendito, bendito sea, decreta en el *Beit Din* de arriba, consulta ambas *Middoth*. Esto es lo que está escrito: «Ésta es la resolución tomada contra toda la Tierra» (*Íbid.* 26). Y ha sido escrito: «porque *El Eterno Tzevaoth* ha tomado esta resolución: ¿Quién se opondrá a ella?» Aunque el consejo comienza en el lugar de *Binah*, termina en *Netzaj* y *Hod*. Y es un gran secreto: «¿A quién pidió consejo para ser instruido? ¿Quién le enseñó el camino del juicio?» (*Isaías* XL-14). Y ha sido dicho: «Conmigo está el consejo y el ser; yo soy la inteligencia; mía es la fortaleza» (*Proverbios* VIII-14).

והסוד הגדול על דרך הספירות: ויקרא שמו פלא יועץ אל גבור אבי עד שר שלום (ישעיהו ט, ה)' ויקרא שמו פל"א, זו חכמה, ובספר יצירה בראשו אומר פל"א זו חכמ"ה יוע"ץ זו בינ"ה א"ל, זו גדול"ה; גבו"ה, זו גבור"ה; אבי ע"ד, זו תפאר"ת; שר שלו"ם, זה יסו"ד שבכללו נצ"ח והו"ד. ומה שאמר הכתוב 'לי עצה ותושיה אני בינה לי גבורה', זהו פירושו: דע כי סנהדרי גדולה של מעלה, הנקרא בית דין הגדול, הוא מקום הגבורה; וכשבאין לגזור דין על כל בריות נמלכים ומתיע־צים בבינה שהיא למעלה מן הגבורה, ובנצח והוד שהם למטה, וזהו סוד 'לי עצה ותושיה אני בינה לי גבורה'.

Y el gran secreto del camino de Sefirot: «Y se llamará su nombre admirable consejero, Dios (*El*) poderoso, padre eterno, Príncipe de paz» (*Isaías* IX-6). «Y se llamará Su nombre Admirable» es *Jojmah*, como se menciona en *el Sefer Ietzirah*: «admirable» es *Jojmah*; «Consejero» es *Binah*; «Dios» es *Guedulah*; «Poderoso» es *Guevurah*; «Padre Eterno» es *Tiferet*; «Príncipe de Paz» es *Iesod* que contiene a *Netzaj* y *Hod*. Por eso está escrito (38b): «Conmigo está el consejo y la sana sabiduría; yo soy la inteligencia; mía es la fortaleza».[31] Y ésta es la explicación: has de saber que el gran *Sanhedrín* de arriba, llamado gran *Beit*

31. Véase *Proverbios* (VIII-14).

38b

Din, es el lugar de *Guevurah*, y cuando todos los seres son juzgados, consultan con *Binah*, que reside arriba de *Guevurah*, así como en *Netzaj* y *Hod* que están abajo, y éste es el secreto de «Conmigo está el consejo y el ser; yo soy la inteligencia; mía es la fortaleza».

והסוד הגדול: כי י"י צבאו"ת יעץ ומי יפר. וסוד 'ומי יפר' בסוד 'את מי נועץ ויבינהו', כי הפרת נדרים הוא סוד הבינ"ה, ולפיכך אמר 'ומ"י יפר', ומ"י בודאי הוא מפר, שהוא סוד מקום הנדר, והכול תלוי בבינה. ולפי שהנביאים יודעים הסוד הגדול הזה, היו מבטלים כל גזירות שהיו גוזרים בבית דין של מעלה, וזהו סוד: צדיק מושל יראת אלהי"ם (שמואל, כג, ג).

Y es el gran secreto de: «porque el Eterno *Tzevaoth* ha tomado esta resolución: ¿Quién se opondrá a ella?», y el secreto de: «¿Quién se opondrá?», en el secreto de «¿Quién le enseñó el camino del juicio?». Porque romper los votos es el secreto de *Binah*, por lo que ha sido dicho: «¿Quién se opondrá a ella?». ¿Y quién? Es ciertamente el que rompe, pues el secreto del lugar del voto, y todo depende de *Binah*. Como los profetas conocen este gran secreto, tienen la posibilidad de anular todos los decretos pronunciados por el *Beit Din* de arriba, y éste es el secreto de: «El *Tzaddik* señoreador en el temor de *Elohim*» (2 *Samuel* XXIII-3).

אמר הקדוש ברוך הוא: אני מושל באדם, ומי מושל בי? צדי"ק, שאני גוזר גזירה והוא מבטלה, וזהו סוד ויחל משה את פני י"י אלהיו (שמות לב, יא), שהעלה מחשבתו עד מקום בטול הגזירה, וזהו שאמרו רז"ל שהפציר בו עד שהתיר לו נדרו. כי בינה מקום הנדר, שהוא מקום הבינה, שהוא סוד תחילת שבע ספירות, וזהו סוד ויח"ל. וזהו שאמרו ז"ל: מנין לגזר דין שהוא מתקרע, שנאמר מי כי"י אלהינו בכל קראנו אליו (דברים ד, ח).

38b

El Santo, bendito sea, dice: «Yo gobierno en el hombre, pero ¿quién gobierna en mí? El *Tzaddik,* porque yo pronuncio sentencias y él las anula».[32] Y éste es el secreto de: «Moisés suplicó al Eterno su Dios» (*Éxodo* XXXII-11), ya que Moisés elevó sus pensamientos hasta el lugar donde se pueden anular los decretos, y es como dijeron nuestros sabios, de bendita memoria, «imploró hasta que apartó a Dios de su voto»,[33] pues *Binah* es el lugar donde reside el voto y éste es el secreto del origen de las siete Sefirot, y es el secreto de «suplicó». Y es lo que dijeron nuestros sabios, de bendita memoria: y éste es el misterio de «él imploró». Nuestros sabios, de bendita memoria dijeron al respecto: «¿Cómo sabemos que una sentencia puede ser anulada? Porque ha sido dicho: «como lo está *El Eterno,* nuestro Dios, en todo cuanto le pedimos» (*Deuteronomio* IV-7).

וזהו סוד 'כי י"י צבאו"ת יעץ ומי יפר וידו הנטויה מי ישיבנה'. ופירוש הפסוק כך הוא: י"י צבאו"ת יעץ עם סנהדרי גדולה של מעלה לגזור דין ולחתום, אבל הבינ"ה, שהוא סוד התשובה, יכולה להפר, וזהו 'ומ"י יפר'. 'וידו הנטויה', שהוא סוד הגבורה, 'מי' ישיבנה. כלומר, הבינה שעומדת למעלה ממנה יכולה להחזירה. ובודאי 'י"י צבאו"ת יעץ ומי יפר', כי הוא הנקרא מקום הת"ר נדרי"ם, כי במקום 'מ"י' הנדר תלוי.

Y éste es el significado íntimo de: «Porque *El Eterno Tzevaoth* lo ha determinado, ¿y quién lo invalidará? Y aquella su mano extendida, ¿quién la hará tornar?».[34] La interpretación de este versículo es la siguiente: *El Eterno Tzevaoth* deliberó con el Gran Sanhedrín de arriba durante los veredictos y decisiones, pero *Binah* puede anular estos decretos, y éste es el secreto de: «¿y quién lo invalidará?». «Aquella su mano extendida», se refiere a la esencia de la *sefirah Guevurah.* «¿Quién

---

32. Véase Talmud, tratado de *Berajoth* (32a).

33. Véase *Shir haShirim Rabbah* (43d).

34. Véase (*Isaías* XIV-27).

38b

la hará tornar?», es decir *Binah*, que está por encima de ella, puede traerla de vuelta. Y ciertamente «Porque *El Eterno Tzevaoth* lo ha determinado, ¿y quién lo invalidará?», porque es el lugar llamado «Perdón de los votos», porque en el lugar de «Quién» están suspendidos los votos.

וזהו סוד 'את מ"י נוע"ץ ויבינה"ו', בודאי עם 'מ"י' נתיעץ הקדוש ברוך הוא, והאציל הבינה וברא את העולם, וזהו סוד 'ויבינהו', וזהו סוד מקום התשובה. ולפיכך אף על פי שנחתם גזר דין למעלה יכולין ישראל לבטלו בכוח התשובה הנקרא מ"י, וזהו 'ומ"י יפר ומי ישיבנה', כי בודאי יכול 'מ"י' להפר, בודאי יכול 'מ"י' להשיב ידו הנטויה. והטעם, כי ידו היא מקבלת שפע וכוח מן המידה הנקראת מ"י, והסוד; שאו מרום עיניכם וראו מ"י ברא אלה (ישעיהו מ, כו).

Y éste es el secreto de: «Con «Quién» *Binah*»; sin duda con «Quién», es decir, el Santo, bendito sea, quien produjo *Binah* y creó el mundo, y éste es el secreto de «lo ha determinado» y el secreto del lugar de la *Teshuvah*. Por lo tanto, a pesar de que el decreto fue pronunciado en el cielo, Israel puede anularlo por el poder de la *Teshuvah* denominada «Quién», y esto es «¿quién se opondrá a ella?» porque sin duda «Quién» puede apartar la mano extendida. Esto es debido a que su mano recibe la *Shefa* y el poder de la *Middah* denominada «Quién», y el secreto de: «Levantad en alto vuestros ojos, y mirad quién creó estas cosas» (*Isaías* XL-26).

'מ"י' בודאי ברא 'אלה', כי אלהי"ם של מטה, הנקרא י"ם, ברא עולם בכוח אלהי"ם של מעלה שהוא סוד הבינה ונקרא מ"י, ועל זה נאמר מ"י ברא אלה. ולפי שהצדיקים יודעים סוד 'מ"י' יכולין לבטל גזרה. והבן בדבר הגדול הזה ומראה הסוד שנאמר 'שוב מחרון אפך', כי מקום התשובה הוא 'מ"י, והוא המושל על החרון והאף, וכן הוא אומר: בשנת היובל הזאת תשובו איש אל אחוזתו.

«Quién» (*Mi*) ha creado «estas cosas» (*Eleh*). Porque *Elohim* de abajo, llamado «*Iam*»[35] creó el mundo por el poder de *Elohim* de arriba, que es el misterio de *Binah*, llamado «Quién» (*Mi*), de quien se dice: «Quién» (*Mi*) creó esto». Como los *Tzaddikim* conocen el secreto de «Quién» (*Mi*), pueden anular sus decretos. Comprende este gran discurso y observa el secreto de lo que ha sido dicho: «Vuelve tu ira» al «lugar del arrepentimiento», es «Quién» (*Mi*) quien gobierna la ira y el enojo. Asimismo, ha sido dicho: «en este año de jubileo volveréis cada uno a su posesión».[36]

ולפיכך התבונן נפלאות שרמזו בספר יצירה, שהעצה נגמרת בכ־ליות, וכן הוא אומרי לעומת העצ"ה יסירנה, ולפיכך התבונן נפלאות שרמזו בספר יצירה ואמרו ז"ל מקום שהעצה נגמרת. ולפיכך התבונן כי כל גזירה שגוזרין בבית דין של מעלה, מתחילין להתייעץ בבינ"ה וגומרים העצה בנצ"ח והו"ד שהם סוד י"י צבאו"ת. ואף על פי שנגמ־רה גזירה, יכולה המידה הנקראת מ"י, הנקראת תשובה, להפר ולב־טל אותה גזרה, וכן הוא אומר: י"י צבאו"ת יעץ ומ"י יפר (ישעיהו יד, כז). והיודעים סודות הללו היו מתכוונים בתפילותיהם והיו מבטלים כל גזירות קשות ורעות, שהיו בידיהם מפתחות הקבלה והיו נכנסין עד המקום הצריך להם:

Y, por lo tanto, contempla las maravillas aludidas en el *Sefer Ietzirah*: «El consejo se cumple en los riñones»[37] y del mismo modo ha sido dicho: «separarás lo que está cerca de espina dorsal». Nuestros sabios han dicho «éste es el lugar en el que acaba la columna dorsal».[38] Por lo tanto, has de entender que cada frase pronunciada en el *Beit Din* de arriba se discute primero en *Binah* y acaba con un consejo en *Netsaj* y *Hod*, porque son el secreto del *Eterno Tzevaoth*. Aunque la sentencia

35. O sea, *Mi, «quién»,* al revés.
36. Véase *Levítico* XXV-13.
37. Véase *Sefer Ietzirah* (V-4).
38. También puede entenderse como "El lugar donde se reúne el consejo".

38b-39a

haya sido pronunciada, la *Middah* denominada «Quién», también conocido como *Teshuvah*, puede detener y anular la sentencia. Ha sido dicho: «*El Eterno Tzevaoth* lo ha determinado» (*Isaías* XIV-27). Y aquellos que conocen estos secretos pueden sustituir sus y anular los decretos más poderosos, pues las llaves de la Cábala están en sus manos, y sus oraciones acceden al lugar adecuado (39a).

ואחר שהודענוך זה, דע כי בהיכלי נצ"ח והו"ד, הנקראים י"י צבאו"ת, יש מלאך ממונה על כל פסקי דינים היוצאים מבית דין הגדול על כל בני העולם, ותחת ידו שני סופרים; וקודם שיצאו אותם פסקי דינים בעולם יש כוח ביד אותו ממונה לקרען או לתקן בהן, והכול כפי כוח תשובת אותו שנגזר עליו גזר דין. וכפי שיבוא הרחמים ממקום 'מ"י', שהוא מפר ונקרא תשובה, כך גומר זה הממונה באותו גזר דין בין לקרעו, בין לתקן בו דבר. ודע כי בהיכלות הללו יש ממונה אחד תחת יד השם יתברך שיש תחת ידו גנזים ואוצרות, וממונים לקבל כל הנ־שמות מכל אותם שהן הרוגי בית דין, וכן הרוגי מלכות ושאר הרוגי גויים, במקומות אלו הן גנוזים ושמורים.

Y después de darte a conocer esto, has de saber que en los palacios de *Netzaj* y *Hod*, que se llaman *El Eterno Tzevaoth*, hay un ángel encargado de todos los juicios emitidos por el Gran *Beit Din* que concibe a todos los hijos del mundo. Bajo su mano hay dos libros, antes de que se decreten los juicios en el mundo. Tiene en su mano el poder de anular o modificar, dependiendo de la fuerza del arrepentimiento de aquel para quien se ha pronunciado la sentencia. Dado que el poder de la misericordia proviene del lugar de «Quién» que puede cancelar, llamado *Teshuvah*, él puede actuar sobre el juicio cancelándolo o modificándolo de varias maneras. Has de saber que en estos palacios, hay un intendente bajo la mano del *Eterno*, bendito sea, responsable de los almacenes ocultos que están preparados para recibir todas las almas de todos aquellos que han sido ejecutados por el *Beit Din*, por el reino o por los gentiles, en los lugares ocultos y cerrados.

39a

ובמקומות של היכלות הללו יש גנזים הנקראים כוס תנחומים, שמהן משלח ה' נחמה לכל האבלים ובעלי צער ולכל הראויים לנחמה. ויש בהן גנזים הנקראים כוס התרעלה, שבהן מתנקם י"י יתברך מאותן שאינן הגונים וראוים לפניו. ובמקומות של היכלות הללו יש גנזים שבהן כמה מיני מלבושים יקרים שבהן מתלבשות הנשמות הטהורות כשנכנסות להקביל פני י"י יתברך; כל נשמה ונשמה כפי המלבוש הראוי לה כך היא מתלבשת בהיכלות הללו להקביל פני י"י יתברך. ובמקומות של היכלות הללו יש גנזים שמהן יונקים כל בעלי חכמה להיכנס ולהשיג פנימיות וסתרים עליונים ומראות וחזיונות וחלומות.

En lugares de estos palacios se guardan archivos, llamados «copa del consuelo», de los que *El Eterno* envía consuelo a todos los que sufren, a los que están apenados, así como a todos los que merecen ser consolados. Pero también hay archivos llamados «copa de aturdimiento»,[39] por los que *El Eterno* se venga de aquellos que son indignos de presentarse ante él. En algunas partes de los palacios hay habitaciones que contienen muchos tipos de prendas preciosas que las almas puras pueden ponerse para ser recibidas ante *El Eterno,* bendito sea. El alma encuentra una vestimenta adecuada y se la pone en estos palacios para ser recibida por *El Eterno*, bendito sea. De ciertos lugares de estos palacios, los señores de la sabiduría obtienen su capacidad de escribir y de penetrar en las cosas ocultas, así como de acceder a visiones y sueños proféticos.

ודניאל איש חמודות באותן הגנזים נקשר, ועל זה נאמר: ודניאל הבין בכל חזיון וחלומות (דניאל א, יז). ובאלו ההיכלות היה מסתכל במראות ואספקלריאות, ומהן השיג והבין כל אותן העניינים הגדולים והפתרונים וכל אותן המראות שהשיג המפורשים בדניאל. וכמה עניינים גדולים ונוראים יש בגנזים של היכלות נצח והוד שעדיין נערך עליהן בעזרת השם:

39. Véase *Isaías* (LI-17).

39a

Daniel, un hombre de *Middoth*, estaba conectado a estas habitaciones y a este respecto ha sido dicho: «demás Daniel entendía toda clase de visiones y sueños» (*Daniel* I-17). Y en estos palacios, con la ayuda de espejos y cristales reflectantes, a través de los cuales percibió las grandes preguntas y sus soluciones, así como todas las demás visiones que realizó, tal como las describe Daniel. Hay muchas cosas grandes e impresionantes en los palacios de *Netzaj* y *Hod*, de las que os informaremos con la ayuda del *Eterno*.

ודע כי יהו"ה צבאו"ת, שהוא עמוד הימין, הוא הנקרא נצח בפסוק לך י"י הגדולה והגבורה והתפארת והנצ"ח וההוד (דבה"א כט, יא) שהוא הנצח שמעמיד חסדו לישראל, כאומרו: האפס לנצח חסדו (תהלים עז, ט). וזהו מקום שגוזר גזירות טובות על ישראל בהידבקו בכתר עליון, ואינו חוזר בו לעולם, וזהו סוד שנאמר: וגם נצח ישראל לא ישקר ולא ינחם (שמואל א, טו, כם).

Has de saber que *el Eterno Tzevaoth* es la columna de la derecha llamada *Netzaj* en el versículo: «Tuya es, oh *Eterno*, la magnificencia, y el poder, y la gloria» (1 *Crónicas* XXIX-11). Es *Netzaj* quien pone su *Hessed* sobre Israel, pues está escrito: «¿Se ha acabado para siempre su misericordia?» (*Salmos* LXXVII-9). Y es en este lugar donde se pronuncian los decretos positivos sobre Israel, cuando se conecta con *Keter Elion*, que nunca será aniquilado. Es el secreto de lo que ha sido dicho: «Y también el *Netzaj* de Israel no mentirá, ni se arrepentirá» (1 *Samuel* XV-29).

ולפי שצריכין ישראל תמיד להידבק ולהתחזק במידת נצח שהוא סוד הימין שעומדת להכריע את השמאל, ונקראת נצח לפי שהיא מנצחת מלחמות ישראל, לפיכך הוצרך דוד המלך עליו השלום לומר בספר תהילות 'למנצ"ח מזמור לדוד'. בכל מקום שהוא מזכיר 'למ־נצח' הוא כנגד מידת נצ"ח, ובכל מקום שהוא מזכיר 'הודו לי"י כי טוב' הוא כנגד מידת הו"ד, וסימן שבהם הנצ"ח וההו"ד.

Esto se debe al hecho de que Israel tiene una necesidad constante de conectarse y fortalecerse a través de la *Middah* de *Netzaj*,[40] que es el secreto de la columna de la derecha, para vencer a la izquierda. Y se llama *Netzaj* porque gana (39b) las guerras de Israel y por eso el rey David, la paz sea con él, comenzó algunos *Salmos* con: «*LamNetzaj* (למנצח) , canto de David». En todo lugar en el que encuentras la expresión *LamNetzaj* (למנצ«ח), alude a la *Middah* de *Netzaj*. Del mismo modo, en todo lugar en el que aparece la expresión *Hodo leAdonai* (הודו לי"י) se refiere la *Middah* de *Hod*. Y es un signo de *Netzaj* y *Hod*.

וצריך אני לעוררך על עניין גדול ועמוק: דע כי שלושת נרות יאירו מלוב"ן ההשגחה הנקראת עין הרחמים, ונקראין חס"ד נצ"ח ותפאר"ת וכשאלו שלוש נרות מאירין ומסתכלין בספירות, אז כל העולם בשמחה ובצהלה ובשלמות ואין צרה ואין פגע רע, כי עין הטובה משגחת על כל היצורים וכל העולמות כולן עומדין במלוי ובשלמות. ולפעמים שהמידה הנקראת נצ"ח, ונקראת י"י צבאו"ת, כשהיא עומדת במקומה למטה אפשר לגזור דין לטובה, ולפעמים מתהפכת לעונש, הכול לפי המעשה.

Ahora debo explicarte un asunto grande y profundo. Has de saber que hay tres velas que son iluminadas por la blancura de la providencia, conocidas como el ojo de la misericordia (רחמים), y se llaman *Hessed*, *Netzaj* y *Tiferet*. Cuando estas tres velas se encienden y contemplan las Sefirot, entonces el mundo entero está alegre, en la dicha y la paz, no hay conflicto ni maldad, pues el buen ojo contempla las formaciones y entonces todos los mundos están realizados y en paz. A veces, cuando la *Middah* llamada *Netzaj*, conocida como *El Eterno Tzevaoth*, está en su lugar de abajo, puede emitir juicios para el bien, que a veces conducen al castigo, todo de acuerdo con los actos.

40. Además de «eternidad», significa también «victoria».

39b

אבל אם עלתה מידת נצ"ח דרך הצינורות ונדבקה בנצ"ח העליון אשר בעין הרחמים ובנצה הרצון בראש הכת"רי וגזרה גזירות טובות על ישראל, אף על פי שאחר כך חטאו ישראל ואינן ראויים לאותה הטובה, אינה חוזרת בה. והטעם לפי שכבר עלתה מידת הנצ"ח למ־קום שאינו נקרא אדם, והוא המקום הנקרא כת"ר ", וזהו סוד 'וגם נצ"ח ישראל לא ישקר ולא ינחם כי לא אדם הוא להנחם'.

Sin embargo, si la *Middah* de *Netzaj* se eleva a través de los canales hasta el *Netzaj* superior, que mora con el ojo de la misericordia, y en *Netzaj* está en el comienzo de *Keter*, entonces pronunciará sentencias favorables sobre Israel, aunque éste haya pecado y sea indigno de ello, y esto no será anulado. Esto se debe a que la *Middah* de *Netzaj* se ha elevado a un lugar que no se llama *Adam*, sino que es un lugar llamado *Keter*, y éste es el secreto de: «Y también el vencedor de Israel no mentirá, ni se arrepentirá *acerca de esto*; porque no es hombre para que deba arrepentirse».[41]

הטעם, שהרי המידה הזאת עומדת במקום שאינו נכלל בכלל אדם, ולפיכך 'כי לא אדם הוא'. אבל אם מידת נצח עומדת למטה בעיקרי תפארת, אפשר להינחם, שהרי במקום הנקרא 'דמות כמראה אדם עליו מלמעלה' (יחזקאל א) הדבר עומד, אבל במקום הכתר, 'כי לא אדם הוא להנחם'. ולפי דרך זה התבונן כי הנצ"ח עומד להיטיב ולע־שות חסד עם ישראל. ולפי דרך זה התבונן, בכל מקום שתמצא לשון נצח כתוב בו, הוא המנצח אויבי ישראל והוא עומד לימין להיטיב לישראל, וכן הוא אומר: נעימות בימינך נצ"ח (תהלים טז, יא), ואומר: וגם נצ"ח ישראל (שמואל, טו, כט :)

La razón es que esta *Middah* no reside en un lugar donde se incluya la humanidad, ya que «no es hombre».[42] Pero si la *Middah* de *Netzaj* está por debajo del concepto de *Tiferet*, entonces es posible cambiar de

41. Véase 1 *Samuel* (XV-29).
42. Véase 1 *Samuel* (XV-29).

39b

opinión, porque se encuentra en un lugar llamado *Demuth* (semejanza), «sobre la figura del trono había una semejanza que parecía de hombre» (*Ezequiel* I-26). En cambio, en el lugar donde se encuentra *Keter*, «porque no es hombre para que se arrepienta». De este modo, has de saber que *Netzaj* sólo puede reparar y actuar con *Hessed* para con Israel, pues ha sido dicho: «delicias en tu diestra para siempre» (*Salmos* XVI-11), y ha sido escrito: «y también la *Netzaj* de Israel» (1 *Samuel* XV-29).

ודע כי כ"ד בתי דינים יש למעלה בסוד השם הנקרא נצ"ח, וכולן נקראים נצחים' והם המהפכים בזכות ישראל ומנצחים כל העומדים לצד שמאל וכל המקטריגין. ולפיכך אמר הכתוב, כנגד הצר המקטרג של אדום: מדור לדור תחרב לנצח נצחים אין עובר בה (ישעיהו לד, י). כלומר, כל עת שבתידינים של נצ"ח נצחי"ם בקיומם ומעלתם, אין לצד המקטרג שום סיוע בכל צד קיום אלא חרבן:

Y has de saber que hay veinticuatro tribunales (*Beit Din*) de justicia superiores, en el secreto del nombre llamado *Netzaj*, y juntos se llaman los *Netsajim*.[43] Invierten los juicios a favor de Israel y confunden a todos los que se sitúan en el lado izquierdo, así como a todos los calumniadores. Esto es lo que dice la Escritura a propósito de la caída de Edom: «de generación en generación será asolada, nunca jamás pasará nadie por ella» (*Isaías* XXXIV-10). Es decir, mientras las cortes de *Netzaj Netsajim* existan y sean prósperas, los decaídos no recibirán ningún apoyo, sólo les espera la destrucción.

ודע כי לנגד המידה הזאת הנקראת נצ"ח, ונקראת יהו"ה צבאו"ת, עשה שלמה המלך העמוד הימיני וקרא שמו יכין. והיודע סוד שני העמודים, שהם יכי"ן ובוע"ז, ידע היאך פורחות הנשמות והרוחות

43. Véase Zohar (III-136b), vol. XXIII de nuestra edición, pág. 92, Rubí, 2017.

39b - 40a

והנפשות, על ידי אל ח"י אדנ"י, בשפע אלו שני עמודים. וכן הוא אומר: עמודים שנים והגולות והכותרות על ראש העמודים שתים והשבכו"ת שתים לכסות את שתי גולות הכותרות אשר על ראש הע־מודים (דבה"ב ד, יב).

Y has de saber que en correspondencia a esta *Middah* denominada *Netzaj* está *El Eterno Tzevaoth*, cuando hizo la columna derecha, llamada con el nombre de *Yakin*. Porque aquel que conoce el secreto de las dos columnas, llamadas *Yakin* y *Boaz*, conocerá a los *Neshamot*, *Ruajot* y *Nefeshot*, a través de *El Jai* y *Adonai* por la *Shefa* de las dos columnas. Así ha sido dicho: «Dos columnas, y los cordones, los capiteles sobre las cabezas de las dos columnas, y dos redes para cubrir las dos bolas de los capiteles que estaban encima de las columnas» (2 *Crónicas* IV-12).

והנני רומז. עמודים שנים, אלו הן נצ"ח והו"ד; והגולות והכותרות על ראש העמודים שתים, אלו הן גדול"ה גבור"ה; והשבכות שתים לכסות את שתי גולות הכותרות, אלו הן חכמ"ה ובינ"ה. ודע כי על ידי אלו שני העמודים, ועל ידי א"ל ח"י, הנשמות והרוחות והנפשות פורחות בסוד המשכתן ובצינורותן. ובעמוד זה הנקרא יכי"ן תיבנה ותכונן עיר ציון וירושלים, וסימן: תכי"ן בטובת"ך לענ"י אלהי"ם (תה־לים סח, יא).

Y he aquí la alusión: los dos pilares son *Netzaj* y *Hod* (40a). Las dos bolas de los capiteles que estaban encima de las columnas son *Guedulah* y *Guevurah*. Las dos redes para cubrir las dos bolas de los capiteles son *Jojmah* y *Binah*. Y has de saber que a través de estas dos columnas y a través de *El Jai*, las *Neshamot*, *Ruajot* y *Nefeshot*, brotan a través del misterio del edificio y de los canales. Y a través de estas el llamado *Yakin* es el constructor de la ciudad de Sion y Jerusalén, y la señal es: «Por tu bondad, oh Dios, has provisto al pobre» (*Salmos* LXVIII-11).

40a

אם תבין שלוש מילות, שהם 'תכי"ן בטובת"ך לענ"י, תדע היאך י"י צבאו"ת מכין ומשלח הטובה במידת א"ל ח"י, להריק כל השפע והברכה במידת אדנ"י שהיא ריקנית כמו העני שאין לו כלום, וסימן: יקוו המים מתחת השמים אל מקום אחד ותראה היבשה (בראשית א, ט). ודע והתבונן כי תכונת כל הצורות והגולמים, ממקום זה מקבלים צור"ה ותבני"ת, בהידבק האצילות בשם אדנ"י. וכל האברים אשר באדם - ממקום זה מקבלין צורת תכונת"ם, והסוד: הוא עשך ויכוננ"ך (דברים לב, ו).

Y si entiendes estas tres palabras: *Takin* (has provisto), *Betovteja* (por tu bondad), *Laani* (al pobre), sabrás que el *Eterno Tzevaoth* provee y envía sus favores a través de la *Middah El Jai*, derramando *Shefa* y bendición a través de la *Middah Adonai*, que está vacío como los pobres, que no tienen nada. Y la señal es: «Júntense las aguas que están debajo de los cielos en un lugar, y descúbrase la seca» (*Génesis* I-9). Y has de saber y comprender que la estructuración de todas las formas y apariencias de este lugar es recibida por la conexión con *Atzilut* a través del nombre *Adonai*. Y todos los miembros que están en el hombre reciben su forma y diseño de este lugar, y éste es el secreto de: «él te hizo y te compuso» (*Deuteronomio* XXXII-6).

ואחרי שהודענוך זה בשם הנקרא י"י צבאו"ת, הסתכל בשאר ענייניו וסודותיו וסתריו שכבר רמזנו אותם בשער זה, תמצא כמה מפתחות וכמה עניינים פנימיים עליונים שאין ראוי לאומרן בפירוש אלא ברמז, ו'כבוד אלהי"ם הסתר דב"ר' (משלי כה, ב) ואומר: סוד י"י ליריאיו ובריתו להודיעם (תהלים כה, יד):

Y después de haberte enseñado lo que es el nombre llamado *el Eterno Tzevaoth*, considera el resto de los asuntos y los secretos y las cosas ocultas a las que nos hemos referido en este capítulo. Podrás descubrir asuntos profundos que no pueden expresarse explícitamente, sino sólo por alusión. «Y Gloria de Dios es encubrir la palabra» (*Proverbios*

40a

XXV-2) por lo que ha sido dicho: «El secreto del Eterno es para los que le temen; y a ellos hará conocer su alianza» (*Salmos* XXV-14).

ואחר שהודענוך כללים אלו במידת י"י צבאו"ת, ראוי לנו לבאר עכשיו סוד החתימה על דרך הקדושה, בסוד 'קדוש קדוש קדוש י"י צבאו"ת מלא כל הארץ כבודו'. הנה אמר הנביא עליו השלום: ואראה את אדנ"י יושב על כסא רם ונשא (ישעיהו ו, א), הנה באמת כי השם הנקרא אדנ"י, שהוא סוד הספירה האחרונה, הוא יושב על כיסא וארבע חיות הקודש נושאות אותו.

Y después de haberte informado de estas generalidades a propósito de la *Middah El Eterno Tzevaoth*, nos conviene aclarar ahora el secreto sellado del camino de la *Keddushah*, en el secreto de «Santo, santo, santo, *El Eterno Tzevaoth*, toda la Tierra está llena de tu gloria». Aquí el profeta, la paz sea con él, dijo: El primer «santo» es el secreto de «vi yo al *Eterno* sentado sobre un trono alto y sublime» (*Isaías* VI-1). Aquí realmente está ese nombre denominado *Adonai*, que es el secreto de la última sefirah, y está sentado en un trono y lo sostienen las cuatro *Jaiot* sagradas.

'שרפים עומדים ממעל לו', כלומר לשם אדנ"י, שהם שני שרפים בעלי שש כנפים המשמשים לי"י צבאו"ת שהוא סוד ג' ספירות תחתונות של ו' של שם יהו"ה, כמו שכבר כתבנו למעלה, ומכוח ו' יבא להם שש כנפים. 'וקרא זה אל זה ואמר קדוש קדוש קדוש': קדוש ראשון הוא סוד המשכת אצילות הקודש מן הכתר עליון עד ספירת גדולה; קדוש שני, סוד המשכת אצילות הקודש מן החכמה עד ספירת גבורה; קדוש שלישי הוא המשכת אצילות הקודש מן הבינ"ה ועד ספירת תפאר"ת.

Los serafines que están encima de él, es decir del nombre *Adonai*, son dos serafines de seis alas que sirven a *El Eterno Tzevaoth* y es el secreto de las tres Sefirot de debajo de la *Vav* (ו) del nombre *El Eterno*

(יהו"ה), como ya escribimos más arriba, y del poder de la *Vav* (ו) reciben las seis alas. «Y el uno al otro daba voces, diciendo: Santo, Santo, Santo».[44] El primer «santo» es el secreto de la efusión de la emanación sagrada de *Keter Elion* a la sefirah *Guedulah*; el segundo «santo» es el secreto de la efusión de la emanación sagrada de *Jojmah* a la sefirah *Guevurah*. El tercer «santo» es el secreto de la efusión de la emanación sagrada de *Binah* a la sefirah *Tiferet*.

הרי לך שש ספירות אמורות, שלוש כנגד שלוש, שלוש משפיעות הקדושה על שלוש. מה כתיב בתריה? יהו"ה צבאו"ת, הרי שלוש ספירות שלמטה מהם אמורות, שהם נצ"ח והו"ד יסו"ד; יבא להן השפע מאת גדול"ה גבור"ה תפאר"ת, מאת כת"ר חכמ"ה בינ"ה. הרי תשע ספירות נאמרות. ובמה הן מריקות ברכותיהן ומשפיעות כוחותיהן? בספירה העשירית, הנקראת אדנ"י, הנקרא ארץ.

Así tienes la enumeración de las seis Sefirot: tres que corresponden a tres y tres que extienden la santidad sobre tres. ¿Qué está escrito a continuación? *El Eterno Tzevaoth*, por lo que se mencionan las tres Sefirot inferiores: *Netzah, Hod, Iesod*, cuya *Shefa* viene de *Guedulah, Guevurah, Tiferet*, que viene de *Keter, Jojmah, Binah*. Así, se mencionan nueve Sefirot. ¿Dónde derraman sus bendiciones y dónde derraman su Shefa? En la décima sefirah llamada *Adonai*, denominada *Eretz*.

וזהו סוד שאמר בסוף הפסוק מלא כל הארץ כבודו' (ישעיהו ו, ד). הנה הודענוך בסוד זה הפסוק בעניין הקדושה התאחדות עשרת הספירות ודרך אצילות השפע משלוש עליונות שהן כת"ר חכמ"ה בינ"ה, לשלוש אמצעיות שהן גדול"ה גבור"ה תפאר"ת, לשלוש תחתונות שהן נצ"ח והו"ד יסו"ד. והנה כל שפע אלו תשע ספירות מריק

44. Véase *Isaías* (VI-3).

40a-40b

בספירה עשירית שהיא אדנ"י ונקראת אר"ץ, וזהו שאמר 'מלא כל הארץ כבודו'. ודע והאמן כי העונה קדושה ומכוון בדרך זה בייחוד הי' ספירות, חלקו לחיים ואמרי פיו לרצון והוא בן העולם הבא.

Y éste es el misterio enunciado en las últimas palabras del versículo: «la Tierra está llena de su gloria» (*Isaías* VI-4). He aquí el secreto de este versículo sobre el asunto de la *Keddushah*, de la unificación de las diez Sefirot y el camino por el cual emana la *Shefa* de las tres superiores *Keter, Jojmah, Binah*, hacia las tres intermedias, *Guedulah, Guevurah, Tiferet*, y hacia las tres inferiores *Netzaj, Hod, Iesod*. Y aquí está toda la *Shefa* de estas nueve Sefirot, que desemboca en la décima sefirah, que es *Adonai* y que se llama *Eretz*. Y es lo que ha sido dicho: «toda la Tierra está llena de su gloria». Conoce y acepta que aquel que responde a la santificación y dirige sus pensamientos hacia la unificación de las diez Sefirot (40b), tendrá su porción de por vida, las palabras de sus labios serán aprobadas y será un hijo del *Olam haBa*.

ועניין שנתייחדה הקדושה בפסוק זה כסדר זה, זהו פירושו: קדוש, כתר, קדוש שני, חכמ"ה, קדוש שלישי, בינ"ה. מה כתיב בתריה? צבאו"ת. וסוד צבאו"ת כולל נצ"ח הו"ד יסו"ד. מה כתיב בתריה? מלא כל הארץ כבודו, שהוא סוד הספירה העשירית הנקראת אדנ"י, שהיא ארץ החיים, שהיא אור החיים. וכן הוא אומר: אתהלך לפני ה' בארצות החיים (תהלים קטז, ז). ופסוק אחר אומר: להתהלך לפני אלהי"ם באור החיים (שם נו, יד). ופירוש שני הפסוקים הללו: 'והארץ האירה מכבודו'. וכן הוא אומר קדוש קדוש קדוש יהו"ה צבאו"ת מלא כל הארץ כבודו. וכמדומה לנו כי די שרמזנו לך עכשיו בעניין זה, והשם ברחמיו יורנו דרך האמת אמן:

En cuanto a cómo la santificación une las Sefirot en este versículo, esto está contenido en el secreto del primer «Santo» para *Keter*, el segundo «Santo» para *Jojmah*, el tercer «Santo» para *Binah*. ¿Qué está escrito a continuación? *Tzevaoth*. El secreto de *Tzevaoth* es que contiene *Netzaj, Hod, Iesod*. ¿Qué está escrito a continuación?: «toda la Tierra está llena de su gloria». Éste es el secreto de la décima sefirah denominada *Adonai*, que es la tierra de la vida, que es la luz de la vida. Así ha sido dicho: «Andaré delante del *Eterno* en la tierra de los vivientes» (*Salmos* CXVI-9). Otro versículo dice: «para que ande delante de Dios en la luz de los que viven» (*Salmos* LVI-13). Ambos versículos enseñan que la Tierra está iluminada por su gloria, por lo que ha sido dicho dice: «Santo, santo, santo, el *Eterno Tzevaoth*, toda la Tierra está llena de tu gloria». En lo que a nosotros respecta, ya hemos aludido bastante sobre esto. El Eterno, en su misericordia, nos mostrará el verdadero camino. Amén.

QUINTA PUERTA

השער החמישי - הספירה השישית:

Quinta puerta - Sexta sefirah

שמעה תפלתי יהו"ה ושועתי האזינה אל דמעתי אל תחרש כי גר אנכי עמך תושב ככל אבותי (תהלים לט, יג):

«Oye mi oración, oh el Eterno, y escucha mi clamor: no calles ante mis lágrimas; porque peregrino soy para contigo, y advenedizo, como todos mis padres» (*Salmos* XXXIX-12)

השם החמישי משמות הקודש על דרך המעלות הוא השם הנקרא יהו"ה יתברך. דע והאמן כי שם יהו"ה הוא העמוד שכל הספירות עליונות ותחתונות נתאחזות בו, מתאחדות בו מלמטה למעלה ובו הם נשפעות מלמעלה למטה. וזהו השם העומד כדמיון גוף האילן וכל שאר שמות הקודש הם כדמיון ענפי האילן, וכולם מתאחדים בו למעלה ולמטה ולשאר כל הצדדים, והוא המייחד כל הספירות באותיותיו. וכן כל הנבראים כולם קיימים, וכל המרכבות שבעולם, עליונות ותחתונות, בו נסמכות ואליו צופות, וכל סדרי עולם ויסודותיו ובנייניו עליו תלויים. ואין דבר בכל העולמות כולם שאינו תלוי ומשוכלל בשם יהו"ה יתברך. וקודם שנכנס בביאורו, יש לנו להודיעך עיקר שבו תמצא נחת ומרגוע לכמה עניינים:

El quinto nombre de los nombres sagrados en sentido ascendente es el nombre denominado *El Eterno*, bendito. Has de saber y creer que el nombre *El Eterno* es el pilar al cual se aferran todas las Sefirot, superiores e inferiores, se unen en él de abajo hacia arriba y de él emanan

40b

de arriba hacia abajo. Y éste es el nombre que se compara con el cuerpo del árbol y todos los demás santos nombres son como la semejanza de las ramas del árbol, y por él todos están unidos arriba y abajo y en todos los demás lados. Y es el unificador de las Sefirot en sus letras. Y así, todas las criaturas existentes y todas las *Merkavot* del mundo, arriba y abajo, reposan en él y lo contemplan. Y todos los órdenes mundiales y sus cimientos y edificios dependen de él. Y no hay nada en todos los mundos que no sea dependiente y perfeccionado en el nombre del *Eterno*, bendito sea. Y antes de entrar en su comentario, tenemos que informarte un asunto principal donde encontrarás paz y serenidad al abordar algunas cuestiones.

דע כי השם הנכבד והנורא הזה שהוא יהו"ה יתברך, תמצאהו בתורה בכמה עניינים ובכמה שימושים. דע כי לפעמים תמצאהו בפני עצמו ברוב התורה, כאמרו וידבר יהו"ה, ויאמר יהו"ה, ושאר כמה עניינים כאלו. ולפעמים תמצאהו שמתחבר לו שם אחר משמות הקודש, כאמרו אחר מעשה בראשית: אלה תולדות השמים והארץ בהבראם ביום עשות י"י אלהים ארץ ושמים (בראשית ב, ד).

Has de saber que este nombre glorioso y terrible es *El Eterno*, bendito sea, lo encontrarás en la *Torah* en varios asuntos, como ha sido dicho «Y habló *El Eterno*» o «Y dijo *El Eterno*» y en otros asuntos similares. Y a veces lo encontrarás asociado con otros nombres sagrados, como está dicho después del *Maasé Bereshit*: «Éstas son las generaciones de los cielos y de la Tierra cuando fueron creados, el día que el Eterno Dios hizo la Tierra y los cielos» (*Génesis* II-4).

ולא תמצא בכל מעשה בראשית כי אם שם אלהים לבד, וכשהתחיל לדבר בשלימות הבריאה, בפרשת 'אלה תולדות השמים והארץ בהבראם', התחיל להזכיר יהו"ה אלהים. וצריכים אנו להודיעך טעם זה. דע כי בהיות יהו"ה יתברך משוכלל ומעוטר ומלא כל המידות ובו מתאחדות כל הספירות, ובו נשלמים ונגמרים כל הדברים וכל

הנבראים, כמו שהודענוך, לא הוצרך להזכירו במעשה בראשית לפי שעדיין לא היה העולם וברואיו בשלימות ובגמר מעשה, ולא היה העולם על מלואו אלא כל הדברים היו נעשים ובאים.

Y no encontrarás en *Maasé Bereshit* ninguna obra en que *Elohim* esté solo. En *Maasé Merkavah* sólo aparece el nombre *Elohim*, pero cuando el texto comienza a hablar de la perfección de la creación (41a), en la *parashah* que empieza por «Éstas son las generaciones de los cielos y de la Tierra», aparece mencionado *El Eterno Elohim*. Y hemos de informarte sobre la razón de este asunto. Has de saber que es porque *El Eterno*, bendito sea, es opulento, adornado y lleno de todas las *Middoth*, que todas las Sefirot están unidas, y que todas las criaturas son completas y perfectas, como ya he explicado no era necesario utilizarlo durante el *Maaseh Bereshit* porque el mundo y las criaturas aún no estaban completos, pero todas las cosas estaban hechas y por venir.

וכשנגמרה בריאת העולם, ונשתכללו כל הדברים ונגמרו כל הדברים בשלימות ובתיקון שלם, אזי הזכיר יהו"ה אלהי"ם שהם שני השמות מתאחדים זה עם זה. כי אלהים פעמים הרבה מתלבש בשם אדנ"י, ואז נקרא אדנ"י אלהי"ם כמו שהודענוך. ובהתאחד יהו"ה אדנ"י, שהוא סוד יהו"ה אלהים, אזי כל הדברים בשלימות גמורה. ואף על פי שיש אלהים שהוא סוד מידת הגבורה והדין, כמו שאמרנו וכמו שאמרו ז"ל: התחיל לבנות עולמו במידת הדין, שנאמר בראשית ברא אלהים (בראשית א, א) ראה שאינו מתקיים עמד ושתף עמו מידת רחמים, שנאמר ביום עשות יהו"ה אלהים ארץ ושמים (שם ב, ד) ואמת הדבר ויציב ונכון, אבל בוא וראה עניינים גדולים ונפלאים.

Y cuando se realizó la creación del mundo y todas las cosas se desarrollaron, completaron y terminaron, intervino *El Eterno Elohim*, que son dos nombres conectados uno con el otro. Porque *Elohim* se revela desde el nombre *Adonai* y luego se llama *Adonai Elohim*, como ya te he explicado. Es la reunión de *El Eterno* y *Adonai* que es el secreto de *El Eterno Elohim*, cuando todo se completa. Sin embargo, es cierto que

41a

Elohim es el misterio de la *Middah* de *Guevurah* y *Din*. Como hemos dicho y como dicen nuestros sabios, de bendita memoria: «Comenzó a construir su mundo con la *Middah* de *Din*, como ha sido dicho: «en el principio creó *Elohim*» (*Génesis* I-1) y vio que el mundo no podía mantenerse en pie, por eso integró la *Middah* de *Rajamim*, y ha sido escrito: «El día en que *El Eterno Elohim* hizo la Tierra y los cielos» (*Ibid.* II-4). Y esta palabra es verdadera, directa y correcta. Pero ven y ve algunos principios grandes y maravillosos.

הנה אמר הכתוב: שאו מרום עיניכם וראו מ"י ברא אלה (ישעיהו מ, כו), בוודאי הדבר הנקרא 'מ"י' ברא 'אלה', שהוא סוד יום אחד שהוא סוד הבינה, וממנו עד יום השבת ששת ימים שבהם נעשו שמים וארץ וכל שאר הנבראים. ובאמת כי מילת 'מ"י' למעלה ומילת 'י"ם' למטה, ומילת מ"י בראה, היא תחלת התלבשות שם אלהי"ם בסוד השם הנקרא יהו"ה אדנ"י, כי היא נכתבת במילת יהו"ה ונקראת בניקוד אלהי"ם בסוד יהו"ה, ושתיהן סוד 'מ"י', וסודם: כ"ל הנחלים הולכים אל הים (קהלת א, ז)?. ומן המידה הזאת הנקראת מ"י, והיא סוד התלבשות אלהי"ם בשם יהו"ה, ממנה ירשה מידת הגבורה הדין והפחד, ונקראת מידת הגבורה אלהי"ם ממש. ובשתי אלו המידות ירשה המידה הנקראת אדנ"י שם אלהי"ם, ונתלבשה מלבושיה, ואז נברא העולם בסוד יהו"ה אדנ"י. ואם תבין עיקר זה תמצא שם יהו"ה אלהי"ם שניהם בסוד יהו"ה:

Esto es lo que dice la escritura: «levantad en alto vuestros ojos, y mirad quién creó estas cosas» (*Isaías* XL-26). Es cierto que la cosa llamada «Quién» creó «estas cosas», que es el secreto del primer día, y el secreto de *Binah*. Desde ese día hasta el *Shabbat*, el sexto día de la creación, se hicieron los cielos, la Tierra y todas las criaturas. En verdad, la palabra «Quién» (מ"י) está arriba y la palabra «Mar» (י"ם) está abajo. Y en las palabras «Quién creó» (מ"י בראה) se encuentra la representación del nombre *Elohim* bajo el secreto el nombre denominado *El Eterno Adonai*. Porque se escribe con la palabra *El Eterno*, pero se lee con la vocalización de *Elohim* en el secreto del Eterno, y ambos son el secreto de «Quién» (מ"י) al que alude el versículo: «todos los ríos van al mar (י"ם)» (*Eclesiastés* I-7). Y de esta *Middah* que se llama «Quién» (מ"י), y es el secreto de *Elohim* revestido en el nombre del *Eterno.* De ella heredó la *Middah* de *Guevurah, Din* y *Pajad,* y por eso la *Middah* de Rigor se llama *Elohim.* Y en estas dos *Middoth,* la *Middah* llamada *Adonai* hereda el nombre de *Elohim* y se recubre con sus vestidos. Entonces el mundo fue creado en el secreto de *El Eterno Adonai,* y si entendéis este principio entenderás por qué el nombre de *El Eterno Elohim,* se encuentra en el secreto de *El Eterno.*

בצורת אותיותיו, יהו"ה, בצורת נקודות, אלהי"ם. נמצא שם זה מעיד סוד יהו"ה אלהי"ם, שם מלא. והסוד יהו"ה הוא האלהי"ם (מלכים, יח, לט) באמת: יהו"ה' בצורת האותיות, 'הוא האלהי"ם' בצורת הניקוד. ולפי שבאמר בפסוק 'יהו"ה הוא האלהי"ם' שתי פעמים, כנגד צדק עליון וצדק תחתון. והסוד:

En la forma de sus letras es *El Eterno* (יהו"ה), pero en la forma de sus vocales es *Elohim* (אלהי"ם). Y este nombre atestigua el secreto del nombre completo *El Eterno Elohim* (יהו"ה אלהי"ם). Y el secreto de *El Eterno* (יהו"ה) es *haElohim* (האלהי"ם) (I *Reyes* XVIII-39), ciertamente. *El Eterno* (יהו"ה) en la forma de las letras, él es *haElohim* (הוא האלהי"ם) en la forma de las vocales. Y de acuerdo con lo que está dicho en el versículo «*El Eterno* es *Elohim*» dos veces. Esto corresponde al *Tzeddek* de arriba y al *Tzeddek* de abajo. Y el secreto es:

וידעת היום והשבות אל לבבך כי יהו"ה הוא האלהים בשמים ממעל ועל הארץ מתחת אין עוד (דברים ד, לט). 'בשמים ממעל' זה צדק עליון, 'ועל הארץ מתחת' זה צדק תחתון. ואם כן הכול רמוז בסוד יהו"ה אדנ"י. נמצאת למד כי מידת אדנ"י בבריאת עולם לבשה מידת מ"י, שהוא סוד הבינה, שהיא יהו"ה בכתיבה ובניקוד, ונברא העולם. והנה מידת הצדק העליון הנקרא בינ"ה, ומידת הגבורה ושאר הס-

41a-41b

פירות השפיעו כחותם בשם אדנ"י, ונתלבשה משם אלהים וברא את העולם, הדא הוא דכתיב: בראשית ברא אלהים.

«Aprende pues, hoy, y reflexiona en tu corazón que *El Eterno* es el único Dios arriba en el cielo, y abajo sobre la Tierra» (*Deuteronomio* IV-39). «Arriba en el cielo» es el *Tzeddek* de arriba y «abajo en la Tierra» es el *Tzeddek* de abajo. Si esto es así, alude al secreto de El *Eterno Adonai*. Aprendemos que la *Middah Adonai*, en el momento de la creación del mundo, fue recubierta con la *Middah* «Quién» (מ"י), que es el misterio de *Binah*, es decir, *El Eterno* escrito y vocalizado, y así se creó el mundo. Por ello, la *Middah Tzeddek* se llama *Binah*. La *Middah* y las demás Sefirot se alimentan, activan y se unen en el nombre *Adonai*, pues está recubierto por el nombre *Elohim*, creador del mundo (41b): «En el principio creó *Elohim*».

ולפי ששם אלהים לפעמים הוא חסר ולפעמים מלא, הוצרך להזכי־ רו בבריאת העולם, בעוד שלא היה העולם במלואו ולא נגמרה כל צורת בריותיו, אבל כשנגמרה בריאת העולם נזכר שם יהו"ה אלהים. אלהים בעוד שלא נגמרו כל הצורות, יהו"ה, בגמר כל הצורות. לפי שהשם הנקרא אלהים איננו מלא ושלם כי אם בשם יהו"ה, והסוד: או מי ישום אלם... הלא אנכי יהו"ה (שמות ד, יא), הוא סוד אלהים; כשתסיר משם אלהים שתי אותיות של שם יהו"ה שהם י"ה נשאר אלם בסוד אלהים, אלם י"ה. ולפיכך נברא העולם בשם אלהים, וכ־ שנשתכללו כל הדברים וכל היצורים כולם והיה העולם במלואו, הוצרך להזכיר יהו"ה אלהים. וזהו שאמרו ז"ל: הזכיר שם מלא על עולם מלא ולפיכך כשנגמרו מעשה בראשית התחיל להזכיר יהו"ה אלהים על מלואו של עולם:

A veces el nombre *Elohim* se escribe con todas sus letras y a veces se escribe en forma contraída. Era necesario pronunciarlo así hasta que el mundo estuviera completamente terminado, pero cuando el mundo se completó, se pronunció el nombre *El Eterno Elohim*. *Elohim*, mientras las formas no estaban completas; *El Eterno*, cuando todas las formas estaban completas. Porque el nombre *Elohim* no puede considerarse completo hasta que se une al nombre *El Eterno*, éste es el secreto de: «¿O quién hizo al mudo y al sordo, al que ve y al ciego? ¿No soy yo el Eterno?» (*Éxodo* IV-11). Éste es el secreto de *Elohim*, pues cuando *Elohim* quita dos letras del nombre *El Eterno*, que son *Iod He* (י"ה), permanece en silencio en el secreto de *Elohim*. Por eso el mundo fue creado a través del nombre *Elohim*, y cuando todas las cosas y todas las criaturas fueron perfeccionadas y el mundo estaba lleno fue necesario decir *El Eterno Elohim*. Y es como dijeron nuestros maestros, de bendita memoria: «El nombre completo fue mencionado cuando el mundo estuvo completo»[1] Y por eso cuando terminó la obra de *Bereshit* comenzó a mencionar a *El Eterno Elohim* por la plenitud de un mundo.

ודע והאמן כי סוד הייחוד כולו הוא סוד יהו"ה אלהי"ם, וסימן: שמע ישראל יהו"ה אלהינו יהו"ה אחד (דברים ו, ד). ולפיכך יש לך להבין בכל מקום שתמצא בתורה יהו"ה אלהי"ם שהוא שם מלא, וכל הדברים הנמצאים באותה פרשה שמזכיר בה יהו"ה אלהי"ם הם נעשים בכל המידות הנגמרות במידת הדין ובמידת הרחמים, כמו שתמצא בבריאת אדם הראשון ובדינו ובגירושיו ובכל אותן העניינים. ותמצא שבאו כולן במידת הדין ובמידת הרחמים, והכול בשלימות גמורה ברחמים ודין, הכול כפי הראוי בדין אמת.

Y has de saber y creer que el secreto de la unidad completa es el secreto de *El Eterno Elohim*, y la señal es: «¡Escucha, Israel! *El Eterno*, nuestro *Elohim*, *El Eterno* es Uno» (*Deuteronomio* VI-4). Y por lo tanto has de entender en cualquier lugar en el que encuentres en la *Torah* *El Eterno Elohim* que es el nombre completo, y todas las cosas que aparecen en la *parashah* cuando el nombre *El Eterno* va seguido de *Elohim*, han sido realizadas con todas las *Middoth* que acaban en la *Middah* de *Din* y la *Middah* de *Rajamim*. Observando la creación de

1. Véase *Génesis Rabbah* (13,3).

41b

Adam haRishon, su juicio, su exilio y otros asuntos que le conciernen, encontrarás que en todos los casos esto ocurre a través de la *Middah* de *Din* y la *Middah* de *Rajamim*, y todo alcanza la perfección total a través del *Din*, todo como debe ser en el juicio verdadero.

ולפי עיקר זה אמרה תורה: הצור תמים פעלו (שם לב, ד) ופירוש הפסוק כך הוא: הצור הגוזר הדין, בחזקה אינו עושה, באכזריות אינו גוזר את הדין, אלא תמים פעלו, אלא הדין שגזר, קודם לכן נתייעץ בשתי המידות חסד ודין. וזהו 'תמים פעלו', כי לשון תמים הוא סוד שני דברים והוא כאילו אמר תאומים, אלא כי בלשון כבוד אמר על שני דברים של מעלה לשון תמים, ולמטה לשון תאומים.

Y de acuerdo con este principio, la *Torah* dice: «Él es la Roca, cuya obra es perfecta» (*Deuteronomio* XXXII-4). La interpretación de este versículo es la siguiente: «la roca» es *Guevurah* de *Din*, pues él no administra la justicia por la fuerza o con crueldad, sino que «su obra es perfecta» (*Ibid.* XXXII-4). Antes de pronunciar el juicio (*Din*), consulta las dos *Middoth Hessed* y *Din*. Y esto es «su obra es perfecta» pues la palabra *Tamim* (perfecta) es el secreto de dos cosas y es como decir *Teumim* (Gemelos), pero para expresar la gloria se dicen dos palabras, *Tamim* para arriba y *Teumim* para abajo.

וכן הוא אומר: והיו תואמים מלמטה ויחדו יהיו תמים על ראשו (שמות כו, כד); למטה - תואמים, למעלה - תמים, לפי שלמטה הם נראים כשני דברים, דבר והפכו, כמסייע ומקטרג; אבל למעלה הכול כוונה אחת, בין המסייע בין המקטרג שניהם כוונה אחת יש להם, ואין שם שנאה או אהבה, ואין שם משוא פנים, אלא משפט אמת. ולפיכך אמר 'תמים פעלו', בדין וברחמים נתייעץ וגזר הדין, וזהו סוד משפט אמת.

Y así ha sido dicho: «serán dobles (*Tumim*) por abajo, y estarán completamente (*Tamim*) unidas por arriba (*Éxodo* XXVI-24). *Tumim* abajo, y *Tamim* arriba, pero abajo se consideran dos elementos, que son una cosa y su opuesta: la defensa y la acusación. Pero en la parte superior todo proviene de una única intención, la defensa y la acusación tienen la misma intención, no hay ni odio ni amor, ni hay favoritismo: sólo ecuanimidad verdadera. Por eso se habla de obras inocentes, pues consultó el *Din* y *Rajamim* y luego pronunció la sentencia y éste es el secreto de la verdadera ecuanimidad.

ומה שאמר 'כי כל דרכיו משפט', פירוש הכ"ל, לעין כל רואה, כאומרו כי כל דרכיו משפט. וכבר ידעת כי המשפט הוא כלול בדין וברחמים, כי המשפט כנגד יעקב שהוא הקו האמצעי שהוא המתיים בין שני אהלים שהם אברהם ויצחק. אברהם כנגד החסד, יצחק כנגד הדין, יעקב מכריע ביניהם, 'איש ת"ם יושב אהלים'. והמשפט הוא כנגד יעקב, שואב מן החסד מצד אברהם ומן הדין מצד יצחק, וכן הוא אומר: משפט וצדקה ביעקב אתה עשית (תהלים צט, ד).

Ye está escrito: «Porque *Kol* (todos) sus caminos son justos» (*Deuteronomio* XXXII-4). *Kol* es todo lo que el ojo puede ver, como ha sido dicho: «Porque *Kol* (todos) sus caminos son justos». Ya sabes que la ecuanimidad contiene el *Din* y *Rajamim*, porque la ecuanimidad corresponde a Jacob, que es el eje central entre las dos tiendas de Abraham e Isaac. Abraham corresponde a *Hessed* e Isaac a *Din*, Jacob los separa como un «hombre perfecto que vive en tiendas». La ecuanimidad correspondiente a Jacob, extrae el *Hessed* del lado de Abraham y el *Din* del lado de Isaac. Así, ha sido dicho: «has hecho juicio y justicia en Jacob» (*Salmos* XCIX-4).

והנביא אמר: יסרני יהו"ה אך במשפט אל באפך פן תמעיטני (ירמיהו י, כד). ופירוש הפסוק 'יסרני יהו"ה אך במשפט', מה שאמר 'אך' חלק, כלומר בחצי מידת המשפט שהוא החסד, כי המשפט חציו דין וחציו חסד. ולפיכך אמר 'אך במשפט', ואמר אחר כך 'אל באפך פן תמעיטני'. וגילה הסוד למעט חצי המשפט מצד האף ולפיכך המש-

41b-42a

פט תלוי ביעקב שהוא אב הי"ב שבטים, ידע צער גדול בנים, כשי־גזור עליהם הקב"ה שיבקש עליהם רחמים וצדקה. והסוד: ויגבה יהו"ה צבאות במשפט (ישעיהו ה).

Y el profeta dijo: «Castígame, oh *El Eterno*, mas con juicio; no con tu furor, para que no me aniquiles» (*Jeremías* X-24). La interpretación del versículo «Castígame, oh *El Eterno*, mas con juicio» nos enseña que «mas» implica sólo una parte, es decir, una mitad de la ecuanimidad, que es *Hessed*, pues una mitad de la ecuanimidad es *Din* (42a) y la otra mitad es *Hessed*. Por lo tanto, está escrito «mas con juicio» inmediatamente seguido de «y no con tu furor», lo que indica que excluye la parte de la justicia que proviene de la ira. Y reveló el secreto de la mitad de la ecuanimidad, que está fuera de la ira. Por esta razón, la ecuanimidad depende de Jacob, el padre de las doce tribus, que tuvo problemas para criar a sus hijos, a fin de que cuando el Santo, bendito sea, pronuncie sentencias sobre ellos, lo haga por con *Rajamim* y *Tzeddakah*. Éste es el secreto de: «*El Eterno Tzevaoth* será ensalzado con *Mishpat*» (*Isaías* V-16).

מה כתיב בתריה? והאל הקדוש נקדש בצדקה. רוצה לומר כשיג־בה המשפט מנוח הדין ופונה למידת א"ל, שהוא סוד שנאמר 'והאל הקדוש נקדש בצדקה', כלומר כשגבה יהו"ה צבאו"ת במשפט באה מידת א"ל, שהיא למעלה, ועשתה צדקה ועוברת המשפט. וזהו סוד שאמרו המשפט כלול בחסד ודין, ואומר 'משפט וצדקה ביעקב אתה עשית'

¿Qué está escrito a continuación? «Y *El* será santificado con justicia». Esto quiere decir que la parte de *Din* se convierte en la *Middah* de *El*, que es el secreto de lo que ha sido dicho: «Y *El* será santificado con justicia» para decir que la equidad en el *Eterno Tzevaoth* proviene de la *Middah* de *El*, que está arriba, y cumple la *Tzeddakah* y pasa la prueba.

Y es el secreto de «la equidad contiene *Hessed* y *Din*», y ha sido dicho: «justicia y caridad hiciste en Jacob».[2]

. והסוד הגדול: צדק ומשפט מכון כסאך (תהלים פט, טו), כי צדק פעמים שהוא דין לפי קבלתו בשפע, כאשר פירשנו, כי צדק, דין גדול במוזק; אבל בהשתתף עמו 'משפט', אזי הכיסא מתכונן בר־חמים. ואם יגבה במשפט ויגיע כקדם (איכה ה, כא), ומלשון אשר נשבעת לאבותינו מימי קדם (מיכה ז, כ):

Y es el gran secreto de: «la justicia y la equidad son la base de su trono», porque la justicia a veces es *Din*, que recibe de la *Shefa*, como hemos explicado, porque la justicia es un gran y poderoso *Din*, pero cuando se une a la equidad, entonces el trono se restablece y se envuelve de *Rajamim*. Y si progresa con equidad, alcanzará la única verdad y será llamado rostro luminoso y entonces «renueva nuestros días como antaño» (*Lamentaciones* V-21), y también «lo que juraste a nuestros padres desde los días antiguos» (*Miqueas* VII-20).

ואם כן התבונן בכל מקום שתמצא בתורה יהו"ה אלהי"ם, והבן כי מידת הרחמים מתלבשת עם מידת הדין וכל אחת מן המידות פוע־לת בשלימות, הן לדין הן לרחמים. והתבונן עיקר זה ושמור עיקר זה תמיד, והסוד תקיעת שופר: פשוטה, יהו"ה, תרועת שופר, אלהים. תקיעה תרועה, רחמים ודין. וסימן: עלה אלהים בתרועה יהו"ה בקול שופר (תהלים מז, ו).

Por lo tanto, debe entenderse que cualquier lugar en el que encontremos a *El Eterno Elohim* en la *Torah*, se trata de la *Middah* de *Rajamim* revestida de *Din*. Así, combinadas, estas *Middoth* funcionan ya sea por *Din* o por *Rajamim*. Has de entender el concepto y mantener-

2. Véase *Salmos* (XLIX-4).

42a

lo contigo, y éste es el secreto del *Tekiat Shofar*: *Pashut* es *el Eterno*. *Teruat Shofar* es *Elohim* y *Tekiah Teruah* es *Rajamim* y *Din*. Y la señal es: «subió *Elohim* con júbilo, el Eterno con voz de trompeta» (*Salmos* XLVII-5).

ואמר: ותקעתם תרועה ונסעו (במדבר י, ה). ובהקהיל את הקהל תתקעו ולא תריעו. נמצאת למד כי סוד יהו"ה אלהים הוא סוד שלי־מות הספירות במידת הרחמים והדין, ונקראת שם מלא על עולם מלא' ולפעמים תמצא שם יהו"ה מתאחד עם אדנ"י בשני פנים. פע־מים מקדים יהו"ה ואחר כך אדנ"י, כמו שאמר הכתוב: יהו"ה אדנ"י חילי וישם רגלי כאילות (חבקוק ג), ואומר: האל לנו אל למושעות וליהו"ה אדנ"י למות תוצאות (תהלים סח, כא). ואומר: כי אליך יהו"ה אדנ"י עיני בכ"ה חסיתי (שם קמא, ח).

Y ha sido dicho: «Pero cuando toquéis alarma» (*Números* X-5). Para agrupar la comunidad, el *Tekiah* y no el *Teruah.* Se aprende que el secreto del *Eterno Elohim* es el secreto de la perfección de las Sefirot que contienen *Rajamim* y *Din*, proclamando todo el Nombre sobre todo el mundo. A veces se observa el nombre *el Eterno* unido a *Adonai* de dos maneras. Sucede que *El Eterno* precede a *Adonai*, por lo que la Escritura dice: «*el Eterno Adonai*, él hará mis pies como los de las ciervas» (*Habacuc* III-19), y ha sido dicho: «Dios, nuestro Dios ha de salvarnos; y *El Eterno* Dios tiene salidas para la muerte» (*Salmos* LXVIII-21). Y ha sido dicho: «por tanto a ti *El Eterno Adonai* miran mis ojos, en ti he confiado» (*Salmos* CXLI-8).

ויש לך לדעת כי כשמזכיר שני שמות הללו כאחד, נשתנה יהו"ה בק־ריאת ניקודו ונקרא בניקוד אלהים, ואף על פי שהוא כתוב יהו"ה נקרא בניקוד אלהים, וזהו רמז למידת בינ"ה שהיא מתאחדת עם מידת מלכות הנקראת אדנ"י, ועל ידי מי מתאחדת? על ידי יהו"ה יתברך.

42a

Has de saber que cuando estos dos nombres se unen como uno, *El Eterno* cambia su vocalización y se pronuncia con la vocalización de *Elohim*, por lo que se escribe *El Eterno,* pero se pronuncia con la vocalización de *Elohim*, esto alude a la *Middah* de *Binah* que se une con la *Middah* de *Maljut* denominada *Adonai*. ¿Por medio de quién se une? Por medio de *El Eterno*, bendito sea.

ודע והבן כי בהזכיר יהו"ה אדנ"י כסדר זה, השפע יורד על הספי־רות כולן מראש ועד סוף מלמעלה למטה, עד שמגיע שפע הברכה והאצילות לשם אדנ"י, ואז כל העולם כולו מתברך ברכה שלמה. וכ־שמזכיר אדנ"י בראשונה ואחריו יהו"ה, כאמרו: ויאמר אברם אדנ"י יהו"ה מה תתן לי (בראשית טו, ב); אדנ"י יהו"ה אתה החילות (דב־רים ג, כג), אדנ"י יהו"ה אל תשחת עמך (שם ט, כ) וכיוצא בזה, דע והאמן כי הוא סוד עלייה ממטה למעלה.

Y has de saber y comprender que cuando *El Eterno* y *Adonai* se mencionan en este orden, la *Shefa* desciende sobre todas las Sefirot de principio a fin y de arriba abajo. Hasta que la abundancia de bendición y emanación llegue al nombre de *Adonai*. Entonces el mundo entero es bendecido con una bendición perfecta. Cuando en la reunión el nombre *Adonai* precede al nombre *El Eterno*, como cuando se dice: «Y respondió Abram: señor *El Eterno*, ¿qué me has de dar?» (*Génesis* XV-2), «*Adonai*' IHVH (יהו"ה), has comenzado a mostrar» (*Deuteronomio* III-24), «*Adonai* IHVH (יהו"ה), no destruyas a tu pueblo» (*Ibid*. IX-26). Y así sucesivamente. Y has de saber y comprender que es el secreto de la ascensión de abajo a arriba.

ובהיות השם הנזכר בסדר אדנ"י יהו"ה, זהו סוד התעלות הספירות והתאחדם זו בזו עד עלות הכוונה למקום החפץ, כמי שרוצה להתא־חז ולהידבק במקום האור העליון, כי תשוקת שם אדנ"י היא להתע־לות ולהתאחז בספירת בינ"ה הנקראת יהו"ה בניקוד אלהים. ובהיות כתוב יהו"ה אדנ"י, הוא סוד שפע בינה היורד על הצינורות ומגיע

לשם אדנ"י, ואז כל העולם מתברך. והנה הודענוך כי יהו"ה אדנ"י בכל מקום שאתה מוצאם הם צדק עליון וצדק תחתון, שכינ"ה עלאה ושכינה תתאה. וכשאלו שתי הספירות מתאחדות אזי כל העולם כולו במילוי ובברכה, וזהו סוד 'יהיה יהו"ה אחד ושמו אחד':

Y como el nombre es mencionado según el secreto de *Adonai El Eterno*, se trata del secreto de la ascensión de las Sefirot y su unificación unas con las otras, hasta la elevación al lugar deseado, como alguien que quiere aferrarse y adherirse al lugar de la luz superior, porque desea que el nombre *Adonai* ascienda y se aferre a la sefirah de *Binah* llamada *El Eterno* vocalizada como *Elohim*. Y cuando está escrito *El Eterno Adonai*, es el secreto del descenso de la *Shefa* sobre (42b) los canales correspondientes hasta alcanzar el nombre *Adonai*. Entonces, las bendiciones descienden sobre el mundo entero. Y debo recordarte que cada vez que aparece escrito *El Eterno Adonai*, se trata del *Tzedek* superior, el *Tzedek* inferior, la *Shekinah* superior y *Shekinah* inferior. Porque cuando estas dos Sefirot se unen, el mundo entero se llena de bendiciones, y éste es el misterio de: «*El Eterno* será uno y su nombre será uno».

ולפעמים תמצא שם יהו"ה מתאחד עם אל, כאמרו: אל יהו"ה ויאר לנו (תהלים קיח). והכוונה בו כשהוא מזכיר 'אל יהו"ה', כל העולם נידון בחסד עליון וברחמים גדולים ואין שם דין כלל, ולא מערער ולא משטין ולא מורא קטיגוריא, אלא הכול בחסד וברחמים. ואז כל מאורי הספירות כולן בשלימות גדולה, ושמים בטהרה והארץ בשממת אורה.

Y a veces encontrarás que el nombre *El Eterno* se une con *Elohim*, como ha sido dicho: «*el Eterno* es *Elohim* y nos ha dado luz» (*Salmos* CXVIII-27). La razón por la que se menciona el nombre *El Eterno* es que todo el universo es juzgado con un *Hessed* superior y un gran *Rajamim*, sin ningún *Din*, tormento, calumniador y oposición, teniendo todo lugar con *Hessed* y *Rajamim*. Y entonces todas las luces de las

42b

Sefirot están completas y perfectas, y los cielos son puros y la Tierra está en la alegría de la luz.

כי אל הוא סוד חסד עליון, וממנו נשפע החסד לאברהם, והסוד הוא שאמר באברהם: ויקרא שם בשם יהו"ה אל עולם (בראשית כב, לג), כי אז קנה לחלקו מידת החסד והחזיק בה. ולפיכך אנו אומ־רים בברכת מגן אברהם 'אל עליון גומל חסדים טובים', ואומר: ברוך אברם לא"ל עליון (שם יד, כ).

Porque *El* es el secreto del *Hessed* superior, y de él fue dada la *Shefa* a Abraham, y el secreto de lo que dijo Abraham: «e invocó allí el nombre del *Eterno*» (*Génesis* XXI-33). Porque desde entonces adquirió su parte de la *Middah* de *Hessed* y se estableció allí. Y por lo tanto decimos en la bendición de *Maguen Abraham* «el altísimo que otorgas los beneficios de tu benevolencia» y ha sido dicho «bendito sea el Dios altísimo» (*Ibid.* XIV-20).

וכששם יהו"ה מתאחד עם אל ואומר 'אל יהו"ה', נמצא שם יהו"ה מתערבת בחסד וברחמים ואין שם דין כלל; וגם יהו"ה הוא שם רח־מים, ואף על פי שיש בו קצת דין מכל מקום כולו כלול ברחמים וכ־ששם יהו"ה מתאחד עם אלהים, באמרו יהו"ה אלהים, נמצא שם יהו"ה יושב לדין ודן את בריותיו במידת הרחמים והדין, בסוד יהו"ה אלהים, איש איש כפי הראוי. אבל בהתחבר החסד והרחמים בסוד אל יהו"ה, אזי כל הספירות בשמחה ובשלימות וכולן מקבלות חסד ורחמים מלמעלה, זהו שאמר: אל יהו"ה ויאר לנו (תהלים קיח, כ).

Asimismo, cuando el nombre *El Eterno* se une a *El*, se dice *El Eterno*, y vemos que el nombre *El Eterno* está rodeado de *Hessed* y *Rajamim*, sin *Din* alguno, porque el nombre *El Eterno* es también un nombre de *Rajamim*, y aunque contiene algo de *Din*, en todas partes es profundamente misericordioso. Por otra parte, cuando *El Eterno* se une a *Elohim*, *El Eterno* preside el *Beit Din* que juzga a las criaturas con las *Middoth* de *Rajamim* y *Din*, en el secreto de *El Eterno Elohim*, cada uno según su mérito. Pero cuando *Hessed* y *Rajamim* se unen a través del secreto de *El Eterno*, entonces todas los Sefirot se llenan de alegría y perfección y todas reciben *Hessed* y *Rajamim* superiores. Y es lo que ha sido dicho: «*El Eterno* es Dios y nos ha dado luz» (*Salmos* CXVIII-27).

ותמצא בי"ג מידות של רחמים שהזכיר אלו שני השמות לבד, והם יהו"ה יהו"ה אל רחום וחנון, ולפי שאלו השני שמות הם כוללים חסד ורחמים הם נזכרים באלו י"ג מידות של רחמים, התבונן זה מאוד. וכבר אמרו ו"ל: ברית כרותה לי"ג מידות של רחמים שאינן חוזרות ריקם אם כן התבונן כי אל יהו"ה הם כוללים החסד והרחמים. ועוד התבונן כי שם אל הוא כנגד אברהם שהוא סוד מידת החסד, ושם יהו"ה הוא כנגד יעקב שהוא סוד הרחמים נמצא השם שהוא כנגד יצחק, שהוא אלהים והוא הפחד, אינו מצוי בזמן שמזכיר בתורה אל יהו"ה. ולפיכך התבונן בכל מקום שתמצא בתורה אלו שני השמות שהם א"ל יהו"ה, שהם סוד החסד והרחמים:

Y encontrarás que al mencionar trece *Middoth* de *Rajamim,* sólo se mencionan estos dos nombres; así, *El Eterno, El Eterno,* Dios de *Rajamim* y misericordia, y dado que estos dos nombres contienen *Hessed* y *Rajamim* y se mencionan en las trece *Middoth* de *Rajamim*, debes comprenderlo mucho. Y como dijeron nuestros sabios, de bendita memoria: «Se hizo el pacto para que las trece *Middoth* de Misericordia no volvieran con las manos vacías».[3] Y también has de entender que el nombre *El Eterno*, abarca *Hessed* y *Rajamim*. También hay que saber y entender que el nombre *El* corresponde a Abraham, que es el misterio de la *Middah* de *Hessed*. El Nombre *El Eterno* corresponde a Jacob, que es el secreto de *Rajamim*. El nombre *Elohim* corresponde a Isaac, que es la *Middah* de *Pajad*, que no aparece en la

3. Véase Talmud, tratado de *Rosh haShannah* (17b).

42b

Torah cuando se menciona el nombre *El Eterno*, que es el secreto de *Hessed* y *Rajamim*.

ולפעמים תמצא בתורה שם יהו"ה מתחבר עם אל ועם אלהים, בסוד א"ל אלהי"ם יהו"ה, כמו שכתוב מזמור לאסף אל אלהים יהו"ה דבר ויקרא ארץ ממזרח שמש עד מבואו (שם נ, א), וכמו שכתוב בעניין בני ראובן וגד וחצי שבט מנשה: 'א"ל אלהי"ם יהו"ה הוא יודע' (יהושע כב, כב).

Y a veces encontrarás en la *Torah* que el nombre *El Eterno* está unido a *El* y a *Elohim*, en el secreto de *El Elohim El Eterno*, «Salmo de Asaph. *El Elohim El Eterno*, ha hablado, Y convocado la tierra desde el nacimiento del Sol hasta donde se pone» (*Salmos* L-1). Y como está escrito a propósito de los hijos de Rubén, Gad y la mitad de la tribu de Manasés: «*El Elohim El Eterno* lo conoce» (*Josué* XXII-22).

ודע כי בהתחבר שלושה שמות הללו אזי בית דין של שלושה יושב על הכיסא ודנין את העולם כפי הראוי, הן לטוב הן לעונש, אם לחיים אם למוות. כי א"ל הוא סוד החסד לראוין; אלהים הוא סוד הגמול והעונש לראוין יהו"ה הוא סוד משפט אמת לראוין. אם כן נמצאו שלושת שמות הללו כוללות כל המשפט והרחמים והדין. והעד הגדול, שהרי כשעשו בני ראובן ובני גד וחצי שבט מנשה המזבח בעבר הירדן ורצו כל ישראל לעלות עליהם למלחמה, וקודם שילחמו עליהם שלחו להם אחיהם את פנחס בן אלעזר ונשיאי ישראל לדבר אתם על עסקי המזבח שבנו, והם השיבו להם תשובה בעניין זה ואמרו אל אלהים יהו"ה:

Y has de saber que cuando estos tres nombres se unen, entonces se establece *Beit Din* en el trono, que juzga el mundo como se merece, si debe haber recompensa o castigo, si se debe conceder la vida o la muerte. Porque *El* es el secreto de *Hessed* para el que lo merece, *Elohim* es el secreto del castigo y *El Eterno* es el secreto de la verdadera justicia para los que la merecen. De este modo, podemos ver que estos tres (43a) nombres se integran: la equidad, la misericordia y el juicio. Esto se demuestra ampliamente cuando los miembros de la tribu de Rubén, Gad y la mitad de la tribu de Manasés, construyeron un altar al oeste del Jordán y todo Israel se levantó para luchar contra ellos. Antes de hacer la guerra contra ellos, sus hermanos enviaron a Pinjas Ben Eleazar y a los Príncipes de Israel, para que les hablaran del altar que habían construido, y ellos les respondieron invocando el nombre: *El Elohim, el Eterno.*

ולפעמים תמצא שם יהו"ה מחובר עם שם צבאות, ואומר יהו"ה צבאות. וזה לא תמצאהו בתורה אלא בנביאים וכתובים, כאמרו בנביאים 'כה אמר יהו"ה צבאות', ובכתובים:

Y a veces encontrarás el nombre del *Eterno* conectado con el nombre *Tzevaoth*, «y dijo *El Eterno Tzevaoth*», pero no lo encontrarás en la *Torah*, sino en los Profetas y los Escritos. Como está dicho en los Profetas: «Así ha dicho *El Eterno Tzevaoth*», y en los Escritos.

יהו"ה צבאות עמנו משגב לנו אלהי יעקב סלה (תהלים מו, יב). ודע כי כשהשם מתלבש עם השם הנקרא צבאות, אזי הוא גומר משפט בית דין של מעלה לטוב ולרע בנבראים. וכפי שיצא הדין בשלושת שמות, שהם אל אלהים יהו"ה, כך הוא גומר משפט בהתלבשו ביהו"ה צבאות, והסוד: ויגבה יהו"ה צבאות במשפט (ישעיהו ה, טז). והנני רומז לך סוד גדול בפסוק זה. דע כי בהיות בית דין של מעלה גוזר משפט על הנבראים, אזי יהו"ה צבאות גומר הדין על ידי אדנ"י, והסוד: שופטים ושוטרים תתן לך בכל שעריך ושפטו את העם משפט צדק (דברים טז, יח), ואומר: ובלכת החיות ילכו האופנים אצלם (יחזקאל א, יט).

«*El Eterno Tzevaoth* está con nosotros; nuestro refugio es el Dios de Jacob (*Selah*) (*Salmos* XCVI-7). Y has de saber que cuando *El Eterno* se

43a

viste con el nombre llamado *Tzevaoth*, entonces pone fin al juicio de un *Beit Din* superior para el bien y el mal de las criaturas. Y como el juicio se hace con los tres nombres, que son *El Elohim El Eterno*, termina el juicio vistiéndose con el nombre *El Eterno Tzevaoth*. Y el secreto es: «Pero *El Eterno Tzevaoth* será ensalzado con juicio» (*Isaías* V-16). Y estoy aludiendo a un gran secreto que se encuentra en este versículo. Has de saber que siendo el *Beit Din* superior el que juzga a las criaturas, entonces *El Eterno Tzevaoth* lo hace efectivo por medio de *Adonai*. Y el secreto es: «Jueces y alcaldes te pondrás en todas las puertas de tus ciudades» (*Deuteronomio* XVI-18), y ha sido dicho: «Y cuando las *Jaiot* andaban, los *Ofanim* andaban junto a ellas» (*Ezequiel* I-19).

וסוד החיות אלו הם סוד שופטים, וסוד אופנים אלו הם סוד שוטרים, והדין נגמר על ידי צדק שהוא אדנ"י. וכשהשם יתברך גוזר הדין על ישראל, והשם הנקרא יהו"ה צבאות רואה שאין ישראל יכולין לסבול אותו עונש דין, אזי מתעלה שם יהו"ה צבאות להפיק רצון ורחמים מלמעלה להקל צרות ישראל, ומניח הדין למידת א"ל שהוא מידת החסד, ועושה צדקה עם ישראל וממעט הצרה והעונש.

Y el secreto de las *Jaiot* es el secreto de los jueces, y el secreto de los *Ofanim* es el secreto de los alcaldes, y el juicio termina con la justicia que es *Adonai*. Y cuando *El Eterno*, bendito sea, dicta sentencia sobre Israel, el nombre denominado *El Eterno Tzevaoth* ve que Israel no podrá soportar el juicio y entonces él mismo se presta para subir hasta *El Eterno* y producir deseo y misericordia desde lo alto para aliviar los problemas de Israel, y entonces él mismo es la *Middah El*, que es la *Middah* de *Hessed*, y hace *Tzedakah* con Israel y rebaja la molestia y el castigo.

ואף על פי שאין ישראל ראויין, עושה זה מצד הצדקה. זהו שכתוב 'ויגבה יהו"ה צבאות במשפט והאל הקדוש נקדש בצדקה'. ולפיכך הנביאים היו מוכיחים את ישראל בשם יהו"ה צבאות, כעניין עדים

43a-43b

והתראה לטוב ולרע. וכשגמר הדין על ישראל, אלמלא שגבה יהו"ה צבאות באותו גזר דין ומסר אותו ביד אל שהוא מידת החסד העליון, לא נשתייר משונאיהם של ישראל שריד ופליט. זה שאמר הכתוב: והאל הקדוש נקדש בצדקה, וזהו שנאמר: לך י"י הצדקה ולנו בושת הפנים (דניאל ט, ז). ואם כן התבונן בתורה בכל מקום שתמצא כתוב יהו"ה צבאות

Y aunque Israel no sea digno (43b), lo hace desde el lado de la *Tzedakah*. Y esto es lo que está escrito: «Y *El Eterno Tzevaoth* se elevó con equidad y Dios se santificó con *Tzedakah*». Y por eso los profetas amonestaron a Israel en el nombre del *Eterno Tzevaoth*, para advertir a la gente de las consecuencias de sus actos para bien o para mal. Y cuando el juicio sobre Israel sea consumado, a menos que *El Eterno* haya levantado ejércitos en el mismo juicio y lo haya entregado a aquel que es la *Middah* suprema de *Hessed*, no quedará de los que odian a Israel sino un remanente y un refugiado. Es lo que dice lo que está escrito: y el Dios santo es santificado en la *Tzedakah*, y es lo que está escrito: «Tuya es, *El Eterno*, la justicia, y nuestra la confusión de rostro» (*Daniel* IX-7). Y si es así, mira la *Torah* en todo lugar en el que encuentres que está escrito *El Eterno Tzevaoth*.

ולפעמים תמצא שלושת שמות הללו בפסוק בפירוש, כמו 'אל אלהים יהו"ה הוא יודע וישראל הוא ידע אם במרד ואם במעל בי"י אל תושיענו היום הזה לבנות לנו מזבח לשוב מאחרי יהו"ה'. ודע כי הוצרכו שבט ראובן ושבט גד וחצי שבט מנשה להזכיר אלו שלושת השמות כאחד, אל אלהים יהו"ה, לעניין מוכרח. הזכירו שם אל שהוא שם החסד, והזכירו שם אלהים שהוא שם הדין והעונש, והזכירו שם יהו"ה שהוא דיין האמת, מכריע בין אל ובין אלהים.

Y a veces encontrarás estos tres nombres en el versículo explícitamente, como en «*Elohim El Eterno Tzevaoth*, lo sabe e Israel lo sabrá, que si fue por rebelión o por prevaricación contra *El Eterno*, no nos salves hoy. Que si nos hemos edificado altar para tornarnos de en pos del *Eterno*».[4] Y has de saber que los hijos de Rubén, Gad y Manasés, tenían que invocar necesariamente estos tres nombres juntos: *El Elohim El Eterno*. Mencionan al nombre *El*, que es el nombre de *Hessed*, mencionan al nombre *Elohim*, que es el nombre de *Din* y del castigo, y mencionan al nombre *El Eterno*, que es el nombre del juez verídico, que decide entre *El* y *Elohim*.

וכך אמרו: אם עשינו מזבח זה לשם יהו"ה לזכרון לבד ולא לעולה ולא לזבח, השם יתברך ישפיע עלינו ברכותיו וטובותיו וחסדיו במידת אל, שהוא העד היודע כוונתינו במזבח הזה; ואם עשינו המזבח הזה מצד רשע, למרוד ולמעול בי"י ובבית משכנו ולהיות מזבח זה לנו לעולה ולזבח, אלהים שהוא העד והדיין ובעל דין ייפרע ממנו ויענישנו על העבירה הגדולה הזאת; ושם יהו"ה, שהוא הקו האמצעי המכריע, הוא יכריע הדין לפי הכוונה שעשינו מזבח זה, אם לגמול טוב, אם לעונש. ולפיכך הוצרכו להזכיר שלושת שמות הללו שהם אל אלהים יהו"ה, שהם סוד הגדולה והגבורה והתפארת. וכן בבריאת העולם, הזכיר אסף במזמור: אל אלהים יהו"ה דבר ויקרא ארץ (תהלים נ, א), בהיות יהו"ה יתברך מתלבש בבריאת עולם ג' מיני מלבושים: מלבוש הרחמים הגדולים, מלבוש הדין הגמור, ומלבוש האמצעי ברחמים ודין. והכול בסוד בריאת הנבראים, כי יש מהן נבראים ברחמים, ומהן בדין גמור, ומהן בדין וברחמים.

Así, dijeron: «Si construimos un altar para el nombre *El Eterno*, únicamente para el recuerdo y no para el sacrificio, *El Eterno*, bendito sea, derramará sobre nosotros sus bendiciones, sus beneficios y sus bondades, a través de la *Middah El* que es el testigo que conoce nuestras intenciones en este altar. Y si levantamos este altar del lado del mal, para rebelarse contra el *Eterno*, para tratar con él y su *Shekinah* de una manera desleal y usar este altar para sacrificios, *Elohim*, que es el testigo, el juez y el gran magistrado decidirá el juicio de acuerdo con la

4. Véase *Josué* (XXII-22 y 23).

43b

intención con que hemos construido este altar, para una buena recompensa o para un castigo. Y por eso fue necesario mencionar estos tres nombres que son *El Elohim El Eterno*, que son el secreto de *Guedulah*, *Guevurah* y de *Tiferet*. Y lo mismo ocurre con la creación del mundo. Assaf lo proclamó en los *Salmos*: «*El Elohim El Eterno* ha hablado y convocado a la Tierra» (*Salmos* L-1). Porque *El Eterno*, bendito sea, tomó tres tipos de prendas para crear el mundo: la vestimenta de la gran *Rajamim*, la vestimenta del *Din* sin posibilidad de apelación, y la vestimenta mediana del *Din* y *Rajamim*.

ולפי החכמה והחסד והרחמים והדין ביצירה, כך הוא הדרך בע־נייין הנהגתו לברואי עולם פעמים מתנהג עמהם ברחמים גמורים, ופעמים בדין גמור, ופעמים בדין ורחמים. והתבונן סוד שלשה ספ־רים נפתחים בראש השנה, של צדיקים ורשעים ובינונים, שהם כנגד אל אלהים יהו"ה. ולפיכך התבונן בכל מקום שתמצא בתורה השם המיוחד יתברך שהוא יהו"ה, כשתמצאהו מחובר עם אל או עם אלהים או שלושתם כאחד, התבונן לסדר הדברים על סדר היושר והנכוחה. שכתוב:

Y según *Jojmah* y *Hessed* y *Rajamim* y *Din* en la formación, así es el camino de la elaboración de la creación del mundo. A veces, algunos son completamente *Rajamim*, a veces completamente *Din* y a veces *Din* y *Rajamim*. Así puedes entender el secreto de los tres libros que se abren durante *Rosh haShannah*, para los *Tzaddikim*, los *Rashaim* y los *Beinonim*,[5] en correspondencia con *El, Elohim* y *el Eterno*. Y, por lo tanto, observa que en cualquier lugar donde encuentres en la *Torah* el nombre unificado, bendito sea, es *El Eterno* asociado con *El*, con *Elohim*, o los tres juntos, observa el orden de las palabras en el orden correcto y probado.

5. Los justos, los malvados y los que están a medio camino entre justos y malvados.

43b

שכתוב:יהו"ה אלהים צבאות השיבנו האר פניך ונושעת (תהלים פ, ח), ואומר: יהו"ה אלהים צבאות שמעה תפלתי האזינה אלהי יעקב סלה (שם פד, ט). והכוונה בזה כי מידת החסד והרחמים ומידת הדין והפחד מתלבשים כל אחת ואחת במקומה: יהו"ה במידת הנצח, אלהים במידת ההו"ד, צבאות לזה ולזה. וארבע מידות אלו מלבישות ד' מלבושים לא"ל ח"י, כי צבאות שלשה שמות הוא כולל: נצ"ח והו"ד יסו"ד. וכשאמר הכתוב 'יהו"ה אלהים צבאות' נכללו בו חמש ספירות. יהו"ה אלהי"ם, ב' ספירות, צבאות, ג' ספירות, נצ"ח והו"ד יסו"ד. ומכולן מתלבש אדנ"י בגד"י יש"ע או בגד"י נק"ם, כפי הדין הראוי.

Como está escrito: «Oh *El Eterno Tzevaoth*, restáuranos; haz resplandecer tu rostro, y seremos salvos» (*Salmos* LXXX-7), y ha sido dicho: «*El Eterno Elohim Tzevaoth*, oye mi oración; escucha, oh Dios de Jacob. *Selah*» (*Ibid.* LXXXIV-8). Y el significado de esto es que la *Middah* de *Hessed* y *Rajamim*, y la *Middah* de *Din* y de *Pajad*, están todas ellas revestidas de un lugar. *El Eterno* con la *Middah* de *Netzaj*, *Elohim* con la *Middah* de *Hod*, *Tzevaoth* con las dos. Y estas *Middoth* se revisten de cuatro vestiduras en *El Jai*, tres en *Tzevaoth*, cuyos nombres son *Netzsaj*, *Hod* y *Iesod*. Y cuando está escrito «*El Eterno Elohim Tzevaoth*», son cinco Sefirot, *El Eterno Elohim* dos Sefirot, *Tzevaoth* tres Sefirot: *Netzsaj*, *Hod* y *Iesod*. Y de todas ellas, *Adonai* se viste tanto con las vestiduras de salvación como con las de castigo, siempre de acuerdo con el juicio.

ואתה בני פקח עיניך והתבונן בכל מקום שתמצא בתורה שני שמות או שלושה ממוברים זה אצל זה לאיזה כוונה הם מתחברים, ואז תבין דרכי י"י דרכי התורה ועמקי סודותיה ותהיה רצוי ומקובל לפני י"י יתברך. ובדרך זה, כשתהיה מתפלל ותתחנן לפני י"י ותזכיר פסוק מן התורה בתפילתך, או מילה אחת מהתפילות שהיא רומזת דברים עליונים, יש לך להבין דרך הפסוק או המילה שאתה מזכיר ולהתבונן בהם ולדעת לפני מי אתה עומד ולמי אתה מתחנן, ובאיזה ספירה אתה מתכוון ובאיזה שם אתה קורא, ואז תהיה רצוי ומקובל לפני י"י יתברך ותמצא חן ושכל טוב בעיני אלהים ואדם:

43b

Y tú, hijo mío, abre los ojos y mira que en cualquier lugar donde encuentres dos o tres nombres unidos el uno con el otro en la *Torah*, cuál es la intención. Esto te ayudará a, entender los caminos de *El Eterno*, los significados de la *Torah* y sus profundos misterios, o palabras de las oraciones que aluden a cosas supremas. Has de entender a través del versículo o palabra que has mencionado y considerarlos y comprender ante quién estás y a quién le ruegas, y a qué sefirah te refieres y qué nombre estás invocando, y entonces serás deseado y aceptado delante del *Eterno*, bendito sea, y hallarás gracia y benevolencia a ojos de Dios y de los hombres.

ואחר שהודענוך אלו העיקרים, יש לנו למסור בידיך כלל גדול והוא זה: דע כי השם המיוחד הנקרא יהו"ה יתברך הוא השורש והעיקר לכל שמותיו יתברך וכל השמות כולן בו נאחזין, וכל הספירות העליונות כולן סדורות בו, וכל מעלות העולם למיניהם וכל המרכבות עליונות ותחתונות כולן נשואות בו, והאותיות והנקודות גם הם בשם זה תלויין, וכל היצור והדיבור, הכל עומד בו יתברך ויתברך לעדי עד ולנצח נצחים. ואל יעלה בדעתך כי אלו הדברים שאמרנו לך עתה בעיקר ואין לאדם רשות להרהר בה כי אם להאמין לבד, אף על פי שלא יבין ולא ישיג עניינה ועצם אמיתתה. וסוד אות י' של שם היא הנקראת פליאות חכמה, ועליה נאמר: במופלא ממך אל תדרוש במכוסה ממך אל תחקור. וגם היא נקראת תעלומות חכמה ועליה נאמר :והחכמה מאין תמצא (איוב כח, יב), כי שמה ממש נקראת חכמה, ועליה נאמר: ונעלמה מעיני כל חי (שם), ומתעלומה זו נברא העולם. ואות יו"ד זו נקרא רצון באין גבול, וגם היא נקראת מחשבה, ועליה נאמר הכתוב: מאד עמקו מחשבותיך (תהלים צב, ו), ועמוק עמוק מי ימצאנו (קהלת ז, כד).

Y después de darte a conocer estas cuestiones principales, me veo en la necesidad de entregarte una gran regla general que es ésta: has de saber que el nombre unificado denominado *El Eterno*, bendito sea, es la raíz y el principio de todos sus nombres y de todos los nombres a los que nos aferramos, y todas las Sefirot superiores están dispuestas en él, y todos los grados del mundo de todo tipo y todos los carros superiores e inferiores están todos se sostienen en él. Y las letras y las vocales también dependen de este nombre, y todas las criaturas y palabras, todo lo que está en él será bendito y bendito por los siglos de los siglos. Y no penséis que estas palabras que os acabamos de decir ahora deben ser aceptadas y admitidas aunque no comprendas y no alcances su materia y su verdad misma. Estas ideas han sido recibidas y tenemos la tradición y estamos bien informados sobre ellas. Tenemos la capacidad de proporcionar las pruebas y las razones de la perfección de nuestra *Torah* a través de la visión luminosa que pueden ver nuestros ojos. Ahora que os hemos dado a conocer esto, debemos ilustraros sobre las letras *Iod He Vav He*, bendito sea, pues éste es el propósito de este libro, con la ayuda de Dios. El secreto de la primera letra, que es la letra *Iod*, es el punto del pensamiento creativo, que ninguna criatura puede contemplar, porque es demasiado elevado para los ojos de los seres vivos y a nadie se le permite contemplarlo, sólo hay que creer en él a pesar de no comprender ni percibir la realidad de su esencia. El secreto de la letra *Iod* del nombre, se llama maravilla de la *Jojmah*, y ha sido dicho «Lo que está más allá de ti no debe ser considerado y lo que está oculto para ti no debe ser examinado».[6] También se llama «Sabiduría oculta» (44a), y a propósito de esto ha sido dicho: «Y la sabiduría de dónde sale» (*Job* XXVIII-12), y ¿cómo puede llamarse Sabiduría? De ella se dice: «Está oculta a los ojos de todo ser viviente» (*Íbid* XXVIII-21), y está oculta a todo el mundo creado. Esta *Iod* se llama voluntad sin límites, pero también pensamiento y a propósito de él está escrito: «Muy profundos son tus pensamientos» (*Salmos* XCII-5), y «lo que está lejos, lo que es profundo, profundo, ¿quién puede alcanzarlo?» (*Eclesiastés* VII-24).

ודע והבן כי סוד יו"ד של שם המיוחד רומזת על ספירה שנייה הנ־
קראת חכמה, אבל בעניין הכתר אינו מורה זולתי בקוצו של יו"ד,

6. Véase Talmud, tratado de *Jaguigah* (13a).

44a

שהוא מורה על הכתר בסוד הנקרא אין סוף סוד אות שנייה של שם והיא סוד ה', היא סוד הבינה הכלולה בלשון ובפה יבבינה נאחזים כל החיים וממנה מושכות כל הספירות שלמטה ממנה חיים, כמו שגם היא מושכת משל מעלה ממנה. וכל העניינים שלה, מה שאפשר לנו לגלות, נבאר אותם בעזרת השם בספירת בינה, בסוד י"ה, ביאור מספיק. סוד אות שלישית של שם הוא סוד ו', והיא כוללת ו' ספירות במספר ו', ג' ספירות מחצי ו' למעלה, וג' מחצי ו' ולמטה. ג' ספירות מחצי ו' ולמעלה הם הגדולה והגבורה והתפארת, וג' ספירות מחצי ו' ולמטה הם נצ"ח והו"ד יסוד. וכל אלו ו' ספירות כלולות באות וא"ו. והנה אות ו' של שם היא עומדת במקום כל השם. ועוד תראה עמו־קות ונפלאות באלו האותיות של שם בעזרת השם ויראו עיניך ויש־מח לבך.

Y has de saber y comprender que el secreto de la *Iod* del nombre unificado alude a la segunda sefirah denominada *Jojmah,* pero en lo que se refiere a *Keter,* no es la *Iod* en sí, sino únicamente la punta de la *Iod,* que nos enseña *Keter* en el secreto denominado *Ein Sof,* secreto de la segunda letra del nombre que es el secreto de la *He,* que es el secreto de *Binah,* que está contenida en la lengua y en la boca. Porque es a *Binah* a quien toda la vida se aferra y de ella saca todas las Sefirot que están por debajo de ella reciben su vitalidad de ella, así como las que quedan por encima. todos estos asuntos, se explicarán, con la ayuda de Dios, cuando tratemos en detalle la sefirah *Binah* en el secreto de *Iod He,* y ya hemos explicado lo suficiente. El secreto de la tercera letra de nombre es el secreto de la *Vav,* que incluye seis Sefirot según el valor numérico de seis. Tres Sefirot forman la mitad superior de la *Vav* y tres Sefirot forman la mitad inferior de la *Vav.* Las tres Sefirot de la mitad superior de la *Vav* son: *Guedulah, Guevurah* y *Tiferet,* y las tres Sefirot de la mitad inferior de la *Vav* son *Netzaj, Hod* y *Iesod.* Y todas estas seis Sefirot están contenidas en la letra *Vav.* Y he aquí que la letra *Vav* del nombre, ocupa el lugar de todo el nombre. Explora las profundidades y verás las sutiles maravillas de las letras del nombre y, con la ayuda de Dios tus ojos contemplarán y tu corazón se regocijará.

סוד אות רביעית של שם הוא סוד ה', והיא סוד הספירה האחרונה הנקראת מלכות, שהיא סוד ייחוד י"י יתברך ובה תיבנה ותכונן אמו־נת ייחוד הבורא. ומסוד ה' ולמטה היא הפירוד, והסוד: ונהר יוצא מעדן להשקות את הגן ומשם יפרד והיה לארבעה ראשים (בראשית ב, י), והם סוד ארבע מחנות שכינה. ואם כן נמצא שם יהו"ה יתברך כולל עשר הספירות בסדר נכון:

El secreto de la cuarta letra del nombre que es el secreto de la *He*, y es el secreto de la última sefirah denominada *Maljut*, que es el secreto de la unicidad del *Eterno*, bendito sea, y en ella se consolida y establece la fe en la unicidad del creador, y debajo comienza la separación, y es el secreto de: «Y salía un río de Edén para regar el huerto, y de allí se repartía en cuatro cabezas» (*Génesis* II-10). Y éste es el secreto de los cuatro campamentos de la *Shekinah*. Así el nombre de *El Eterno* incluye las diez Sefirot en el orden correcto.

סוד שם יהו"ה יתברך על דרך כלל שמות הקודש:

Secreto del nombre del Eterno, bendito sea, del modo en el que contiene a los nombres sagrados.

44a

כתר

בינה חכמה
גבורה גדולה
תפארת
הוד נצח
יסוד
מלכות

Keter

Jojmah Binah
Guedulah Guevurah
Tiferet
Netzaj Hod

Iesod
Maljut

דע כי כל שמותיו יתברך כולם נשואים וכלולים על השם המיוחד שהוא שם יהו"ה יתברך; מהם כדמיון שורשים, ומהן כדמיון ענפים, ומהן למעלה בראש נוף האילן, והשם המיוחד יתברך עומד באמ־צע ונקרא קו האמצעי, והשאר השמות כלולים בו מזה ומזה כדמיון ראש האילן ושורשיו וענפיו.

Has de saber que todos los nombres se encuentran incluidos en el nombre unificado, que es el nombre del *Eterno*, bendito sea. Unos se parecen a las raíces, otros a las ramas y otros a la parte superior del árbol. Y el nombre unificado bendito se encuentra en medio se llama la línea media. Y en él están incluidos los otros nombres a un y otro lado como la semejanza de la cabeza del árbol y sus raíces y ramas.

כיצד? אות ראשונה של שם יהו"ה יתברך שהיא רומזת שני שמות, קוצו של יו"ד הפונה למעלה רומז אל האור הגדול הקדמון עומק ההוי"ה הקדמונית בעצם אמיתתו, ונקרא אהי"ה, שהוא הנקרא אין גבול. ונקרא שיז לפי רוב התעלומות מכל הנמצאים עליונים ותחתו־נים, שאין מי שיוכל להבין בו דבר.

¿Cómo? La primera letra del nombre IHVH (יהו"ה), bendito sea, alude a otros dos nombres. La punta de la *Iod*, que apunta hacia arriba, alude a una luz grande y antigua y profunda de *Ehieh* conocida también como *Ein Guevul*, y denominada *Ein*, pues su existencia es desconocida por todo lo que existe arriba y abajo y nadie puede entender nada a propósito de ella.

ואם שאל השואל עליו: מה הוא? תשובתו הוא, טיז. כלומר, טיז מי שיוכל להבין בו דבר, ועל זה נאמר: מקצה השמים ועד קצהו אתה דורש, אבל אינך דורש מה למעלה מה למטה וזהו סוד קוצו של יו"ד, הקוץ העליון, שהוא רמז לכתר עליון הנקרא שיז' הנשלל מכל ההש־גות, אין מי שיוכל לדעת בו דבר זולתי אמונת מציאותו.

Y si te preguntaran ¿qué es?, la respuesta es «nadie» (טיז), ya que nadie es capaz de aprehender qué es. A propósito de esto ha sido escrito: «investiga de una parte de los cielos a otra, pero no investigues lo que está por encima o por debajo»,[7] y éste es el secreto de la punta de la *Iod*, la espinilla superior, que alude a *Keter Elion* (44b), denominada *Shiz* (שיז), que está fuera de toda percepción, y no hay nadie que pueda saber nada de ella y uno sólo puede creer en su existencia.

ומציאותו איננו מושג לזולתו, ולפיכך נקרא אהי"ה בלשון מציאות - ואותו המציאות הוא לבדו יודע אותו. ולפיכך אמר לשון אהי"ה

7. Véase Talmud, tratado de *Jaguigah* (12b).

44b

עם אל"ף, נרמז בקוצו של יו"ד ואין לו אות מסוימת בפני עצמו, לפי שאין מי שיוכל לשער אותו ולא לדמותו ולא לציירו אפילו בצו־רת הוראת אות ידועה. ולפי שנקרא אהי"ה בעומק ראשית ההוי"ה, והוא הרחמים הגדולים הכופה כל בעלי דינין קשים, נקרא א"ל ועליו נאמר: ואל מי תדמיון א"ל (ישעיהו מ, יט).

Y su realidad no es un concepto para otro y por eso se llama *Ehieh*, ya que se trata de la esencia y la esencia sólo es conocida por ella. De esta manera la palabra *Ehieh* comienza por *Alef*, que alude a la punta de la *Iod*, y no tiene una letra particular propia según la cual alguien pueda concebirlo ni simularlo ni dibujarlo, ni siquiera en forma de letra conocida. Pues *El* se llama *Ehieh* en la profundidad del principio de la *Havaiah* (ההוי"ה). Es la gran *Rajamim* que alcanza a los que exigen un juicio severo, y se llama *El*, a propósito de quien ha sido escrito: «¿A quién compararás? *El*» (*Isaías* XL-18).

כלומר, אפילו בצורת האותיות, המורות על עצם ההוי"ה, אין לו דמיון אות ידועה להורות עליו, זולתי מצד אות הבינה שהיא מורה ומעידה עליו. וזהו 'ואל מ"י תדמיון א"ל', בכוח הבינה הנקראת מ"י יכולין אנו לדמות מציאותו, לא דבר אחר. ודע כי זהו סוד קוצו של יו"ד של שם המיוחד, שהוא רומז למציאות עליון מאין גבול ושיעור. ומסוד קוצו של י' יצאה אות י' שהיא נקראת חכמ"ה, רצו"ן באין גבול, וזהו סוד והחכמה מאין תמצא (איוב כח, יב).

Es decir, incluso en la forma de las letras que enseñan la naturaleza de la existencia de *Havaiah*, pues no hay forma de letra por la que pueda entenderse. Sólo la letra de *Binah* enseña y da testimonio de ello. «¿A quién quieres comparar *El*?», en el poder de *Binah*, llamado «*Mi*» (¿Quién?) no podemos percibir ninguna otra imagen de su naturaleza. Has de saber que se trata del secreto de la corona de la *Iod* del nombre unificado, que se refiere a la esencia suprema, *Ein Guevul* y sin medida, y es el secreto de: «Mas la sabiduría, ¿dónde se hallará?» (*Job* XXVIII-12).

44b

וסוד החכמה היא ספירה שנייה, ו'ין' הוא סוד ספירה ראשונה. ושתי אלו הספירות כלולות בסוד י' בקוצו ובצורתו. נמצאת למד כי אות י' של שם המיוחד כוללת שני שמות משמות הקודש, והם שתי ספירות העליונות הנקרא אהי"ה י"הי אהי"ה, סוד קוצו של י', י"ה, צורת האות:

Y el secreto de *Jojmah* es la segunda sefirah, y *Ein* es el secreto de la primera sefirah. Estas dos Sefirot superiores están contenidas en el misterio de la letra *Iod*, en su punta y en su forma. Así aprendemos que la letra *Iod*, del nombre unificado, contiene dos nombres de los nombres sagrados, que son las dos Sefirot superiores denominadas *Ehieh Iehi Ehieh*, secreto de la punta de la *Iod* y *Iah* es la forma de la letra.

סיד אות שנייה מאותיות השם שהיא ה', היא רמז לבינה אשר היא סוד קשר ט' ספירות וקשר י' הספירות: היא קושרת ג' ספירות עליונות, שהם כתר חכמ"ה בינה, עם גדולה גבורה תפארת נצח הוד יסוד, וגם העשירית שהיא מלכו"ת בהיותה נקשרת עם יסוד. נמצאת בינה קושרת ו' ספירות, שהן שבע עם ספירת מלכות, עם ג' ספירות עליונות. וזו היא אות ה', שזו היא אות שנייה של שם יהו"ה יתברך, שהיא סוד הבינה. ושמה המיוחד לה בתורה הוא יהו"ה שצורת האותיות הן אותיות יהו"ה וניקוד אותיות הוא ניקוד אלהים, כי מידת הגבורה הנקרא אלהים היא מושכת מן הבינה.

El secreto de la segunda letra de las letras del nombre es *He*, alude a *Binah* que es el secreto de la conexión de las nueve Sefirot y la conexión de las diez Sefirot. Conecta las tres Sefirot superiores, *Keter, Jojmah* y *Binah*, a *Guedulah, Guevurah, Tiferet, Netzaj, Hod* y *Iesod*, así como la décima, *Maljut*, porque está conectada con *Iesod*. Así vemos que *Binah* está conectada a seis Sefirot, que son siete con la sefirah *Maljut*, y a tres Sefirot superiores. Y es la letra *He*, la segunda letra del Nombre IHVH (יהו"ה), bendito sea, es el secreto de *Binah*. El nombre unificado en la *Torah* es IHVH (יהו"ה), representado por las letras

IHVH (יהו"ה), vocalizadas como las letras de *Elohim*, que es la *Middah* de *Guevurah*, llamada (45a) *Elohim*, que deriva su poder de *Binah*.

ולפיכך בכל מקום שאתה מוצא בתורה יהו"ה אדנ"י כגון: יהו"ה אדנ"י חילי (חבקוק ג, ט), או אדנ"י יהו"ה כגון: ויאמר אברם אדנ"י יהו"ה מה תתן לי (בראשית טו, ב) - יהו"ה העומד בפסוקים אלו וכיוצא בהם הוא סוד הבינה, שהיא רחמים ודין וממנה יימשכו כוחות הדין. לפיכך נקראת שמה יהו"ה, שהרי זה השם צורת אותיותיו רחמים וצורת ניקודו דין.

Y en cualquier lugar en el que encuentres *El Eterno Adonai* en la *Torah*, como en: «*El Eterno Adonai* es mi fuerza» (*Habacuc* III-19), o *Adonai El Eterno*, como en: «Abram respondió: *Adonai El Eterno*, ¿qué me darás?» (*Génesis* XV-2), cuando *El Eterno* se encuentra así en un versículo, representa el secreto de *Binah*, que es *Rajamim* y *Din*, y es la fuente de la que se extraen los poderes del juicio. Así, su nombre es IHVH (יהו"ה), cuyas letras representan a *Rajamim*, y cuya vocalización representa a *Din*.

לפיכך דע כי התחלת הדין בספירות הוא סוד בינה מהמשכת החכמה, ומן הבינה שואבת כוח הדין הגבורה. נמצאת למד כי סוד אות שנייה של שם, שהוא סוד אות ה', הוא סוד בינה והוא סוד השם הנכתב יהו"ה באותיות ונקרא אלהים בניקודו, בסוד יהו"ה שהוא סוד יהושה אלהים. ולפעמים נקראת הבינה בשם יה, לפי ששתי אותיות יה הם סוד שלוש ספירות עליונות: קוצו של י', סוד אהי"ה, י, ממש חכמ"ה הנקראת יה על סוד אות היו"ד הראשונה של שם, ה' של שם יה הוא סוד הבינה שנקראת יה על סוד הה"א. הרי לך מפורש כי שתי אותיות ראשונות של שם, שהם סוד יה, כוללות ג' שמות משמות הקודש ואלו הם: אהי"ה, י"ה, יהו"ה. ועתה התבונן הדבר והתכוון בכל אות ואות מאותיות השם שתדע לכוון ולייחד כל שמותיו יתברך בסוד השם הנכבד והנורא יהו"ה יתברך:

45a

Por lo tanto, has de saber que el principio de *Din* en las Sefirot es el secreto de *Binah* que procede de *Jojmah*. Y es a partir de *Binah* que se distribuye el poder de *Din* y *Guevurah*. Esto nos enseña que el secreto de la segunda letra del nombre, que es el secreto de la letra *He* y el secreto de *Binah*, es el secreto del nombre que se escribe IHVH (יהו"ה), por sus letras y se pronuncia *Elohim* por sus puntos, en el misterio de IHVH (יהו"ה), que es el secreto de *El Eterno Elohim*. A veces, *Binah* lleva el nombre de *Iah*, porque las dos letras de *Iah* son el secreto de las tres Sefirot superiores. La punta de la *Iod* es el secreto de *Ehieh*, *Iod* misma es *Jojmah*, que se llama *Iah* en el secreto de la letra *Iod*, la primera letra del nombre. La *He* del nombre *Iah* es el secreto de *Binah*, que se llama *Iah* por el secreto de la *He*. Así queda aclarado que las dos primeras letras del nombre, que constituyen el secreto de *Iah*, contienen los tres nombres sagrados: *Ehieh, Iah y IHVH*. Y ahora has de entender esto, medita letra por letra en las letras conocidas del nombre y unifica todos los nombres, benditos sean, en el secreto del glorioso y terrible nombre IHVH (יהו"ה), bendito sea.

סוד אות שלישית מאותיות השם היא רמז לו' ספירות למטה מן הג' ספירות העליונות, והיא אות ו'. והיא סוד קשר כל הספירות העליונות והתחתונות, והיא עולה עד הכתר ויורדת עד המלכות ומתיימת כל הספירות, וכולן מתאחדות בה, מהן למעלה והן למטה, מהן לימין ומהן לשמאל, והיא הנקראת קו האמצעי. וסוד האות הזה שהיא אות שלישית של שם שנקראת ו', היא כוללת ו' שמות כנגד ו' ספירות שהם: אעל כנגד גדולה, אלהים כנגד גבורה, יהו"ה כנגד תפארת, יהו"ה צבאות כנגד נצח, אלהים צבאות כנגד הו"ד, א"ל ח"י כנגד יסוד. נמצאת למד כי סודו של ו' של שם הוא כלל שישה שמות משמותיו של שם יתברך. ולפי שתמצא שם א"ל שהוא גם כן שם הכת"ר, והוא שם הגדולה, תמצא שם אחר לנגד מידת גדול"ה ונקרא אלו"ה, שהיא סוד הגדולה הנקרא ימי"ן, וכן הוא אומר: אלו"ה מתימן יבא, וקדוש מהר פארן סלה (חבקוק ג, ג).

45a

El secreto de la tercera letra de las letras del nombre alude a las seis Sefirot que están debajo de las tres Sefirot superiores, y es la letra *Vav*, el secreto de la unión de todas las Sefirot superiores e inferiores, y asciende hasta *Keter* y desciende hasta *Maljut*. Contiene todas las Sefirot que están unidas a ella, arriba, abajo, a la derecha y a la izquierda. Se la llama línea central.[8] El secreto de esta letra, que es la tercera letra del nombre y que se llama *Vav*, es que contiene seis nombres que corresponden a seis Sefirot, es decir: *El* corresponde a *Guedulah*, *Elohim* corresponde a *Guevurah*, IHVH (יהו"ה), corresponde a *Tiferet*, *El Eterno Tzevaoth* corresponde a *Netzaj*, *Elohim Tzevaoth* corresponde a *Hod* y *El Hai* corresponde a *Iesod*. Aprendemos del secreto de la letra *Vav* del nombre, que contiene seis de los nombres del *Eterno*, bendito sea. A veces nos encontramos con el nombre *El* asociado a *Keter*, aunque este nombre corresponde a *Guedulah*, pero hay otro nombre que también corresponde a la *Middah* de *Guedulah*, es *Eloha*, que es el secreto de *Guedulah* llamado *Iamin*, y por eso ha sido dicho: «*Eloha* viene de Temán, y el santo viene del Monte Parán» (*Habacuc* III-3).

ובעזרת האל, במילת א"ל נבאר סוד אלו"ה וסוד אלהים, ותמצא נפ־לאות תמים דעות בסוד שלושת שמות בלשון אלהות, שהם א"ל אלהי"ם אלו"ה. ותמצא: א"ל, סוד שם החס"ד; אלהים, מידת הדין, עם חצי שם יהו"ה שהוא שם י"ה; אלו"ה, עם חצי שם יהו"ה שהוא ו"ה.

Y con la ayuda de Dios, en la palabra *El* (א"ל) aclararemos el secreto de *Eloha* y el secreto de *Elohim*. Descubrirás maravillas y un conocimiento perfecto en el secreto de los tres nombres de la expresión *Elohoth*: *El*, *Elohim*, *Eloha*. Puedes ver que *El* es el misterio del nombre *Hessed*. *Elohim* es la *Middah* de *Din*, que contiene la mitad del nombre IHVH (יהו"ה), es decir el nombre *Iah* y *Eloha* que contiene la otra mitad del nombre IHVH (יהו"ה).

---

8. Esta letra (ו) tiene forma de línea.

45a

ותראה גדולות ונפלאות במזמור הללויה הללו אל בקדשו הללוהו ברקיע עוזו (תהלים קנ, א), ותמצא בראש המזמור כולל סוד א"ל אלהי"ם אלו"ה, ו'הללו' עם כולן: הללויה, חצי השם המיוחד; הללו א"ל בקדשו, סוד א"ל עולה לכאן ולכאן, כמו שתראה עתה; הללוהו ברקיע עוזו, חצי השם האחרון, ו"ה יתברך. נמצא א"ל באמצע, י"ה מכאן, ו"ה מכאן. פעמים א"ל עם י"ה והוא סוד אלהי"ם, ולפעמים א"ל עם ו"ה והוא סוד אלו"ה, ופעמים א"ל בפני עצמו. ושלושתן כלולים בראש מזמור זה:

Puedes encontrar cosas grandiosas y maravillosas en el salmo «Alabad a Dios en su santuario; alabadle en el extendimiento de su fortaleza» (*Salmos* CL-1), y encontrarás que el comienzo del Salmo contiene el secreto de *El, Elohim, Eloha* y *Halelu* y otros. *Halelu Iah* contiene la primera mitad del nombre unificado *Halelu El* (alabad a Dios) en su santuario es el secreto de la ascensión de *El* al uno y al otro, como se explicará más adelante. *Halelu Hu beRakia* (alabadle en el extendimiento) es la otra mitad del nombre unificado, *Vav He*, bendito sea. Por lo tanto, *El* está situado en el medio de IH (יה) y VH (וה) pero *El* está situado en IH (יה) y éste es el secreto de *Elohim*, y *El* está situado en VH (וה) y éste es el secreto de *Eloha*, pero *El* permanece en el centro. Y los tres están incluidos al comienzo de este Salmo.

הללויה הללו אל בקדשו הללוהו ברקיע עוזו. וסוד מזמור זה, שאמר מכאן ואילך 'הללוהו', ועוד תראה נפלאות בו. נמצאת למד: א"ל, אלהי"ם, אלו"ה, כולם מתלבשים בשם המיוחד. ולפעמים תמצא אל"ה בלי וא"ו, כאמרו: "יזבחו לשדים לא אֱלֹהַ) דברים לב יז, (ועוד תראה בו נפלאות בעזרת השם.

«Alabad a Dios en su santuario; alabadle en el extendimiento de su fortaleza»[9] El secreto de este salmo es que el versículo continúa

9. Véase *Salmos* (CL-1).

con *HaleluHu* (הללוהו) y aquí verás otras maravillas. Aprendemos que: *El, Elohim* y *Eloha* se revelan en el nombre unificado. A veces se encuentra con *Eloha* sin *Vav*, como en: «Han sacrificado a ídolos que no son Dios» (*Deuteronomio* XXXII-17) (45b) y verás más maravillas con la ayuda de Dios.

נמצאת למד כי בסוד ו', שהיא אות ג' מאותיות השם, כלולים אלו השמות: א"ל, אלהי"ם, אלו"ה, אל"ה, יהו"ה, יהו"ה צבאו"ת, אלהי"ם צבאו"ת, א"ל ח"י. ועכשיו התבונן בגדולת השם הקדוש שהוא יסוד ושורש לכל השמות, וכל שכן לשאר כל הלשונות, הכינויים על הכי־נויים, וכל שכן לשאר כל כינויי הכינויין, וכל שכן לשאר משפחות האדמה הנשואות על הלשונות:

Porque aprenderás que se trata del secreto de la *Vav*, que es la tercera letra de nombre, que contiene los nombres *El, Elohim, Eloha, El Eterno, El Eterno Tzevaoth, Elohim Tzevaoth* y *El Hai*. De este modo podrás comprender la grandeza del santo nombre, que es el fundamento y la raíz de todos los nombres, y por extensión de todas las lenguas. Es la raíz de todos los *Kinuim* (כינויים)[10] de los *Kinuim* de sus *Kinuim*, y ciertamente la raíz de todas las familias lingüísticas de la Tierra.

סוד אות רביעית של שם יתברך הוא סוד אות ה' האחרונה, שהיא סוד המלכות, שהיא סוד השלטנות, שהיא סוד השכינה, שהיא סוד חכמה אחרונה, שהיא סוד השם הנקרא אדנ"י. כי השם הזה, כמו שהודענוך, הוא סוד שלימות הייחוד. והיא אבן ישראל המושכת להם כל מיני מעדנים וטובה וגדולה והצלה וגאולה, והיא הדרה עם יש־ראל תמיד ואפילו בגלותם, כאמרו: ועשו לי מקדש ושכנתי בתוכם (שמות כה, ח).

10. Epítetos.

45b

El secreto de la cuarta letra del nombre, bendito sea, es el secreto de la última letra *He*, que es el secreto de *Maljut*, que es el secreto de las Dominaciones, que es el secreto de la *Shekinah*, que es el secreto de la *Jojmah* última, que es el secreto del nombre denominado *Adonai*. Que, como sabes, es el secreto de la unidad perfecta. Es la piedra de Israel que atrae hacia sí todos los placeres, beneficios, grandeza, salvación y redención. Está siempre al lado del pueblo de Israel, incluso cuando está en el exilio, pues ha sido escrito: «Me harán un santuario, y yo habitaré en medio de ellos» (*Éxodo* XXV-8).

ולמעלה ממנה, לסוף שמונה ספירות, יש אבן אחרת יקרה מפני־נים והיא המקפת הסובבת על שבע ספירות שלמטה ממנה. ולפיכך נקראת 'סוחרת', מלשון הקפה סביב, כי תרגום סביב - סחור סחור. ולפי שהאבן הזאת, היא הספירה השמינית הנקראת בינ"ה, יושבת למעלה למעלה והיא סובבת ומקפת על הכול, נקראת סוחרת. והאבן השנית התחתונה, שהיא סוד השכינ"ה הדרה עם ישראל תמיד, היא נקראת ד"ר, והיא דירה נאה. ולפיכך שתי אבנים הללו, עליונה ותח־תונה, נקראות ד"ר וסוחר"ת. העליונה, סוחרת, לפי שהיא מקפת על ז' ספירות; והתחתונה, ד"ר, לפי שהיא דרה עם ישראל תמיד. ועל זה היו שתי אבני האפוד אבני וכרון לבני ישראל, וזהו: ולקחת את שתי אבני שהם ופתחת עליהם שמות בני ישראל שישה משמותם על האב"ן האחת ואת שמות הששה הנותרים על האב"ן השנית כתול־דותם. (שם כח, ט).

Por encima de ésta, al final de las ocho Sefirot, hay una piedra más interior, cubierta por las siete Sefirot que hay encima. Se llama *Sojaret* (סוחרת),[11] expresión que denota un giro, lo que se interpreta como un círculo giratorio. Esta piedra es la sefirah *Binah* que habita por encima, por debajo y alrededor de un punto fijo denominado *Sojaret* (סוחרת). La segunda piedra inferior, que es el secreto de la *Shekinah*

11. Ágata.

que mora constantemente con Israel, se llama *Dar* (דר),[12] y es una morada[13] agradable. Así, estas dos piedras, la superior y la inferior, se llaman *Dar* (דר) y *Sojaret* (סוחרת). En la parte superior está *Sojaret* (סוחרת), que es el fijador de las siete Sefirot, y en la parte inferior está *Dar* (דר), que habita constantemente con Israel. Ésta es la razón por la que hay dos piedras en el *Efod*, para que los hijos de Israel lo recuerden: «Tomarás dos piedras de ónice y grabarás en ellas los nombres de los hijos de Israel, seis de sus nombres en una piedra y los otros seis en la segunda, según el orden de sus nacimientos» (*Éxodo* XXVIII-9 y 10).

שישה משמותם הזוכים לכבד השכינה בעולם הזה, שהיא ד"ר; והזו־כים לכבד השכינה שהיא סוד ד"ר, יזכו לכבד האבן השנית השלמה הנקראת סוחר"ת, שהיא סוד העולם הבא. כתולדותם, כפי התולדות שיולידו, אם מעשים טובים אם מעשים רעים, אם טוב ואם רע, אם מעט ואם הרבה, והתולדות הם מעשי האדם. ולפי שאלו שתי המי־דות נקראות שתי אבנים בהשואה, גם כן הן סוד שתי ההי"ן של שם יהו"ה יתברך. האבן הנקראת סוחר"ת, סוד ה' ראשונה של שם יהו"ה יתברך, והאבן הנקראת ד"ר היא סוד ה"א אחרונה של שם יהו"ה ית־ברך.

Seis de sus nombres celebrarán el *Shekinah* en este mundo, que es el *Dar* (דר), pues la gloria del *Shekinah* es el misterio del *Dar* (דר). Los demás merecerán honrar la segunda piedra perfecta, llamada *Sojaret* (סוחרת), que es el misterio del mundo venidero. «Según el orden de sus nacimientos», depende de sus obras positivas o negativas, si son buenas o malas, pocas o muchas, porque el orden de los nacimientos se refiere a las obras del hombre. Puesto que estas dos *Middoth* se comparan y se nombran como dos piedras, son también el secreto de las dos *He* del nombre IHVH (יהו"ה), bendito sea. La piedra llamada *Sojaret* (סוחרת), es el secreto de la primera *He* del nombre IHVH

12. Alabastro.

13. En hebreo *Dirah* (דירה) que comparte raíz con *Dar, "alabastro"*.

(יהו"ה), bendito sea, y la piedra llamada *Dar* (דר) es el secreto de la segunda *He* del nombre IHVH (יהו"ה), bendito sea.

ולפיכך נקראות שתי אלו המידות בשם אמד פעמים הרבה: ה' ראשונה של שם שהיא סוד האבן הנקראת סוחר"ת, נקראת צדק עליון ה' אחרונה של שם שהיא סוד האבן הנקראת ד"ה, נקראת צדק תחתון, ועליהם אמרה תורה: צדק צדק תרדוף (דברים טז, כ). כלומר, הוי רודף צד"ק שהוא סוד שכינה, כדי שתזכה לצדק עליון שהוא סוד חיי העולם הבא, והסוד: רודף צדקה וחסד ימצא חיים צדקה וכבוד (משלי כא, כא), וגם אלו ב' המידות נקראות אלהים. ה' ראשונה של שם, שהיא העליונה, נכתבת יהו"ה ונקראת אלהי"ם בסוד יהו"ה. ה' אחרונה של שם נכתבת אלהי"ם ונקראת אלהי"ם. ועל שתיהם אמרה תורה: יהו"ה הוא האלהי"ם, יהו"ה הוא האלהי"ם, שתי פעמים, ראשון כנגד ה' ראשונה, ואחרון נגד ה' אחרונה. ומימן שתי אלו הה"אין: 'אדנ"י יהו"ה חילי', או 'אדנ"י יהו"ה מה תתן לי', ובכל מקום שנזכר בתורה כגון אדנ"י יהו"ה, וכמו שכתוב 'אדנ"י יהו"ה במה אדע כי אירשנה'.

A veces se llaman las dos *Middoth* con un solo nombre. Muchas veces la primera *He* del nombre que es el secreto de la piedra denominada *Sojaret* (סוחרת), se llama también *Tzeddek Elion*, y la segunda *He* del nombre que es el secreto de la piedra denominada *Dar* (דר), se llama también *Tzeddek Tajton*, la *Torah* dice: «*Tzeddek Tzeddek* perseguirás» (*Deuteronomio* XVI-20). Es decir, hoy persigue a *Tzeddek* que es el secreto de la *Shekinah*, que es el secreto del mundo venidero. Y el secreto es: «El que sigue la justicia y la misericordia, hallará la vida, la justicia, y la honra» (*Proverbios* XXI-21), y estas dos *Middoth* se llaman *Elohim*. La primera *He* del nombre, que es la más elevada se escribe IHVH (יהו"ה) y se pronuncia *Elohim* en el secreto de IHVH (יהו"ה). La otra *He* del nombre se escribe *Elohim* y se pronuncia *Elohim*. Ésta es la razón por la que en la *Torah* se dice IVHH es *Elohim*, IVHH es *Elohim,* dos veces, una vez por la primera *He*, y después por la otra *He*. La prueba de estas dos *He* se encuentra en los versículos «*Adonai el*

Eterno es mi fuerza»[14] y «*Adonai el Eterno,* ¿qué me darás?».[15] Y en todo lugar en la *Torah* donde se mencione *Adonai el Eterno,* es como si estuviera escrito «*Adonai el Eterno,* ¿cómo sabré que heredaré».[16]

נמצאת למד כי סוד אות רביעית של שם, שהיא אות ה"א, היא הכוללת כל הספירות של מעלה הימנה. ונקראת אות ה', שהיא אחרונה של שם, בשם אדנ"י לפי שהיא אדון כל הארץ: ואחר שהודענוך כל אלו העיקרים הגדולים, התבונן ודע כי השם הגדול הנכבד והנורא, שהוא יהו"ה יתברך, הוא השם הכולל כל השמות כולן בכל שמות הקודש הנזכרים בתורה, ואין לך שם מכל שמות הקדושים שאינו כלול בשם יהו"ה יתברך. ואחר שידעת הדבר הגדול הזה, יש לך להבין כמה אתה צריך להתבונן ולהיזהר בעת שאתה מזכירו, שתדע כי בעת שאתה מזכירו אתה נושא על פיך כל שמו־תיו הקדושים וכאילו אתה סובל על פיך ועל לשונך השם יתברך וכל שמותיו הקדושים והעולם ומלואו. וכשתדע זה, תבין סוד: לא תשא את שם יהו"ה אלהיך לשוא (שמות כ, ז).

Se aprende de esto que el secreto es la cuarta letra del nombre, que es la letra *He,* contiene todas las Sefirot que existen por encima de ella, y que la letra *He,* que es la media letra del nombre, se vocaliza como *Adonai,* pues es el amo de toda la Tierra (46a). Después de haberte dado a conocer estos grandes principios, has de entender y saber que el gran y terrible nombre, que es *El Eterno,* bendito sea, es el nombre que contiene todos los nombres de todos los nombres sagrados mencionados en la *Torah.* Pues no hay ningún nombre entre todos los nombres sagrados que no esté contenido en el nombre *El Eterno,* bendito sea. Ahora que has comprendido este importante hecho, te das cuenta del cuidado que debes tener al pronunciarlo. Cuando usas cualquiera de los nombres sagrados, es como si pusieras el nombre del *Eterno,* bendito sea, y sus nombres sagrados en tus

14. Véase *Habacuc* (III-19).
15. Véase *Génesis* (XV-2).
16. Véase *Génesis* (XV-8).

labios y en tu lengua, y de tus labios sale la responsabilidad por el mundo y todo lo que hay en él. Sabiendo esto, puedes captar el secreto de: «No tomarás el nombre del *Eterno* tu Dios en vano» (*Éxodo* XX-7).

כי היאך בריה שפלה ונקלה תהיה נושאת על לשונה י"י הגדול יתב־רך שכל צבאות מעלה ומטה נשואים בו, וכל שכן לעשותו גרזן לח־תוך כשאתה מזכיר ה' יתברך, ראוי לו לשבחו ולרוממו, שם יהו"ה אקרא הבו גודל לאלהינו (דברים לב, ג). שתדע לך כי בשעה שאדם מזכיר יהו"ה יתברך ומניע אותיותיו בתנועת הלשון, אז הוא מרעיש את העולמות למעלה ומתקוממים כל צבאות מלאכי מעלה ושואלים אלו לאלו ואומרים: למה העולם מרעיש? ואומרים: לפי שפלוני הרשע מזכיר את השם המפורש והניעו בשפתיו, וכפי הת־נועה שהניע אותו כך מתנועעים כל השמות והכנויין התלויים עליו, ולפיכך נתרעשו שמים וארץ.

Porque sería denigrante y menospreciante poner en tu lengua el nombre del *Eterno*, grande y bendito, que es un nombre que contiene todas las legiones de arriba y de abajo. Pero si, sin embargo, mencionas el nombre, es esencial que lo reces y lo celebres, pues ha sido dicho: «porque el nombre del *Eterno* invocaré; engrandeced a nuestro Dios» (*Deuteronomio* XXXII-3). Porque debes saber que el que pronuncia *El Eterno*, bendito sea, proyecta sus letras con el movimiento de su lengua, entonces molesta a los mundos superiores y sacude a las jerarquías angélicas superiores, que preguntan: «¿Por qué está el mundo así perturbado?»,[17] y difunden: «¿Acaso un desgraciado ha pronunciado el nombre explícito y lo ha puesto en movimiento con sus labios, y también lo hacen todos los nombres y apodos que de él dependen? Así, los cielos y la Tierra fueron sacudidos.

17. Véase Talmud, tratado de *Shevaoth* (38b).

46a

ואז אומרים: מי הוא זה הרשע שהרעיש את העולם בזכרו את השם הגדול לריק? הלא הוא זה הרשע שעבר עבירה פלונית ביום פלו־ני, וחטא כך וכך ביום פלוני, ואז הוא סיבה להזכיר כל עוונותיו כולן. תדע לך, כמו שתראה אילן כשאתה מניע הנוף האמצעי הלא יתרע־שו כל הענפים וכל העלין אשר באילן, כך כשאדם מזכיר יהו"ה ית־ברך יתרעשו כל צבאות מעלה ומטה, לפי שכולן תלויין עליו. וכל זה שלא במקדש, אבל כהן גדול היה מזכירו בבית המקדש ואז היו כל צבאות עולם שמחים ומקבלים שפע, לפי שהיה מסדר הצינורות ומ־ריק ברכה לכל בני העולם:

Entonces dicen: «¿Quién es el desgraciado entre los desgraciados que pronuncia el gran nombre en vano? ¿No es este desgraciado el que cometió una transgresión tal día? Aprovechemos la oportunidad para mencionar todas sus transgresiones. Has de saber que cuando un árbol es sacudido por su tronco, todas las ramas y hojas del árbol son sacudidas. Lo mismo ocurre con el que menciona el nombre del *Eterno*, bendito sea, todas las jerarquías de arriba y de abajo se tambalean, pues todas están unidas a él. Sin embargo, todo esto se refiere sólo al exterior del templo, porque el Sumo Sacerdote pronunciaba el nombre dentro del templo, entonces todas las jerarquías del mundo estaban contentas y recibían *Shefa*, pues en el mismo instante en el que se invoca el nombre dentro del templo, todos los canales se recomponen y derraman una bendición para todas las criaturas del mundo.

ואחר שהודענוך כל אלו העיקרים, יש לנו למזור ולהודיעך כיצד השם הגדול והקדוש יהו"ה יתברך הוא המנהיג את כל העולם בכו־חו הגדול, והיאך כל השמות הקדושים מתאחזין בו, והיאך שאר הכינויין אשר בתורה, כגון רחום וחנון ודומיהן, הן כדמיון מלבו־שים שהמלך מתלבש בהן. ואותן המלבושים אינן חלק מעצם המלך ממש, אבל הם כדמיון כלים ומלבושים שהמלך מתלבש ומזדיין בהם.

46a

Y después de revelarte estos principios, debemos volver a ellos y enseñarte cómo el gran y santo nombre *El Eterno,* bendito sea, gobierna el mundo, cómo los demás nombres sagrados habitan en él y cómo los demás apodos de la *Torah*, como el apodo *Rajum* y el apodo *Janun*, etc., son comparables a las majestuosas vestimentas del rey. Estas prendas no forman parte de la esencia del rey, pero estos instrumentos y prendas indican la pompa y las circunstancias del rey.

פעם מתלבש בגדי פאר ומלכות, בהיות המלך בנחת בהשקט ובבטחה וכל ארצות מלכותו בשלום, אין שטן ואין פגע רע, אז המלך שמח עם עבדיו ולובש בגדים נאים ומזדיין במיני תכשיטים ולובש בגדי עדי. ולפעמים המלך יש לו צער מלחמות מכמה צרין ושודדין ובוזזין ארצו שבאין להשחית מלכותו, אז המלך לובש בגדים אחרים, שריונות וכובעים מגינים חרבות וקשתות, וכל עבדיו בחפזון עד יעבור זעם או עד שיקח המלך נקם מצורריו ואויביו ויגמור חפצו בהן ולפעמים המלך יושב בביתו ואין עמו מכל חילו ופרשיו כי אם אנשי ביתו לבד, אחיו ובניו ואשתו הקרובים אליו, ואז המלך מסיר מעליו קצת המלבושים שהיה לובש בעוד שהיו שריו ועבדיו עמו, ונשאר המלך עם בני ביתו וכולן רואים אותו, וצורתו יותר מגולה ממה שהיתה עם רוב המלבושים. וכמה עניינים הוא עושה עמהם, ואינו מסתתר בפניהם כמו שהיה מתכסה במלבושיו בפני ההמון, לפי שבני ביתו חשובים עליו כאיבר מאיבריו ואינו חושש להסיר בפניהם קצת מלבושיו וכליו. ולפעמים המלך מתייחד מכל בני הבית, ולא נשאר עמו מכל אנשי ביתו, כי עם המלכה לבד, ואין המלך מתבייש להסיר בגדיו בפני המלכה כמו שהיה עושה בפני שאר בני ביתו:

A veces se viste con gloriosos ropajes reales, cuando está seguro, tranquilo y en paz, entonces todas las tierras de su reino gozan de paz, no hay Satán ni entidades malignas, el rey es feliz con sus súbditos y viste hermosas ropas, adornadas con joyas y galas. Sin embargo, a veces el rey soporta la agresión de enemigos, ladrones y saqueadores en sus tierras, que vienen a destruir su reino; entonces el rey se pone la armadura y se adorna con el casco y la espada. Todos sus súbditos esperan que pase el terror o que el rey se vengue de sus enemigos y los atormenta hasta que está satisfecho con su destino. A veces el rey se sienta en su casa, sin sus legiones ni sus jinetes, solo, con algunos hombres de su casa. Vive con sus hermanos, sus hijos, su mujer, y en su presencia se quita ciertas prendas que lleva en presencia de sus ministros y servidores. Ante los miembros de su casa se revela más que cuando está completamente vestido, no se esconde tanto ante ellos, como cuando está completamente vestido ante el pueblo. Porque considera a su familia como miembros de sus miembros, y por eso no duda en quitarse parte de la ropa delante de ellos. A veces, el rey quiere más privacidad, en cuyo caso no hay nadie presente excepto la reina. Porque el rey no se avergüenza de revelarse ante la reina, como ocurriría ante el resto de los hombres de su casa (46b).

ואחר הקדמה זו הנני מבאר. דע כי שם יהו"ה יתברך הוא מתלבש ומתפאר בשמות הקודש, וכל שמות הקודש כולן מתאמזין באמי־תת זה השם ית', וכל אחד מהם מורה עניין מיוחד בפני עצמו. כיצד? כשהשם יתברך רוצה לרחם על עולמו ולחוס עליהן, אזי הוא מת־לבש מלבוש החסד והחמלה ואז השם הגדול, שהוא יהו"ה, מוציא דגל החסד והרחמים וחקוק באותו דגל שם א"ל, וסימן: איש על דגלו באותות (במדבר ב, ב). וכשהשם יתברך מוציא דגל זה, אז מיטיב ומרחם וחונן על בריותיו והוא שמח עמהם, וזהו סוד: יהי כבוד יהו"ה לעולם ישמח יהו"ה במעשיו (תהלים קד, לא),

Después de esta introducción, has de saber que el nombre *El Eterno*, bendito sea, está cubierto y adornado por los nombres sagrados, y todos estos nombres contienen parte de la verdad de este nombre, bendito sea, y cada uno de ellos nos muestra el matiz particular que representa. ¿Cómo? Cuando el Eterno, bendito sea, desea ser misericordioso para con su mundo, entonces se pone la vestimenta de *Hessed*, y *Rajamim*, y entonces el gran *El Eterno*, que es IHVH (יהו"ה)levanta el estandarte de *Hessed* y de *Rajamim*, y graba en este estandarte el nombre *El*, y la señal es: «cada uno junto a su estandarte, según las enseñas»

(*Números* II-2). Y cuando *El Eterno*, bendito sea, lleva este estandarte, es bondadoso, misericordioso y clemente con sus criaturas, y se regocija con ellas. Éste es el secreto de: «¡Que la gloria del *Eterno* permanezca en el mundo! ¡Que *El Eterno* se regocije en sus obras!» (*Salmos* CIV-31).

והסוד:ויקרא בשם יהו"ה אל עולם (בראשית כא, לג). ואז הוא לובש ומתפאר במלבושים החקוקים במידת אל, והסוד: 'אל מלך יושב על כסא רחמים', וזהו סוד: י"י י"י אל רחום וחנון (שמות לד, ו), והסוד: כי אל רחום י"י אלהיך (דברים ד), וסימן; כי אל גדול י"י ומלך גדול על כל אלהים (תהלים צה, ג), אלהים, מידת הדין, כלומר מידת החסד גדולה ממידת הדין.

Y la señal es: «y allí invocó el nombre del *Eterno, El Eterno*» (*Génesis* XXI-33). En la actualidad, se le venera y glorifica con prendas grabadas en la *Middah El*. Y éste es el secreto de: *El*, el rey, sentado en el trono de *Rajamim*, y éste es el secreto de: «*El Eterno* compasivo y clemente» (*Éxodo* XXXIV-6), y el secreto de: «porque Dios misericordioso es *El Eterno*, tu Dios» (*Deuteronomio* IV-31), y la señal: «porque *El Eterno* es Dios grande; y rey grande sobre todos los dioses» (*Salmos* XCV-3). *Elohim* es la *Middah* de *Din*, y como se ha dicho la *Middah* de *Hessed* es mayor que la *Middah* de *Din*.

ומכאן תביז סוד והאלהים נסה את אברהם (בראשית כב, א), כי האלהים שהוא מידת הדין נתן הנ"ס והדג"ל ביד אברהם, שהוא סוד מידת א"ל שהוא סוד מידת החסד, וזהו לשון 'נס"ה את אברהם' מלשון הרימו נ"ם על העמים. וזהו סוד 'אלהי אברהם אלהי יצחק', ולא אמר ואלהי יצחק, לפי שמידת הדין כבושה תחת מידת החסד, לפי שהדג"ל של יצחק שהוא מידת אלהים מסור ביד אברהם שהוא סוד מידת אל:

46b

Ahora entiende el secreto de: «Y *Elohim* probó a Abraham» (*Génesis* XXI-1). Porque *Elohim* es la *Middah* de *Din* puso el estandarte[18] en manos de Abraham, que es el secreto de la *Middah El*, que es el secreto de la *Middah* de *Hessed*, y éste es el significado de «probó Abraham», para decir «Blandió una prueba sobre todas las naciones».[19] Éste es el secreto de «Dios de Abraham y Dios de Isaac», y no dice «Dios de Isaac», porque la *Middah Din*, viene después de la *Middah Hessed*, porque el estandarte de Isaac, que es la *Middah Elohim*, fue entregado en las manos de Abraham, que es la *Middah El*.

וכשהשם יתברך כועס על בני העולם מצד מעשיהם הרעים אזי מוציא כלי זעמו, וחקוק על דגל כלי הזעם צורת שם אלהי"ם, ואז משלם הדין ומקבל נקמה מבני העולם ומענישן על רוע מעשיהם כשחקוק בדגלו של יהו"ה צורת שם אלהי"ם, והסוד: יקום אלהים יפוצו אויביו (תהלים סח, ב), וזהו סוד שאמר: קומה י"י ויפוצו אויביך וינוסו משנאיך מפניך (במדבר י, לה).

Cuando el bendito está disgustado con los hijos del mundo, a causa de sus malas acciones, saca el instrumento de su ira, y en este instrumento de ira está grabado el nombre *Elohim*. Entonces emite un juicio y se venga de los hijos del mundo y los castiga por sus malas acciones. Esto es cuando el nombre *Elohim* está grabado en el estandarte del *Eterno*. Y el secreto es: «*Elohim* se levanta, sus enemigos se dispersan» (*Salmos* LXVIII-1). Y éste es el secreto de lo que ha sido dicho: «¡Levántate oh *El Eterno* y sean disipados tus enemigos, y huyan delante de tu rostro los que te aborrecen» (*Números* X-35).

ואם תקשה ותאמר; היאך אמר בפסוק זה יהו"ה, ובפסוק זה אלהים? הלא ידעת כי כל השמות תלויים בשם יהו"ה והוא מתלבש בהם, וכ-

18. Juego de palabras entre *Nissah, «probó» y Ness, «estandarte».*

19. Véase *Isaías* (LXII-10).

46b

שאמר 'קומה י"י ויפוצו אויביך' הוא כאילו אומר: קומה יהו"ה והוצא כלי מלחמה והדגל שחקוק בו שם אלהים, וזהו סוד 'יקום אלהים יפוצו אויביו וינוסו משנאיו מפניו'. כי משה רבינו עליו השלום סתם דבריו, ובא דוד וביארם ואמר: יקום אלהים. וכשהשם יתברך מוציא דגל שחקוק עליו אלהי"ם אזי מתלבש בגדי נקם, והסוד: מי זה בא מאדום חמוץ בגדים מבצרה (ישעיהו סג, א), ואומר: וילבש בגדי נקם תלבושת ויעט כמעיל קנאה (שם נט, יז):

Y si te endureces y dices ¿Cómo es que un versículo dice *el Eterno* y otro versículo *Elohim*? Sin embargo, ya sabes que todos los nombres están subordinados al nombre *El Eterno* y él está revestido de ellos, y cuando dice: «¡Levántate oh *El Eterno* y sean disipados tus enemigos», quiere decir «levántate, oh *El Eterno* y saca los instrumentos de guerra y el estandarte con el nombre *Elohim*. Y éste es el secreto de: «Levántese *Elohim*, sean esparcidos sus enemigos, y huyan delante de él los que le aborrecen». Porque *Moshe Rabbeinu*, la paz sea con él, fue oscuro en sus palabras y David vino a explicarlas, diciendo: «Levántate *Elohim*». Y cuando se bendice el nombre, levanta el estandarte con *Elohim* escrito en él y se viste con ropas de venganza, y el secreto es: «¿Quién es ese que viene de Edom, de Bosra, con ropas rojas?» (*Isaías* LXIII-1). Y ha sido dicho: «se vistió de vestido de venganza por vestidura, y se cubrió de celo como de manto» (*Isaías* LXIX-17).

וכשהשם יתברך מביא בני העולם במשפט, מתלבש בבגדים ממוצעין בדין ורחמים ומוציא דגל שהכול תלוי בו ומקוק עליו שם יהו"ה יתברך' ואינו לובש לא בגדי רחמים גמורים ולא בגדי דין גמור, שאינו דן את בריותיו במידת הדין גמור ולא במידת רחמים גמורה, אלא במידת הדין מעורבת עם מידת רחמים; ועם כל זה מידת רחמים מרובה ממידת הדין, והסוד ארך אפים ורב חסד (שמות לד).

Y cuando *El Eterno*, bendito sea, trae a la gente del mundo a juicio, se viste con una vestimenta dividida entre el *Din* y *Rajamim*, trae un estandarte del que todo depende, en el que está inscrito el nombre *El*

46b

Eterno, bendito sea. Pero él no está completamente revestido de *Rajamim* y *Din*, pues no juzga a sus criaturas exclusivamente por la *Middah Din* o exclusivamente por la *Middah Rajamim*, sino por la *Middah Din* mezclada con la *Middah Rajamim*, aunque la *Middah Rajamim* es más importante que la *Middah Din*. Y éste es el secreto de: «lento para la ira, rico en *Hessed*» (*Éxodo* XXXIV-6).

ואמרו ז"ל: רב חסד מטה כלפי חסד. ומאחר שאמר 'רב חסד', משמע שיש בו קצת דין; שאם כולו חסד, מדוע צריך לומר רב חסד? מה לנו לרב או למעט? אלא פירוש הפסוק כך הוא: כשהאדם חוטא, אין השם נפרע ממנו מיד אלא מאריך אפים וממתין אולי יחזור בתשובה. לא חזר בתשובה, דנין אותו כפי מעשיו. ואף על פי שד־נין אותו, ברב חסד דנין אותו, ומטה כלפי חסד אם ימצאו לו זכות מעט. ואם לא ימצאו לו זכות, גומרין דינו על חטאו. וזהו סוד 'רב חסד ואמת', כלומר: 'ארך אפים', בתחילה, ו'רב חסד' בשעה שדנין את האדם, ו'אמת', כשגומרין דינו, אפילו לעונש. כלומר, ב'אמת' בא עליו העונש, מצד הדין הישר. וזהו שאמר 'ברוך דיין האמת', ואומר: אל אמונה ואין עול (דברים לב, ד).

Y nuestros sabios, de bendita memoria, han dicho: «rico en *Hessed*» significa que está inclinado hacia el *Hessed*.[20] El hecho de que se diga: «rico en *Hessed*», implica que hay en él algo de *Din*. Si no, ¿por qué decir: «rico en *Hessed*»? ¿Y por qué cuantificar? El versículo debe entenderse más bien de la siguiente manera: cuando alguien peca, *el Eterno* no lo castiga inmediatamente, y permanece lento en la ira, pues tal vez el pecador se recupere y se arrepienta. Pero si no se arrepiente, será juzgado según sus actos. Aunque será juzgado, será juzgado con mucho *Hessed*, y su juicio se inclinará hacia la misericordia, si su comportamiento aporta méritos a su favor. Pero si no se encuentran méritos, entonces se cumplirá el juicio por sus transgresiones. Y éste es el secre-

20. Véase Talmud, tratado de *Rosh haShannah* (17a).

to de «rico en *Hessed*». Al principio es «lento para la ira», luego «rico en *Hessed*» durante el juicio, y «verdadero» cuando el juicio se ha completado, aunque conlleve un castigo. Es decir, su castigo llega a través de la «verdad» en la perspectiva de un juicio recto. Por eso decimos «bendito es el verdadero Juez», y por eso está escrito: «Es fiel y sin iniquidad» (*Deuteronomio* XXXII-4).

הנה הודענוך מכל זה כי כשהשם יתברך דן את בריותיו, הוא דן אותם במידת רחמים מעורבת עם מידת הדיה ורובו של משפט חסד ומיעוטו דין, וזהו סוד 'ורב חסד'. וכשהוא יתברך שופט את העולם, לפעמים נקרא משפט יהו"ה ולפעמים נקרא משפט אלהים, והכול כפי הדין שיוצא. כיצד? אמר הכתוב: כי י"י שופטינו (ישעיהו לג, כב), ואומר: יסרני י"י אך במשפט (ירמיהו י, כד), ואומר: יהו"ה במשפט יבוא (ישעיהו ג, יד). הרי המשפט סמוך ליהו"ה יתברך. ולפעמים נקרא המשפט בשם אלהים, כאמרו: בקום למשפט אלהים (תהלים עו, י), ואומר: כי אלהים שופט זה ישפיל וזה ירים (שם עה, ח), ואומר: כל מעשה האלהים יבא במשפט (קהלת יב, יד).

He aquí que te hemos revelado todo esto para que sepas que cuando *el Eterno*, bendito sea, juzga a sus criaturas, lo hace con la *Middah* de *Rajamim* mezclada con la *Middah* de *Din*, (47a) con más *Hessed* y menos *Din*, y éste es el secreto de «rico en *Hessed*». Porque cuando el bendito, juzga al mundo, a veces el juicio se llama *El Eterno* y a veces se llama *Elohim*, dependiendo todo de la sentencia. ¿Cómo? «Porque *El Eterno* es nuestro juez» (*Isaías* XXXIII-22). Y ha sido dicho: «repréndeme, oh *Eterno*, pero con justicia» (*Jeremías* x-24), así como «*El Eterno* entra en juicio» (*Isaías* III-14*).* Así, el juicio está vinculado al *Eterno,* bendito sea. Y a veces la sentencia se llama con el nombre de *Elohim*, como ha sido dicho: «Cuando te levantaste, oh *Elohim*, al juicio» (*Salmos* LXXVI-9), así como: «Pero *Elohim* es el juez: él derriba, y levanta al otro» (*Íbid.* LXXV-8), y ha sido dicho: «Todos tus hechos *Elohim* van a juicio» (*Eclesiastés* XII-1).

47a

כפי פסק הדין, כך נקרא השם בגמר הדין והמשפט. אם המשפט יוצא לרחמים נקרא יהו"ה, ואם המשפט יוצא לדין נקרא אלהים. וכפי דרך זה התבונן בכל מקום שאתה מוצא בתורה שהשם הגדול שהוא יהו"ה יתברך נקרא באחד מן השמות, או באחד מן הכינויין, לאיזה צד אותו השם או אותו הכינוי נוטה, אם לחסד אם לרחמים, אם למשפט אם לעונש, ובאיזו מידה הוא בא עם בריותיו. וכשהוא נקרא באחד מן השמות או באחד מן הכינויין, אז תבין כי שם יהו"ה הוא מתלבש בגדים ידועים כפי השעה הראויה. ושמור עיקר זה תמיד בכל התורה וממנו תבין כמה דברים סתומים וחתומים:

El secreto de esto es que la sentencia variará según el nombre correspondiente a la condena y al juicio. Si el juicio viene de *Rajamim*, se llamará *El Eterno*, pero si el juicio es *Din*, se llama *Elohim*. Y de esta manera observa en cualquier lugar en la *Torah* donde encuentres que el gran nombre que es *El Eterno*, bendito sea, es llamado por uno de los apodos según la naturaleza del juicio que merecen sus criaturas, con *Hessed* o *Rajamim*, con juicio o con castigo, cuando se llama a sí mismo por uno de los nombres o apodos, has de entender que el nombre *El Eterno* se viste con la ropa apropiada para la situación. Aplica este principio constantemente en la *Torah* y entenderás muchas palabras oscuras y selladas.

ואחר שידעת זה, דע מה שכבר אמרו ז"ל ששמות הקודש אסור למחקן, אבל שאר הכינויין מותר למחקן כגון רחום וחנון סולח וכיוצא בהם. והנני מאיר עיניך בעזרת השם. דע כי שמות הקודש שאינם נמחקים, כגון אהי"ה, אלהי"ם, א"ל, אלו"ה, שד"י וכיוצא בהם, הם אדוקים בשם יתברך והם קרובים לו אותם השמות, כדמיון שלשלת שהשרים העליונים אדוקים בהם. ושאר הכינויין שהם נמחקים, כגון רחום וחנון וחסיד וסולח ודומיהן, הם כדמיון כלים לשמות הקודש, ואלו הכינויים הם משענת לשבעים אומות אשר הם תחת ממשלת שבעים שרים.

47a-47b

Después de darte a conocer esto, has de saber que los sabios, de bendita memoria, han enseñado que «Está prohibido borrar los nombres sagrados, pero está permitido borrar los apodos, como *Rajum* y *Janun* y otros similares.[21] Y he aquí que voy a iluminar tus ojos, con la ayuda del *Eterno*. Has de saber que los nombres sagrados no se borran: *Ehieh*, *Elohim*, *El*, *Eloha*, *Shaddai*, pues están unidos al *Eterno*, bendito sea, como la cadena por la que están unidos los Príncipes superiores. (47b) Por otro lado, los apodos borrables, como *Rajum, Janun, Jassid, Soleaj*, son como receptáculos de los nombres sagrados. Estos apodos colocan a las setenta naciones bajo el dominio de los setenta Príncipes.

וכמו שהשרים אדוקים בשאר שמות הקודש, מלבד אהי"ה יהו"ה, כך האומות של אותם השרים אדוקים בכינויים הנמשכים אחר שמות הקודש. ואחר שידעת זה, דע כי שאר הכינויים הנמחקין, כגון רחום וחנון וכיוצא בהם, הם כמו כלים לשמות הקודש שאסור למוחקן ובהם פועלים שמות הקודש פעולתם. כיצד? כגון השם הממונה על דגל החסד שהוא א"ל, הנה הכינויין שהן שמשיו וחייליו וצבאותיו הם: גדו"ל, רחו"ם, חנו"ן, חמי"ן, ארך אפי"ם, רב חס"ד, קדו"ש, חסי"ד, סול"ח. והשם הנושא כלי המלחמה שחקוק על דגלו דין הוא אלהים, והכינויין שהם שמשיו וחייליו וצבאותיו הם: אדי"ר, שופ"ט, דיי"ן, חז"ק, כבי"ר כח, איש מלחמ"ה, גבו"ה, פוקד עו"ן, משלם גמו"ל. והשם שהוא ממונה על המשפט, שהוא כלול ברחמים ודין, חקוק על דגלו יהו"ה יתברך שהוא כלול משניהם, והכינויים שהם צורת חייליו וצבאותיו הם חס"ד 'עובר על פשע' אמ"ת' מרו"ם, ר"ם, נוצר: ואחר שהודענוך זה, צריכים אנו להודיעך הטעם למה אלו מים, וכן כל מידה ומידה. וכשתבין זה, תבין פעולת כל מידה ומידה. וכמו כן צריך אתה לדעת ולהתבונן היאך אלו המידות מתערבות זו בזו, ואז תדע פעולת כל מידה ומידה.

21. Véase Talmud, tratado de *Shevaoth* (35b).

47b

Y como los Príncipes está unidos a los otros nombres sagrados, excepto a *Ehieh* y IHVH, así las naciones de estos príncipes están vinculadas a los apodos vinculados a los nombres sagrados. Y después de saber esto, has de saber que los apodos que se pueden borrar, como *Rajum* y *Janun,* son, en cierto modo, receptáculos de los nombres sagrados y es a través de ellos como los nombres sagrados pueden actuar. ¿Cómo? Como el nombre a cargo de la bandera de gracia que es *El*, por medio del nombre colocado en el estandarte de *Hessed*, es decir, *El*, he aquí los apodos que son sus servidores, sus soldados y sus legiones: *Gaddol, Rajum, Janun, Jamin, Erej haPaim, Rav Hessed, Kaddosh, Jassid, Soleaj.* En cuanto al nombre con instrumentos de guerra, inscrito en el estandarte de *Din*, he aquí los apodos que son sus servidores, sus soldados y sus legiones: *Adir, Shofet, Daian, Jazak, Kabir Koaj, Ish Miljamah, Guibor, Poked Avon, Meshalem Guemul.* En cuanto al nombre que trae justicia e incluye *Rajamim* y *Din*, se inscribe en su estandarte a *El Eterno*, bendito sea, pues abarca todas estas *Middoth*, y he aquí los apodos que son sus servidores, sus soldados y sus legiones: *Norah, Nossé Avon, Over Al Pesha, Emet, Marom, Ram, Notzar.* Y después de aclararte esto, necesito aclararte la razón por la cual algunos apodos están asociados con la *Middah Esh* y otros con la *Middah Maim.* Y también necesitas saber y comprender cómo estas *Middoth* interfieren entre sí, y entonces conocerás la acción de cada *Middah.*

ויש לך להתבונן היאך הכינויים תלויין בשמות הקודש, ושמות הקודש כלולים בשם יהו"ה. וכשתבין זה, תבין כי כל התורה היא כמו פירוש לשם יהו"ה יתברך, ותבין סוד תורת יהו"ה באמת, תורת יהו"ה בודאי. ולפי דרך זה תמצא כי שם יהו"ה נקרא לפעמים בכינוי זה ולפעמים בכינוי זה, והכול כפי המידה שהוא מנהיג בה את עולמו, כמו שתמצא כתוב 'חנון ורחום יהו"ה'.

Y hay que observar cómo los apodos dependen de los nombres sagrados, y los nombres sagrados están incluidos en el nombre del *Eterno.* Y cuando entiendas esto, entenderás que toda la *Torah* es como una

47b

explicación del nombre IHVH (יהו"ה) llamado a veces por medio de un apodo y otras veces por medio de otro apodo, y todo según la *Middah* con la que conduce su mundo, como verás escrito: «clemente y compasivo es el *Eterno*».[22]

וכשתבין זה, תבין היאך העולם וכל בריותיו כולם תלויים בשם יהו"ה יתברך, ואין דבר בעולם יכול להתקיים כי אם בשמו הגדול יתברך. ואז תדע ותבין קצת גדולתו ועצומו וממשלתו של מלך מלכי המל־כים הקב"ה, ותבין שאתה בריה שפלה וקלה ובזויה לפי גדולת תמים דעות יתברך ויתברך שמו וזכרו:

Y cuando entiendas esto, entenderás cómo el mundo y todas sus criaturas dependen del nombre del *Eterno*, bendito sea, y no hay nada en el mundo que pueda existir si no es por su gran nombre, bendito sea. Y entonces conocerás y entenderás un poco acerca de la grandeza e inmensidad y gobierno del rey de reyes, el Santo, bendito sea, y comprenderás que eres una criatura humilde, desdeñable y despreciable comparada con las legiones del bendito, benditos sean su nombre y su memoria.

דע כי קשר כל המרכבות וכל המערכות וכל צבאות העולם תלויין בשלושה שמות. ואלו השלושה שמות, השניים מהם תלויין בשם יהו"ה יתברך. והשניים שהם תלויים בשם יהו"ה יתברך נקראים א"ל אלהי"ם: אל מימין, יהו"ה, אלהים משמאלו. נמצא כל העולם ובריותיו תלויים באלו השלושה שמות: א"ל, אלהי"ם, יהו"ה. אל מימין, אלהים משמאל, יהו"ה באמצע. וזהו סוד: ראיתי את יהו"ה יושב על כסאו וכל צבא השמים עומד עליו מימינו ומשמאלו (מלכים, כב, יט).

22. Véase *Salmos* (CXLV-8)

47b

Y has de saber que todas las *Merkavot*[23] y todos los sistemas celestes y todos los ejércitos del mundo dependen de tres nombres. De estos tres nombres, dos que dependen del nombre *El Eterno*, bendito sea, se llaman *El* y *Elohim*. A la derecha *El Eterno* y *Elohim* a la izquierda. De este modo puedes comprobar que todo el mundo y todas las criaturas dependen de estos tres nombres: *El, Elohim, El Eterno. El* a la derecha, *Elohim* a la izquierda, *El Eterno* en el centro. Y éste es el secreto: «Yo vi al *Eterno* sentado en su trono, y todo el ejército de los cielos estaba junto a él, a su diestra y a su siniestra» (1 *Reyes* XXII-19).

וסוד השמים שבפסוק הזה הם שני שמות אל אלהים הנקראים שמים, וזהו סוד: מן די תנדע די שליטין שמיא (דניאל ד, כג), וזהו סוד: היושבי בשמים (תהלים קכג, א). אלו שבימין הם צבאות השם הנקרא א"ל, ואלו שבשמאל הם צבאות השם הנקרא אלהי"ם. ועל מי כולם נשואים? על שם יהו"ה יתברך, וזהו שאמר 'וכל צבא השמים עומד עליו מימינו ומשמאלו':

Y el secreto de los cielos es que en este versículo aparecen dos nombres, *El* y *Elohim*, denominados *Shamaim*,[24] éste es el secreto de: «Llegas a saber que *shamaia* es soberano» (*Daniel* IV-23), el secreto de: «a ti que habitas en los cielos» (*Salmos* CXXIII-1). Así que a la derecha están los ejércitos del *Eterno* denominados *El* y a la izquierda los ejércitos del *Eterno* denominados *Elohim*. ¿Y en quién se apoyan? En el nombre *El Eterno*, bendito sea, y es como ha sido dicho: «Y todo el ejército del cielo de pie junto a él, a su derecha y a su izquierda».[25]

23. En el sentido de constelaciones.
24. Cielos.
25. Véase 1 *Reyes* (XXII-19).

47b

מימינים לזכות בסוד שם אל, ומשמאילים לחובה בסוד שם אלהים. כי מידת א"ל לרחמים כלימר אז תביו שתורת ה' היא ממש התורה של השם המפורש, מערכת של שמות קודש וכינויים הנבנים כולם מתוך השם הזה. ולזכות, ומידת אלהי"ם לדין ולחובה. ולפיכך תמצא סדר שלושה שמות אלו שבהם קשר כל העולמות, כולם בפסוק אחד, באמרם; מזמור לאסף אל אלהים יהו"ה דבר ויקרא ארץ ממזרח שמש עד מבואו (תהלים נ, א).

En la derecha (está) el mérito, a través del secreto del nombre *El*. A la izquierda está la deuda, a través del secreto del nombre *Elohim*. Porque la *Middah El* corresponde a la misericordia y al mérito, y la *Middah Elohim* corresponde al juicio y a la deuda. Por eso puedes encontrar estos tres nombres, por los que todos los mundos están unidos, unidos en el versículo: «Salmo de Asaf. El poderoso *Elohim*, *El Eterno*, ha hablado, Y convocado a la Tierra, desde el nacimiento del Sol hasta su ocaso» (*Salmos* L-1).

ובעניין בני ראובן ובני גד כשבנו המזבח כתיב: אל אלהים יהו"ה הוא יודע וישראל הוא ידע אם במרד ואם במעל בי"י אל תושיענו היום הזה (יהושע כב, כב). וסוד שהוצרכו להזכיר אלו עמלושה שמות הוא שאמרו: הרי אנו מקבלים עלינו גזר דין של בית דין של מעלה, שהוא אל אלהים יהו"ה שבהם כל מידות השם כלולות לחסד ולדין לטוב ולרע; ואם כוונתנו היתה לטובה ישפטנו יהו"ה במידת אל, ואם לרעה, ידיננו ה' במידת אלהים, יהו"ה הוא יודע. ושמור זה העיקר הגדול:

Y en cuanto a los hijos de Rubén y los hijos de Gad cuando construyeron el altar está escrito «*El*, *Elohim*, *El Eterno* lo sabe; que Israel mismo lo sepa. Si fue rebelión, o una infidelidad contra *El Eterno*, que no nos salve hoy» (*Josué* XXII-22). Y el secreto de esto es que los tres nombres fueron pronunciados, como diciendo: «Debemos aceptar el decreto del *Beit Din*, que es *El*, *Elohim*, *El Eterno*, pues en ellos están incluidos todas las *Middoth* del nombre: *Hessed*, *Din*, *Tov*, *Ra*. Si nuestra intención es para bien, entonces *El Eterno* nos juzgará con la *Middah El* (48a), pero si son para mal, *El Eterno* nos juzgará con la *Middah Elohim*, pues el Eterno conoce. Guarda esto como un principio fundamental.

ואחר שהודענוך זה, צריכים אנו להיכנס לפרש סוד שלושים כינויים הרמוזים בראש מרכבת יחזקאל, ויהי בשלשים שנה (יחזקאל א, א), שהם סוד שלושים כינויים שהם סומכי המרכבה, ובהם ה' יתברך דן את כל בריותיו לטוב ולהפכו, לגמול טוב או לעונש, לחיים או למוות, והכול כפי שהעולם ראוי. ואף על פי שמשפטיו יתברך כולם נוטים לרחמים, עם כל זה בגמר דין אינו מניח ואינו מוותר כלום.

Después de haber aclarado esto, hemos de explicar el secreto de los tres apodos que aparecen en el comienzo de la *Merkavah* de Ezequiel: «sucedió en el año treinta» (*Ezequiel* I-1). Se trata del secreto de los treinta apodos que sustentan la *Merkavah*, por medio de los cuales *El Eterno*, bendito sea, juzga favorable o desfavorablemente a todas sus criaturas, aprobando o castigando, trayendo vida o muerte, y todo según lo que merezcan. Aunque todos los juicios del bendito se inclinan al *Rajamim*, esto no anula el juicio ni lo hace cesar.

ואף על פי שהוא מאריך אפו וממתין, בסוף הכול גומר הדין. וזהו שאמרו חז"ל; כל מאן דאמר רחמנא וותרן הוא ליוותרן מעוהי אלא מאריך אפיה וגבי דיליה. ולפיכך תצטרך לדעת כי כל אחד מאלו השלושה שמות, שהם א"ל אלהישם יהו"ה, הוא פועל פעולה המיוחדת לו. וכל אחד מהם נושא תשעה כינויים, ועם כל אחד מהם נגמרים לעשרה. נמצא הכול - שלושים.

Y aunque es lento en la ira y es paciente, al final todo acaba en *Din*, y es lo que dijeron nuestros sabios, de bendita memoria: «Todo aquel que diga que Dios muere, sus intestinos también morirán. Sin embargo, Dios es paciente primero y recogerá después».[26] Así pues, hay que saber que cada uno de estos tres nombres *El, Elohim El Eterno*, tiene una función específica designada. Y cada uno de ellos tiene nueve apodos, y cada uno de ellos al incluir el nombre, suma diez. Y nos encontramos con treinta en total.

וכולן תלויין בשם יהו"ה יתברך והוא כלול בהם. וכל אלו הכי־נויין נקראים כנפים, וכשהשם יתברך דן כל בריות העולם לפי הדין הראוי, דן אותם באלו השלושים כינויים. ואלו נקראו שינויים, לפי שהבריות משתנות בהם לטוב ולרע, ותמצא הבריות נדונין בהן. כיצד? זה הצדיק משונה הוא מן הרשע, וכמו שזה משונה מזה כך דיניהם משונים זה מזה, וכפי היות השינויים בבני אדם כך השינויים הם בדינים הראוי להם.

Y todos están unidos al nombre de *El Eterno*, bendito sea y están incluidos en él. Y todos estos apodos se llaman alas, y cuando *El Eterno*, bendito sea, juzga a todas las criaturas del mundo según el *Din*, las juzga con la ayuda de estos treinta apodos que se llaman «cambios» pues las criaturas cambian para bien o para mal y por ello las criaturas son juzgadas por ellos. ¿Cómo? Al ser distinto un *Tzaddik* de un malvado, y como el uno es extraño al otro, son juzgados de manera diferente. Así como hay diferencias entre los hijos de Adán, también los juicios que se les aplican han de ser diferentes.

כיצד? כנוי רחום גומר דינו לטוב, כינוי הנקרא איש מלחמה גומר דינו לעונש, כל אחד כפי המידה שמוצא באדם כך הוא גומר הדין בו. ולפי היות אלו הג' שמות, שהם אל אלהים יהו"ה, כל אחד מהם כולל עשרה, שכלל כולם שלושים שבהם הדינים משתנים בבריות, לפיכך כתוב 'ויהי בשלשים שנה', שלושים שינויים. בא יחזקאל הנ־

26. Véase Talmud de Jerusalén, tratado de *Taanit* (1:1).

48a

ביא עליו השלום להודיע שישראל גמרו וחטאו עד שלא נשאר בבית דין של מעלה, בכל שלושים השינויים, מקום זכות לישראל להגין על ירושלים שלא תחרב, אבל מצד הדין הגמור ובהסכמת אל אלהים יהו"ה ובשלושים הכינויים שלהם, כולם מוסכמים במשפט אמת שתחרב ירושלים, וזהו סוד 'ויהי בשלשים שנ«ה'.

¿Cómo? El apodo *Rajum* termina sus juicios con un beneficio mientras que el apodo denominado *Ish Miljamah* concluye sus juicios con castigo. Según sea la *Middah* encontrada en el individuo. Así será el juicio con ella. Y de acuerdo con estos tres nombres: *El, Elohim* y *El Eterno*, cada uno de ellos contiene diez, lo que hace treinta, y cada uno de ellos incluye las reglas que cambian según cada criatura, por lo que está escrito: «Sucedió en el año treinta», que corresponde a los treinta años del profeta Ezequiel, que vino para proclamar que Israel era tan culpable que no había ningún mérito en el lado izquierdo, entre los treinta cambios del *Beit Din* celestial. Jerusalén no debía ser protegida por más tiempo y debía ser destruida. Esta decisión se tomó desde el lado del *Din* total y con el consentimiento de *El, Elohim* y *El Eterno* y sus treinta apodos, y se acordó que por este verdadero juicio sería destruida Jerusalén, y éste es el secreto de «Sucedió en el año treinta».

ואחר שנסתכמו שלושים כינויים אלו, או חרבה ירושלים שהיא מידה רביעית של שם, שהיא אות רביעית של שם, שהיא אות ה', וזהו שאמר 'ברביעי בחמשה לחדש'. ואז השכינה שהיא אות ה' של שם, הנקרא 'אני י"י', הלכה בגולה. וזהו סוד 'ואני בתוך הגולה', ואני ממש, המיהרביעית, אות רביעית של שם הנקרא 'אני י"י', הלכה בגולה. וזהו שאמרו חז"ל: חביבין ישראל שבכל מקום שגלו שכינה עמהם. אם כך הרי הודענוך סוד 'ויהי בשלשים שנה', שהוא סוד שלושים שינויין שהשם מתלבש בהם, וצריכים אנו להכנס בביאור כל אחד ואחד מהם, או מאיזה משפחה הוא:

Y después de resumir estos treinta apodos, ésta es la cuarta *Middah* del nombre, representada por la cuarta letra del nombre, que es la letra

He. Y por eso se dice «el cuarto día del quinto mes». Y entonces la *Shekinah* también es la letra *He* del nombre, que se llama *Ani IHVH*, que fue al exilio. Y éste es el secreto de «yo, en medio del exilio», yo mismo,[27] el cuarto, la cuarta letra del nombre denominado *Ani IHVH*, que fue al exilio. Y es lo que dijeron nuestros sabios, de bendita memoria: «Israel es precioso, porque dondequiera que estuvieran en el exilio, la *Shekinah* estaba con ellos».[28] Ahora conoces el secreto de «Sucedió en el año treinta», que es el secreto de los treinta con los que se viste el nombre.

וקודם שנכנס בביאורם, צריכים אנו להודיעך כי השם הגדול שם יהו"ה יתברך הוא השם המיוחד. ולמה נקרא שמו מיוחד? שהוא מיוחד לישראל לבד ואין לשאר האומות חלק בו. אבל השרים של שאר האומות דבקים בשאר שמות הקודש ובכינויים, שהן כדמיון כנפים וכדמיון מלבוש לשם יהו"ה יתברך, ובאותן הכינויין והמלבושים מתאחזות שרי האומות ומהם נזונים ע' שרים. אבל אין אחד מכל שרי האומות נוגע בשם יהו"ה יתברך, כי אם בשאר השמות ובכינויים ובמלבושים שלו.

Y antes de entrar en la explicación de cada uno de ellos y a qué grupo pertenecen, debemos decirte que el gran nombre IHVH, bendito sea, es el nombre denominado unificado. ¿Por qué su nombre es unificado? Porque es exclusivo de Israel, y las demás naciones no tienen parte en él. Los Príncipes de las otras naciones se acercan a los otros nombres sagrados y a sus apodos, porque son comparables a las alas y el vestido del nombre IHVH, bendito sea. Los Príncipes de las naciones se aferran a estos apodos y a estos vestidos y así se sustentan las setenta naciones. Sin embargo, los Príncipes de estas otras naciones, no pueden acceder al nombre IHVH (48b), bendito sea, sino sólo a sus apodos y a sus vestidos.

---

27. Véase *Ezequiel* (I-1).
28. Véase Talmud, tratado de *Meguilah* (29a).

48b

אבל שם יהו"ה יתברך לבדו מיוחד לישראל, וזהו סוד: ובך בחר יהו"ה להיות לו לעם סגולה מכל העמים אשר על פני האדמה (דב־רים יד, ב), וזהו סוד: כי חלק יהו"ה עמו (שם לב, ט), וזהו יהו"ה נקרא על שם ישראל לבודואין לעובדי גילולים חלק בו, וזהו שאמר כל כל העמים ילכו איש בשם אלוהיו ואנחנו נלך בשם יהו"ה אלהינו לעולם ועד (מיכה ד, ה):

Pero el nombre de IHVH, bendito sea está reservado para Israel, y éste es el secreto de: «y Jehová te ha escogido para que le seas un pueblo singular de entre todos los pueblos que están sobre la faz de la Tierra» (*Deuteronomio* XIV-2), y éste es el secreto: «pues la porción del Eterno es su pueblo» (*Deuteronomio* XXXI-9), porque el nombre del *Eterno* invocado por Israel y las naciones no tienen parte en él, y es lo que ha sido dicho: «Aunque todos los pueblos anduvieren cada uno en el nombre de sus dioses, nosotros con todo andaremos en el nombre del Eterno nuestro Dios para siempre y eternalmente» (*Miqueas* IV-5)

וזהו שאמרו רבותינו ז"ל וראו כל עמי הארץ כי שם יהו"ה נקנקרא עליך ויראו ממך (דברים כח, י). והסוד הגדול יהושע עליו השלום גלהו כשהרגו העי בישראל: רבון העולמים הרי שמך יהו"ה מיוחד לישראל לבד, ואם יכרתו האומות שם ישראל, מה תעשה לשמך הג־דול (יהושע ז, ט), וזהו סוד: כי שמך נקרא על עירך ועל עמך (דניאל ט, יט).

Y esto es lo que dijeron nuestros rabinos, de bendita memoria:[29] «Y verán todos los pueblos de la Tierra que el nombre del *Eterno* es llamado sobre ti, y te temerán» (*Deuteronomio* XXVIII-10). Y el gran secreto de Josué, la paz sea con él, cuando derrotó a *Hai* en Israel diciendo: señor de los mundos, porque tu nombre *El Eterno* es sólo para Israel, «todos los moradores de la Tierra oirán, y nos cercarán, y raerán nues-

29. Véase Talmud, tratado de *Berajoth* (6a).

tro nombre de sobre la Tierra; entonces ¿qué harás tú a tu gran nombre?» (*Josué* VII-9); y éste es el secreto: «Porque tu nombre es invocado sobre tu ciudad y sobre tu pueblo» (*Daniel* IX-19).

ואם תשאל: מהו זה שאמר 'על עירך ועל עמך'? דע כי השרים העליונים יש להם למטה ב' חלקים: חלק אחד בארץ, באותו מקום שאותו השר מושל, וחלק אחד מן האומות, אותה האומה השוכנת באותו המקום. נמצא כל שר מע' שרים יש לו חלק ידוע בארץ וחלק ידוע באומות. זהו סוד ע, משפחות בני נח שכתוב בסוף כל הפרשה: אלה משפחות בני נח לתולדותם בגויהם ומאלה נפרדו הגוים בארץ אחר המבול (בראשית י, לג).

Y si preguntaras a quién corresponde «sobre tu ciudad y sobre tu pueblo», has de saber que los Príncipes superiores tienen aquí abajo dos partes. Una en la Tierra con el Príncipe del lugar y otra parte habita en los mismos lugares que los Príncipes de las naciones. Así, cada Príncipe, entre los setenta Príncipes, tiene una parte conocida en la Tierra y una parte conocida entre las naciones. Y éste es el secreto de las «setenta familias de la descendencia de Noé», mencionadas al final del capítulo: «éstas son las familias de los hijos de Noé por su descendencia, en sus naciones; y de éstas, fueron divididos los gentiles en la Tierra después del diluvio» (*Génesis* X-32).

וסוד 'נפרדו' הוא עניין הפלגה, שבזמן הפלגה נפרדו כל הגויים ללשונותם בארצותם, כאומרו: ומשם הפיצם יהו"ה על פני כל הארץ (שם יא, ט). ובאותו הזמן של הפלגה נתייחדה כל אומה ואומה לשר שלה, כאומרו: עם שר פרס ואני יוצא והנה שר יוון בא (דניאל י, כ).

Y el secreto de «divididos» es la división de los pueblos después del pecado de la torre de Babel, durante el cual las naciones fueron separadas y colocadas en su propia tierra con su propia lengua, según ha sido dicho: «Y desde allí *El Eterno* los dispersó sobre la faz de toda la

48b

Tierra» (*Íbid.* XI-9). A partir de ese momento, cada nación se unió al Príncipe que le fue asignado, como ha sido dicho: «Porque luego tengo que volver para pelear con el Príncipe de Persia; y al salir yo, luego viene el Príncipe de Grecia» (*Daniel* X-20).

ובאותו הזמן לקח כל שר חלקו מן הארץ ומן האומות, והשם יתב־רך לקח חלקו: מן הארץ, ירושלים, ומבני האדם את ישראל, כאמרו: בהנחל עליון גוים בהפרידו בני אדם (דברים לב, ח), ואומר 'כי חלק יהו"ה עמו'. ולפי היות חלק שם יהו"ה מן הארץ ירושלים וחלקו מן האומות ישראל נקרא שם יהו"ה על ירושלים ועל ישראל, וזהו סוד 'כי שמך נקרא על עירך ועל עמך'.

A partir de entonces, cada Príncipe tomó su parte de la tierra y de las naciones. Y *El Eterno*, bendito sea, tomó su porción de la tierra, tomó a Jerusalén y al pueblo de Israel, por lo que ha sido dicho: «cuando el Altísimo hizo heredar a los gentiles, cuando hizo dividir a los hijos de los hombres...» (*Deuteronomio* XXXII-8); y ha sido dicho: «Porque la porción del *Eterno* es su pueblo».[30] Dado que la parte de la tierra del nombre *El Eterno* se refiere a la tierra y la parte de las naciones se refiere a Israel, el nombre *El Eterno* se refiere a Jerusalén e Israel. Éste es el misterio de: «Porque tu nombre es invocado sobre tu ciudad y tu pueblo».[31]

ואם תאמר והכתיב: 'כי בחר י"י בציון' (תהלים קלב, יג), בציון ולא בירושלים? דע כי ההתחלה שירדה שכינה לשכון לירושלים, על ידי ציון היתה, שנאמר: ברוך י"י מציון שוכן ירושלים (שם קלה, כא), ואומר: מציון מכלל יופי אלהים הופיע. כלומר, מציון הופיע השם לשכון בירושלים. הרי לך ידוע סוד שם יהו"ה יתברך שהוא מיוחד לישראל, וזהו סוד: כי לא יטוש יהו"ה את עמו בעבור שמו הגדול

30. Véase *Deuteronomio* (XXXII-9)

31. Véase *Daniel* (IX-19).

(שמואל א יב, כב). כלומר, אף על פי שישראל אינם כל כך צדיקים, לא יטוש י"י את עמו. ומה טעם? לפי שהם חלק שמו הגדול, וכשם ששמו הגדול אינו יכול להשתנות, כך ישראל אין להם כליה, וזהו סוד: אני יהו"ה לא שניתי ואתם בני יעקב לא כליתם (מלאכי ג, ו):

Y si dijeras que está escrito: «Porque *El Eterno* ha escogido a Sion» (*Salmos* CXXXII-13), ¿a Sion y no a Jerusalén? Has de saber que el secreto del nombre *El Eterno*, bendito sea, es exclusivo para Israel, y es este secreto: «Pues *El Eterno* no desamparará a su pueblo, por su gran nombre» (1 *Samue*l XII-22). Es decir que, aunque en Israel no hayan *Tzaddikim*, *El Eterno* no abandonará a su pueblo. ¿Por qué? Porque son parte de su gran nombre. Y así como su nombre es inmutable, Israel nunca terminará. Y éste es el secreto: «Porque yo soy *El Eterno*, no cambio; y vosotros, hijos de Jacob, no os consumís» (*Malaquías* III-6).

ואחר שידעת זה, אודיעך בפירוש המשל שהזכרתי למעלה. דע כי כשהשם יתברך מתראה בפני האומות הוא כדמיון המלך העומד לפני השרים ולפני כל עבדיו, שהוא עומד מלובש לבושי מלכות או לבושי מלחמה, כמו שהודענוך למעלה, ואינו נראה לפניהם זולתי במלבושיו וטכסיסיו.

Y después de que has conocido esto, te explicaré la parábola que mencioné anteriormente. Has de saber que *El Eterno*, bendito sea, es visto (49a) entre las naciones como un rey que está de pie ante sus ministros y ante todos sus siervos. Está vestido con un traje majestuoso o con un traje de guerra, como hemos dicho antes, pues nunca se les aparece sin sus vestimentas y ornamentos.

ולפיכך אין השם נראה כלל לעובדי כוכבים, לפי שרוב הכינויין והמ־לבושים מכסין אותו ומעלימין אותו מהם. וכשהשם יתברך עומד עם קהל ישראל הרי הוא עומד עמהם כמלך עם בני ביתו ומסיר ממנו קצת הלבוש, כמו שדרך המלך להסיר קצת מלבושיו בהיותו

49a

עומד עם בני ביתו, וזהו סוד: שלש פעמים בשנה יראה כל זכורך את פני י"י אלהיך (דברים טז, טז), ואמרו חכמינו ז"ל: כשם שהוא בא לראות כך הוא בא ליראות.

De ahí que *El Eterno* nunca puede ser visto por las naciones, porque sus nombres y sus ropas lo cubren y lo camuflan. Cuando *El Eterno*, bendito sea, se presenta ante la comunidad de Israel, se comporta ante ellos como un rey con su casa y se quita parte de sus vestimentas, cuando está con los miembros de su casa. Y éste es secreto: «Tres veces cada un año parecerá todo varón tuyo delante del *Eterno* tu Dios» (*Deuteronomio* XVI-16). Y enseñaron nuestros sabios, de bendita memoria: «Como viene a ver, viene a ser visto».[32]

וסוד גדול רמוז בכאן, וזהו סוד 'הכל חייבים בראייה' ואף על פי שהשם יתברך כשהוא מתייחד עם ישראל במקדש מסיר קצת הכי־נויין שהם מלבושיו, כאמרם בעניין שם המפורש 'במקדש ככתבו ובמדינה בכנויו', והרי ישראל רואין אמיתת שם יהו"ה יתברך ויתב־רך משאר האומות, אף על פי כן עדיין הוא לבוש קצת המלבושים והכינויין.

Y aquí se alude a un gran secreto, y el secreto es: «Todo debe ser visto».[33] Porque cuando *El Eterno*, bendito sea, se conecta con Israel a través del templo, retira una parte de sus apodos, que son sus vestiduras, sin embargo, todavía lleva algunas de las prendas y apodos. Por lo que a propósito del nombre unificado ha sido dicho: «en el templo se expresa a través de su escritura y en la tierra a través de sus apodos». Después de todo, Israel ve la verdad del *Eterno*, bendito sea, más que las otras naciones y sin embargo, todavía lleva algunas de las prendas y apodos.

32. Véase Talmud, tratado de *Jaguigah* (2, 3).

33. Véase *Mishnah Jaguigah* (1,1)

49a

והטעם, לפי שאין כל ההמון ראויים להגיע לאמיתתו של שם יהו"ה, ואינם יכולין לדעת תכלית עצומו. אבל כששהשם יתברך מתייחד עם הצדיקים והחסידים, אבות העולם והאיתנים, אז הוא מסיר ממנו כל הכינויין, ונשגב יהו"ה לבדו, ונמצא שם יהו"ה יתברך עומד עם ישראל כמלך שפשט כל מלבושיו ומתייחד עם אשתו. וזהו סוד: שובו בנים שובבים נאם י"י כי אנכי בעלתי אתכם (ירמיהו ג, כב), ואומר וארשתיך לי לעולם (הושע ב, כא). וארשתיך, כמו שהמלך פושט מלבושיו ומתייחד עם אשתו, כך שם יהו"ה פושט כל כינוייו ומלבושיו ומתייחד עם ישראל, עם חסידיהם הפרושים והטהורים, וזהו סוד: פשטתי את כתנתי איככה אלבשנה (שיה"ש ה, ג).

Y la razón es que no todas las masas son dignas de alcanzar la verdad del nombre del *Eterno*, bendito sea, y nadie puede conocer la intimidad de su esencia. Pero cuando *El Eterno*, bendito sea, se une a los *Tzaddikim* y a los *Jassidim*, los patriarcas del mundo y a los poderosos, entonces se muestra desnudo sin apodo alguno, y entonces *El Eterno*, bendito sea, se presenta a Israel como un rey que se ha quitado la ropa y se queda a solas con su mujer. Y éste es el secreto de: «Volved, hijos infieles, dice *El Eterno*, porque yo soy vuestro dueño» (*Jeremías* III-14). Y ha sido dicho: «Yo seré tu novio para siempre» (*Oseas* II-21). «Seré tu novio», como un rey que se quita sus ropas y se queda a solas con su mujer, así el nombre *El Eterno* se despoja de todos sus apodos y vestidos porque está unido con Israel, con su piedad y su pureza. Y éste es el secreto de: «Me he quitado mi manto, ¿cómo me lo volveré a poner?» (*Cantar de los Cantares* V-3).

ופירוש פסוק זה: היה הקב"ה מתרעם על ישראל ואומר הרי פשטתי את כתנתי ממני, כל אותם הכינויים הנקראים כתנתי, כדי שלא יאחזו בשמי שרי עובדי גילולים, ונשארתי עם ישראל לבד; מדוע אתם חוטאים ורוצים שאחזור ללבוש אותן הכינויין ויתאחזו שרי עובדי גילולים בהן ויוליכו אתכם בגלות? לפיכך אמר 'פשטתי את כתנתי'. חזר ואמר 'רחצתי את רגלי איככה אטנפם', כלומר רחצתי את השכינה, הנקרא הדום רגלי, מטנוף ארץ העמים כשהוצאתי אותה מן

49a

הגלות שגלתה עם ישראל, והיאך אתם גורמין שאוליך אותה בגלות עמכם בארצות העמים ויטנפו אותה בטומאתם? וזהו סוד 'רחצתי את רגלי איככה אטנפם'.

El significado del versículo es: el Santo, bendito sea, se enojó con Israel, diciendo «Me he quitado mi manto», todos los apodos llamados «mi manto», para que los Príncipes paganos no se aferren a mi nombre y yo estaré solo con Israel». «con Israel. ¿Y por qué volvéis de nuevo al pecado? ¿Y queréis que vuelva a vestir el mismo apodo y sea retenido por ministros del exilio y os lleve al exilio? Por eso dice: «Me he quitado mi manto», y a continuación dice: «He lavado mis pies, ¿cómo los ensuciaré?»,[34] es decir: he limpiado a la *Shekinah*, llamada «mi reposapiés», de la inmundicia de las naciones, cuando la saqué del exilio que sufrió con Israel. ¿cómo me hiciste exiliarla contigo a las tierras de las naciones que la contaminan con su impureza? Éste es el secreto de: «He lavado mis pies, ¿cómo los ensuciaré?».

ואם כן התבונן, כשהלכו ישראל בגלותם לבש יהו"ה שלושים הכינויין שהן הכתונ"ת, ואז נתאחזו בו האומות, וזהו סוד: אלהים באו גוים בנחלתך (תהלים עט, א), ואז גלו לבבל, וזהו ויהי בשלושים שנה (יחזקאל א, א). או"י וו"י כשהשם נתלבש כל הכינויין והמלבושים וירדה שכינה לבבל, כאומרו 'ואנ"י בתוך הגולה על נהר כבר' נהר שכבר היה, מאותם היוצאים מעדן. כל זה בגלות. אבל לעתיד לבוא, בהיות השכינה חוזרת למקומה, יפשוט השם כל אותן המלבושין והכינויין והכנפים, ואז יראו ישראל את השם לעין, וזהו סוד: ולא יכנף עוד מוריך והיו עיניך רואות את מוריך (ישעיהו ל, כ).

Y si es así, cuando Israel fue al exilio, *El Eterno* le puso treinta apodos, que formaban el manto, y entonces las naciones invadieron. Y éste es el secreto de: «¡Oh Dios! las naciones han invadido tu heredad» (*Sal-*

34. Véase *Cantar de los cantares* (V-3).

mos LXXIX-1). Y así fueron exiliados a Babel. «Y sucedió el año treinta» (*Ezequiel* I-1). ¡Ay! Cuando *El Eterno* se vistió con todos sus apodos y sus vestiduras, y la *Shekinah* bajó a Babel, se dice: «Yo estaba entre los exiliados en el río Kevar».[35] El río Kevar era de uno de los que salieron del Edén. Todo esto tiene lugar en el exilio, pero en el futuro, cuando la *Shekinah* regrese a su lugar, *El Eterno* se despojará de sus ropas, sus apodos y sus alas, y entonces Israel contemplará al Eterno con sus ojos. Y éste es el secreto de: «tus enseñadores nunca más te serán quitados, sino que tus ojos verán tus enseñadores» (*Isaías* XXX-20).

כלומר, לא יכנף עוד, לא יתלבש עוד אותן הכינויים הנקראים כנפים, שבהן היה השם יתברך מתכסה ומסתתר מישראל ולא היו זוכין לראותו. וזהו סוד 'ולא יכנ"ף עוד מוריך'. מה כתיב בתריה? 'והיו עי־ניך רואות את מוריך', וזהו סוד: כי עין בעין יראו בשוב ה' ציון (יש־עיהו נב, ח), וכתיב ואמר ביום ההוא הנה אלהינו זה קוינו לו ויושי־ענו זה י"י קוינו לו (שם כה, ט), אימתי? בזמן שיפשיט י"י המלבושים והכינויים ויסיר הכנפים, וזהו פירוש 'ולא יכנף עוד מוריך'.

Es decir, ya no tendrá alas, ya no usará los mismos apodos llamados «alas» con los cuales *El Eterno* cubre y protege a Israel, que ya no tiene el mérito de contemplarle. Y éste es el secreto de «tus ojos verán tus enseñadores», y es el secreto de: «porque ojo a ojo verán cuando *El Eterno* vuelva a traer a Sion» (*Isaías* LII-8). Y está escrito: «y se dirá en aquel día: he aquí, éste es nuestro Dios, a quien esperamos, y nos ha salvado» (*Ibid.* XXV-9). ¿Cuándo? En el tiempo en el que *El Eterno* se despojará de sus ropas, sus apodos y sus alas (49b), y ésta es la explicación del versículo «tus enseñadores nunca más te serán quitados».

35. Véase *Ezequiel* (I-1).

49b

ומניין שהכנפים הם מסתירות ומכסות? כתיב: ותחת הרקיע כנפיהם ישרות אשה אל אחותה לאיש שתים מכסות להנה ולאיש שתים מכסות להנה את גויותיהם (יחזקאל א, כג) אמר בשתיהן לשון כי־סוי. וכתיב: שש כנפים לאחד בשתים יכסה פניו ובשתים יכסה רגליו ובשתים יעופף (ישעיהו ו, ב).

¿Y dónde se esconden y cubren las alas? Ha sido escrito: «Y debajo del firmamento estaban las alas de ellos derechas la una a la otra; a cada uno dos, y otras dos con que se cubrían sus cuerpos» (*Ezequiel* I-23). El verbo «cubrir» (מכסות) se repite dos veces. Y ha sido escrito: «Y encima de él estaban serafines: cada uno tenía seis alas; con dos cubrían sus rostros, y con dos cubrían sus pies, y con dos volaban» (*Isaías* VI-2).

עפיפה וכיסוי באין כאחד. משנסתלקה שכינה ועשתה לה כנ־פים, הלכה לה ולא ראו אותה ישראל, וכתיב: וירכב על כרוב ויעף (תהלים יח, יא). זאת היתה אחת מעשר מסעות שנסעה שכינה, כדאיתא בראש השנה. נמצאת למד כי הכינויים שהם סוד הכנפים, והם סוד הכתנת שמתלבש בה שם יהו"ה יתברך. וכשמתלבש בכו־תונת אזי הוא נסתר ונעלם, ולפיכך אמר כמזהיר את ישראל: פש־טתי את כתנתי איככה אלבשנה (שיה"ש ה, ג), בסוד 'ולא יכנף עוד מוריך':

Volar y cubrirse son dos cosas distintas. Cuando la *Shekinah* desea apartarse, se construye alas y se va. Se va, e Israel ya no la ve más. Y ha sido escrito: «y cabalgó sobre un querubín y voló» (*Salmos* XVIII-11). Éste es uno de los diez viajes que realiza la *Shekinah* en *Rosh haShannah*. Por consiguiente, los apodos son el secreto de las alas y son el secreto del manto del que esta revestido *El Eterno*, bendito sea. Cuando se viste con el mando, se oculta y desaparece, y por eso cuando advirtió a Israel dijo: «Me he quitado mi manto, ¿cómo me lo volveré a poner?» (*Cantar de los Cantares* V-3), en el secreto de «tus enseñadores nunca más te serán quitados».

ואם תשאל ותאמר: וכי מאחר שאמרת שהשם יתברך יסיר לע־תיד לבוא הכתונת והכנפים, ואם כן נמצאו השרים העליונים הש־בעים אובדין מן העולם, ונמצאת צורת המרכבה העליונה פגומה כגוף חסר אברים, ונמצאת השורה חסרה? דע שאין הדבר כן, והנני מבאר בעזרת השם. דע כי השם יתברך סידר המערכות העליונות וצורת המרכבה בסוד ע' שרים שבהן נראית מלכותו במעלתה הגדו־לה, והשרים הם כעבדים העומדים מחוץ לבית המלך והם המזומנים לעשות חפציו, וברוב השרים והשמשין והעבדים נראית גדולת המלך וממשלתו, כאומרו: ברוב עם הדרת מלך ובאפס לאום מחתת רזון (משלי יד, כח).

Y si preguntas y dices: pero has dicho que *El Eterno* se quitará el manto y las alas en el futuro, cuando los setenta Príncipes superiores se pierdan del mundo, y la forma de la *Merkavah* superior se disloque, como un cuerpo desmembrado, despojado de su espacio. ¿Se alterará entonces su rango? Has de saber que no se alterará, con la ayuda de Dios. Has de saber que *El Eterno*, bendito sea, ordena las constelaciones superiores y forma la *Merkavah*, a través del misterio de los setenta Príncipes por los que brilla su reino en la inmensidad celeste. Los Príncipes son como los sirvientes que están fuera de la casa real, esperando que se cumpla una orden. Y es por la importancia de las ordenanzas, los siervos y los Príncipes, que se determina la grandeza de la influencia de un rey y de su gobierno, pues ha sido dicho: «En la multitud de pueblo está la gloria del rey, y en la falta de pueblo la flaqueza del Príncipe» (*Proverbios* XIV-28).

ולפיכך כל ע' שרים שעומדין מבחוץ לשורה הפנימית, כולן הם כמו עדות לגודל מלכותו של שם יהו"ה יתברך, וכולן הם כלולים בסוד צורת אדם נ, ועליהם אמר דוד המלך עליו השלום פרשה אחת: מן המיצר קראתי יה ענני במרחב יה יהו"ה לי לא אירא מה יעשה לי אדם (תהלים קיח, ה, ו).

49b

Por lo tanto, cada uno de los setenta Príncipes, que están fuera del espacio interior, todos ellos dan testimonio de la grandeza del reino del nombre *El Eterno*, bendito sea, y todos ellos están contenidos en el secreto de la forma del Adán (primordial), y a este respecto el rey David, la paz sea con él, dijo: «Desde la angustia invoqué a *Iah*; y me respondió *Iah*, poniéndome en anchura. *El Eterno* está por mí; no temeré lo que me pueda hacer el hombre» (*Salmos* CXVIII-5 y 6).

וכי השם הגדול הוא משתווה עם אדם שהוא בריה נקלה רמה ותולעה? ומה שבח הוא לשם יתברך שאמר 'טוב לחסות בה' מבטוח באדם', וכי ראוי לומר דבר כזה? והלא שוטה שבשוטים מבין דבר זה, ומה שבח הוא למקום? דע שאין הדבר כן, אבל הוא סוד עמוק מסתרי המרכבה. והוא שיש לך לדעת כי במרכבה העליונה מסודרים סביב סביב ע' שרים והם כלולים, ליודעין הסודות, בסוד סדר הצורה הנקראת אד"ם.

¿Sería *El Eterno*, grande, comparable a Adán, que no es más que una criatura modesta y defectuosa? ¿Cómo puede haber una alabanza para *El Eterno* si ha sido dicho: «Mejor es confiar en *El Eterno* que confiar en el hombre»?[36] pues el más estúpido de los estúpidos entiende esto. Has de saber que no es así, sino que se trata de un profundo secreto, de los secretos de la *Merkavah*. Has de saber que alrededor de la *Merkavah* superior, los setenta Príncipes están dispuestos para contener el conocimiento de los secretos a través del secreto de la forma denominada «Adán».

וכשהן כולן מקובצים בשבעים כתריהן, כולם כאחד נקראין אד"ם. וכולם עיניהם צפויות לשם יהו"ה יתברך לתת להם כוח ומזון וקיום ופרנסה במה שיתקיימו ויוכלו כל אחד מהם לפרנס אומה שלו. וכו־

36. Véase *Salmos* (CXVIII-8).

לם אין להם כוח ולא אור מעצמם כי אם משם יהו"ה יתברך, שהוא המקור והמעיין שממנו כולם שואבים ומתפרנסים והוא נותן פרס לכל אחד ואחד מן השרים העליונים, ומאותו הפרס שנותן לכל אחד מהם מפרנס כל שר ושר אומה שלו ומשפיע טובה לאותו החלק שיש לו בארץ ובאומה שנפלה בחלקו.

Cuando son coronados con sus setenta coronas, cada uno de ellos es llamado «Adán». Y todos sus ojos están puestos en el nombre de IHVH (יהו"ה), que les concede fuerza y sustento para vivir, y así cada uno puede proveer a su propia nación. Sin embargo, no tienen poder ni luz propia, salvo la que proviene del nombre de IHVH (יהו"ה), bendito sea, que es la fuente y el manantial, del que todos extraen y sostienen. Porque es él quien da una dimensión a cada uno de los Príncipes superiores, y por esta dimensión cada Príncipe puede apoyar a su nación y conceder el bien a la parte que cae bajo su parte.

ובדרך זה כל ראש השנה שבעולם נותן ה' יתברך חלק לכל שר ושר מכל שרי האומות במה שיפרנס ארצו ואומתו, וזהו סוד 'ועל המדינות בו יאמר, איזו לרעב, ואיזו לשובע, ובריות בו יפקדו להזכירם לחיים ולמות' וכו'. ואין לאומה בעולם כוח להוסיף לה על החלק שנתנו לשר שלה בראש השנה. ואפילו התפלל אותה האומה בתוך השנה כדי שיוסיפו לה טובה ומזון על מה שנגזר בראש השנה כל תפילותיהם לריק. אבל ישראל אינם כן, שהם חלק יהו"ה יתברך, ואף על פי שעמדו לדין בראש השנה כל יום שירצו יקרעו אותו הדין ויחדשו עליהם טובה, וזהו שאמר בתורה: ומי גוי גדול אשר לו אלהים קרובים אליו כיהו"ה אלהינו בכל קראינו אליו (דברים ד, ז). התבונן מאוד גדולת פסוק זה.

Y de este modo, durante todos los *Rosh haShannah, El Eterno* concede una parte a cada Príncipe de cada nación del mundo, y ese Príncipe defenderá su tierra y su pueblo. Y éste es el secreto de: «de las naciones dice: las que sufrirán hambre o tendrán abundancia, y todas las criaturas serán visitadas y llamadas a la vida o a la muerte, etc.».[37] No hay ninguna nación en el mundo que tenga el poder de aumentar la parte que se le da a su Príncipe, durante *Rosh haShannah*. E incluso si esta nación rezara durante el año para recibir más favores y sustento que los prometidos durante *Rosh haShanah*, sus oraciones serían en vano. Sin embargo, Israel puede cancelar cualquier fallo y sustituirlo por un nuevo favor, siempre que lo desee, ya que forma parte del nombre del *Eterno*, bendito sea, y aunque se haya dictado un fallo durante *Rosh haShannah*, siempre que lo desee, ese fallo puede ser cancelado y sustituido por un nuevo favor. Como se dice en la *Torah*: «Porque ¿qué nación grande hay que tenga a Dios cercano de sí, como lo está el Eterno, nuestro Dios en todo cuanto le pedimos?» (*Deuteronomio* IV-7). Examina con mucho cuidado este versículo (50a).

וכתיב: לעשות משפט עבדו ומשפט עמו ישראל דבר יום ביומו (מלכים א, ח) כלומר, בכל יום ויום יכולין ישראל לקרוע הדין שנגזר עליהם בראש השנה, ולחדש אותו לטובה, מה שאין אומה בעולם יכולה לעשות, שאין שום אחד מכל שבעים שרים יכול להוסיף לאומתו יותר מאותו פרס וחלק שנתנו לו בראש השנה, ולפיכך תיקנו בתפילה של ראש השנה עלינו לשבח וכו'.

Y está escrito: «para que él haga el juicio de su siervo, y de su pueblo Israel, según las necesidades de cada día» (1 *Reyes* VIII-59). Esto significa que en cualquier día Israel puede anular el juicio pronunciado sobre él durante *Rosh haShannah* y sustituirlo por una bendición, lo que no puede hacer ninguna otra nación del mundo, pues ninguno de los otros setenta Príncipes puede aumentar la parte que se le concede en *Rosh haShannah*. Por eso hay que optar por insertar el para insertar la oración *Aleinu* en el servicio de *Rosh haShannah*.

37. Véase *Midrash Vaikrá Rabbah* (29,1).

50a

ואם תבין היטב תמצא שהזכירו בתפילה זו סוד שבעים אומות שהם שבעים משפחות בני נח, ולפיכך הזכיר 'גויי הארצות ומשפ־חות האדמה'. ומה שאמר 'שהם מתפללים אל א"ל לא יושיע', וכי אל הוא? אלא שר הוא, שכל שר מהם נקרא א"ל מצד גדולתו ומעלתו, אבל אינו יכול להושיע, שאין שר אחד מכל השרים העליונים יכול להוסיף בזו אומה ואומה צופה לחלק שנותנין לו מבית המלך הגדול יהו"ה יתברך, כאחד מן החסרים שבעולם גם הוא מקבל חלק, ול־פיכך 'לא יושיע', לא יושיע בוודאי, שאין תשועה זולתי בשם יהו"ה יתברך, וזהו: 'ישראל נושע ביהו"ה תשועת עולמים' (ישעיהו מה, יז). ולפיכך יש לך להתבונן היאך כל השרים העליונים גם הם חסרים מעצמן עד שהשם יתברך נותן להם מזון ופרנסה:

Y si entendéis bien, encontraréis que en esta oración recordaron el secreto de las setenta naciones que son las setenta familias de los hijos de Noé. Por eso se menciona «las naciones de la tierra y las familias de la tierra». ¿Y por qué dice: «rezan a *El* que no puede salvarlos»? Esto no se refiere realmente a *El*, sino a uno de los Príncipes, ya que cada uno de los Príncipes es llamado *El*, debido a su grandeza y su elevación, aunque no puede ayudar, ya que ningún Príncipe, entre todos los Príncipes superiores, puede aumentar o disminuir la parte que se le concede durante *Rosh haShannah*. Porque el Príncipe de cada nación debe proveer con la parte que se le da de la casa del gran rey, *El Eterno*, bendito sea, así como el que es indigente en el mundo recibe una parte, pero «no se salvará». Ciertamente no se salvará, porque no hay salvación fuera de *El Eterno*, bendito sea, y es: «Israel ha sido salvado por *El Eterno* con salvación eterna» (*Isaías* XLV-17). Vemos así cómo los recursos de todos los Príncipes superiores son deficientes en comparación con *El Eterno*, bendito sea, que les concede alimento y subsistencia.

ודע כי מן אות ראשונה של שם יהו"ה יתברך מקבלין כל השרים וכל האומות פרנסה, וזהו סוד: פותח את ידיך ומשביע לכל חי רצון (תהלים קמה, יז), פותח את יודי"ך בודאי. ולפיכך תמצא שאמר הכתוב טוב לחסות בי"י מבטוח באד"ם (שם קיח, ח), כי אין לבטוח

50a

בתשועת כל השרים הכלולים בשם אדם, שהרי כל הנמצאים שב־
עולם עליונים ותחתונים אין להם שפע מעצמם זולתי מהמלך הג־
דול שהוא יהו"ה יתברך. ולפיכך אמר 'טוב לחסות ביהו"ה מבטוח
באד"ם', באדם הידוע שהוא כולל כל המרכבה. וחזר ואמר: 'טוב
לחסות בה' מבטוח בנדיבים'.

Y has de saber que a partir de la primera letra del nombre IHVH (יהו"ה), bendito sea, todos los Príncipes y todas las naciones reciben su sustento, y éste es el secreto de: «abres tu mano,[38] y sacias el deseo de todo viviente» (*Salmos* CXLV-16). Así verás lo que dice lo que está escrito: «Mejor es esperar en *El Eterno* que esperar en hombre» (*Salmos* CXVIII-8). Porque no se puede confiar en la salvación de todos los Príncipes contenidos en el nombre «Adam» porque todos los seres que están en los mundos superior e inferior no tienen abundancia por sí mismos excepto el gran rey que es *El Eterno,* bendito sea. Y por eso ha sido dicho: «mejor es esperar en *El Eterno* que esperar en hombre», en Adam que es conocido por incluir toda la *Merkavah.* Y a continuación dice: «mejor es confiar en *El Eterno* que confiar en Príncipes».

מה הוא נדיבים? אלא יש לך לדעת כי שבעים שרים הם עומדין
בשורה סביב למרכבה, מהם לימין ומהם לשמאל, ואותן השרים
העומדים לצד ימין כולם נדיבים ויותר ותרנים, אבל העומדין לצד
שמאל כולם קשים ואינם נותנים אפילו לאומה שלהם וולתי בדין
ובקושי. ולפיכך חזר ואמר בפסוק זה 'מבטוח בנדיבים', אולי תחשוב
שיש לו לאדם לבטוח באלו השרים הנדיבים העומדים לצד ימין, גם
אלו אינם כלום לבטוח בהם, שאין להם תשועה זולתי מה שנותן להם
השם שהוא יהו"ה יתברך, ולפיכך אמר 'טוב לחסות ביהו"ה מבטוח
בנדיבים'.

38. Esta primera letra es la letra *Iod,* y en hebreo «mano» se dice *Iad.*

50a

¿Qué es *Nedivim* (Príncipes)? Has de saber que setenta Príncipes están haciendo fila alrededor de la *Merkavah*, unos a la derecha y otros a la izquierda. Los Príncipes que están a la derecha son generosos y conciliadores, mientras que los del lado izquierdo son todos duros y ni siquiera les dan justicia a las naciones. Y por eso se repite en este versículo que no se debe confiar en los *Nedivim,* aunque se puede suponer que los Príncipes generosos del lado derecho son dignos de confianza, pues bien, tampoco en estos se puede confiar ya que no pueden dar más de lo que les ha sido asignado por el nombre del *Eterno*, bendito sea, y por eso se dice «mejor es confiar en *El Eterno* que confiar en Príncipes».

אחר כל זה פירש יותר ואומר, כי כל אותם השרים העליונים, כמו שהם מקיפים סביב סביב לשם יהו"ה יתברך כך המשפחות שלהם למטה מקיפים סביב סביב לישראל, שהם חלק יהו"ה יתברך, ולפיכך אמר 'כל גוים סבבוני בשם יהו"ה כי אמילם'.

Después de todo esto, he de explicarte más y decir que todos los Príncipes superiores rodean el nombre *El Eterno*, bendito sea, sus familias de abajo también rodean a Israel, que es parte del nombre *El Eterno*, bendito sea, y por lo tanto ha sido dicho: «Todas las naciones me cercaron; en el nombre del *Eterno* que yo los talaré».[39]

ראה כמה פירש כאן טעם הפסוק. הנה אמר למעלה ביהו"ה באמצע והשרים סביביו, ולמטה, ישראל באמצע וכל הגויים סביביו. ומה טעם ישראל באמצע? לפי שהם חלק של יהו"ה וירשו הארץ שהיא חלק יהו"ה למטה, שהיא ירושלים. ולפיכך אמר: זאת ירושלים חלק יהו"ה בתוך הגוים שמתיה וסביבותיה ארצות (יחזקאל ה, ה).

---

39. Véase *Salmos* (CXVIII-10).

50a

Ve cómo se interpreta el significado de este versículo. He aquí que arriba está *El Eterno* en el centro rodeado por los Príncipes, y sin embargo abajo está Israel en el centro, pero rodeado por las naciones. ¿Qué significa Israel en el centro? Significa que forma parte del *Eterno*, heredarán la tierra que corresponde a la porción del *Eterno* de abajo, o sea Jerusalén. Y por tanto dijo: ésta es Jerusalén: yo la puse en medio de los gentiles y de las tierras alrededor de ella» (*Ezequiel* V-5).

הלא תראת כי שלושה עומדים באמצע, יהו"ה למעלה וכל השרים סביביו, כמו שנאמר: ראיתי את יהו"ה יושב על כסאו וכל צבא השמים עומד עליו מימינו ומשמאלו (מלכים, כב, יט) וישראל למטה באמצע וכל הגוים סביבם, וזהו שאמר: כל גוים סבבוני (תהלים קיח, א) וירושלים שהיא נחלת יהו"ה, והוא הארץ ישראל מקפת סביבותיה ארצות גוים, זהו שאומר הכתוב: זאת ירושלים בתוך הגוים וגו'. הרי לך מבואר כי שם יהו"ה וישראל וירושלים, שלושתן באמצע, וכל שאר השרים והממשלות הם סביבותיהם.

Vemos que tres están en el centro, *El Eterno* arriba rodeado por todos los Príncipes, como ha sido dicho: «Yo vi al *Eterno* sentado en su trono, y todo el ejército de los cielos estaba junto a él, a su diestra y a su siniestra» (1 *Reyes* XXII-19). Israel abajo en el centro, rodeado por las naciones, por lo que ha sido dicho: «Todas las naciones me rodean» (*Salmos* CXVIII-1). Y Jerusalén, que es la heredad del *Eterno*, y es la tierra de Israel, rodeada por las naciones, por lo que está escrito: «ésta es Jerusalén entre las naciones». Así queda claro: el nombre *El Eterno*, Israel y Jerusalén, los tres en el centro, con todos los Príncipes y sus constelaciones rodeándolos.

לפיכך אמר דוד: כל גוים סבבוני בשם יהו"ה כי אמילם, כלומר: באים להצר אותי ולהרע אתי, אבל איני מתיירא מהם ולא מן השרים העליונים שלהם. ומה טעם? לפי שחלק יהו"ה עמו, וחלק ישראל הוא יהו"ה שהוא אדון כולם ומפרנס כולם, ולפיכך אמר 'בשם יהו"ה

כי אמילם'. ומהו לשון אמילם? הנני מגלה עיניך בסתרים עליונים בעזרת השם:

Así dijo David: «todas las naciones me cercaron (50b); en el nombre del *Eterno,* que yo los talaré» (*Salmos* CXVIII-10). Para decir: vienen a afligirme, pero no les temo ni a ellos ni a los Príncipes superiores. ¿Y cuál es el punto? Porque la parte del *Eterno* está con él, y la parte de Israel es *El Eterno,* que es el señor de todos y sustenta a todos. Por eso ha sido dicho: «en el nombre del *Eterno,* que yo los talaré». ¿Y qué significa «talaré? Revelaré a tus ojos los más altos secretos con la ayuda de Dios:

דע כי שבעים השרים נתנו להם ארבעה ראשים להצר לישראל; ובשעה שהם חוטאים, אותן ארבעה ראשים נכנסים באמצע ומבדילים בין יהו"ה ובין ישראל, ובשעה שהם עומדים באמצע הרי ישראל לביזה ולקלס לחרפה ולשממה ביד כל שאר האומות. והנה כל הצינורות שהיו באים לישראל מכל הטובות הנשפעות משם יהו"ה, הרי כולם נשחתות ושופכות אל ארצות שרי האומות. ועל זה צעק שלמה המלך עליו השלום ואמר: תחת שלש רגזה ארץ תחת עבד כי ימלוך (משלי ל, כא), אלו הם השרים העליונים שלוקחים השפע מן הצינורות שבאים לישראל שנשתברו ושופכים להם, והרי הם מלכים במקום ישראל.

Has de saber que a los setenta Príncipes se les dieron cuatro cabezas para afligir a Israel; y cuando ellos pecan, estas cuatro cabezas se insertan en el centro entre *El Eterno* e Israel, y cuando están en el centro de las montañas de Israel sufre saqueos, vergüenza y desolación en manos de todas las demás naciones. Y he aquí que todos los canales que influyen en Israel y todas las bondades que abundan en el nombre del Eterno, se rompen y derraman sus bendiciones en las tierras de los Príncipes de las naciones. Por esta razón, el rey Salomón dijo con dolor: «Por tres cosas se alborota la Tierra, y la cuarta no puede sufrir: por el siervo cuando reinare; y por el necio cuando se hartare de pan» (Pro-

50b

verbios XXX-21 y 22). Estos son los Príncipes superiores que toman la afluencia de los canales, destinados a Israel, antes de que se rompan e inciten a las naciones, y por eso ahora gobiernan en lugar de Israel.

'ונבל כי ישבע לחם', אלו הן העובדי גילולים של שבעים שרים שהם שבעים ודשנים מרוב הטובה הבאה להם מן השרים שלהם, מן השפע הגדול שהיה בא לישראל ונשתברו הצינורות יקבלו השרים אותו השפע, וכשהשרים של האומות מלאים מטובתן של ישראל אז האומות שלהן עשירים ונשפעים מלאים כל טוב. ולפיכך תמצא ששרי האומות מצפים אימתי יחטאו ישראל ויכנסו שרי האומות בין יהו"ה ובין ישראל, ויקבלו הם השפע שהיה בא לישראל מאת יהו"ה. ועל זה אמר הנביא: הן לא קצרה יד י"י מהושיע ולא כבדה אזנו משמוע כי אם עונותיכם היו מבדילים ביניכם לבין אלהיכם (ישעיהו כט, ב).

«El necio cuando se hartare de pan», estos son los impíos que reciben de los bienes que les llegan de sus Príncipes, la gran *Shefa* destinada a Israel, cuando los canales están rotos y los Príncipes se han apoderado de esta *Shefa*. Y cuando los Príncipes de las naciones están llenos del bien de Israel entonces sus naciones son ricas y prósperas, llenas de todo bien. Por esta razón, los Príncipes de las naciones se empeñan en que Israel peque y los Príncipes de las naciones se interponen entre *El Eterno* e Israel, y reciben la *Shefa* que hubiera venido a Israel de parte del *Eterno*. Y por esta razón dijo el profeta: «He aquí que no es acortada la mano del *Eterno* para salvar, ni es agravado su oído para oír; pero vuestras iniquidades han hecho división entre vosotros y vuestro Dios» (*Isaías* LIX-1 y 2).

ולפיכך אמר: 'כל הגוים סבבוני בשם יהו"ה כי אמילם'. ומהו לשון אמילם? דע שאותן הארבעה ראשים שנתנו אל שבעים השרים להצר ולהרע לישראל ולהכנס בין ישראל ובין יהו"ה, כשישראל חוטאים אותם הארבעה ראשים נקראים ארבע קליפות, ונקראות

50b

ערלה בכל מקום אלו הארבע קליפות, השלוש מהן קשות עד מאוד, והקליפה הרביעית הסמוכה לשם יהו"ה דקה. ולפיכך אמר יחזקאל במעשה מרכבה, כשהיו ישראל בגולה:

Y por lo tanto dijo: «Todas las naciones me cercaron; en el nombre del *Eterno*, que yo los talaré».[40] ¿Y qué significa «los talaré»? Has de saber que aquellas cuatro cabezas que dieron a los setenta Príncipes para angustia y mal de Israel y para interponerse entre Israel y *El Eterno*, cuando Israel peca, las cuatro cabezas se llaman cuatro *Klippoth*, y estas cuatro cabezas se llaman «prepucio» en todas partes. Y tres de ellas son muy duras y gruesas, y la cuarta *Klippah* que está cerca del nombre del *Eterno* es delgada. Por eso Ezequiel dijo en el *Maasé Merkavah* cuando Israel ya estaba en el exilio:

דעו ישראל כי הד' הקליפות הקשות אני רואה אותן שמבדילות ביניכם ובין יהו"ה, לפיכך אתם בגלות בבל. כיצד? בתחילה אמר: נפתחו השמים ואראה מראות אלהים (יחזקאל א, א), ואחר כך פירש ואמר כי מראות אלהים שראה, לא ראה אותן מיד אבל ראה קודם לכן אלו הקליפות מפסיקות בינו ובין מראות אלהים. ומשום הכי פירש ואמר; וארא והנה רוח סערה באה מן הצפון, הרי קליפה אחת; חזר ואמר 'ענן גדול', הרי קליפה שנייה; 'ואש מתלקחת', הרי קליפה שלישית; 'ונוגה לו סביב' הרי קליפה רביעית הדקה שאמרנו. ואחר כך התחיל לומר סוד ה', ואמר: ומתוכה כעין החשמל, ובסוף פירש ואמר: הוא מראה דמות כבוד יהו"ה. הרי לך אלו הארבע קלי־פות הן מפסיקות בין ישראל ובין יהו"ה.

Has de saber, Israel que he visto las cuatro duras *Klippoth* que te separan del *Eterno*, y, por lo tanto, estás en el exilio en Babilonia. ¿Cómo? Al principio dijo: «los cielos se abrieron, y vi visiones de Dios» (*Ezequiel* I-1), y luego interpretó y dijo que no vio estas visiones inme-

40. Véase *Salmos* (CXVIII-10).

diatamente, sino que vio las *Klippoth*, que actuaban como separación entre él y *Elohim*. Y para explicarlo, añade: «Y miré, y he aquí un viento tempestuoso venía del norte», primera *Klippah*; «una gran nube», segunda *Klippah*; «un fuego encendido», tercera *Klippah*, «un resplandor a su alrededor» la cuarta *Klippah* delgada de la que hablamos. Y entonces comenzó a decir el secreto: «en medio del fuego una cosa que parecía como de *Hashmal*» terminando con «era la visión de la gloria del *Eterno*». De este modo, tienes los cuatro *Klippoth* que son barreras entre Israel y *El Eterno*.

ואלו הן הנקראים ערלה, ולפיכך אמר הכתוב: כי כל הגוים ערלים (ירמיהו ט, כה). מה עשה י"י יתברך? אמר לאברהם: אברהם בני, התהלך לפני והיה תמים (בראשית יז, א). אמר לפניו:

Se les llama *Orlah*, como está dicho en la Escritura: «Porque todas las naciones son *Arelim*».[41] ¿Qué hizo el Eterno, bendito sea? Le dijo a Abraham (51a) «Abraham, hijo mío anda delante de mí, y sé perfecto» (*Génesis* XVII-1). Dijo delante de él:

ריבון העולמים, והיאך אעמוד לפניך תמים? אמר לו: בשעה שת־כרות הערלה שבגופך, שהיא חלק הגוים הנקראים ערלים. ולפי־כך אמר: כל ערל זכר אשר לא ימול את בשר ערלתו ונכרתה הנפש ההיא (שם יד). על מה נכרתת? על ברית מילה שלא כרת. וזהו: המול ימול ילידי ביתך (שם, יג).

Señor de los mundos, ¿cómo puedo estar ante ti en la perfección? Y él respondió: cuando hayas cortado la *Orlah* de tu cuerpo porque esta es la parte que pertenece a las naciones llamadas *Arelim*. Y por eso dijo: «Y el macho *Orlah* que no hubiere circuncidado la carne de

41. Incircuncisas.

su prepucio, aquella persona será cortada de su pueblo; mi pacto anuló» (*Íbid.* 14). Y por eta razón, por eso: «debe ser circuncidado el nacido en tu casa» (*Íbid.* 13).

ולפי שהגוים כולם נקראים ערלים, לפיכך אמר 'כל גוים סבבוני בשם יהו"ה כי אמילם'. כלומר, כמו שבברית מילה אדם כורת הערלה, כך בשם יהו"ה אכרות ערלת ארבע מחיצות העומדות ביני ובין יהו"ה, וזהו סוד 'בשם יהו"ה כי אמילם'.

Y como todas las naciones son llamadas *Arelim*, por eso dijo: «Todas las naciones me cercaron; en el nombre del Eterno, que yo los talaré».[42] Es decir: «así como por *Milah* corté a *Orlah*, por el nombre de *El Eterno* corté las cuatro barreras entre *El Eterno* y yo», y éste es el secreto de: «en el nombre *El Eterno* yo los talaré».

ותמצא בפרשה זו שהזכיר ארבע פעמים לשון 'סבבוני', והזכיר ג' פעמים לשון 'אמילם', כמו שאמר: כל גוים סבבוני בשם יהו"ה כי אמילם; סבוני כדבורים דועכו כאש קוצים בשם יהו"ה כי אמילם; סבוני גם סבבוני בשם יהו"ה כי אמילם.

Y encontrarás que en esta *parashah* se menciona cuatro veces la expresión «me cercaron» mientras que «los talaré» se menciona tres veces, como ha sido dicho: «Todas las naciones me cercaron; en, el nombre del *Eterno*, que yo los talaré»; «Me cercaron como abejas, fueron apagados como fuegos de espinos; en el nombre del *Eterno*, que yo los talaré»;[43] «me cercaron y me asediaron; en el nombre del *Eterno*, que yo los talaré».[44]

---

42. Véase *Salmos* (CXVIII-10)
43. Véase *Salmos CXVIII-12.*
44. Véase *Salmos CXVIII-11.*

51a

ומדוע אמר ד' פעמים לשון סבוני וסבבוני? לפי שארבע קליפות הן מן הגוים שמפסיקות בין ישראל ובין יהו"ה, כמו שהודעתיך, שהאחת 'רוח סערה' שאמר יחזקאל, השנית 'ענן גדול', השלישית 'אש מת־לקחת', הרביעית 'ונגה לו סביב'. ולפי שאלו הן ארבע קליפות מן הגוים, אמר ד' פעמים לשון סבבוני וסבוני.

¿Por qué se menciona cuatro veces la expresión «me cercaron»? Porque se refiere a las cuatro *Klippoth* de las naciones que forman barreras entre Israel y *El Eterno*, como te dije: la primera es «un viento tormentoso», indicado por Ezequiel, la segunda es «una gran nube», la tercera «un fuego encendido», la cuarta «un resplandor a su alrededor». Es porque hay cuatro *Klippoth* de las naciones que la expresión «me cercaron» se repite cuatro veces.

ומה שאמר ג' פעמים לשון אמילם, לפי שברית מילה, כשאדם כורת הערלה שהיא סוד אלו הד' קליפות, שנעשית המילה בשלושה דרכים: כריתת הערלה והיא מילה, השנית פריעה, והשלישית מצי־צה, ולפיכך אמר שלוש. ועוד תשמע בזה בעזרת השם דברי אלהים חיים, בסוד מילה פריעה מציצה. וכשקיבל אברהם ברית מילה נבדל מכל וכל מן הגויים הנקראים ערלה, ואחר כך נולד יצחק.

La razón por la que «yo los talaré» se menciona tres veces tiene que ver con el *Brith Milah*. Porque cuando un hombre corta el prepucio, que es el misterio de las cuatro *Klippoth*, la *Milah*. se realiza en tres etapas: la primera es *Orlah*, la segunda es *Priah*, y la tercera es *Metzitzah*, éstas son las tres menciones. Y también escucharás, con la ayuda de Dios, sobre la expresión *Elohim Jaiim* y el secreto de *Milah*, *Orlah* y *Metzitzah*. Cuando Abraham recibió el *Brith Milah*, se separó de todas las naciones denominadas *Orlah*, tras lo cual nació Isaac.

ואחר שהודעתיך זה העיקר הגדול, הנני מודיעך הטעם שאמר הכ־תוב בנטיעת אילנות: 'ונטעתם כל עץ מאכל וערלתם ערלתו את פריו

51a

שלש שנים יהיה לכם ערלים' (ויקרא יט), שלוש פעמים לשון ערלה, כנגד שלוש קליפות הקשות של ערלה; ובשנה הרביעית שצריך חי־לול בדמים, וזהו 'קדש הלולים' כלומר חילול בדמים, כנגד קליפה רביעית הדקה הנקראת 'ונגה לו סביב'.

Y después de enseñarte este gran principio, permíteme que te explique el significado del versículo relativo a la plantación de árboles: «circuncidaréis el prepucio de su fruto; tres años os será incircunciso; su fruto no se comerá» (*Levítico* XIX-23). La palabra *Orlah* se utiliza tres veces, en correspondencia con las tres duras *Klippoth,* de *Orlah.* En el cuarto año debe ser redimido con una compensación monetaria, considerada como la santificación de la redención (*Hilulim*). Esto se refiere a la *Hilul*[45] por compensación monetaria. Esta etapa implica la cuarta y más delgada *Klippah*, llamada «un resplandor a su alrededor».

ובשנה החמישית 'תאכלו את פריו', שהרי מן הארבע קליפות ולפ־נים אנו נכנסים להידבק בשם יהו"ה, בסוד ה' אחרונה של שם שהיא עומדת בשער. ולפיכך אמר 'זה השער ליהו"ה', וזו היא ה' הרמוזה בסוד ובשנה ה' חמישית תאכלו את פריו, בה' חמישית ודאי, שכבר יצאו מן הערלה ונדבקו בשם יהו"ה יתברך:

En el quinto año, sin embargo, el versículo dice: «comerás los frutos», porque desde la profundidad de las cuatro *Klippoth* comenzamos a apegarnos al nombre *El Eterno*, a través del misterio de la última *He* del nombre, que está en la puerta. Por eso ha sido dicho: «la puerta del *Eterno*» en alusión al secreto: «y en el año quinto comerás de su fruto», es el del quinto año, porque seguramente habrá abandonado a *Orlah* y se habrá aferrado al nombre *El Eterno,* bendito sea.

45. Devolución.

51a-51b

ואחר שהודענוך אלה העיקרים הגדולים נחזור לכוונתנו ונאמר: כי כל ע' השרים הם דבקים בשמות הקודש שאינן נמחחים, מלבד סוד אהי"ה יהו"ה י"ה שאין להם חלק באלו השלושה, כמו שנודיעך בעזרת השם. אבל כל השבעים שרים אדוקים בשאר שמות הקודש והכינויין; בשמות הקודש, כגון א"ל אלהי"ם. ולפיכך היאך אפשר לעתיד לבוא, כשיפשוט השם כל המלבושים והכינויין, שיאבדו הע' שרים? זה אי אפשר, שהרי ע' שרים צורך גדול הם במרכבה וכבוד גדול הם לשם. הנני מאיר עיניך בעזרת השם בסוד סתום חתום. דע כי לעתיד לבוא, בבוא שם יהו"ה יתברך לגאול את ישראל ולקבל כנסת ישראל בזרועותיו, יפשיט כל המלבושים וכל הכינויים ואז יקבל אליו כנסת ישראל. וכשיקבל כנסת ישראל ויתאחדו כאחה, אזי יחזור וילבש כל המלבושים וכל הכינויים על שניהם, עליו ועל כנסת ישראל, והם כאחד מבפנים כדבר אחד שאינו נפרד זה מזה, וכל שאר המלבושים והכינויים חופפין על שניהם מבחוץ, כדמיון המשמשים העובדים את אדוניהם, וזהו סוד: ופרשת כנפיך על אמתך כי גואל אתה a (רות ג, ט).

Y después de exponer estos grandes principios debemos volver a nuestra intención original, que era enseñarte que cada uno de los setenta Príncipes está unido a los nombres sagrados que no pueden ser borrados a excepción del secreto de *Ehieh, IHVH* y *Iah*, en el que no tienen parte, como explicaremos con la ayuda de Dios. Pero todos los setenta Príncipes están relacionados con los nombres sagrados y sus apodos. A los nombres sagrados como *El* y *Elohim*. Pero si esto es así, ¿cómo puede *El Eterno* quitar todas estas ropas y apodos en el futuro? ¿Se perderán los setenta Príncipes? Esto es imposible, pues los setenta Príncipes son esenciales para la *Merkavah* y la gran gloria del *Eterno*. Ahora debo despertarte, con la ayuda de Dios, a un misterio profundo y oculto. Has de saber (51b) que, en el futuro, cuando *El Eterno*, bendito sea, venga a redimir a Israel, a recibir a la asamblea de Israel en sus brazos, primero se quitará sus ropas y sus apodos, y luego recibirá a la asamblea de Israel. Y cuando reciba a la asamblea de Israel, los reunirá como uno solo, y entonces colocará todos los vestidos y todos los apodos sobre ambos, sobre él y sobre la asamblea de Israel, y estarán como

51b

una sola cosa, sin separación, con todos los demás, y todas las demás vestiduras y apodos se extenderán desde el exterior a modo de criados como las puestas de Sol que sirven a su señor. Y éste es el secreto: «extiende el borde de tu manto sobre tu sierva, por cuanto eres pariente cercano» (*Ruth* III-9).

כלומר, בשעה שתפרוש כנפיך ומלבושך על כנסת ישראל, בשעת הגאולה, וכל השרים חופפין מבחוץ, אזי יקויים מקרא שכתוב; והיה י"י למלך על כל הארץ ביום ההוא יהיה י"י אחד ושמו אחד (זכריה יד, ט). ואז יתייחד השם עם ישראל לבד, וכל שאר השרים והעובדי גילולים יעמדו כולם מבחוץ, משמשים ועומדים, והשם הגדול יהו"ה יתברך דבק עם כנסת ישראל לעולם, וזהו: וארשתיך לי לעולם (הושע ב, כא).

Es decir, cuando extiende sus alas y su vestido cubre a la asamblea de Israel, en el momento de la redención, y todos los Príncipes se extienden desde el exterior, entonces se cumplirá lo que ha sido escrito: «Y *el Eterno* será rey sobre toda la Tierra. En aquel día *el Eterno* será uno, y su nombre uno» (*Zacarías* XIV-9). Y entonces *El Eterno* será uno con Israel, y todos los Príncipes de las naciones quedarán afuera, cansados y de pie y el gran nombre del *Eterno* será bendecido para adherirse para siempre a la asamblea de Israel. Y esto es: «y te desposaré conmigo para siempre» (*Oseas* II-21).

ולא יהיה עוד פירוד והבדל, אלא י"י בעצמו מאיר את כנסת ישראל ושניהם כשני חושקים אינם נפרדים זה מזה, וזהו סוד; והיה לך י"י לאור עולם ואלהי"ך לתפארת"ך (ישעיהו ס, יט). ושם יהו"ה יתברך הוא בעצמו יהיה כחומה סביב לכנסת ישראל, שלא ייכנסו עוד ביניהם אותם הקליפות הקשות, וזהו סוד: ואני אהי"ה לה נאם יהו"ה חומת אש סביב ולכבוד אהי"ה בתוכה (זכריה ב, ה).

51b

Y no habrá más separación y alejamiento, y El Eterno mismo iluminará la asamblea de Israel y unidos como dos amantes no estarán separados el uno del otro, y éste es el secreto: «sino que *El Eterno* te será por luz perpetua, y el Dios tuyo por tu gloria» (*Isaías* LX-19). Y el nombre del *Eterno*, bendito sea, él mismo será como un muro alrededor de la asamblea de Israel, de manera que ya no entrarán en ella las *Klippoth* duras, y este es el secreto: «Yo seré para ella, dice *El Eterno*, muro de fuego en derredor, y seré por gloria en medio de ella» (*Zacarías* II-5).

ואז יעמדו כל השרים העליונים מבחוץ, עומדים ומשמשים לשם יהו"ה יתברך ולכנסת ישראל. וכל העובדי גילולים של ע' שרים שהם בארץ כולם ישמשו גם כן את ישראל, וזהו סוד; והיו מלכים אומניך ושרותיהם מניקותיך אפים ארץ ישתחוו לך ועפר רגליך ילחכו (ישעיהו מט, כג). ומהו 'עפר רגליך ילחכו'? סוד מסודות האמונה הוא. דע כי כל הברכה היתה באה תחילה מאת יהו"ה יתברך אל כנסת ישראל, ומכנסת ישראל היתה באה לישראל, ועל ידי ישראל היו מתברכין ומתפרנסין כל ע' האומות עובדי גילולים למטה, שנאמר: ונברכו בך כל משפחות האדמה) בראשית יב, ג). וכשחטאו ישראל נשתברו הצינורות וירשו אומות העולם הברכה שהיתה באה לישראל, ואותו השפע הנמשך מאותן הצינורות, כמו שאמר:

Y entonces todos los Príncipes supremos se mantendrán afuera, de pie y sirviendo al nombre del *Eterno*, bendito sea y a la asamblea de Israel. Y todos los siervos de los setenta Príncipes que están en la tierra servirán también a Israel. Y éste es el secreto: «Y reyes serán tus ayos, y sus reinas tus nodrizas; con el rostro inclinado a Tierra te adorarán, y lamerán el polvo de tus pies» (*Isaías* XLIX-23). ¿Y qué es el polvo de tus pies? Es secreto de los secretos de la fe. Has de saber que todas las bendiciones llegan primero del Eterno, bendito sea, a la asamblea de Israel y de la asamblea de Israel se derraman sobre Israel y desde Israel se difunden a las setenta naciones que sirven a los ídolos aquí abajo. Como ha sido dicho: «y serán benditas en ti todas las familias de la Tierra» (*Génesis* XII-13). Pero cuando Israel pecó, se rompieron los

51b

canales y las naciones del mundo heredaron las bendiciones y la misma *Shefa* que estaban destinadas a Israel, como ha sido dicho:

תחת עבד כי ימלוך (משלי ל, כב), לפי שנכנסו אותן הקליפות הק־שות בין השם ובין ישראל. אבל בשוב ה' את שבות ציון ויתייחדו השם וישראל, ויוסרו כל האמצעיים מביניהם, אז לא יקבל אחד מכל שרי האומות לא שפע ולא ברכה ולא טובה, זולתי על ידי כנסת יש־ראל שהיא מתגברת על כולן ומושלת על כולם והיא נותנת להם פרנסה. וכל השרים והעובדי גילולים תהיה פרנסתם באותו הנעואר בסוף כל המדרגות האחרונות מתמצית כנסת ישראל, וזהו סוד 'ועפר רגליך ילחכו'. ואז יהיו כל השרים משועבדים לישראל וכולם יקבלו פרנסה על ידי ישראל, וזהו סוד; יחזיקו עשרה אנשים וגו' בכנף איש יהודי לאמור נלכה עמכם כי שמענו אלהים עמכם (זכריה ח, כג):

«Por el siervo cuando reinare» (*Proverbios* XXX-22). Pues a causa del pecado, las *Klippoth* duras se colocaron entre *El Eterno* e Israel. Pero cuando El Eterno regrese a Sion y El Eterno e Israel se unan, todas las separaciones entre ellos serán eliminadas, entonces ninguno de los Príncipes de las naciones recibirá ni abundancia ni bendición ni bien aparte de la asamblea de Israel que los supera a todos y los gobierna a todos y les da un sustento. Y todos los Príncipes y todos los impíos son como residuos de la asamblea de Israel, y éste es el secreto de «lamerán el polvo de tus pies». Y entonces, todos los Príncipes serán esclavos de Israel y todos recibirán el sustento de Israel, y éste es el secreto de: «En aquellos días acontecerá que diez varones de todas las lenguas de los gentiles, tomarán del manto del varón judío, diciendo: iremos con vosotros, porque hemos oído que Dios está con vosotros» (*Zacarías* VIII-23).

נמצאת אם כן למד כי בהתאחד השם יתברך עם כנסת ישראל ויתייחדו זה בזה, או כל השרים העליונים יהיו כולם נעשים אגו־דה אחת לעבוד את השם יתברך לשמש את כנסת ישראל, לפי

שממנה תבוא להם הפרנסה. וכמו שתהיה חפצם ורצונם ותשוקתם של שבעים שרים למעלה לשמש את כנסת ישראל, כך תהיה תשו־קת שבעים אומות שלהם לשמש את ישראל למטה ולהידבק בהם ויהיו כולם עובדים את השם. וזהו סוד: כי אז אהפוך אל עמים שפה ברורה לקרא כולם בשם יהו"ה לעבדו שכם אחד (צפניה ג, ט), וזהו סוד: לכו ונעלה אל הר יהו"ה אל בית אלהי יעקב וגו' כי מציון תצא תורה ודבר יהו"ה מירושלים (ישעיהו ב, ג).

Por lo tanto, sabemos que cuando *El Eterno* se una con la Asamblea de Israel, se unirán el uno con el otro y entonces todos los Príncipes supremos serán transformados en una congregación de adoradores del *Eterno*, bendito sea. Servirán a la asamblea de Israel, pues se sostendrán a través de ellos. Así como los setenta Príncipes de las naciones desearán servir a la asamblea de Israel, así también los setenta Príncipes terrenales de las naciones, y servirán al *Eterno* de común acuerdo. Éste es el secreto de: «Por entonces volveré yo a los pueblos el labio limpio, para que todos invoquen el nombre del *Eterno*, para que de un consentimiento le sirvan» (*Sofonías* III-9). Y éste es el secreto: «Venid, y subamos al Monte del *Eterno*, a la Casa del Dios de Jacob; y nos enseñará en sus caminos, y caminaremos por sus sendas. Porque de Sion saldrá la ley, y de Jerusalén la palabra del *Eterno*» (*Isaías* II-3).

המבין סוד שני דברים הללו שאמר בסוף הפסוק, 'כי מציון תצא תורה ודבר יהו"ה מירושלים', יבין כל מה שאמרנו ויבין וידע שלא יימשך שום ברכה ולא טובה, משום צד בעולם, לאחד מן השרים ולעובדי גילולים, כי אם על ידי ציון וירושלים.

El que entienda el secreto de estas dos cosas que dijimos al final del versículo: 'Porque de Sion saldrá la ley, y de Jerusalén la palabra del Eterno', entenderá todo lo que hemos dicho y entenderá y sabrá (52a) que ninguna bendición o bien se dispensará, de ningún lado del mundo, a ninguno de los Príncipes e impíos del destierro, sino por Sion y Jerusalén.

ולפי שיבוא לכולם ברכה ושפע על ידי ציון וירושלים, ישתוקקו כל השרים וכל העובדי גילולים לעבדם לפי שמהם תבוא להם הפרנ־סה, וזהו 'כי מציון תצא תורה ודבר יהו"ה מירושלים', וזהו סוד: הנה כעיני עבדים אל יד אדוניהם כעיני שפחה אל יד גבירתה כן עינינו אל י"י אלהינו עד שיחננו (תהלים קכג) וכשתבין זה, תבין מה שאמרו הנביאים: והיה י"י למלך על כל הארץ (זכריה יד, ט), אימתי? 'ביום ההוא יהיה י"י אחד ושמו אחד', בזמן שיתייחד השם עם כנסת יש־ראל. ואז תהיה אמונת כל האומות על שם יהו"ה יתברך, ומתוך רוב חפצם להידבק בשם יהו"ה יתברך יעבדו את ישראל. וזהו שתיקנו בתפילות ראש השנה: 'ובכן צדיקים יראו וישמחו וישרים יעלוזו' וגו'.

Y la bendición y la *Shefa* vendrán a todos de Sion y Jerusalén y todos los Príncipes y sus impíos desearán servirles pues su sustento vendrá de Sion y de Jerusalén y este es el significado de: «Porque de Sion saldrá la *Torah*, y de Jerusalén la palabra del *Eterno*». Y es el secreto de: «He aquí como los ojos de los siervos miran a la mano de sus señores, y como los ojos de la sierva a la mano de su señora; así nuestros ojos miran al *Eterno* nuestro Dios, hasta que haya misericordia de nosotros» (*Salmos* CXXIII-2). Y el que entienda esto, comprenderá las palabras de los profetas: «Y *El Eterno* será rey sobre toda la Tierra» (*Zacarías* XIV-9). ¿Cuándo? En el día en que *El Eterno* sea uno y su Nombre sea Uno. El día en que *El Eterno* se una a la asamblea de Israel. Entonces la fe de todas las naciones se volverá hacia *El Eterno*, Bendito sea. Desearán tan intensamente unirse al nombre del *Eterno*, bendito sea, que adorarán a Israel. Por eso se estableció en las oraciones de *Rosh haShannah*: «entonces los *Tzaddikim* verán y se alegrarán y los rectos serán felices, etc…».

התבונן היאך הזכירו ציון וירושלים. עוד אמרו למעלה: 'ובכן תן פחדך י"י אלהינו על כל מעשיך וייראוך כל המעשים וישתחוו לפ־ניך כל הברואים ויעשו כולם אגודה אחת לעשות רצונך בלבב שלם'. הלא תראה היאך רמזו בכאן סוד כל מה שפירשנו:

52a

Observa cómo se mencionan a Sion y Jerusalén. Como hemos dicho más arriba «Porque hiciste a todas tus criaturas por tu temor, *El Eterno*, nuestro Dios, tus criaturas te temerán y toda la creación se inclinará ante ti como una sola para hacer tu Voluntad con un corazón sereno».[46] Examina cómo aquí está dicho todo lo que interpretamos anteriormente.

אם כן דע והבן כי השם יתברך עתיד להסיר כל הכינויין בבואו לקבל את כנסת ישראל בהיותו מתאחד עמה, אז יהיו כל הכינויים משמשים את השם; והאומות מבחוץ, ושם יהו"ה יתברך וכנסת ישראל עומדים מבפנים שמחים ושקטים, ואז ישפיעו שבע צינורות מז' ספירות בכנסת ישראל.

Si es así, has de saber y entender que *El Eterno,* bendito sea, quitará todos sus apodos cuando venga a recibir a la asamblea de Israel y se una a ella, entonces todos los apodos y las naciones servirán al Eterno desde el exterior; y la asamblea de Israel estará adentro alegre y tranquila. Entonces los siete canales y las siete Sefirot se derramarán sobre la asamblea de Israel.

וזהו סוד:והיה אור הלבנה כאור החמה ואור החמה יהיה שבעתים כאור שבעת הימים ביום חבוש יהו"ה את שבר עמו ומחץ מכתו ירפא (ישעיהו ל, כו). וכשתבין סוד 'שבעתים' שאמר בפסוק זה, תבין סוד חמישים שערי בינה שיתפתחו, ויהיה היובל נוהגת והגאולה והחירות מצויין לישראל. ואז יריקו כל הצינורות ברכה על כנסת ישראל, ויתרחקו כל אותן הקליפות הרעות והטמאות מכנסת ישראל.

Y éste es el secreto: «Y la luz de la Luna será como la luz del Sol, y la luz del Sol siete veces mayor, como la luz de siete días, el día que

---

46. Tomado del *Seder Ahavah.*

52a

soldará *El Eterno* la quebradura de su pueblo, y curará la llaga de su herida» (*Isaías* XXX-26). Y cuando entiendas el misterio de la palabra *Shevatim* (שבעתים)[47] mencionada en este versículo, entenderás el misterio de las cincuenta puertas de *Binah* que se abrirán y el ciclo de los cincuenta años del Jubileo que debe ser observado, entonces la redención y la libertad serán para Israel. Entonces todos los canales derramarán sus bendiciones sobre la asamblea de Israel.

וזהו סוד 'ביום חבוש י"י את שבר עמו ומחץ מכתו ירפא', הוא מחץ סמאל הרשע שהטיל ווהמא במקדש, והוא עניין פגימתה של לבנה, ולפיכך הזכיר רפואת המכה בסוף הפסוק, בו סוד הלבנה. נמצאת למד מכל הכללים האלו כי השם הגדול שם יהו"ה יתברך הוא לבדו העיקר והשורש, ושאר כל השמות והכינויים כולם מתאחזים בו מכאן ומכאן' ואף על פי ששם אהי"ה הוא המקור לשם יהו"ה יתברך, מכל מקום הכול דבר אחד הוא.

Y éste es el secreto del versículo: «el día que soldará *El Eterno* la quebradura de su pueblo, y curará la llaga de su herida». Expulsará a Samael, el malvado, que ha profanado el Templo, lo que equivale a herir a la Luna, y ésta es la razón por la que la curación de la herida se menciona al final del versículo que contiene el misterio de la Luna. De todas estas reglas aprendemos que el gran nombre *El Eterno*, bendito sea, es el único principio y raíz de todos los nombres y todos los apodos, que están unidos a él en todas las direcciones. Así, aunque el nombre *Ehieh* es la fuente del nombre *El Eterno*, bendito sea, todos ellos son una misma cosa.

ונמצאת למד כי שמות הקודש, שהם א"ל אלהים וכיוצא בהם, הם סוד הדגלים ששם יהו"ה מתלבש ומזדיין בהם ומתפאר, ולפיכך

47. Literalmente «siete veces».

52a

שמות הקודש אינם נמחקים. וכמו ששמות הקודש אינם נמחקים, כך השרים התלויין בהם באור המרכבה העליונה אינן נאבדים. אבל שאר הכינויין הנמחקין, כגון רחום וחנון ארך אפים וכיוצא בהם, הם כולם כדמיון החיילות של השרים והסגנים ואינם כקדושת שמות הקודש, ולפיכך הם נמחקים, שהם מלבושי המלבושים:

Y aprendemos que los nombres sagrados, como *El, Elohim* y otros, son el secreto de los estandartes con los que el nombre IHVH se viste, arma y brilla, y ésta es la razón por la que los nombres sagrados son imborrables. Como los nombres sagrados son imborrables, los Príncipes que dependen de ellos, a través de la luz de la *Merkavah* superior no pueden ser aniquilados. Pero el resto de los apodos como *Janun, Rajum, Erej haPaim*, etc., son similares a las legiones de los Príncipes y sus capitanes, pero no poseen la santidad de los nombres sagrados y se eliminan porque son las vestiduras de las vestiduras.

ואם תאמר: מאחר ששמות הקודש הם כדמיון מלבושים גם כן, וכ־שהשם מתלבש בהם הוא נסתר ונעלם מישראל, אם כן מדוע אינם נמחקים, שהרי זו היא טובתם של ישראל וגדולת השם, כאמרו פשטתי את כתנתי איככה אלבשנה (שיה"ש ה, ג)? דע כי אף על פי שאנו אומרים ששמות הקודש השם מתלבש בהם ומתכסה, יש לדבר שתי פנים. אם שם יהו"ה יתברך מתלבש בהם לבדו, בהתרחקו מכנסת ישראל, זו היא הרעה והגלות והצרה הגדולה, שזו היא הסי־בה בהפסיק הקליפות בין ישראל לאביהם שבשמים.

Y si dijeras: dado que los nombres sagrados son también semejantes a las vestiduras y cuando se viste con ellas *El Eterno* forzosamente se oculta de Israel, ¿por qué son imborrables? Si fueran borrables, sería bueno para Israel y para la grandeza del *Eterno*, pues está escrito: «Me he desnudado mi ropa; ¿cómo la tengo de vestir?» (*Cantar de los Cantares* V-3). Has de saber que, aunque hemos dicho que *El Eterno* se cubre y se envuelve en sus nombres sagrados, esto puede contemplarse de dos maneras. Si el nombre IHVH, bendito sea, se viste con ellos cuando se aleja de la comunidad (52b) de Israel, entonces significan el mal, el exilio y la gran angustia, porque las *Klippoth* pueden entonces interponerse entre Israel y su padre celestial.

אבל אם שם יהו"ה יתברך בחר בישראל ובירושלים ויתייחד עם כנסת ישראל ואין זר אתם בבית, וכל אותם שמות הקודש והכינויין חופפין סביבותיהם, והשרים מבחוץ ושם יהו"ה יתברך וכנסת ישראל מבפנים, זו היא המעלה הגדולה והגבורה והתפארת. ובכל עניין תבין, כי י"י יתברך מפשיט אותן הבגדים כדי להתאחד עם כנסת ישראל, אבל אינו מאבד אותם המלבושים מן העולם, שצורך גדול הם אותן המלבושים להשתמש בהן, כאמרו ופרשת כנפיך על אמתך כי גואל אתה (רות ג, ט), ולפיכך אינן נמחקים. והסוד: ובא אהרן אל אוהל מועד ופשט את בגדי הבד אשר לבש בבואו אל הקודש והניחם שם (ויקרא טז, כג), וכשהשם יתברך פושט אותם המלבושים מניחם במקומם, לפי ששרי האומות מתאחדים בהם.

Sin embargo, si el nombre del *Eterno*, Bendito sea, elige a Israel y a Jerusalén, y se une a la asamblea de Israel, ya no hay extranjeros en la casa, y los nombres sagrados y sus apodos vuelan alrededor de ellos fuera con sus Príncipes. Mientras que el nombre IHVH, bendito sea, está dentro con la asamblea comunidad de Israel. Éste es el nivel de *Geddulah*, *Guevurah* y *Tiferet*. Resumiendo. Has de entender que *El Eterno*, bendito sea, se reviste de sus vestiduras para unirse a la asamblea de Israel, pero estas vestiduras nunca se pierden para el mundo, porque son muy necesarias y útiles, dado que ha sido escrito: «extiende el borde de tu capa sobre tu sierva, porque redentor eres» (*Ruth* III-9). Por lo tanto, no se pueden borrar. Y el secreto es: «Después vendrá Aarón al tabernáculo del testimonio, y se desnudará las vestimentas de lino, que había vestido para entrar en el santuario, y las pondrá allí» (*Levítico* XVI-23). Porque cuando *El Eterno*, bendito sea, se quita sus vestiduras, las deposita en su lugar, pues los Príncipes de las naciones se unen en ellas.

52b

ושרי האומות צורך גדול הם לשימוש המרכבה, ולפיכך שמות הקו־דש אינם נמחקים. אבל הכינויים הנמחקים, כגון רחום וחנון וכיוצא בהם, הרי הם כדמיון שבעים אומות עתידים להימחק מאותה האמו־נה שהם מאמינים, וכולם יתאחדו באמונת ישראל, כמו שפירשנו. ולא ישאר אומה כופרת או מורדת בשם, כאמרו: כי אז אהפוך אל עמים שפה ברורה לקרוא כולם בשם יהו"ה לעבדו שכם אחד (צפניה ג, ט).

Y los Príncipes de las naciones son absolutamente necesarios para el uso de la *Merkavah*. Por eso los nombres sagrados no pueden ser borrados. Sin embargo, los apodos que pueden ser borrados, como *Janun, Rajum*, etc., son similares a las setenta naciones, que en el futuro abandonarán sus creencias actuales y se unirán todas en la fe de Israel, como ya hemos explicado. Porque no habrá ninguna nación que se rebele o blasfeme contra Dios, por lo que ha sido dicho: «Por entonces volveré yo a los pueblos el labio limpio, para que todos invoquen el nombre del *Eterno*, para que de un consentimiento le sirvan» (*Sofonías* III-9).

ולפי דרך זה תמצא כי שמות הקודש ששבעים שרים מתאחזים בהן, אינן נמחקים, אבל שאר הכינויים ששבעים אומות מתאחזים בהם, נמחקים, שהרי אמונת שבעים אומות היא עתידה להימחק. ועל דרך זה התבונן סודות עמוקים ועניינים נעלמים בעניין שמות הקודש והכינויין, ואז תראה דברי אלהים חיים נראים לעין:

Y de esta manera verás que los nombres sagrados a los que se adhieren las setenta naciones, no se borran. Por otro lado, los demás apodos a los que están unidos, serán borrados, pues la fe de las setenta naciones será borrada en el futuro. Y de esta manera comprenderás los misterios profundos y los principios ocultos de los nombres sagrados y sus apodos, y entonces podrás contemplar las palabras del Dios vivo con tus propios ojos.

52b

ואחר שהודענוך אלו הכללים הגדולים, בסוד שם יהו"ה יתברך ובסוד שמות הקודש שאינן נמחקים ובסוד הכינויים הנמחקים, יש לנו לחזור ולהודיעך סוד אלו הל' שינויין שבהם ה' יתברך מנהיג הבריות כפי הדין הראוי, ולבאר לך כל אחד מהל' שינויין לאיזה צד הוא נוטה, או מה היא מידת כל שם או כינוי מהם, או כיצד השמות דבקים בשם יהו"ה יתברך, וכיצד הכינויין הנמחקים אדוקים בשמות הקודש שאינם נמחקים, וסוד דגל מחנה יהודה (במדבר ב, ג) וכתיב וצבאו ופקודיהם.

Después de haberte hablado de los maravillosos principios que conciben el misterio del nombre *El Eterno*, bendito sea, así como del secreto de los nombres sagrados que no se borran y del secreto de los apodos borrados, debemos iniciarte en el secreto de los treinta cambios,[48] por los que *El Eterno*, bendito sea, dirige la creación mediante un *Din* correcto. También he de explicarte cada uno de los cambios y su orientación, qué nombre o apodo implican, y cómo se relacionan con el nombre El *Eterno*, bendito sea, así como cómo están ligados con los nombres sagrados imborrables. Y el secreto de la bandera del campamento de Judá (*Números* II-3) y la ortografía y su ejército y sus subordinados. Y también está escrito «El ejército y sus subordinados».

תמצא דגל, ותמצא מחנה, ותמצא צבאותם. כך שם יהו"ה יתברך הוא העיקר, ושאר שמות הקודש הם צורת דגלים, ושאר הכינויים הם סוד צבאותיה'ם. ואם כן הוא, פקח עיניך וראה מה שהקדמנו להודיעך בשער זה בעניין שמו הגדול יתברך ובעניין שאר שמות הקודש והכינויין:

De este modo, cuando se utilizan las palabras «bandera», «campamentos» y «ejército», el nombre del Eterno, bendito sea, está en el centro y los demás nombres sagrados toman la forma de banderas, mien-

48. *Shinuiin* (שינויין) suele traducirse por cambios, procede de la raíz *Shannah*, como *Rosh haShannah*.

52b

tras que los apodos son el secreto de «sus *Tzevaoth*». Debes, pues, abrir los ojos y considerar lo que hemos comenzado a decirte en esta puerta a propósito de su gran nombre, bendito sea, los otros nombres sagrados y los apodos.

ואחר שהודענוך זה, יש לנו להיכנס בביאור סוד אלו הג' שמות שהם אל אלהים יהו"ה, היאך הכינויים נאחזים בהם, והיאך שם יהו"ה יתברך מתלבש בכולן או במקצתן, ומה היא הפעולה הפועל בכל מלבוש ומלבוש. ואחר שתדע זה תבין כי שם יהו"ה יתברך הוא התל שהכול צופין לו, וכל הפרטים תלויים בכללו, וכל השמות והכי־נויין תלויין בשם יהו"ה יתברך. ומה שתצטרך לדעת כי ג' שמות הם מלמעלה למטה: אהי"ה למעלה, אדנ"י למטה, יהו"ה באמצע.

Y después de aclararte esto, debemos explicarte el secreto de los tres nombres *El, Elohim,* IHVH y la forma en que los apodos están unidos a ellos, así como la forma en que el nombre *El Eterno,* bendito sea, los viste a todos, o a algunos de ellos, qué actividad realiza cuando lleva tal o cual vestido. Después de aprender esto, debes comprender que el nombre *El Eterno,* bendito sea, es el monte hacia el que miran todos y que todos los detalles en las laderas de este monte son los nombres y los apodos basados en el nombre *El Eterno,* bendito sea. También debes saber que hay tres nombres contando de arriba hacia abajo: *Ehieh* arriba, *Adonai* abajo y *El Eterno* en el centro.

וכמו כן הן ג' שמות מן הצדדין: ל מימין, אלהים משמאל, יהו"ה באמצע. הלא תראה שם יהו"ה יתברך באמצע, מכוון לכל הצדדים. ולפיכך יש לך להתבונן כי בו הכול תלוי, והוא הנושא את הכול, ית־ברך ויתברך לעד ולנצח. וצריכים אנו לעורר על עיקר גדול בפסוק אחד: כי הנה יהו"ה יוצא ממקומו (מיכה א, ג), ואמרו חז"ל:

Y también hay tres nombres horizontalmente: *El* en la derecha, *Elohim* en la izquierda y *El Eterno* en el centro. De esta manera, el nombre *El Eterno*, bendito sea, (53a) está siempre en el centro, dirigiéndose a todas partes. Esta posición indica que todo depende de él y que lo sostiene todo, ¡bendito sea por los siglos de los siglos! Quiero llamar tu atención sobre un principio esencial, relativo al versículo: «Porque he aquí que *El Eterno* sale de su lugar» (*Miqueas* I-3). Y dijeron nuestros sabios, de bendita memoria:

יוצא ממידת רחמים ובא לו למידת הדין. וכי איזה מקום יש לו, והכתיב מי מדד בשעלו מים ושמים בזרת תכן וכל בשליש עפר הארץ ושקל בפלס הרים (ישעיהו מ, יב). וכבר אמרו חז"ל: הוא מקומו של עולם ואין עולמו מקומו ", וכתיב. הנה השמים ושמי השמים לא יכלכלוך (מלכים א ח, כז).

Sale de la *Middah* de *Rajamim* y llega a la *Middah* de *Din*. Pero, ¿cuál es su lugar? Está escrito: «¿Quién midió las aguas con su puño; y aderezó los cielos con su palmo; y con tres dedos apañó el polvo de la tierra; y pesó los montes con balanza y los collados con peso?» (*Isaías* XL-12). Y nuestros sabios, de bendita memoria, han dicho «Él es el lugar del mundo y el mundo no es su lugar»[49] y ha sido escrito: «he aquí que los cielos y los cielos de los cielos no pueden contenerte» (1 *Reyes* VIII-27).

וכי איזה הוא מקומו, והיאך אמר כי הנה יהו"ה יוצא ממקומו? אלא פירוש הפסוק כך הוא: כי הנה יהו"ה יוצא ממקומו, שהוא אהי"ה והוא מידת הרחמים הגמורה, ובא לו למידת הדין שהוא אדנ"י. וכשתבין זה תבין סוד מערכות השם מלמעלה למטה, ותדע כי מקומו של יהו"ה יתברך הוא אהי"ה, ואז יתיישב לך הפסוק ומה שדרשו בו ז"ל שאמרו; יוצא ממקומו, יוצא ממידת הרחמים ובא לו למידת הדין.

---

49. Véase *Génesis Rabbah* (68,10)

53a

En este caso, ¿dónde está su lugar y cómo podemos decir «Porque he aquí que *El Eterno* sale de su lugar»? El significado del versículo es el siguiente: «*El Eterno* sale de su lugar», que es *Ehieh*, la *Middah* completa de *Rajamim* y va a la *Middah Adonai*, la *Middah* de *Din*. Cuando hayas comprendido esto, entenderás el secreto de la disposición de arriba a abajo y sabrás que el lugar del *Eterno*, bendito sea, es *Ehieh*, y entonces podrás reconciliar el versículo con la interpretación de los sabios, de bendita memoria: «Sale de su lugar, de la *Middah* de *Rajamim* y va a la *Middah* de *Din*.

ובדרך זה תבין זה הפסוק מן הצד: יוצא ממקומו -יוצא ממידה שחקוק בדגלה א"ל שהיא אות הרחמים, ובא לו למידה שחקוק בדגלה אלהים שהוא אות הדין, כמו שכתוב: איש על דגלו באותות (במדבר ב, ב).

De esta manera podrás entender otro versículo: «saliendo de su lugar», saliendo de la *Middah* grabada en el estandarte de *El*, que es el signo de *Rajamim*, va a la *Middah* que está grabada en el estandarte de *Elohim*, que es el signo de *Din*, porque está escrito: «cada uno junto a su estandarte» (*Números* II-2).

ואחר שתבין היאך שם יהו"ה יתברך אמצעי ממעלה, כי כל שמותיו וכינוייו מתאחזין בו מסביב וכולן אדוקים בו, ומה שראוי לך להתבונן כי כל השמות והכינויים, מלבד אהי"ה י"ה, אינן עולין משכמו ומעלה. ואם שם א"ל הוא מכונה על הרחמים בשם אהי"ה, הוא כדמיון צורת הדגל, אבל תצטרך לדעת כי כל הכינויין כולם עיקרם במלבוש המידות, שעדיין נבאר אותם בעזרת השם. והנני מסדר לך כל סדר הכינויין התלויין בסדר אלו השלושה שמות, שהן א"ל אלהי"ם יהו"ה, בסדר זה:

Y después de que entiendas cómo el nombre del Eterno, bendito sea, es el centro superior de todos los nombres y apodos que lo rodean y están unidos a él. También entiendes por qué todos sus nombres y apodos, excepto *Ehieh* y *Iah*, no se elevan por encima de los hombros. Así, el nombre *Elohim* es un apodo para *Rajamim* en el nombre *Ehieh*, y es parecido a la forma del estandarte. Pero debes darte cuenta de que todos los apodos se identifican esencialmente por las ropas de las *Middoth*, que explicaremos en breve, con la ayuda de Dios. Aquí, para ti, he aquí la organización de todos los apodos que dependen de la organización de los tres nombres *El, Elohim* y El Eterno

אל ימין - יהו"ה אמצע - אלהים שמאל:

A la izquierda – en el centro – a la derecha

גדול - נורא - אדיר:

Gaddol - Norah – Adir
Grande – Terrible - Eminente

רחום - נושא עוון - שופט:

Rajum - Nossé Avon - Shofetz
Misericordioso – Perdonador - Juez

חנון - עובר על פשע - דיין:

Janun – Over al Pesa – Daian
Compasivo – Transigente - Juez

חסין - אמת - חזק:

Jasin – Emet – Jazak
Popderoso – Verdadero - Robusto

ארך אפים - מרום - כביר כוח:

Orej Apaim – Marom - Kabir Koaj
Longánimo – Excelso – Poderoso en fuerza

רב חסד - רם - איש מלחמה:

Rav Hessed – Ram – Ish Miljamah
Lleno de bondad – Elevado – Hombre de guerra

קדוש - נוצר חסד - גבור:

Kaddosh – Notzer Hessed – Guibor
Sagrado – Agradecido – Valiente

חסיד - שוכן עד - פוקד עון:

Jassid – sjoken Ad – Pakad Avon
Piadoso – Eterno – Transigente

סולח - קדוש - משלם גמול:

Sulaj – Kaddosh – Mislem Gamul
Indulgente – Sagrado – Que recompensa

התבונן ותמצא סוד אלו הג' שמות, כל אחד מהם נושא תשעה כי־נויין: אל נושא ט' כינויין ועמו י', וכן יהו"ה, וכן אלהים. הנה תמצא בכאן סוד שלושים שנה, שאמרנו למעלה שהם רמוזים בסוד מרכ־בות יחזקאל, כאמרו ויהי בשלשים שנה (יחזקאל א, א).

Observa y encontrarás el secreto de estos tres nombres. Cada uno tiene nueve apodos: *El* tiene nueve apodos y contándolo a él son diez. Y también *El Eterno* y *Elohim*. Y aquí encontrarás aquí el secreto de los treinta años que, como dijimos más arriba, están implícitos en el secreto de la *Merkavah* de Ezequiel, como ha sido dicho: «sucedió en el año treinta» (*Ezequiel* I-1).

ובאלו נגמר כל דין שדנין בבית דין הגדול של שבעים ואחד למעלה. ובשאר בתי דינים גם כן של מטה, באלו שלושים עניינים דנין. ומה שתצטרך לדעת, כי בסוד סדר זה כתוב: ראיתי את יהו"ה יושב על כסאו וכל צבא השמים עומד עליו (מלכים א כב, יט). צבא השמים, השמים הנזכרים הנה הם סוד שני השמות הנקראים שמים, והם סוד אל אלהים. ומהם נקרא ה' השמים, 'רוכב שמים', ואומר 'היושבי בשמים'.

Y con estos últimos se da cumplimiento a las decisiones del *Beit Din* de arriba, de los setenta y un miembros. Y también de los otros *Beit Din* de abajo, de los treinta miembros (53b). Y lo que necesitas saber es que en el secreto de esta orden está escrito en: «Yo vi al Eterno sentado en su trono, y todo el ejército de los cielos estaba junto a él, a su diestra y a su siniestra» (1 *Reyes* XXII-19). «Ejército de los cielos», los cielos mencionados aquí son el secreto de los dos nombres llamados «cielos» y son el secreto de *El, Elohim*. Uno de los nombres es «Jinete del cielo», y ha sido dicho «el que se sienta en los cielos».[50]

ועל זה נאמר: ואתה תשמע השמים מכון שבתך (שם ח, לט), לא אמר אתה תשמע מן השמים אלא 'אתה תשמע השמים', השמים ממש, שהן א"ל אלהי"ם. וצבא של אל ושל אלהים עומד עליו מימי־נו ומשמאלו, כמו שכתבנו בלוח זה שעברנו. שאלו הכינויין של א"ל טוענין ומהפכין לזכות, וזהו סוד 'מימינו אש דת למו'; ואלו הכינויק של אלהים מלמדין חובה, וזהו סוד משמאלו.

50. Véase *Salmos* (II-4).

53b

Y a propósito de esto ha sido dicho: «tú oirás en los cielos, en la habitación de tu morada» (*Ibid.* VIII-39), no se dice «oirás desde los cielos», sino «oirás en los cielos», los cielos de verdad, que son *El Elohim*. Y el ejército de *El* y el ejército de *Elohim* están a su lado, a la derecha y a la izquierda, como hemos escrito en la tabla que acabamos de ver. Estos son los apodos de *El*, protectores y defensores del mérito, y éste es el secreto de «a su diestra la ley de fuego para ellos.[51] Y estos son los apodos de *Elohim* que reclama responsabilidades, y éste es el secreto de la izquierda.

וזהו שאמרו ז"ל וכל צבא השמים עומד עליו מימינו ומשמאלו, מימינים לזכות ומשמאילים לחובה. ואחר שטוענין טענותם אלו שתי הכיתות של ימין ושמאל, דנין את הנתבע בבית דין של שבעים ואחד, במקום שהוא מכוון בין השם הגדול יהו"ה ובין השם הנקרא אלהים. ובין אלו שתי שמות מוכנת למעלה לשכת הגזית, במקום שדנין את כל העולם:

Por esta razón dijeron nuestros sabios de bendita memoria dijeron claramente: «todas las huestes celestiales están junto a él, a su derecha y a su izquierda. A la derecha para el mérito y a la izquierda para la responsabilidad». Después de escuchar las peticiones de ambas partes, de la derecha y de la izquierda, el acusado es juzgado por el *Beit Din* de setenta, en un lugar que oscila entre el gran nombre *El* y el nombre *Elohím*. Y entre estos dos nombres residen las salas superiores de piedras cuadradas y en este lugar el mundo entero es juzgado.

ואחר שטוענין אלו של ימין ושל שמאל, מסכימים השם הגדול העומד באמצע שהוא שם יהו"ה יתברך לגמור את הדין ז, אם לחיים, אם למוות, אם לטוב, אם לרע. ואז גוזרין ופוסקין את הדין, ואז הצד

51. Véase *Deuteronomio* (XXXIII-2).

53b

הנקרא אלהים גומר אותו הפסק דין. ושם עומדים העדים והשופטים והשוטרים, וכשרוצים לקיים הגזר דין שולחין הכתב ביד המלאכים הנקראים שוטרים לבית דין של מטה הנקרא אדנ"י, ואז נגמר הדין בעולם התחתון.

Y después de que la derecha y la izquierda hayan presentado sus reclamaciones, el gran nombre, que es el nombre IHVH (יהו"ה), bendito sea, se sitúa en el centro para emitir un veredicto; concibiendo la vida o la muerte, el bien o el mal. Es entonces cuando se determinan las sentencias y se pronuncian los veredictos. Y es entonces cuando el bando, llamado *Elohim*, valida el veredicto. Aquí están los testigos, los jueces y los guardianes, y cuando quieren decretar la sentencia, transmiten el mensaje a través de sus ángeles, que son los guardianes del *Beit Din* de abajo, llamado *Adonai*. Entonces la sentencia es ratificada y ejecutada en el mundo de abajo.

ומה שתצטרך לדעת, כי המקום שבו דנין הוא בין יהו"ה ובין אלהים, ורוב אותו המקום בחלקו של אלהים. ומלבד בית דין של שבעים ואחר יש עוד שם ג' בתי דינים של עשרים ושלושה, במקומות שבהן נדונין בני העולם. אבל יש הפרש בין בית דין זה לבית דין זה, כי במקומות ידועים דנין מוות וחיים, במקומות ידועים דנין עושר ועוני, ועדיין תשמע בעזרת השם כל הדברים האלה על מתכונתם, שאין דנין למעלה בבית דין כל הדינין כולם, אלא מקומות יש למעלה מיוחדים שבהם דנין דינין ידועים.

Y lo que necesitas saber es que el lugar donde tiene lugar el juicio es entre IHVH (יהו"ה) y *Elohim*, pero que la parte principal es la parte de *Elohim*. Además del *Beit Din* de los setenta y uno, hay otros con veintitrés miembros, que son lugares donde se juzga a los hijos del mundo. Sin embargo, existe una distinción entre un *Beit Din* y otro *Beit Din*. Porque un *Beit Din* sentado en un lugar puede decidir entre la vida y la muerte, y otros pueden sentarse en otros lugares para decidir entre la riqueza o la pobreza. Escucharás más cuando devolvamos

53b

cada parte a su contexto adecuado, pues no todos los casos se tratan en el *Beit Din* de arriba, pues hay lugares especiales según los veredictos.

ובעזרת השם עוד נודיעך סוד המקומות שדנין בהם הבית דין, ומהיכן יוצאים השליחות ופסקי הדינין בידיהם ומגיעים לצבא השמים התחתונים שבהם השמש והירח והכוכבים עם צבא המזלות, והיאך אלו ואלו גומרים הדין על הבריות כפי מה שנגזר הדין בבית דין של מעלה, ואין בכולם מי שיוכל לשנות דבר מכל מה שפסק השם הגדול יהו"ה יתברך, וזהו סוד: אף אורח משפטיך יהו"ה קוינוך (ישעיהו כו, ח):

Y con la ayuda de Dios, también te informaré del secreto de los lugares donde se sientan los jueces del *Beit Din* y desde donde se envían los mensajeros que llevan los veredictos, y cómo llegan a las legiones celestiales inferiores que contienen el Sol, la Luna, las estrellas y las constelaciones. También te informaré de la forma en que se pronuncia el *Din* sobre las criaturas, según la sentencia del *Beit Din* superior. Porque nadie en el sistema estelar puede cambiar lo que el gran nombre *El Eterno*, bendito sea, ha decidido. Y éstes es el secreto de «Por eso te esperamos, oh IHVH (יהו"ה), en el camino de tus juicios» (*Isaías* XXVI-8).

ואחר שהודענוך זה, יש לנו לחזור ולהודיעך סוד אלו הכינויים של א"ל העומדים לימין, מאיזה דבר הם נמשכים; וכן סוד הכינויים של אלהים העומדים לשמאל, מאיזה צד הם נמשכים; וכן הכינויים העומדים באמצע, הסמוכים לשם יהו"ה יתברך, והשם יורנו דרך האמת.

Y después de esta aclaración, debemos pensar en contarte el secreto de los apodos de *El* que están de pie a la derecha y de dónde se extraen. Y también el secreto de los apodos de *Elohim* que están de pie a la izquierda y de dónde se extraen. Y también los apodos que se encuentran

53b-54a

en el centro y se apoyan en el nombre *El Eterno*, Bendito sea, y que IHVH (יהו"ה) nos muestre el camino de la verdad.

כינויים של אל העומדים לצד ימין, שהם מהפכים בזכות הבריות, הם הנקראים כינויי החסד. וזו היא המידה שירש אברהם אבינו עליו השלום למעלה, שזו היא מידת חסד וזכות הבריות, והסוד רמוז בפסוק: ויגש אברהם ויאמר האף תספה צדיק עם רשע חלילה לך מעשות כדבר הזה להמית צדיק עם רשע וגו' אולי יש חמשים צדי־קים וגו' (בראשית יח, כג). כי כל הכינויים שהם מידתו של אברהם מהפכים בזכות אברהם, כעניין שעשה אברהם אבינו שאמר 'אולי יחסרון חמשים הצדיקים חמשה' 'ויאמר לא אשחית'. חוזרים כינויי החסד ואומרים זכות 'אולי ימצאון שם ארבעים'. עוד מוסיפים ללמד זכות, עד שמגיעים לסוף כל מידת החסד, שהם עשרה כינויים:

Los apodos de *El*, que están en el lado derecho, que defienden el mérito de las criaturas, son llamados los apodos de *Hessed*. Y ésta es la *Middah* que heredó Abraham, nuestro patriarca, la paz sea con él, que es la *Middah* de *Hessed* que concede el mérito a las criaturas. Y se alude a este secreto en el versículo: «Entonces vino (54a) Abraham y dijo: «Y se acercó Abraham y dijo: ¿destruirás también al justo con el impío? Por ventura hay cincuenta justos dentro de la ciudad, ¿destruirás también y no perdonarás al lugar por cincuenta justos que *estén* dentro de él?» (*Génesis* XVIII-23 y 24). Porque todos los apodos que contienen la *Middah* de Abraham, se transforman por el mérito de Abraham, como lo hizo Abraham, nuestro patriarca, cuando dijo: «Quizás de estos cincuenta sólo me falten cinco» y dijo «no destruiré». Los apodos traen de nuevo al *Hessed* y le dan crédito: «Por ventura se hallarán allí cuarenta». Y siguieron intentando encontrar mérito hasta alcanzar el punto final de la *Middah* de *Hessed*, que son diez apodos.

'אולי ימצאון שם עשרה'. ואם חס ושלום אין שם כדי מיעוט הטע־נה, שהיא טענה אחת לכל אחד מעשרה הכינויין של חסד, אז הדבר

54a

נענש וגומרין הדין כמו שגמרו הדין בסדום ועמורה כך גומרים כל הדינים למיניהם. ואז חוזרים כל הכינויין מלמדי זכות למקומם, והשם מסתלק מן הדינין, והכינויין הנקראים אלהים גומרים הפסק דין. זהו סוד: וילך יהו"ה כאשר כלה לדבר אל אברהם ואברהם שב למקומו (שם, לג), ואז השם השלישי שהוא אלהים גומר הדין, ווהו: ויהי בשחת אלהים את ערי הככר (שם יט, כט).

«Tal vez encuentre diez allí». Sin embargo, si no se encuentra la demanda más simple, que es una demanda por diez apodos de *Hessed*, entonces se exige el castigo y se cumple el veredicto. Así como el veredicto y la sentencia se cumplieron en Sodoma y Gomorra, así se cumplirán todos los juicios. Entonces todos los apodos llevan los méritos a su lugar y *El Eterno* se retira del proceso y los apodos llamados *Elohim* terminan el juicio. Y éste es el secreto de: «Y se fue el Eterno, luego que acabó de hablar a Abraham; y Abraham se volvió a su lugar» (*Íbid.* XVIII-33). Y entonces el tercer nombre, que es *Elohim*, completa el juicio y por eso ha sido dicho: «fue que, destruyendo Dios las ciudades de la llanura» (*Génesis* XIX-29).

בשחת אלהי"ם, אלהים הוא הגומר את הדין, שהרי מידת אל שהוא לאברהם ומידת יהו"ה חזרו שתיהן למקומן, ונשאר אלהים לגמור את הדין. ואם תשאל: הרי כתיב ויהו"ה המטיר על סדום ועל עמורה גפרית ואש', והרי כתיב יהו"ה בזה המקום, והרי הוא גומר את הדין? דע כי כל מקום שתמצא כתיב בתורה 'ויהו"ה', הוא ובית דינו. והוא פוסק הדין, ובית דינו שהוא אלהים גומר הדין.

«Destruyendo Dios», es *Elohim* el que consuma el juicio, porque la *Middah El*, que es Abraham, y la *Middah* IHVH (יהו"ה) son devueltas a su lugar, dejando a *Elohim* para completar el juicio. Y podrías preguntas: «¿acaso no está escrito: y el *El Eterno* IHVH (יהו"ה) no llovió sobre Sodoma y sobre Gomorra azufre y fuego de IHVH (יהו"ה)

54a

desde los cielos?».[52] ¿No se menciona en este lugar a IHVH (יהו"ה) y no completa el juicio? Has de saber que en todo lugar donde está escrito «Y IHVH» en la *Torah*, se trata de su *Beit Din*. Él es quien decide el juicio y es *Elohim* quien se encarga de ello.

וזהו שנאמר בסוף :ויהי בשחת אלהים את ערי הככר. ואחר שהודענוך זה, התבונן כי לא לחינם נכתבה פרשה זו בתורה אלא ללמד להודיע משפט סדום ועמורה, ובאה לרמוז על כל הדינים שגוזרין בעולם בבית דין של מעלה. כי אברהם וכינוייו, שהם א"ל עם כינוייו, עומדין שם תמיד ומלמדין זכות על באי העולם; ואחר שגומרין תמיד ללמד זכות, חוזרין למקומם. ושמור עיקר זה תמיד לכל מקום בתורה, וזהו שאמר: תתן אמת ליעקב חסד לאברהם (מיכה ז, כ), מידת החסד מסורה לאברהם ללמד זכות על כל הבריות:

Y al final se dice: «fue que, destruyendo Dios las ciudades de la llanura».[53] Y después de hacerte saber esto, has de tener en cuenta que esta sección de la *Torah* fue escrita intencionalmente para enseñar sobre el juicio de Sodoma y Gomorra, y que también se refiere a la organización de todos los juicios decretados en todo el mundo por el *Beit Din* de arriba. Porque Abraham y su apodo, que son *El* con su apodo, están siempre dispuestos a aportar méritos a los que vienen al mundo. Después, regresan a su lugar. Mantén siempre este principio contigo, para cada lugar de la *Torah*, pues está escrito: «Cumplirás la verdad a Jacob, y a Abraham la misericordia» (*Miqueas* VII-20). La *Middah Hessed* fue transmitido a Abraham para enseñar el mérito a todas las criaturas.

וכבר הודענוך כי צורת דגל מידת המסד נקראת א"ל, ויש לך לדעת כי אברהם ירש מידת א"ל, כאמרו: ויטע אשל בבאר שבע ויקרא שם

52. Véase *Génesis* (XIX-24).
53. Véase *Génesis* (XIX-29).

54a

בשם יהו"ה אל עולם (בראשית כא, לג), וכתיב: ברוך אברם לא"ל עליון (שם יד, כ). וכבר ידעת כי אל עליון הוא הגומל חסדים טובים, ומידת חסד הוא של אברהם כמו שכתוב 'חס"ד לאברהם':

Y después de haberte informado de que la forma del estandarte de la *Middah* de *Hessed* se llama *El*, has de saber que Abraham heredó la *Middah El*, pues ha sido dicho: «Y plantó Abraham un bosque en Beerseba, e invocó allí el nombre de IHVH (יהו"ה) Dios eterno» (*Génesis* XXI-33). Y ha sido escrito: «y bendijo Abram al Dios altísimo» (*Íbid.* XIV-20). Ya sabes que *El Elion* (Dios altísimo) se refiere al que trae actos de bondad y bendiciones al mundo y que la *Middah Hessed* pertenece a Abraham, porque está escrito: «*Hessed* a Abraham».

ואחר שהודענוך אלו העיקרים הגדולים, היאך הכינויק של א"ל הם מלמדים זכות על בני עולם והם מידת אברהם אבינו עליו השלום, יש לנו להודיעך כי כל הכינויין של חס"ד, שהם חקוקין בדגל א"ל, כולם משוכים מן מידת החסד הנקראת מים העליונים, כי שם אל מושל על המים, והסוד:

Después de explicar estos grandes principios, cómo los apodos de *El* aportan mérito a la gente del mundo y cómo dependen de la *Middah* de Abraham, nuestro patriarca, la paz sea con él, debo explicartte que todos los apodos de *Hessed*, grabados en el estandarte de *El*, se derivan de la *Middah Hessed*, denominada «aguas superiores», porque el nombre *El* rige las aguas. Y el secreto es:

א"ל הכבוד הרעים ה' על מים רבים (תהלים כט, ג). ולפיכך תדע כי אברהם אבינו עליו השלום בקש המים האלו, וזהו סוד הבארים של אברהם אבינו עליו השלום. ובמים העליונים בנה אברהם אבינו עליו השלום שבעים ושתים גשרים שבהם עברו בני ישראל בתוך הים בי־בשה והמים להם חומה מימינם ומשמאלם. וזהו סוד ויס"ע ויב"א וי"ט, שסימן כל פסוק מאלו ע"ב אותיות שיוצאין מהן ע"ב שמות,

שזהו חס"ד אברהם. וסוד חס"ד הוא ע"ב ז, ולפי שהמים הם תחת דגל אברהם עשה אברהם בהם ע"ב גשרים, ובתוך אלו הגשרים נא-רגין הכינויין שהם כולם של חס"ד וחקוק בדגלם א"ל, שזהו סוד דגל אברהם שנאמר בו: ברוך אברם לאל עליון (בראשית יד, כ).

«Voz del *Eterno* sobre las muchas aguas; el Dios de gloria hizo tronar; el Eterno sobre las muchas aguas» (*Salmos* XXIX-3). Por lo tanto, has de entender que Abraham, nuestro patriarca, la paz sea con él, resolvió estas aguas y éste es el secreto de los pozos de Abraham, nuestro patriarca, la paz sea con él. Con estas aguas superiores, Abraham se construyó doce puentes cuando «los hijos de Israel entraron por en medio del mar en seco, teniendo las aguas como muro a su diestra y a su siniestra».[54] Éste es el secreto de los versículos del *Éxodo* que comienzan con las palabras: *VaIssa* (ויס"ע), *VaIavo* (ויב"א) y *Vaiait* (וי"ט).[55] Cada uno de estos versículos contiene setenta y dos letras, que aluden a los setenta y dos nombres, que son los *Hessed* de Abraham. Y dado que el agua depende del estandarte de Abraham, éste hizo setenta y dos puentes, que se tejen en el apodo contenido por *Hessed* y que están en el estandarte de *El*, el misterio del «estandarte de Abraham», como ha sido dicho: «y bendijo Abram al Dios altísimo» (*Íbid.* XIV-20).

וכתיב: המקרה במים עליותיו (תהלים קד, יג). עליותיו, שם אל עליון, ששם עליו"ן הוא עולה על שם אלהי"ם כמו שאמר למעלה: כי אל גדול יהו"ה ומלך גדול על כל אלהי"ם (תהלים צה, ג). [אלהים] באמת, כי א"ל הוא שם גדול על שם אלהי"ם, כי זהו סוד 'רב חסד', רב חסד בודאי ז:

Y está escrito: «sus aposentos entre las aguas» (*Salmos* CIV-3). «Sus aposentos» se refiere a *El Elion* porque el nombre *Elion* se considera superior al nombre *Elohim*, como dijimos anteriormente (54b): «Por-

54. Véase *Éxodo* (XIV-22).

55. Véase *Éxodo* (XIV-19 a 21).

54b

que el *Eterno* es Dios grande y rey grande sobre todos los dioses (*Elohim*)» (*Salmos* XCV-3). Esto se refiere específicamente a *Elohim*, ya que *El* es un nombre más grande que *Elohim*, y éste es el secreto del gran *Hessed*.

וזהו סוד: והאלהים נסה את אברהם (בראשית כב, א) ששם אלהים נתן הנס שלו ביד אברהם שמידתו א"ל. וזהו סוד 'ויקח בידו את האש ואת המאכלת', שאלמלא לקח אברהם בידו כחותיו של יצחק, שהם האש והמאכלת, אין כל בריה יכולה לעמוד לפני 'פחד יצחק'. וזהו סוד 'ורב חסד' של מידת אברהם, שגרע מידת 'פחד יצחק' ולקח בידו האש והמאכלת.

Y éste es el secreto de: «*Elohim* probó a Abraham» (*Génesis* XXII-1), pues *Elohim* puso su capacidad de probar en manos de Abraham, cuya *Middah* es *El*. Éste es el secreto de: «y llevaba en su mano el fuego y el cuchillo».[56] Porque si Abraham no hubiera tomado en su mano los poderes de Isaac, que son el fuego y el cuchillo, ninguna criatura podría enfrentarse la *Middah* de *Pajad Itzjak*. Éste es el secreto de las palabras «gran *Hessed*», porque la inmensa bondad de Abraham restringió la *Middah Pajad Itzjak* y tomó el fuego y el cuchillo en su mano.

ולפיכך נקראת מידת אברהם 'גדולה', מפני שהיא גדולה מגבור"ה, וזהו סוד שאמר לאברהם ואגדלה שמך (שם יב, ב), וזהו סוד: 'כי א"ל גדול יהו"ה ומלך גדול על כל אלהים'. ולפיכך אין דגלו של יצחק יוצא עד שגומר דגל אברהם ללמד זכות, וזהו סוד: וילך י"י כאשר כלה לדבר אל אברהם ואברהם שב למקומו (בראשית יח, לג).

56. Véase *Génesis* (XXII-6).

54b

Por eso, la *Middah* de Abraham se llama *Guedulah*, porque *Guedulah* es superior a *Guevurah*, y éste es el secreto de lo que se le dijo a Abraham: «y engrandeceré tu nombre» (*Ibid.* XII-2) y es también el secreto de: «Porque *el Eterno* es Dios grande y rey grande sobre todos los dioses (*Elohim*)» (*Salmos* XCV-3). Por lo tanto, el estandarte de Isaac no puede intervenir hasta que el estandarte de Abraham haya terminado de hacer méritos, y éste es el secreto de: «Y se fue *El Eterno*, luego que acabó de hablar a Abraham; y Abraham se volvió a su lugar» (*Génesis* XVIII-33).

מה כתיב בתריה? 'ויהי בשחת אלהים את ערי הככר'. ואף על פי שהיה אלהים משחית, כשזכר את אברהם שהוא סוד מידת אל, הציל את לוט, וזהו שכתוב: ויהי בשחת אלהים את ערי הככר ויזכור אלהים את אברהם וישלח את לוט מתוך ההפכה, ממש באמצע ההפכה הצילו. והטעם, לפי שאברהם לקח בידו את האש ואת המאכלת, ולפיכך אברהם מציל פעמים רבות אף על פי שנגמר הדין למיתה, כי זהו סוד 'ורב חסד', וזהו סוד רחום וחנון של מידות הכינויין של אברהם.

¿Y qué está escrito a continuación? «Y fue que, destruyendo Dios las ciudades de la llanura».[57] Pero aunque *Elohim* destruyó, cuando se acordó de Abraham, que es el secreto de la *Middah El*, salvó a Lot, como está escrito: «Y fue que, destruyendo Dios las ciudades de la llanura, Dios se acordó de Abraham, y envió fuera a Lot de en medio de la destrucción». Esto se debe a que Abraham le quitó el fuego y el cuchillo. Así, Abraham puede salvar a menudo, a pesar de que el *Din* exija la muerte. Éste es el secreto de gran *Hessed* y también es el secreto de *Rajum* y *Janun*, que son apodos de Abraham.

57. Véase *Génesis* (XIX-29).

54b

ואחר שלקח אברהם ברשותו את האש ואת המאכלת, שהן כלי מל-
חמתו של יצחק שהוא מידת אלהי"ם, אין דגלו של אלהים יוצא לג-
מור את העונש שגזר הדין עד שגומר אברהם ללמד זכות על אותו
הנידון.

Y después que Abraham tomara posesión del fuego y el cuchillo, que son las armas de Isaac, la *Middah* de *Elohim*, el estandarte de *Elohim* no puede levantarse para completar el castigo requerido por el *Din*, hasta que Abraham haya terminado de traer el mérito sobre el que está siendo juzgado.

וכשלא מצא לו זכות, מתאספת מידת אברהם ואז גומר אלהים,
שהוא מידת יצחק, את העונש ואת הדין, כמו שאמר 'ואברהם שב
למקומו' ואחר כך: 'ויהי בשחת אלהים את ערי הככר'. ודע כי מאחר
שלקח אברהם בידו האש והמאכלת, עד שאברהם מסכים בדין אין
אלהים יכול לפעול או לענוש. וזהו סוד שאמר: ויקח בידו את האש
ואת המאכלת וילכו שניהם יחדיו. וילכו שניהם יחדיו, בוודאי, שאין
מידת יצחק יכולה ללכת כי אם ברשות מידת אברהם ומצוותו והס-
כמתו.

Cuando no encuentra ningún mérito, la *Middah* de Abraham se aleja y *Elohim*, que es la *Middah* de Isaac, completa el Juicio, como ha sido dicho: «y Abraham volvió a su lugar» y después «Y fue que, destruyendo Dios las ciudades de la llanura». Y has de saber que después de que Abraham tomara el fuego y el cuchillo en su mano, *Elohim* no puede hacer ningún daño, hasta que Abraham haya aceptado el cumplimiento del castigo y éste es el secreto de las palabras: «él tomó en su mano el fuego y el cuchillo; y fueron ambos juntos».[58] Ciertamente los dos fueron juntos porque la *Middah* de Isaac no puede andar sin la autoridad de la *Middah* de Abraham y sin su consentimiento.

58. Véase *Génesis* (XXII-6).

54b

וזהו סוד: אלהי אברהם אלהי יצחק ואלהי יעקב (שמות ג, ט), ולא אמר ואלהי יצחק כמו שאמר 'ואלהי יעקב', כדי שלא תחלוק למידת יצחק גדולה וכדי שתהיה מידת פחד יצחק תחת חסד אברהם. וזהו סוד: 'וילכו שניהם יחדיו', שאין רשות למידת יצחק ללכת עד שמידת אברהם מלמדת זכות, שאלמלא כך היתה מידת יצחק מחרבת העולם, וזהו סוד 'והאלהים נסה את אברהם'. ותדע לך כי אברהם עקד את יצחק כדי שתהיה מידת יצחק עקודה יד ורגל וכבושה תחת מידת אברהם:

Y éste es el secreto de: «*El* de Abraham, *El* de Isaac y *El* de Jacob» (*Éxodo* III-6). Y no dice «y *El* de Isaac», como ocurre en el caso de Jacob, por lo que la *Middah* de Isaac no es tan grande, de modo que la *Middah* de *Pajad Itzjak* depende de *Hessed Abraham*. Y éste es el secreto de «y los dos caminaron juntos», pues a la *Middah* de Isaac no se le permite caminar hasta que la *Middah* de Abraham haya tenido la oportunidad de presentar el mérito. Si no fuera así, la *Middah* de Isaac destruiría el mundo, y éste es el secreto de: «*Elohim* puso a prueba a Abraham». Has de saber que fue Abraham quien ató a Isaac, para que la *Middah* de Isaac estuviera atada de pies y manos, dominada por la *Middah* de Abraham.

ועתה אודיעך כיצד חסד אברהם מלמד זכות, והוא גדו"ל והוא רב חסד. כשהאדם עומד לדין ושוקלים עוונותיו אזי מוציא חסד אברהם דגלו, חקוק בו שם א"ל. וא"ל מעביר ראשון מן העוונות שעלו בשקל, בסוד 'א"ל רחום וחנון', ואינו מונה זולתי מג' ואילך, וזהו: הן כל אלה יפעל אל פעמים שלוש עם גבר (איוב לג, כט). ואף על פי ששוקלים העוונות, ממתינים לו במידת 'ארך אפים'. ובסוף גמר דין, אם נמצאו עוונותיו וזכויותיו שקולין זה כנגד זה, חסד אברהם מכריע את השקל לצד הזכויות.

Ahora te enseñaré que el *Hessed* de Abraham trae mérito, grandeza y bondad inmensa. Cuando alguien es juzgado y se pesan sus pecados, el *Hessed* Abraham trae el estandarte en el que está grabado el nombre *El*. *El* descarta primero los pecados que se pesan, a través del secreto de *El Rajum veJanun*. Y sólo empieza a contar a partir del tercer pecado: «He aquí, todas estas cosas hace él dos y tres veces con el hombre» (*Job* XXXIII-29). Y aunque los pecados pesen mucho en el juicio en el que se pesan los pecados, y el *Hessed* Abraham inclina la balanza del lado del mérito.

וזהו סוד 'רב חסד', אם יכול אברהם להצילו, ואם לאו, יקוב הדין את ההר. אזי מידת יעקב, שהוא בית דין בין אברהם ובין יצחק, פוסק גמר דין ואומר: חייב! וכשמידת יעקב שהיא סוד יהו"ה אומר חייב, אזי כתיב בסוף פסוק 'ואמת', הוא סוד גמר דין של מידה שלישית שהוא סוד יהו"ה, שהוא סוד יעקב שהוא סוד אמת כאמרו תתן אמת ליעקב (מיכה ז, כ), שזהו סוד 'ואמת', שזהו סוד משפטי יהו"ה אמת (תהלים יט, ח).

Y éste es el secreto de la expresión *Gran Hessed*, si Abraham tiene la posibilidad de salvarlo, pero si no, el *Din* penetrará en la montaña. Entonces la *Middah* de Jacob, que es el *Beit Din* que se interpone entre Abraham e Isaac, recibe el veredicto y dice: «Es verdad». Entonces la *Middah*, que es el secreto de IHVH (הו"ה) dice «es verdad», como está escrito al final del versículo: «es verdad». Y éste es el secreto de la realización del *Din* en la tercera *Middah*, el secreto de IHVH (הו"ה), el secreto de Jacob, el secreto de *Emet* (verdad). Así ha sido dicho: «Cumplirás la verdad a Jacob» (*Miqueas* VII-20). Y éste es el secreto de «*veEmet*», que es el secreto de (55a): «Los juicios de IHVH (הו"ה) son *Emet*» (*Salmos* XIX-9).

באה לפסוק פסקה ואינה מוצאה זכות כלל בהנדון, אזי מסתלקות שתי המידות שהם מידת אברהם ומידת יעקב, שהם א"ל יהו"ה, ונ־שאר הדין לגמור ביד אלהישם, כאמרו: וילך יהו"ה כאשר כלה לדבר אל אברהם ואברהם שב למקומו (בראשית יח, לג), וכתיב: ויהי בשחת אלהים את ערי הככר. וזהו סוד כי המשפט לאלהים (דברים

55a

א, יז), כלומר פסק הדין ביד אלהים נמסר להשלימו. וזהו סוד פחד יצחק, שהכול מתפחדין ממידה זו, וזהו שאמר: סמר מפחדך בשרי וממשפטיך יראתי (תהלים קיט).

Viene a dictaminar un veredicto y no encuentra ningún mérito en el juzgado. Entonces las dos *Middoth*, de Abraham y Jacob, que son *El* y IHVH (הו"ה), se retiran, y el juicio es realizado por *Elohim*, pues está escrito: «IHVH (הו"ה) se fue cuando terminó de hablar con Abraham. Y Abraham volvió» y ha sido escrito: «Y fue que, destruyendo *Elohim* las ciudades de la llanura…» (*Génesis* XIX-29). Y éste es el secreto de: «Porque es *Elohim* quien hace justicia» (*Deuteronomio* I-17). Este versículo nos enseña que el cumplimiento del juicio está en manos de *Elohim*, para ser emitido. Y éste es el secreto de *Pajad Itzjak*, pues todo el mundo se asusta con esta *Middah*, según ha sido escrito: «Mi carne se ha estremecido por temor de ti; y de tus juicios tengo miedo» (*Salmos* CXIX-120).

נמצאת למד סוף פסוק אל רחום וחנון ארך אפים ורב חסד ואמת (שמות לד, ו), כי כל הכינויין של הפסוק מן 'אל רחום וחנון' ואילך, כולם כינויין של א"ל זולתי מלה האחרונה שהיא 'ואמת', שהיא סוד כינוי שם יהו"ה שהיא מידת יעקב, שנקראת אמת לפי שהיא פוסקת הדין, וזהו סוד 'תתן אמת ליעקב', וסוד 'משפטי יהו"ה אמת', וסוד 'ברוך דיין האמת. ואחר שהודענוך אלה העיקרים הגדולים בעניין מידת א"ל ומקצת הכינויין של מידה זו, יש לנו לחזור ולהודיעך סוד מידת שם אלהים שהיא מידת הפחד והדין, שהיא מידת יצחק.

Así aprendemos a interpretar el final del versículo: «misericordioso, y piadoso; tardo para la ira, y grande en misericordia y verdad» (*Éxodo* XXXIV-6), porque todos los apodos del versículo, *El*, *Rajum*, *Janun* se cuentan entre los apodos del nombre *El*, excepto *veEmet* (y verdad), que es el secreto de los apodos del nombre IHVH (הו"ה) y la *Middah* Jacob, que es denominado *Emet*, cuando decide hacer juicio. Y éste es el secreto de: «Cumplirás la verdad a Jacob» y el secreto de: «los juicios

55a

de IHVH (הו"ה) son *Emet*» y el secreto de: «bendito el juez verdadero». Y después de aclararte estos grandes principios, relativos a la *Middah El* y parte de los apodos de esta *Middah*, hemos de volver al secreto de la *Middah Elohim*, que es la *Middah* de *Pajad* y *Din*, la *Middah* de Isaac.

ואף על פי שפירשנו בכאן הרבה ממידת הפחד בכלל מידת אברהם, אף על פי כן יש לנו לחזור ולבאר סוד מידת אלהי"ם, שהיא מידת יצחק, לפני עצמה. והשם למען רחמיו הרבים וחסדיו יורנו דרך האמת. כינויים של אלהים העומדים לצד שמאל, והם המלמדים והמזכירים חובתן של בריות, הם הנקראים כינויי הדין, וזו היא שורש יצחק עליו השלום, שזו היא המידה שגומרת הדין על בריותיו. וצריכים אנו להודיעך העיקר הגדול הזה. כבר הודענוך כי מידת אברהם היא המלמדת זכות על הבריות, ומידת יצחק המלמדת חובה.

Y aunque aquí hemos interpretado mucho en general a propósito de la *Middah* de Abraham, hemos de explicarte el secreto de la *Middah* de *Elohim*, que en su esencia es la *Middah* de Isaac. Que *El Eterno*, en su gran misericordia y clemencia, nos enseñe el verdadero camino. Los apodos de *Elohim* se sitúan en el lado izquierdo y determinan las responsabilidades de la creación, porque son apodos del *Din*, que es la raíz de Isaac, la paz sea con él. Ésta es la *Middah* que verdaderamente dispensa el *Din* a sus criaturas. Debemos hacerte conocer este gran principio. Ya hemos explicado que la *Middah* de Abraham aporta mérito a la creación, y que la *Middah* de Isaac aporta acusación.

וכן תמצא ביצחק כתיב :ויאהב יצחק את עשו כי ציד בפיו (בראשית כה, כז). וכי צדיק גדול כיצחק אבינו עליו השלום, שאין השכינה נפרדת ממנו אפילו שעה אחת, יהיה אוהב רשע גמור כמו עשו? והיאך אפשר? אלא סוד גדול מסודות התורה הוא.

55a

Puedes ver que está escrito a propósito de Isaac: «Y amó Isaac a Esaú, porque comía de su caza» (*Génesis* XXV-28). ¿Cómo es posible que Isaac, nuestro padre, del que nunca se separó la *Shekinah*, pudiera tener amor por alguien tan intrínsecamente malo? ¿Cómo es posible? De hecho, este versículo habla de un gran secreto de la *Torah*.

דע כי יצחק אבינו עליו השלום היה צופה כל העתיד לבוא, וצפה וראה כי בני יעקב יהו חוטאין ומכעיסין לפני י"י יתברך ויירשו דיני גיהנם. וכשראה יצחק שישראל בגלות עשו, שמח ואמר: גלות מכ־פרת עוון; ואמר: כן, אני אוהב מאוד כל הצרות של עשו, ללמד על ישראל חובה כדי לגמור עליהם הדין בגלות בעולם הזה. וזהו 'ויאהב יצחק את עשו כי ציד בפיו'. ומהו 'כי ציד בפיו'? אלא ראה בני יעקב נצודים בדיני גיהנום, וראה ונצטער; וכשראה גלות אדום וראה הציד של גיהנום נתון בפיו של עשו, שמח ואמר: גלות מכפרת עוון, וזהו: קדש ישראל לה' ראשית תבואתה כל אוכליו יאשמו (ירמיהו ב, ג).

Has de saber que Isaac, nuestro patriarca, la paz sea con él, anticipó todo el futuro venidero, y vio que los hijos de Jacob pecarían y desagradarían al *Eterno*, bendito sea, y que heredarían los juicios del *Guehinom*. Y cuando Isaac vio que Israel estaba en el exilio, se alegró y dijo: «El exilio expía el pecado».[59] Y dijo: «Sí, amo las tribulaciones de Esaú, para que Israel asuma su responsabilidad y la dureza del *Din* desaparezca por el exilio en este mundo». Por lo tanto: «Y amó Isaac a Esaú, porque comía de su caza».[60] ¿Qué significa «comía de su caza»? Vio a los hijos de Jacob atrapados en las leyes del *Guehinom*, y vio y se puso triste. Y cuando vio el exilio de Edom y vio la caza del infierno puesta en la boca de Esaú, se regocijó y dijo: «El exilio expía el pecado», por lo que ha sido escrito: «Santidad era Israel al Eterno, primicias de sus nuevos frutos. Todos los que le devoran serán hallados culpables; mal vendrá sobre ellos» (*Jeremías* II-3).

59. Véase Talmud, tratado de *Sanhedrín* (37b).
60. Véase *Génesis* (XXV-28).

55a

הנה הודעתיך כי אף על פי שמידת יצחק היא הפחד, כוונתה לז־כות את ישראל, וזהו סוד: זכור לאברהם ליצחק ולישראל עבדיך (שמות לג, יג). כי השם יתברך ויתברך מזכה את ישראל בגלות עשו. והנני מבאר עוד. 'ויאהב יצחק את עשו כי ציד בפיו', כלומר יצחק הוא מידת הדין והפחד ואוהב כל כינויי הדין שיודעים לצוד הרש־עים לגיהנום. ואלמלא מידת הפחד מדיני גיהנום, כמה אנשים צדי־קים היו חוטאים! ותועלת גדולה היא מידת פחד יצחק, שמפחד את האדם מדין גיהנום ונזהרין מעשות עבירה. וזהו סוד פחד יצחק, ועל זה נאמר:

Aquí está su anuncio, y aunque la *Middah* de Isaac es *Pajad*, su intención debe ser traer mérito a Israel, y éste es el secreto de: «acuérdate de Abraham, de Isaac, y de Israel tus siervos» (*Éxodo* XXXII-13). Porque *El Eterno*, bendito sea, ha favorecido a Israel con el exilio de Israel. Permíteme explicarte de nuevo, «Isaac amaba a Esaú, porque comía de su caza», esto significa que Isaac, que representa a *Din* y *Pajad*, ama a todos los apodos de *Din* capaces de atrapar el mal del *Guehinom*. Si no fuera por el terror (*Pajad*) del *Guehinom* ¿cuántos de los justos estarían en peligro de pecar? Esto es mucho más fuerte con la *Middah Pajad Itzjak*, que hace que la gente tema el *Guehinom* y esté alerta contra el pecado. Éste es el secreto de *Pajad Itzjak*, de quien se ha dicho:

אשרי אדם מפחד תמיד (משלי כח, יד). ואם כן פקח עיניך וראה כמה הוא הפחד מועיל, שמונע האדם מן העבירה, וזהו סוד 'אשרי אדם מפחד תמיד'. וזהו שאמר 'מפחד תמיד', כלומר אשרי אדם שרואה כמה גדולים הם עונשי דיני גיהנום הנקראים פחד, כמו שא־מרו רז"ל: איש חרבו על יריכו מפחד בלילות (שיה"ש ג, ח), מפחדה של גיהנום הדומה ללילות וכשהאדם מפחד מדיני גיהנום מונע עצמו מכמה עבירות, וזהו סוד 'אשרי אדם מפחד תמיד', וסוד פחד"ו בציון חטאים (ישעיהו לג, יד).

«¡Bienaventurado el hombre que está continuamente en el temor!» (*Proverbios* XXVIII-14). Por esta razón, abre los ojos y observa hasta qué punto *Pajad* es una ayuda, porque preserva al hombre del pecado, y éste es el secreto de: «¡Bienaventurado el hombre que está continuamente en el temor!». Cuando se dice: «continuamente en el temor», significa: «Bienaventurado el que ve el gran castigo del *Guehinom*, denominado *Pajad*». Como dicen nuestros sabios, de bendita memoria: «cada uno su espada sobre su muslo, por los temores de la noche» (*Cantar de los Cantares* III-8); es el *Pajad* del *Guehinom* que es como la noche.[61] Cuando un hombre teme de *Guehinom*, esto lo preserva de muchos pecados, y éste es el secreto de: «¡Bienaventurado el hombre que está continuamente en el temor!». Y éste es el secreto de «Aterrados están los pecadores en Sion» (*Isaías* XXXIII-14).

ואם כן התבונן כי הפחד צורך גדול הוא לישראל להימלט מדיני גיהנום. ואם אין ישראל נזהרין ואינן מפחדין לפני י"י, יותר טוב הוא שיפלו בגלות עשו משיפלו בגיהנום, כי גלות מכפרת עוון. ועל כן שמח יצחק, שהוא מידת הפחד, שיפלו ישראל בגלות עשו ויתכפרו עוונותיהם, משיפלו בגיהנום שהוא דין קשה עד מאוד. ולפיכך אמר 'ויאהב יצחק את עשו כי ציד בפיו':

Y si es así, puedes darte cuenta de la gran necesidad de temor para Israel, para que pueda escapar (55b) de los castigos del *Guehinom*. Porque si Israel no tiene cuidado y no tiene el temor de Dios, entonces es mejor que caiga en el exilio de Esaú, en lugar de caer en el *Guehinom*. Porque el exilio expía el pecado. Ésta es la razón por la que Isaac se alegró, ya que Israel cae en el exilio de Esaú por la *Middah Pajad* y sus pecados serán expiados, en lugar de caer en los juicios mucho más severos del *Guehinom*. Por eso ha sido dicho: «porque comía de su caza».

---

61. Véase Talmud, tratado de *Sanhedrín* (7b).

55b

ואחר שהודענוך זה, צריכים אנו להודיעך סוד אותם המטעמים שביקש יצחק מעשו ובא יעקב וגמר המטעמים ההם ליצחק אביו וירש ברכתו של עשו. כבר הודעתיך כי יצחק אבינו עליו השלום הוא העולה התמימה, ואין השכינה נפרדת ממנו אפילו שעה אחת, והיאך תבוא תקלה על ידו? או היאך יאהב את עשו? או היאך ירצה לברך את הרשע ולהניח את הצדיק? או היאך תתקיים ברכה אחר המאכל והמשתה, והרי התפילה קודם המאכל? ואומר יין ושכר אל תשת אתה ובניך אתך (ויקרא י, ח), והיאך יצחק אוכל ושותה ואחרי כן מברך את הרשע? בני אל תתפתה בדעתך ואל תקבל אונאה להאמין כי צדיק גמור כיצחק אבינו עליו השלום יהיה נכשל בדבר קטן, אבל כל מעשיו פלס ומאזני משפט ליהו"ה יתברך.

Y después de explicaros esto, debemos llamar vuestra atención sobre el secreto de esta comida que Isaac pidió a Esaú, la misma comida que Jacob vino a presentar a Isaac su padre, heredando así su bendición. Ya te hemos señalado que Isaac, nuestro patriarca, la paz sea con él, es un sacrificio perfecto y la *Shekinah* nunca se separó de él ni un momento, así que ¿cómo podría extraviarse, amando a alguien como Esaú? O, ¿cómo pudo bendecir a los malvados y abandonar a los justos? ¿O cómo podría realizar la bendición después de una comida, cuando las bendiciones siempre preceden a la comida? Y dijo: «Tú, y tus hijos contigo, no beberéis vino ni sidra» (*Levítico* X-9), entonces, ¿cómo pudo Isaac comer, beber y bendecir a los malvados? Hijo mío, no te dejes seducir por tus propios pensamientos y no te dejes llevar por la creencia de que un hombre justo completo como Isaac, nuestro patriarca, la paz sea con él, tropezaría por una cosa tan pequeña, pues todas sus obras son niveladas y están equilibradas por la justicia de IHVH (הו"ה), bendito sea.

דע כי בראות יצחק אבינו עליו השלום כי שני עולמות הם, העולם הזה והעולם הבא, וראה את ישראל דחופין ומצטערין בעולם הזה, וראה מידתו שהיא מידת הדין מתוחה על ישראל, נצטער ואמר: מה יעשו בני בידי הגויים משבעים אומות, והיאך יתנהגו ביניהם בגלו-

55b

תם? אמר: מוטב שאתן לעשו בני ברכת העולם הזה, הבא על ידי מאכל ומשתה, כדי שימשול על ישראל; מאחר שיחטאו ישראל יפלו בגלות, יותר טוב הוא שיפלו בגלות עשו אחיהם משיפלו בגלות אחרים נכרים שהם שבעים אומות. ואמר יצחק: מאחר שאי אפשר שלא תגבה מידת הדין החוב שלה מישראל, יותר טוב הוא שתגבה החוב על ידי אחיהם משיגבה אותו על ידי נכרי, וזהו סוד: לא תתעב אדומי כי אחיך הוא (דברים כג, ח). ולפיכך אהב יצחק את עשו, מפני שהוא תיקון יעקב שלא יפלו בניו בגיהנום:

Has de saber que en la visión de Isaac, nuestro patriarca, la paz sea con él, hay dos mundos: este mundo y el mundo venidero. Vio a Israel oprimido y sufriendo en este mundo y vio a su *Middah*, la *Middah Din*, encima de Israel. En su angustia dijo: «¿Qué hacen mis hijos entre las setenta naciones y cómo se comportarán entre ellas en el exilio?». Dijo: «Es mejor que le dé la bendición de este mundo a mi hijo Esaú, que es el único que podrá vivir en el exilio, comiendo y bebiendo, para que gobierne sobre Israel. Puesto que Israel ha pecado, es mejor que caiga en el exilio de Esaú, que en el exilio extranjero de las setenta naciones. Isaac dijo: «Ya que no es posible que la *Middah* de *Din* cobre su deuda, es mejor que la cobre su hermano, antes que un extranjero». Y éste es el secreto de: «No aborrecerás al edomita, porque es tu hermano» (*Deuteronomio* XXIII-7). Por lo tanto, Isaac amaba a Esaú, pues era el *Tikkun* por el cual los hijos de Jacob no caerían en el *Guehinom*.

וכשראה שנפלטו בני יעקב מגיהנום והם נצודים בגלות עשו, שמח, וזהו סוד 'כי ציד בפיו'. ולפי שהעניין כך, אמר יצחק: אין עשו ראוי לירש ברכה עליונה שכלית, אבל הוא יורש ברכה תחתונה גופנית; ראוי לברכו על דבר גופני, שהיא דבר שהגוף נהנה בו, וזהו המאכל והמשתה. ולפיכך אמר יצחק לעשו: ועשה לי מטעמים ואוכלה בעבור תברכך נפשי. נפשי, בוודאי, שהיא הנפש המקבלת מזון ולא הנשמה. ולפי דרך זה נתכוון יצחק אבינו עליו השלום להקל עונשם של ישראל בגלות, ושלא יירשו דיני גיהנום. ואף על פי כן שכינה אומ־

55b

רת: אפילו בגלות צריכים ישראל להקל מעליהם עול קשה של עשו,
זהו סוד; ורבקה אוהבת את יעקב (בראשית כה, כז).

Cuando vio que los hijos de Jacob escapaban del *Guehinom*, sólo para quedar atrapados en el exilio de Esaú, se alegró y éste es el secreto de: «porque comía de su caza». Ante esta situación, Isaac dijo: «Esaú nunca heredará la bendición superior del intelecto (שכל), sólo heredará la bendición inferior del cuerpo, es apropiado bendecirlo con algo físico, algo que el cuerpo disfrute, como la comida y la bebida. Entonces Isaac dijo a Esaú: «Prepárame un plato y lo comeré, para que bendigas mi *Nefesh*. Mi *Nefesh* físico, pues es él el que lamenta la comida y no la *Neshamah*».[62] Ésta es la estratagema que Isaac, nuestro patriarca, la paz sea con él, encontró para aligerar el castigo de Israel durante el exilio, para que no fuera condenado al *Guehinom*. Aunque, a pesar de todo, la *Shekinah* dice: «Incluso en el exilio, Israel debe ser aligerado del yugo de Esaú». Y éste es el secreto de: «Rebeca amaba a Jacob» (*Génesis* XXV-28).

כי השכינה בזמן אברהם אבינו עליו השלום נקראת שרה, ובזמן יצחק אבינו עליו השלום נקראת רבקה, ובזמן יעקב אבינו עליו השלום נקראת רחל, כי לאה היא סוד היובל. ושתי השפחות הן סוד שתי נערות של שכינה ", ומשם נתקן הכול. ולפיכך: ורבקה שומעת בדבר יצחק אל עשו בנו (שם כז, ה), אז צותה רבקה על יעקב לתקן את המטעמים ולקבל ברכתו של עשו. ואלמלא כן, אין אחד מישראל נמלט מגלות חרבו של אדום. התבונן מאד, הנה הודעתיך סוד ברכתו של יצחק ואהבתו אל עשו:

Porque la *Shekinah* en tiempos de Abraham, nuestro patriarca, la paz sea con él, se llamaba Sarah, en tiempos de Isaac, nuestro patriarca, la paz sea con él, se llamaba Rebeca y en tiempos de Jacob, nuestro

62. Véase *Génesis* (XXVII-4).

patriarca, la paz sea con él, se llamaba Raquel, porque Leah es el secreto del Jubileo. Y las dos sirvientas son el secreto de las dos sirvientas del *Shekinah* (56a), y así todo está rectificado. Por lo tanto, «Rebeca oyó, cuando hablaba Isaac a Esaú su hijo» (*Íbid.* XXVII-5). Entonces, Rebeca le dijo a Jacob que preparara una comida para recibir la bendición de Esaú. Si no hubiera sido así, nadie en Israel hubiera podido escapar de la espada de Edom. Considera esto con gran atención, pues te he explicado el secreto de la bendición de Isaac y su amor por Esaú.

ואחר שידעת זה, צריך אני להודיעך שאלמלא שנעקד יצחק על גבי המזבח ולקח אברהם את האש ואת המאכלת בידו, אין אחד מישראל יכול להתקיים מפני דינו של יצחק. ולא מפני שיצחק שנא את בנו ישראל, חלילה חלילה, אלא מפני חסידותו שכל כך היתה, פחדו ודינו מתוחה ליראם ולפחדם מלחטוא לפני י"י יתברך. וראה שעתידים לחטוא, אלא ראה שאין ישראל נצולים או מעונש גיהנום או מעונש גלות, שמח לגמור דינם של ישראל בגלות. וכשראתה מידת החסד שהיא מידת אל, שהיא מידת אברהם, שאם יגמר דינם של ישראל בגלות יהיו כולם כלים ונשחתים ולא ימלט אחד מעיר ושנים ממשפחה, לקחה מידת א"ל בידיה את האש ואת המאכלת שלא יכלו ושלא ישבדו ישראל בגלות, וזהו סוד; ואף גם זאת בהיותם בארץ אויביהם לא מאסתים ולא געלתים לכלותם (ויקרא כו, מד):

Y después de hacerte saber esto, debo explicarte que Isaac no fue atado en el altar, y que Abraham no tomó el fuego y el cuchillo en su mano y nadie entre Israel hubiera podido soportar el juicio de Isaac. No fue porque Isaac odiara a su hijo Israel, Dios no lo quiera, sino debido a que su piedad era tal que utilizaba su *Pajad*, y su *Din* provenía del miedo a pecar ante *El Eterno*, bendito sea. Vio que en el futuro pecarían y vio que Israel no se salvarían ni del castigo de del *Guehinom* ni del castigo del exilio. Por eso se alegró de poner fin a los juicios de Israel por medio del exilio. Lo hizo especialmente cuando vio la *Middah Hessed*, que es la *Middah El*, la *Middah* de Abraham, porque si la sentencia de Israel se hubiera cumplido durante el exilio, todo habría

56a

sido destruido. No escapó nadie, ni uno en la ciudad, ni dos en una familia. Así, la *Middah El* tomó el fuego y el cuchillo en su mano para que Israel no fuera destruido durante el exilio, y éste es el secreto de: «Y aun con todo esto, estando ellos en tierra de sus enemigos, yo no los desecharé, ni los abominaré para consumirlos, invalidando mi pacto con ellos» (*Levítico* XXVI-44).

ואחר שידעת זה צריך אני להודיעך מהו הטעם שכהו עיניו של יצחק מראות. דע כי י"י יתברך מיעט מידת הדין, שלא תדקדק בכל העבי־רות, וזהו סוד: ותכהינה עיניו מראות (בראשית כז, א). ומה הוא זה שאמר 'כי זקן יצחק', ואחר כך 'ותכהינה עיניו מראות'? הנני מאיר עיניך בעזרת השם. דע כי יש למעלה מידת רחמים גמורה, ונקראת אהי"ה זקן, היא המרחמת בלי תערובת דין. וכשבני אדם חוטאים מידת הדין מתוחה כנגדם, וכשעומדים לדין והשם יתברך שהוא יהו"ה רואה שאם יגמר הדין תהיה כליה בכל העולמות, מה הוא עושה? מסלק הדין משם ומעלה אותו למידת רחמים הנקראת זקן.

Y después de que sepas esto necesito explicarte la razón por la cual los ojos de Isaac eran débiles. Has de sabed que *El Eterno*, bendito sea, disminuyó la intensidad de la *Middah Din*, para que no pudiera examinar cada pecado, y éste es el secreto de: «y sus ojos se oscurecieron de vista» (*Génesis* XXVII-1). ¿Por qué, entonces, dice: «Isaac envejeció», y después: «y sus ojos se oscurecieron de vista»? Déjame iluminar tus ojos, con la ayuda de Dios. Has de saber que lo anterior es la *Middah* de *Rajamim*, denominada *Ehieh Zaken*, que es *Rajamim* sin mezcla de *Din*. Y cuando la gente peca, la *Middah* de *Din* se extiende delante de ellos, y entonces *El Eterno*, bendito sea, que es IHVH (הו"ה), mira a ver si se cumple el juicio, pero en ese caso todos los mundos serían destruidos, ¿qué hace entonces? Desplaza el juicio de allí y lo lleva a la *Middah* de *Rajamim* denominada *Zaken*.

56a

וכשמידת הדין מסתלקת לאותו מקום, אין בה כוח לא לדבר ולא לראות, וזהו סוד: ויגבה יהו"ה צבאות במשפט והאל הקדוש נקדש בצדקה (ישעיהו ה, טז). ועל זה נאמר 'ויהי כי זקן יצחק ותכהינה', כלומר גם עליו גם על מידתו מדבר. ולפיכך י"י יתברך בשעת הדין הקשה מרחם על עולמו ואומר: למעני למעני אעשה כי איך יחל (ישעיהו מח, יא).

Cuando la *Middah* de Din es apartada de este lugar, ya no tiene el poder ni de hablar ni de ver, y éste es el secreto de: «Pero *El Eterno Tzevaoth* será ensalzado con juicio; y el Dios santo será santificado con justicia» (*Isaías* V-16). Por ha sido dicho: «Isaac envejeció y sus ojos se oscurecieron de vista». Es decir que se refiere a él y a su *Middah*. Así, *El Eterno*, bendito sea, en momento del *Din* se apiada de su mundo, y dice: «Por mí, por mí, lo haré» (*Isaías* XLVIII-11).

וזהו שאמרו ז"ל: אין בן דוד בא אלא בדור שכולו חייב וכו', וזהו סוד; כולו הפך לבן טהור הוא (ויקרא יג, יד). ועל דרך זה התבונן שאין לפחד יצחק כוח וממשלה בשעה שהכתר העליון מאיר פניו למטה, לפי שאורו הגדול מכהה מאור עיניו של פחד יצחק. וזהו סוד; יאר ה' פניו אליך ויחונך (במדבר ו, כה).

Y es lo que dijeron nuestros sabios, de bendita memoria: «el hijo de David únicamente vendrá en una generación que sea totalmente justa o totalmente malvada»,[63] y es el secreto de «se ha vuelto toda ella blanca; y él es limpio» (*Levítico* XIII-13). De esta manera puedes entender que *Pajad Itzjak*» no tiene poder mientras *Keter Elyon* irradia hacia abajo. Porque su gran poder oscurece la luz de los ojos de *Pajad Itzjak*. Y éste es el secreto: «Que *el Eterno* haga resplandecer su rostro sobre ti, y tenga de ti misericordia» (*Números* VI-25).

---

63. Véase Talmud, tratado de *Sanhedrín* (98a).

מהו 'ויחונך'? שאם אי אתה ראוי לרחמים בשעה שיאיר פניו הע־
ליונים, יתן לך מתנת חנם, וזהו סוד 'יאר יהו"ה פניו אליך ויחונך'. וה־
נני מאיר עיניך בעזרת השם. דע כי בכל מקום שאתה מוצא אור פניו
מלמעלה הוא סוד גדול, והוא כי יש שלוש מאות ועשרה פנים של
זעם וכולם אדוקים בפחד יצחק וכשמידת הכת"ר מאירה פניה ומו־
ציאה דגל של רחמים שחקוק בו מידת א"ל, שהוא סוד המעשרות
של פנים של זעם "", אזי כל פני הזעם חוזרות להאיר ונהפכות כולן
לרחמים, וזהו סוד 'א"ל יהו"ה ויאר לנו', וזהו: אשרי העם יודעי תרו־
עה יהו"ה באור פניך יהלכון (תהלים פט, טז).

¿Qué significa «y tenga de ti misericordia»? Si no eres digno la misericordia ahora, hace brillar su rostro sobre ti y te da un regalo, y éste es el secreto del resplandor de la gracia del rostro del IHVH (יהו"ה) que se girará hacia ti y te guiará, y éste es el secreto del brillo del rostro del *Eterno*. Ahora deseo abrir tus ojos, con la ayuda de Dios. Has de saber que cada vez que descubras la luz de su rostro superior, se trata de un gran secreto, y es que hay trescientos diez rostros terribles relacionados con *Pajad Itzjak*. Cuando la *Middah Keter* hace brillar su rostro y sostiene el estandarte de *Rajamim*, en el que está grabada la *Middah El*, éste es el secreto de decenas de rostros terribles (56b). Él hace brillar todos sus rostros y los transforma en la *Middah* de *Rajamim*. Y éste es el secreto de: «Dios es IHVH (יהו"ה) que nos ha resplandecido»[64] y de: «Dichoso el pueblo que conoce el sonido de la trompeta; camina en el brillo de tu rostro, oh IHVH (יהו"ה)» (*Salmos* LXXXIX-16).

ואם כן התבונן סוד 'ויהי כי זקן יצחק ותכהינה עיניו מראות', ואז
תשיג סוד 'תקעו בחודש שופר בכסה ליום חגנו' (שם פא, ג) יסוד
'אשרי העם יודעי תרועה יהו"ה באור פניך יהלכון', ותראה מה הוא
שופר של אילו של יצחק יכשתתבונן עניינים האלו אזי תיכנס לסוד

64. Véase *Salmos* (CXVIII-27).

56b

שאנו אומרים 'יוצר המאורות' ו'בורא מאורי האש', ואז תבין מה יש בין יוצר המאורות ובורא מאורי האש. כי יצירת המאורות נמשכות מן הרחמים הגדולים של מעלה, בסוד 'א"ל יהו"ה ויאר לנו'; ומאורי האש הם נמשכים ממידת אלהים, ממידת החושך שנאמר בו: וחשך על פני תהום (בראשית א, ב); יוצר אור ובורא חשך (ישעיהו מה, ז). ולפיכך מידת א"ל מאירה לחשך הכלול במידת אלהים שהיא סוד אש, וזהו סוד 'יאר יהו"ה פניו אליך ויחונך':

Siendo así se puede entender el secreto de: «Tocad la trompeta en la nueva Luna, en el tiempo señalado, en el día de nuestra fiesta solemne» (*Ibid.* LXXXI-3) y el secreto de: «Dichoso el pueblo que sabe jubilar;[65] andarán, oh IHVH (יהו"ה), a la luz de tu rostro».[66] Observa que éste es el *Shofar*[67] del carnero de Isaac. Cuando consideres estos asuntos, penetrarás en el secreto de lo que llamamos: «*Ioter haMeoroth*»[68] y «*Meori haEsh*».[69] Entonces entenderás la diferencia entre el *Ioter ha-Meoroth* y el *Meori haEsh*. Pues el *Meori haEsh* depende del gran *Rajamim* superior, cuyo secreto es: «*El,* IHVH (יהו"ה), y nos ilumina»,[70] y el *Meori haEsh* depende de la *Middah Elohim*, *Middah* de las tinieblas, de la que se dice: «Y las tinieblas estaban sobre la faz del abismo» (*Génesis* I-2), «que formo la luz, y creo las tinieblas» (*Isaías* XLV-7). Por lo tanto, la *Middah El* ilumina la oscuridad contenida en la *Middah* Elohím, el secreto del fuego y el secreto de IHVH (יהו"ה) haga resplandecer su rostro sobre ti, y tenga de ti misericordia».[71]

ואחר שהודענוך זה בשתי אלו המידות, יש לנו להודיעך סוד מידת שם יהו"ה יתברך, המכריע באמצע, והיאך מנהיג את עולמו. כינויים

65. Literalmente «que conoce «*Teruah*» uno de los sonidos del Shofar.
66. Véase *Salmos* (LXXXIX-15).
67. Literalmente "cuerno".
68. Formador de las Luminarias.
69. Creador del fuego.
70. Véase *Salmos* (CXVIII-27).
71. Véase *Números* (VI-25).

56b

של יהו"ה יתברך העומדים באמצע השורה, מימינם חסד ומשמאלם דין, והם כלולים באמצע מן החסד והדין. ואלו הכינויים אשר באמ־צע נקראים כינויי הרחמים, ועליהם נאמר: ליהו"ה אלהינו הרחמים והסליחות (דניאל ט, ט).

Y después de haber puesto en tu conocimiento esta dos *Middoth*, debemos hablarte del secreto del nombre IHVH (יהו"ה), bendito sea, que está en el centro, y cómo gobierna el mundo. Los apodos de IH-VH (יהו"ה), bendito sea, están en el central, a la derecha está *Hessed* y a la izquierda *Din*. De este modo, el centro contiene tanto a *Hessed* como a *Din*. Los apodos del centro se llaman *Kinouim haRajamim*, y ha sido dicho a propósito de ellos: «De IHVH (יהו"ה) nuestro Dios es el tener misericordia, y el perdonar» (*Daniel* IX-9).

והנני מבאר בעזרת השם. דע כי כל שמות הקודש והכינויים והמי־דות, בין שנקראים חסד, בין שנקראים רחמים, בין שנקראים דין, אין לך אחד מכולן שיהיה חסד גמור או דין גמור או רחמים גמורים, שלא יהיה בהם תערובות. וכל זה משם אהי"ה ולמטה, אבל ממנו ולמעלה הכול רחמים וחסד גמורים פשוטים בלי תערובות בעולם. ועתה פקח עיניך ותן לבבך לראות עניינים עמוקים, שהם כמו כללים לסדרי המרכבות והשרים וקשר הספירות. ובראותך זה אז תבין קצת הספירות והשמות והמידות קשורים זה בזה, מקבלים זה מזה, והיאך כולם נעשים חבורה אחת וכוונה אחת בלי פירוד בעולם. וכשתבין זה, תבין סוד יחוד הבורא הכול יתברך ויתברך:

Voy a elaborar esto, con la ayuda de Dios. Has de saber que ninguno de los nombres sagrados, apodos y *Middoth*, se llaman *Hessed* ni se llaman *Rajamim*, ni se llaman *Din*. Cada uno de ellos contiene una mezcla, según los elementos existentes por debajo del nombre *Ehieh*, ninguno de ellos es *Hessed* completo, ni *Rajamim* completo ni *Din*, sin mezcla alguna. Sin embargo, del nombre *Ehieh* hacia arriba todo el *Rajamim* y todo el *Hessed* completos están en su estado puro sin mezcla del mundo creado. Y ahora abre tus ojos y deja que tu corazón vea

56b

cosas profundas relativas a la organización de las *Merkavoth*, sus Príncipes y la estructura de las Sefirot. Verás también cómo todo forma una unidad. Una vez hayas entendido esto, podrás entender algo de las Sefirot, los nombres y las *Middoth* conectados entre sí sin nada en el mundo que los separe. Cuando entiendas esto, comprenderás el secreto de la unidad del creador de todo, bendito sea.

דע כי שמות הכתר העליון הם כולן שמות פשוטים בלי תערובת דבר. כיצד? רחמים הידועים הסמוכים לשם אהי"ה, או חסד הסמוך לשם אהי"ה, כולם חסד ורחמים גמורים פשוטים, אין בהם תערובות דבר אחר. וזהו סוד שנאמר: וברחמים גדולים אקבצך (ישעיהו נד, ז).

Has de saber que los nombres de *Keter Elion* son todos nombres simples sin mezcla de nada. ¿Cómo? *Rajamim* está cerca del nombre *Ehieh*, y *Hessed* está cerca del nombre *Ehieh,* y tanto *Hessed* como *Rajamim* se consideran totalmente buenos sin mezcla alguna, y éste es el secreto de: «mas te recogeré con grandes misericordias» (*Isaías* LIV-7).

וכי מה הם רחמים גדולים? אלא מפני שהרחמים הכלולים בקו האמצעי אינם רחמים גמורים, שהרי דין מעורב בהם שהם כלולים מן החסד ומן הדין, אבל רחמים של שם אהי"ה הם הנקראים רחמים גדולים שאין בהם תערובות. וכן חסד עליון, כאמרו: ובחסד עליון בל ימוט (תהלים כא, ח) שזהו החסד הפשוט הגמור של שם עליון שהוא אהי"ה. אבל חסד של אברהם תערובת דין יש בו, ונקרא חסד עולם ואינו נקרא חסד עליון. זה הכלל: משם אהי"ה ולמטה נולדו ההפכים כולם, פנים ואחור, ימין ושמאל, ולפיכך אין לך שם או מידה משם אהי"ה ולמטה שהיא פשוטה בלי הרכבה:

56b - 57a

¿Qué es la *Rajamim haGuedolah*?[72] Esto indica que la misericordia del eje central no es totalmente misericordiosa porque el *Din* está mezclado con una parte de *Hessed* y una parte de *Din*. Pero la *Rajamim* del nombre *Ehieh*, se llama *Rajamim haGuedolah* porque no contiene ninguna mezcla. Porque es el *Hessed Elion* pues ha sido escrito: «Y en la misericordia del Altísimo, no será conmovido» (*Salmos* XXI-7). Éste es el *Hessed* total del nombre *Elion*, *Ehieh*. Mientras que el *Hessed* de Abraham se mezcla con el *Din* y se llama *Hessed Olam*[73] en vez de *Hessed Elion*. En resumen, debajo del nombre *Ehieh* está la dualidad de oposiciones: delante, detrás, derecha, izquierda. Así, no hay ningún nombre o *Middah*, excepto el nombre *Ehieh*, que no esté rodeado de oposiciones. (57a)

ואחר שידעת זה, דע כי כל שמות הקודש והכינויין שהם מן הכתר ולמטה אין לך מידה פשוטה שאינה מתערבת עם חברתה. כיצד? חסד אברהם אינו חסד גמור, שהרי מידת הדין של יצחק מתערבת עמו; ואין לך מידת רחמים שאין בה קצת דין, ואין לך מידת דין שאין בה קצת רחמים.

Ahora que te has dado cuenta de esto, sabes que ninguno de los nombres sagrados o sus apodos que se encuentran debajo de *Keter* son simples y están libres de oposiciones. Por ejemplo, el *Hessed* de Abraham no es un *Hessed* completo porque se mezcla con la *Middah Din* de Isaac, por *Rajamim*. ¿Por qué? En este caso, se recurre a la *Middah Din* de Isaac, y nunca encontrarás a la *Middah* de *Rajamim*, sin algo de *Din*, y nunca encontrarás a la *Middah* de *Din* sin algo de *Rajamim*.

ואם תקשה: אם כן למה אתה קורא מידת דין מאחר שיש בה רחמים? וכן, למה אתה קורא מידת רחמים מאחר שיש בה דין דע כי

72. La gran misericordia, alude a las «grandes misericordias» de la cita de Isaías.

73. Bondad del mundo o bondad eterna.

57a

המידה שעיקרה רחמים ורובה מתלבשת ברחמים, אף על פי שיש בה קצת דין אנו קורין אותה מידת רחמים; וכל מידה שעיקרה דין ורובה מתלבשת בדין, אף על פי שיש בה קצת רחמים אנו קורין אותה מידת הדין. אבל אין שם לא מידה ולא כינוי, מאהי"ה ולמטה, שיהיה כולו דין גמור או כולו רחמים גמורים. שאם אתה דן כן, נמ־צאת אתה קוצץ בנטיעות ומפריד ביחוד. שאם תאמר שמידת רח־מים היא רחמים גמורים, לעולם לא תתחבר עם מידת הדין הגמורה, נמצאו כשני הפכים שאינם מתקרבים זה לזה לעולם, ואם לא יתחב־רו הרי היחוד נפרד פרקים פרקים, מידת רחמים בפני עצמה ומידת הדין בפני עצמה, ועל זה נאמר: ונרגן מפריד אלוף (משלי טז, כח).

Y si lo pones difícil, ¿por qué se invoca a la *Middah* de *Din* si contiene *Rajamim*? ¿Y por qué se invoca a la *Middah* de *Rajamim* si contiene *Din*? Has de saber que siempre pedimos a la *Middah* de *Rajamim* que está cubierta principalmente de la *Middah* y aunque esté mezclada con una cierta cantidad de *Din*. Lo mismo ocurre con la *Middah* de *Din*, que incluso mezclada con la *Middah*, sigue siendo un la *Middah* de *Din*. Porque no hay ningún nombre, *Middah* o apodo por debajo de *Ehieh*, que contiene sólo el *Din*, o la *Rajamim*, y si lo consideraras de otra manera, estarías cometiendo una herejía al romper la unión. Si se dijera que la *Middah* de *Rajamim* es absolutamente misericordiosa, entonces nunca podría vincularse con el *Din* total, pues se considerarían como dos opuestos que no pueden comunicarse entre sí. Y si la conexión fuera imposible, entonces la unidad se rompería en segmentos de *Middoth* aisladas de *Rajamim* y *Din*. Y a propósito de esto ha sido dicho: «el chismoso aparta a los mejores amigos» (*Proverbios* XVI-28).

אבל סוד קשר הספירות והשמות והכינויין והמידות אלו באלו הם כמו שאומר לך. דע כי מידת הכתר העליון שכולה רחמים מתאחדת תחילה בצד החכמה הפונה למעלה, שהיא גם כן רחמים. ומן הצד השני של חכמה הפונה למטה, ונקראת אחור, נולד מידת הדין. ומצד הדין של חכמה הפונה למטה מול הבינה, חזר אותו צד הנקראת דין

57a-57b

להיותו נקרא רחמים אצל מערכת הבינה, כי יותר שמתרחקים מן הכתר נולדות הדין בהם.

Sin embargo, el secreto de la unidad de las Sefirot, de los nombres, de los apodos y de las *Middoth*, es tal como te he explicado. Has de saber que la *Middah* de *Keter Elion*, que es el *Rajamim* absoluto, se une primero con el lado de *Jojmah*, que se vuelve hacia arriba, y que también es *Rajamim*. El otro lado de *Jojmah* está girado hacia abajo, donde se origina la *Middah* de *Din*. Es a través del lado de *Din*, pues el lado de *Jojmah* es entonces girado hacia abajo y orientado hacia la izquierda de *Binah*, el lado posterior, llamado *Din*, se gira y es llamado de nuevo *Rajamim*. Porque cuanto más se alejan de *Keter*, más aumenta el *Din* en ellos.

ואם כן האחורים של חכמה נקראים דין אצל הכתר ונקראים רחמים אצל הבינה, ומב' הספירות האלו הנקראות חכמה ובינה נאצלים כל שאר השמות והכינויין. נמצאת למד כי כל ימין הוא מצד החכמה, וכל שמאל הוא מצד הבִינה. ואף על פי שהימין היא מצד החכמה אין החכמה רחמים גמורים, כמו שאמרנו, שאפילו האחוריים של חכמה, דין הם נקראים כנגד הכתר; כל שכן הימין הנמשך מן החכ־מה, שיש בו דין ורחמים.

Así, cuando la espalda de *Jojmah* denominada *Din* se vuelve hacia *Keter*, denominada *Rajamim*, se vuelve hacia *Binah*, hay *Rajamim*. Y de estas dos Sefirot, denominadas *Jojmah* y *Binah* emanan todos los nombres y apodos. Así aprendemos que todo esto viene del lado derecho sujeto a *Jojmah* y todo esto viene del lado izquierdo sujeto a *Binah*. Aunque el lado derecho es el lado de *Jojmah* no contiene *Rajamim* completo, como hemos dicho (57b), porque su lado trasero está vuelto hacia *Din* y su lado delantero está vuelto hacia *Keter*, *Rajamim* absoluto. Así vemos que en *Jojmah* hay tanto *Din* como *Rajamim*.

57b

אבל זה הכלל: כל הספירות האצולות מצד החכמה כולם נקראות מידות רחמים, לפי שהספירות האצולות מן הבינה כולם דין. ולפי מערכת אלו אצל אלו נקראות אלו רחמים ואלו דין. לא מפני שאלו של צד ימין הם רחמים גמורים, אלא שרובם ועיקרם רחמים אבל קצת דין יש בהם; ולא מפני שאלו של צד שמאל הם דין גמור, אלא שרובם ועיקרם דין אבל קצת רחמים יש בהם. וזהו סוד קשר הספי־רות והמרכבה, שאלמלא העירוב שבמידות לעולם לא היו מתקרבות ונקשרות אלו באלו. נמצאת למד כי מידת א"ל שהוא מידת חסד אברהם, אף על פי שנקראת חסד ויש בה רחמים הרבה, קצת דין מעורב בה. ומידת אלהים שהיא מידת פחד יצחק, אף על פי שנקר־את דין ויש בה מיני עונש הרבה, קצת רחמים מעורב בה.

Pero la regla es ésta, todas las Sefirot que emanan del lado de *Jojmah* se consideran *Middoth* de *Rajamim* y todas las Sefirot que emanan del lado de *Binah* se consideran *Middoth* de *Din*. En la estructura, las referencias son al *Din* y a la *Rajamim*. No es que los del lado derecho sean considerados como *Rajamim* absoluto y los del lado izquierdo como *Din* absoluto, sino porque son considerados como *Din* mezclado con un poco de *Rajamim*. Éste es el secreto de la unión de las Sefirot y la *Merkavah*, pues si estas *Middoth* no estuvieran eternamente mezcladas, no podrían relacionarse entre sí. Así aprendemos que la *Middah El*, que es la *Middah* del *Hessed* de Abraham, aunque se llame *Hessed*, contiene mucha *Rajamim* siempre mezclada con *Din*. Lo mismo ocurre con la *Middah Elohim*, la *Middah Pajad Isaac*, que, a pesar de llamarse *Din*, contiene muchas clases de castigo, pero también algo de *Rajamim*.

אבל מידת שם יהו"ה שהוא קו האמצעי והוא עומד באמצע כל הש־מות, כמו שהודענוך, מימינו חסד ומשמאלו דין, בלי ספק שם זה כלול בדין וברחמים מכאן ומכאן. ולפיכך הוא פוסק אם לחיים אם למוות, אם לעונג אם לנגע. ולפיכך תמצא שם יהו"ה, שהוא סוד קו האמצעי והוא עומד באמצע, זו היא מידת יעקב אבינו עליו השלום ולפיכך נאמר בו: ויעקב איש תם יושב אהלים (בראשית כה, כז).

57b

כלומר, יעקב הוא סוד המידה האמצעית, כמו התיומת שבלולב שמ־
תיים שני הצדדים באמצע כך יעקב מתיים שני האוהלים, שהם אוהל
אברהם שהוא חסד ואוהל יצחק שהוא דין, וזהו סוד ויעקב איש תם
יושב אהלים (שם, כה). כי מה צורך לומר יושב אוהלים? היה לו
לומר יושב אוהל. אלא מידת יעקב עומדת בין שני אוהלים, ומתיימת
ומאחזת ימין ושמאל במידה האמצעית, עד שנמצאו אברהם ויצ־
חק נאחזים ביעקב: אברהם, ימין יעקב, יצחק שמאל יעקב. וזהו סוד
הכתוב השלישי מכריע ביניהם:

Pero la *Middah* del nombre IHVH (יהו"ה), que está en el eje central, permanece en el centro de todos los nombres, como ya te hemos explicado, con *Hessed* a su derecha y *Din* a su izquierda, de modo que este nombre tiene el *Din* y *Rajamim* a sus lados. A este nombre le corresponde decidir entre la vida y la muerte, el placer y la peste. Encontrarás que el IHVH (יהו"ה) es el secreto del eje central y se encuentra en el centro: es la *Middah* de Jacob, nuestro patriarca, la paz sea con él. Se dice de él: «Pero Jacob era un hombre íntegro, que permanecía en tiendas» (*Ibid.* XXV). Es decir, Jacob es el secreto de la *Middah* central, así como la vena central de una hoja de palma pertenece a ambos lados de la palma, así Jacob pertenece a las tiendas, que son la tienda de Abraham, que es *Hessed*, y la tienda de Isaac, que es *Din*. Y éste es el misterio de: «Jacob era un hombre íntegro, que permanecía en tiendas». ¿Por qué se menciona en este versículo que permanecía en tiendas de campaña? Podría haber dicho: «permaneció en una tienda». Esto es para enseñar que la *Middah* de Jacob se encuentra entre las dos tiendas, está apoyada a la derecha y a la izquierda por la *Middah* central, hasta que Abraham e Isaac están atados sobre Jacob. Abraham a la derecha de Jacob e Isaac a la izquierda. Y éste es el secreto de lo que está escrito: el tercer árbitro entre ellos.

בין מידת א"ל שהיא חסד, ובין מידת אלהים שהיא דין. נמצאת למד
כי השם הגדול יהו"ה יתברך שהוא עומד באמצע הוא כלול בחסד
ודין, וזהו שאמרו בפרקי היכלות: מימינו חיים, משמאלו מוות ואחר

57b

שידעת זה, יש לנו להודיעך כי מכאן תבין היאך כל השמות וכל הכינויים וכל המידות הם נאחזים בשם יהו"ה יתברך. וזהו שאמרו בספר יצירה: היכל הקודש מכוון באמצע.

Entre la *Middah El*, que es *Hessed* y la *Middah Elohim*, que es *Din*. Aprendemos que el gran nombre IHVH (יהו"ה), bendito sea, que se encuentra en el centro, contiene al mismo tiempo *Hessed* y *Din*, y es lo que está dicho en los *Pirkei Heijaloth*:[74] «A su derecha está la vida y a su izquierda la muerte».[75] Ahora que te has dado cuenta de esto, debemos explicarte cómo puedes entender todos los apodos y todas las *Middoth* que están sobre el IHVH (יהו"ה), bendito sea. Y es lo que dice el *Sefer Yetzirah*: «El palacio sagrado está colocado en el centro».[76]

וזהו סוד שם יהו"ה שהוא באמצע כל השמות, בין מלמעלה, בין מלמטה, בין מן הצד. וזהו סוד: ראיתי את יהו"ה יושב על כסאו (מלכים, כב, יט) בכל השמות והכינויין ופועל פעולותיו. וכפי הפעולה שצריך לפעול, כך מתלבש בשם או בכינוי הראוי לאותה פעולה. ושמור עיקר זה תמיד, כי הנה תמצא יהו"ה נקרא לפעמים רחום ולפעמים קנוא ונוקם ובעל חימה ואיש מלחמה, כאומרו: אל קנוא ונוקם יהו"ה נוקם ה' ובעל חימה (נחום א, ב) ואומר; יהו"ה איש מלחמה (שמות טו, ג).

Y éste es el secreto del nombre IHVH (יהו"ה), el centro de los nombres arriba, abajo, a un lado y al otro. Y éste es el secreto de: «Vi a IHVH (יהו"ה) sentado en su trono» (1 *Reyes* XXII-19). Entre todos los nombres y apodos disponibles, elige el nombre o apodo más adecuado para una acción. Guarda este principio constantemente, pues encon-

---

74. «Dichos de los palacios», texto llamado también *Heijlaoth Rabbati,* detalla el ascenso del Rabbí Ismael cuando trató de examinar la validez del decreto sobre la ejecución de los Diez Mártires.

75. Véase *Proverbios* (III-16).

76. Véase *Sefer Yetzirah* (IV-4).

57b

trarás que IHVH (יהו"ה) es llamado a veces misericordioso y a veces celoso, vengador, dueño de la ira y guerrero, como ha sido dicho: «Dios celoso y vengador es IHVH (יהו"ה); vengador es IHVH (יהו"ה), y Señor de ira; IHVH (יהו"ה), que se venga de sus adversarios, y que guarda su enojo para con sus enemigos» (*Nahum* I-2), «IHVH (יהו"ה) es un guerrero» (*Éxodo* XV-3).

ואם הוא כולו של רחמים, היאך אפשר לומר בו אלו הכינויין של דין קשה? אלא באותו הצד של דין, שאמרנו שהוא מעורב עם מידת רחמים, מתאחזין אלו הכינויין של דין. וכפי המידה הראויה, כך הכינויין מתאחזים בו ומתלבש בהן. ונמצא שם יהו"ה כלול ומשוכלל בכולן בהתלבשו במלבוש הראוי לכל דבר. ושמור זה העיקר וממנו תראה שהשם יתברך אינו משתנה כלום, כאומרו אני יהו"ה לא שני־תי (מלאכי ג, ו) אבל השינוי הוא כפי הדין הראוי, מתלבש בכי־נויין הראויין לגמור הדין אם לטוב אם לרע. ושמור זה העיקר הגדול מאוד מאוד ותראה גדולתו יתברך ועוצם מלכותו:

Y si él es totalmente misericordioso, ¿cómo actúan los apodos de *Din* severo? De hecho, él pasa al lado del *Din*, que hemos mencionado, que se mezcla con la *Middah* de *Rajamim* y el apodo del *Din*. Según la *Middah* apropiada, el apodo descansa sobre él y lo envuelve. Así te encontrarás con el nombre de IHVH (יהו"ה) contenido y nombrado con ellos, cuando esté revestido con el ropaje apropiado para cada acción. Guarda este principio y por él verás que el *Eterno*, bendito sea, no cambia en absoluto, como ha sido dicho: «Porque yo soy *el Eterno*, no cambio» (*Malaquías* III-6), pero el cambio es conforme al *Din* apropiado, y por tanto es el apodo el que se requiere para cumplir la sentencia, sea buena o mala. Guarda este gran principio muy claro y considera su grandeza y la magnificencia de su reino.

ואחר שהודענוך אלה הכללים הגדולים, יש לנו לחזור ולהודיעך בפי־רוש מה שהתחלנו לבאר בשער זה ולומר: כבר ביארנו שמן הכתר

57b-58a

ולמטה אין שם מידה פשוטה שאינה מעורבת עם חברתה, כי אצי־לות החכמה שנמשכה מן הכתר חייבה כל ההפכים וכל התערובות וכל דרך האצילות וקשר המרכבות. שהרי החכמה סמוכה לכתר ול־בינה, ומאחר שהיא סמוכה בין שתי ספירות הרי יש לה פנים ואחור, הפנים מביטות נגד הכתר, והאחורים נגד הבינה.

Y después de haberte enseñado estos grandes principios, debemos volver atrás y explicarte precisamente lo que hemos empezado a explicar en esta puerta, diciendo: ya hemos explicado que por debajo de *Keter* no hay ninguna *Middah* que no esté mezclada. Porque las *Middoth* (58a) de *Jojmah*, que vinieron de *Keter*, implicaron todas las oposiciones, todas las mezclas, cada forma de emanación es la conexión de las *Merkavoth*. Porque *Jojmah* está junto a *Keter* y *Binah*, conectando estas dos Sefirot, una delante y otra detrás. La parte delantera corresponde a *Keter* y la trasera a *Binah*.

ומאחר שיש בה פנים ואחור, הרי היא סיבת כל ההפכים והשינויים וכל התערובות שבעולם. ומכאן נולדו כל פנים ואחור, כל לבן ושחור, ימין ושמאל, ומעלה ומטה. וזהו אחד מן הסודות העמוקים בקשרי מרכבה ואצילות ההוויות, והמבין סוד זה יבין כל המרכבות וכל המ־עלות האצילות, שהם בצורת מקבל ומשפיע, וזהו סוד אנדרוגינוס.

Y como tiene cara y espalda, es la causa de todos los contrarios, todos los cambios y todas las mezclas que hay en el mundo. De ahí nacen el rostro y la espalda, el blanco y el negro, la derecha y la izquierda, el arriba y el abajo. Y éste es uno de los secretos más profundos en los lazos de la *Merkavah* y la emanación de los seres, y aquel que comprenda este secreto comprenderá todas las *Merkavoth* y todos los grados que están en la forma de recibir e influir, y éste es el secreto del andrógino.

58a

ולא שיש שם צורת אנדרוגינוס, חלילה חלילה לשם יתברך להאמין דבר כזה ולהוציא דיבה ושם רע, אבל כמו שאמרנו למעלה בסוד כל פרקי מרכבה והשרים העליונים שכללם כולם ביחד נקראים אדם, לא שהם בצורה שלנו או כמונו חלילה חלילה, אבל יש מעלות גדו־לות נעלמות מלאים זיו וזוהר ומיני מאורות וכולם כאחד נקראים בשם מוח. לא שהם כצורת מוח שלנו או כמוח שלנו, אלא שהם רמוזים בסוד המוח.

Y no es que haya una forma andrógina ahí, Dios no lo quiera, y que nadie crea en semejante calumnia sobre nuestro *Eterno*, bendito sea, sino que, como dijimos más arriba, los secretos de todas las partes de la *Merkavah*, los Príncipes superiores, cuando se unen se llaman Adán, no porque hayan sido formados con nuestra forma o como nosotros, Dios no lo quiera, Dios no lo quiera, sino porque hay grandes *Middoth* ocultas, llenas de esplendor, resplandor y luz, que, todos juntos, se designan con el nombre de *Moaj*.[77] Y no es que tengan el cerebro como nuestra forma o como nuestro cerebro, sino que se refiere al secreto del cerebro.

וכן יש כמה עולמות מלאים כל מיני דשן וכל טוב ונקראים ימי"ן; וכן יש כמה עולמות מלאים חושך שאינו מתאחז, והוא בלי גבול, ונק־ראים שמא"ל; וכן יש כמה עולמות בצד שמאל, מלאים עושר וכבוד ונכסים ונקראים צפו"ן, וכן כל כיוצא בזה. ובדרך זה כל צורת המ־רכבות העליונות והמחנות והצבאות, מהן יש כיתות נקראים בשם עין, מהן יש כיתות נקראים אוזן, ומהם יש כיתות נקראים שפתיים, ומהן יש כיתות נקראים פה, ומהן יש כיתות נקראים ידיים, ומהן יש כיתות נקראים רגליים. וכל המחנות והמרכבות כאחד נקראים אדם:

Además, hay algunos mundos que están llenos de opciones, de abundancia, de bondad, y estos se llaman *Iamin*.[78] Y hay algunos

77. Literalmente «cerebro», pero también «meollo».
78. Derecha.

mundos llenos de oscuridad, que no pueden aferrarse, y la oscuridad es ilimitada, y se llaman *Shmol*.[79] Hay varios mundos en el lado izquierdo, llenos de felicidad, gloria y prosperidad, que se denominan *Tzafon*[80] y por lo tanto coinciden con el resto de los cielos. Y de este modo se describen las *Merkavoth* superiores, los campamentos y sus ejércitos. Y algunos se llaman *Ayin*,[81] otros *Ozen*,[82] otros *Shfatim*,[83] otros *Peh*,[84] otros *Iadim*,[85] y otros se llaman *Reguelim*.[86] Y cuando están todos juntos, se les denomina *Adam*.

וכל אלו המרכבות וכל הצבאות וכל המחנות, כולם נקשרים אלו באלו ומקבלים שפע וקיום אלו מאלו, ונמצאו כולם מקבלים כוח מאור מן הכתר וממנו כולם מתפרנסים בהתאחדם בשם יהו"ה יתברך. כי סוד יהו"ה הוא סוד בורא הכול יתברך, וקוצו של יו"ד הוא סוד הכתר, ובשם יהו"ה הוא העיקר וממנו יקבלו כל המרכבות וכל המעלות כוח שפע וקיום אלו מאלו, ונמצאו כולם צופים לשם יהו"ה מקבלים כוח מאור הכתר. נמצאו כל המעלות, מקוצו של יו"ד ולמטה, כולם מקבלים כוח אצילות אלו מאלו.

Todas estas *Merkavoth*, campamentos y ejércitos, están agrupados y reciben su *Shefa* y esencia unos de otros. Todos reciben el poder iluminador de *Keter* y son sostenidos en su unidad por el nombre IHVH (יהו"ה), bendito sea. Porque el secreto de IHVH (יהו"ה) es el secreto del creador de todas las cosas, bendito sea. La punta de la *Iod* del nombre IHVH (יהו"ה), es el secreto de *Keter*, y el nombre IHVH (יהו"ה),

79. Izquierda.
80. Literalmente «norte», pero también «oculto», «escondido».
81. Ojo.
82. Oído.
83. Labios.
84. Boca.
85. Manos.
86. Pies.

58a

bendito sea, es realmente el centro del que todas las *Merkavoth* y todas las jerarquías reciben el poder y la energía para sostenerse mutuamente.

וכן כל מעלות העולם עליונים ותחתונים, בעולם המלאכים, ובעולם הגלגלים, השמים והכוכבים והמזלות, ובעולם התחתון, כולם נקשרים אלו באלו ומתפרנסים אלו מאלו. נמצא כל המעלות מקבלות כוח וקיום מקוצו של יו"ד של שם יהו"ה יתברך, ונמצאת כל מעלה מכל מעלות יהו"ה יתברך שיש לה שתי פנים: הפן האחד, שמקבלת ממי שלמעלה ממנה, והפן השני, שבו משפעת טובה במי שלמטה ממנה, עד הגיע לטבור הארץ.

Y todos los grados superiores e inferiores del mundo, en el mundo de los ángeles, el mundo de las esferas, el mundo de los cielos, las estrellas y los planetas, así como todo el mundo inferior, todos ellos están conectados y son dependientes unos de otros. También se ve que todas las jerarquías derivan su poder y sustento de la punta de la *Iod*, del nombre IHVH (יהו"ה), bendito sea, que tiene dos rostros: un rostro que recibe de lo que está arriba y un rostro que otorga el bien a la existencia que está por debajo, para que alcance el ombligo de la Tierra.

נמצאת כל מעלה ומעלה שיש בה שני עניינים: כוח קיבול לקבל השפע ממי שלמעלה הימנה, וכוח השפע להשפיע טובה במי שלמטה הימנה. ובדרך זה נקראות המרכבות אנדרוגינוס, מצד מקבל ומשפיע, וזהו סוד גדול מסתרי האמונה. והמבין זה, יבין סוד הכרובים וסוד תבנית המרכבה שעשה שלמה המלך בבית המקדש. ויבין היאך מן הכתר ולמעלה כל המידות של חסד ורחמים וכל טוב, כולן שלמות ופשוטות ואין בהן תערובת דין לא מעט ולא הרבה.

De ello se deduce que cada jerarquía tiene dos funciones: la capacidad de recibir la *Shefa* que está por encima de ella, y el poder de dispensar la *Shefa* a la existencia que está por debajo de ella. Así, las *Merkavoth* son denominadas «andróginos», en el sentido de que son al mismo tiempo receptores y transmisores. Y éste es el gran secreto de nuestra fe oculta. Aquel que entienda esto, comprenderá el secreto de los *Keruvim* y el secreto de la construcción de la *Merkavah* que el rey Salomón colocó en el *Beith haMikdash*. También comprenderá cómo a través de *Keter* y arriba, todas las *Middoth* de *Hessed*, *Rajamim* (58b) y todos los beneficios son totalmente simples, sin mezcla alguna de *Din*, ni poco ni mucho.

ויבין שאין מן הפחד ולמעלה צד דין ולא דבר קושי כלל, אבל הכול שמחה וצהלה וששון וכל טוב וכל זיו וכל מאור, שאין דין בו כלל כי אם מצד האחורים, והאחורים מתחילין מן החכמה ולמטה. וכמה אחורים יש שנקראים פנים, וכמה פנים יש שנקראים אחורים, והסוד כולו כלול במקבל ומשפיע. וכשתבין הסוד הגדול הזה, תבין מה שאמרנו מן הכתר ולמטה אין זם שם פשוט שיהיה כולו חסד גמור או רחמים גמורים אלא קצת דין מעורב בו, ואין לך שם שיהיה כולו דין גמור אלא קצת רחמים מעורבים בו. וזהו סוד קשר המרכבות ואצילות המעלות וסוד הצינורות וההמשכות. וסוד כל מה שזכרנו בכאן יש כלל גדול בתורה, והוא סוד: ולא יבאו לראות כבלע את הקודש ומתו (במדבר ד, כ), ואין לי רשות לפרש בכתב יותר מזה:

Y comprenderás que por encima de *Pajad* no hay ningún *Din* ni nada terrible, sino que todo es alegría y felicidad, bondad y resplandor, pues no hay *Din*, sino hacia la espalda; y la espalda comienza sólo con *Jojmah* y abajo. Sin embargo, hay espaldas que se consideran caras y caras que se consideran espaldas. Y todo el secreto está contenido en un receptor y un emisor. Cuando hayas comprendido este gran secreto, entenderás que desde *Keter* hacia abajo, no hay nombre que no esté lleno de *Hessed* o *Rajamim*, pero el *Din* siempre estará mezclado con él. Y éste es el secreto de la conexión de la *Merkavah* y las emanaciones de las jerarquías, así como el secreto de los canales y efusiones. El secreto de todo lo que acabamos de decir aquí, contiene un gran principio de la *Torah*, cuyo secreto es: «No entrarán para ver, cuando cubrie-

58b

ren las cosas santas; porque morirán» (*Números* IV-20). Y no tengo permiso para explicar por escrito más que esto.

נמצאת למד כי כל שמות הקודש וכינויין הנאגדים בשם יהו"ה יתברך, כולם מעורבים אלו באלו וכולם מתפרנסים אלו מאלו, וכולם בין של ימין בין של שמאל כולם כוונה אחת להם, והיא הדיבוק בשם יהו"ה יתברך כי ממנו יבו השפע והחיים והקיום. ולא תחשוב בדעתך כי כיתות של ימין ושמאל למעלה חולקין אלו עם אלו, או שונאים אלו לאלו, או מכחישים אלו לאלו, חלילה וחס! אלא כשתראה אותם כחולקים, אינם אלא כנושאים ונותנים בדין להוציא משפט בני העולם לאור בדין אמת. וזהו כלל למידת חסד ודין, והסוד: וילכו שניהם יחדיו (בראשית כג, ג), וסוד: משפטי ה' אמת צדקו יחדיו (תהלים יט, ח).

Se aprende que todos los nombres sagrados y apodos asociados con el nombre del *Eterno*, bendito sea, están entrelazados y que cada uno apoya al otro, independientemente de si están a la derecha o a la izquierda, cada uno está animado por la misma intención y debe apegarse al nombre del *Eterno*, bendito sea; porque de él provienen la *Shefa*, la vida y el sustento. No pienses que los grupos de derecha e izquierda se pelean, se odian, ¡Dios no lo quiera! De hecho, cuando se les sorprende discrepando, significa que están negociando un juicio para hacer verdadera justicia a las criaturas del mundo. Y ésta es la norma general de las *Middoth Hessed* y *Din*, y ese secreto es: «Y ambos caminaron juntos» (*Génesis* XXII-6). Y el secreto es: «Los juicios del *Eterno* son verdaderos, son justos» (*Salmos* XIX-10).

כלומר הכול כוונה אחת, כי כולם מוסכמים בהסכמה אחת, והיא הדיבוק בשם יהו"ה יתברך. וזהו שאמרו חז"ל: אין למעלה לא קנאה ולא שנאה ולא תחרות. ואם כן מהו זה שאלו עומדים לימין ומזכין ואלו עומדים לשמאל ומחייבין? דע כי כל זה להוציא המשפט לאור ולקבל כל נברא הדין הראוי לו, אבל של ימין ושל שמאל למ-

58b

עלה אחת היא להידבק בשם יהו"ה יתברך. וכל הכיתות האלו, בין של ימין בין של שמאל, אוהבין זה לזה; וזהו שתיקנו בברכת יוצר המאורות:

Es decir, todo es una intención, porque cada una tiene su propia función, y cada una debe estar unida al nombre IHVH (יהו"ה), bendito sea. Por esta razón nuestros sabios, de bendita memoria, dijeron: «arriba no hay envidia, ni celos, ni odio, ni rivalidad».[87] En este caso, ¿por qué unos se sitúan a la derecha para defender y otros a la izquierda para acusar? Has de saber que es para que la justicia se revele y cada criatura reciba la justicia que le corresponde. Pero por encima de la derecha y la izquierda, están unidos por su apego al nombre IHVH (יהו"ה), bendito sea. Ambas facciones, la de la derecha y la de la izquierda, se aman. Y esto es lo que corregimos con la bendición de *Iotzer haMeoroth.*

כולם אהובים כולם ברורים כולם גיבורים כולם עושים באימה וביראה רצון קוניהם. והתבונן זה עד מאוד ותראה מה שפירשנו. הלא תראה כי הקדושה כולם מתכוונין לגמרה ביחד, כי זהו אחד מדרכי הייחוד הגדול. ולפיכך אמרו בברכת היוצר: וכולם מקבלים עליהם עול מלכות שמים זה מזה ונותנים באהבה רשות זה לזה להקדיש ליוצרם בנחת רוח וכולם כאחד עונים באימה. וכיצד עונין כיתות של ימין? אומרים: קדוש; ושל שמאל אומרים; ברוך; ואלו ואלו כאחד אומרים: ימלוך. הזוכים להבין סוד זה יבינו כיצד הוא הסכמת כולם בייחוד השם יתברך:

«Todos son amados, todos son claros, todos son héroes y ofrecen a su creador con temor y asombro…». Analiza esto profundamente y verás lo que hemos explicado. Observa que la santidad consiste en unir todas las cosas, pues éste es uno de los caminos de la gran unidad. Y

87. Véase Talmud, tratado de *Berajoth* (17a).

58b

esto aparece en la bendición de la formación: «Y todos aceptan sobre sí el yugo del reino de los cielos, y con amor cada uno da al otro permiso para santificar a su creador con serenidad mental y respondiendo con temor». ¿Cómo responden los grupos de la derecha? Dicen «*Kaddosh*», y en el lado izquierdo dicen «*Baruj*», y todos juntos dicen: «*Imloj*». Aquellos que entienden este secreto comprenderán cómo todos aceptan la unificación en el *Eterno*, bendito sea.

וכל זה שאמרנו מן השורה ולפנים, שזהו סוד חומות המקדש העליון, אבל מן החומות ולחוץ יש כיתות רעות לצד שמאל, ואינם למעלה כי אם למטה. וראש כל הכיתות הרעות הוא סמאל, יאלו כולם בעלי קטטה ומשטמה, ואינם מכלל בני חצר המלך אלא חוץ לשלוש מחיצות וחוץ לחומות המקיפות את המחנה; כל צרוע וכל זב וכל טמא לנפש (במדבר ה, ב). שלוש מחנות הזכיר בפרשה זו, ואיני בפירוש הדבר הזה עכשיו.

Y todo lo que hemos dicho sólo anula los lados interiores, pues éste es el secreto de las paredes del templo de arriba. Sin embargo, fuera de estos muros hay facciones malvadas en el lado izquierdo, que no existen arriba y permanecen abajo. El jefe de estos facciosos malvados es Samael, buscan la disputa y la destrucción. Y no son miembros de la corte del rey, y están fuera de las tres divisiones y de los recintos del campamento: «Manda a los hijos de Israel que echen del campamento a todo leproso, y a todos los que padecen flujo de semen, y a todo contaminado sobre muerto» (*Números* V-2). Se mencionan tres campamentos, en este asunto, pero no los explicaré ahora.

ואומר עוד: ולא יטמאו את מחניהם אשר אני שוכן בתוכם (שם ג), ואלו הן הכפירים שואגים לטרף. ועל מי אמר הכתוב שלא יטמאו? ודאי שהוא מדבר על אותם, כלומר אלו שחוץ לשורה; מצפין מתי יכשלו בני אדם בחטא ובטומאה ויקטרגו עליהם למעלה, ויצא מן הדין שיתנום בידיהם של אלו המקטריגים. והיודעים דבר זה יוד-

עים כמה ראוי להיזהר מן העבירות. וזהו שאמרו רז"ל: יורד ומש־טין, עולה ומקטרג, נוטל רשות ונוטל נשמה וזהו שנאמר: הכפירים שואגים לטרף ולבקש מאל אכלם (תהלים קד, כא).

Además, ha sido dicho: «para que no contaminen el campamento de aquellos entre los cuales yo habito» (*Ibid.* v-3). Esto se refiere a «los (59a) leones que rugen por su presa,[88] a los que se refiere el versículo cuando dice: «para que no contaminen». Seguramente, esto se refiere a ellos, a todos los que están espiando fuera del recinto, a los que están esperando que los hijos de Adán tropiecen en el pecado y la impureza, para perseguirlos en los cielos y que el juicio caiga sobre ellos. Y los que saben esto saben cuán digno es guardarse de las transgresiones. Por eso nuestros sabios, de bendita memoria, decían: «Bajo e incito, luego subo y acuso, te atrapo y te quito el alma».[89] Y ha sido dicho: «los leones rugen por la presa, y piden a *El* su alimento» (*Salmos* CIV-21).

אם תתבונן בזה תבין שאמר בכאן לשון א"ל ולא אלהי"ם, והטעם הוא כי האל יתברך שהוא מידת החסד והרחמים מעכב שלא יתנו לטרף הכפירים, כי מידת אל כמו שהודענוך מלמדת זכות על בני העולם שלא יפלו ביד הכפירים. והמבין סוד זה יבין פרשת איוב בת־חילה, ויבין כי איוב אף על פי שהיה צדיק גמור, מחוייב היה לאותו העונש. וזהו סוד: ויבאו בני האלהים להתיצב על יהו"ה ויבא גם השטן בתוכם (איוב א, ו), ואין לי רשות לגלות עכשיו יותר.

Si lees esto cuidadosamente, notarás que es el nombre que menciona es *El* y no *Elohim*, la razón es que es *El*, bendito sea, es la *Middah* de *Hessed* y *Rajamim*, y está detrás de la presa de los leones, porque la *Middah* El trae la *Middah* de *Zejut* (mérito) a los hijos del mundo, para que no sean presa de los leones. Aquel que entienda este concepto comprenderá también el secreto del comienzo del libro de *Job* y se

88. Véase *Salmos* (CIV-21).

89. Véase Talmud, tratado de *Baba Batra* (16a).

59a

dará cuenta de que *Job*, aunque era un hombre honesto y recto, había merecido su castigo. Y éste es el secreto de: «Y un día vinieron los hijos de *Elohim* a presentarse delante del *Eterno*, entre los cuales vino también el Satán» (*Job* I-6). Pero no tengo permiso para decir más en este momento.

והנה הכפירים משטינים למטה את האדם, ועולים למעלה ואומרים: עבירה זו עשה פלוני, תנוהו בידינו כי אלינו הוא. והרי מידת אלהים משמאל אינה מעכבת, שהרי היא מלמדת עליהם חובה. ומי מעכב? מידת אל שמלמדת זכות, כמו שאמרנו למעלה. ולפיכך הכפירים מסדרים טענות ושואגים לטרוף ולבקש מאל אכלם, לפי שהוא מעכב על הכפירים:

Y he aquí que los leones están acechando al hombre abajo y luego ascienden y dicen: «Tal sujeto ha cometido este pecado, entréganoslo porque es nuestro». La *Middah Elohim*, que está a la izquierda, no los frena, pues es él quien les enseña la acusación. En este caso, ¿quién puede contenerlos? La *Middah El* que enseña el *Zejut*, como dijimos más arriba, los cachorros se erigen y rugen por su presa, pidiendo así su comida a *El*, porque él es el que retiene a los cachorros.

ואחר שהודענוך אלו הכללים הגדולים, ראוי לנו לבאר ביאור הכינויין שהן תלויין בג' שמות הנזכרים למעלה, להודיעך היאך הכינויין של מידת אל מעורבת מידת הדין עם החסד שלהם, וכיצד הכינויין של אלהים מעורבת מידת הרחמים עם הדין שלהם.

Después de haberle hecho conocer estos grandes principios, debemos aclarar la explicación del apodo que depende de los tres nombres mencionados anteriormente, para que sepas cómo el apodo de la *Middah El* tiene *Din* mezclado con su *Hessed* y cómo la *Middah Elohim* tiene *Hessed* mezclado con su *Din*.

59a

וכמו כן ראוי להודיע כמה הוא שיעור התערובות בכל כינוי וכינוי מהם, או היאך מתערבים אלו עם אלו והיאך נקשרים אלו באלו. וקודם שניכנס בביאור זה יש לנו להודיעך כי כמו שאמרנו באברי המרכבה שהם נקראים עי"ן, או אז"ן, או י"ד, או רג"ל, ואינם לא עין ולא אוזן ולא יד ולא רגל ממש אשלא כינויין ודמיון, כך יש לך לדעת כי יש למעלה במרכבה עניינים שנקראים מים ואש ורוח וארץ, וחלילה חלילה שיהיו מים או אש או רוח או ארץ כמו אלו שלנו. אבל הם דרכים עליונים נוראים ונקראים לפי מידותיהם בשמות הללו, אבל אינם כמו אלו. כמו שאמר רבי עקיבא לתלמידיו: כשאתם מגיעים אצל אבני שיש טהור אל תאמרו מים מים, שנאמר: דובר שקרים לא יכון לנגד עיני (תהלים קא, ז).

Y, además, también vale la pena anunciar cuánto hay de mezcla en todos y cada uno de los apodos, cómo se mezclan y cómo se relacionan entre sí. Y antes de entrar en este comentario, tenemos que informarte que, como ya dijimos, las extremidades del carro son denominadas «ojo», «oreja», «mano» o «pie», pero no son ojos, orejas, manos o pies reales, sino sólo apodos y símbolos. Así es como sabéis que en la *Merkavah* hay elementos llamados agua y fuego y viento y tierra u noche.

La noche, el fuego, el aire, la tierra, no son similares a los nuestros. En cambio, son caminos superiores terribles, llamados así por ciertas cualidades que estos nombres poseen, pero no son similares a los nuestros. Como decía Rabbí Akiva a sus discípulos: «Cuando lleguéis al mármol puro, no digáis «¡Agua, agua! porque está escrito: «El que habla mentiras no estará en mi presencia» (*Salmos* CI-7).[90]

ובפרקי היכלות פירשו יותר דבר זה ואמרו כי יש היכל ידוע למעלה, וכשמגיעים שם אותם העולים למרכבה שאינם הגונים ונראה להם בתוך אותו היכל עניינים גדולים, והוא מדמה בדעתו שהם במים והוא שואל ואומר: מה טיבן של אלו המים? מיד קול יוצא מלמעלה

90. Véase Talmud, tratado de *Jaguigah* (14b).

59a-59b

ומכריז על זה האיש שהוא ממנשקים העגל ומיד נענש יאם כן הת־
בונן היאך גלו למקום זה, שאין מים ממש, ומזה תבין לשאר הדברים
לאש ולרוח.

En los *Pirkei Hejaloth* se explica que hay un conocido palacio en el cielo, y cuando una persona indigna llega a la *Merkavah* y contempla grandes cosas en este palacio, las ve como agua y se pregunta: ¿cuál es la razón de estas aguas? Inmediatamente, una voz emerge de los cielos y acusa a esa persona de ser como los que adoraron al becerro de oro y es castigada inmediatamente y s traído a este lugar. Porque no hay aguas de verdad (59b), y a partir de aquí podrás entender la naturaleza de los otros elementos: el fuego y el aire.

וכן הוא אומר: עושה מלאכיו רוחות משרתיו אש לוהט (תהלים קד,
ד) ואל יעלה בדעתך שהן אש או רוח כמו אלו, אלא שמותם על
סוד מידותם. ואחר שהודענוך זה, יש לנו לחזור ולהודיעך סוד כל
הכינויים ונמשכים בסוד אלו הג' שמות, שהם א"ל אלהי"ם יהו"ה,
ולהודיעך כי יסוד מים כלול במידת אל, ויסוד האש כלול במי־
דת אלהים, ויסוד הרוח כלול בשם יהו"ה יתברך, ויסוד הארץ כלול
במידה הנקרא אדנ"י. והנני מודיעך סוד גדול. היסודות הם ארב־
עה, והחילוקים הם שלושה. כיצד? א"ש רו"ח מי"ם כלולים במידת
אלהי"ם א"ל יהו"ה, ותמצא אש מכאן ומים מכאן ורוח באמצע, וזהו
סוד: והארץ היתה תהו ובהו וחשך על פני תהום ורוח אלהים מרח־
פת על פני המים (בראשית א, ב).

Y si alguien dijera: «el que hace a sus ángeles espíritus, sus ministros fuego flameante» (*Salmos* CIV-4). No pienses que son fuego y aire de verdad, pero sus nombres reflejan el secreto de su *Middah*. Y después de contarte esto, debemos volver al secreto de todos los apodos, de los tres nombres *El*, *Elohim* y IHVH (יהו"ה), y aclarar que el secreto del agua es la *Middah El*, el secreto del fuego es la *Middah Elohim*, el secreto del aire es la *Middah* IHVH (יהו"ה), bendito sea, y el secreto de la tierra es la *Middah* denominada *Adonai*. Te estoy revelando un gran

59b

secreto. Los elementos son cuatro y las divisiones son tres. El fuego (*Esh*), el aire (*Ruaj*) y el agua (*Maim*) están contenidos en los apodos *Elohim, El* y IHVH (יהו"ה), por lo que se encuentra el fuego en un lado, el agua en el otro y el aire en el centro. Y éste es el secreto: «Y la Tierra estaba sin orden y vacía, y las tinieblas estaban sobre la faz del abismo, y el espíritu de *Elohim* se movía sobre la faz de las aguas» (*Génesis* I-2).

ותמצא הרוח מרחפת בין אש למים, כן תמצא שם יהו"ה יתברך בין אלהים ובין אל. ובית קיבול של ג' אלו מי הוא? הארץ, כמו שכתוב 'והארץ היתה תהו ובהו' וגו'; כן בית קיבול של ג' שמות אלו, שהם א"ל אלהי"ם יהו"ה, הוא אדנ"י. כי כל הדינין שדנין בבית דין של א"ל אלהי"ם יהו"ה, כולן מוסרים אותם ביד אדנ"י לגמור אותן, ולפיכך תמצא כי אדנ"י גומר כל הדינים שדנין למעלה בעולם התחתון. והמ־בין זה יבין סוד דבר האיש אדנ"י הארץ קשות (שם מב, ל), ויבין סוד הנה ארון הברית אדו"ן כל הארץ (יהושע ג, יא), יבין דברים אלו על מתכונתם:

He aquí que el aire se sitúa entre el fuego y el agua, y de forma similar encuentras a IHVH (יהו"ה), bendito sea, entre *Elohim* y *El*. ¿Quién es el receptáculo de los tres? Es la tierra, como está escrito: «la tierra estaba sin orden y vacía». Según este mismo principio, el receptáculo de los tres nombres *El, Elohim*, IHVH (יהו"ה) es *Adonai*. Porque todos los juicios pronunciados por el *Beit Din* de *El, Elohim* y IHVH (יהו"ה) se ponen en manos de *Adonai* para que les dé cumplimiento. Por lo tanto, *Adonai* ejecuta abajo todas las sentencias decididas en lo alto. Aquel que entiende esto, entiende el secreto de: «Aquel varón, señor (*Adonai*) de la tierra, nos habló» (*Ibid*. XLII-30, también entenderá el misterio de: «He aquí, el arca del pacto del Señoreador (*Adonai*) de toda la Tierra» (*Josué* III-11), entenderá la estructura de estas cosas.

59b - 60a

זהו סדר קבלת הכינויים על פה לאותם היודעים אמתת שמו הגדול יתברך:

Éste es el orden de recepción de los apodos de forma oral por parte de aquellos que conocen la verdad de su gran nombre, bendito sea (60a).

חכמה

חסד אברהם אל מים גדול רחום וחנון חסין ארך אפים. רב חסד קדוש חסיד. סולח מים רבים אש חלושה ר"מ ביגוני

Jojmah

Hessed – Abraham – El – Maim – Gaddol – Rajum – VeJanun – Jassin – Erej haPaim Rav Hessed – Kaddosh – Jassid – Sulal – Maim Rabbim – Esh – Jalushah Ram Bigoni

כתר

רחמים יעקב יהו"ה רוח נורא נושא עון ועובר על פשע אמת מרום. רם נוצר חסד שוכן עד, קדוש רוח נינוני מים נינוני אש נינוני

Keter

Rajamim – Jacob – IHVH *– Ruaj – Norah – Nosé Avon – veOver la Pesha – Emet – Marom – Ram – Nitzar Hessed –Shoken Ad – Kaddosh -Ruaj – Maim - Esh*

רם נוצר חסד שוכן עד, קדוש רוח נינוני מים נינוני אש נינוני

Ram – Notzer – Hessed – Kaddosh – Ruaj Ninuni – Maim Ninuni – Esh Ninuni

בינה

ייו יצחק אלהים אש אדיר שופט, דיין חזק כביר כוח. איש מלחמה גבור פוקד עון, משלם גמול אש גוולה רוח חזקה מים מעטים:

60a

Binah
Iain – Itzjak – Elohim – Esh – Adir – Shofet – Daian – Jazak – Kevir Koaj -Ish Miljamah – Guibor – Poked Avon – Moshlam Gamul – Esh – Ruaj – Maim:

המבין סוד סתרי המרכבה בעניין השמות והכינויין יבין סוד בית דין של מעלה, ומה היא המידה המלמדת זכות, או המלמדת חובה, או המכרעת ביניהם; ויבין סוד מה שאמרנו שאין לך מידה מן הכתר ולמטה שאינה מעורבת במידה אחרת, ויבין היאך המרכבות כולן מריקות זו בזו, ויבין מדוע חילוק השמות והיסודות הוא לשלושה חלקים, ומדוע הם ארבעה, וכן חילוק אותיות השם הגדול שהן ג' וכללן ד' דע כי חילוק אותיות השם יתברך, שלוש שהן ארבע, וכן חילוק היסודות, שלושה שהן ארבעה.

(60a) Aquel que entiende este secreto de los secretos de la *Merkavah* en cuanto a nombres y apodos, comprenderá el secreto del *Beit Din* superior, sabrá cual es la *Middah* que enseña el *Zejut* y las obligaciones, y conocerá al que los separa. Comprenderá el significado de nuestras palabras, cuando decimos que no hay ninguna *Middah* por debajo de *Keter* que no esté mezclada con otra *Middah*. También se dará cuenta de cómo fluyen las *Merkavoth* entre sí, y entenderá la razón por la que la estructura de los nombres y sus elementos se divide en tres partes, aunque haya cuatro elementos. Lo mismo ocurre con las cuatro letras del gran nombre, que en realidad son sólo tres.[91] Has de saber que la estructura del nombre *El Eterno*, bendito sea, se basa en tres que son cuatro. Como la división de los elementos: tres que son cuatro.

והטעם, כי חילוק היסודות שלושה הם: מים כנגד אש, ורוח מכרעת בינתיים, והארץ בית קיבול לשלושתן; וכפי שיתגבר אחד מאלו השלושה יסודות בארץ, כך הפעולה נעשית בארץ. וכמו כן שלושת

---

91. Porque la letra *He* está repetida.

60a

אותיות יה"ו יתברך כנגד א"ל יהו"ה אלהי"ם: אל כנגד אלהים, יהו"ה מכריע בינתיים, ואדנ"י שהיא מידה אחרונה היא בית קיבול לשלו־שת אלו השמות; וכפי שיתגבר אחד משלושה שמות אלו, כך הפעו־לה נעשית על ידי אדנ"י כיצד? אם גברה מידת החסד שהוא א"ל על אחד מבני העולם או כולן, כך גומרת מידת אדנ"י אותה והיא מטיבה למי שהדין נותן, כמו שאמרנו למעלה. ואם גברה מידת הדין שהיא אלהים, כך היא גומרת ומענישה את הראוי להענישן כפי שיצא מן הדין. וזהו סוד: דבר האיש אדנ"י האר"ץ (בראשית מב, ל).

Y la razón de que estos elementos se dividan en tres es: el agua frente al fuego, el aire los separa y la tierra sirve de receptáculo para cada uno de los tres. Cuando uno de los elementos domina en la tierra, entonces ese elemento determina lo que se hace en la tierra. Del mismo modo, las tres letras IHV (יה"ו), corresponden a los Nombres *El*, IHVH (יהו"ה) y *Elohim*: *El* enfrente a *Elohim*, con IHVH (יהו"ה) que los separa. *Adonai*, la segunda *Middah*, sirve de receptáculo para los tres nombres. Cuando uno de estos nombres domina sobre los otros tres, entonces su acción se hace efectiva por medio de *Adonai*. Por lo tanto, si la *Middah Hessed*, que es *El*, domina a alguno o a todos los hijos de Adán, *Adonai* hará lo mismo y hará el bien a la persona juzgada, como hemos dicho antes. Si la *Middah Din*, que es *Elohim*, domina, determinando la sentencia y el castigo, la persona recibirá su juicio. Y éste es el secreto: «Aquel varón, señor (*Adonai*) de la Tierra» (*Génesis* XLII-30).

וכשתבין זה תבין סוד הכתר עליון הנקרא אהי"ה שכולו רחמים, והוא המשפיע ואינו מקבל. ותבין סוד אדנ"י שהיא הספירה האחרו־נה שכולה דין, והיא מקבלת ואינה משפעת. וצריך אני להאיר עיניך בדברים הללו, כי סתומים וחתומים הם, והנני רומז בכתב אבל אג־מור לך כל הדברים בקבלה על פה בעזרת השם. סוד הספירה האח־רונה מקבלת ואינה משפעת במינה נ, אבל בכל מה שלמטה הימנה היא משפעת, ולפיכך נקראת אדנ"י. ומה שאמרתי לך שכולה דין, מצד עצם אמיתתה, אבל כשהיא מתמלאת מן הספירות שעליה,

הכול כפי המילוי: אם חסד חסד, ואם דין דין, ואם רחמים רחמים.
והבן זה מאוד:

Cuando entiendas esto, comprenderás el misterio de *Keter Elion*, llamado *Ehieh*, que es toda *Rajamim*, y es la que influye y no recibe. También entenderás el secreto de *Adonai*, que es la última sefirah y es todo *Din*, y sólo recibe y no influye. Debo abrir tus ojos a estos asuntos, porque son oscuros y están sellados; aludiré a ellos por escrito, pero terminaré con la cábala oral, con la ayuda de Dios. El secreto de la última sefirah, es que recibe pero no influye, pero entonces se llama *Adonai*. Cuando te dije que representa el *Din*, me refería a su esencia, cuando es llenada por las Sefirot que están por encima de ella. Todo depende entonces de la sefirah que la llena, si es *Hessed*, es compasiva, si es *Din*, juzga. Si es *Rajamim*, es misericordiosa. Entiende esto bien.

הנה הודעתיך בראשי פרקים כיצד מידת אדנ"י מתמלאת משלושה שמות, וכיצד פועלת בנבראים כפי הדין. ובדרך זה תבין בהיות המים או האש, או הרוח, מהפכין בארץ, כי כפי גבורתם בארץ, תהיה הארץ פועלת. ואחר שהודענוך זה הכלל הגדול, מכאן תוכל להבין הטעם מדוע אדנ"י הוא בית שער לתפילות, ומדוע הוא בית דין של מטה, ומדוע הוא מוחץ ורופא, ממית ומחייה. וראוי אתה לעיין ולהבין מאת כל מה שביארנו בשער הראשון שהוא שער אדנ"י, וכשתחבר אותן הדברים שביארנו שם עם הדברים שפירשנו עתה במקום זה, אז יראו עיניך וישמח לבך ותראה כי כל הדברים באין על סדר חכמת י"י יתברך.

Y he aquí que he puesto en tu conocimiento que la *Middah Adonai* está gobernada por tres nombres, y que actúa con las criaturas de acuerdo con el *Din*. Y de este modo has de comprender que ésta es la razón por la que el agua, el fuego y el aire son fuerzas opuestas en la tierra, ya que la tierra funciona en relación con su poder. Después de haberte explicado este gran principio, puedes entender que *Adonai* es una puerta de entrada para las oraciones, y la razón por la cual es el

60a - 60b

Beit Din de abajo y por la cual hiere y cura, trae la vida y la muerte. Es deseable que entiendas esto con todo lo que hemos explicado en la última puerta, que es la puerta de *Adonai*. Porque cuando hagas la conexión entre lo que se te enseñó en la primera puerta y lo que acabamos de enseñar aquí, entonces tus ojos verán y tu corazón se alegrará, y verás que todas las cosas siguen el orden de la sabiduría del *Eterno*, bendito sea.

תבין מדוע נקרא אותה המידה אדנ"י, שהיא כמו אדנ"י העמודים שהן בית קיבול לווי העמודים, בסוד ו"ה. ותבין מדוע נקראת בא"ר, או י"ם, או אר"ץ י, או שאר השמות שכתבנו בשער הראשון. ובכאן נשלם ענין זה בפירוש הכינויין. ועתה בעזרת השם נבאר שאר השמות שנקרא בהם שם יהו"ה יתברך, בענין שתשיג בהן חכמה ותזכה להידבק בשמו בשמו הגדול יתברך ויתברך לעדי עד אמן:

Entenderás entonces por qué esta *Middah* se llama *Adonai*, como las basas (*Adenei*) de las columnas,[92] que son los receptáculos donde se apoyan las columnas y el secreto de las letras *Iod He* (ו"ה.). Te darás cuenta de por qué se llama *Beer,*[93] *Iam,*[94] *Eretz,*[95] o por otros nombres a los que hemos hecho alusión en la primera puerta y completaremos el asunto con la explicación de los apodos. Y ahora, con la ayuda Dios, aclararemos los otros nombres, designados por el nombre IHVH (יהו"ה), bendito sea, para que en ellos obtengas sabiduría (60b) y tengas el privilegio de aferrarte a su gran nombre, bendito sea, por la eternidad de las eternidades, amén.

92. Véase *Éxodo* (XXVII-10).

93. Pozo.

94. Mar.

95. Tierra.

60b

ואחר שהודענוך אלה העיקרים הגדולים בשם הגדול יהו"ה יתברך, צריכין אנו לבאר לך מקצת מן הכינויין מלבד אלו שוכרנו. ואינם כי־ נויים בדמיון אלו האחרים שהזכרנו, אבל הם כדמיון דגלים מודיעין אותנו גדולת מעלתו יתברך, ומורים אותנו הדרכים שבהן נלך דרך ישר לעילויו של שם יהו"ה יתברך. דע כי זה השם יהו"ה הגדול קורין אותו המקובלים קו האמצעי.

Después de haberte enseñado estas grandes cosas sobre el gran nombre IHVH (יהו"ה), bendito sea, debemos explicarte un poco el apodo que hemos mencionado, y vamos a explorar apodos nuevos. Son como estandartes que proclaman su grandeza y nos enseñan el camino que debemos seguir para elevarnos al nombre IHVH (יהו"ה), bendito sea. Has de saber que el nombre IHVH (יהו"ה), bendito sea, es la *Kav haEmtzai*[96] de los cabalistas.

והטעם, לפי שהשם הזה הוא הדגל הגדול שבו יתאחזו כל סדרי המ־ רכבה וכל שמות הקודש, בין מלמעלה, בין מלמטה, בין מן הצדדין, כמו שהודענוך כבר. ובו יתאחזו כל הספירות כולן, לפי שהוא עומד באמצע ונוטה לכל הצדדים, ומתאחד בהם וכולן מתאחדים בו.

Y el asunto es que este nombre es el gran estandarte del que dependen la *Merkavah* y todos los nombres sagrados ya sea desde encima, desde debajo o a ambos lados. Y de él cuelgan todas las Sefirot, según lo cual él está en el medio y se inclina hacia todos los lados, y se une en ellas y todas se unen en él.

וזהו שאמר בספר יצירה: היכל הקודש מכוון באמצע. ופירוש קו האמצעי הוא סוד אות ו' של שם יהו"ה יתברך, שהיא עומדת במקום השם יהיא כדמיון קו בתווך, כך זה השם מתפשט למעלה למעלה עד

96. La línea media.

60b

אין סוף בסוד הכתר ומתאחד בשם אהי"ה בסוד קו העלין, וחוזר ומ־
תאחד למטה בשם אדנ"י, ואחר כך חוזר ומתפשט לצדדין וכל הצ־
דדין מתאחזין בו מכל צד סביב. נמצאת למד כי ו' של יהו"ה יתברך
היא עומדת במקום כל השם שלם, ובה מתאחזין כל השמות כולן.

Y es lo que está dicho en el *Sefer Yetzirah*: «El palacio sagrado está situado en el centro».[97] El significado de *Kav haEmtzai* es el secreto de la letra *Vav* del nombre IHVH (יהו"ה), bendito sea, porque se encuentra en el mismo lugar que la línea del medio, que es donde está el nombre que se eleva hacia el *Ein-Sof*, el secreto de *Keter*, y se une con el nombre *Ehieh*, el secreto de *Kav Elion* y vuelve a unirse abajo con el nombre *Adonai*. Después, vuelve y se expande hacia los lados, y todas las direcciones se apoyan en él. Se puede ver que la *Vav* de IHVH (יהו"ה), bendito sea, permanece en su lugar en el nombre completo en el que se aferran todos los nombres.

ולאותן היודעין סוד המרכבה מתברר כי בהיות אות ו' של שם מת־
פשט מכל צד, עליו נאמר: פשטתי את כתנתי (שיה"ש ה, ג) ואז היא
מתייחדת עם ה' אחרונה של שם. וזהו סוד קו האמצעי בכל מקום.
והרי אות ו' ראשה של מעלה סובלת סוד הכת"ר והחכמ"ה והבינ"ה,
אמצעה סובלת סוד הגדול"ה והגבור"ה והתפאר"ת, תחתיה סובלת
הנצ"ח וההו"ד והיסו"ד, וסימן: תחתים שנים ושלישים תעשה (ברא־
שית ו, טז).

Y aquellos que conocen el misterio de la *Merkavah*, saben que la letra *Vav* del nombre se extiende a todos los lados. A propósito de esto ha sido dicho: «Me he quitado el manto» (*Cantar de los Cantares* V-3). Entonces se une con la última *He* del nombre. Y éste es el secreto de *Kav haEmtzai* en cada lugar. La parte superior de la letra *Vav* apoya el secreto de *Keter*, *Jojmah* y *Binah*. Su medio apoya el secreto de *Guedu-*

97. Véase *Sefer Yetzirah* (IV-4), traducción de Joan Mateu i Rotger, pág. 62, Ediciones Obelisco, Barcelona, Julio de 2008.

lah, *Guevurah* y *Tiferet*. Su base apoya el secreto de *Netzaj*, *Hod* y *Iesod*. Y la señal es: «le harás piso bajo, segundo y tercero» (*Génesis* VI-16).

נשארת ה' אחרונה של שם מתאחדת עם אות ו', כמו שאמרנו, וזהו סוד שנקראת אות ו' של שם 'קו האמצעי' ועומדת במקום יהו"ה. וזהו סוד אות ו' של יעקב וסוד 'ואלהי יעקב' וזו היא הספירה הנק־ראת עץ החיים, כלומר העץ שספירת הבינה, הנקראת חיים, מתא־חדת בו; כי זהו סוד הייחוד העליון בשלוש הספירות העליונות. ול־פיכך הוא עומד 'בתוך הגן', ותרגם אונקלוס עליו השלום 'במציעות גינתא', שהוא קו אמצעי, כמו שביארנו. ועל ידי העץ הזה מתאחדת הבינ"ה עם מלכות, כי שתי ההי"ן של שם המיוחד מתאחדות בקו האמצעי, זו למעלה וזו מלמטה.

Esto deja que la última *He* del nombre se una con la letra *Vav*, como hemos dicho, y éste es el secreto por el que la letra *Vav* se llama *Kav haEmtzai* y por el que está en el lugar de IHVH (יהו"ה). Y éste es el secreto de la letra *Vav* de Jacob y el secreto de *veElohi Iaakov* (y Dios de Jacob), y es la sefirah denominada *Etz Jaim*, es decir que el árbol cuya sefirah es *Binah*, y que se llama *Jaim*, se une con ella. Porque éste es el secreto de la unidad de las tres Sefirot superiores. Por lo tanto, se encuentra dentro del Jardín. Y el Targum Onkelos,[98] la paz sea con él, ha entendido «en medio del Jardín», como la *Kav haEmtzai*, que hemos mencionado. A través de este árbol, *Binah* se une con *Maljut*, porque las dos *He*, contenidas en el nombre IHVH (יהו"ה), se unen a través de la *Kav haEmtzai*, una arriba y otra abajo

העליונה נקראת חיים והיא סוד חיי העולם הבא, והיא סוד וישבע בחי העולם (דניאל יב, ז), אבל 'חי העולמים' היא מידת יסו"ד, החיים שמושך עץ החיים מן הבינ"ה, וכולן נמשכין מקו האמצעי שהוא

98. Traducción al hebreo de la *Torah*, presumiblemente realizada en Babilonia, atribuida a Onkelos, que se convirtió al judaísmo.

60b-61a

גוף האילן, עד שמגיעים למידת יסו"ד ואז נקראת חי העולמים. ואם כן התבונן כי השם יתברך לא הזהיר אדם הראשון שלא יאכל מעץ החיים ולא מנעו ממנו, ומי יתן ויאכל, אבל מנעו שלא יאכל מעץ הדעת, לפי שכמה קליפות חיצונות מתאחזות בו ויהיה גורם קיצוץ ופירוד, אבל עץ החיים לא נמנע מאדם הראשון תחילה.

El de arriba se llama vida y es el secreto de la vida del mundo venidero y es el secreto de: «y juró por el viviente de los siglos» (*Daniel* XII-7), y el viviente de los siglos es la *Middah* de *Iesod*, la vida que el Árbol de la Vida extrae de *Binah*, y se propagan a través de la *Kav haEmtzai* que es el tronco del árbol, hasta alcanzar la *Middah Iesod*, y entonces se denomina vida de los mundos. Y observa que *El Eterno*, bendito sea, no impidió al primer hombre que comiera del Árbol de la Vida y que era libre de hacerlo, pero le impediría comer del árbol del conocimiento, pues llevaba adheridas varias *Klippoth* malignas que podían provocar exilio y separación, pero el Árbol de la Vida no le fue negado al *Adam haRishon*.

אבל לאחר שחטא אדם הראשון וקצץ בנטיעות והפריד אלוף, לא נתנוהו להתקרב לעץ החיים לפי שחטא וחשוד היה. ואין עץ החיים מושג אלא על ידי עץ הדעת, כי עץ הדעת הוא בית שער שבו נכנ־סים לעץ החיים, כי עץ הדעת סודו עץ של ספירת דע"ת, שהיא הקו האמצעי. כמו שעץ החיים הוא עץ של בינה, כך מלכות הוא עץ של דעת. וסימן, ה' ו' ה': סוד ה' ראשונה, חיי"ם, סוד ו', עץ החיים, סוד ה' אחרונה, עץ הדעת. וסוד זה הוא קשר הייחוד לאותם היודעים סתרי האצילות.

Pero después de que el *Adam haRishon* pecara y fuera desarraigado y dejara de ser digno de confianza, el Árbol de la Vida (61a) ya no le estaba permitido porque había pecado y era sospechoso. El Árbol de la Vida sólo se puede concebir a través del Árbol del Conocimiento, porque el Árbol del Conocimiento es la puerta de entrada al Árbol de la Vida. Porque el Árbol del Conocimiento es el secreto de la sefirah

Daat, que es la *Kav haEmtzai*. Así como el Árbol de la Vida es el árbol de *Binah*, el Árbol del Conocimiento es el árbol de *Maljut, He Vav He* (ה' ו' ה'). El secreto de la primera *He* es *Jaim*, el secreto de la *Vav* es *Etz Jaim* y el secreto de la última *He* es *Etz haDaat*. El secreto de esto es la singularidad de aquellos que conocen los secretos de *Atzilut*.

ואם כן שמור דבר זה מאד, ותמצא שאחר שחטא אדם הראשון בעץ הדעת נעשה חשוד ונמנע ממנו עץ החיים, וזהו סוד שאמר: הן האדם היה כאחד ממנו לדעת טוב ורע ועתה פן ישלח ידו ולקח גם מעץ החיים (בראשית ג, כז), ולפיכך: 'וישלחהו י"י מגן עדן'. ודע כי הספירה הזאת נקראת תורה שבכתב לפי שמשה רבינו עליו הש־לום לבדו זכה להתקרב לשם הגדול הנקרא יהו"ה וזהו סוד: ונגש משה לבדו אל יהו"ה (שמות כד, ב), וזהו: ולא קם נביא עוד בישראל כמשה אשר ידעו יהו"ה פנים אל פנים (דברים לד, י), ולפיכך נאמר בו: פה אל פה אדבר בו ומראה ולא בחידות (במדבר יב, ח), ולפי שמשה רבינו עליו השלום נסתכל באספקלריאה המאירה, שנכנס לפנים מן ה' אחרונה להשיג קו האמצעי, וזהו 'ומראה ולא בחידות'.

Y si es así guarda mucho esta cosa y encontrarás que después del pecado de *Adam haRishon*, junto con el Árbol del Conocimiento, el Árbol de la Vida fue quitado de su vista. Ý éste es el secreto de lo que ha sido dicho: «he aquí el hombre es como uno de nosotros sabiendo el bien y el mal; ahora, pues, para que no meta su mano, y tome también del Árbol de la Vida, y coma…» (*Génesis* III-22) y así «lo sacó el Eterno del huerto de Edén». Has de saber que esta sefirah se llama *Torah Shebektiv*,[99] porque Moisés, nuestro maestro, la paz sea con él, fue el único que se acercó al gran nombre llamado IHVH (יהו"ה), y éste es el secreto de: «Sólo yo me acercaré a IHVH (יהו"ה)» (*Éxodo* XXIV-2), y también: «No ha aparecido en Israel un profeta como yo, a quien IHVH (יהו"ה) conoció cara a cara» (*Deuteronomio* XXXIV-10). Por

99. *Torah escrita.*

61a

eso se dice: «Le hablé de boca a boca, en la luz y sin boca, a la luz y sin enigma» (*Números* XII-8). Esto es así porque Moisés, nuestro maestro, la paz sea con él, pudo contemplar el espejo luminoso, porque había entrado en el interior del semicielo, para alcanzar la *Kav haEmtzai*, de ahí la expresión: «Le hablé de boca a boca».

אבל כל שאר הנביאים לא נתנבאו אלא על ידי נצח והוד, וה"א אחרונה של שם מעכבת להם ושומרת הפתח שלא ייכנסו, ואחריה היו מביטים. ולפיכך כל נבואתם על ידי דמיון, וזהו: וביד הנביאים אדמ"ה (הושע יב, יא). כי ה"א אחרונה של שם כבר הודענוך שנקראת אספקלריאה שאינה מצוחצחת, שאין לה מאור מעצמה, וסוד ו' של שם נקראת אספקלריאה מצוחצחת.

Pero todos los demás profetas, sólo podían profetizar desde las Sefirot *Netzaj* y *Hod*, y la última *He* del nombre, custodiando la puerta para que no puedan entrar, haciéndoles mirar hacia atrás. Por eso su profecía está hecha de imágenes: «Y hablé por los profetas, y yo aumenté las visiones» (*Oseas* XII-11). Porque la última *He* del nombre, se llama, como ya hemos dicho, «espejo sin pulir», y no tiene luz propia, mientras que el secreto de la *Vav* se llama «espejo brillante».[100]

זהו שאמרו ז"ל :כל הנביאים כולם נתנבאו על ידי אספקלריאה שאינה מצוחצחת, שנאמר 'וביד הנביאים אדמה', אבל משה רבינו עליו השלום נכנס לאהל על ידי אספקלריאה מצוחצחת, ההוא דכתיב: ותמונת יהו"ה יביט (במדבר יב). והסוד הזה כי משה רבינו עליו השלום נכנס לאוהל וישמע את הקול מדבר אליו, וזהו שנקרא 'נאמן ביתו', מה שלא שמר אדם הראשון שלא עמד בנאמנות. אבל שאר הנביאים לא זכו להיכנס לאוהל, ודי למבין.

100. Literalmente, pulido.

Y es lo que dijeron nuestros maestros, de bendita memoria: todos los profetas profetizaban a través de un espejo oscuro ya que ha sido dicho: «Y hablé por los profetas, y yo aumenté las visiones», pero Moisés, nuestro maestro, la paz sea con él, entró en la tienda a través del espejo luminoso, como está escrito: «Vio una representación de IHVH (יהו"ה)» (*Números* XII-8). El secreto de esto es que Moisés, nuestro maestro, la paz sea con él, entró en la tienda y oyó la voz que le hablaba. (61b) Y por eso es denominado «que es fiel en toda mi casa»[101] a diferencia de *Adam haRishon*, que no superó la prueba de la fidelidad. Los otros profetas nunca consiguieron entrar en la tienda, y esta explicación es suficiente para el que sea capaz de entender.

וזהו שאמרו:פני משה כפני חמה, פני יהושע כפני לבנה. ואף על פי שאמרו ששמואל היה שקול כמשה ואהרן דנקרא נאמן, לא נכנס לאוהל. אבל כמו שמשה היה נאמן לפנים בביתו של יהו"ה הנקרא בית אל, כך שמואל נאמן במידתן של נביאים, וזהו שאמרו כמו שמשה רבינו נאמן במידת הגדול"ה והגבור"ה והתפאר"ת, כך שמואל הנביא עליו השלום נאמן במידת נצ"ח והו"ד שהם מקום יניקת הנביאים. ואחר שהודעתיך זה, דע כי תורה שבכתב היא סוד השם הזה הנקראת יהו"ה יתברך, ולפיכך כתיב: תורת יהו"ה תמימה (תהלים יט, ח) והנני מבאר. דע כי כל התורה היא כמו סוד צורתו של יהו"ה יתברך, ואם חס ושלום יחסר בה אות אחת או נוסף בה אות אחת אינה תורת יהו"ה, לפי שאינה צורת סוד זה השם.

Y esto es lo que dijeron: «el rostro de Moisés es como el Sol y el rostro de Josué es como la Luna»[102] Aunque dijeron que Samuel era tan digno como Moisés y Aarón y también era llamado fiel, no entró en la tienda. Pero, así como Moisés fue fiel en la casa del *Eterno*, llamada *Beit El*, así Samuel fue fiel a los profetas, y esto es lo que dijeron, ya que Moisés, nuestro maestro, fue fiel a las *Middoth* de *Guedulah*,

101. Véase *Números* (XII-7).

102. Véase Talmud, tratado de *Baba Batra* (75a).

61b

Guevurah y *Tiferet*, de *Netzaj* y *Hod*, que son los lugares a través de los cuales los profetas son informados. Y después de haber anunciado esto, has de saber que la *Torah* escrita es el secreto de este nombre llamado IHVH (יהו"ה), bendito sea. Y es lo que ha sido escrito: «la *Torah* del *Eterno* es pura» (*Salmos* XIX-8). Ahora déjame explicarte. Has de saber que toda la *Torah* es similar al secreto de la forma de IHVH (יהו"ה), bendito sea, y si, Dios no lo quiera, se añadiera o se quitara una letra, ya no sería la *Torah* de IHVH (יהו"ה), porque ya no sería la forma del secreto de este nombre.

וכבר ידעת מה שהודעתיך בשער הזה, כי השם הגדול יהו"ה יתברך הוא העיקר והשורש והוא גוף האילן, ושאר כל שמות הקודש הם ענפים נמשכים באילן מכל צד סביב, ושאר כל הכינויין הם נארגים על שמות הקודש הנקראים ענפים; ואם כן הרי התורה כולה כמו מידת סוד שם יהו"ה יתברך. ואם כן שמור זה מאוד כי עיקר גדול הוא, ותבין תורה שבכתב שהיא סוד שמו הגדול, ולפיכך נקראת התורה עץ חיים, כאומרו: עץ חיים היא למחזיקים בה (משלי ג, יח).

Ya sabes, porque te lo he hecho saber en esta Puerta, que el gran nombre IHVH (יהו"ה), bendito sea, es la raíz y el tronco del árbol, mientras que los otros nombres sagrados son ramas del árbol que se extienden por todos lados, y los apodos son su follaje sobre los nombres sagrados, llamados ramas. Así, toda la *Torah* es como la *Middah* del secreto del nombre IHVH (יהו"ה), bendito sea. Ten esto en cuenta porque es un concepto importante, y entenderás que la *Torah* escrita es el secreto de su gran nombre. La *Torah* se llama *Etz Jaim*, pues se dice: «Es un árbol de vida para los que se aferran a ella» (*Proverbios* III-18).

והלא תראה כי נקראת עץ החיים כמו שפירשנו למעלה, כי קו האמצעי נקרא עץ החיים. אבל מה שאומר בסוף פסוק זה, ותומ־כיה מאושר (שם), תומכי התורה הם שני עמודים שהם נצ"ח והו"ד. ואתה פקח עיניך והבן. ויש לי לעוררך עוד, שהתורה כלולה בימי"ן

ושמא"ל; כמו ששם יהו"ה יתברך שהוא באמצע, וכל צבא השמים עומדים עליו מימינו ומשמאלו, כך התורה כולה כלולה מימין ומש־מאל.

Puedes ver que se llama árbol de vida, como hemos explicado antes. La *Kav haEmtzai* se llama «árbol de vida «, y al final del versículo leemos: «Y los que la defienden son felices» (*Íbid.* III-18). Los defensores de la *Torah* son los dos pilares llamados *Netzaj* y *Hod*. Ahora abre los ojos y entiende. Debo ilustrarte más, ya que la *Torah* contiene a la derecha y a la izquierda. Así como el IHVH (יהו"ה), bendito sea, está en el centro de todas las huestes celestiales que se encuentran a su derecha y a su izquierda, así la *Torah* contiene a la derecha y a la izquierda.

וזהו סוד מצוות עשה ומצוות לא תעשה, שאלו לימין ואלו לשמאל והתורה באמצע. ולפי שהתורה כלולה מכל ז' הספירות אמרו ז"ל שניתנה בשבעה קולות. אבל האומרים שניתנה בה' קולות נתכוונו אל המקום שמשם יצתה, ממקור העדן; והמקום אשר משם יצאתה נקראת ה"א ראשונה של שם, וזהו סוד ה' קולות וחמישה חומשי תורה:

Y éste es el secreto de los preceptos positivos y negativos. Los positivos están a la derecha y los negativos a la izquierda y la *Torah* está en el centro. La *Torah* contiene siete Sefirot, y nuestros sabios, de bendita memoria, dijeron que fue dada por siete voces, y aquellos que afirman que fue dada por cinco voces hablan del lugar de donde surgió, el manantial del Edén. Este lugar es designado por la primera *He* del nombre y es el secreto de las cinco voces y los cinco libros de la *Torah*.

ודע כי הספירה הזאת נקראת בכל התורה אמת. ופירוש הדבר כי כמו שהשם המיוחד יהו"ה יתברך הוא מכוון באמצע, וכל הצדדים פונים לו ובו כולם מתאחדים מלמעלה ומלמטה ומן הצדדין, כך מידת אמת כלולה מכל האותיות כולן, ראשן וסופן ואמצעיתן. ול־

61b-62a

פיכך אמרו ז"ל כי אמת חותמו של הקב"ה. ומה טעם אמרו כי אמת הוא? כבר ידעת כי שם יהו"ה הוא באמצע, ושם א"ל מימין, ושם אלהי"ם משמאל וכשהשם יתברך דן את בריותיו, כיתות הימין מלמ־דים זכות וכיתות השמאל מלמדים חובה, כמו שהודענוך.

Haas de saber que esta sefirah se llama *Emet* a lo largo de toda la *Torah.* La explicación es que el nombre unificado IHVH (יהו"ה), bendito sea, está orientado hacia el centro y todos los que están alrededor, en todos los lados, arriba y abajo, se unen a él. Además, la *Middah Emet* contiene (62a) todas las letras del principio, del final y del medio. Por esa razón, nuestros sabios, de bendita memoria, dijeron: «*Emet* es el sello del Santo, bendito sea».[103] ¿Por qué razón lo llamaron *Emet*? Ya sabes que IHVH (יהו"ה) está en el centro, que el nombre *El* está a la derecha y que el nombre *Elohim* está a la izquierda. Cuando *El Eterno,* bendito sea, juzga a sus criaturas, las facciones de la derecha recuerdan los méritos y las de la izquierda enseñan los pecados, como ya hemos visto.

וכשנגמר הדין, נגמר בשלושתן: של ימין ושל שמאל טוענים, והוא יתברך פוסק הדין והוא באמצע. ולפיכך כתוב בחותמו אמת, להודיעך כי כל צבאות האותיות שהם מאל"ף ועד מ"ם, שהוא באמ־צע, הפכו לזכותו בימין; וכיתות האותיות שהן מן המ"ם ועד התיאו הפכו לחובתו מן השמאל, וכשגמרו אלו ואלו ללמד עליו זכות או חובה נגמר הדין בתכלית הדקדוק והשלמות.

Y cuando se ratifica el juicio, lo confirman cada uno de los tres: la derecha y la izquierda presentan sus quejas y él, bendito sea, decide en el centro. Por lo tanto, en su sello está inscrito *Emet,* para enseñarte que todas las *Tzevaoth* de letras desde la *Alef* hasta el *Mem,* están a la derecha y traen favor y que todas las *Tzevaoth* de letras desde la *Mem*

103. Véase Talmud, tratado de *Shabbat* (55a).

hasta la *Tav* están a la izquierda y traen deber. Así, cuando estas *Tzevaoth* han terminado con sus agravios, el juicio se cumple perfecta y absolutamente.

וכמו שאמרתי לך א"ל מימין, יהו"ה באמצע, אלהי"ם משמאל, כך תמצא אל"ף עם כל צבאותיו מימין, מ"ם באמצע וממנה עד תי"ו וכו', תי"ו עם כל צבאותיו משמאל. וכל צבאות בית דין שלמעלה הכלולים בסוד האותיות נשאו ונתנו בדין, וכשנגמר הדין נגמר בש־לוש כיתות הנקראים אמ"ת, ולפיכך אמרו חותמו של הקב"ה יתברך ויתברך אמת, וזהו: משפטי יהו"ה אמת (תהלים יט, ח). ולפי שאמת הוא סוד הקו האמצעי, ניתן ליעקב שהוא באמצע, והסוד: תתן אמת ליעקב (מיכה ז, כ).

Como ya te he dicho, a la derecha se cumple con *El*, con *Elohim* a la izquierda y IHVH (יהו"ה) en el centro, por lo que encontrarás *Alef* con sus *Tzevaoth* a la derecha, *Mem* en el centro y *Tav* con sus *Tzevaoth* a la izquierda, y todas ellas están incluidas en las letras de *Emet*. Así, todos los *Tzevaoth* del *Beit Din* superior, contenidos en el secreto de las letras, fueron llevados y juzgados. Y cuando se concluye es refrendado por las tres facciones llamadas *Emet*. Y, por lo tanto, se dice que el sello del Santo, bendito sea, es *Emet*, y eso es el secreto de *Kav haEmtzai* que se atribuyó a Jacob, que es el centro, y cuyo secreto es: «Otorgarás a Jacob *Emet*» (*Miqueas* VII-20).

כיצד אברהם שהוא חסד, לימין, יצחק שהוא פחד, לשמאל, יעקב שהוא אמת, באמצע. ועל זה נאמר: משפט אמת שפטו (זכריה ז, ט) כלומר שיהיו שלושה מתעסקין בדין, כי בית דין של שניים חצוף הוא. הרי לך מבואר בכל מקום שאתה מוצא אמ"ת, הכוונה למי־דה הממוצעת הכלולה מכל הפנים ומכל הצדדין. וכן תמצא תורה שבכתב, שהיא סוד קו האמצעי והיא כלולה מימין ומשמאל כמו שהודענוך, נקראת גם היא אמת, וזהו: תורת אמת היתה בפיהו

62a

(מלאכי ב, ו). נמצאת למד כי מידת אמ"ת היא המידה האמצעית והיא כלולה מן הכול, ולפיכך נקרא בשם זה יהו"ה יתברך:

Así, Abraham, que es *Hessed*, está a la derecha; Isaac, que es *Pajad*, está a la izquierda; y Jacob, que es *Emet*, está en el centro. Por esta razón ha sido dicho: «juzgad juicio verdadero» (*Zacarías* VIII-9), lo cual significa que la sentencia debe ser dictada por tres, ya que un *Beit Din* de sólo dos jueces es inadecuado. Después de esta explicación, en cualquier lugar en el que encuentres *Emet*, la intencionalidad es implicar la *Middah* media que contiene todos los aspectos y direcciones. Por lo tanto, encontrarás que la *Torah* escrita, que es el secreto de *Kav haEmtzai*, y que contiene la derecha y la izquierda, como hemos visto, también se llama *Emet*. Así: «La *Torah Emet* estaba en su boca» (*Malaquías* II-6). Con esto aprendemos que la *Middah Emet* es la *Middah* media que contiene todo, y ésta es la razón Por la que lleva este nombre IHVH (יהו"ה), bendito sea.

וזו היא הספירה הנקראת גם היא תפארת, וצריך אתה לדעת מה עניין תפארת. כבר הודענוך כי שם יהו"ה יתברך הוא גוף האילן, ובו העיקר ובו הכול מתייחד, והענפים מכאן ומכאן מתאחזים בו, והוא יתברך פועל בכול ומושל בכול. וכשהוא דן את בריותיו ופועל בהם כפי יושר משפטו, כבר הודענוך שהוא מתלבש מלבוש הראוי לאותה הפעולה.

Esta sefirah también se llama *Tiferet* y has de saber de qué trata *Tiferet*. Ya te hemos dicho que el nombre IHVH (יהו"ה), bendito sea, es el tronco del árbol, el origen al que todo está conectado y del que dependen todas las ramas, y IHVH (יהו"ה), bendito sea, está involucrado en todo y lo gobierna todo. Cuando juzga a sus criaturas y trabaja con ellas en la integridad de su juicio, está, como hemos dicho, revestido de una prenda adecuada a la acción que se realiza.

62a

ואם מתלבש מלבוש של חסד, יוצא הדין להטיב את הבריות, כמו שהודענוך בשער זה. לפיכך נקרא בכל שם ושם ובכל כינוי וכינוי כפי שהשעה ראויה. וכל אותן המלבושים והכינויין נקראים תפארת. הלא תראה כתוב: ועשית בגדי קדש לאהרן אחיך לכבוד ולתפאר"ת (שמות כח, ד), וכתיב: כי הלבישני בגדי ישע מעיל צדקה יעטני כחתן יכהן פא"ר (ישעיהו סא, י), וכתיב: לשום אבלי ציון לתת להם פאר תחת אפר (שם). וכתיב: פארך חבוש עליך (יחזקאל כד, יז) ואלו הן תפילין.

Y se viste con un traje de compasión, entonces el juicio será favorable a sus criaturas, como hemos mencionado en esta Puerta. Por lo tanto, él se llama a sí mismo por el nombre, apodo o sobrenombre apropiado en el momento del juicio, y todas sus prendas y apodos se llaman *Tiferet*. Así está escrito: «Y harás vestidos santos para Aarón tu hermano, para honra y hermosura (*Tifereth*)» (*Éxodo* XXVIII-2). Y ha sido escrito: «porque me vistió de vestidos de salud, me rodeó de manto de justicia, como a novio me atavió, y como a novia compuesta de sus joyas» (*Isaías* LXI-10). También ha sido escrito: «a ordenar en Sion a los enlutados, para darles gloria en lugar de ceniza» (*Íbid.* LXI-3). Y ha sido escrito: «Ata tu turbante sobre ti» (*Ezequiel* XXIV-17). Se trata de los *Tefilín*.

ועל דרך זה פקח עיניך וראה למה נקראת ו', קו האמצעי שהוא שם יהו"ה יתברך, תפארת: לפי שהוא כלל הכול, והוא המושל בכול, והוא המתלבש בכל השמות כפי שרואה שהשעה ראויה, ואותם המלבושים נקראים תפארת, מה שאין אחת משאר הספירות יכולה להיקרא כן, לפי שאין לך ספירה מלתבשת בכל השמות ובכל הכינויין כמו שם יהו"ה יתברך.

De este modo, abre tus ojos y mira por qué la *Vav* se llama *Kav haEmtzai* y representa el nombre IHVH (יהו"ה), bendito sea. Porque él lo contiene todo, lo gobierna todo y se viste con todos los nombres según el momento. Estas prendas se llaman *Tiferet* y no pueden ser reclamadas por ninguna otra sefirah. Pues no hay sefirah que no sea reclamada por todos los nombres y apodos, como lo es el nombre IHVH (יהו"ה), bendito sea.

ואם המקובלים קורין לספירת בינה 'פאר' אין קורין לה תפארת, לפי שהבינה הוא סוד המלבושים המפוארים שמתפאר בהם שם יהו"ה יתברך, וכמו שקורים לתפילין פא"ר כך קורין לבינ"ה פא"ר, אבל שם יהו"ה יתברך שהוא קו אמצעי נקרא תפארת, כאמרו: לך יהו"ה הגדול"ה והגבור"ה והתפאר"ת (דב"הי, כט, יא), גדול"ה מימין, גבור"ה משמאל, תפאר"ת באמצע. וכן אברה"ם יצח"ק ויעק"ב: אב־רהם מימין, יצחק משמאל, יעקב גאמצע.

Y si los cabalistas llaman a la sefirah *Binah* «*Peer*»,[104] no puede llamarse *Tiferet* porque *Binah* es el secreto de las prendas de magnificencia por las que brillan el nombre de IHVH (יהו"ה), bendito sea, y los Tefilín conocidos como *Peer*. Nos referimos a *Binah* como *Peer*, pero el nombre IHVH (יהו"ה), bendito sea, que es (62b) la *Kav haEmtzai*, se llama *Tiferet*, pues ha sido dicho: «Tuyas, oh *Eterno*, la *Guedulah*, la *Guevurah* y el *Tiferet*» (1 *Crónicas* XXIX-11). *Guedulah* está en el lado derecho, *Guevurah* en el lado izquierdo y *Tiferet* en el centro. Y lo mismo con Abraham, Isaac y Jacob: Abraham a la derecha, Isaac a la izquierda y Jacob en el centro.

וכן א"ל אלהי"ם יהו"ה:א"ל מימין, אלהי"ם משמאל, יהו"ה באמצע. וכן כה"ן בימין, לוי בשמאל, ישראל באמצע וזהו סוד: ישראל אשר בך אתפאר (ישעיהו מט, ג). ואם תאמר: והרי המלבושים עשויים לכהן לכבוד ולתפארת, ולא לישראל? דע כי הכהן הוא המכהן את השם הגדול יהו"ה יתברך ומפאר את י"י עם קהל עדת בני ישראל, כי קהל ישראל הם התכשיטין שהשם יתברך מתפאר בהן.

---

104. Adorno.

62b

Y lo mismo con *El, Elohim* y IHVH (יהו"ה): *El* a la derecha, *Elohim* a la izquierda y IHVH (יהו"ה) en medio. Y también el Cohen a la derecha, el levita a la izquierda e Israel en el centro. Y éste es el secreto de: «Y me dijo: mi siervo eres, oh Israel, que en ti me gloriaré» (*Isaías* XLIX-3). Y si dijeras: ¿Y las vestiduras pueden servir para honra y gloria, y no para Israel? Has de saber que el sacerdote es el que adora el gran nombre IHVH (יהו"ה) y bendecirá y glorificará a IHVH (יהו"ה) la asamblea de los hijos de Israel, porque la asamblea de Israel representa las joyas con las que se adorna *El Eterno*, bendito sea.

ואחר שהודענוך זה, דע כי לכך נקרא תפארת לפי שהוא יתברך מת־לבש בכל מיני שמות הקודש והכינויין למיניהם כל אחד בשעתו, כמו שהכהן מתלבש בבגדי כהונה לשעה ידועה; ונקראת תפארת כמו שהחתן מתלבש בגדי עדי, 'כחתן יכהן פאר'. והתבונן זה מאד, כי צורך גדול הוא להבין אותו, כי תפארת פירוש הוא לשם יהו"ה יתב־רך, ולפיכך אמר 'לך יהו"ה הגדולה והגבורה והתפארת'.

Después de aclararte esto, has de saber que esta *Middah* se llama *Tiferet* porque él, bendito sea, se reviste con una selección de nombres sagrados y apodos, cada uno en su tiempo, del mismo modo que el Cohen viste diferentes ropas sacerdotales en los momentos apropiados, y esto se llama *Tiferet*, al igual que el novio se engalana con una corona.[105] Y obsérvalos bien, ya que es de gran necesidad entenderlo, pues el significado de *Tiferet* oculta el nombre IHVH (יהו"ה), bendito sea, como ha sido dicho: «Tuyas, oh *Eterno*, la *Guedulah*, la *Guevurah* y el *Tiferet*».[106]

כלומר לך, שם יהו"ה יתברך, כל צבאות ימין וכל מיניהם ותכשיטיהם הנקראין בשם גדול"ה, ולך גם כן כל צבאות שמאל ותכשיטיהם הנ־

105. Véase *Isaías* (LXI-10).
106. Véase 1 *Crónicas* (XXIX-11).

קראין בשם גבור"ה; ובאלו של ימין ובאלו של שמאל אתה מתפאר ומתלבש, כפי שאתה רואה שהשעה צריכה. והתבונן זה עד מאוד ותדע למה נקרא שמו יתברך תפארת:

Esto es como decir: «A ti IHVH (יהו"ה), bendito seas, todas las *Tzevaoth* de la derecha, las categorías, las joyas llamadas *Guedulah*, a ti también todas las *Tzevaoth* de la izquierda, las categorías, las joyas llamadas *Guevurah*; te adornas a la derecha, a la izquierda y te reavivas según el momento». Entiende esto perfectamente y descubrirás la razón por la que su nombre, bendito sea, es *Tiferet*.

עוד יש לנו לעורך על סוד גדול, והוא כי סוד התיקונים העליונים הנקראים זקן הם סוד תפארת, וזה העניין סוד גדול מסודות המרכבה, אבל הכול הולך אל מקום אחד כעניין שפירשנו בתפארת. וסוד תפארת בחורים כוחם (משלי כ, כט) באמת כי הכוחות כולם כלולים בספירת התפארת, ולפיכך הוא מנצח את הכול. והיודע סוד שערות הזקן ידע סוד התפארת, ומסוד זה נולדו כל פרקי המרכבה, כי מן התפארת נתפשטו לכאן ולכאן. וסוד זה סתום וחתום במה שאמר הכתוב: כתפארת אדם לשבת בית (ישעיהו מד, יג).

Tenemos otro gran secreto para explicaros, el secreto de los *Tikunim* superiores denominados *Zaken*[107] que son el secreto de *Tiferet*. Y éste es uno de los grandes secretos de la *Merkavah*. Sin embargo, todo es uno y lo mismo, como hemos explicado con *Tiferet*. El secreto de esto es: «*Tiferet* es la fuerza de los jóvenes» (*Proverbios* XX-29). Ciertamente, ya que el poder de todos está contenido en la sefirah *Tiferet*, y por eso siempre es vencedora (63a) sobre todo. Y aquel que conoce el secreto de los cabellos de *Zaken*, comprende el secreto de *Tiferet*, el secreto por el que se sostienen todas las partes de la *Merkavah*, que a través de *Tiferet* puede extenderse a todos los lados. Este secreto está

107. Literalmente «barba», significa también «anciano».

63a

sellado y oculto en lo que ha sido escrito: «a semejanza de hombre hermoso, para tenerlo en la casa» (*Isaías* XLIV-13).

וסוד מה שאמר שלמה ותפארתו עבור על פשע (משלי יט, יא), זהו סוד היותו יתברך ויתעלה לעד מתפאר בנבראים אחר שחטאו בהיותם חוזרים בתשובה, ודי למבין. עוד יש למעלה בסוד הכתר מיני זוהר וחסד ורחמים וכולן לבנים, ובהם משגיח בעין הרחמים ומקשט את שם יהו"ה יתברך בהן בבגדי לבן ונקראים תפארת, והם כלים של זוהר ונקראים נצ"ח חס"ד ותפאר"ת, ובהם מתפאר שם יהו"ה יתברך ומרחם על עולמו. וכל אלו העניינים העמוקים עדיין תשיג בהם השגה גדולה בעזרת השם. ואם כן שמור עד מאוד עיקרים אלו שהודענוך בעניין תפארת כי צורך גדול הוא להבין המילה, כי תפארת ממש בדמיון פירוש הוא וכלל למעשה מרכבה ולכל שמות הקודש והכינויין, שהשם הגדול יהו"ה יתברך מתלבש ומתפאר בהן:

Y éste es el del que habla Salomón: «Y su honra (*Tiferet*) es disimular la ofensa «(*Proverbios* XIX-11). Éste es el secreto del ser, bendito sea, exaltado para siempre por la magnificencia de las criaturas que han pecado y se han arrepentido. Esta explicación debería ser suficiente para aquel que entiende. Además, arriba, en el secreto de *Keter*, hay tipos de *Zohar*,[108] *Hessed* y *Rajamim* que son blancos y ungen la misericordia del nombre IHVH (יהו"ה), bendito sea, con un adorno blanco denominado *Tiferet*, y en el *Zohar* están contenidos *Netzaj, Hessed* y *Tiferet*. A través de ellos, nombre IHVH (יהו"ה), bendito sea es glorificado y su misericordia está sobre su mundo. Y todos estos profundos asuntos deben ser considerados en tu investigación y los entenderás con la ayuda de Dios. Y si es así, guarda estos principios de los que te he informado, sobre *Tiferet*, porque es absolutamente necesario entender esta palabra. Porque la representación de *Tiferet* es nada menos

108. Resplandor.

63a

que la estructura completa de la *Merkavah*, y de todos los nombres sagrados y los apodos con los que IHVH (יהו"ה), bendito sea, se reviste y se adorna.

והספירה הזאת נקראת בתורה דעת, והסוד: יהו"ה בחכמ"ה יסד ארץ כונן שמים בתבונה בדע"תו תהומות נבקעו (משלי ג, יט). דע כי הזכיר בכאן שלוש ספירות הנמשכות מן הכת"ה, מקוצו של יו"ד, והם: חכמ"ה ובינ"ה ודע"ת. וסוד דעת הוא קו האמצעי, והוא וי"ו על שם שהוא נושא שתי זרועות: אל מימין, אלהים משמאל, והוא באמצע.

Esta sefirah se llama *Daat*[109] en la *Torah*, y es el secreto de: «por medio de *Jojmah* IHVH (יהו"ה) ha fundado la Tierra y por *Tevunah* ha establecido los cielos». Por *Daat* se abrieron los abismos (*Proverbios* III-19). Has de saber que las tres Sefirot que se extienden desde *Keter*, desde la punta de la *Iod*, son *Jojmah, Binah* y *Daat*. El secreto de *Daat* es la *Kav haEmtzai*, la *Vav* del nombre, porque sostiene dos brazos, *El* a la derecha, *Elohim* a la izquierda y él en el medio.

וזהו 'בדעתו תהומות נבקעו'. הלא תראה כי הבקיעה בין שני דברים הוא, כי דעת שהוא קו האמצעי עומד בין ימין לשמאל והוא הבורקע ביניהם ומתיים את שניהם ומשלים ביניהם. זה הכלל: בכל מקום שאתה מוצא דע"ת, שלישי הוא ומכריע ביניהם. ומה שאמר בחכמה ובתבונה ובדעת, כאמרו אברהם יצחק ויעקב; הרי יעקב שלישי ומכריע, כן הדעת שלישי ומכריע.

Así se dice: «con su *Daat* separó los abismos».[110] Así, observa que esta división separa dos cosas, porque *Daat*, que es la *Kav haEmtzai*, se interpone entre la derecha y la izquierda y las separa, arbitrando y re-

109. Conocimento.
110. Véase *Proverbios* (III-19).

conciliando. El principio es el siguiente: en cualquier lugar en el que se encuentre la palabra *Daat*, es la tercera la que decide entre las dos. Por eso el orden de las Sefirot *Jojmah, Binah* y *Daat* es idéntico al de Abraham, Isaac y Jacob; siendo Jacob el tercero que decide, ya que *Daat* es el tercero y el que decide.

ואם תקשה ותאמר: היאך הדעת שלישי לחכמ"ה ולבינ"ה, כי אינו שלישי זולתי לגדול"ה וגבור"ה כענין א"ל אלהי"ם יהו"ה, או אברהם יצחק ויעקב, או גדול"ה וגבור"ה ותפאר"ת? דע כי סוד גדול הוא, והנני מאיר עיניך בקצת דרכיו:

Y si esto te resulta difícil, podrías decir: «¿Cómo puede *Daat* ser el tercero para *Jojmah* y *Binah* y ser el tercero para *Guedulah* y *Guevurah* como con *El, Elohim* y IHVH (יהו"ה) o Abraham, Isaac y Jacob, o incluso *Guedulah* y *Guevurah* y *Tiferet*?» Has de saber que se trata de un gran misterio y que te abriré los ojos a algunos de sus aspectos.

כבר הודעתיך כי קו האמצעי אף על פי שמתאחז עד הימין ועד השמאל, הקו האמצעי לבדו עולה למעלה ומתאחז בכתשר, בסוד אות וי"ו שהיא במקום כל השם. ונשארים למטה במקומם גדולה וגבורה ואינם עולים יותר ממקומם, אבל קו האמצעי שהוא סוד וי"ו עולה עד אין סוף.

Ya se te ha dicho que la *Kav haEmtzai*, que se aferra a la derecha y a la izquierda, es también la única que se eleva y es capaz de llegar a *Keter*, a través del secreto de la letra *Vav*, que es el lugar de todo el nombre. Deja a *Guedulah* y *Guevurah* abajo en su lugar, porque no son capaces de subir más alto, mientras que la *Kav haEmtzai*, que es el secreto de la *Vav*, se eleva hasta el *Ein Sof*.

63a-63b

והנה תמצא כל השבעים שרים מקיפים לגדולה ולגבורה, וכמו שג־
דולה וגבורה אינם עולים ממקומם למעלה כך ע' שרים של העובדי
גילולים אינם יכולים לעלות מן המקום שנאחזים בו. אבל ישראל הם
נאחזים בקו האמצעי, כמו שהודענוך, וכמו שקו האמצעי עולה עד
אין סוף, כך ישראל הדבקים בו עולים עד אין סוף, וזהו סוד ירכיבהו
על במותי ארץ (דברים לב, יג).

Y he aquí que encontrarás que los setenta Príncipes que rodean a *Guedulah* y *Guevurah* no pueden elevarse más allá de sus lugares, al igual que *Guedulah* y *Guevurah*. Así, los setenta Príncipes de las naciones no pueden elevarse del lugar al cual están aferrados. Pero Israel, al estar unido a la *Kav haEmtzai*, es capaz, al igual que ésta, de alcanzar el *Ein-Sof*, y éste es el secreto de (63b): «Lo hizo subir sobre las alturas de la Tierra» (*Deuteronomio* XXXII-13).

ומשה רבינו עליו השלום מבשר לישראל ואומר: ויכחשו אויביך לך
ואתה על במותימו תדרוך (שם לג, כט). כלומר, אף על פי שהאומות
כולם יעלו למעלה, גבול וקץ יש לעלייתם, שאינם יכולים לעלות
יותר מן המקומות שהם דבקים בהם, שהם גדולה וגבורה. אבל יש־
ראל שהם דבקים בקו האמצעי, שהוא התפארת והוא הדע"ת, כמו
שהקו האמצעי עולה עד אין סוף כך הדבקים בו עולים עמו עד אין
סוף, וזהו סוד 'ואתה על במותימו תדרוך', וסוד 'ישראל אשר בך
אתפא"ר'.

Moisés, nuestro maestro, la paz sea con él, favoreció a Israel, diciendo: «sí que tus enemigos serán humillados, y tú hollarás sobre sus alturas» (*Íbid.* XXXIII-29). Esto significa que las naciones del mundo pueden ascender, pero hay un límite a su ascenso, ya que no pueden ascender más allá de *Guedulah* y *Guevurah*, los lugares a los que están unidos. En cambio, Israel, que está unido a la *Kav haEmtzai*, que es *Tiferet* y que es *Daat*, sí puede ascender. Porque a medida que la *Kav haEmtzai* se eleva hacia el *Ein Sof*, también lo hace todo lo que está

63b

unido a la *Kav haEmtzai*. Éste es el secreto de «Y tú hollarás sobre sus alturas», y el secreto de «Israel en quien me gloriaré».

כלומר, כמו שהתפארת עולה למעלה עד אין סוף ומתלבש בבגדי הכתר ומתפאר בהם, כך ישראל הדבקים בתפארת עולים עמו, זהו סוד: ישראל אשר בך אתפאר (ישעיהו מט, ג). ואם חס ושלום חטאו ישראל ונתרחקו מן הדעת שהוא קו האמצעי, כשחוטאין אין להם עלייה ונמסרין ביד שבעים שרים וביד אומות העולם בגלות, וזהו סוד: לכן גלה עמי מבלי דע"ת (שם ה, יג).

Es decir, al igual que *Tifereth* asciende al *Ein Sof*, se pone las vestimentas de *Keter* y se adorna con ellas, así Israel, que está relacionado con *Tiferet*, se eleva con él, y éste es el secreto de: «Israel en quien me gloriaré» (*Isaías* XLIX-3). Y si, Dios no lo quiera, los pecados de Israel lo alejan de *Daat*, que es la *Kav haEmtzai*, ya no puede levantarse y es entregado a los setenta Príncipes y a las naciones del exilio en la diáspora. Y éste es el secreto de: «Mi pueblo sufrirá el destierro así, sin *Daat*» (*Isaías* v-13).

כלומר, כשנתפרדו מן הדע"ת, שהוא עולה עד אין סוף, נפלו ביד שרי האומות, וזהו סוד: כי אתה הדע"ת מאסת ואמאסך מכהן לי ותשכח תורת אלהיך אשכח בניך גם אני (הושע ה, ו). הא לך פשר הדברים על הקושיא שהקשיתי, כי כיצד יהיה הדעת שלישי בין חכמ"ה ובינה והרי אינו אלא בין גדול"ה וגבור"ה. אנכי אתרץ הקושיא בעזרת השם: דע שאילו היה הדעת עולה עד גבול הגדולה והגבורה ולא יותר, היה לנו לומר שהוא מכריע ביניהם לבד, ולא היה שלישי לחכמ"ה ובינ"ה.

Es decir, cuando se separan del *Daat*, que se eleva al *Ein Sof*, caen en manos de los Príncipes de las naciones y éste es el secreto: «Porque tú desechaste la sabiduría (*Daat*), yo te echaré del sacerdocio; y pues que olvidaste la ley de tu Dios, también yo me olvidaré de tus hijos»

63b

(*Oseas* IV-6). Aquí está la solución a parte de la pregunta, el resto es: «¿Cómo puede ser *Daat* el tercero para *Jojmah* y *Binah*, ya que normalmente se encuentra entre *Guedulah* y *Guevurah*? Resolveré este dilema con la ayuda de Dios. Has de saber que, si el *Daat* estuviera sólo al nivel de *Guedulah* y *Guevurah* y no más, podríamos decir que media entre estos dos, y por tanto no sería un tercero para *Jojmah* y *Binah*.

אבל מאחר שהדעת שהוא קו האמצעי והוא"ו עולים מלמטה עד סוף המעלות עד אין סוף, הרי הדע"ת שלישי ומכריע בין כל הספירות עליונות ותחתונות. כיצד? הרי קו האמצעי שהוא דעת עולה עד אין סוף שהוא הכתר י, ואם כן נמצא שהוא אמצעי בין חכמ"ה ובינ"ה הקרובים לכת"ר; וכשהקו האמצעי בין גדולה וגבורה, הרי הוא אמצעי ביניהם. וכן קו האמצעי שהוא הדעת מכריע בין נצ"ח והוד, לפי שהוא האמצעי. שהוא הדעת העולה בין נצ"ח והו"ד, והולך ועובר בין גדול"ה וגבור"ה, והולך ועובר בין חכמ"ה ובינ"ה, עד שמגיע לכתר ומתאחז בו.

Pero dado que, como *Daat* es la *Kav haEmtzai* y la *Vav* que se eleva desde el extremo inferior de todos los niveles hasta llegar al *Ein Sof*, entonces *Daat* es el tercero y el mediador entre todas las Sefirot, superiores e inferiores. De este modo: la *Kav haEmtzai*, que es *Daat*, se eleva hasta *Ein Sof*, que es *Keter*, por lo que vemos que es el intermediario entre *Jojmah* y *Binah*, que están cerca de *Keter*. Cuando la *Kav haEmtzai* está entre *Guedulah* y *Guevurah*, es el intermediario entre ellos. Del mismo modo, la *Kav haEmtzai* media entre *Netzaj* y *Hod*. Porque *Daat* se eleva hasta *Netzaj* y *Hod*, continúa y pasa por *Guedulah* y *Guevurah*, luego se eleva entre *Jojmah* y *Binah* para finalmente llegar a *Keter* donde se adhiere.

והוא סוד ו' בסוד שם יהו"ה יתברך, שהוא אמצעי בין כל השמות והכינויין מלמעלה ולמטה לכל הצדדין וכולם נאחזים בו. והפירוש הוא במילת הדעת שהוא שלישי לחכמה ובינה, והוא שלישי לגדו-

לה וגבורה, והוא שלישי לנצח והוד, לפי שהקו האמצעי שהוא סוד הדעת עובר באמצע כולן כגוף האילן עד שהוא מגיע עד אין סוף, והוא המחבר כל הספירות מלמעלה למטה ומן הצדדין. והנני מצייר לפניך צורה שממנה תבין העניין. וכמו כן שם יהו"ה, שהוא קו האמ־צעי והוא הדעת, הוא אמצעי בין אהי"ה ובין אדנ"י מלמעלה למטה, והוא אמצעי בין אל ובין אלהים מן הצדדין. זהו העניין במילת דעת שהוא קו האמצעי שהוא סוד יהו"ה יתברך, וזו היא הצורה:

Y éste es el secreto de la *Vav*, el secreto de IHVH (יהו"ה), bendito sea, que separa todos los nombres y apodos de arriba, de abajo, en todas las direcciones, y todos están conectados a él. La palabra *Daat* significa que es la tercera entre *Jojmah* y *Binah*, como es la tercera entre *Guedulah* y *Guevurah*, y como es la tercera entre *Netzaj* y *Hod*, ya que la *Kav haEmtzai*, que es el secreto de *Daat*, los atraviesa a todos desde el centro, como el tronco de un árbol, hasta llegar al Ein *Sof*, al que conecta todas las Sefirot por arriba, por abajo y por todos lados. Ahora te dibujaré un diagrama para que puedas entender este concepto. Además, el nombre IHVH (יהו"ה), que es la *Kav haEmtzai* y el *Daat*, se divide verticalmente entre *Ehieh* y *Adonai* y horizontalmente entre *El* y *Elohim*. Éste es el concepto de la *Middah* de *Daat*, la *Kav haEmtzai* y el secreto de IHVH (יהו"ה), bendito sea.(64a)

כתר חכמה, בינה גדולה, גבורה:

Keter, Jojmah, Binah, Guedulah, Guevurah.

ואחר שהודענוך אלו העיקרים הגדולים, יש לנו לחזור ולהודיעך מה טעם שבעים שרים נאחזין באברהם ויצחק, שהם א"ל אלהי"ם, ולא ביעקב שהוא סוד יהו"ה יתברך. דע, כי כשחטא אדם הראשון הוט־לה בו פגימה ונעשה עיסה לכל השרים, וגם אפילו לכוחות הטו־מאה החיצונות, וכולן הטילו בו חמוצן וזו היא זוהמה שהטיל הנחש בחוה , ואף על פי שהדברים עמוקים יותר. וכשנעשה גופו של אדם הראשון עיסה לחמוצן של השרים וכוחות הטומאה, אותה הזוהמה

64a-64b

לא נפרדה מגופו של אדם עד שנזדקקה מעט מעט בצדיקים שב־
דורות, כמו הכסף שמצרפין אותו בתוך הכור. כיצד? בא שת וזקק
מעט, שנאמר: ויולד בדמותו כצלמו ויקרא את שמו שת (בראשית
ה, ג). בא חנוך וזקק מעט מאותה זוהמה, שנאמר: ויתהלך חנוך את
האלהים (שם).

Y después de haber traído a tu atención estos grandes principios, debemos regresar y darte la razón por la cual los setenta Príncipes están unidos a Abraham e Isaac, quienes son *El* y *Elohim*, y no a Jacob, que es el secreto de IHVH (יהו"ה), bendito sea. Has de saber que cuando *Adam haRishon* pecó, se colocó una mancha sobre él, haciéndole influenciable a todos los Príncipes, así como a los poderes impuros exteriores, que derramaron sobre él, la misma *Zujama*[111] que la serpiente primordial derramó sobre Eva. Aunque estas cosas (64b) son más profundas. Gradualmente el cuerpo de *Adam haRishon* fue modificado por el veneno de los Príncipes y los poderes impuros, esta *Zujama* no se separó del cuerpo de Adam, hasta que fue gradualmente purificado por los justos de las siguientes generaciones, como la plata que se purifica después de ser extraída de la mina. Esta purificación tuvo lugar en primer lugar a través de Set: «y engendró un hijo a su semejanza, conforme a su imagen, y llamó su nombre Set» (*Génesis* V-3). Entonces Enoc vino a limpiar parte de la contaminación, por lo que ha sido dicho: «Enoc caminó con *Elohim*» (*Íbid.* V-22).

בא נח וזיקק יותר, שנאמר: את האלהים התהלך נח (שם ו). בא שם
וזיקק יותר שנאמר: וישכון באהלי שם (שם ט). בא אברהם וזיקק
יותר, אף על פי כן יצאה ממנו קצת זוהמה בישמעאל. בא יצחק וזי־
קק יותר, ואף ממנו יצא קצת זוהמה בעשיו. אבל יעקב נמצא מזוקק
כולו טהור, אין בו פסולת. נמצא יעקב צורת אדם הראשון התמימה
קודם שחטא אדם.

111. Veneno, barro, contaminación.

64b

Luego vino Noé para purificar aún más: «Noé caminó con *Elohim*» (*Íbid*. VI-9). Sem vino y lo purificó: «que habite en las tiendas de Sem» (*Íbid* IX-27). Abraham continuó con la purificación, sin embargo, la *Zujama* permaneció con Ismael. Entonces Isaac vino a purificar aún más, pero, a pesar de él, la mancha se encontró en Esaú. Jacob, en cambio, estaba totalmente refinado y purificado, sin ninguna mancha. Se vio entonces que Jacob era enteramente puro sin que pudiera encontrarse en él mancha alguna y fue el primero en recuperar la forma perfecta de Adán antes de que pecara.

ולפיכך ישראל נקראים ראשית תבואתה של יהו"ה יתברך ונקראים בכור, שהם תחילת הבריאה' נמצא יעקב עליו השלום הוא הצורה השלמה שאין פסולת בו כלל, ונמצא אברהם ויצחק שהיה בהם קצת פסולת; כמו באברהם שיצא ממנו ישמעאל, יצחק יצא ממנו עשיו. ולפיכך אמר יעקב לבניו כשבא ליפטר מן העולם: שמא יש בכם פסולת כמו באברהם ויצחק? ענו כולם ואמרו: שמע ישראל ה' אלהינו ה' אחד, כשם שאין בלבך אלא אחד כך אין בליבנו אלא אחד.

Y por eso Israel es el primero en ser denominado «primicias de IHVH (יהו"ה)», bendito sea, y en ser llamado primogénito, porque es la primera de las criaturas. Y Jacob, la paz sea con él, posee la forma perfecta en la que no hay mancha alguna, y resulta que Abraham e Isaac tenían algunas manchas ya que de ellos nacieron Ismael y Esaú. Por esta razón, Jacob, antes de dejar este mundo, dijo a sus hijos: «¿Acaso alguno de vosotros tiene alguna tara como Abraham e Isaac?» Todos ellos respondieron: «Escucha Israel, *El Eterno*, nuestro *Elohim*, *Yhwh* es uno», así como sólo hay uno en tu corazón, así sólo hay uno en nuestros corazones.

נמצאת למד כי יעקב ובניו כולם היו זרע כשר אין בהם פסולת, אבל אברהם ויצחק היה בהם פסולת ולפיכך יצא ישמעאל ועשיו. ובאותו

64b

קצת הפסולת שהיה באברהם ויצחק נאחזים השרים סביב, שאל־מלא לא היה באברהם ויצחק קצת פסולת לא היו השרים העליונים יכולים להתאחז בהם כלל.

Así sabemos que Jacob y sus hijos eran de semilla santa, sin ninguna contaminación en ellos, mientras que Abraham e Isaac tenían alguna contaminación, y por eso Ismael y Esaú salieron de ellos. Los Príncipes que rodeaban a Abraham e Isaac se aferraron a las impurezas de Abraham e Isaac, ya que si no hubieran tenido impurezas los Príncipes superiores no hubieran podido aferrarse a ellas en absoluto.

אבל כמו שהודענוך מעניין השמות והכינויין, שאין בהם שם שיהיה כולו פשוט שלא יהיה בו תערובות מכל צד, אבל קצת תערובות יש בהם, ולפיכך הם מתאחזים ומתאחדים זה בזה. וכן בעניין אברהם ויצחק, צורך גדול לתיקון המרכבה והשרים, היתה קצת הזוהמה שבהם כדי שיהיה מקום לשרים העליונים באותו קצת הזוהמה להד־תאחז בה. שאלמלא היו אברהם ויצחק מזוקקים מכל וכל, לא יהיו שבעים שרים יכולין להתאחז בהם כלל, ונמצאת המרכבה חסרה והשרים נפרדים ואין להם מקום חיבור לשרים.

Pero como dijimos a propósito de los nombres y apodos, ninguno de ellos es simple, están compuestos por mezclas que les permiten unirse y mantenerse. Así ocurre con Abraham e Isaac, y esto es absolutamente necesario para que la *Merkavah* y los Príncipes puedan ser corregidos. Un poco de *Zujama* podía encontrarse en Abraham e Isaac para que hubiera un lugar donde los Príncipes agarraran un poco de *Zujama* para aferrarse a ella. Porque, si Abraham e Isaac hubieran sido totalmente puros, las setenta naciones no podrían haberse unido a ellos en absoluto y la *Merkavah* no se habría completado y los Príncipes se habrían separado de ella, y no habría habido ningún lugar al que los Príncipes se hubieran unido.

64b

והנה קצת הזוהמה של אברהם ויצחק נתנה מקום לשרים העליונים להתאחז בהם, ולפיכך תמצא אברהם ויצחק שניהם משני צדדין מול השרים זה מימין וזה משמאל, זה בכינויין של א"ל לימין, וזה בכינויין של אלהי"ם לשמאל. אבל יעקב עליו השלום שהוא מזוקק ואין בו פסולת הוא באמצע בין אברהם ויצחק, והוא מיוחד לשם יהו"ה העומד באמצע, ואין לאחד מן השרים חלק בשם יהו"ה, כמו שהודענוך כבר, לפי שהוא באמצע. ומי הוא הנוחל שם יהו"ה? יעקב ובניו שהם באמצע. ואחר שבאנו בעיקר זה, הנני מאיר עיניך במד־רש שאמרו רז"ל בעניין יעקב עליו השלום שאמר לו י"י יתברך: והיה זרעך כעפר הארץ ופרצת ימה וקדמה וצפונה ונגבה (שם כח, יד).

Y he aquí que algo de la *Zujama* de Abraham e Isaac concedió un lugar para que los Príncipes se adhirieran y es por eso por lo que encuentras a Abraham e Isaac a cada lado enfrentando a los Príncipes a la derecha y a la izquierda, uno con el apodo de *El* a la derecha y el otro con el apodo de *Elohim* a la izquierda. Pero Jacob, la paz sea con él, que es puro y no tiene desperdicio, está en el medio entre Abraham e Isaac y está unido al nombre de IHVH (יהו"ה), que está en medio, porque ninguno de los Príncipes tiene parte en el nombre de IHVH (יהו"ה), como ya hemos explicado, porque está en el centro. ¿Y quién heredará el nombre de IHVH (יהו"ה)? Jacob y sus hijos que están en el centro. Después de haber explicado esto, os ilustraré sobre un Midrash[112] relativo a la herencia de Jacob, en el que nuestros sabios, de bendita memoria, comentan diciendo a propósito de Jacob, la paz sea con él, cuando IHVH (יהו"ה), bendito sea, le habló diciendo: «Y será tu simiente como el polvo de la tierra, y te multiplicarás al occidente, y al oriente, y al aquilón, y al mediodía» (*Génesis* XXVIII-14).

ומהו לשון ופרצת? לא כאברהם שנאמר לו: שא נא עיניך וראה מן המקום אשר אתה שם צפונה ונגבה וקדמה וימה (שם יג, יד) הרי

112. Véase Talmud, tratado de *Shabbat* (118a).

64b-65a

סיים לאברהם 'צפונה ונגבה וקדמה וימה', וכן ליצחק, אבל ביעקב מה כתיב? ופרצת ימה וקדמה וצפונה ונגבה, כלומר לנחלה שלך אין לה מצרים. והנני מאיר עיניך בזה הסוד. נחלת אברהם ויצחק יש לה מצרים, שהרי שבעים שרים מקיפים סביבותיהם והם מצרים ומצירים להם, אבל יעקב שהוא קו האמצעי עולה לבדו עד הכתר, מקום שאין השרים עולים. הרי אין לנחלת יעקב מצרים והוא פורץ כל המצרים, שהרי כל השרים עולים עד הימין והשמאל כנגד אב־רהם ויצחק, אבל יעקב שהוא באמצע עולה לבדו עד הכתר עד אין סוף שהוא נחלה שאין לה מצרים, ונשארים כל השרים וממשלותם למטה מנחלת יעקב. והסוד הגדול הזה פירש אותו הנביא ואמר: אז תתענג על יהו"ה והרכבתיך על במותי ארץ והאכלתיך נחלת יעקב אביך וגו' (ישעיהו נח, יד).

¿Y qué significa «te extenderás»? No es como Abraham, de quien se ha dicho: «Alza ahora tus ojos, y mira desde el lugar donde estás hacia el norte, y el sur, al oriente y al occidente» (*Génesis* XIII-4). El versículo dirigido a Abraham concluye con: «hacia el norte, y el sur, al oriente y al occidente.» Lo mismo con Isaac, pero con Jacob (65a), encontramos escrito: «te extenderás hacia el oeste y al este, al norte y al sur», para indicar que esta posteridad no tiene límites. Y he aquí que ahora arrojaré luz sobre este secreto. La posteridad de Abraham e Isaac tiene límites, porque las setenta naciones que les rodean les sirven, pero Jacob, que es la *Kav haEmtzai*, se eleva a *Keter* en un lugar donde los Príncipes no pueden llegar. Así, la posteridad de Jacob no conoce fronteras, porque se extiende en todas las direcciones. Los Príncipes se elevan a la derecha y a la izquierda a través de los rostros de Abraham e Isaac, mientras que Jacob, que está en el centro, se eleva solo a *Keter* y al *Ein Sof*, que es una posteridad más allá de los límites. Y todos los Príncipes y sus ministros se encuentran por debajo de la posteridad de Jacob. Y éste gran secreto fue interpretado por el profeta, cuando dice: «Entonces te deleitarás en IHVH (יהו"ה): y yo te haré subir sobre las alturas de la tierra, y te haré comer la heredad de Jacob tu padre» (*Isaías* LVIII-14).

65a

ופירוש הפסוק כך הוא: עתידין אתם בני ישראל לרשת עדן העליון, שהוא הבינה, ומשם ולמעלה שהוא המקום שאין שם מצירים ונקרא רחובות 'והרכבתיך על במותי ארץ', אלו הן שרי האומות שעולין עד במותי ארץ, עד מקום גדולה וגבורה אשר שם אברהם ויצחק; ות־רכבו עליהן, שתהיו עולין למעלה מגדולה וגבורה עד מקום הבינה, להידבק בכתר.

Y la explicación del versículo es la siguiente: «En el futuro vosotros, los hijos de Israel, heredaréis el Edén superior, que es *Binah,* y más allá un lugar que no tiene límites y que se llama Rejovot». «Y yo te haré subir sobre las alturas de la tierra», son los Príncipes de las naciones que ascienden sobre «las alturas de la tierra», al lugar de *Guedulah* y *Guevurah,* donde están Abraham e Isaac. Y ascenderás sobre ella, y te elevarás por encima de *Guedulah* y *Guevurah,* hasta el lugar de *Binah,* para que te conectes con *Keter.*

'והאכלתיך נחלת יעקב אביך', נחלת יעקב ולא נחלת אברהם ויצחק, כי נחלת יעקב היא העולה למעלה מכל שרי האומות, כמו שאמרנו, והיא נחלה שאין לה מצרים. ואם כן התבונן סוד נחלת אברהם ויצ־חק וסוד נחלת יעקב מה הוא, ואז תשיג נפלאות י"י יתברך ויתברך:

«Y te haré comer la heredad de Jacob tu padre». La heredad de Jacob y no la heredad de Abraham o de Isaac, porque la heredad de Jacob se eleva por encima de todos los Príncipes de las naciones, como hemos dicho, porque es una heredad sin límites. Y si así consideras el secreto de la heredad de Abraham e Isaac y el secreto de la heredad de Jacob, entonces comprenderás las maravillas del *Eterno,* bendito sea, bendito sea.

ואם כן מתוך העיקרים האלה שהודענוך יש לך להתבונן סוד דעת, שהיא הספירה הכוללת כל הספירות, שהיא השורש והמעין, שאין לה סוף ותכלית. ולפי שספירת דעת מתחלת מן המלכות ומגעת

65a

עד אין סוף, יש לה ב' כתובים בתורה. הכתוב המתחיל מן המלכות שסודו אדנ"י, הוא סוד עץ הדע"ת, כי מידת מלכות היא סוד העץ שהדעת מפרנס אותו. הכתוב השני, המגיע עד אין סוף, הוא סוד שנאמר: פליאה דעת ממני נשגבה לא אוכל לה (תהלים קלט, ו).

Y si es así, por los principios que acabamos de esbozar, ahora puedes comprender el secreto de *Daat*, pues es la sefirah que incluye todas las Sefirot. Es la fuente que fluye sin secarse y sin límite. Como la sefirah *Daat* comienza en *Maljut* y se extiende hasta el *Ein Sof*, dos versículos de la *Torah* se refieren a ella. El versículo que comienza «*Maljut*, cuyo secreto es *Adonai*, es el secreto de *Etz haDaat*», pues esta *Middah* es el secreto del Árbol del que se nutre de *Daat*. El segundo versículo, que llega hasta el *Ein Sof*, es el secreto de lo que ha sido dicho: «Más maravillosa es su ciencia (*Daat*) que mi capacidad; alta es, no puedo comprenderla» (*Salmos* CXXXIX-6).

כלומר, ספירת הדעת אף על פי שנמצאת בכל הספירות כולן של מעלה ושל מטה, כל כך היא מתעלית, עד אין סוף שהוא סוד הכתר שאין לו סוף ותכלית, שאין כל נברא יכול להימשך עד סוף עומקו לפי שאין לו סוף וקץ למעלה. וזהו שאמר 'נשגבה לא אוכל לה'.

Es decir, la sefirah de *Daat*, aunque esté en todas las Sefirot de arriba y abajo, se eleva muy alto, hasta el *Ein Sof*, el secreto infinito y sin fin de *Keter*. Ninguna criatura puede penetrar en sus profundidades porque no tiene fin ni límite superior. Por eso ha sido dicho: «alta es, no puedo comprenderla».

ואם כן התבונן סוד ספירת הדעת. ומאחר שנכנסת לאלו החדרים יש לנו להודיעך כי כמו שאברהם ויצחק היו פרקי המרכבה, מכוונים כנגד ימין ושמאל, גם יעקב הוא מכוון כנגד הקו האמצעי שהוא סוד שם יהו"ה יתברך העומד באמצע; וכמו ששם יהו"ה יתברך הוא מכ־וון באמצע כנגד כל הצדדין ושמות הקודש כולן, וכל הכינויין מתא־

מזין ומתאחדים בו בין מלמטה בין מלמעלה בין מן הצדדין, כך יעקב שהוא י"ב שבטים, שהם סוד י"ב גבולי אלכסון, מתאחזים בשם יהו"ה יתברך, והסוד כתוב בתורה: יצב גבולות עמים למספר בני ישראל (דברים לב, ח). ולפיכך תמצא בישראל סוד כל המר. כבה, כמו ששם יהו"ה הוא נושא כל המרכבה. כיצד? שם יהו"ה עומד בין שם אל לשם אלהים, ובשלושתן הכול מתאחז מכאן ומכאן; כן ביע־קב שלוש מידות כנגד אלו, כהן לוי וישראל: כהן כנגד אל, לוי כנגד אלהים, ישראל מיוחד ליהו"ה באמצע.

Y si es así, considera el secreto de la sefirah *Daat.* Y ya que habéis penetrado en sus cámaras, hemos de informaros que Abraham e Isaac forman parte de la *Merkavah* y están colocados a la derecha y a la izquierda, y como Jacob está colocado en el centro, el secreto de IHVH (יהו"ה), así el nombre IHVH (יהו"ה), bendito sea, está en el centro, de cara a todas las direcciones y a todos los nombres sagrados. Porque todos los apodos se adhieren y se aferran a él, independientemente de que estén por encima, por debajo o a ambos lados. Esta es la razón por la que Jacob forma doce tribus, que son las doce direcciones que se aferran al nombre IHVH (יהו"ה), bendito sea. Este secreto está escrito en la *Torah*: «estableció los límites de los pueblos según el número de los hijos de Israel» (*Deuteronomio* XXXII-8). Y por eso hallarás en Israel el secreto de toda la *Merkavah*, así como el nombre IHVH (יהו"ה) contiene toda la *Merkavah.* El nombre IHVH (יהו"ה) se encuentra entre el nombre *El* y el nombre *Elohim* y todos sus apodos están unidos en ambos lados; y así es con Jacob. Las tres *Middoth* corresponden al Cohen, al levita y a Israel. El Cohen corresponde a *El*, el Levita a *Elohim* e Israel (65b) a IHVH (יהו"ה) en el centro.

הלא תראה צורת מרכבת יעקב עשויה בצורת מרכבת עליונה, וכמו שכל השמות והכינויים אדוקים בשם יהו"ה כך כל צורת האבות כלו־לה ביעקב ובניו: כהן במקום אברהם, לוי במקום יצחק, ישראל במ־קום יעקב. הלא תראה הדברים מכוונים, כי השם יתברך סידר את

65b

יעקב ואת בניו בסדר המרכבה תמימה המיוחדת לאמיתת שמו ית־ברך:

Así ves que la forma de la *Merkavah* de Jacob es la imagen de la *Merkavah* celestial. Y así como todos los nombres y apodos están unidos al nombre IHVH (יהו"ה), así todas las imágenes de los patriarcas están contenidas en Jacob y sus hijos. El Cohen está en el lugar de Abraham, el Levita en el lugar de Isaac e Israel en el lugar de Jacob. Mira, todo está en su lugar porque *El Eterno*, bendito sea, ha organizado a Jacob y a sus hijos en el perfecto orden de la *Merkavah*, especialmente diseñado según la verdadera naturaleza de su nombre, bendito sea.

והנני מודיעך סתרים. כבר ידעת כי המזלות הם י"ב ומהם יבוא הכוח לי"ב חודשים בשנה, כל מזל ומזל מיוחד לצורך חודשו. והמזלות והחודשים יבוא לכולם הכוח והקיום והמזון משם יהו"ה יתברך בדרך זה: דע כי הי"ב מזלות שהן בשמים, שבהן מתמרנסים ברואים של מטה, מקבלין כוח מי"ב חותמות שהשם הגדול יהו"ה יתברך מתע־צם ומתייחד בהם, ואלו י"ב חותמות תמצאם בד' דגלים, כן תמצא בשנה ד' תקופות. ובצורת אלו תמצא בישראל י"ב שבטים וארבע דגלים, בצורת י"ב חותמות של שם ובארבע דגלים שלהן. כיצד? אות יו"ד נושא שלושה חותמות, וכן אות ה', וכן אות ו', וכן אות ה' אח־רונה. כולן נושאות שלושה חותמות. והנני מצייר לוח זה במה שת־ראה עניינים גדולים לעין:

Y te estoy explicando secretos. Ya sabes que es a partir de las doce constelaciones como los doce meses del año obtienen poder, apoyo y sustento del nombre IHVH (יהו"ה). Has de saber que las doce constelaciones, que están en los cielos y sostienen a las criaturas inferiores, reciben su poder de los doce sellos del gran IHVH (יהו"ה), bendito sea,[113] lo intensifican y lo fortifican. Y estos doce sellos se encuentran en cuatro estandartes coincidiendo con las cuatro estaciones del año. Así que en Israel hay doce tribus y cuatro estandartes. ¿Cómo? La letra *Iod* tiene tres sellos, al igual que la letra *He*, la letra *Vav* y la última letra *He*, cada una de ellas tiene tres sellos. He aquí un cuadro que hará más comprensibles estos maravillosos conceptos:

אלו הם י"ב חותמות של השם הגדול יהו"ה וארבעת דגליהם:

Estos son los doce sellos del gran nombre IHVH (יהו"ה) y sus cuatro estandartes

דגל א' יהו"ה יההו יוהה דגל ב' הוהי הויה ההיו:

Primer estandarte IHVH IHHV IVHH (יהו"ה יההו יוהה), segundo estandarte HVHI HVIH HHIV (הוהי הויה ההיו)

דגל ג' והיה וההי ויהה דגל ד' היהו היוה ההוי:

Tercer estandarte VHIH VHHI VIHH (והיה וההי ויהה), cuarto estandarte HIHV HIVH HHVI (היהו היוה ההוי)

אלו הם י"ב שבטי בני יעקב נחלקים לארבעת דגלים:

Estas son las doce tribus de los hijos de Jacob divididas en cuatro estandartes

113. Las doce combinaciones posibles de las cuatro letras del nombre IHVH (יהו"ה).

65b

דגל א' יהודה יששכר זבולן דגל ב' ראובן שמעון גד:

Primer estandarte, Iehudah Isajar Zabulón, segundo estandarte Rubén Shimon Gad

דגל ג' אפרים מנשה בנימין דגל ד' דן אשר נפתלי:

Tercer estandarte, Efraím Manasé Benjamin, cuarto estandarte Dan Aser Neftalí

אלו הם י"ב חודשים לי"ב מזלות לי"ב גבולי אלכסון: לד' תקופות :

Estos son los doce meses con sus doce constelaciones para doce fronteras diagonales para cuatro estaciones

תקופה א' ניסן אייר סיון תקופה ב' תמוז אב אֶלול:

Primera estación *Nisán Iyar Siván*, segunda estación *Tamuz Av Elul*

תקופה ג' תשרי מרחשון כסליו תקופה ד' טבת שבט אדר:

Tercera estación *Tishrei Jeshvan Kislev*,
cuarta estación *Tevet Shvat Adar*

כשתתבונן בלוח זה ותעיין בו היטב, תמצא י"ב חותמות של השם המיוחד וארבעת דגליו שבהם כל היצורים מתפרנסין. וסוד ארבע דגלים שאנו אומרים בשם המיוחד הוא כי אות יו"ד יש לה ג' חותמות ואות יו"ד בראשם, וכן ה"א ראשונה יש לה ג' חותמות ואות ה"א בראשם, וכן כל אחת מארבע אותיות של שם יש לה ג' חותמות.

Si observas esta tabla y la lees con atención, descubrirás los doce sellos del nombre unificado y sus cuatro estandartes en los que se apoyan todas las formaciones. El secreto de los cuatro estandartes, a los que se hace referencia aquí en el nombre unificado, reside en el hecho de que la *Iod* tiene tres sellos y la letra *Iod* en la parte superior (66a), y también la letra *He* tiene tres sellos, y también cada una de las cuatro letras del nombre tiene tres sellos.

והלא תראה כי כל אות של שם יש לה ג' חותמות, וכל דגל מארבעת דגלים יש לו ג' שבטים, וכל תקופה מד' תקופות יש לה ג' חודשים, הנך רואה בעיניך כי הכול תלוי בשם יהו"ה יתברך, וצורת י"ב שבטי ישראל וארבעת דגליהם הם מכוח צורת י"ב חותמות של שם וארבעת דגליו. וזהו סוד: כי שמך נקרא על עירך ועל עמך (דניאל ט, יט), שם יהו"ה ותכסיסיו ודגלו כולם נקראים על ישראל. ולפיכך תמצא כי יעקב הוליד י"ב בנים כנגד שם יהו"ה שהוא דבק בו, כנגד כל חותם מחותמות השם הוליד בן אחד, ושמור זה העיקר הגדול:

Y verás que cada letra del nombre tiene tres sellos, que cada uno de los cuatro estandartes tiene tres tribus y que cada una de las cuatro estaciones tiene tres meses. Puedes dormirte contemplando que todo depende del nombre IHVH (יהו"ה), bendito sea, y que la forma de las doce tribus de Israel y sus cuatro estandartes se derivan del poder de los sellos del nombre y sus cuatro estandartes. Y éste es el secreto de: «Porque tu nombre es invocado sobre tu ciudad y sobre tu pueblo» (*Daniel* IX-19), el nombre de IHVH (יהו"ה), sus sellos, su estandarte son nombrados a través de Israel. Así, Jacob dio a luz a doce hijos para evocar el nombre de IHVH (יהו"ה), al que estaba apegado. Para manifestar cada uno de los sellos del nombre, engendró un hijo y conservó este gran principio.

ואחר שהודענוך זה, ראוי לנו להודיעך בכאן כי י"ב מזלות שבשמים אינן יכולין לעשות דבר בארץ כי אם לפי הכוח שמקבל כל מזל ומזל

66a

מהם מאת השם המיוחד. כי כל מזל מי"ב מזלות מקבל כוח מחותמו של שם יהו"ה יתברך, כל מזל מהם מקבל כוח מחותם ידוע.

Después de haberte enseñado esto, debes saber que las doce constelaciones celestiales no pueden actuar en la Tierra sin el poder que cada constelación recibe del nombre unificado. Pues cada una de las doce constelaciones recibe el poder del sello del nombre IHVH (יהו"ה), bendito sea. Cada constelación recibe el poder de un sello conocido.

כי הג' מזלות המושלים בתקופת ניסן, שהם טל"ה שו"ר תאומי"ם, מקבלים כוח מג' שמות של שם יהו"ה יתברך שהם יהו"ה יההו יוהה. לפי שאות יו"ד ראש דגל אלו הג' חותמות, לכך קורין לג' המזלות ושלושת החודשים תקופה אחת, כלומר התקופה מקבלת שפע מאות יו"ד של שם המיוחד שיש לה ג' חותמות. ג' מזלות המושלים בתקופת תמוז, שהם סרט"ן ארי"ה בתול"ה, מקבלים כוח מג' חותמות של יהו"ה יתברך שהם הוהי הויה ההיו. וכן ג' המזלות המושלים בתקופת תשרי, שהם מאזני"ם עקר"ב קש"ת, מקבלים כוח מג' חותמות של שם שאות וא"ו ראש הדגל שלו שהם והיה וההי ויהה.

Los tres signos del zodíaco que reinan durante la estación de *Nisán*, que son Aries, Tauro y Géminis, reciben su poder de los tres nombres de nombre IHVH (יהו"ה), bendito sea, es decir: IHVH (יהו"ה), IHHV (יההו), IVHH (יוהה). La letra *Iod* es el estandarte que rige estos tres sellos, por lo que las tres constelaciones y los tres meses se consideran un solo periodo. El período, es decir, la estación, recibe su influjo de la letra *Iod* del nombre unificado, que tiene tres sellos. Los tres signos del zodíaco que reinan durante la estación de *Tamuz*, que son Cáncer, Leo y Virgo, reciben su poder de los tres sellos del nombre unificado: HVHI (הוהי), HVIH (הויה), HHIV (ההיו). Y lo mismo con los tres signos del zodíaco que reinan durante la estación de *Tishri*, que son Libra, Escorpio y Sagitario, que reciben su poder de los tres sellos de los que la letra *Vav* es el estandarte gobernante: VHIH (והיה), VHHI (וההי), VIHH (ויהה).

66a

וג' המזלות המושלים בתקופת טבת, שהם גד"י דל"י דגי"ם, מקבלים כוח מג' חותמות של שם שאות ה' ראש הדגל שלו שהם היהו היוה ההוי. הלא תראה כי המזלות העליונים אין להם כוח מעצמן זולתי כפי הרשות שנוטלין משם יהו"ה יתברך, כל אחד ואחד מחותמו, ועל זה נאמר: עלפי יהו"ה יחנו ועל פי יהו"ה יסעו (במדבר ט, י). ואם כן פקח עיניך וראה היאך שם יהו"ה מושל על כל צבאות מעלה ומטה והכול משועבדים תחת שמו יתברך.

Y lo mismo para los tres signos del zodíaco que reinan durante la estación de *Tevet*, Capricornio, Acuario y Piscis, que reciben su poder de los tres sellos cuyo estandarte gobernante es la letra *He* del nombre: HIHV (היהו), HIVH (היוה), HHVI (ההוי). Verás que las constelaciones superiores no tienen poder propio, salvo el que les otorgan los sellos de IHVH (יהו"ה), bendito sea, todos y cada uno de sus sellos. Ha sido dicho: «Al dicho de IHVH (יהו"ה) acampaban, y al dicho de IHVH (יהו"ה) partían» (*Números* IX-23). Si observas con atención, te darás cuenta de cómo el nombre IHVH (יהו"ה) gobierna todas las *Tzevaoth* de arriba y de abajo, pues todas están conectadas a su nombre, bendito sea.

ועתה התבונן בהיות שם יהו"ה יתברך מוסר חותם שמו לישראל, כנגד י"ב חותמות שבו נולדו י"ב שבטי ישראל, כל אחד בחותמו הידוע. וזאת היא ברכת יעקב שבירך את בניו סמוך למיתתו, כלומר כל אחד מי"ב שבטי ישראל בירך אותו בברכת חותמו הידוע לו בחותמות י"י יתברך, וזהו: כל אלה שבטי ישראל שנים עשר (בראשית מט, כח). וכי אין אנו רואים שהם שנים עשר? אלא רוצה לומר: כולם על דרך שנים עשר חותמות הידועים. וכשבירך אותם יעקב אבינו בירך אותם בחותמות הידועים לו לכל אחד, וזהו שנאמר: וזאת אשר דיבר להם אביהם ויברך אותם איש אשר כברכתו בירך אותם.

Y ahora observa que el nombre IHVH (יהו"ה), bendito sea, otorga el sello de su nombre a Israel, que refleja los doce sellos por los que se sostienen las doce tribus de Israel. Cada una ha recibido su propio sello conocido y éstas son las bendiciones de Jacob a sus hijos en su lecho de muerte. Cada una de las doce tribus de Israel fue bendecida con el sello conocido, entre los sellos de IHVH (יהו"ה), bendito sea, y esto es todo. «Éstas son las doce tribus de Israel» (*Génesis* XLIX-28). ¿Acaso no vemos que son doce? Más bien quiere decir: todos los formados por los doce sellos apropiados. Porque cuando Jacob los bendijo, lo hizo por los sellos que le eran conocidos. Y ha sido dicho: «esto fue lo que su padre les dijo, y los bendijo; a cada uno por su bendición los bendijo».

מהו 'איש אשר כברכתו ברך אותם'? כלומר, לכל אחד מהם נתן לו הברכה הראויה לו מעין חותמו בשם יהו"ה יתברך. ולסוד זה היו י״ב אבני האפוד זכרון לבני ישראל והיו ארבעה טורים אבן ג' אבנים בכל טור וטור, כמו שהשם נחלק לד' דגלים ג' חותמות בכל אות ואות, כנגד ד' דגלים של ישראל ג' שבטים בכל דגל ודגל. סוף דבר: ד' דגלים של ישראל כל דגל מהם נושא אות אחת מד' אותיות של שם, ובכל אות ג' חותמות כנגד ג' שבטים של דגל. הרי לך פשר הדברים הכבושים מפורש לעין. וכבר ביארנו היאך יעקב הוא הקו האמצעי ועולה עד אין סוף ונחלתו בלי מצרים, כמו שכתבנו לעיל:

¿Qué significa: «a cada uno por su bendición los bendijo»? Significa que le dio a cada uno la bendición correspondiente al sello de IHVH (יהו"ה), bendito sea. Esto se refleja en las doce piedras del pectoral, que simbolizan a los hijos de Israel y que consistía en cuatro hileras de tres piedras cada una, como los cuatro estandartes con los tres sellos adjunta a cada estandarte. Reflejan los cuatro estandartes de Israel y las tres tribus que se adhieren a cada estandarte. Así, hay cuatro estandartes de Israel, cada uno de los cuales sostiene una de las cuatro letras del nombre y cada letra tiene tres sellos que corresponden a las tres tribus (66b) de cada estandarte. Ahora tienes la explicación precisa de estos maravillosos conceptos. Ya hemos explicado que Jacob es la *Kav haEmtzai* y que se eleva al *Ein Sof*, porque su posteridad no tiene límites, como escribimos más arriba.

66b

ולפעמים נקרא הספירה הזאת שהוא הקו האמצעי נורא. והסוד, לפי שהוא כלול מן החסד ומן הדין, לפיכך הוא נקרא נורא. ויעקב כמו שהוא מכוון כנגד הקו האמצעי הוא גילה הסוד, וזהו שאמר: ויירא יעקב ויאמר מה נורא המקום הזה אין זה כי אם בית אלהים (בראשית כח, יז).

A veces esta sefirah, conocida como la *Kav haEmtzai*, se llama *Nora*. Y el secreto radica en que integra tanto *Hessed* como *Din* y por eso se llama *Nora*. Jacob, que representa la *Kav haEmtzai*, aludió a este misterio, y es lo que ha sido dicho: «Jacob tuvo miedo y dijo: «¡Qué terrible (*Nora*) es este lugar! No es otra cosa que la casa de *Elohim*» (*Génesis* XXVIII-17).

כלומר, חלקו ראה ואמר 'מה נורא המקום הזה', שהרי באותה המראה הודיעוהו חלקו ועניינו במרכבה, שנאמר: ופרצת ימה וקדמה וגו' (שם יד). וחלק אברהם נקרא 'גדול', חלק יצחק נקרא 'גבור', חלק יעקב נקרא 'נורא'. וזהו סוד 'האל הגדול הגבור והנורא'; הלא תראה היאך תקנו בתפילה 'אלהי אברה"ם אלהי יצח"ק ואלהי יעק"ב האל הגדו"ל הגבו"ר והנור"א', אחר שהזכיר האבות, הזכיר מידותיהם. וסימן גדול לאמצעות 'נורא' בפירקי המרכבה הוא שנאמר: מי כמוכה נאדר בקודש נורא תהלות עושה פלא (שמות טו, יא). כי הקדושה מסורה ליעקב, כלומר יעקב הנאדר בקודש אשר למעלה, כאומרו: והקדישו את קדוש יעקב (ישעיהו כט, כג):

Es decir, contempló y dijo «este lugar es *Nora*», porque en esta misma visión se describió su parte y lugar en la *Merkavah*, como ha sido dicho, «y te extenderás al occidente, y al oriente, y al aquilón, y al mediodía» (*Génesis* XXVIII-14). La parte de Abraham se llama *Gaddol*, la parte de Isaac se llama *Guibbor* y la parte de Jacob se llama *Nora*. Y éste es el secreto de «*El Gaddol haGuibbor vehaNora*». Estos nombres están ordenados en la plegaria como Dios de Abraham Dios

66b

de Isaac y Dios de Jacob, «*El Gaddol haGuibbor vehaNora*».[114] Y después de recordar a los patriarcas, se recuerdan sus *Middoth*. Y la gran señal de la función esencial de *Nora* en la consolidación de la *Merkavah*, es como ha sido dicho: «¿Quién como tú, magnífico en santidad, *Nora* en loores, hacedor de maravillas? (*Éxodo* XV-11). Porque la santidad le fue concedida a Jacob, ya que éste fue santificado en grado sumo, como ha sido dicho: «Santificarán al Santo de Jacob» (*Isaías* XXIX-23)

והספירה הזאת נקראת משפט' וצריך אני לעוררך על דברים גדולים כלולים בעניין. כבר הודענוך בשער זה כי השם הגדול יהו"ה יתברך הוא שופט את בני העולם, ומימינו ומשמאלו עומדים כיתות החסד והדין, והוא יתברך באמצע במידת הרחמים הכלולה מן החסד ומן הדין. וכבר הודענוך, בכל מקום שתמצא משפט סמוך ליהו"ה, כאמרו יהו"ה במשפ"ט יבוא (שם ג, יד), או בכל מקום שתמצא משפט סמוך לאלהי"ם, כאמרו כי המשפט לאלהי"ם הוא (דברים א, יז), הכול הולך אחר גמר דין.

Esta sefirah se llama *Mishpat*, y debo informarte de las grandes cosas que contiene este concepto. Ya hemos mencionado en esta Puerta que el gran nombre IHVH (יהו"ה), bendito sea, es el juez de los hijos del mundo. A la derecha y a la izquierda están *Hessed* y *Din*, y él, bendito sea, está en el centro de la *Middah* de *Rajamim*, que contiene a *Hessed* y *Din*. Y ya has sido informado de que en cualquier lugar donde encuentres *Mishpat* cerca de IHVH (יהו"ה), como cuando dice: «IHVH (יהו"ה) entra en *Mishpath*» (*Íbid.* 14), o también, cuando se encuentra que *Mishpat* representa a *Elohim*, como cuando dice: «Porque *Mishpat* es para *Elohim*» (*Deuteronomio* I-17), siempre sigue la sentencia del veredicto final.

---

114. Véase *Nehemías* (IX-32).

66b

אבל מה שאנו צריכים לבאר עכשיו, כי בכל מקום שאתה מוצא משפט הוא כלול מן החסד ומן הדין, שאינו דין גמור. ושמור עיקר זה מאוד, במקומות רבים תצטרך ממנו בתורה. והטעם, כי בכל זמן ששם יהו"ה יתברך דן את העולם, דן את כל בריותיו ברחמים הנקראים משפט ואינו דן בקושי. אבל אם שם אדנ"י, שהוא בית דין של מטה, דן את הבריות לבדו, אז הוא מכלה את הבריות ודן אותם בדין גמור בלי תערובת רחמים. וצריך אתה לדעת דבר זה. דע כי בית דינו של יהו"ה יתברך נקרא משפט, ובית דינו של אדנ"י נקרא צד"ק.

Pero lo que hemos de aclarar ahora es que en todo lugar donde se usa el término *Mishpat*, hay *Hessed* y *Din* y no se trata sólo de un juicio. Guarda este principio, ya que lo necesitarás en muchos lugares de la *Torah*. La razón es que en todo lugar donde el nombre de IHVH (יהו"ה), bendito sea, juzga al mundo, juzga a sus criaturas con misericordia *Rajamim*, llamada *Mishpat*, y no las juzga con dureza. En cambio, si el nombre *Adonai*, que representa al *Beit Din* de abajo, juzga a las criaturas, no las considera y las juzga con un juicio absolutamente despiadado. Has de saber que el *Beit Din* de IHVH (יהו"ה), bendito sea, se llama *Mishpat* y el *Beit Din* de *Adonai* se llama *Tzeddek*.

וכל זמן ששם יהו"ה דן את הבריות, דן אותם ברחמים כפי מידתו שהיא כלולה בחסד ודין; אבל בזמן ששם אדנ"י דן את הבריות, הוא דן אותם בדין גמור, לפי ששם אדנ"י דין גמור הוא ואין בו רחמים זולתי בהיותם נשפעים אליו משם יהו"ה יתברך, וזהו שאין לו מאור עצמו אלא אם יבוא לו משם יהו"ה יתברך. ואם תאמר: אימתי דן שם יהו"ה את הבריות, ואימתי שם אדנ"י? הנני מאיר עיניך בעזרת השם, ואתה תן לבך למצוא דברי חפץ:

Y cada vez que el nombre IHVH (יהו"ה) juzga a sus criaturas, las juzga con *Rajamim*, en relación a sus *Middoth* que contienen *Hessed* y *Din*. Por otra parte, cuando el nombre *Adonai* juzga a las criaturas, las juzga con un juicio absoluto, porque el nombre *Adonai* representa al *Din* sin *Hessed*, excepto lo que fluye hacia él a través del nombre IH-

VH (יהו"ה), bendito sea. Esto sucede porque *Adonai* carece de luz propia, salvo la que proviene del nombre IHVH (יהו"ה), bendito sea. Entonces puedes decir: «¿Cuándo juzga el nombre IHVH (יהו"ה) a sus criaturas y cuándo lo hace el nombre *Adonai*? He aquí que iluminaré tus ojos, con la ayuda de Dios, prepararé tu corazón para detectar estas cosas sensibles.

כבר הודענוך בראש זה הספר כי ג' שמות הן: למעלה, אהי"ה וכולו רחמים, באמצע יהו"ה והוא חסד ודין ורחמים מעורבים, ולמטה, אדנ"י וכולו דין גמור. וכבר הודענוך כי כל השפע והטוב הבא לשם אדנ"י הוא בא אליו משם יהו"ה, ואז מתמלא שם אדנ"י מכל טוב וברכה ושפע וחיים ורצון. ובהיותם הבריות חוטאים מעט ואינם גורמים שיפסקו הצינורות הבאות משם יהו"ה לשם אדנ"י, הנה אדנ"י דבק ברחמים ואינו דן את הבריות כלום, אבל שם יהו"ה לבד הוא דן את הבריות במשפט ובחסד וברחמים. אבל אם בני העולם עוברים עבירות גדולות ומטמאין עצמן בטומאות חמורות, אז בטומאתם גורמים שיפסקו כל צינורות השפע הבאים משם יהו"ה לשם אדנ"י, ואז נשארת המידה הנקראת אדנ"י יבשה וחסרה מן הרחמים, כי הרי נסתלק שם יהו"ה לגמרי ונשארת מידת אדנ"י לראות בעסקה ולתקן הקלקול שקלקלו.

Ya te anuncié al principio de este libro que hay tres nombres: arriba *Ehieh*, que contiene *Rajamim*, en el medio IHVH (יהו"ה), que combina *Hessed*, *Din* y *Rajamim*, y abajo *Adonai* (67a) que contiene el resultado del juicio. Hemos dicho que toda la *Shefa* y el bien que llegan al nombre *Adonai,* provienen del nombre IHVH (יהו"ה), y así *Adonai* está totalmente lleno de bien, bendición, *Shefa*, vida y voluntad. Cuando la creación peca un poco, pero no detiene el flujo del nombre IHVH (יהו"ה) a *Adonai* en los canales, entonces *Adonai* se conecta a la misericordia y no juzga a la creación totalmente, sino que el nombre IHVH (יהו"ה) sólo juzga con *Mishpat, Hessed* y *Rajamim*. Pero, por otra parte, si los hijos del mundo cometen grandes transgresiones, y se contaminan con grave impureza, entonces sus impurezas obstruyen los canales por los que fluye el nombre IHVH (יהו"ה) hacia *Adonai*, que se seca y se ve privado de *Rajamim*, porque el nombre IHVH (יהו"ה) se desprende totalmente, quedando la *Middah Adonai*, que tendrá que considerar la situación y reparar las averías.

ובהיותה לבדה, נפרדת ממידת הרחמים, היא מקבלת מצד שמאל, והרי היא לבדה דנה את הבריות בדין גמור ובקושי, ומעוררת בעו־לם מלחמות גדולות וחלאים רעים משונים ומיתות רעות ודבר וחרב ורעב ושבי וביזה, עד שיגמור הדין. אוי להם לבריות הפוגעות בו באותו הדין, שאין שם רחמים כלל עד שיגבה שם אדנ"י כל החובות שחייבים לו. והוא ממהר העונש כדי לתקן הקלקול שקלקלו הבריות, כדי שימהר שס יהו"ה הנפרד ממנו לחזור ולהידבק בו. ושמור?ה העיקר, כי ממנו תיכנס לכמה חדרים בסוד משפ"ט ובסוד צד"ק, ות־בין ותדע כי בית דין של יהו"ה יתברך נקרא משפ"ט, ובית דינו של אדנ"י נקרא צד"ק. וכששניהם עומדים כאחד לדין אז יבוא המשפט לבריות בנחת וברחמים, זהו שאמר דוד המלך עליו השלום: צד"ק ומשפ"ט מכון כסאך (תהלים פט, טו)

Encontrándose solo, separado de la *Middah* de *Rajamim*, recibe del lado izquierdo y juzga a las criaturas con un juicio absoluto y severo, provocando grandes guerras, epidemias, muertes terribles, hambrunas, violencia, exilio, saqueo, hasta que el juicio se cumple. ¡Ay de la gente que sufran este juicio en el que no hay *Rajamim* en absoluto, hasta que el nombre *Adonai* haya hecho que se cancelen todas las deudas que se le deben! Porque él apura el castigo para reparar los daños entre sus criaturas, para que el nombre IHVH (יהו"ה), del que está separado actualmente, pueda reconectarse con él. Guarda esto como un principio fundamental, pues con él podrás entrar en muchas cámaras a través del secreto de *Mishpat* y el secreto de *Tzedek*, y sabrás que el *Beit Din* de IHVH (יהו"ה), bendito sea, se llama *Mishpat* y el *Beit Din* de *Adonai* se llama *Tzedek*. Cuando estos dos se mantengan como uno, el juicio llegará a las criaturas con paz y misericordia. Como dijo el rey David, la paz sea con él: «Justicia y juicio son la morada de tu trono» (*Salmos* LXXXIX-14).

כמה הוא הדין, בא בנחת וברחמים בהיות צדק ומשפט מחוברים כאחד לדין. ובהיות ירושלים על מילואה וצדקתה היתה מידת צד"ק מלאה משפ"ט, לפיכך היתה שופטת אותם ברחמים, וזהו שאמר: מלאתי משפ"ט צד"ק ילין בה (ישעיהו א, כא). פקח עיניך וראה נפ־לאות. וכשהיתה מידת צד"ק מלאה כהטפט, היתה מלאה כל שפע וכל טוב וכל מיני ברכה וחיים, והיתה שופטת בעניין זה קצתו ברח־מים וקצתו בסליחה, וזהו סוד: לאדנ"י אלהינו הרחמים והסליחות כי מרדנו בו (דניאל ט, ט). היודע זה ישיג תעלומות חכמה, ועדיין תזכה לדעת בעזרת השם:

El juicio viene con paz y *Rajamim*, porque *Tzedek* y *Mishpat* están unidos en el juicio. Porque cuando Jerusalén está llena de justicia y rectitud, es porque la *Middah Tzedek* está llena de *Mishpat*, y así los juzga con *Rajamim*. Es como ha sido dicho: «Llena estuvo de juicio, en ella habitó la equidad» (*Isaías* I-21). Abre tus ojos y observa estas maravillas. Cuando la *Middah Tzedek* está llena de *Mishpat*, está llena de toda *Shefa*, todo bien y todo tipo de bendición y vida. Y juzga cada caso con un poco de *Rajamim* y de perdón, y éste es el secreto de: «Del Eterno, nuestro Dios, es el tener misericordia, y el perdonar, aunque contra él nos hemos rebelado» (*Daniel* IX-9). El que conoce esto, aprehenderá muchos de los misterios de la *Jojmah*, que llegarás a conocer, con la ayuda de Dios.

ואם כן התבונן וראה נפלאות עצומות ותראה כי מידת משפ"ט היא רחמים, ומידת צד"ק היא דין גמור אלא אם יתערב עמה משפ"ט. וזהו שהזכיר הכתוב בפרשת שופטים: צד"ק צד"ק תרדוף (דברים טז, כ), ואמר: ושפטו את העם משפ"ט צד"ק. וצריך אני לעורר על עניין גדול ששאל דוד עליו השלום בשני פסוקים בשתי מידות הללו שהם צדק ומשפט.

67a

Así, observa y contempla estos prodigios inmensos, y verás que la *Middah Mishpat* es como *Rajamim*, y la *Middah Tzedek*, es como el *Din* absoluto sin *Mishpat* alguna mezclada con él. Ésta es la parte de la Escritura que se refiere a los Jueces: «*Tzedek*, *Tzedek*, perseguirás» (*Deuteronomio* XVI-20), y dice: «y juzgará al pueblo con *Mishpat* y *Tzedek*». Ahora debo informarte de un gran tema que David, la paz sea con él, ha señalado en dos versículos que conciben las dos *Middoth*, *Tzedek* y *Mishpat*.

דע כי קודם שחטא לא היה מתיירא להתראות עם צד"ק בפני עצמו, והיה אומר: אני בצדק אחזה פניך (תהלים יז, טו); אבל אחר שחטא, אפילו במשפט שהוא רחמים היה מתירא, והיה אומר: אל תבוא במשפט את עבדך (שם קמג, ב), והבן זה מאוד. ומה שתצט־רך לדעת, כי משה רבינו עליו השלום אמר: ילך נא אדנ"י בקרבנו כי עם קשה עורף הוא וסלחת. ומהו זה לפי מה שאמרנו שמידת אדנ"י כשהיא דנה לבדה דנה בקושי גדול, ואיך שאל משה רבינו עליו הש־לום ואמר 'ילך נא אדנ"י בקרבנו? דע כי כל שרי העולם נדונין בדי־נים קשים בבתידינין של שרים עליונים, ואינן מניחים להם כלום כפי שגוזרים על שריהם בבית דין הגדול.

Has de saber que antes de que pecara, no temía ser mirado sólo con *Tzedek*, y había dicho: «Que mi *Tzedek* aparezca ante tu rostro» (*Salmos* XVII-2). Sin embargo, después de pecar, tuvo miedo de *Mishpat*, y «No entres en *Mishpat* con tu siervo» (*Íbid.* CXLIII-2). Entiende bien esto. Y para una mayor comprensión, recordarás lo que dijo Moisés, nuestro maestro, «vaya ahora *El Eterno* en medio de nosotros; porque éste es pueblo de dura cerviz».[115] Y es según lo que hemos dicho, las decisiones de la *Middah Adonai* son duras y estrictas cuando pronuncia juicios severos en solitario. Y, ¿por qué dice «vaya ahora *El Eterno* en medio de nosotros»? Has de saber que todos los Príncipes del

115. Véase *Éxodo* (XXXIV-9).

67a-67b

mundo son juzgados por leyes duras en el *Beit Din* de los Príncipes supremos, y ya no descansan desde el momento en que salieron los decretos del gran *Beit Din.*

ודע כי כל דין שנמסרים לשליח לגמרי, אין בה רחמים כלל לפי שאין השליח יכול לשנות ולא למחול, אבל המלך הוא יכול למחול ולסלוח, אף על פי שחטאו לפניו חטאים גדולים. וי"י יתברך אמר למשה: הנה אנכי שולח מלאך לפניך לשמרך בדרך וגו' השמר מפ־ ניו אל תמר בי כי לא ישא לפשעכם (שמות כג, כ). כלומר, הישמרו לכם שלא תחטאו, שאם תחטאו יגמור הדין אותו המלאך שאין לו רשות לישא לפשעכם ולסלוח.

Y has de saber que todo el *Din* que ha sido emitido en su totalidad a un emisario, no hay en él ningún *Rajamim*, porque un emisario no puede alterar ni perdonar, pero el Rey sí puede perdonar y absolver (67b) aunque el pueblo haya cometido grandes pecados ante él. Y *El Eterno*, bendito sea, dijo a Moisés: «He aquí yo envío el ángel delante de ti para que te guarde en el camino, y te introduzca en el lugar que yo he preparado. Guárdate delante de él, y oye su voz; no le entristezcas; porque él no perdonará vuestra rebelión» (*Éxodo* XXIII-20 y 21). Es decir, cuídate de no pecar, porque si pecas el ángel llevará a cabo el juicio y no tiene autoridad para anularlo y perdonarte.

ומשה רבינו עליו השלום אמר :ובמה יודע אפוא כי מצאתי חן בעי־ ניך אני ועמך הלוא בלכתך עמנו (שם לג, טז). והודה י"י יתברך למשה לעשות דבר זה. באותה שעה אמר משה רבינו עליו השלום; ילך נא אדנ"י בקרבנו (שם לד, ט), שהוא המלך ובידו לרחם ולסלוח, זהו שאמר הכתוב.

Y Moisés, nuestro maestro, la paz sea con él, dijo: «¿Cómo es posible que yo y tu pueblo hayamos encontrado gracia ante tus ojos?». A menos que «sino en andar tú con nosotros» (*Íbid.* XXXIII-16), y *El*

67b

Eterno, bendito sea, accedió a hacer lo que Moisés le había pedido. Fue en ese momento cuando Moisés, nuestro maestro, la paz sea con él, dijo: «Vaya ahora *El Eterno* en medio de nosotros» (*Íbid.* XXXIV-9), porque él es el rey y perdona nuestras iniquidades y nuestros pecados, y esto es lo que está escrito.

וסלחת לעוננו ולחטאתנו ונחלתנו (שם). והודה לו זה בברית ואמר שאין מתנה כזו נתונה לאומות העולם, ואמר: הנה אנכי כורת ברית וגו' (שם י). ולפיכך ישראל מתחננים תמיד למידת אדנ"י לרחם ולסלוח, אף על פי שאינן הגונים, ואומר: אדנ"י שמעה אדנ"י סלחה אדנ"י הקשיבה (דניאל ט, יט). וכמה צריקים היו יראים ממידת אדנ"י אם יפגעו בה לבדה, והיו מושכים אליה רחמים וטובה מן הכתר העליון ומשאר שמות הרחמים, כמו שהיה דוד עושה: ואתה אדנ"י א"ל רחו"ם וחנו"ן ארך אפי"ם ורב חס"ד ואמ"ת פנה אלי וחנני (תהלים פו, טו). ואם תבין זה תכנס לכמה חדרים, ותדע היאך היו הנביאים והחסידים מושכים צינורות החסד והרחמים לשם אדנ"י, כדי שלא יפגעו בה בהיותה חסרה ויבשה.

«Perdona nuestra iniquidad y nuestro pecado, y tómanos por tu heredad» (*Íbid.*) Ya se lo había asegurado durante la alianza, cuando dijo que ese regalo no se daría a las naciones del mundo. Así ha sido dicho: «He aquí que hago un pacto» (*Íbid.* XXXIV-10). Israel invoca la *Middah Adonai* siempre, para recibir misericordia y perdón, aunque no sea digno de ello. Ha sido dicho: «Oye, *Adonai*. Perdona *Adonai*. Está atento, *Adonai*, y haz; no pongas dilación» (*Daniel* IX-19). Porque muchos justos han temido a la *Middah Adonai*, para no confiar sólo en él, suplicando y atrayendo la misericordia y el perdón de *Keter Elion* y los otros nombres misericordiosos, como hizo David: «Mas tú, *El Eterno*, Dios misericordioso y clemente, lento para la ira, y grande en misericordia y verdad; mira en mí, y ten misericordia de mí» (*Salmos* LXXXVI-15 y 16). Si entiendes esto, podrás entrar en muchas cámaras, conocerás a los profetas y a los piadosos que hacen fluir los canales

67b

de *Hessed* y *Rajamim* hacia el nombre *Adonai*, para que no te enfrentes a él cuando esté seco y reseco.

ולפי דרך זה היו חכמי ישראל הקדושים, כמו התנאים והאמוראים, יודעים לתקן הצינורות ולהישיר כל שמות הרחמים עד שהיו כולן נמשכים ובאים לשם אדנ"י, ואז היו עושים כל חפצם בעולם לפי שהיו יודעים לכוין דרך הצינורות לשם אדנ"י, וזהו סוד: אשגבהו כי ידע שמי יקראני ואענהו עמו אנכי בצרה אחלצהו ואכבדהו (שם צא, טו).

Y éste era el camino utilizado por los sabios de Israel, los santos, los Tanaitas y los Amoraítas, para reparar los canales y restaurar todos los nombres misericordiosos para que fluyan hacia el nombre *Adonai*, y entonces ellos harían todo su trabajo en el mundo pues conocen el camino para orar a través de los canales hacia el nombre *Adonai*. Y éste es el secreto de: «Me invocará, y yo le responderé; con él estaré yo en la angustia; lo libraré, y le glorificaré» (*Íbid.* XCI-15).

וכל זה שאמרנו במידת צד"ק בהיותה דיניה קשים, כל זה בהיותה גומרת דין בשונאיהם של ישראל ובשאר האומות. אבל כשהיא שו־פטת את ישראל, אז היא כמו האם המרחמת על בניה; וכשבאה לג־מור דין בישראל, בנחת גומרת הדין ובחסד, שלא יושחתו, והסוד: כנשר יעיר קנו על גוזליו ירחף (דברים לב, יא). שאילו היתה שופטת אדם בדין קשה לשעה, היו נוטים לכל צרה. והבן זה מאוד. ואף על פי כן אין דיניה שוים לדינין העשוייו בהתחבר המשפט עמה, כי רח־מים גוברים

Y todo lo que hemos hablado se refiere a la *Middah Tzedek*, cuando sus juicios son duros, cuando él lleva a cabo sus juicios contra los que odian a Israel y a las otras naciones. Pero, cuando juzga a Israel, es como una madre misericordiosa con sus hijos; cuando lleva a cabo el juicio, lo hace con dulzura y compasión, para que no sean escarmenta-

67b

dos. Y éste es el secreto: «como el águila que despierta su nidada, revolotea sobre sus pollos» (*Deuteronomio* XXXII-11). Porque si juzgara severamente al hombre, aunque fuera por un momento, sería responsable de toda aflicción. Entiende bien esto. Además, su juicio no es tan fuerte como el de aquel a quien se le adjunta el *Mishpat*, porque entonces *Rajamim* prevalece.

ודע כי המידה הנקראת קו האמצעי, שהיא סוד שם יהו"ה יתברך, נקראת בתורה בלשון אתה. והנני פותח לך בעזרת השם שערי אורה. דע כי ג' שמות הם מלמטה למעלה; התחתון, אדנ"י וכינויו בתורה 'אנ"י', כגון אנ"י יהו"ה אלהיכם (במדבר טו, מא), אנ"י אמית ואחיה מחצתי ואנ"י ארפא (דברים לב, לט) ויראת מאלהיך אנ"י יהו"ה (ויקרא יט, לב), וכן כיוצא בזה. והאמצעי, יהו"ה וכינויו בתורה 'את"ה', והסוד:

Has de saber que la *Middah* denominada la *Kav haEmtzai*, que es el secreto del nombre IHVH (יהו"ה), bendito sea, es conocida en la *Torah* como *Atah* (אתה).[116] Y ahora, con la ayuda de Dios, te abriré las *Shaarei Orah*.[117] Has de saber que los tres nombres, de abajo a arriba, son los siguientes: abajo *Adonai* y su apodo en la *Torah, Ani* (אנ"י) que corresponde a «*Ani* (אנ"י) soy *el Eterno*, vuestro Dios» (*Números* XV-41). «Y de tu *Elohim* tendrás temor, *Ani* (אנ"י) soy *el Eterno*» (*Levítico* XIX-32), y así sucesivamente. *El Eterno* y su apodo en la *Torah*, *Atah* (אתה).

והסוד :את"ה נור"א את"ה (תהלים עו, ח), וכבר ידעת כי נורא קו האמצעי. והשם העליון, אהי"ה וכינויו בתורה 'הו"א', כמו והו"א רחום יכפר עון ולא ישחית (שם עח, לח) כי חפץ חסד הו"א (מיכה ז, יח) וכן כיוצא בזה. ומדוע שם אדנ"י מכונה בלשון אנ"י, ושם יהו"ה

116. Literalmente «tú».

117. *Las Puertas de la Luz,* el título de este libro.

67b - 68a

בלשון את"ה, ושם אהי"ה בלשון הו"א? דע כי אדנ"י מכונה בלשון אנ"י, שהיא כנסת ישראל והולכת עמהם ומזהרת אותם תמיד שלא יחטאו לשם יהו"ה ואומרת להם: אם תחטאו לפני, אני אעניש אתכם ואכה אתכם ואקח מכם נקמה, כאומרו והלכתם עמי קרי והלכתי אף אני עמכם בקרי והכתי אתכם גם אנ"י (ויקרא כו, כג), ואמר בכמה מקומות ויראת מאלהיך אני יהו"ה (שם יט, לב).

Y es el secreto: «¡*Atah Nora* eres terrible *Atah*!» (*Salmos* LXXVI-8). Dices que *Nora* corresponde a la *Kav haEmtzai*. El nombre superior es *Ehieh* y en la *Torah* su apodo es *Hu*,[118] como en: «Pero él (*Hu*), misericordioso, perdonaba su iniquidad, y no los destruyó» (*Salmos* LXXVIII-38), «pues él (*Hu*) se deleita en la misericordia» (*Miqueas* VII-18), y así sucesivamente. ¿Por qué para el nombre *Adonai*, el apodo es (68a) *Ani* para el nombre IHVH (יהו"ה) el apodo es *Atah* y para el nombre *Ehieh* el apodo es *Hu*? Has de saber que el apodo para *Adonai*, que es la asamblea de Israel, es *Ani*, acompañó y vigila que no peque contra el nombre IHVH (יהו"ה), y está escrito: «si pecáis delante de mí os castigaré, os pegaré, os heriré y me vengaré de vosotros». Es como si dijera: «Y si con estas cosas no fuereis corregidos, sino *que* anduviereis conmigo en oposición yo también procederé con vosotros, en oposición y os heriré» (*Levítico* XXVI-23 y 24). Y ha sido dicho: «y de tu Dios tendrás temor. Yo soy el *Eterno*» (*Íbid.* XIX-32).

והטעם שהיא אומרת אנ"י ואין אנו מזמנים אותה, לפי שהיא יודעת רוע יצרנו והיא מזמנת אותנו, ומקדמת היא ומזמנת עצמה להזהירנו ומכרזת ואומרת: הזהרו בפני, כי אני הוא העומד להחיות ולהמית, למחוץ ולרפא, ככתוב: ראו עתה כי אני אני הוא, אני אמית ואחיה מחצתי ואני ארפא (דברים לב, לט).

118. Literalmente «él».

68a

Y la razón por la que dice *Ani*, sin que tengamos que invocarlo, es que él conoce la naturaleza de nuestras inclinaciones, y nos llama primero diciendo: «Tened cuidado cuando estéis delante de mí, porque *Ani* causa la muerte, concede la vida, hiere y cura», pues está escrito: «Ved ahora que yo, yo soy él, y no hay dioses conmigo; yo hago morir, y yo hago vivir; yo hiero, y yo curo» (*Deuteronomio* XXXII-39).

התבונן כי זהו בנין אב לכל התורה: בכל מקום שאומר אנ"י, שזו היא מידת אדנ"י המזמנת עצמה ומקדמת ואומרת 'ראו עתה'. ראו עת"ה בוודאי. הישמרו לכם ודעו כי אני אגי הוא, אני אמית ואחית, מחצתי ואני ארפא. כמו שאמר אדם לחבירו: ראה דבר זה, מדוע אינך מתעורר לראותו? ראה והתבונן בו, וכן מידת אנ"י היא אומרת ומכרזת: ראו עתה כי אני אני הוא ובדרך זה תמצא בכל התורה מצות עשה, כמו שכתוב: ושמרתם מצותי ועשיתם אותם אני יהו"ה (ויקרא כב, לא), ובמצות לא תעשה: לא תקום ולא תטור את בני עמך וגו' (שם יט, יח), ולבסוף כתיב 'אני יהו"ה'.

Entiende que se trata de una estructura que aparece en toda la *Torah:* en cualquier lugar en el que se menciona *Ani*, que es la *Middah Adonai*, precedido por las palabras «Mira ahora» (ראו עתה)[119] advierte que debes estar alerta. Has de saber que «*Ani, Ani*» es «yo hago morir, y yo hago vivir; yo hiero, y yo curo». Así, encontrarás en toda la *Torah* que esto se refiere a los preceptos positivos, como está escrito: «Guardarás mis preceptos y los pondrás en práctica, yo soy *El Eterno*» (*Levítico* XXII-31). Y para los preceptos negativos: «No te vengarás, ni guardarás rencor a los hijos de tu pueblo; mas amarás a tu prójimo como a ti mismo. Yo soy *El Eterno*» (*Íbid.* XIX-18). En el versículo está escrito «Yo soy *El Eterno*».

---

119. Los cabalistas relacionan esta expresión con la visión de la *Merkavah,* ya que su guematria, 682, es la misma que la de *Maasé Merkavah* (מעשה מרכבה).

68a

כלומר, אני היא המידה המשלמת שכר טוב לצדיקים ונפרעת מן הרשעים, כאומרו 'אני אמית ואחיה, מחצתי ואני ארפא'. ואם כן התבונן כי המידה הזאת עומדת לשער, כאומרו זה השער ליהו"ה (תהלים קיח, כ), אדנ"י היא המכרזת ואומרת; ראו עתה כי אנ"י אנ"י הוא וגו', ומודעת עצמה וממשלתה וגמול טובה ועונשה לבריות, כדי שידעו להיזהר ולא יחטאו לפני יהו"ה יתברך עד שתהא צריכה היא להענישם ולהיפרע מהם, וזהו סוד 'אנ"י' האמור על מידת אדנ"י:

Esto quiere decir que *Ani* es la *Middah* que recompensa favorablemente a los justos y exige un pago a los malvados, como ha sido dicho: «porque *Ani* causa la muerte, concede la vida, hiere y cura». Así, esta *Middah* está delante de la puerta, pues ha sido dicho: «Ésta es la puerta del *Eterno*» (*Salmos* CXVIII-20). *Adonai* es quien proclama y dice: «Mira ahora, soy *Ani*».[120] Se anuncia a sí mismo el alcance de su capacidad para traer el favor y el castigo a sus criaturas, para que sepan y se cuiden de no pecar ante IHVH (יהו"ה), bendito sea, para que no los castigue. Y éste es el secreto de *Ani*, expresado por el la *Middah Adonai*.

אבל מה שיהו"ה יתברך מכונה בלשון את"ה, לפי שהוא מבפנים ואינו נמצא לבריות כמו מידת אדנ"י, לפי שהשם הגדול יהו"ה יתב־רך שוכן בשם אדנ"י כמלך בהיכלו, ואינו נמצא עד שמבקשים אותו, וזהו שאמר: ובקשתם משם את יהו"ה אלהיך ומצאת (דברים ד, כט). ודוד המלך עליו השלום, היודע סודות העולם העליון, הזהיר שלמה בנו על דבר זה ואמר: ואתה שלמה בני דע את אלהי אביך ועבדהו וגו' אם תדרשנו ימצא לך ואם תעזבנו יזניחך לעד (דבה"י, כח, ט).

La razón por la que IHVH (יהו"ה), bendito sea, tiene como apodo a *Atah*, es que *Atah* está en el interior y no es accesible a través de las criaturas, como la *Middah Adonai*. Pues el gran nombre IHVH (יהו"ה), bendito sea, habita en el nombre *Adonai*, como un rey en su

---

120. Véase *Deuteronomio* (XXXII-39).

palacio, y no es accesible hasta que se le invoca. A este respecto ha sido dicho: «Desde allí también buscarás a IHVH (יהו"ה) tu Dios» (*Deuteronomio* IV-29). El rey David, la paz sea con él, que conocía los secretos del mundo superior, advirtió a Salomón, su hijo, a propósito de esto cuando dijo: «Y tú, Salomón, hijo mío, conoce al Dios de tu padre, y sírvele de corazón perfecto, y de ánimo voluntario; porque el IHVH (יהו"ה) escudriña los corazones de todos, y entiende toda imaginación de los pensamientos. Si tú le buscares, lo hallarás; mas si le dejares, él te desechará para siempre» (1 *Crónicas* XXVIII-9).

וזהו המלך הגדול שצריך כל אדם ללכת לערוך ולסדר תהילותיו ושבחיו וטובותיו, ולומר לפניו; אתה הוא המושל בעליונים ובתחתונים, אתה הוא ואין דומה לך. וזהו סוד כל התפילות שאדם צריך לסדר שבחיו של יהו"ה יתברך ואחר כך יבקש צרכיו, כעניין משה רבינו עליו השלום שאמר: את"ה החילות להראות את עבדך את גדלך ואת ידך החזקה אשר מי אל בשמים ובארץ אשר יעשה כמעשיך וכגבורותך (דברים ג, כג). ואחר שסידר שבחיו של השם בלשון את"ה, חזר ושאל צרכיו ואמר: 'אעברה נא ואראה את הארץ הטובה'.

Éste es el gran rey que quiere que todos los hombres vengan a escuchar sus cánticos de gloria, alabanza y gracia, diciendo: «*Atah* eres quien domina las cosas inferiores y superiores, *Atah* eres único y no hay nadie que se parezca a ti». Y éste es el secreto de todas las oraciones que el hombre debe hacer para alabar a IHVH (יהו"ה), bendito sea, y que deben preceder a las peticiones, como dijo Moisés, nuestro maestro: «tú has comenzado a mostrar a tu siervo tu grandeza, y tu mano fuerte; porque ¿qué dios hay en el cielo ni en la Tierra que haga según tus obras, y según tus valentías?» (*Deuteronomio* III-24). Después de expresar sus alabanzas al *Eterno* con la palabra *Atah*, amplió su petición diciendo: «Por favor, déjame pasar para que vea la buena tierra».[121]

---

121. Véase *Deuteronomio* (III-25).

68a

ועל דרך זה הוא סדר כל התפילות והברכות שאנו מתחננים לפניו. הלא תראה ראש כל הברכות האמצעיות של תפילה, באת"ה הוא מתחיל, כאומרו 'אתה חונן לאדם דעת'. ובימים טובים ובראש השנה וביום הכיפורים: 'אתה בחרתנו', ובשבת בערבית; 'אתה קידשת', וב־מנחה 'אתה אחד'. אבל יוצר של שבת, שהוא מתחיל 'ישמח משה' ובמוסף 'למשה צוית', עדיין תשיג בהם דברי אלהים חיים, שהתפי־לות האלו שתיהן הן על יסו"ד, מידת א"ל ח"י שהוא סוד שבת, והוא סוד נקודה שביעית, סוף הוא"ו למטה.

Y de este modo él preparó las oraciones y las bendiciones que suplicamos ante él. Puedes notar que todas las bendiciones comienzan con *Atah* por lo que ha sido dicho: «*Atah* prepara para el hombre el *Daat…*». En las fiestas, *Rosh haShanah* y *Iom Kippur*, comenzamos nuestras oraciones con «*Atah* nos ha elegido». Y durante *Arvit* de *Shabbat* decimos: «*Atah* ha santificado». Durante el servicio de la tarde decimos: «*Atah* es uno». Sin embargo, el servicio de *Iotzer* de *Shabbat* comienza con «Moisés se alegrará», y el *Musaf* comienza con: «*Atah* mandó a Moisés». Más adelante, descubrirás que estas son las palabras de *Elohim Jaim*, porque estas oraciones están vinculadas a la sefirah *Iesod* y a la *Middah El Jai*, que es el secreto de *Shabbat*, y es el secreto del séptimo punto de debajo de la *Vav*.

ובצינעה נמסור לך בזה קבלה עמוקה. ולפיכך התבונן כי בראש התפילות אנו נכנסים באדנ"י שהוא בית שער, ואנו אומרים 'אדנ"י שפתי תפתח', ואחר כך אנו אומרים 'ברוך אתה י"י אלהינו', ובסוף כל הברכות אנו גומרים ואומרים 'ברוך אתה י"י'. התבונן עד מאוד. וכן דוד המלך עליו השלום בשבחיו; ויברך דויד את יהו"ה לעיני כל הקהל (דב"הי, כט, י) ומה אמר דוד ברוך את"ה יהו"ה אלהי ישראל אבינו מעולם ועד עולם לך יהו"ה הגדולה והגבורה והתפארת והנצח וההוד. חזר עוד ואמר: והעושר והכבוד מלפניך ואת"ה מושל בכל, בודאי 'אתה' מושל בכל:

68a-68b

En secreto te explicaré este elemento profundo de la Cábala. Date cuenta de que al principio de las oraciones entramos con *Adonai*, que es el *Beit Din*, y por eso decimos: «*Adonai* (68b) abre mis labios», luego: «Bendito seas *Atah El Eterno*», y al final de cada una de las bendiciones decimos: «Bendito seas *Atah El Eterno*». Reflexiona sobre esto intensamente. Así ha sido dicho a propósito de David, la paz sea con él: «el rey David se alegró mucho, y bendijo al *Eterno* delante de toda la congregación» (1 *Crónicas* XXIX-10). ¿Qué significan las palabras de David: «Bendito seas *Atah El Eterno,* Dios nuestro y Dios de Israel, por la eternidad de la eternidad, a ti *El Eterno* eres *Guedulah, Guevurah, Netzaj* y *Hod*»? Y continúa diciendo: «Las riquezas y la gloria están delante de ti, y tú señoreas a todos; y en tu mano está la potencia y la fortaleza, y en tu mano la grandeza y fuerza de todas las cosas».[122]

והתבונן כי השם יתברך שהוא יהו"ה, שהוא סוד קו האמצעי ונקרא 'אתה', הוא סוד כל דגלי השם וכל הכינויין, כי הוא מתלבש ומתפאר בכולן כמו שהודענוך, בסוד 'אתה' שזהו סוד כל צבאות העולם וכל המרכבות שנבראו בצירוף האותיות, כאשר באה הקבלה בסוד ספר יצירה בצירוף האותיות וגלגולן. ותדע ותשכיל כי בצירוף כ"ב אלפא ביתות נבראו שמים וארץ, צבאות מעלה ומטה, וכל המרכבות העליונות והתחתונות בכוח צירופן נבראו ויצאו כל דבר ודבר למינו; כמו שתייב הצירוף יצאו כל המרכבות זכר ונקבה, בסוד הצירוף והגלגול, כמו שאמר בספר יצירה: זכר באמ"ש ונקבה באש"ם, וזהו סוד צירוף האותיות וגלגולן. והנכנס לעומק צירוף האותיות, מהם יתברר עומק החכמה והפליאה בבריאת היצורים כולם כל אחד למינו, ותבנית כל מרכבה ומרכבה, וסוד כל זכר ונקבה. וכל הצירופים וגלגול כ"ב אותיות, הכול סתום בסוד 'את"ה', כי זהו חותם ראש וסוף של כל האותיות והמרכבות, וזה שכתוב בספר יצירה: נעוץ סופן בתחילתן ותחילתן בסופן כשלהבת קשורה בגחלת.

122. Véase *1 Crónicas* (XXIX-12).

68b

Y observa que el nombre, bendito sea, IHVH (יהו"ה), es la *Kav haEmtzai* y se llama *Atah* porque es el secreto de todos los estandartes del nombre y de todos los apodos, y es revestido y glorificado por todos ellos, como hemos dicho, por el misterio de *Atah*, el secreto de todas las *Tzevaoth* del mundo y de todas las *Merkavoth* creadas por las combinaciones de las letras, como se ha descrito en la Cábala en el secreto del *Sefer Yetsirah* y por sus permutaciones. Has de conocer y entender que es por la combinación de las veintidós letras del alfabeto como fueron creados los cielos y la Tierra, las *Tzevaoth* arriba y abajo, las *Merkavoth* superiores e inferiores. Por el poder de estas combinaciones cada cosa fue creada de acuerdo a su *Tseruf* que implica que todas las *Merkavoth* se presentan como masculinas o femeninos, secreto de la combinación de las letras y su permutación, pues está escrito en el *Sefer Yetzirah*:[123] «El macho por *Emesh* (אמ"ש) y la hembra por *Eshem* (אש"ם)», y éste es el secreto del *Tseruf* de las letras y de las permutaciones. Y el que se adentra en la profundidad de la combinación de las letras, hará evidente sabiduría profunda y el milagro de la creación de las criaturas, cada una según su especie. La estructura de cada *Merkavah*, el secreto de lo masculino y lo femenino, está relacionada con todas las combinaciones y permutaciones de las veintidós letras, ocultas dentro del misterio de *Atah*, que contiene el principio y el final de todas las letras y *Merkavoth*. Por eso está escrito en el *Sefer Yetzirah*: «El fin está unido al principio y el principio está unido al fin, como la llama está unida a la brasa».

והכול בסוד כ"ב אותיותיו וחמש צינורות הבינה, שבהם נצטיירו כל צורות המרכבות וכל צבאות עליונים ותחתונים. וזהו סוד התורה שהיא כ"ב אותיות והיא חמשה חומשים, שכלל הכול, 'את"ה'. והסוד הגדול וחתום: נכון כסאך מאז מעולם אתה (תהלים צג, ב). וכבר ידעת כי סוד הקו האמצעי נקרא נור"א, והוא סוד שם יהו"ה יתב־

123. Véase *Sefer Yetzirah* (III-7).

רך שהיא מידת יעקב, והוא חתום משני צדדים בסוד את"ה, וכן הוא אומר: את"ה נור"א את"ה (שם עו, ח).

Todo esto según el secreto de las veintidós letras y los cinco canales de *Binah*, porque están formados por todos los aspectos de las *Merkavoth* y todas las *Tzevaoth* superiores e inferiores. Y éste es el secreto de la *Torah*, compuesta por veintidós letras y cinco libros, que contienen todos *Atah*. Este gran secreto está sellado en: «Desde la antigüedad está establecido tu trono; tú (*Atah*) eres desde la eternidad» (*Salmos* XCIII-2). Ya sabes que el secreto de la *Kav haEmtzai* se llama *Nora*, el secreto del nombre IHVH (יהו"ה), bendito sea, una *Middah* de Jacob y sellado a ambos lados por el secreto de *Atah*, por lo que se ha sido dicho: «Tú (*Atah*), terrible eres tú (*Atah*)» (*Salmos* LXXVI-7).

התבונן מאוד ותראה כי סוד כ"ב אלפא ביתות שבצירופן נבראו כל המרכבות וכל צבאות העולם במצרף הבינה, שהיא סוד ה' ראשונה של שם המיוחד, והיא ציירה האותיות כולן בחמש צינורות. ויצאו כל האותיות כולן בחמש מקורות שהם אלו: אחה"ע בומ"ף גיכ"ק דטלנ"ת זסשר"ץ. ואלו הן צינורות החכמ"ה והבינ"ה שבהם יצאו כל צורת האותיות מעומק רום הנקרא אין סוף. ומתוך צורת האותיות נעשה כל צורת המרכבות למיניהם, עליונים ותחתונים. ומה שת־צטרך לדעת, כי כ"ב אותיות הן יסוד והן נחלקו לשלושה מחלקות; אמ"ש, שמהם יצאו ג' יסודות א"ש רו"ח מי"ם.

Obsérvalo atentamente y verás que el secreto de las veintidós letras del alfabeto y sus combinaciones hicieron posible la creación de todas las *Merkavoth* y *Tzevaoth* del mundo, por combinación con *Binah*, que es el secreto de la primera *He* del nombre unificado, del que se derivan todas las letras de los cinco canales. Todas las letras surgen de cinco manantiales que son: *Alef Jet He Ayin* (אחה"ע), *Beth Vav Mem Pe* (בומ"ף), *Guimel Iod Kaf Kof* (ק»כיג), *Dalet Tet Lamed Nun Tav* (דטלנ"ת), *Zain Samej Shin Resh Tzade* (זסשר"ץ). Estos son los canales de *Jojmah* y *Binah*, de los cuales salen todas las formas de las letras de la profundidad divina denominada *Ein Sof.* Y de la forma de las letras que se hacen todas las formas de las *Merkavoth* de todo tipo, arriba y abajo. Y debes saber que las veintidós letras son fundamentales, y que están divididas en tres divisiones: *Alef Mem Shin* (אמ"ש), de las que se derivan los tres elementos: fuego, aire y agua.

בג"ד כפר"ת, שבהם נבראו כל השביעיות למעלה ולמטה ובהם מציירים השבעה כוכבי לכת, וכל השביעיות שלמעלה מהם ולמטה מהם, בסוד שבע כפולות. עוד יש י"ב פשוטות, שבהן נחקקו י"ב גבולי אלכסון במרכבה עליונה וי"ב מזלות שמים, ואלו הן: ה"ו ז"ח ט"י ל"ן ס"ע צ"קcp, עליונות ותחתונות, נשואות באלו ג' מחלקות של כ"ב אותיות, ואו תראה סוד 'את"ה' היאך הוא סוד קשר כל העולמות, והיאך הוא סובל סוד כ"ב אלפא ביתא שבהם נוצר כל היצור וכל הדיבור. וזהו סוד עומק קבלת ספר יצירה, שאין כל אדם זוכה להן. ולפיכך תדע כי סוד חותם 'את"ה' הוא התפארת, שהוא סוד הקו האמצעי, שהוא סוד יהו"ה שהוא השם המכוון באמצע, הנושא כל השמות והכינויין, וכל העולמות בו אדוקים ומתאחדים, עליונים ותחתונים:

Beth Guimel Dalet Kaf Pe Resh Tav (בג"ד כפר"ת), a través de las cuales se crearon las siete superiores e inferiores en los que se formaron los siete planetas, así como todos los siete que están por encima (69a) y por debajo de ellos. Y éste es el misterio de las siete (letras) dobles. También hay doce simples, que crearon los doce lados de la extensión de la *Merkavah* superior, y las doce constelaciones celestes, éstas son: *He Vav Zain Jet Tet Iod Lamed Nun Samej Ayin Tzade Kof* (ה"ו ז"ח ט"י ל"ן ס"ע צ"ק) y éstas incluyen a todas las *Merkavoth* superiores e inferiores. Con la ayuda de Dios, te transmitiremos una Cábala profunda[124] que concibe la forma en que las *Merkavoth* superiores e inferiores son llevadas por estas tres divisiones de las veintidós letras. Entonces

124. En el sentido de una tradición antigua.

69a

captarás el secreto de *Atah*, el misterio por el que todos los mundos están interconectados, y la forma en que se mantiene por el secreto de las veintidós letras, por el que se crea cada criatura y cada palabra. Éste es un profundo secreto de la cábala del *Sefer Yetzirah*, que ningún hombre puede comprender. Has de saber, sin embargo, que el secreto del sello de *Atah* es *Tiferet*, el misterio de la *Kav haEmtzai*, el secreto de IHVH (יהו"ה), el nombre situado en el centro y que sostiene todos los nombres y apodos. Todos los mundos superiores e inferiores están unidos a él.

ולפי שהשם הנקרא יהו"ה הוא מצוי לנבראים בפעולותיו ובגבורותיו, אנו קורין לו בלשון 'את"ה', כמו שעומד לנוכח ומדבר עמו. אבל הכתר העליון, הנקרא אין סוף הנקרא אהי"ה, איננו מושג לא לשר ולא למלאך ולא לנביא בעולם, כי אפילו משה רבינו עליו השלום אדון כל הנביאים לא דבר כי אם עם שם יהו"ה יתברך שהוא קו האמצעי, ולא נכנס מן הבינה ולפנים ואפילו לסוף כל שערי בינה לא הגיע, כל שכן למנים, שהרי אמרו ז"ל: חמישים שערי בינה נבראו בעולם וכולן בתנו למשה חוץ מאחד דאם כן התבונן כי אפילו משה רבינו עליו השלום לא נכנס מן הבינה ולפנים, ואין מי שיגיע לעין הכת"ר העליון הנקרא אין סוף. ולפי שאין בנו כוח להשיגו, אין אנו מספרים עמו לנוכח כמי שמספר עם אחד לנוכמ ואומר לו בלשון אתה.

Y dado que el nombre llamado IHVH (יהו"ה) es accesible a las criaturas a través de sus acciones y su autoridad, nos referimos a él con la palabra *Atah*, como si estuviera presente y accesible a través del habla. En cambio, el *Keter Elion*, denominado *Ein Sof*, designado por *Ehieh*, no es accesible a ningún Príncipe, ningún ángel, ni ningún profeta del mundo, porque incluso *Moshe Rabbeinu*, de bendita memoria, maestro de todos los profetas, sólo tenía acceso a IHVH (יהו"ה), bendito sea, que es la *Kav haEmtzai*, y no alcanzó el interior de *Binah*. Nunca llegó al final de las puertas de *Binah*, y por lo tanto nunca conoció su intimidad, por lo que nuestros sabios, de bendita

69a

memoria han dicho: «Hay cincuenta puertas de *Binah* creadas en el mundo, y todas fueron entregadas a Moisés, excepto una».[125] De este modo, puedes darte cuenta de que puede entrar en el interior de *Binah*. Nadie es capaz de entrar en *Keter Elion*, llamado *Ein Sof*, porque no tenemos el poder de alcanzarlo y no somos capaces de llegar a él y, por lo tanto, no somos capaces de hablar con él, como podríamos hacerlo con otros utilizando el conocido término *Atah*.

אבל כמו שאהי"ה אינו מושג לנוכח, והוא נסתר למעלה למעלה, אין אנו קורין אותו בלשון את"ה שהרי אינו עומד לנוכח, אלא בל-שון הו"א אנו קורין אותו כמי שאינו עומד לנוכח ואדם מספר ענייננו ואומר: עניין פלוני כך הוא. וסימן; ויראו בני ישראל ויאמרו איש אל אחיו מן הוא כי לא ידעו מה הוא (שמות טז, טו).

Pero, como ocurre con *Ehieh*, ninguno de nosotros puede llegar a él, porque está oculto alto y lejano. Y por eso no se le puede llamar *Atah* sino con el término *Hu*, como con alguien que no está presente. Hablamos de él, diciendo: «Y viéndolo los hijos de Israel, se dijeron unos a otros: éste es Maná. ¿Qué es esto? porque no sabían qué era» (*Éxodo* XVI-15).

ודע כי המן מן הכתר העליון ירד, ובעזרת השם עדיין תשיג בזה סו-דות נעלמים. אבל שמור זה הכלל: כי לא ידעו מה הו"א, אין לך בעולם מי שיודע מהות הכתר הנקרא 'הוא'. ושמור זה מאוד. ואם כן הרי לך פשר הדברים כי ג' השמות שהם אהי"ה יהו"ה אדנ"י, יש להם ג' כינויין בתורה, הו"א, את"ה, אנ"י. וכשתבין סוד אהי"ה וכינויו 'הו"א', תבין סוד והו"א רחום יכפר עון ולא ישחית (תהלים עח, לח), כי הוא בעל הרחמים גמורים שאין בהם תערובת דין, לפיכך 'והוא

125. Véase Talmud, tratado de *Rosh haShannah* (21b)

69a

רחום יכפר עון' - בודאי. ותבין סוד והוא באחד ומי ישיבנו (איוב כג, יג) וסוד צדיק וישר הוא (דברים לב, ד):

Y has de saber que el maná descendió de *Keter Elion*, y con la ayuda de Dios descubrirás secretos que están ocultos. Pero quédate con este postulado, pues no sabían quién era *Hu* y nadie en el mundo conocía el secreto de *Keter*, llamado *Hu*. Y cuida bien esto, para que tengas la comprensión de los tres nombres que son *Ehieh*, IHVH (יהו"ה) y *Adonai*; que tienen tres apodos en la *Torah*: *Hu, Atah* y *Ani*. Así comprenderás el misterio de *Ehieh*, y su apodo y percibirás el secreto de: «*Hu*, en su misericordia, perdona el pecado y no destruye» (*Salmos* LXXVIII-38). Porque *Hu* es el señor de la *Rajamim* absoluta en la que no hay mezcla de *Din*, por lo que: «*Hu*, en su misericordia, perdona el pecado». Y comprender el secreto de: «*Hu* es único, ¿quién le hará cambiar?» (*Job* XXIII-13), y es también el secreto de: «*Hu* es justo y correcto» (*Deuteronomio* XXXII-4).

ואחר שהודענוך זה, התבונן ותראה כי מידת אדנ"י שהיא סוד המלכו"ת נקשרת בתפארת שהוא סוד יהו"ה, ויהו"ה יתברך מתאחד עם הכת"ר שהוא סוד אהי"ה שהוא הנקרא אין סוף, ושלושת אלו המעלות הם סוד כלל הייחוד והאמונה. ועליהן אנו אומרים בתפילת ראש השנה; 'ותמלו"ך עלינו את"ה הו"א יהו"ה אלהינו על כל מעשיך'. והמבין סוד 'ותמלו"ך', וסוד 'את"ה', וסוד 'הו"א' הנאמר הנה, יבין סוד הייחוד וסוד ביום ההוא יהיה יהו"ה אחד ושמ"ו אחד (זכריה יד, ט).

Y después de haber explicado esto, entiende y observa que la *Middah Adonai*, el secreto de *Maljut*, está unido a *Tiferet*, el misterio de IHVH (יהו"ה), y que IHVH (יהו"ה), bendito sea, está unido a *Keter*, el misterio de *Ehieh*, denominado *Ein Sof*. Estas tres *Middoth* constituyen el secreto que contiene la unidad y la fe. Durante nuestras oraciones de *Rosh haShanah* decimos: «Y *Atah* reinará sobre nosotros, *Hu* Y IHVH (יהו"ה), nuestro Dios, sobre todas tus obras». Aquel que entienda el secreto de «reinará», el secreto de *Atah* y el secreto de *Hu*, de los que acabamos de hablar, entenderá el secreto (69b) de la unidad, y el secreto de: «En aquel día *Hu*, IHVH (יהו"ה) será uno, y su nombre uno» (*Zacarías* XIV-9).

ומדוע אמר 'אחד' שתי פעמים? לפי שהמלכות צריך להתאחז בתפאר"ת בסוד ו' ספירות, והתפאר"ת צריך להתאחז בבינה שהוא סוד ג' ספירות עליונות, וזהו סוד 'יהיה יהו"ה אחד ושמ"ו אחד', וסוד 'ותמלוך את"ה הו"א יהו"ה אלהינו מהרה' וכו'. ואחר שהודענוך זה במילת את"ה, די לנו בסוד זה השם וראוי עתה לעמוד בשער זה. הרי לך חמישה שמות מבוארים לפניך משמות י"י יתברך בספר הזה. נשארו חמישה שמות אחרים, ובעזרת השם נסדר אותם לפניך איש איש על מתכונתו בעזרת השם, וה' ברחמיו וחסדיו יאיר עינינו ויראנו נפלאות מתורתו אמן:

¿Por qué se dice dos veces *Ejad*? Porque *Maljut* debe unirse por encima a *Tiferet*, a través del secreto de las seis *Sefirot* y *Tiferet* debe unirse por encima a *Binah*, que es el secreto de las tres (Sefirot) superiores. Y éste es el secreto de «IHVH (יהו"ה) será uno, y su nombre uno» y el secreto de «Y *Atah* que nos gobierna, *Hu* IHVH (יהו"ה), nuestro Dios, pronto, etc.». Después de explicar el significado de la palabra *Atah*, lo dejaremos en este nombre, pues es suficiente para esta Puerta. Ahora conoces cinco nombres de Dios, Bendito sea, descritos a lo largo de este libro. Hay cinco nombres más, que detallaremos, con la ayuda de Dios, cada uno en su momento, con la ayuda de Dios. Que Dios ilumine nuestros ojos y nos inspire a contemplar las maravillas de su *Torah*, Amén.

אמר המחבר: השם יתברך למען רחמיו וחסדיו יאיר נתיב שכל לפנינו ויורנו מדרכיו ונלכה באורחותיו, ואל נאמר דבר שלא כרצונו, ויודיענו הדרך נעלה בה והקבלות אין בהם נדנוד, למען נוכל ללכת

69b

בדרכים הטובים והישרים ולא נטה ימין ושמאל מעשות הטוב והישר בעיניו, ובכן יהי רצון אמן:

Declara el autor: «*HaShem*, bendito sea, por su *Rajamim* y su *Hessed*, nos iluminará la senda de la conciencia y nos enseñará el camino para que caminemos sobre sus pasos. No se dirá ninguna palabra en contra de su voluntad y no mostrará el camino de la elevación, y las cábalas seguras, para que caminemos en los caminos buenos y rectos, sin vacilar, ni a la derecha ni a la izquierda, siendo buenos y rectos. Así, sea su voluntad. Amén».

Sexta Puerta

השער השישי - הספירה החמישית:

Sexta puerta – Quinta sefirah

כבר הודעתיך ידיד נפשי, בחמישה שערים שקדמו, קצת מהנפלאות התורייות, כמו שהאדם יכול לברור דרך ישר ללכת לחצרות י"י יתברך בלי מכשול. עתה יש לנו להודיעך גם הה' שערים הנשארים מן החיבור הזה בעזרת השם יתברך, ואתה פקח עיניך ללמוד ולעשות ולקיים כו':

Después de haberte dado a conocer, amigo mío del alma, en las cinco Puertas anteriores, algo de las maravillas de la *Torah*, cómo el hombre puede elegir el camino recto para ir a los dominios del *Eterno* bendito sea, sin obstáculos, ahora debemos conocer también las cinco Puertas restantes relacionadas con esto, con la ayuda de Dios. Has de comprometerte a estudiar, para hacer, para observar, etc.

אלהי"ם שמע תפלתי האזינה לאמרי פי (תהלים נד, ד):

«Oh *Elohim*, oye mi oración; escucha las razones de mi boca» (*Salmos* LIV-2).

השם השישי משמות הקודש על דרך המעלות הוא השם הנקרא אלהי"ם. וצריך אני למסור בידך כללים ועיקרים לכל מקום שתמצא בתורה אלהי"ם, שתוכל לדעת לאיזה צד הוא נוטה. כבר הודעתיך, ידיד נפשי, כי השם הגדול הנקרא יהו"ה יתברך הוא לבדו הע־

69b - 70a

קר והוא גוף האילן נוטה למעלה ולמטה ולצדדין, מתלבש בשאר כל שמות הקודש ושאר הכינויין, כמו שהודעתיך. וכפי הפעולה שהוא יתברך מחדש בעולמו, כך הוא נקרא באותו השם שממונה על הפעו־לה ההיא.

El sexto nombre de los nombres sagrados en orden creciente es el nombre denominado *Elohim*. Y debo transmitirte reglas y principios para que en cada lugar en el que encuentres a *Elohim* en la *Torah*, sepas en qué dirección va. Ya sabes, amado del alma, que el gran nombre llamado IHVH (יהו"ה), bendito sea, es la fuente y el tronco del árbol que se extiende por encima, por debajo y por todos lados. Se reviste todos los demás nombres sagrados y apodos (70a), como te hemos dicho. Y actúa así según la obra que decide para su mundo. En este caso se llama por el nombre más apropiado a la obra que debe realizar.

ולפיכך נקרא לפעמים אהי"ה, ונקרא י"ה, ונקרא אדנ"י, ונקרא יהו"ה צבאות, ונקרא אלהי"ם צבאות, א"ל חי, אלהי"ם חיים - הכול כפי הפעולה שמחדש בעולם כך ילובש מלבוש השם הנקרא על הפעולה. והנה זה השם הנקרא אלהי"ם הוא השם הממונה על הדין, וסימן: כי המשפט לאלהים הוא. וכשהוא יתברך פועל פעולה מצד הדין, נקרא על אותה פעולה אלהי"ם.

A veces se le llama *Ehieh*, o se llama *Iah*, o se llama *Adonai*, o se llama IHVH *Tzevaoth* (יהו"ה צבאות), o se llama *Elohim Tzevaoth*, o se llama *El Jai*, o se llama *Elohim Jaim*, todo según los nuevos actos que debe producir en el mundo. Porque su acción es la que define al nombre. Puedes observar que el nombre denominado *Elohim*, es el nombre que designa el *Din*, y la señal es: «Porque el juicio es de *Elohim*» (*Deuteronomio* I-17). Cuando él, bendito sea, realiza un acto que depende del lado del *Din*, ha de leer al mismo tiempo *Elohim*.

70a

ועתה דע וראה כי הצד המכונה לפניו צד שמאל כינויו בתורה אלהים, לפי שאותו הצד הוא מקום הדין ובו דנין כל באי העולם כל הדינין הראויין, בין לטוב בין לרע, בין לחיים בין למוות. ובו כמה בתי דינין קבועין, וכל אחד גומר מלאכתו ומשפטיו באמת ובאמונה, והכול בדין ישר. וזהו הנקרא בית דין של מעלה שם דנין את הבריות לשלום או לחרב, או לרעב או לשובע, לחיים או למות.

Y ahora has de saber y ver que depende del lado izquierdo, y que, en la *Torah*, el apodo de este lado se llama *Elohim*, porque es el lado que es el lugar del *Din* y este nombre juzga todo lo que toca al mundo con juicios apropiados, ya sean favorables o desfavorables, que resultan en la vida o la muerte. Este nombre tiene varios *Beit Din*es en lugares específicos y cada uno cumple con su deber y sus juicios en la verdad y en la fe, pues todo se hace con rectitud. A esto se le llama el *Beit Din* de arriba, pues es allí donde se determina si las criaturas son juzgadas por la paz o la espada, o por el hambre o la saciedad, por la vida o la muerte.

זהו השם הנקרא אלהים והכול נדון בבית דינו, ועל זה אמרו רז"ל: חייב אדם לברך על הרעה כשם שמברך על הטובה ואנו מבקשין ראיה לדבר מנין, אמר רבה בר בר חנה א"ר יוחנן דאמר קרא בי"י אהלל דבר באלהים אהלל דבר (תהלים נו, יא), ביהו"ה אהלל דבר, זו מידה טובה, באלהים אהלל דבר, זו מידת פורענות ועתה יש לנו לומר לך כי הכול נדון בבית דין הנקרא אלהים, ואם יצא הדין להיטיב נקרא השם או יהו"ה או א"ל, ואם יצא הדין להעניש נקרא אלהים. ושמור זה מאוד. ויש לך להתבונן כי בכל מקום שאתה מוצא בתורה אלהים, היא המידה המזומנת לשפוט ולדון את כל העולם.

Este nombre se llama *Elohim* y todos son juzgados en su *Beit Din*. A propósito de este tema nuestros sabios, de bendita memoria, dijeron: «Así, el hombre debe hacer una bendición para la desgracia como la

70a

hace para la dicha»[1] ¿De dónde lo deducimos? Dijo Rabba Bar Jana: dijo Rabbí Iojanan: «En *Elohim* alabaré su palabra; en *El Eterno* alabaré su palabra» (*Salmos* LVI-11). «En *El Eterno* alabaré su palabra» se refiere al bien y «en *Elohim* alabaré su palabra» se refiere a la *Middah* de castigo, y ahora podemos decirte que todo es juzgado en el tribunal de *Elohim*, si el juicio es favorable el nombre será IHVH (יהו"ה) o *El*, si el juicio implica un castigo el nombre se llama *Elohim*. Guarda mucho esto. Debes entender en cualquier lugar en el que encuentres a *Elohim* en la *Torah*, es la *Middah* que viene a juzgar a todo el mundo.

וכבר הודענוך בשער שעבר קודם זה היאך סנהדרי גדולה של מעלה עומדת בין השם הנקרא יהו"ה ובין השם הנקרא אלהי"ם, והיאך מידת הרחמים מתערבת עם מידת הדין כדי שלא לכלות את הבריות בשעת הדין. ולפיכך סנהדרי גדולה של מעלה קבוע לצד שמאל, בין יהו"ה ובין אלהי"ם, והוא נוטה לשמאל, ועל זה נאמר: שררך אגן הסהר אל יחסר המזג (שי»הש ז, ג), ואמרו רז»ל זו סנהדרי גדולה ולפי שכתוב פני שור מהשמאל, נקראת סנהדרי גדולה בלשון 'שררך'. ותורת י"י מתקנת רפואה לחוטא בשעה שדנין אותו על חטאתיו בבית דין של 'שררך', כשחוזר בתשובה, שנאמר: רפאות תהי לשרך (משלי ג, ח) והנביא מכריז ואומר שהתשובה היא הרפואה, שנאמר: ושם ורפא לו (ישעיהו ו, י). ועתה פקח עיניך וראה כי בבית דין הגדול הנקרא אלהים נדונין כל בני עולם, עליונים ותחתונים:

Ya tes hemos dicho en la Puerta anterior que el gran Sanhedrín de lo alto se interpone entre el nombre IHVH (יהו"ה) y el nombre *Elohim*, y cómo la *Middah* de *Rajamim* se une a la *Middah* de *Din*, para que las criaturas no sean aniquiladas en el momento del juicio. Así, el gran Sanhedrín de arriba se coloca en el lado izquierdo entre IHVH (יהו"ה) y *Elohim*, mirando hacia la izquierda. A este respecto ha sido dicho:

1. Véase Talmud, tratado de *Berajoth* (33b).

70a

«Tu ombligo, es como una taza redonda, que no le falta bebida» (*Cantar de los Cantares* VII-3). Y dijeron nuestros sabios, de bendita memoria, que es el gran Sanhedrín.[2] Pues ha sido escrito: «y a la izquierda rostros de buey» (*Ezequiel* I-10), refiriéndose al gran Sanhedrín con la palabra *Sharej.* La *Torah* del *Eterno* trae la curación al pecador cuando se presenta ante el *Beit Din* por sus pecados y elige hacer *Teshuvah*, ya que: «será medicina a tu ombligo» (*Proverbios* III-8). El profeta proclama que la *Teshuvah* es la curación, pues ha sido dicho: «ni se convierta» (*Isaías* VI-10). Ahora abre los ojos y date cuenta de que el gran *Beit Din*, llamado *Elohim*, juzga a todos los hijos del mundo, arriba y abajo.

וצריכין אנו להודיעך עיקרים גדולים שעליהן העולם עומד, והוא סוד מעשה בראשית, ולהאיר עיניך בסוד מה טעם הזכיר בכל מעשה בראשית שם אלהים. והוא הסוד לפי שכל הנבראים כולן, עליונים ותחתונים, כולן נבראו בקו הדין והמשפט, ואין לך בריה מכל הבריות שלא נסתכם עליה בית דין הנקרא אלהים קודם שנבראה, ויצא מן הדין:

בריה זו כך ראויה להיות כשיעורה, בגובהה, בצורת אבריה, וחייה ומזונותיה. ומן הדין יצא שתהיה בריה זו משועבדת לבריה פלונית, בין לשעבוד הגוף בין לשעבוד מזון. וכך היה הדין בכל מעשה בראשית ובכל בריה, נסתכמו בית דין של מעלה על שיעורה, גופה, וחייה ומזונותיה, ושעבודה וממשלתה. וכל בריה ובריה מכל הבריות עמדה לפני בית דין הנקרא אלהים, והתרו בה והודיעוה: דעי כי שיעור גופך יהיה כך, ואבריך ומזונותיך וחייך ושעבודך וממשלתך יהיה כך.

Y necesitamos darte a conocer los grandes principios sobre los que descansa el mundo, es decir, el secreto del *Maaseh Bereshith* (Obra de la Creación). Debo revelarte la razón por la cual el nombre *Elohim* es mencionado a lo largo del *Maaseh Bereshit.* Y éste es el secreto por el cual todas las criaturas, superiores e inferiores, fueron creadas sobre

2. Véase Talmud, tratado de *Sanhedrín* (37a).

70a

el *Beit Din* denominado *Elohim*, antes de ser creadas, y provienen del *Din*. Ninguna criatura de toda la creación está exenta de comparecer ante el *Beit Din*, llamado *Elohim*, donde se decide su tamaño, peso, la forma de sus miembros, la longevidad y el tipo de alimentación. La *Middah Din* determina si esta criatura va a estar sometida a otra criatura, por servidumbre corporal o por dependencia económica. Así procede el *Din* a lo largo del *Maaseh Bereshit*, para cada criatura para la que el *Beit Din* superior ha determinado el tamaño, el cuerpo, la vida, la alimentación, el estado y la forma de ser controlada. Cada criatura de toda la creación ha de comparecer ante el *Beit Din*, llamado *Elohim*. Todos fueron advertidos e informados cuidadosamente. Has de saber que es lo mismo para el tamaño de su cuerpo, sus extremidades, su comida, su vida, su estado y lo que le gobierna.

והשיבה כל בריה ואמרה: הנני עם כל זה, בשמחה ובטוב לבב. וזהו שאמרו רז"ל: כל מעשה בראשית בדעתן נבראו, בקומתן נבראו, ובצביונן נבראו כלומר, בדעתן, להבין כל מה שיקראו להן, בקומתן, להבין שיעור גופן ותבנית איבריהם, בצביונן, שהם רצו בחפץ וצבו לקבל הכול עליהן. וטעם הסוד הגדול הזה הוא שאין תבין דבר שלא בפניו; כלומר שלא בפניו, שאינו מבין העיקר והטעם, ולפיכך אמר: קטן אין חבין לו. ולפיכך הוצרכו לומר במעשה בראשית 'בדעתן ובקומתן ובצביונן', להודיע שאין שום בריה יכולה לומר; קטן הייתי וכמו שאיני הייתי, ואין חבין לאדם שלא בפניו. ולפיכך הוצרכו לומר שנבראו בדעתן ובקומתן ובצביונן, שאין בהן דבר שלא היה בדעת ובקומה ובחפץ:

Y todas las criaturas respondieron: estamos alegres y satisfechas en nuestro corazón. Y esto es lo que dijeron nuestros maestros, de bendita memoria: «todo el *Maasé Bereshit* fue creado en su *Daat*, todas las criaturas fueron creadas con su estatura, todas las criaturas fueron creadas con sus deseos».[3] Es decir que todas las cosas fueron creadas en su *Daat* para entender lo que les llamarán en su estatura (70b) y la dimensión de su cuerpo, y la forma de sus órganos y sus apetencias, y aceptaron gustosas recibir todo sobre ellas. Y el sentido de este gran secreto es que no entenderás nada que no esté en su presencia; es decir no en su presencia, y si no entiendes el punto y el sentido ha sido dicho: pequeño como si no fuera. Y por lo tanto en el *Maasé Bereshit* tenían que decir «en su *Daat*, con su estatura y su naturaleza», para anunciar que ninguna criatura puede decir «soy pequeño y como si no fuera» y no hay responsabilidad en un hombre que es como si no fuera. Y, por lo tanto, tenían que decir que fueron creados con su *Daat* y en su estatura y naturaleza. que no hay nada en ellos que no haya estado en el Daat y en la estatura y en el deseo:

ואחר שהודענוך זה העיקר הגדול, יש לנו לחזור ולהודיעך שזה היה הטעם שכתב בכל מעשה בראשית 'אלהי"ם', להודיעך כי כל הנבראים כולן נבראו בקו הדין והיושר, אין בהם נפתל ועיקש. ולפי שתמצא כמה בריות משונות זו מזו, וכמה בריות נאות, וכמה בריות מכוערות, שמא תאמר שלא מן הדין יצאה זאת הבריה מכוערת וזו נאה, מי גרם לזאת להיות נאה ולזאת להיות מכוערת, ומה ראה י"י יתברך שברא זו מכוערת וזו נאה, או מה חטאה לו המכוערת. משיבין לו: דע כי י"י יתברך, כל הבריות שברא ברא אותן בדעת ובקומה ובחפץ.

Y después de haberte explicado este gran principio, debemos volver a explicar que ésta es la razón por la que, a lo largo del *Maaseh Bereshit*, se utiliza el nombre de *Elohim*, para recordarte que todas las criaturas fueron creadas en la línea del *Din* y el *Iashar* (rectitud), y que no hay tortuosidad ni terquedad en ellas. Sin embargo, las criaturas son diferentes unas de otras, algunas son criaturas hermosas y otras criaturas

3. Véase Talmud, tratado de *Rosh haShannah* (11a).

70b

feas. Para que no digas que no es lícito que esta criatura sea fea y hermosa, ¿quién hizo que ésta sea hermosa y ésta sea fea?, ¿por qué *El Eterno*, bendito sea, ha considerado que una sea hermosa y la otra fea? Has de saber que *El Eterno*, bendito sea, ha creado a todas las criaturas «en su *Daat*, con su estatura y su naturaleza».

וכל בריה ובריה שברא, העמידה לפניו ואמר לה: דעי שאתה בצורה זו, באברים אלו, בשעבוד זה ובממשלה זו; ועתה, אם תחפצי בזה - אמרי, ואם לאו הרי את כמי שלא נבראת. והשיבה כל בריה ובריה ואמרה: בזה אני חפצה ושמחה בעניין הגדול הזה. וזהו סוד שנאמר במעשה בראשית: וירא אלהים את כל אשר עשה והנה טוב מאד (בראשית א, לא), ופירשו בו: והנה טוב, זה יצר טוב, מאד זה המ־ וות. וכשברא י"י יתברך כל הבריות בצורה זו ובתכונה זו, לא נשארה טענה בעולם לשום בריה לומר:

Y todas las criaturas que él creó vinieron delante de él y les dijo: sabed que vuestra forma es ésta, vuestros miembros estos, vuestras obligaciones éstas y vuestro poder éste. Y ahora, si lo quieres, acéptalo y si no lo quieres no lo aceptes, y considérate como alguien que no fue creado. Y todas las criaturas aceptaron y dijeron: aceptamos y nos alegramos con gran asunto, y éste es el secreto que nos explica el *Maasé Bereshit*: «*Elohim* vio todo lo que había hecho hizo: era *Tov Meod* (muy bueno)» (*Génesis* I-31). Y he aquí la explicación: *Tov* es el *Ietzer haTov* (La Buena Inclinación) y *Meod* (muy) es la muerte. Y cuando *El Eterno*, bendito sea, creó a todas las criaturas de esta manera y con esta forma, no quedó derecho en el mundo para que ninguna criatura dijera:

שלא כדין נבראתי. ולפי שנבראים כל מעשה בראשית בדין היושר והמשפט, נזכר בכל מעשה בראשית 'אלהי"ם'. לומר שנבראו כל הנ־ בראים בדין ישר ובמשפט אמת, ויצא מן הדין הישר שתהיה בריה זו גדולה מזו וזו קטנה מזו, זו מתקיימת הרבה וזו מתקיימת מעט, זו גופה גדול וזו גופה קטן, זו עופפה וזו הולכת, זו קופצת על ידיה וזו

70b

על רגליה וזו שטה על פני המים, זו עגולה וזו מרובעת, זו ארוכה וזו קצרה. ושמא תאמר עלבון או חמס קבלו הבריות המשונות זו מזו בבריאתם, תלמוד לומר: בראשית ברא אלהי"ם, בקו הדין ובמשקו־לת ובמשפט נבראו כל הבריות, וזהו שאנו אומרים: ברוך אתה ה' אלהינו מלך העולם אשר יצר אתכם בדין והחיה אתכם בדין ועתיד להקימכם לחיי עולם בדין.

«No fui creado con *Din*». Porque todo el *Maaseh Bereshit* se realizó con *Din* y *Iashar* (rectitud), y ésta es la razón por la que el nombre de *Elohim* se menciona en todo el *Maaseh Bereshit*, certificando así que todas las criaturas existen por la rectitud del *Din* y *Iashar* y por el juicio verdadero. Según esta regla, una criatura puede ser más grande o más pequeña, más próspera o más pobre, más o menos corpulenta, volar o caminar, saltar sobre sus manos o sus piernas, o moverse en la tierra o flotar en el agua, ser doblada o recta, larga o corta. Si se replica que las criaturas fueron robadas o humilladas al ser creadas con tanta diferencia, ha sido dicho *Bereshit bara Elohim* en la línea del *Din* y con orden y equilibrio. Por eso decimos en una de las oraciones: «Bendito seas tú, *El Eterno*, que nos formaste con el *Din* y nos hiciste vivir por el *Din* y que hacer vivir para siempre por el *Din*».[4]

ולפי דרך זה התבונן כי כל מעשה בראשית עמדו שורות שורות לפני בית דין של מעלה והתרו בהם, כמו שאמרנו, והשיבו, טוב. וזהו: וירא אלהים את כל אשר עשה והנה טוב מאד. ואחר שהודענוך זה, יש לך להאמין כי בית דין של מעלה הנקרא אלהי"ם נסתכמו על כל בריה ובריה ועל כל אבר ואבר שהוא ראוי להיות כך, והושיבוהו על כנו, והעמידו כל בריה ובריה וכל אבר ואבר מאיברי הגוף על מתכו־נתם, בעניין שאינו ראוי בעניין אחר להיות יותר טוב מזה. וזהו סוד 'בראשית ברא אלהים', אלהים בוודאי. כי כל בני העולם, עליונים ות־

4. Véase Talmud, tratado de *Berajoth* (58b).

70b

חתונים, בקו הדין ובמשפט ישר נבראו, ולא קיבל דבר מכל הבריות עלבון וחמס, וזהו שהתורה מכרזת ואומרת:

De este modo, contempla que todas las criaturas del *Maaseh Bereshith* se presentaron ante el *Beit Din* celestial y fueron advertidas, y como hemos dicho, respondieron «*Tov*». Por eso ha sido escrito: «*Elohim* vio todo lo que había hecho hizo: era *Tov Meod* (muy bueno)». Después de saber esto, debes admitir que el *Beit Din* celestial, llamado *Elohim*, determinó y decidió que cada miembro de cada criatura fuera el adecuado, por lo que no se puede suponer que estos miembros deberían haber sido diferentes de lo que son. Y éste es el secreto de *Bereshith bara Elohim*, pues ésta fue la intención de *Elohim*. Todos los hijos de los mundos superiores e inferiores fueron creados según la rectitud de la línea del *Din* y del *Mishpat*, y ninguna de las criaturas fue robada o humillada.

הצור תמים פעלו וגו' (דברים לב). ומהו 'כי כל דרכיו משפט'? כלומר, במשפט נברא העולם. ולפיכך נקרא י"י יתברך בבריאת העולם 'אלהי"ם'. ובסוף מעשה בראשית מהו אומר? וירא אלהים את כל אשר עשה והנה טוב מאד (בראשית א, לא), ודרשו רז"ל: אפילו המוות טוב, ומידת הדין כך חייבה מצד הדין הישר:

«La roca es la obra perfecta» (*Deuteronomio* XXXII-4). ¿Qué significa «porque todos sus caminos son *Mishpat*»? Es para decir que el mundo fue creado con *Mishpat* y por eso *El Eterno*, bendito sea, es llamado *Elohim* en el *Maaseh Bereshit*. Porque, ¿qué dice el final del *Maaseh Bereshit*? Dice: «*Elohim* vio todo lo que había hecho hizo: era *Tov Meod* (muy bueno)». A este respecto los sabios, de bendita memoria, dijeron que incluso la muerte es buena (*Tov*), porque la *Middah Din* depende del lado del *Din haIashar*.[5]

---

5. En *Génesis Rabbah* (9,5).

70b-71a

והנני פותח לך מפתח גדול: מה ראה י"י יתברך לצוות בתורה לשחוט בעלי חיים לאכילת אדם, והלא כתיב טוב י"י לכול ורחמיו על כל מעשיו (תהלים קמה, ט), ואם הוא מרחם היאך ציווה לשחוט בהמה זו לאכילת אדם, ואיה רחמיו? אלא הסוד הוא ראש הפסוק שאמר 'טוב י"י לכל', טוב בוודאי, ולפיכך, 'ורחמיו על כל מעשיו'. וזהו הפירוש: במעשה בראשית נסתכמו עם בהמה זו לשחיטה, ואמרה היא, טוב. ומה טעם? לפי שהבהמה אין לה נשמה עליונה להשיג מעשה השם וגבורותיו, ואמר י"י יתברך בבריאת העולם להעמיד לפניו הבהמות ואמר להם: רצונכם להישחט ויאכל אתכם האדם, ותעלו ממדריגת בהמה שאינה יודעת כלום למדרגת האדם שיודע ומכיר את י"י יתברך? ואמרו הבהמות: טוב, ורחמים הוא עלינו.

Permíteme que te abra esta gran llave. ¿Por qué *El Eterno*, bendito sea, consideró necesario establecer el sacrificio de animales (71a) para el consumo humano? ¿Acaso no está escrito: «Bueno es *el Eterno* para con todos; y sus misericordias resplandecen sobre todas sus obras (*Salmos* CXLV-9)? Si él es misericordioso, ¿cómo puede ordenar que se sacrifique un animal para que sirva de alimento al hombre? ¿Dónde está la misericordia? El secreto está en el comienzo del versículo que dice: «Bueno es *El Eterno* para con todos; y sus misericordias resplandecen sobre todas sus obras». Y he aquí la explicación: durante el *Maaseh Bereshit*, se predeterminó si un animal sería destinado al matadero, entonces se dice que es *Tov*. ¿Por qué? Porque no tiene una *Neshamah* superior para aprehender la obra del *Eterno* y su poder. Así que *El Eterno*, bendito sea, en la creación del mundo, llevó a los animales ante él y les dijo: «¿Deseáis ser sacrificados y comidos por el hombre para ser elevados del nivel de una bestia ignorante al de un humano que conoce y se identifica con *El Eterno*, bendito sea? Y dijeron *Tov*, que la misericordia sea con nosotros.

שהרי כשהאדם אוכל חלק מחלקי הבהמה, חוזרת חלק מחלקי האדם, והרי חזרה הבהמה אדם ושחיטתה רחמים היא לה, שיצאה מתורת בהמה ונכנסת בתורת אדם. ובדרך זו מיתתו של האדם חיים

71a

היא לו, שעולה למעלת המלאכים, וזהו סוד: אדם ובהמה תושיע י"י (שם לו, ח). אם כן התבונן ותתבונן סוד השחיטה של בעלי חיים, והכול מצד רחמיו וחסדיו הרבים על כל בריותיו. ומזה הטעם תתבונן מה שאמרו רז"ל במסכת פסחים: עם הארץ אסור לאכול בשר לפי שלא ציווה בתורה לשחוט בהמה אלא למי שיודע תורת הבהמה וחיה והעוף, וכל העוסק בתורה מותר לאכול בשר ומי שאינו עוסק בתורה אסור לאכול בשר, ולפיכך עם הארץ אינו אוכל בשר מפני שהוא כבהמה ואין לו נשמה, ולא ציווה לשחוט בהמה כדי שתאכל אותה בהמה אחרת, אלא אם כן נתנבלה או נטרפה:

Así, cuando el hombre come las partes de un animal, éste accede a las partes humanas correspondientes y se transforma gradualmente en humano, y su sacrificio es un acto de misericordia para con él, pasando así de la ley del reino animal a la ley del reino humano. Así, la muerte del humano es la vida del animal que se eleva a los grados angélicos. Y éste es el secreto de: «al hombre y al animal conservas» (*Íbid.* XXXVI-7). De este modo podrás entender el secreto del sacrificio del animal. Y así manifiesta abundante *Hessed* y *Rajamim* para todas sus criaturas. De este modo, puedes darte cuenta de la razón por la que nuestros sabios, de bendita memoria, enseñaron en *Masejet Pesajim*: «Está prohibido a los incultos comer carne»,[6] ya que el sacrificio de animales es un precepto que sólo concierne a los que conocen las instrucciones de la *Torah* sobre los animales domésticos, los animales salvajes y las aves de corral. A todos los que se dedican a la *Torah* se les permite comer carne, mientras que a todos los que no se ocupan de la *Torah*, no pueden comer carne. Por lo tanto, un hombre sin educación no puede comer carne, pues es como un animal doméstico sin *Neshamah*. Tampoco se le permite sacrificar un animal en beneficio de otro, a menos que no sea apto para el sacrificio ritual.

6. Véase Talmud, tratado de *Pesajim* (3b).

ואחר שהודענוך זה, דע כי המקובלים הנכנסים לסודות סתרי התורה אומרים כי תחילת הבריאה והחפץ הראשון נמשכו משלושים ושתיים נתיבות החכמה, והם סוד התחלת הבריאה הנכללת בשם אלהים. וספר יצירה פתח בספרו: בל"ב פליאות נתיבות חכמה חקק י"ה יהו"ה צבאות את עולמו.

Y después de explicarte esto, has de saber que los cabalistas que penetran en los profundos secretos de la *Torah*, dicen que el comienzo de la creación y el primer deseo vinieron de los treinta y dos caminos de la sabiduría, que son el origen de la creación, reunidos por el nombre *Elohim*. El *Sefer Yetisirah* se abre con: «En 32 maravillosos caminos de la sabiduría Iah (י"ה) IHVH (יהו"ה) *Tzevaoth*… creó su mundo».

ולפי שהיו כל הנתיבות בקו הדין ובמשפט אמת, תמצא כנגד כל נתיב ונתיב מהל"ב נתיבות חותם אלהים בכל נתיב מהם. ולפי זה הסוד תמצא שאינו מזכיר בכל מעשה בראשית כי אם שם אלהים, ותמצא במעשה בראשית ל"ב פעמים כתוב שם אלהים, כנגד ל"ב פליאות חכמ"ה. ואלו הן לפי הסדר שכתובים במעשה בראשית: (א) בראשית ברא אלהים; (ב) ורוח אלהים; (ג) ויאמר אלהים יהי אור; (ד) וירא אלהים את האור; (ה) ויבדל אלהים; (ו) ויקרא אלהים לאור; (ז) ויאמר אלהים יהי רקיע; (ח) ויעש אלהים; (ט) ויקרא אלהים; (י) ויאמר אלהים יקוו המים; (י"א) ויקרא אלהים; (י"ב) וירא אלהים כי טוב; (י"ג) ויאמר אלהים תדשא; (י"ד) וירא אלהים כי טוב; (ט"ו) ויאמר אלהים יהי (ט"ז) ויעש אלהים את שני; (י"ז) ויתן אותן אלהים; (י"ח) וירא אלהים כי טוב; (י"ט) ויאמר אלהים ישרצו; (כ) ויברא אלהים; (כ"א) וירא אלהים כי טוב; (כ"ב) ויברך אותם אלהים; (כ"ג) ויאמר אלהים; (כ"ד) ויעש אלהים את חית; (כ"ה) וירא אלהים כי טוב; (כ"ו) ויאמר אלהים; (כ"ז) ויברא אלהים את; (כ"ח) בצלם אלהים ברא; (כ"ט) ויברך אותם אלהים; (ל) ויאמר להם אלהים; (ל"א) ויאמר להם אלהים הנה; (ל"ב) וירא אלהים את כל אשר עשה והנה טוב מאוד:

71a

Todos los caminos están en el eje del *Din* y del verdadero *Mishpat*; encontrarás que el nombre *Elohim* corresponde a cada uno de los caminos. A través de este secreto, se puede observar que a lo largo del *Maaseh Bereshit*, sólo se utiliza el nombre *Elohim*. Así, se puede descubrir que en el *Maaseh Bereshit*, el nombre *Elohim* se menciona treinta y dos veces en relación con los treinta y dos maravillosos caminos de la sabiduría. He aquí están las menciones en el orden de aparición durante el *Maaseh Bereshit*:

1. En el principio, *Elohim*
2. El aliento de *Elohim*
3. *Elohim* dijo: «Que se haga la luz»
4. *Elohim* vio que la luz…
5. *Elohim* separó.. bueno…
6. *Elohim* llamó a la luz…
7. *Elohim* dice: «Que haya un creado… firmamento…
8. *Elohim* hizo… …las aguas…
9. *Elohim* llamó…
10. *Elohim* dijo: «Que las aguas… sean»…
11. *Elohim* llamó…
12. *Elohim* vio que era
13. *Elohim* dijo: «Que la tierra verde…
14. *Elohim* vio que era bueno…
15. *Elohim* dijo: «Que haya luces…
16. *Elohim* hizo los dos…
17. *Elohim* los puso en…
18. *Elohim* vio que era bueno…
19. *Elohim* dijo: «Que las aguas se llenen de criaturas vivas…
20. *Elohim* creó…
21. *Elohim* vio que era bueno…
22. *Elohim* los bendijo…
23. *Elohim* dijo…
24. *Elohim* hizo los animales…

25. *Elohim* vio que era bueno...
26. *Elohim* dijo...
27. *Elohim* creó...
28. A imagen y semejanza de *Elohim* creado....
29. *Elohim* los bendijo...
30. *Elohim* les dijo
31. *Elohim* dijo...
32. *Elohim* vio todo lo que había hecho: era muy bueno...

ועתה בני פקח עיניך וראה היאך כל נתיב ונתיב מל"ב נתיבות החכמה חתום בחותם אלהי"ם, להודיע כי כל מה שנברא במעשה בראשית, בסוד כל נתיב נברא, והכול בדין ובמשפט אמת, וזהו שאמרו רז"ל על הוא עשך ויכוננך (דברים לב, ו). ובמדרש קהלת מלמד שהוא ובית דינו נמנו על כל אבר ואבר שכך הוא, והושיבוהו על כנו. והנה כל היצורים ותכונתם ושיעורם וכל מעשיהם ועניניהם, כולם בקו הדין נבראו; ועל כל אחד ואחד מהם נסתכם סנהדרי של מעלה הנקרוות אלהים בדין ישר ומשפט אמת.

Ahora, hijo mío, abre tus ojos y observa la forma en que cada uno de estos treinta y dos caminos de la sabiduría se relaciona con *Elohim*, para indicar la forma en que todo fue creado durante el *Maaseh Bereshit*, a través del secreto de cada uno de estos caminos. Porque todo fue creado con *Din* y verdadero *Mishpat*. A esto se refieren los nuestros sabios, de bendita memoria: «¿No es él tu padre que te poseyó? Él te hizo y te compuso» (*Deuteronomio* XXXII-6). Enseñan en el *Midrash Kohelet*: «Él y su corte decidieron la naturaleza exacta de cada miembro y su apariencia». Así, todas las criaturas, con sus características, dimensiones, (71b) su medida y naturaleza fueron creadas en la línea del *Din*. Cada una de ellas fue juzgada por el Sanhedrín celestial, llamado *Elohim*, según la rectitud del *Din* y el verdadero *Mishpat*.

והנה אין לך נתיב מכל ל"ב נתיבות שאינו חתום בחותם אלהים, ושלמה המלך מכריז ואומר כי כל מעשה בראשית שהם נבראים בשם

71b

אלהי"ם כולם ראויים להתקיים לעולם, לפי שכולם נבראו ביושר וב־משפט ובדין גמור, ואין כל בריה מכל הבריות צריכה תוספת או גר־עון כדי לתקנה יותר ממה שנתקנה במעשה בראשית, וזהו שאמר שלמה: כי כל מעשו; האלהים הוא יהיה לעולם עליו אין להוסיף וממנו אין לגרוע (קהלת ג, יד). ואם כן פקח עיניך וראה כי השם הנקרא אלהי"ם הוא השם הממונה על הדין והמשפט, והוא הבורא הכול במשפט, והוא המביא את כל הבריות במשפט, ושלמה עליו השלום צווח ואמר: כי את כל מעשה האלהים יביא במשפט על כל נעלם (שם יב):

No hay ninguno de los treinta y dos caminos que no esté unido a *Elohim*. El rey Salomón proclamó que todo el *Maaseh Bereshit* creado por el nombre *Elohim* estaba preparado para existir eternamente, pues todas las cosas fueron creadas con rectitud, equidad y justicia completa (*Iashar, Mishpat* y *Din Gamur*). Ninguna criatura necesita que se le añada o se le quite nada de lo decretado en el *Maaseh Bereshit*. Por eso Salomón dijo: «He entendido que todo lo que *Elohim* hace, esto será perpetuo; sobre aquello no se añadirá, ni de ello se disminuirá» (*Eclesiastés* III-14). Así pues, abre los ojos y ve que el nombre llamado *Elohim*, es el nombre relacionado con *Din* y *Mishpat*. También es el que lleva a todas las criaturas al *Mishpat*. Porque Salomón, la paz sea con él, dice: «Porque *Elohim* traerá toda obra a juicio, el cual se hará sobre toda cosa oculta» (*Eclesiastés* XII-14).

ולפיכך יש לך להתבונן כי שם י"י יתברך כשבא לברוא העולם בדין וביושר ומשפט בשם אלהי"ם, עמד ושיתף עמו שם הרחמים שהוא יהו"ה יתברך כדי שיוכלו הבריות להתנהג לאט במשפטו של אלהים. לפי שאין הבריות יכולות להתקיים אם לא יתנהג עמהם ברחמים, מפני הדין הקשה של סנהדרי גדולה הנקראת אלהי"ם, ולפיכך שיתף עמו שם הרחמים, וזהו סוד; אלה תולדות השמים והארץ בהבראם ביום עשות יהו"ה אלהי"ם ארץ ושמים (בראשית ב, ד).

71b

Así puedes ver que el *El Eterno*, bendito sea, vino a crear el mundo con *Iashar, Mishpat* y *Din Gamur* a través del nombre *Elohim*, incluyendo a *Rajamim*, que es el nombre IHVH (יהו"ה), bendito sea, para que la gente pueda evolucionar lentamente hacia la justicia de *Elohim*. Porque ninguna criatura puede sobrevivir si él no tiene misericordia para con ella, pues el gran Sanhedrín y su *Din* se llama *Elohim*. Por eso incluye a *Rajamim*. Y es el secreto de: «Estos son los orígenes de los cielos y de la Tierra cuando fueron creados, el día que el IHVH (יהו"ה) *Elohim* hizo la Tierra y los cielos» (*Génesis* II-4).

ונקראת אלהים מידת הדין הקשה, כלומר שגוזר הדין בלי שיסתכל לעניין בעולם, אלא על פי אמיתו של דין חותך הדין, ויקוב הדין את ההר. וזהו סוד לשכת הגזית. ולפיכך אילו היו הבריות נדונות בבית דין של מעלה בלי שיתוף שם הרחמים, היה העולם כלה ונשחת לפי חיתוך הדין. אבל שם הרחמים והחסד מהפך בזכות הבריות, ואם אינו מוצא להם זכות מאריך הזמן קודם שיגמרו הדין למעלה, וזהו סוד ארך אפים. וכל זמן וזמן מידת החסד מהפכת בזכות הבריות בזמן שעומדין בדין לפני האלהים, וזהו סוד: ויגש אברהם ויאמר האף תספה צדיק עם רשע חלילה לך מעשות כדבר הזה.

Y *Elohim* es denominado la *Middah* del *Din* severo, lo que significa que decreta sin discriminación. Sólo la verdad de *Din*, la autoridad de *Din* y los juicios de *Din* atravesarán la montaña.[7] Y éste es el secreto de «La Sala de la Piedra Labrada». De este modo, si la creación fuera juzgada por el *Beit Din* Celestial, sin la intervención de *Rajamim*, el mundo sería aniquilado y destruido según el juicio pronunciado. Pero si *Rajamim* y *Hessed* tienen el poder de anular esta decisión, cuando se combinan con el mérito de la creación, y si no se encuentra ningún mérito, el período de deliberación del *Beit Din* celestial se extenderá. Éste es el misterio de *Erej Apaim*. La *Middah Hessed*, asociada con el

7. Véase Talmud, tratado de *Sanhedrín* (6b).

mérito de la creación, anula continuamente el *Din* ante *Elohim*. Y éste es el secreto de: «Abraham se acercó y dijo: ¿Destruirás también al justo con el impío? Lejos de ti hacer tal cosa»[8] (*Génesis* XVIII-23 a 25).

והנני פותח לך שערי אורה בפסוק זה. וכי מה טעם אמר 'חלילה לך מעשות כדבר הזה'? וכי בבית דין של מעלה צדיק עם רשע ממיתין? אם כן אינו דין יושר, והכתיב: אל אמונה ואין עול (דברים לב, ד)? אלא סוד זה הפסוק עמוק, והנני רומז. דע כי מידת החסד מהפכת בזכות כל בריה ובריה, ואם אדם אחד עשה זכויות ועשה עבירות, מידת הדין באה להעניש את האדם על העבירה ומידת החסד אומ־רת: וכי אם ידו של אדם חטאה וראויה להענש הרי עינו צדקת ואינה חוטאת, שעשתה מצוה זו, ואם את מענשת לזה הגוף בעבור חטא היד, הרי גם העין לוקה והיא נענשת שלא כדין. וזהו:

Y ahora te abriré las Puertas de la Luz (*Shaarei Orah*) con este versículo. ¿Por qué él dice «Lejos de ti hacer tal cosa»? ¿Por qué en el *Beit Din* celestial, los justos y los malvados son juzgados juntos? En este caso, no es el juicio de la verdad. ¿Acaso no está escrito «Dios de verdad, y ninguna iniquidad en él»'? (*Deuteronomio* XXXII-4). El secreto de este versículo es muy profundo. He aquí a qué alude: has de saber que la *Middah Hessed* y los méritos de cada criatura pueden anular la *Middah Din*. Porque si una persona ha hecho el bien y comete transgresiones, la *Middah Din* viene a castigar a la persona, mientras que la *Middah Hessed* dice: «Si la mano de éste ha pecado, debe ser castigado; sin embargo, si su ojo es justo y no ha pecado, porque está realizando una *Mitzvah*; si castigas este cuerpo por el pecado de la mano, el ojo también será y castigado injustamente.

8. Véase *Génesis* (XVIII-23 y 25).

וזהו:להמית צדיק עם רשע והיה כצדיק כרשע (בראשית יח, כה). ולפי דרך זה מעכבת מידת החסד כמה פורעניות מלבוא לעולם. ובדרך זה, בעבור צדיק אחד שיש במקום מתעכבת הפורעניות מלבוא למקום, כדי שלא יקבל אותו הצדיק צער בפורענות המקום. כמו האבר שאמרנו בגוף, כך הצדיק במקום הוא כמו האבר בגוף, ומצד הזה מגין הצדיק על מקומו.

Y esto es: ¿Destruirás también al justo con el impío?». (*Génesis* XVIII-25). «¿De verdad vas a suprimir al justo con el pecador? De este modo, la *Middah Hessed* preserva al mundo del castigo. Así, cuando un *Tzaddik* vive en un lugar, puede preservar ese lugar de los castigos que merece. Como ya dijimos del miembro que está en el cuerpo, que un miembro puede hacer esto por todo el cuerpo, un *Tzaddik* puede proteger su lugar.

כיצד מגין? כשדנין אנשי מקומו למעלה ויוצא מן הדין חייבים כליה או עונש, מתקרבת מידת החסד ואמרה: האף תספה צדיק עם רשע (שם, כג). כלומר, אומרת מידת החסד למידת הדין: אם את מענשת לאלו הרשעים של מקום פלוני, נמצא יגיע הנזק לצדיק ויקבל צער בעבורם כשיענשו הם או תישחת ארצם, וזה הצדיק לא חטא שיגיע לו צער או נזק. נמצא הצדיק מגין על אנשי המקום, מטעם שלא יגיע לו נזק וצער.

¿Cómo es posible? Cuando la gente de su lugar es juzgada en lo alto y la sentencia pide su destrucción o castigo, la *Middah Hessed* se presenta y dice: «¿Destruirás también al justo con el impío? (*Íbid.* XVIII-23). La *Middah Hessed* le dice a la *Middah Din*: «Si castigas a los malvados de este lugar, el daño alcanzará al *Tzaddik* y sufrirá por ellos, y llegará un momento en que serán castigados o su tierra será destruida siendo que éste, al ser justo y no haber pecado (72a) no merece sufrir ni ser perjudicado. Por eso el *Tzaddik* protege el lugar donde vive, porque no merece las sanciones que causan calamidades.

72a

ושמור עיקר זה מאוד. וזהו: אם אמצא בסדום חמשים צדיקים ונ־שאתי לכל המקום בעבורם (שם, כו), וכן עד שהגיע לעשרה אצל ה' עיירות, שהיה כפי שיצא הדין העליון, וזהו סוד שאמר ללוט: הנה נשאתי פניך גם לדבר הזה לבלתי הפכי את העיר (שם יט, כא). אבל לא היה כוח בלוט שתינצל סדום בזכותו אף על פי שהיה דר בתו־כה, שאפילו לוט לא ניצל אלא בזכות אברהם, כמו שדרשו בפסוק: אל תבט אחריך (שם, יז), כלומר אל תדקדק לומר שראויה העיר להימלט בזכויותיך, שאינך ראוי, וזהו אמרו: כהוציאם אותם החוצה (שם). ושמור זה העיקר הגדול לכל התורה, כי ממנו תוצאות חיים:

Guarda este principio cuidadosamente. Y es: «Si encuentro cincuenta hombres justos en la ciudad de Sodoma, perdonaré a toda la ciudad por ellos» (*Génesis* XVIII-26). Y así continuó hasta que consiguió que se tomaran diez de cinco ciudades, de acuerdo con el juicio de arriba. Y éste es el secreto de las palabras dirigida a Lot: «he aquí he recibido también tu súplica sobre esto, para no destruir la ciudad de que has hablado» (*Génesis* XIX-21). Porque el mérito de Lot, aunque vivía allí, no era lo suficientemente fuerte como para salvar a Sodoma, ya que Lot mismo se salvó por el mérito de Abraham, como dice el versículo: «No mires detrás de ti» (*Íbid.* XIX-17). Para decir «no te apresures a decir que la ciudad se salvó por tu mérito, pues no eras digno. Para decir que fueron sacados (*Íbid.*). Guarda este gran principio para toda la *Torah* porque trae vida.

וכמו כן שמור עיקר אחר, והוא סוד הפרשה הזאת. ואף על פי שה־דבר נאמר בשמו של אברהם, כמו שכתוב שם 'ויגש אברהם ויאמר האף תספה צדיק עם רשע', גם כן הוא סוד מידת החסד של מעלה שמתקרבת תמיד לבית דין של אלהי"ם בשעה שדן את הבריות ומה־פכת בזכותן ומעכבת כמה פורעניות בדרך זה. ובאה פרשה זו להודיע סתרים גדולים, היאך מידת החסד מהפכת בזכותן של בריות תמיד, ומידת הרחמים משתתפת עימה ומונעת כמה פורעניות מן העו־לם. וזהו שאמרו ז"ל: התחיל לברוא העולם במידת הדין ראה שאינו מתקיים עמד ושיתף עימה מידת רחמים ההוא דכתיב ביום עשות

72a

יהו"ה אלהי"ם ארץ ושמים (שם ב, ד). והנני מגלה לך סוד בפסוק זה. יהו"ה אלהים, כנגד ארץ ושמים; יהו"ה כנגד ארץ, אלהי"ם כנגד שמים. לומר שהשם יתברך שהוא יהו"ה מתנהג במידת רחמים עם בני הארץ, שהם חוטאים יותר אלהי"ם:

Así como este otro principio, que es el secreto de esta *parashah*. Aunque esto se dijo en nombre de Abraham, como está escrito: «Y se acercó Abraham y dijo: ¿Destruirás también al justo con el impío?»,[9] también es el secreto de la *Middah* de *Hessed* de lo alto que intercede perpetuamente en la corte de *Elohim*, cuando juzga a las criaturas se vuelve a su favor y retrasa de esta manera los castigos. Porque esta parashá está ahí para mencionar grandes secretos sobre cómo la *Middah* de *Hessed* anula continuamente las sentencias, con la ayuda de los méritos de las criaturas y con el apoyo la *Middah* de *Rajamim*, impidiendo que muchas calamidades caigan sobre el mundo. Y es lo que nuestros sabios, de bendita memoria, dijeron: «Comenzó creando el mundo con la *Middah* de *Din*, pero al ver que el mundo no se sostendría, inmediatamente le asoció *Rajamim*. Por eso está escrito: «El día en que IHVH (יהו"ה) *Elohim* hizo la Tierra y los cielos» (*Íbid.* II-4). Y he aquí que voy a revelarte el secreto de este versículo: IHVH (יהו"ה) y *Elohim* corresponden a la Tierra y los cielos. IHVH (יהו"ה) corresponde a los cielos y *Elohim* a la Tierra. Es decir que el nombre IHVH (יהו"ה), bendito sea, utiliza la *Middah Rajamim* con la gente de la Tierra, y *Elohim* ya que son más pecadores.

9. Véase *Génesis* (XVIII-23).

72b

חסר עמוד:

Falta esta página

ולפי שהוא דיין על אותה אומה, נקרא גם הוא אלהים. ואם חטאה אומתו של אותו השר, השם יתברך דן את השר ומלקה אותו ומעניש אותו. ולפי דרך זה התבונן שהאומות והשרים שלהם נדונים בבית דין של יהו"ה יתברך שהוא 'אלהי"ם אמ"ת', וזהו סוד: כי יהו"ה אלהיכם הוא אלהי האלהים (דברים י, יז). ודע והאמן כי כל האומות והש־רים שלהם הנקראים אלהים, כולם באים בראש השנה להיותם נדונים לפני ה' יתברך. ואם לא נהגו האומות כהוגן, אזי לוקין השרים שלהם וגורעים להם השפע והטובה שהיה ה' יתברך נותן להם; וכשלוקה השר של האומה, נופלת האומה. וזהו שאמר הנביא:

Y como es el juez de esta nación, también se le llama *Elohim*. Y si la nación de ese Príncipe ha pecado, *El Eterno*, bendito sea, entonces ese Príncipe la juzga, la golpea y la castiga. De este modo se entiende que los Príncipes y sus naciones sean juzgados por el IHVH (יהו"ה), bendito sea, que es *Elohim Emet*. Y éste es el secreto de: «Porque *El Eterno* vuestro Dios es Dios de dioses» (*Deuteronomio* X-17). Has de saber y comprender que las naciones y los Príncipes, que se llaman *Elohim*, vienen ante IHVH (יהו"ה), bendito sea, para ser juzgados durante *Rosh haShanah*. Si las naciones no se han comportado correctamente, entonces sus Príncipes las castigan y los beneficios que IHVH (יהו"ה), bendito sea, les ha otorgado disminuyen. Y cuando el Príncipe de la nación es derrotado, la nación cae. Y esto es lo que dijo el profeta:

יפקוד ה' על צבא המרום במרום ועל מלכי האדמה על האדמה (יש־עיהו כד, כא), וזהו שאמרו ז"ל: אין אומה נופלת אלא אם כן נופל שרה תחילה. והטעם, כי כפי הדין שיפסקו על שר של אותה האומה, כך מקבלת אומתו לטוב ולרע. וזהו שאמרו ז"ל: פושעי ישראל בגופן, וכן פושעי אומות העולם בגופן. ועניין גופן הוא השר שלהם, לאותם היודעים סודות הנסתרים. וכל מה שאומות העולם פושעים, לוקין

על פשעם השרים שלהן. וזהו שאמר שר של אבימלך מלך פלשתים: ואחשך גם אנכי אותך מחטו לי (בראשית כ, ו).

«Y acontecerá en aquel día, que *el Eterno* visitará sobre el ejército sublime en lo alto, y sobre los reyes de la Tierra, sobre la Tierra» (*Isaías* XXIV-21). Nuestros maestros, de bendita memoria, afirmaron: «Ninguna nación cae si antes no cae su Príncipe».[10] El significado de esto es que la nación recibirá el bien o el mal que el Príncipe haya recibido en el juicio. Nuestros maestros, de bendita memoria dijeron: «Los culpables entre Israel serán golpeados en sus cuerpos y los culpables entre las naciones del mundo serán golpeados en sus cuerpos».[11] Para aquellos que conocen los misterios ocultos, el término «cuerpo» se refiere al Príncipe. Porque, aunque son las naciones las que pecan, son sus Príncipes los que son golpeados. Esto es lo que dijo Abimelek, el rey de los filisteos: «Y fui yo quien te impidió pecar contra mí" (*Génesis* XX-6).

מחטו לי, חסר א', כלומר שאמר לו השר: דע כי משעה שחטאת, שלקחת שרה אשת אברהם, דנו אותי בבית דין של מעלה ומכניסים בי מחטים וקוצים ואני בצער גדול. כי אלהים זה שדבר עם אבימלך, שרו של אבימלך היה, כי לא היה ראוי לנבואה או לדיבור שאר מלאכים אלא לשר שלו. והבן זה מאוד. ומה שאמרו 'פושעי ישראל בגופן' הוא סוד כנסת ישראל, ליודעי סתרים, וכשישראל חוטאים כנסת ישראל נענשה, וכן הוא אומר: ובפשעיכם שלחה אמכם (ישעיהו נ, א).

En *Mejatu* (מחטו), pecar, falta la *Alef.* Esto significa que el Príncipe le dijo: «has de saber que cuando pecaste, cuando tomaste a Sarah, la mujer de Abraham, me juzgaron (73a) en el *Beit Din* de arriba, y me traspasaron con agujas y espinas, causándome gran dolor. Este *Elohim*, que hablaba con Abimelek, era el Príncipe de Abimelek, pues

---

10. Véase *Shir haShirim Rabbah* (66,8).
11. Véase Talmud, tratado de *Rosh haShannah* (17a).

73a

éste último no era capaz de profetizar ni de hablar con un ángel, sino sólo con su Príncipe. Entiende bien esto. Cuando dice: «Los culpables entre Israel serán golpeados en sus cuerpos», es el secreto de la asamblea de Israel, en relación con el conocedor de los misterios, porque cuando Israel peca, es la asamblea de Israel la que es castigada, como está escrito: «por vuestras rebeliones fue repudiada vuestra madre» (*Isaías* L-1).

ואל תתפוס עלינו על מה שכתבנו בשערים הקודמים, שהשרים של אומות העולם אינם מטיבים ולא מריעים, כמו שאמרנו במה שתיקנו חכמים לומר על העובדי גילולים שהם משתחווים להבל וריק ומתפללים אל אל לא יושיע. כי כוונתנו לומר שאין להם מעצמם יכולת ולא רשות לדון להרע או להיטיב; אבל אם נתן להם ה' רשות, הם גומרים, לפי שמסר ה' בידם לגמור. ולפיכך נקראים שרי האומות על זה 'אלהים':

Y no me culpes por lo que hemos dicho en las Puertas anteriores, a saber, que los Príncipes de los demás pueblos del mundo no pueden mejorar o empeorar las cosas, pues entendemos las palabras de los sabios a propósito de los idólatras: «Porque se someten a la niebla y a la vanidad y los que ruegan al dios, que no salva».[12] Porque lo que queremos decir es que no tienen ni la capacidad ni el permiso de juzgar para bien o para mal, pero si *El Eterno* lo permite, harán conforme a lo que *El Eterno* dejó en sus manos para terminar. Por eso los Príncipes de las naciones se llaman *Elohim*.

ועתה התבונן כי כל אומה ואומה משבעים אומות נידונות כל השנה בבית דין שלה, והוא השר של אותה אומה, ונקרא אותו השר על זה אלהים; ובראש השנה נדונים כל השרים הנקראים אלהים, וכל

12. Véase *Isaías* (XLV-20).

האומות שלהם, בבית דין של יהו"ה יתברך שהוא 'אלהים אמת. נמ־צאו אלהי האומות גם הם נדונים, ואף על פי שהם דנין את האומות.

Date cuenta ahora de que cada nación, de las setenta naciones, es juzgada anualmente en su propio *Beit Din*, y que cada Príncipe es llamado *Elohim*. Durante *Rosh haShanah*, todos los Príncipes conocidos como *Elohim*, y sus naciones, son juzgados en el *Beit Din* de IHVH (יהו"ה), bendito sea, que es *Elohim Emet*. Vemos que los dioses de las naciones también son juzgados, aunque ellos mismos son los que juzgan a sus naciones.

וזהו סוד שאמר הכתוב: כי יהו"ה אלהים הוא אלהי האלהים. כלו־מר, הוא דיין שדן את אלהי האומות. ושמור זה העיקר הגדול והיזהר בו, ותבין סתרים נעלמים ותדע שי"י יתברך הזהיר את ישראל ואמר להם: בני, אני אלהיכם ואתם עמי, ואין לכם לקבל אחד מאלהי הע־מים לאלוה, שהרי אותם האלהים נתונים לעובדי גילולים ולא לכם, ושל אחרים הם ולא שלכם, כי אני ה' אלהיכם לבד. ולפיכך התחיל י"י בעשרת הדברות ואמר שתי הדברות הראשונות בלי אמצעי, ואמר 'אנכי יהו"ה אלהיך', אלהיך בוודאי, ואחר כך: לא יהיה לך אלהים אחרים. וזהו שאמרו חז"ל: אנכי ולא יהיה לך מפי הגבורה שמענום. ואלו שתי הדברות הן עיקר כל התורה ולפיכך שמענום מפיו, ושאר כל מצוות התורה שמענום מפי משה. ומנין תורה שמעו מפי משה, שהן תרי"א מצוות והן סוד התורה, ועל זה נאמר תור"ה צוה לנו משה (דברים לג, ד), שעל ידי משה ניתנו לישראל תרי"א מצוות. אבל 'אנכי' ו'לא יהיה לך' לא קיבלום על ידי משה אלא מפי הגבורה שמעום, כמו שאמר: אחת דבר אלהים שתים זו שמעתי (תהלים סב, יב).

Y éste es el secreto de lo que está escrito: «Porque IHVH (הו"ה) *Elohim* es el *Elohim* de *Elohim*», es decir, él es el que juzga a las naciones. Guarda este gran principio y extrae de él tu desconfianza, entonces entenderás los misterios ocultos y sabrás la razón por la que *El Eterno*, bendito sea, advirtió a Israel, y les dijo: «Hijo mío, yo soy tu

73a

Dios y tú eres mi pueblo» y «Y no aceptaréis a ninguno de los dioses de las naciones como vuestro Dios», porque estos dioses fueron dados a los idólatras y no son tuyos. Sólo yo soy IHVH (הו"ה) tu Dios. Por eso, Dios introdujo los diez preceptos juntando las dos palabras. Dijo: «Yo soy IHVH (הו"ה) tu *Elohim*», sólo tu *Dios*, y continuó con: «No tendréis otro *Elohim* que yo», ciertamente, y esto es lo que dijeron nuestros sabios, de bendita memoria:[13] «Yo soy IHVH (הו"ה) «y «No tendrás otro *Elohim*» fueron escuchados de la boca de *Guevurah*, y constituyen principios esenciales para todas las palabras de la *Torah*. Estos fueron escuchados de la boca de *Guevurah*, mientras que todas las *Mitzvoth* de la *Torah* fueron escuchadas de la de Moisés. ¿De dónde sabemos que de la boca de Moisés? Son las 611 *Mitzvoth* y son el secreto de *Torah*,[14] mientras que los otros dos mandamientos se escucharon de la boca de *Guevurah*. Como está escrito: «Una vez habló *Elohim*, dos veces oí» (*Salmos* LXII-12).

נמצא, תרי"ג מצוות, שתיים מהם שמעו מפי הגבורה, ונשאר מהם תרי"א, שהם סוד תור"ה, שמעו מפי משה; וזהו שדקדק הכתוב ואמר 'תור"ה צוה לנו משה', שהן תרי"א מצוות. ולפי העיקר הזה אמר ה' יתברך לישראל: בני, לא יהיה לך אלהים אחרים, שאין להם חלק בך ואין לך חלק בהם, כי חלק יהו"ה עמו:

Es decir que de los seiscientos trece preceptos, dos se escucharon de la boca de *Guevurah* y seiscientos once, el secreto de la palabra *Torah*, se escucharon de la boca de Moisés. Y esto es lo que podemos leer: «Una *Torah* nos prescribió Moisés»,[15] y son las seiscientas once *Mitzvoth*. Según este principio, *El Eterno*, bendito sea, dijo a Israel: «Hijo mío, no tendrás otros *Elohim* delante de ti, porque ellos no tienen

13. Véase Talmud, tratado de *Makot* (24a)

14. Ya que la guematria de *Torah* es 611.

15. Véase *Deuteronomio* (XXXIII-4).

parte en ti y tú no tienes parte en ellos, porque tú eres parte de IHVH (יהו"ה) y de su pueblo».

ואחר שידעת זה, התבונן שאמר הנביא: כי כל העמים ילכו איש בשם אלהיו ואנחנו נלך בשם יהו"ה אלהינו לעולם ועד (מיכה ד). ואין לך להאמין דברי ריקות של כמה ריקים שאומרים שאין כוח באלהי הע־מים ואינם נקראים אלהים. אבל יש לך לדעת כי ה' יתברך נתן כוח וממשלה ושבט ביד כל שר ושר משרי האומות לדון ולשפוט את עמו ואת ארצו, ונקרא שם השר 'אלהים' לפי שהוא שר ושופט את בני ארצו. אבל סוף כל השרים, וכל האומות שלהן, באין להיות נדו־נין בבית דין של יהו"ה הנקרא 'אלהים אמת'. ואם חטאה או סרחה אומתו של שר, אזי לוקה השר על אומתו שבארצו.

Y después de saber esto, entiende las palabras del profeta: «Aunque todos los pueblos anduvieren cada uno en el nombre de sus dioses, nosotros con todo andaremos en el nombre de IHVH (הו"ה) nuestro *Elohim* para siempre y eternalmente» (*Miqueas* IV-5). Y no debéis creer las palabras vacías de algunas personas vacías que dicen que no hay poder en el *Elohim* de las naciones y que no se llama *Elohim*. Pero debes saber que *El Eterno*, bendito sea, ha dado potestad y gobierno dominio a cada Príncipe de las naciones para (73b) juzgar a su pueblo y a su patria. Sin embargo, todos los Príncipes y todas sus naciones deben presentarse finalmente para ser juzgados en el *Beit Din* de IHVH (יהו"ה), llamado *Elohim Emet*. Y si la nación de un ministro ha pecado o ha hecho mal, entonces el Príncipe es castigado por su nación en su país.

ודע והאמן כי אין כוח באלהים אחרים, שהם אלהי העמים, אלא אותו הכוח שנתן ה' להם לשפוט ולפרנס את אומותם; אבל אינן יכו־לין למחוץ ולרפא, להמית ולהחיות, חוץ מהכוח הידוע הנתון להם לבני ארצם וממשלתם. וזהו: כי כל אלהי העמים אלילים. ופירוש אליל הוא כמו בשר אדם מת, לפי מחלוקת החכמים במסכת חולין, מכל צד הוא לשון אליל דבר מת, וזהו: רופאי אליל כולכם (איוב יג,

73b

ד) שהוא בשר מת שאין לו רפואה. כך אלהי העמים אין בהם כוח להיטיב ולהרע, זולתי אותו הכוח הקצוב שמוסר להם השם, ואינן יכולין לצאת מאותה השורה. והם כמו כן נדונין כמו שבני ארצם נדו־נין וכל כוחם וממשלתם אינו אלא אותו הפרס שהם מקבלים משם יהו"ה יתברך שהוא אדון ודיין על כולם. ועתה שמור עיקר זה לכל התורה כולה ותוכל לדעת מהו שם אלהים בכל מקום, או שם אלהים אחרים, כמו שאמר: בעבר הנהר ישבו אבותיכם וגו' ויעבדו אלהים אחרים(יהושע כד, ב), לא יהיה לך אלהים אחרים (שמות כ, ג):

Y has de saber y creer que no hay poder propio en otros *Elohim*, como los *Elohim* de las naciones, salvo el poder que IHVH (יהו"ה), les ha dado para juzgar y sostener a sus naciones. No pueden traerles ni la enfermedad ni la salud, ni la muerte ni la vida, salvo el poder que se sabe que les ha sido dado, para sus pueblos y sus gobernantes. Es: «Porque todos los dioses de las naciones son ídolos».[16] Según una controversia,[17] el término *Elil* (אליל), ídolo, es similar a la carne de un hombre muerto. Y es: «todos vosotros sois médicos nulos» (*Job* XIII-4), que es la carne muerta, incapaz de curación. Así el *Elohim* de las naciones no tiene poder en ellas para hacer el bien o el mal, salvo el poder limitado que se les ha dado *el Eterno*, y no pueden salirse de su ámbito. Y ellos también serán juzgados, así como son juzgados sus compatriotas y todo su poder y gobierno no es sino el que reciben de IHVH (יהו"ה), bendito sea, que es señor y juez de todo. Y ahora mantén este principio para toda la *Torah* y podrás saber cuál es el nombre *Elohim* en todas partes, o el nombre *Elohim Ajerim*, como ha sido dicho: «Vuestros padres habitaron antiguamente al otro lado del río, es a saber, Taré, padre de Abraham y de Nacor; y servían a dioses extraños» (*Josué* XXIV-2), «No tendrás dioses ajenos delante de mí» (*Éxodo* XX-3).

---

16. Véase *Salmos* (XCVI-5).
17. Véase Talmud, tratado de *Julin* (121a).

73b

ואחר שהודענוך אלו העיקרים הגדולים יש לנו להודיעך עיקר גדול, והוא שיש לך לדעת ולהתבונן כי מקור החיים הנקראים חי"י עולם הוא סוד השם הנכתב בתורה יהו"ה ונקרא אלהים. והטעם, לפי שהוא המקור שממנו שואבת מידת הגבורה הנקראת בית דין של מעלה ונקראת אלהים.

Y después de haberte informado de estos principios esenciales, he de desvelarte un principio fundamental, y a ti te corresponde saber y observar que la fuente de la vida, denominada *Jai Olam*, es el secreto del nombre que en la *Torah* se escribe IHVH (יהו"ה), pero se pronuncia *Elohim*. Y la razón es que es la fuente de la que deriva la *Middah* de *Guevurah* se llama *Beit Din* de arriba y se llama *Elohim*.

ולפי שאינה דין גמור, נכתבת באותיות יהו"ה; ולפי שהיא השורש שממנה שואבת מידת הדין, נקראת אלהים, אף על פי שאינה כתובה אלא באותיות יהו"ה. ושמור עיקר זה הגדול לכל מקום שתמצא בתורה שנכתב יהו"ה ונקרא אלהים. ואחר שידעת זה, דע כי שתי המידות הנקראות נצ"ח והו"ד, נצ"ח נקרא יהו"ה צבאות לפי שהוא לימין; והוד נקרא אלהים צבאות לפי שהוא לשמאל, ולפי שהיא מתלבשת מלבושי הדין מן הבית דין הנקרא אלהים נקראת גם היא אלהים צבאות.

Como no representa un juicio completo, se escribe con las letras de IHVH (יהו"ה), y como es la raíz de la que saca su fuerza la *Middah* de *Din*, se pronuncia como *Elohim*, aunque se escribe con las letras de IHVH (יהו"ה). Guarda este gran principio para utilizarlo siempre que encuentres el nombre IHVH (יהו"ה) y se pronuncie *Elohim*. Ahora que sabes esto, debes saber que para las dos *Middoth* denominadas *Netzaj* y *Hod*, *Netzaj* se llama IHVH (יהו"ה) *Tzevaoth* porque está en el lado derecho y *Hod* se llama *Elohim Tzevaoth* porque está en el lado izquierdo y está vestido con las prendas del *Din* del *Beit Din* llamado *Elohim*, que también se llama *Elohim Tzevaoth*.

73b

סוף דבר: כפי המקום אשר ממנו שואבת כל מידה ומידה, כך היא נקראת. ובכל מקום שתמצא בתורה שקורא לדבר בעולם בשם אלהים, דע כי היא מושכת כוח ממידת סנהדרי גדולה של מעלה הנ־קראת אלהים באמת, עד שאפילו בני האדם נקראים אלהים בהיותם דנין דין אמת. ואחר שהודענוך עיקרים אלו בשם הנקרא אלהים, יש לנו לחזור ולהודיעך שאר השמות ששם אלהים נקרא בהם לפעמים:

En resumen, se llama como el lugar de donde saca todas y cada una de las *Middoth*, porque en cualquier lugar en el que encuentres en la *Torah* algo que en el mundo se llama *Elohim*, debes saber que deriva su poder del gran Sanhedrín celestial, llamado *Elohim Emet*. E incluso los hijos de Adán son llamados *Elohim*, cuando dispensan el verdadero *Din Emet*. Ahora que te he enseñado estos principios relativos al nombre llamado *Elohim*, debo hablarte de nuevo de los demás nombres que *Elohim* utiliza a veces para calificarse a sí mismo.

דע שהמידה הזאת הנקראת אלהים נקראת לפעמים גבורה. והטעם, לפי שהיא מתגברת לעשות דין בפושעים ובחוטאים, והיא הנוקמת מיד הרשעים והמתקוממים אל ה' יתברך. ולפי שהיא בית דין של מעלה והיא המשלמת גמול לכל הראוין לגמול, נקראת גבור"ה על כוחה וממשלתה שיש לה יכולת לדון ולהתפרע ולהתגבר על הכול, ואין דבר שיעמוד לפניה, וזהו שאמר הנביא: עורי עורי לבשי עוז זרוע ה' (ישעיהו נא, ט). ואמר:

Has de saber que a la *Middah* denominada *Elohim* se la conoce a veces con el nombre de *Guevurah*, porque a menudo acusa para juzgar a los culpables y a los pecadores. Es ella la que castiga a los malvados que se rebelan contra *El Eterno*, bendito sea. Es el *Beit Din* celestial que castiga a todos los que lo merecen y se le denomina *Guevurah* por su poder, su dominio y su capacidad de juzgar, pues castiga a todos con precisión. Nadie puede hacerle frente, como dice el profeta: «Despiértate, despiértate, vístete de fortaleza, oh brazo del *Eterno*. Despiértate como en el tiempo antiguo» (*Isaías* LI-9).

73b-74a

הלוא את היא המחצבת רהב מחוללת תנין. ואלמלא גבורותיה לא היו הדינין נגמרים, ולא היו החזקים נענשים. אבל לפי שהגבורה היא חזקה ומושלת על הכול, לכן נגמרין הדינין הנידונין בבתי דינין שלה. הלא תראה כשחוטאים ישראל נחלשה הגבורה על ידי חטאתם, וכמו שהנביא אמר: איה קנאתך וגבורותי"ך (שם סג, טו)? והגבורה משי־בה ואמרה; צור ילדך תשי ותשכח אל מחוללך (דברים לב, ימ). וכפי החוטאים נחלשת הגבורה וחזר הימין לאחור, וכן הוא אומר: השיב אחור ימינו מפני אויב (איכה ב, ג).

Tú eres el que extrae a Rahav, el que crea Tanin. Porque si no tuviera este poder abrumador, las sentencias nunca podrían cumplirse y los fuertes nunca podrían ser castigados. Pero al ser *Guevurah,* las sentencias de su *Beit Din* se cumplen siempre. Cuando Israel (74a) comete pecados, *Guevurah* se debilita por estos pecados, como dice el profeta: «¿Dónde están tus celos y tu *Guevurah*?» (*Isaías* LXIII-15). *Guevurah* responde diciendo: «Y dejó al Dios que le hizo, y menospreció la roca de su salud» (*Deuteronomio* XXXII-15). El peso del pecado tiene un impacto proporcional en el debilitamiento de *Guevurah* y su retirada, como ha sido dicho: «hizo volver atrás su diestra delante del enemigo» (*Lamentaciones* II-3).

ודע כי למעלה מצד הגבורה הוא המקור והשפע שהגבורה שואבת ממנו, ומן המקור ההוא, שהוא העליון על הגבורה ונקרא בינ"ה, נר־בעים כמה מיני כוחות של גבורה ונקראים גבורות, וזהו שאמר: מ"י ימלל גבורות ה' (תהלים קו, ב). וכשישראל צדיקים אזי אותן הגבו־רות משפיעים כוחותיהם למידה הנקראת גבורה, ואזי ישראל מתג־ברים על האומות. ולפי שהגבורה היא בחזקתה, לוחמת עם האומות ונוקמת נקמות ישראל מן האויב. ואם חס ושלום חטאו ישראל אזי נשארת מידת הגבורה חלושה ואינה פועלת הנקמה בעובדי גילולים, וזהו סוד 'צור ילדך תשי', ואומר 'איה קנאתך וגבורתי"ך'. והבן זה מאוד:

74a

Has de saber que por encima del lado de *Guevurah* está la fuente de la *Shefa*, de la que bebe *Guevurah*. Esta *Middah* que está más allá de *Guevurah* se llama *Binah*, y de ella emanan muchos poderes, llamados *Guevuroth*.[18] De este modo, ha sido dicho: «¿Quién expresará las *Guevuroth* del *Eterno*? (*Salmos* CVI-2). Cuando Israel es justo, estas mismas *Guevuroth* unen sus poderes en la *Middah* denominada *Guevurah* y, así, Israel puede entonces dominar a las naciones. Porque cuando *Guevurah* está en el poder, Israel puede luchar contra sus enemigos y vengar a Israel. Pero si, Dios no lo quiera, Israel peca, entonces la *Middah Guevurah* es débil y no entra en combate contra los idólatras. Y éste es el secreto del versículo: «que le hizo, y menospreció la roca de su salud», preguntando: «¿Dónde están tus celos y tu *Guevurah*?». Entiende bien esto.

והמידה הזאת היא נקראת בית דין של מעלה, יעל ידי המידה הזאת נידונין כל בני העולם, כמו שאמרנו, לטוב ולרע. וזה המקום הנקרא זכות, לפי שבו נזכרים כל הזכויות וכל החטאים; והרע הניתן משם גם כן זכות הוא, לפי שבו האדם נטהר מן החטא. ומכוח סנהדרי גדולה זו יצאו ג' בתי דינין אחרים שדנים בני העולם לעושר ולעוני, לבריאות ולחולי. וכל דינין שבעולם נידונין בסנהדרי גדולה ובאלו שלושה בתי דינין שלה, חוץ מג' דברים שאינן נידונין בבית דין של אלהים מכל וכל, אבל הם נמשכים ממקום שכולו רחמים, ואלו הם חיים ובנים ומזונות.

Esta *Middah* se llama *Beit Din Shel Maaleh*,[19] y esta *Middah* juzga a todos los hijos del mundo, como hemos dicho, para bien o para mal. Este lugar se llama *Zejut*, porque allí están todos los méritos y todos los pecados. Incluso el mal se da en *Zejut*, porque desde allí el hombre se librará de lo que es impuro. Del poder de este gran Sanhedrín salen tres tribunales que deciden si los hijos del mundo serán

18. Rigores.

19. Tribunal de arriba.

ricos o pobres, sanos o enfermos. Y aunque todos los juicios del mundo son determinados por el gran Sanhedrín y sus tres *tribunales*, hay tres cosas que no dependen de la jurisdicción del *Beit Din* de *Elohim*, y que dependen de un lugar lleno de misericordia. Éstas son: la vida, los hijos y la comida.

ואף על פי שגזרו בבית דין של סנהדרי גדולה של מעלה על אלו ג' דברים, אם עמד אדם ונתכוון בתפילתו עד מקור החפץ, יפיק שאלתו. וזהו שאמרו חז"ל: בני חיי ומזוני לא בזכותא תליא מילתא אלא במזלא תליא מילתא:. ועניין זכות הנזכר במקום זה הוא סוד סנהדרי גדולה; ועניין מזל שהזכירו במקום זה הוא סוד המקור העליון, שהוא מקור החפץ הנקרא אהי"ה, אשר משם נזלו מימי החפץ והרצון. וזהו המזל שכל הדברים תלויין, אפילו ספר תורה. ועל כן אמרו: הכול תלוי במזל ואפילו ספר תורה שבהיכל. ואל יעלה בדעתך כי במזלות הכוכבים דיברו ז"ל במקום הזה, שלא דיברו אלא במקור החפץ, ודי למבין. וכבר ביארנו דברים אלו בשערים הקודמים:

Así, aunque el gran *Beit Din* celestial del Sanhedrín deliberó sobre estas tres cosas, aquel que mantiene y dirige su oración según su deseo, su petición será concedida. Nuestros sabios, de bendita memoria, dijeron: «Los hijos, la vida y la comida no dependen del *Zejut* sino del *Mazal*».[20] Lo que constituye el *Zejut* mencionado aquí es el secreto del gran Sanhedrín. El término *Mazal* es el secreto de la fuente suprema, que es el manantial que brota llamado *Ehieh*, del que fluyen las aguas de difusión. Todo depende del *Mazal*, incluso el *Sefer Torah*. Por eso está escrito: «Todo se basa en el *Mazal*, incluso el Sefer *Torah* del palacio». No pienses que los sabios se refieren a las estrellas y los planetas, sólo hablan del manantial que brota, y esta explicación es suficiente para el que pueda entender, porque ya lo hemos explicado en las Puertas anteriores.

---

20. Véase Talmud, tratado de *Moed Katán* (18a)

74a

ודע כי המידה הזאת נקראת צפון, וצריך אתה לדעת העיקר. כבר הודענוך כי מידת החסד, שהיא בימין, תמיד פתוחה ומזומנת להפיק לכל שואל. וכשהאדם שואל חפציו מאת השם, אזי מתעוררת מידת החסד ומושכת ממקור הרצון כל מיני העושר וכל מיני טובות לתת לשואל די מחסורו. וכשמגיעין אותן המתנות והטובות מצד מידת שמאל, אזי עומדת מידת הדין שהיא מצד צפון ומעכבת אל הימין לגמור חפצי השואל ואומרת:

Y has de saber que esta *Middah* se llama *Tzafon*,[21] y has de conocer lo principal. Ya hemos dicho que la *Middah Hessed* está completamente en el lado derecho, y que siempre está abierta, y lista para responder a una petición. Cuando un hombre hace una petición a Dios, invoca a la *Middah Hessed* y atrae toda clase de beneficios y favores de la fuente efusiva, de modo que al solicitante se le concede todo lo que necesita. Cuando las bendiciones y los favores provienen del lado izquierdo, la *Middah* de *Din* que se encuentra en el norte, modera la mano derecha,[22] diciendo: «Remitámonos al *Din* y determinemos si es apropiado conceder al que pide aquello que ha pedido».

נשב לדין ונראה אם זה השואל ראוי לתת לו שאלה זו ששאל או לאו. ואז נידון השואל בסנהדרי גדולה העומדת בצפון, ואם הוא ראוי נותנים לו שאלתו, ואם אינו ראוי מונעים ממנו כל אותו העויר וכל אותו הטוב שהמשיכה מידת החסד. ואז מקבלת מידת הדין ההיא בצפון כל אותו העושר וכל אותו הטוב ומכנסת אותו באוצרותיה ובבתי גנזיה אשר בצפון, ונשאר כל אותו העושר וכל אותו הטוב באוצרות צפון; לפי שמאחר שמשכה מידת החסד אותם למטה, שוב אינן חוזרים למקומן אלא מקבלת אותם סנהדרי גדולה אשר בצפון.

21. Norte. Corresponde a lo oculto.
22. O sea, el *Hessed.*

Entonces, el gran Sanhedrín que está en el norte[23] delibera sobre la petición, y si es digno, se le concede su petición; si no lo es, se le niega la felicidad y el favor que fue atraído por la *Middah Hessed.* Entonces, la *Middah* de *Din* que mora en el *Tzafon* recibe toda la fortuna y los favores y los coloca (74b) en su almacén en el *Tzafon*; pues, la *Middah* de *Hessed* atrae estos tesoros hacia abajo, y no pueden volver a su lugar, por lo que el gran Sanhedrín los recibe en el norte.

ולפיכך נקראת צפון, לפי ששם צפונים כל מיני עושר וכל הגנזים וכל המצפונים וכל הזהב, וכן הוא אומר; מצפון זהב יאתה (איוב לז, כב). ולפי שהמקום ההוא הנקרא צפון הוא מקום הטמונות והמצפונות כל מיני העושר, אמרו רז"ל: הרוצה להעשיר יצפין. כלומר, יכוין למידת צפון להשלים עם מידת הדין העומדת בצפון, שלא תעכב שאלתו כששואל מאת ה' יתברך הכתוב: אורך ימים בימינה בשמאלה עושר וכבוד (משלי ג, טז). ודע כי כל העושר הזה וכל אלו המצפונות אשר בצפון:

Y por eso se llama el Norte, por el hecho de que allí están todas las riquezas, todos los tesoros y todo el oro, como ha sido dicho: «y del norte sale el oro» (*Job* XXXVII-22). El lugar se llama *Tzafon* (oculto) porque es allí donde se esconden y ocultan los tesoros agradables, como dicen nuestros sabios, de bendita memoria: «Aquel que quiera enriquecerse debe ir al norte».[24] Es decir, debe dirigir sus pensamientos hacia la *Middah Tzafon*, para estar en paz con la *Middah Din*, que está en el norte, para que no retengan la riqueza concedida por *El Eterno*, bendito sea, como ha sido escrito: «largura de días trae en su mano derecha; en su izquierda riquezas y honra» (*Proverbios* III-16). Y has de saber que toda la riqueza y todas estas cosas están en el norte.

---

23. Véase Talmud, tratado de *Berajoth* (7a).
24. Véase Talmud, tratado de *Baba Batra* (25b).

74b

ואחר שהודענוך זה, דע כי בצד הצפון יש מקומות וחדרים גדולים אשר המה מלאים כמה מלאכי חבלה וכמה מיני פורעניות, ושם כמה בארות מים עכורים, טיט ורפש וטיט היוון יורדים עד התהום, ושם כמה מיני שחת, ושם כמה מיני נחשים ועקרבים, ושאר כל מיני חיות רעות יכל אלה שזכרנו כולם עומדים וצופים מתי יצא מן הדין אשר בצפון, לחרוב ארצות ולעקור מלכויות ולהכות בני אדם בכל מיני מכה ובכל מיני משחית, ואז יוצאין כל אחד מאלו מיני פורעניות אשר בצפון ושוטטין בעולם וגומרים הדין בכל אותן שנתחייבו בבית דין שלמעלה, ועל אלו כולן נאמר: מצפון תפתח הרעה (ירמיהו א, יד).

Ahora que sabes esto, debes saber que en el lado norte hay lugares y grandes salones llenos de ángeles destructores, diversas clases de sufrimiento, y pozos de aguas turbias, contaminadas y fangosas, que se hunden profundamente. En la actualidad, hay muchos poderes destructivos, serpientes, escorpiones y todo tipo de bestias malignas. Estos esperan ansiosamente el juicio del norte, para poder saquear la tierra, destruir violentamente reinos y pueblos con plagas y otras fuerzas destructivas. Porque así cada una de estas fuerzas puede surgir del Norte y recorrer el mundo, para llevar a cabo plenamente el juicio decretado por el *Beit Din* Celestial, sobre los declarados culpables. Es sobre estas fuerzas que se dice: «Del norte se desbordará el mal» (*Jeremías* I-14).

ודע שיש במקום זה כמה מלשינים וכמה קטרוגים, וכמה מקטרגין על הבריות. ולפי שהשם יתברך נתן תורה ומצוות לפי רוב חמלתו על ישראל, ציוה להקריב לפניו קרבנות לכפר על העוונות, כדי לסתום אלו המקטריגים בצפון ולכל בעלי משחית. וציוה בתורה כי כל קרבן שהוא בא על חטא, יהיה אותו קרבן נשחט בצפון, וכן הוא אומר: ושחט אותו על ירך המזבח צפונה (ויקרא א, יא).

Y has de saber que en este lugar se encuentran los acusadores y los fiscales, que acusan a las criaturas. Sin embargo, *El Eterno*, bendito

74b

sea, dio la *Torah* y sus preceptos a Israel, ordenando los sacrificios rituales, a cambio de nuestros pecados, para que no fuéramos inmovilizados por los acusadores del norte y otras fuerzas de destrucción. También ordenó que cualquier sacrificio, ofrecido por nuestros pecados, fuera inmolado en el Norte. Como ha sido dicho: «y lo degollará al lado norte del altar» (*Levítico* I-11).

והקרבן הנשחט בצפון בא על החטאים שאדם חוטא, בין שיהיה יחיד או ציבור. כגון, פר ושעיר של יום הכיפורים, וכגון פרים הנשרפים ושעירים הנשרפים, וכגון זבחי שלמי ציבור ואשמות, וכגון חטאת הציבור והיחיד, כל אלו נשחטין בצפון. ואם תאמר: הרי שלמי ציבור, ואינם על חטא ולא אשם? דע שהוקשו לחטאת, זהו שאמר הכתוב: שעיר עזים אחד לחטאת ושני כבשים בני שנה לזבח שלמים (שם כג, יט).

El sacrificio ofrecido en el norte era por los pecados que el hombre ha cometido, ya se trate de una persona o de un grupo. Por ejemplo, el buey o cabra ofrecidos en *Iom Kippur*, las ofrendas públicas, las ofrendas por la culpa, las ofrendas por el pecado individuales o colectivas, se sacrificaban en el norte. Si objetaras que las ofrendas de paz no eran por la culpa o el pecado, has de saber que sí lo eran, pues así dice lo que está escrito: «ofreceréis además un macho cabrío como el pecado; y dos corderos de un año como sacrificio de paz» (*Levítico* XXXIII-19).

אבל שלמי יחיד והתודה ואיל נזיר והבכור והמעשר והפסח, כל אלו אינן מוכרחים להישחט בצפון אלא שחיטתן בכל מקום בעזרה, וטעם כל זה מבואר. ולפי שהקרבנות הם כופר לאדם מן הפגיעה, כמו שכ־תוב 'ונזבחה לה' אלהינו פן יפגענו בדבר או בחרב' (שמות ה, ג) ואלו המינים של פורענות הם בצפון, לפיכך ציווה י"י יתברך כל קרבן שהוא בא על חטא, יישחט בצפון. ובעזרת השם באלו הדברים עדיין נודיעך עיקרים גדולים בטעמי הקרבנות. ולפי שמידת שם אלהים הוא

74b-75a

סוד הדין עומדת בצפון, נשחטין הקרבנות הבאים על החטא בצפון, והסוד: זבחי אלהים (תהלים נא, יט). והבן זה מאוד:

Pero la paz individual, la gratitud, el carnero nazir, el primogénito, los diezmos y el sacrificio de *Pesaj* no tienen que ser sacrificados en el norte, y pueden ser sacrificados en cualquier lugar dentro de los recintos. Así, todo esto se explica, porque los sacrificios son un tributo para que el hombre se proteja del mal, pues ha sido escrito: «Y ellos dijeron: el Dios de los hebreos nos ha encontrado; por lo tanto, nosotros iremos ahora camino de tres días por el desierto, y sacrificaremos al *Eterno*, nuestro Dios; para que no nos encuentre con pestilencia o con espada» (*Éxodo* V-3). Esto se refiere a ciertos tipos de castigo en el norte, por lo que *El Eterno*, bendito sea, ordenó que cualquier sacrificio que sea (75a) ofrecido por el pecado, fuera sacrificado en el Norte. Con la ayuda de Dios, te haremos conocer grandes principios sobre las razones de los sacrificios. Como la *Middah* llamada *Elohim* es el secreto del *Din* que habita en el norte, los sacrificios por el pecado se ofrecen en el norte. Y el secreto es: «los sacrificios para *Elohim*» (*Salmos* LI-19). Entiende bien esto.

ואחר שהודענוך אלו העיקרים הגדולים צריך אתה לדעת, לפי שבית דין העליון הנקרא אלהים יושב לצד צפון והקרבנות הבאים על חטא נשחטים בצפון להיות כפרה בפני בית דין של מעלה, דע כי לצד צפון של מעלה חוץ לפרגוד יש נחש גדול עקלתון, והוא גרם מיתה לאדם הראשון והטיל זוהמה אצל חוה, והוא ראש לפורענות. לכן אמר ה' יתברך והבטיח את ישראל להעבירו ולהרחיקו ולהדיחו למקום שלא יוכל לקטרג לעולם, ואמר הנביא: את הצפוני ארחיק מעליכם והדח־תיו אל ארץ ציה ושממה (יואל ב, כ). וזה קשור בדבר הנקרא קץ כל בשר, כי הוא מכלה מנפש ועד בשר. וזה נכנס לקטרג על דור המבול ונמסרו בידו, וזהו שאמר: קץ כל בשר בא לפני (בראשית ו, יג) כלו־מר, מידת הפורענות, שהיא מקטרגת על הבריות, בא לפני וקטרגה עליהם: כי מלאה הארץ חמס (שם).

75a

Y después de darte a conocer estos grandes principios, has de saber que el *Beit Din* celestial, llamado *Elohim*, habita en el norte, que los sacrificios para la remisión de los pecados también se ofrecen en el norte ante el *Beit Din* celestial. Has de saber que, sobre el lado norte, más allá de la circunferencia del Pargod,[25] habita la gran serpiente Akalton, que causó la muerte de *Adam haRishon* y contaminó a Eva, porque es el jefe del castigo. Después, *El Eterno*, bendito sea, prometió a Israel apartarlo y mantenerlo alejado en un lugar donde nunca pudiera alcanzarlo. Y el profeta dijo: «Y haré alejar de vosotros al del aquilón, y echarélo en la tierra seca y desierta» (Joel II-20). Y esto está relacionado con lo que se llama el fin de toda carne, porque destruye todo, desde el alma hasta la carne. Fue él quien vino a atormentar en el momento del Diluvio, pues el mundo fue entregado en sus manos, como ha sido dicho: «Ha llegado el fin de toda carne» (*Génesis* VI-13). Es decir, la *Middah* de calamidad que aflige a la humanidad, vino delante de mí y los afligió: porque la Tierra está llena de violencia (*Íbid.*).

ונגמר הדין ומסרם ביד 'קץ כל בשר' להשחיתם, ועל זה נאמר: והנני משחיתם את הארץ (שם). ולפי שהמידה הזאת המוכנת לפורענות קבועה בצפון, ציווה י"י יתברך שישחטו הקרבנות הבאים על חטא בצפון. אבל לעתיד לבוא, שהקרבנות עתידין להיבטל, ירחיק השם מידת הפורענות מעלינו ומצד הצפון, ויוליכנה למקום שאינה יכולה לקטרג עוד. וכמו שתהיה נעקרת מידת הפורענות מצד צפון כך יתבטלו הקרבנות שהיו נשחטין בצפון, לפי שכבר בטלה מידת הפורענות המקטרגת שהיתה עומדת בצפון, ואין צורך להישחט קרבן בצפון על חטא שלא יחטאו עוד. והבן זה מאוד:

El juicio terminó, y entonces se estableció "el fin de toda carne" para la destrucción del mundo, respecto a lo cual ha sido dicho: "he aquí que yo los destruyo a ellos con la tierra" (*Ídem*). Como esta *Mid-*

25. Cortina.

75a

dah de castigo está en el norte, *El Eterno*, bendito sea, ha ordenado que las ofrendas por el pecado sean sacrificadas en el norte. En el futuro por venir, cuando el mundo sea como debe ser, cuando se eliminen los sacrificios, *El Eterno* eliminará el dolor que hay en nosotros del lado norte y lo llevará a un lugar donde ya no tendrá poder para actuar. Asimismo, la *Middah* del castigo será desarraigada del lado norte, por lo que los sacrificios realizados en el norte serán suprimidos, pues ya no habrá necesidad de hacer ofrendas por pecados que ya no existirán. Entiende bien esto.

ודע כי המידה הזאת הנקראת אלהים, העומדת לשמאל, נקראת לפ־עמים י"ך כה"ה. וטעם שנקראת יד כהה, לפי שהיא השמאל והיא מונעת ומעכבת את הימין להשפיע בעולם זולתי מה שיצא מן הדין. ולפי שמעכבת על צד ימין לתת הטובות בעולם, הרי המידה הזאת הנקראת שמאל לוקחת ומקבלת כל העושר מיד הימין ומחביאה אותו בבתי גנזיה, כמו שאמרנו. וזהו סוד: וקרנים מידו לו ושם חביון עוזו (חבקוק ג). והבן זה מאוד.

Has de saber que esta *Middah*, denominada *Elohim*, que se encuentra en el lado izquierdo se llama a veces *Iad Kahah.*[26] La razón de este nombre es que esta mano reside en el lado izquierdo e impide que la mano derecha influya en el mundo, excepto cuando precede al *Din*. Dado que impide que la mano derecha dar las mejores cosas al mundo, esta *Middah*, llamada «mano izquierda», toma y recibe todas las riquezas de la mano derecha y las esconde en almacenes, como ya hemos dicho. Y éste es el secreto de: «Y su resplandor fue como la luz; cuernos le salían de su mano; y allí estaba escondida su fortaleza» (*Habacuc* III-4). Entiende bien esto.

26. Mano oscura.

ואחר שהודענוך זה, יש לנו להודיעך כי מידת הגבורה הזאת נקראת פחד. והטעם, כי מידת הגבורה והממשלה אשר שם סנהדרי גדולה ושם כמה בתי דינים, ושם כמה בתי שלהבות אש להבה, ושם כמה גרדינים נמוסים ממונים להכות ולהעניש ולייסר בכל מיני מכה ופצע וכל מיני חלאים, וכולן אש שלהבת. ובמקום הזה יש כמה מיני אש אשר אוכלים כל מיני אשות שבעולם ולוחכים אותן, בהיות האש אוכלת את הקש. ולפיכך נקראת האש הגדולה, יפי ששאר כל מיני אש אשר בעולם הם קטנים אצל האש הזאת. ולפי שהאש הזאת שו־רפת כל שאר מיני האש יפחדו ממנה עליונים ותחתונים, ואפילו המ־לאכים העליונים נרתעים ונבהלים ונשרפין מן האש הזאת ואינן יכולין להתקרב אליה, אך שם פחדו פחד מרוב חזקה וכוח ממשלתה.

Y después de explicarte esto debo explicarte que la *Middah* de *Guevurah* se llama *Pajad*. Porque en la *Middah* de *Guevurah* y el gobierno que hay en el gran Sanhedrín hay varios *Beit Dinim*, y casas con hornos de fuego y algunos guardianes designados para golpear y castigar y atormentar con toda clase de golpes, plagas y enfermedades. Y todos ellos son fuego y llama. Y en este lugar hay varios tipos de fuego devoran a todo tipo de mujeres en el mundo y las ahuyentan como el fuego se come la paja. Y por eso se llama el gran fuego y todos los otros tipos de fuego en el mundo son pequeños en comparación con este fuego. Y como este fuego quema todos los demás tipos de fuego, los superiores y los inferiores se asustan de él, e incluso los ángeles superiores retroceden y están asustados y quemados por este fuego y no pueden acercarse a él (75b), pues su gran fuerza y el poder de su gobierno les causa terror.

ולפי זה הדרך נקראת המידה הזאת פחד, אשר ממנה פוחדים המוני מעלה ומטה, זהו שאמר הכתוב: מפני פחד י"י ומהדר גאונו (ישעיהו ב, יט). ומן האש הזאת שהיא שורפת ומכלה את הכול, והוא מקום הפחד והוא בית מצרף לרשעים ופושעים, ומכוח שלהבת שלה נשר־פין כמה חיילות, אמר הכתוב: פחדו בציון חטאים אחזה רעדה חנפים מי יגור לנו אש אוכלה מי יגור לנו מוקדי עולם (ישעיהו לג, יד):

75b

Por eso esta *Middah* se llama «*Pajad*», porque las jerarquías celestiales y terrestres le temen. Así está escrito: «ante el terror del *Eterno*, ante el esplendor de su majestad» (*Isaías* II-19). Y de este fuego que quema y consume todo, el lugar del miedo y es una casa de malvados y culpables, y por el poder de su llama podrían arder cohortes enteras, como ha sido escrito: «Los pecadores se asombraron en Sion, espanto sobrecogió a los hipócritas. ¿Quién de nosotros morará con el fuego consumidor? ¿Quién de nosotros habitará con las llamas eternas?» (*Isaías* XXXIII-14).

ודע שנקראת אש אוכלה, מפני שהיא אוכלת כל שאר מיני אש שב־עולם. ובדרך זה נקרא ה' יתברך מצד המידה הזאת אש אוכלה, כאומרו; כי י"י אלהיך אש אוכלה הוא יכניעם (דברים ט, ג). ולפי שהוא יתברך אש אוכלה, יכול להכניע ולהשפיל ולכלות; כי במידה הזאת הוא יתברך עושה מלחמות, ולפיכך נקראת המידה הזאת פחד. והמידה הזאת החזיק בה יצחק אבינו עליו השלום, שהיא לצד שמאל ולצד הדין הגדול ונקראת פח"ד יצח"ק, וכן הוא אומר: וישבע יעקב בפחד אביו יצחק (בראשית לא, נג).

Has de saber que esta *Middah* se llama *Esh Ojelah*,[27] porque devora todos los demás tipos de fuego del mundo. Por eso *El Eterno* bendito sea, se llama a sí mismo con el apodo *Esh Ojelah* porque ha sido dicho: «*El Eterno*, tu Dios, es el que pasa delante de ti, fuego consumidor, que los destruirá y humillará delante de ti» (*Deuteronomio* IX-3). Como él, bendito sea, es un fuego consumidor, puede oprimir, someter y destruir, pues esta *Middah* hace la guerra, y por eso se llama *Pajad*. Isaac, nuestro patriarca, la paz sea con él, está atado por encima de *esta Middah*, en el lado izquierdo, el del gran *Din*, y se llama *Pajad Isaac*, por lo que ha sido dicho: "Y Jacob juró por el *Pajad* de Isaac su padre" (*Génesis* XXXI-53).

---

27. Fuego devorador.

75b

ודע כי כשרדף לבן הארמי אחר יעקב וביקש לעקור את הכול, באה מידה הזאת לעקור את לבן וללחום עמו. כי בכוח גדול ועליון היה בא לבן הארמי, ואל יהיה בעיניך דבר נקל שאמרה תורה 'ארמי אובד אבי' (דברים כו, ה) כי לבן ביקש לעקור את הכול, שורש וענף. וכ־שראה יעקב שבאה מידת הפחד לסייעו, נתגבר והתחיל להראות גבורתו ותוקפו אצל לבן, וזהו שאמר הכתוב: ויחר ליעקב וירב בלבן (בראשית לא, לו). ואם יעקב היה חלוש, היאך עושה מריבה עם לבן? אלא דע כי מידת הפחד באה לסייע את יעקב. ומניין לנו ראייה? שאמר יעקב ללבן: לולי אלהי אבי אברהם ופחד יצחק היה לי כי עתה ריקם שלחתני (שם). פחד יצחק בוודאי היה לי ובא לסייעני:

Has de saber que cuando Labán el arameo persiguió a Jacob, buscando desarraigarlo todo, esta *Middah* vino a desarraigar a Labán y le hizo la guerra. Porque Labán el arameo llegó con un poder grande y supremo, y no debes tomar a la ligera lo que dice la *Torah* cuando menciona: «un arameo perdió a mi padre» (*Deuteronomio* XXVI-5). Porque Labán lo quiso desarraigar todo, el árbol y sus ramas. Cuando Jacob vio que la *Middah Pajad* venía a ayudarle, se sintió apoyado y manifestó su poder y fuerza contra Labán, por lo que ha sido escrito: «Entonces Jacob se enojó, y riñó con Labán» (*Génesis* XXXI-36). Si Jacob hubiera sido débil, ¿cómo podría haber peleado con Labán? Sabemos que la *Middah Pajad* acudió en ayuda de Jacob. ¿Dónde está la prueba de ello? En lo que Jacob le dijo a Labán: «si el Dios de mi padre, el Dios de Abraham, y el temor de Isaac, no fuera conmigo, de cierto me enviarías ahora vacío» (*Génesis* XXXI-42). *Pajad* de Isaac estaba ciertamente allí conmigo y estaba allí para ayudarme.

ולפי זה הדרך התבונן כי מידת הפחד היא מקום סנהדרי גדולה ושאר בתי דינין שלה, ובה כל מיני אש חזקה, ובה כל מיני כלי מלחמה וכלי משחית להשמיד להרוג ולאבד, לעקור לטלטל ולאבד, כל אלו לגמור הדינים הנגזרים בסנהדרי גדולה הנקראת אלהים. ועל המקום הוצ־רך שלמה לגלות כי אפילו הגיבורים והחסידים והצדיקים פוחדים מן המקום הזה, ואמר: הנה מטתו שלשלמה ששים גבורים סביב לה

75b

מגבורי ישראל כולם אחוזי חרב מלומדי מלחמה וגו' מפחד בלילות (שיה"ש ג, ז) ואמרו רז"ל: מפחדה של גיהנם שהיא דומה ללילה ידע כי אפילו הצדיקים העליונים ייאים ונבהלים ממידת הפחד, והרי דוד צווח ואמר: סמר מפחדך בשרי (תהלים קיט, קכ) ומה טעם? 'וממשפטיך יראתי'. כלומר, מקום המשפט הוא מקום שבו שוכנת מידת הפחד. ואחר שביארנו לך זה, דע כי במקום הנקרא פחד יש למטה כמה מיני שוחות ובורות עמוקים עד מאוד, ונקראים מדורי גיהנום.

De esta manera, podemos entender que la *Middah Pajad* es el lugar del gran Sanhedrín y sus tribunales, en los que residen muchas clases de poderosos infiernos, con diferentes tipos de armas, fuerzas destructivas, capaces de destruir, aniquilar y desarraigar. Su único propósito es el cumplimiento de los juicios pronunciados por el gran Sanhedrín, llamado *Elohim*. Y Salomón, reveló que incluso los héroes, los *Hassidim* y los *Tzaddikim* temían este lugar, y dijo: «He aquí es la litera de Salomón; sesenta fuertes la rodean, de los fuertes de Israel. Todos ellos tienen espadas, diestros en la guerra; cada uno su espada sobre su muslo, por los temores de la noche» (*Cantar de los cantares* III-7 y 8). Y dijeron nuestros sabios, de bendita memoria: «El miedo al *Guehinom* es como la noche».[28] Has de saber que incluso los *Tzaddikim* celestiales temen a la *Middah Pajad*, David gimió y dijo: «Mi carne se ha estremecido por temor de ti; y de tus juicios tengo miedo» (*Salmos* CXIX-120). ¿Qué significa «de tus juicios tengo miedo»? Es el lugar del juicio donde reside la *Middah Pajad*. Después de explicarte esto, debes saber que debajo de *Pajad* hay muchos pozos y cuevas de gran profundidad, llamados *Medorei Guehinom*.[29]

ושם כמה מיני משחית ומיני פורעניות, ומרוב עומקם הם כולן חושך ותמיד הם חשוכים ואפלים. ונקראים על טעם זה 'לילה', לפי שאין

28. Véase Talmud, tratado de *Sanhedrín* (7b).

29. Secciones del infierno.

75b - 76a

מאיר שם לעולם אלא תמיד כולו לילה באותו מקום. ולפיכך פוחדים עד מאוד ממנו עליונים ותחתונים, וזהו: 'מפחד בלילות'. ודרשו רז"ל: מפחדה של גיהנם שהיא דומה ללילה. וכמה צדיקים ביקשו רחמים בחייהם שלא יראו אותו המקום, הבטיחם ה' יתברך לעשות בקשתם ושאלתם ואמר: לא תירא מפחד לילה (תהלים צא).

Y en su interior hay varias clases de destrucción y de castigo, y a causa de su profundidad son todas tinieblas y siempre son oscuras, por lo que se llaman (76a) *Leila*,[30] ya que no hay luz y siempre es de noche en ese lugar. Todo tipo de criaturas de arriba y de abajo siempre tienen miedo, porque es *Pajad* de las noches. Los sabios han enseñado: «El miedo al *Guehinom* es como la noche», por lo que muchos *Tzaddikim* piden misericordia, para no ver nunca este lugar, y *El Eterno*, bendito sea, ha prometido conceder su petición, diciendo: «No temerás *Pajad Laila*» (*Salmos* XCI-5).

ועתה התבונן כמה היא כוח בעלי תשובה, שנצולין מזה המקום הקשה. ואוי להם לרשעים שנידונין במקום זה שלא הופיע בו אור לעולם, וזהו שאמר: ארץ עפתה כמו אופל צלמות ולא סדרים ותפע כמו אופל (איוב י, כב). ודע כי כל אדם שאינו אומר בכל יום ויום סדר קדושת היום, שהוא 'ובא לציון' עם קדושתו והלכתו, עתיד לטעום טעם במקום פחד הזה שכולו חושך, אם לא יתקן מה שקלקל קודם שיצא מן העולם. וכן הוא אומר: ארץ עפתה כמו אופל צלמות ולא סדרים (שם), ומה טעם רואה צלמוות? לפי שלא אמר סדר קדושת היום, וזה שנאמר 'צלמות ולא סדרים'.

Y ahora observa el poder de los que se arrepienten, que se salvan de este cruel lugar, y del abatimiento de los malvados que están condenados a permanecer en este lugar donde nunca aparece la luz. Es como ha sido dicho: «tierra de oscuridad, y tenebrosa sombra de muerte,

30. Noche.

76a

donde no hay orden, y que resplandece como la misma oscuridad» (*Job* X-22). Has de saber que aquel que no reza ordenadamente y no santifica cada momento del día, con *Ufa Zion*,[31] irá a ese temible lugar en el oscuro futuro, si no se arrepiente antes de dejar el mundo. Como se dice: «tenebrosa sombra de muerte, donde no hay orden».

ודע כי המידה הזאת, הנקראת פחד ואש אוכלה, נתנה י"י יתברך לישראל לעבור לפניהם לכבוש את הארץ וללחום המלחמות, שנאמר: לא יתיצב איש בפניכם פחדכם ומוראכם יתן י"י אלהיכם על פני כל הארץ אשר תדרכו בה (דברים יא, כה). ולמה אמר הכתוב 'פחדכם'? בשיבחן של ישראל הפליג ואמר השם: אף על פי שמידת הפחד שלי הוא, ישראל לקחו אותה בירושה. שהרי יצחק ירש מידת הפחד ושלו היתה, שנאמר: וישבע בפחד אביו יצחק (בראשית לא, נג), ויירשו ישראל כל נכסי אברהם יצחק ויעקב והרי מידת פחד נמסרה ביד ישראל לירושה, עד שחטאו ואבדו הכול. ואחר שידעת זה, דע כי כל הממשלה והשלטנות של מעלה הם בסוד גבורה, מידת הפחד שהיא סוד הממשלה, וכן הוא אומר: המשל ופחד עמו עושה שלום במרומיו (איוב כה, ב):

Y has de saber que esta *Middah* denominada *Pajad* y *Esh Ojelah* les fue dada por *El Eterno* su Dios, con el fin de precederlos a conquistar la tierra y librar guerras, como está escrito: «Nadie se sostendrá delante de vosotros; miedo y temor de vosotros pondrá *El Eterno* vuestro Dios sobre la faz de toda la tierra que hollareis» (*Deuteronomio* XI-25). ¿Por qué el versículo dice miedo y temor? Para alabar a Israel, pues dijo: «Aunque la *Middah Pajad* es mía, Israel la ha heredado», ya que Isaac heredó la *Middah Pajad* y así se convirtió en suya, como ha sido dicho: «Y Jacob juró por el *Pajad Isaac* su padre» (*Génesis* XXXI-53). Israel heredó todas las posesiones de Abraham, Isaac y Jacob, contenidas en la *Middah Pajad*, hasta que Israel pecó y lo perdió todo. Y ahora que

31. Viene a Sion. Véase Talmud, tratado de *Sotah* (49a).

te has dado cuenta de esto, debes saber que todas las fuerzas que gobiernan y controlan desde arriba están formadas por el secreto de *Guevurah*, que es el secreto de *Pajad*, el secreto del soberano, como se ha sido dicho: «El señorío y el temor están con Dios; él hace paz en sus alturas» (*Job* XXV-2).

ואחר שהודענוך ומסרנו בידך אלו העיקרים והכללים הגדולים, יש לנו לחזור ולמסור בידך עוד עיקרים אשר מהם תיכנס לכמה שערי אורה והשגת כמה סתרי תורה. ואחר אשר ביארנו לך קצת הסתרים הנכללים בשם אלהים, יש לנו לחתום שער הזה ולהודיעך כי אלהי"ם הוא ידוע לקצת בעלי הקבלה שהוא סוד אש אוכלה, כמו שאמרנו, אבל המידה הזאת פועלת כל ההפכים בכוח אחד פשוט; והכוח הזה הוא ממית ומחייה במידה אחת, והוא מכלה ומקיים ומוחץ ורופא, והכול במידה אחת ובקצב אחד.

Después de enseñaros esto y revelaros estos principios fundamentales y estas grandes reglas, debemos volver atrás y entregarte más principios, que podrás utilizar para atravesar otras Puertas de la Luz y recibir más secretos de la *Torah*. Después de revelarte algunos de los secretos contenidos en el nombre *Elohim*, debemos cerrar esta puerta diciéndote que *Elohim* es conocido por algunos practicantes de la Cábala como el «Fuego Devorador», como hemos mencionado, pero esta *Middah* puede hacer exactamente lo contrario con el mismo poder. Este poder puede traer la vida o la muerte, puede derribar o sostener, enfermar o curar, y todo está contenido en una única *Middah*.

ומן הכוח הזה נוטלין רשות כל השליחים השלוחים מלמעלה לגמור הדין הגזור על בני העולם, אם למוות אם לחיים, אם לכלות אם לקיים, אם למחוץ אם לרפא, והכול במידה הזאת. ולפי דרך זה התבונן כי כשמשלחין מלמעלה שליח לגמור שליחות באלו הדברים וכיוצא בהן, נקרא השליח אלהים על פי הכוח שמסרו בידו מאלו הדברים הנזכרים.

76a

Y de este poder reciben el permiso de todos los ángeles enviados desde arriba para terminar el juicio decretado sobre la gente del mundo: dar la vida o la muerte, derribar o apoyar, herir o curar, todo está contenido en esta *Middah.* Según esto, entiende que un emisario es enviado desde arriba para completar misiones y este emisario se llama *Elohim*, por el poder de las fuerzas que se le confían.

ושמור זה העיקר הגדול בידך, שעדיין תצטרך אותו לכמה מקומות. ועתה אם יש לך עיניים, פקח עיניך בכללים אלו הגדולים שמסר־ נו לך בשער הזה בעניין שם אלהים ותוכל להבין שם אלהים בכל מקום שאתה מוצא בתורה. ותבין למה נקראו השרים העליונים אלהים אחרים, ותבין למה נקראו הדיינין כולם, אפילו בני אדם, בשם אלהים. ותבין למה נקראו המלאכים בני האלהים. וכשתבין כל הע־ ניינים האלו, תבין גם כן שאר הכוחות והפעולות אשר הן כולן כלולין בשם אלהים. והשם יתברך יורנו הדרך לדעת אמיתת דרכו ולשמור מצוותיו חוקיו ומשפטיו, וכן יהי רצון:

Guarda este principio contigo, porque lo vas a necesitar en otros lugares. Ahora, si tienes ojos, ábrelos a estos principios que te hemos dado en esta Puerta, a propósito del nombre *Elohim* y podrás entender el nombre *Elohim* cuando lo encuentres en la *Torah.* Entenderás por qué los Príncipes celestiales son llamados *Elohim Ajerim* y por qué todos los jueces son llamados *Elohim,* incluso los jueces humanos. Entenderás por qué los ángeles son llamados *Beni Elohim.* Cuando hayas comprendido todos estos asuntos, entenderás todos los poderes y obras que contiene el nombre *Elohim.* Y *El Eterno,* bendito sea, nos enseñará el camino para conocer la verdad y la forma de guardar sus mandamientos, leyes y preceptos, y que así sea.

76b

SÉPTIMA PUERTA

Séptima puerta - Cuarta sefirah

ואתה אדני אל רחום וחנון ארך אפים ורב חסד ואמת (תהלים פו, טו):

(76b) «Mas tú, *Adonai*, Dios misericordioso y clemente, lento para la ira, y grande en misericordia y verdad» (*Salmos* LXXXVI-15).

השם השביעי משמות הקודש הוא שם הנקרא א"ל. יצריכין אנו להודיעך סוד השם הזה על דרך העיקר, וכשתבין העיקר אז תבין כל מקום שאתה מוצא בו לשון אל. כבר הודענוך בשערים הקודמים כי שם אל ממונה על החסד והרחמים, והוא סוד המידה אשר ירש אב־רהם אבינו עליו השלום, כאמרו: ויקרא שם בשם ה' אל עולם (ברא־שית כא, לג).

El séptimo nombre de los nombres sagrados es un nombre denominado *El*. Necesitamos informarte acerca del secreto de este nombre y proporcionarte una comprensión completa del mismo. Cuando hayas comprendido esto, en todos los lugares en los que encuentres el nombre *El*, entenderás su significado. Dijimos en las Puertas anteriores que el nombre *El* corresponde a *Hessed* y a *Rajamim* y es el secreto de la *Middah* que Abraham, nuestro patriarca, la paz sea con él, mencionó: «e invocó allí el nombre del *Eterno, El* eterno» (*Génesis* XXI-33).

ועתה צריך אתה לדעת כי בסנהדרי גדולה הנקראים אלהים יש ג' מאות ועשרה מחנות של מידות הדין משוטטות בעולם, וכל מחנה

76b

ומחנה מהן גומר הדין בכל הדברים שהוא ממונה, בין לטוב בין לרע. ואלו המידות כולן שואבות ומושכות להן כל מיני העושר והטובה שמונעין על פי הדין מן הרשעים, וכל אוצרותיהן מלאים כל טוב וכל מיני עושר ונכסים וכבוד, ונקראים כולן 'יש'. וכל אלו האוצרות גנו־זים ומוכנים לצדיקים לעתיד לבוא, ועל זה נאמר: להנחיל אוהבי י"ש ואוצרותיהם אמלא (משלי ח, כא).

Ahora debes saber que el gran Sanhedrín, designado por el nombre *Elohim*, tiene trescientas diez legiones para la *Middah* de *Din* en todo el mundo. Cada una de estas legiones ejecuta. Y todas estas *Middoth* atraen y atraen hacia sí toda clase de riquezas y bondades que son negadas los impíos según la ley. Y todos sus almacenes abundan en todo bien y toda clase de riquezas, favores y privilegios y se llaman *Iesh*.[1] Y todos estos tesoros están almacenados y listos para los justos para el futuro por venir, y por eso ha sido dicho: «Para hacer heredar a mis amigos el *Iesh*, y que yo hinche sus tesoros» (*Proverbios* VIII-21).

וכשאלו השלוש מאות ועשרה מחנות יוצאין מבית דין הגדול ומשו־טטות בעולם לגמור הדין בחוטאים, מהם שוללים מהם בוזזים, מהם פוצעים מהם עוקרים, מהם מנגעים ומהם מביאין כמה מיני חלאים, כל מחנה ומחנה מהם גומר הדין שפסקו על כל בריה ובריה, והכול באמת ובאמונה ולא מוסיפין ולא גורעין על מה שנגזר בבית דין הנק־רא אלהים, שהוא 'אלהים אמת':

Y cuando estas trescientas diez legiones se presenten ante el *Beit Din haGaddol*[2] y vayan el mundo esperando los juicios para los pecadores, ya sea la devastación o el saqueo, la plaga o el derrocamiento, la enfermedad o la epidemia, cada una de estas legiones ejecuta el juicio dictado para cada criatura. Todo esto se hace con fe y confianza, pues

1. Literalmente «hay» o «ser», pero también puede referirse a riquezas, su guematria es 310.
2. Literalmente «el gran tribunal».

nada se añade ni se quita al decreto denominado *Elohim*, que es *Elohim Emet.*

ודע כי למעלה מכל אלו המחנות, ולמעלה מבית דין הגדול הנקרא אלהים, יושבת מידת הרחמים הגמורה שאין בה תערובת דין בעולם, אלא כולה רחמים וחסד וחמלה וחנינה, מבלי צד דין שבעולם. והמי־דה הזאת מרחמת, אף על פי שאין הבריות ראויות לרחמים, ונותנת מתנת חינם. ועל זה הדרך היו הצדיקים והחסידים יודעים דרך המידה הזאת, ובעת הצרה היו מתכוונים אליה והיו מצילין את העולם מכמה מיני צרות. ודע כי המידה הזאת העליונה שהיא רחמים גמורים נק־ראת א"ל, והוא המעשר של המחנות הנקראים י"ש.

Has de saber que por encima de estas legiones y por encima del *Gran Beit Din*, denominado *Elohim*, está la *Middah* de *Rajamim* total, en el que no hay nunca ninguna mezcla de *Din*. Es sólo *Rajamim* y *Hessed* y *Jamlah* y *Janinah,*[3] pero sin nada de *Din*. Y esta *Middah* de *Rajamim,* incluso si hay hombres que no son dignos de *Rajamim*, la ofrece como una gracia (77a). Y de esta manera conocieron los *Tzaddikim* y *Jassidim* el camino de esta *Middah*, y se esfuerzan por dirigir sus intenciones hacia esta *Middah.* Cuando llega el tiempo de la angustia se dirigen hacia ella preservando así al mundo de todo tipo de desgracias. Y has de saber que esta *Middah* suprema que es *Rajamim* total se llama *El*, y recibe los diezmos de las legiones llamadas *Iesh.*

וכשיצאו הג' מאות ועשרה מחנות להשחית את בני העולם על פי הדין שדנו בבית דין של מעלה, אם יש בעולם צדיק שיוכל להתכוון אל המידה הזאת הנקראת אל או היא יוצאת מהיכלה ונגלית, וכש־רואים אותה י"ש מחנות אז כולם מתפזרים ובורחים ומסתתרים מפני כבודה ואינם פועלים דבר מכל מיני משחית שהיה להם לפעול, לפי

3. Misericordia y bondad y compasión y perdón.

77a

שמידת הרחמים הגדולים יצאה ונגלית עליהם. וכשהיא נגלית, יודעים כולם שאין להם כוח להשחית ולהשמיד ולא להזיק ולא להרע לשום בריה שבעולם, כי כבר הופיע המידה הנקראת אל.

Y cuando las trescientos diez legiones se preparan para corromper a la gente del mundo en virtud de la sentencia pronunciada por el *Beit Din* celestial, si hay un solo *Tzaddik* capaz de dirigir su pensamiento hacia esta *Middah*, denominada *El*, entonces sale de su palacio y despierta. Cuando esto sucede, las legiones de *Iesh*[4] se dispersan, huyen y se esconden de su gloria, sin realizar el mal que iban a hacer, porque la *Middah* de *Rajamim* las domina y saben que entonces ya no tienen el poder de destruir y exterminar, de devastar y asolar a las criaturas del mundo, porque la *Middah El* ha aparecido.

ועתה דע והבן כי בעת הצרות היו הקדושים והחסידים ממהרים להתפלל ולהתכוין למידת אל, וזהו שאנו אומרים; 'אל מלך יושב על כסא רחמים'. ונקראת גם כן אל עליון, והנה אברהם אבינו עליו השלום השתדל כל ימיו אחרי המידה הזאת שכולה חסד ורחמים וחנינה, וקיבל עליו כמה מיני יסורים וכמה מיני צער כדי שיהיה זוכה לה, וברוב השתדלותו ואהבתו אותה זכה שהיתה לו ירושת עולם, וזהו סוד: ברוך אברם לא"ל עליו"ן ואמר: ויטע אשל בבאר שבע ויקרא שם בשם ה' אל עולם (שם כא, לג). והנה אברהם אבינו עליו השלום ירש המידה הזאת, ולפיכך נתברך בכול. שלא היה לו למעלה מקטרג ומערער, אלא היו מזומנין לחפצו, לפי שמידת אל היתה מתגלת עליו תמיד ואז היה כל בעלי דינין בורחין מפניו, וזהו סוד 'חסד לאברהם':

Y ahora has de saber y entender por qué, en tiempos de pruebas, los *Tzaddikim* y los *Jassidim* se apresuran a orar y a dirigir sus pensamientos a la *Middah El*, y ésta es la razón por la que llamamos a *El* «el rey que se sienta en el trono de la misericordia». También se le llama *El*

4. El autor juega con la guematria de esta palabra que es 310 como el número de legiones.

Elion, y he aquí que Abraham, nuestro patriarca, la paz sea con él, esperó todos estos días esta *Middah* que es toda *Hessed* y *Rajamim* y *Janinah*, y recibió sobre sí muchas pruebas y aflicciones para ser digno de ella. Y con su esfuerzo y a su amor, esto se le atribuyó eternamente. Y éste es el secreto de: «Bendito sea Abram por *El Elion*» (*Génesis* XIV-19), y ha sido dicho: «Y plantó Abraham un tamarisco en Beerseba, e invocó allí el nombre del *El Eterno* Dios eterno» (*Íbid.* XXI-33). Podemos ver que Abraham, nuestro patriarca, heredó esta *Middah* y fue bendecido en todo. No hay nadie por encima de él que pueda anular o refutar sus peticiones, pues todos están dispuestos a responder a su solicitud, ya que la *Middah El* siempre está a su disposición, por lo que todos los detractores tienen que huir. Y éste es el secreto del *Hessed* de Abraham.

ולפי שמידת אל היא המזומנת לרחמים הגדולים, התקינו רז"ל לומר 'אל מלך יושב על כסא רחמים'. ועתה צריכין אנו לעוררך על עיקר גדול, והוא כי בי"ג מידות של רחמים הזכיר 'ה' ה' אל רחום וחנון ארך אפים ורב חסד ואמת', ואף על פי שכבר פירשנו לך זה הפסוק בשער שעבר קודם לכן, צריכין אנו לפרש לך עדיין על יסוד מידת אל. שהרי דוד המלך עליו השלום לקח גם המידות האלו וכלל אותם בשם אל, ואמר: ואתה אדני אל רחום וחנון ארך אפים ורב חסד ואמת (תהלים פו, טו). ועתה שים לבך ושמע פירוש הפסוק הזה. אל הוא סוד מידה עליונה אשר כולה רחמים גמורים, ומפניה נכנעים כל מחנות הדין ואין אחד מהן עומד לפניה. ולפי שירש אברהם מידת אל ואהב אותה, זכה לנחול כל נחלות של ש"י מחנות הנקראים י"ש, וזהו סוד: להנחיל אוהבי יש (משלי ח, כא), ואומר: זרע אברהם אוהבי (ישעיהו מא, ח).

Y conforme a la *Middah El*, es denominada gran *Rajamim*, arreglaron nuestros sabios, de bendita memoria, que invoquemos ante el rey que mora en el trono de *Rajamim*. Y ahora necesitamos informarte de gran principio, y es que las 13 *Middoth* de *Rajamim*, aludidas en *El Eterno, El Eterno Rajum*, y *Rajun, Erej haPaim*, y *Rav Hessed* y *Emet*.

77a

Aunque este versículo ya ha sido explicado en el capítulo anterior, debemos aclarar el secreto de la *Middah El*. Porque el rey David, la paz sea con él, tomó estas *Middoth* y las unió con la *Middah El*, diciendo: «Mas tú, *El Eterno*, Dios misericordioso y clemente, lento para la ira, y grande en misericordia y verdad» (*Salmos* LXXXVI-15). Ahora presta atención y escucha el significado de este versículo. *El* es el secreto de la *Middah* de *Rajamim* total. Y ante ella se someten todas las legiones de *Din* y ninguna se mantiene de pie. Y dado que Abraham heredó esta *Middah* de *El* y la amó, tuvo derecho a recibir la herencia de las trescientas diez legiones, denominadas *Iesh*. Y éste es el secreto del versículo: «para hacer heredar a mis amigos el *Iesh*» (*Proverbios* VIII-21), y ha sido dicho «simiente de Abraham mi amigo» (*Isaías* XLI-8).

והבן זה מאוד. ואומר אחריו 'רחום', וסוד רחום הוא מידת אל כשהיא רואה שיצא מן הדין בסנהדרי גדולה להשמיד או להחרים אדם או מקום, או שאר כיוצא בזה, שאם ישמד יבוא לעולם הפסד גדול, אז יוצאת המידה הנקראת אל כדי לרחם על הבריות שלא יישחת העולם ומרחמת על אותה הבריה שנגזר עליה הדין לכלותה. וכשיוצאת מידת אל, בורחים ומסתתרין כל מחנות הדין ואז ניצלת אותה הבריה מן הדין והעונש, וזהו סוד 'רחום' אשר במידת אל.

Y entiende bien esto. Después se menciona a *Rajum*. El secreto de *Rajum* es la *Middah El*, cuando ve que viene el *Din* ante el gran Sanhedrín, que viene a destruir o devastar una persona o un lugar. Si esta destrucción tuviera lugar, el mundo sufriría una gran pérdida.[5] Entonces la *Middah* denominada *El* aparece para traer la misericordia, para que el mundo no sea destruido, trayendo su misericordia para el condenado a la destrucción. Porque cuando aparece la *Middah El*, todas las legiones de *Din* se dispersan, huyen y se esconden, y así la criatura se salva del juicio y del castigo, y éste es el secreto de *Rajum* en la *Middah El*.

5. Literalmente «un gran terror».

77a-77b

ואומר אחריו 'חנון', וסוד חנון כי פעמים רבות כצאת מחנות המ־
שחית להשחית בני העולם על פי הדין, יוצאת מידת אל ומתגלגלת
להצילם, ואף על פי שאינם הגונים ולא ראוים נותנת מתנת חינם כדי
להציל את הבריות מן העונש הגדול. ואומר אחריו 'ארך אפים', דע
שיש מן הבריות מי שאינו ראוי לא לרחום ולא לחנון, אלא ראוי לה־
ענש כפי הדין שנגזר עליו מלמעלה, ואף על פי כן מידת אל שכולה
רחמים יוצאת ואומרת; המתינו לפלוני ואל תענישהו מיד, ואף על פי
שאינו ראוי לא לרחום ולא לחנון המתינו לו אולי יעשה תשובה. זהו
סוד 'ארך אפים', כלומר שמאריכין לו הזמן אולי יעשה תשובה. ואף
על פי שהאף תלוי עליו, מאריכין לו האף

El siguiente término es *Janun,*[6] y el secreto de *Janun* es que ya que muchas veces, cuando las legiones destructoras vienen a destruir el mundo, en nombre de la *Middah Din*, la *Middah El* interviene para salvarlo, aunque no sea digno, y concede la gracia para que todas las criaturas sean preservadas de este gran castigo. El siguiente término es *Erej haPaim.*[7] Has de saber que en la humanidad hay quienes no merecen salvados por el *Rajum* o por el *Janun*, y han de ser castigados de acuerdo con la sentencia pronunciada sobre ellos. Sin embargo, *El*, la *Middah* de *Rajamim* total, se adelanta y dice: «Espera y no lo castigues inmediatamente» (77b), a pesar de que no sea apto para beneficiarse de *Rajamim* ni de *Janun*, espera, pues tal vez se arrepienta». Y éste es el secreto de *Erej haPaim*, es decir, que el tiempo se prolonga para que pueda arrepentirse, y aunque la furia esté sobre él, está contenida.

וצריך אני להאיר עיניך בסוד הגדול הזה, מהו סוד ארך אפים. דע כי
בית דין של מעלה כשפוסקין דין אינן ממתינים לאדם, זולתי בשעות
שיוצאים השלוחים מן האף, ומיד שיוצאים מן האף פוגעין באותן
הראוין לעונש. והמידה הזאת הנקראת אל, כשהיא רוצה לרחם על
הבריות שאינם ראוים לא לריחום ולא לחינון, מה היא עושה? מאר־

---

6. Literalmente «compasivo».
7. Literalmente "lento a la ira". Véase *Salmos* (LXXXVI-15).

77b

כת החוטם שהוא האף אורך גדול. ואף על פי ששלוחי בית דין הול־ כים לגמור הדין, אינן יכולים להעניש אותו הראוי להענש שהרי עדיין הם הולכים בחוטם שהוא האף, ובעוד שהם הולכים באף אינם יכולים להעניש לאותו הראוי לעונש, ואפשר כי בין כך ובין כך יחזור בת־ שובה ויינצל, וזהו סוד 'ארך אפים'. והבן זה מאוד. ומניין שהמידה הזאת מארכת אפים כדי שלא ייכרת הראוי להיענש וכדי לרחם על הבריות? הרי הוא אומר: למען שמי אאריך אפ"י ותהלתי אחט"ם לך לבלתי הכריתך (ישעיהו מח, ט).

Y ahora debo iluminar tus ojos con un gran secreto. ¿Cuál es el secreto de *Erej haPaim*? Has de saber que el *Beit Din* celestial no espera a que el hombre esté preparado, y después de dictar la sentencia sus emisarios enviados salen inmediatamente y castigan a los que lo merecen. Y esta *Middah* denominada *El,* cuando quiere tener piedad de los seres humanos que no merecen *Rajamim* ni *Janun*, ¿qué hace? Retiene la ira, y por eso se dice «lento a la ira», y aunque los enviados del *Beit Din* se presenten para hacer cumplir la sentencia, es posible que el acusado se arrepienta y sea perdonado. Y éste es el secreto de *Erej haPaim*. Entiende bien esto. ¿Cómo sabemos que esta *Middah* prolonga el juicio para no obstaculizar el castigo y tener misericordia de las criaturas? Porque ha sido dicho: «por causa de mi nombre dilataré mi furor; y para alabanza mía te esperaré con paciencia, para no talarte» (*Isaías* XLVIII-9).

ואם כן שמור הכלל הגדול הזה, ואם תבין אותו תזכה לכמה עיקרים. ודע כי החכמים הקדושים, חכמי המשנה והתלמוד, היו מהם אנשים שהיה בהם כוח להאריך האף בכוח קדושתם ותפילתם, והיו מגינים על ישראל בדורם ומונעים מהם כמה צרות, כמו רבן גמליאל שגלה ליבנה ובכוח קדושתו ותפילתו היה מאריך האף למעלה ולא היו מח־ נות המשחית יכולים לגמור שליחותן ולהזיק את ישראל כפי הדין הג־ זור. ולפיכך היה רבן גמליאל נקרא בעל החוט"ם, בסוד שנאמר 'למען שמי אאריך אפי ותהלתי אחט"ם לך לבלתי הכריתך'. והיודע סוד

77b

ספירת בינ"ה הנקראת תהל"ה ידע סוד ארך אפים, כי הבינה היא המידה אחת משתי קדושו"ת המידות הקשורות ברחמים הגמורים.

Y si es así, guarda esta gran regla, y si la entiendes, adquirirás algunos principios. Has de saber que los santos sabios de la *Mishnah* y el Talmud tenían el poder de retener la ira gracias a su santidad y sus oraciones y protegieron a Israel en su generación y evitaron muchas calamidades. Como Rabbí Gamliel, exiliado en Yavneh, que con el poder de su santidad y sus oraciones retuvo la ira de los poderes celestiales, impidiendo que las legiones de la destrucción pudieran completar su misión y devastar a Israel, según el juicio decretado. Por esta razón, Rabbí Gamliel fue llamado *Baal haJotam*.[8] Y éste es el secreto de: «por causa de mi nombre dilataré mi furor; y para alabanza mía te esperaré con paciencia, para no talarte». Aquel que conoce el secreto de la sefirah *Binah*, denominada también *Tehilah*,[9] conoce el secreto de *Erej haPaim*. Porque *Binah* es una de las dos *Middoth* sagradas vinculadas con el *Rajamim* total.

והנה ספירת בינה הנקראת תהל"ה היא הנותנת כוח בבית דין של מעלה הנקרא אלהים, וכששופעת מידת הרחמים הגמורים על מידת בינ"ה אזי הבינ"ה משפעת הרחמים במידת הדין. וכל עוד שהיא משפעת הרחמים אזי האף הולך ומאריך, וכל עוד שהאף מאריך אזי השלוחים מתעכבים לצאת לגמור את הדין. ודע כי קוצר אפי"ם, רוב העונש, וארך אפי"ם הוא מיעוט העונש. ואם תבין סוד זה, תבין כי אפילו באדם קצ"ר אפי"ם יעשה אוולת (משלי יד). ואל תהרוס להשיב עלי בעניין אדם קצר אפים, כי עמוק הוא ובעזרת השם עדיין תשיג עוד העניין:

Y he aquí que la sefirah *Binah*, llamada *Tehilah*, es la que da todo su poder al *Beit Din* celestial, denominado *Elohim*. Y cuando la *Mid-*

8. Literalmente «maestro de la nariz», en el sentido del que domina la ira.
9. Literalmente "alabanza".

77b

dah de *Rajamim* total es mayor que la *Middah* de *Binah*, entonces la *Middah* de *Rajamim* supera a la *Middah* de *Din*. Y de este modo la ira es retenida, y cuando la ira se detiene, los emisarios, son retenidos y no pueden ejecutar el juicio. Has de saber que *Kotzer haPaim*, multiplica los castigos, mientras que *Erej haPaim* los disminuye. Y si entiendes este secreto, entenderás que «el que presto se enoja, hará locura» (*Proverbios* XIV-17). Y no te molestes en contradecirme sobre «el que presto se enoja», porque es algo muy profundo y, con la ayuda de Dios, llegarás a entenderlo.

ואחר שהודענוך אלה העיקרים הגדולים במידת א"ל בעניין זה, צריכים אנו לחזור ולגמור הפסוק הזה. הרי פירשנו לך בסוד זה הפסוק של א"ל רחום וחנון ארך אפים (תהלים פו, טו), ונשאר לפרש לך מהו 'רב חסד' במקום זה. דע שיש מן הבריות מי שאינו ראוי לא לרחום, ולא לחנון, ולא לארך אפי"ם, אבל הוא ראוי ליענש מיד. מה עושה מידת א"ל שהיא מידת הרחמים? כששוקלים עונות של אותה הבריה כשהיא נידונת בבית דין של מעלה, מסלקת עוון ראשון ושני ואינן נכנסין במניין; ואף על פי שאינן נמחקים אין מונים אלא מעוון שלישי שנאמר: הן כל אלה יפעל א"ל פעמים שלש עם גבר (איוב לג, כט).

Y después de haberte mostrado este gran principio, sobre la *Middah El*, debemos volver y completar la comprensión de este versículo. Después de todo, hemos interpretado para ti en este secreto el versículo «eres Dios misericordioso y clemente, lento para la ira (*Salmos* LXXXVI-15), ahora debemos comentar los siguientes términos: *Rav Hessed*»[10] en este lugar. Has de saber que hay criaturas que no son dignas de *Rajamim* ni de *Janun*, ni de *Erej haPaim*, y necesitan ser castigadas inmediatamente. ¿Qué puede hacer la *Middah El*, que es la *Middah* de *Rajamim*? Al considerar los pecados de estas personas, cuando se las

10. Literalmente «lleno de bondad».

juzga en el *Beit Din* celestial (78a), se eliminan el primer y el segundo pecado y no se tienen en cuenta. De este modo, cuando se rectifica, sólo se cuentan el tercer pecado y los siguientes, pues ha sido dicho: «he aquí, todas estas cosas hace Dios dos y tres veces con el hombre» (*Job* XXXIII-29).

ואחר ששקלו עוונות וזכויות של אותה הבריה, אם המאזניים עומ־דות בשווה מידת א"ל מכרעת כף מאזניים לכף זכות, שנאמר 'ורב חסד', מטה כלפי חסד. ואם כן נמצאת מידת א"ל גומלת חסד ורח־מים אל אותה הבריה העומדת בדין. ואף על פי שאינה ראויה, לא לרחום, ולא לחנון, ולא לארך אפים, אף על פי כן עושה עמה חסד כששוקלים עוונות וזכויות. ואחר שידעת זה, דע כי מידת א"ל מוסי־פה לעשות עוד כמה חסד וכמה רחמים עם הבריות, בסוד מה שגמר הפסוק הזה 'ואמ"ת'.

Y después se pesan los pecados y los méritos de la criatura, y si la balanza está equilibrada, la *Middah El* la inclina hacia los méritos. Como se dice *Rav Hessed*, se inclina hacia *Hessed*. De este modo, la *Middah El* recompensa con *Hessed* y *Rajamim* a la criatura que es juzgada. Aunque no puede beneficiarse de *Rajamim* ni de *Janun*, ni de *Erej haPaim*, le muestra *Hessed* cuando se sopesan sus pecados y méritos. Y después de saber esto, has de saber que la *Middah El* la sigue llenando la creación con *Hessed* y *Rajamim*, por lo que este secreto termina con la palabra *Emet*.[11]

ומהו 'ואמ"ת'? הרי ששקלו עוונותיו וזכויותיו של אדם זה, וכל כך גברו חטאיו שלא יכול להועיל במידת החסד אלא עוונותיו הכריעו את השקל לכף חובה, עדיין מידת א"ל, שהיא מידת החסד, גומלת חסד ורחמים עם אותה הבריה שנענשת, בשתי דרכים: דרך האחת,

11. Literalmente «verdad».

78a

שאם אותה הבריה מחויבת להיות נכרתת ונאבדת מתוך הדין שלה, מידת החסד מונה כל הזכויות וכל הטובות שעשתה אותה בריה, ואפילו שיחה טובה שעשתה, ומקילין עונש אותה הבריה כדי שלא תצטער הרבה. והדרך השני, ואם אותה הבריה הנענשת אינה חייבת כרת ואבדון, בסוף העונש מידת הרחמים מדקדקת לה, ואפילו שיחה מועטת, לתת לה שכר טוב על מה שעשתה אחר שעברו ימי העונש. ואף על פי שמידת הדין הוא עושה גם הדבר הזה, שמדקדקת להיטיב כמו שדקדקה להעניש, ועל זה נקראת גם מידת הדין 'ואמ"ת':

¿Qué es *Emet*? Cuando se sopesan los pecados y los méritos de una persona, si los pecados son tan grandes que la *Middah* de *Hessed* no puede ayudarle, sus pecados inclinan el platillo de la balanza en su contra. Sin embargo, la *Middah El*, *Middah* del *Hessed* absoluto, de *Hessed* y *Rajamim*, se inclina en dos sentidos hacia este individuo que debe ser castigado y premia con *Hessed* y *Rajamim* a la misma criatura que es castigada, de dos maneras: la primera manera, si esta criatura va a ser exterminada y aniquilada, en virtud del juicio pronunciado sobre ella, la *Middah* de *Hessed* enumera los méritos y beneficios que ha realizado, incluso algunas palabras agradables que haya pronunciado, la *Middah* hace que el castigo sea más misericordioso, para que no sufra demasiado. En la segunda manera, si esta criatura que es castigada no va a ser exterminada y aniquilada, al final del castigo, la *Middah* de *Rajamim* enumera cuidadosamente sus actos, incluidos los más sencillos, y luego la *Middah* la recompensa generosamente por las buenas acciones que ha realizado, después de que haya pasado el castigo. Aunque la *Middah Din* hace lo mismo, es decir, premia o castiga, de este modo esta *Middah* se llama *Din veEmet*.

ואחר שהודענוך אלה העיקרים הגדולים בפסוק זה במידת א"ל, יש לנו לחזור ולהודיעך כלל גדול, והוא כי בכל מקום שאתה מוצא בתו־רה כתוב א"ל יש לך לכלול בו כל אותן המידות של חסד ושל רחמים הכלולות בה. ועוד יש לך לדעת ולהתבונן כי בכל מקום מתערבות יחד אלו שתי המידות, מידת חסד ומידת רחמים כאחת, יכן הכינויין

של שתיהן מתערבים אלו עם אלו, ושמור עיקר זה לכל מקום ואל תשכחהו. וכבר הודענוך, בשער שבו ביארנו שם יהו"ה יתברך, הכינויין הסמוכים לשם אלהים; אף על פי שזכרנו כל כינוייו מהם לאיזה שם הוא סמוך, הרבה פעמים מתערבים כינויי החסד עם כינויי הרחמים. ואחר שהודענוך זה צריכים אנו להיכנס בשאר העניינים הנכללים בשם אל, כמו שהודענוך בשאר השמות:

Y después de aclarados estos grandes secretos de este versículo y de la *Middah El*, tenemos que volver y darte a conocer una gran regla. Y es que en cada lugar donde te encuentres con la *Middah El*, escrita en la *Torah*, debes involucrar todas las demás *Middoth* de *Hessed* y *Rajamim* que están incluidas en ella. Además, debes saber y observar que en todas partes estas dos *Middoth* se entremezclan, la *Middah* de *Hessed* y la *Middah* de *Rajamim* como una sola, y lo mismo ocurre con sus apodos, y mantén este principio en todas partes y no lo olvides. Ya dijimos (78b) en la Puerta donde elucidamos el nombre IHVH (יהו"ה), bendito sea, y los apodos, cuando explicamos el nombre *Elohim*: aunque mencionamos todos sus apodos y los nombres a los que están unidos, en muchas ocasiones, los apodos de *Hessed* y los apodos de *Rajamim* se entremezclan. Y después de haberte informado de esto, hemos de entrar en los demás asuntos incluidos en el nombre *El*, como ya hicimos con los demás nombres.

דע כי לפעמים הרבה נקראת מידת א"ל בתורה בלשון חסד, וצריך אתה לדעת כיצד. דע כי לשון חסך הוא כל העושה דבר שאינו מוכרח לעשותו מצד הדין אלא שעושה אותו בחפצו וברצונו מאין מכריח, ועושה אותו הדבר בטובתו, זה נקרא חס"ד, הוא היפך הדבר הנעשה בהכרח. ולפי שמידת א"ל קדמה לעולם, והשם יתברך ברא את העולם בחסד ולא מצד שהיה חסר כלום אלא ברא את העולם מצד החסד הגמור, להיטיב עם ברואיו ולתת להם חלק ונחלה כרוב רחמיו וחסדיו, ועל זה נאמר: אמרתי עולם חסד יבנה (תהלים פט, ג).

78b

Has de saber que la *Middah El* es a menudo llamada *Hessed* en la *Torah*, y necesitas saber cómo funciona. Has de saber que el término *Hessed* se refiere a un acto que alguien hace sin la *Middah* del *Din*. Que lo hace por su propia voluntad, sin ningún tipo de restricción, sin pretender beneficiarse de ello. Y esto se llama *Hessed* y es lo contrario de una acción realizada bajo coacción. Es porque la *Middah El* preexistió al mundo, que *El Eterno*, bendito sea, creó el mundo con *Hessed*; y no con un *Hessed* relativo, sino con un *Hessed* total, para hacer bien a sus criaturas y darles parte y herencia como su misericordia y gracia, como ha sido dicho: «para siempre será edificada misericordia (*Hessed*)» (*Salmos* LXXXIX-2).

ואף על גב שהפסוק הזה של 'עולם חסד יבנה' יש לו סודות נפלאים ועמוקים בעניין סוד היבום יבסוד הבנים הנולדים מצד החסד הידוע בברית בשר הנקרא חסד, והוא סוד 'חסדי דוד'. וצריך אתה לדעת כי ב'חסד עליון' נברא העולם. וסוד חסד עליון, וסוד חסד אברהם, וסוד חסדי דוד, כבר רמזנו בהם בשערים הקודמים.

Además, este versículo, «para siempre será edificada misericordia (*Hessed*)», contiene secretos maravillosos y profundos, sobre las reglas del matrimonio y sobre los hijos que entran en el pacto de la circuncisión, a través de *Hessed*. Y éste es el secreto de *Hassdei David*.[12] Y has de saber que el mundo fue creado por *Hessed*. El secreto de *Hessed Elion*, el secreto de Abraham, el secreto de *Hassdei David*, son todos secretos del mundo, son asuntos a los que ya nos hemos referido en la Puertas anteriores.

סוף דבר: ה' ברא את העולם מצד החסד, וסוד 'חסד עליון' בסוד ל"ב נתיבות שהסוד שלהם: כל ארחות י"י חסד (שם כה, י). וכשברא

12. Véase *Isaías* (LV-3).

78b

העולם במידת החסד, חזר וגמל עם היצורים שברא חסד: גמל חסד לאדם הראשון, גמל חסד למשה רבינו עליו השלום, כמו שמפורש סוף פרק קמא דסוטה . וכל אלו החסדים נכללים כולם בשם א"ל:

Resumiendo, *El Eterno* creó el mundo a través de *Hessed*. Y el secreto del *Hessed Elion* reside en el secreto de los treinta y dos caminos, cuyo secreto es: «Todos los caminos del *Eterno* son *Hessed*» (*Salmos* XXV-10). Y cuando creó el mundo con la *Middah* de *Hessed*, compartió *Hessed* con sus criaturas. Le entregó una parte de *Hessed* a *Adam haRishon*, le entregó una parte de *Hessed* a Moisés, nuestro maestro, la paz esté con él, como se explica al final del primer capítulo del tratado de *Sotah*,[13] y todas estas *Hassadim* están incluidas en el nombre *El*.

וכשבא אברהם אבינו עליו השלום וצפה והביט וחקר והבין סוד ה' הגדול יתברך והיאך ברא העולם מצד החסד, עמד גם הוא ואחז המידה הזאת בידו. וראה כל בני העולם להוטים אחר עבודה זרה, וכל אחד ואחד נדבק בעבודה זרה מיוחדת לו, עמד אברהם אבינו עליו השלום והעמיד והכריז לכל באי עולם ואמר להם: כל אלהי העמים אלילים וה' שמים עשה (שם צו, ו), דעו כל העמים כי יש בורא שברא העולמות כולן, והוא לבדו מושל על הכול, והוא ממית ומחיה, מוריד שאול ויעל, משפיל ומרים. עד שעמדו עליו ובזו כל נכסיו ואסרוהו בבית האסורין והשליכוהו בכבשן האש. ואחר שניצול מכבשן האש נתגרש מארצו, ומסר ממונו ואשתו וקרוביו וכל אשר לו לעבודת ה' יתברך.

Y cuando Abraham, nuestro patriarca, la paz sea con él, vino y observó y miró y estudió y entendió el secreto del gran nombre del *Eterno*, bendito sea, vio que el mundo había sido creado del lado de *Hessed*, entonces se puso de pie y pudo tomar *esta Middah* en su mano. Y vio que todos los pueblos del mundo estaban ávidos de idolatría,

13. Véase Talmud, tratado de *Sotah* (14a).

cada uno en un tipo particular de idolatría. Abraham, nuestro patriarca, se levantó y proclamó a todos los hijos del mundo: «Porque todos los dioses de los pueblos son ídolos; mas *El Eterno* hizo los cielos» (*Salmos* XCVI-5). Todas las naciones han de saber que hay un creador que creó todos los mundos y que sólo él los gobierna. Y él mata y da la vida, él entierra en las profundidades del *Sheol* y exalta en las alturas, él humilla o hace feliz. Abraham habló hasta que se levantaron contra él, lo despojaron, lo encarcelaron y lo arrojaron a un horno de fuego. Entonces fue rescatado del horno y desterrado de su tierra, ofreciendo a su mujer, sus parientes y todo lo que tenía, para servir al *Eterno*, bendito sea.

ומידת החסד מכרזת על אברהם ואומרת מלמעלה :אני קדמתי לעולם במידת חסד והייתי יחידה בעולם, והנה אברהם יחיד בעולם ומקדים אותי במידת חסד, וראוי הוא לאברהם להחזיק בי ואני בו. ואז שב אברהם למידת החסד בנחלה ונתנה לו. זהו שאמר הכתוב: תתן אמת ליעקב חסד לאברהם (מיכה ז, כ), ופירוש הפסוק כך הוא: דע שאברהם אבינו עליו השלום עבד עבודת י"י יתברך מצד החסד, מבלי שלמד אותו רב או אב או תבוא אליו שליחות נביא מאת הבורא להוכיחו ולהזהירו, אלא הוא מעצמו צפה והביט וחקר והבין עד שנכנם לידיעת מלכותו של י"י יתברך.

Y la *Middah* de *Hessed* proclamó sobre Abraham desde las alturas: «He precedido al mundo con la *Middah* de *Hessed* y estoy unida al mundo». Y he aquí que Abraham está unido al mundo y está precedido por la *Middah* de *Hessed*, y es digno de Abraham tenerme y yo a él. Y entonces Abraham regresó a la *Middah* de *Hessed* y se lo dio. Y es lo que está escrito: «Cumplirás la verdad a Jacob, y a Abraham la misericordia» (*Miqueas* VII-20). Y la interpretación del versículo es la siguiente: has de saber que nuestro patriarca Abraham, la paz sea con él, sirvió al *Eterno*, bendito sea, a través de *Hessed*, sin ser enseñado por un rabino o un padre o sin que un profeta (79a) viniera a él del Creador para

79a

probarlo y advertirlo. Más bien, él mismo observó, miró, investigó y comprendió hasta que llegó a conocer el reino del *Eterno*, bendito sea.

וכמו שהשם ברא העולם מצד החסד, כך אברהם הכיר את בו־ראו מצד המסד. אבל יעקב אבינו עליו השלום לא הכיר את הבו־רא מצד החסד, אלא הכיר אותו מצד האמת. אברהם הודיע מידת החסד, כיצד? בא אברהם תחילה והודיע לבריות רוב חסד ורחמיו על כל מעשיו, היאך הוא בראם ומפרנסם והכול מצד חסדו, ומצד הזה ראויין כל בני אדם לעבדו ולהתחנן לפניו ולקבל עול מלכותו, וכל זה חובה עלינו לעשות.

Y así como Dios creó el mundo a través de *Hessed*, así Abraham llegó a conocer a su creador a través de *Hessed*. Pero Jacob, nuestro patriarca, la paz sea con él, no conoció al creador a través de Hessed, sino que lo conoció a través de *Emet*. ¿Cómo conoció Abraham la *Middah* de *Emet*? Abraham vino primero y anunció a la humanidad de su gran *Hessed* y *Rajamim* a través de todas sus obras, que creó y sostuvo. Todo se realizó a través de *Hessed* y así los hijos de Adán vinieron a servirle y a rogarle que recibiera el yugo de su reino, y es el deber de todos hacer lo mismo.

אחר כך בא יצחק והוסיף להודיע מידת הפחד, שאם לא יעבדו אותו יענישהו כעבד המורד באדוניו, והטיל אימה ופחד על הברואים, והכ־ניסם תחת כנפי השכינה כשהודיע אותם פמד עונש המורדים בבורא יתברך, וזהו סוד 'פחד יצחק'. כי יצחק ירש מידת הפחד, ולפיכך הזהיר את בני האדם והוכיחן שייוממרו מבית דין הגדול שהוא דן את הרשעים במידת הפחד הנקראת עונשי גיהנום, ואומר: פחדו בציון חטאים וגו' (ישעיהו לג, יד).

Después de esto Isaac vino a dar a conocer la *Middah* de *Pajad*. Aquel que no sirva a esta *Middah* será castigado, como un esclavo que se rebela contra su amo. Difunde el miedo y el temor entre las criatu-

79a

ras, y luego las acoge bajo las alas de la *Shekinah*, después de haberles dado a conocer el terrible castigo que oyen los que se rebelan contra su creador, bendito sea. Y éste es el secreto del *Pajad* de Isaac, pues Isaac es el legatario la *Middah* de *Pajad*. De este modo advierte así a los hijos de Adán de la reprimenda que les espera. les advierte del *Din haGaddol*, que juzga el mal con la *Middah* de *Pajad Guehinom*. Y ha sido dicho: «aterrados están los pecadores de Sion» (*Isaías* XXXIII-14).

אם כן נמצא אברהם מוכיח את הבריות מצד החסד ובמידת החסד, ונמצא יצחק מוכיח הבריות מצד הפחד. כל אחד הוכיח במידתו: זה במידת החסד והגמול, וזה במידת הפחד והעונש; זה במצוות עשה, וזה במצוות לא תעשה. וכשבא יעקב אבינו עליו השלום לא היתה לו מידה שלישית להחזיק בה אבל החזיק בשתי המידות של אברהם ושל יצחק, במידת החסד ובמידת הפחד, והודיע לכל באי העולם גודל אמיתתם, וגם הוא החזיק בשתיהם באמת ובלב שלם ולא נטה ימין ושמאל. ולפיכך נקרא אברהם חסד לפי מידתו, ונקרא יצחק פחד לפי מידתו, ויעקב אמת לפי מידתו:

Y siendo así, se observa que Abraham reprende a las criaturas desde el lado de *Hessed*, mientras que Isaac reprende a las criaturas desde el lado de *Pajad*. Cada uno lo hace virtud de su *Middah*. La *Middah Hessed* premia y la *Middah Pajad* castiga, uno mediante órdenes positivas y el otro mediante órdenes negativas. Y cuando llegó Jacob, nuestro patriarca, la paz sea con él, no había una tercera *Middah* con la que relacionarse, así que se apoyó en las dos *Middoth* de Abraham e Isaac, en la *Middah Hessed* y en la *Middah* la *Pajad*, para que todos los hijos del mundo conocieran la grandeza de su verdad. Porque se relacionó con ambos por la verdad y el corazón y nunca osciló a la derecha o a la izquierda. De este modo, Abraham está en armonía con la *Middah* de *Hessed*, Isaac con la *Middah* de *Pajad* y Jacob con la *Middah* de *Emet*.

והנני מאיר עיניך בסוד חתום וסתום. יעקב היה קו האמצעי והוא סוד התיומת, והחזיק בין שתי מידות ונכנס באמצע, ולקח מידת אברהם שהיא מצוות עשה והיא חסד, ולקח מידת יצחק שהיא מצוות לא תעשה והיא פחד יצחק, והחזיק בשתי מידות בשווה, לא נטה ימין ושמאל, ונקרא על זה איש אמת לפי שהתנהג בשתי מידות אבותיו באמת. והסוד: ויעקב איש תם יושב אהלים (בראשית כה, כז), לא אמר יושב אוהל אלא אהלים, והם סוד אוהל אברהם שהוא החסד, ואוהל יצחק שהוא הפחד.

Y ahora permíteme abrirte los ojos a un secreto oculto y sellado. Jacob representa la línea media y la rama central de la palmera, conectada por el centro a dos *Middoth*, por un lado, a la *Middah* de Abraham que designa los preceptos positivos y por otro a la *Middah* de Isaac que designa los preceptos negativos, el *Pajad* de Isaac. Mantiene estas dos *Middoth* en equilibrio, sin inclinarse ni hacia la derecha ni hacia la izquierda. Por eso se le llamó *Ish Emet*,[14] porque se comportó de forma veraz con las dos *Middoth* de estos patriarcas. Y éste es el secreto de: «Jacob era un hombre íntegro, que habitaba en tiendas» (*Génesis* XXV-27). No leas «habitaba en la tienda», sino «habitaba en tiendas», en alusión a la tienda de Abraham, *Hessed*, y a la tienda de Isaac, *Pajad*.

וזהו שאמר; לולי אלהי אבי אברהם ופחד יצחק היה לי (שם לא, י), שהחזיק בשתי המידות בשווה ולא נטה ימין ושמאל, נתנה לו מידת אמת; כמו לשון המשקל כשהוא עומד בין שתי המאזניים בשווה ואינו נוטה ימין ושמאל, כך יעקב עמד ואחז בידו מידת הפחד ומידת החסד בשווה והתנהג בשתיהן באמת. וכשראה י"י יתברך כך, נתן ליעקב חותמו שהוא אמת. כמלך שמצא עבד נאמן ואמר לו: הרי חותמי מסור בידך, כך מסר י"י ליעקב חותמו שהוא אמת; כלומר, חותם החסד והפחד כאחד. ראיה לדבר מנין?

14. Hombre verdadero.

79a-79b

Y ha sido dicho: «Si el Dios de mi padre, el Dios de Abraham, *Pajad* de Isaac…» (*Íbid.* XXXI-42). Por lo tanto, se apoyó en ambas *Middoth* y no se inclinó ni a la derecha ni a la izquierda, y recibió la *Middah Emet* que es un contrapeso que preservaba el equilibrio de la balanza, que entonces no se inclinó ni a la derecha ni a la izquierda. Así hizo Jacob, sosteniendo en sus manos la *Middah Pajad* y la *Middah Hessed*, uniendo los dos a través de *Emet*. Cuando *El Eterno*, bendito sea, vio esto, dio su sello de *Emet* a Jacob, es decir el sello de *Hessed* y *Pajad* unidos, como un rey que recompensa la fidelidad de su siervo, diciendo: «he aquí que pongo en tus manos mi sello», para que por este sello pudiera unir a *Hessed* y *Pajad*. ¿Dónde está la descripción de esto?

שנאמר: וי"י אלהים אמת (ירמיהו י, י), הרי הזכיר מידת אברהם שהיא יהו"ה, ומידת יצחק שהיא אלהים, ומידת יעקב שהיא אמת, לכן אמר אחר כך אמת. אם כן נמצא שיעקב אבינו ירש ירושת חותם יהו"ה אלהים שבו נברא העולם, ובו מתקיימים כל היצורים, ובו נידונים כל בני העולם במשפט אמת. נמצא יעקב אבינו שאחז בידו שתי מידות הנקראות ימין ושמאל, ואחז בידו מידת החסד ומידת העונש, ואחז בידו מצוות עשה ומצוות לא תעשה, נמצאת למד שאחז בידו מידת ה' שהוא אמת, בסוד 'ויהו"ה אלהים אמת'; חותם המשפט, דכתיב משפטי י"י אמת (תהלים יט, ח); והתורה שהיא אמת, דכתיב תורת אמת היתה בפיהו (מלאכי ב, ו).

Dice: «Pero *El Eterno Elohim* es *Emet*» (*Jeremías* X-10). Observa que existe la *Middah* de Abraham, que es IHVH (יהו"ה), la *Middah* de Isaac, que es *Elohim*, y la *Middah* de Jacob, que es *Emet*. El término *Emet* se menciona en último lugar. Así, vemos que Jacob, nuestro patriarca, está entre IHVH (יהו"ה) y *Elohim*, por quien el mundo fue creado, por quien todas las criaturas y todos los hijos del mundo son juzgados, por un juicio *Emet*. Jacob, nuestro patriarca, se sitúa en los dos *Middoth* denominadas «derecha» e «izquierda». (79b) En una de sus manos está la *Middah Hessed*, la *Middah* de recompensa. En cada

79b

mano tiene los preceptos positivos y negativos. Tiene la *Middah* de IHVH (יהו"ה), que es *Emet*, en el secreto de IHVH (יהו"ה), *Elohim Emet*. Es la ley de la equidad, pues está escrito: «La equidad de IHVH (יהו"ה), es *Emet*» (*Salmos* XIX-10), y la *Torah* es la verdad, como está escrito: «La *Torah* de *Emet* estaba en su boca» (*Malaquías* II-6).

שיעקב עומד במקום כל האבות והחזיק במידת שלושתן, ואף על פי כן אינו דומה מי שהוציא והוליך את המידה תחילה למי שהחזיק בה אחרונה. ועם כל זה נמצא יעקב קושר כל המידות והוא קו האמצעי, וכמו ששם יהו"ה יתברך עומד באמצע כך יעקב אבינו עומד באמצע. ולפי שזכה יעקב להיות שם יהו"ה נקרא עליו, זכה לצאת ממנו י"ב שבטים צדיקים כנגד י"ב צירופים של שם יהו"ה יתברך. וכמו שנקרא שם יהו"ה 'אמת' כך נקראו בני יעקב זרע אמת, כלומר זרע שיצאו משם אמת, ממי שנחצבו, והוא יעקב אבינו עליו השלום, ועל זה נאמר:

Porque Jacob estaba en el lugar de todos sus padres y sus *Middoth*, aunque en verdad el que posee la *Middah* no puede ser comparado con lo que lo representa. Sin embargo, Jacob es el que reunió las *Middoth* y simboliza la línea media. Y como el nombre de IHVH (יהו"ה), bendito sea, se encuentra en el centro, también lo hace Jacob, pues Jacob mereció que el nombre de IHVH (יהו"ה), fuera invocado a través de él. Las doce tribus de los *Tzaddikim* corresponden a las permutaciones del nombre IHVH (יהו"ה), bendito sea. Según IHVH (יהו"ה), que se llama *Emet*, los hijos de Jacob se llaman *Zera Emet*,[15] es decir, la semilla del nombre de la verdad, cuando se formó, y fue Jacob, nuestro patriarca, la paz sea con él. A este respecto, ha sido dicho:

15. Semilla de la verdad.

79b

ואנכי נטעתיך שורק כולו זרע אמת (ירמיהו ב, כא). ואם כן התבונן זה העיקר הגדול ותמצא כי שלושת האבות בכוונה שלימה באו לעו־לם, וכל אחד החזיק במידתו: אברהם במידת החסד, יצחק במידת הפחד, יעקב במידת אמת. ובדרשתן מקרא אחד דרשו: יהו"ה אלהינו יהו"ה אחד, זה החזיק בשלו וזה החזיק בשלו:

«Sin embargo, te planté como una vid selecta, llena de la semilla de la verdad» (*Jeremías* II-21). Analiza este gran principio y verás que los tres patriarcas están vinculados a la plenitud de su apodo, cada uno con su *Middah*: Abraham con la *Middah* de *Hessed*, Isaac con la *Middah Pajad* y Jacob con *Middah Emet*. Ellos lo interpretaron de la misma manera: «IHVH (יהו"ה) *Eloheinu*, IHVH (יהו"ה) es Uno», cada uno se mantuvo a sí mismo.

ואחר שהודענוך אלו העיקרים הגדולים הכלולים בשלושת האבות, יש לנו לחזור ולהודיעך סוד חסד אברהם וסוד אמת יעקב הכתוב בפסוק תתן אמת ליעקב חסד לאברהם (מיכה ז, כ), והיאך י"י ית־ברך מתנהג עם ישראל בשתי אלו המידות; לפעמים מתנהג עם יש־ראל בחסד אברהם, ולפעמים מתנהג עם אמת של יעקב, וצריך אתה לדעת כיצד. דעו כי לפעמים נמצאו ישראל חסרים ואינן ראויין לטו־בה ולא לרחמים, לפי שאינן עוסקים לא בתורה ולא במצוות. וכ־שהן נידונין בבית דין של מעלה ויצא מן הדין שיהיו נענשים בכל מיני מכה, באותה שעה ממהרת מידת אברהם שהיא מידת החסד ועו־מדת בבית דין ואומרת: מהו משפט בני, אומרים לה: מן הדין יצא שיהיו נענשים בכל מיני מכה. באותה שעה אומרת מידת החסד: אם אין מוצאים זכות לבני הרי אני ירושתן, שהרי אני אביהם והם יורשים אותי, ואם אינן ראויים להיטיב להם מצד הדין הטיבו להן מצד החסד, כי מצד החסד הוא להיטיב למי שאינו ראוי.

Y después de haber sido informado de estos son los grandes principios incluidos en los tres patriarcas, es necesario volver atrás y explicar el secreto de *Hessed Abraham* y el secreto de *Emet Jacob* escrito en el versículo: «Cumplirás la verdad a Jacob, y a Abraham la misericordia»

79b

(*Miqueas* VII-20), y como *El Eterno*, bendito sea, trata a Israel con ambas *Middoth*, a veces la nación de Israel se comporta con el *Hessed Abraham*, y a veces se comporta con *Emet Jacob*, y necesitas saber cómo. Has de sabed que a veces Israel fue hallado en falta y no fue merecedor de bondades o de *Rajamim*, pues no estudiaban la *Torah* ni cumplían *Mitzvoth*. Y son juzgados en el *Beit Din* de arriba y condenados a ser castigados con todo tipo de golpes, entonces la *Middah Hessed* dice: ¿qué sentencia habéis dictado contra mi hijo? Y ellos dicen: están condenados a ser castigados con todo tipo de golpes. Y dice: yo soy su padre y ellos me heredan, y si no merecen ser beneficiados del lado del *Din*, entonces háganlo del lado del *Hessed*, porque del lado del *Hessed* beneficia incluso a los que no lo merecen.

וכמו שאברהם עבד ה' יתברך מצד החסד, כך ה' ראוי לגמול לבניו מצד חסד אביהן, ובדרך זה ניצולין ישראל מכמה פורענויות. ואם ישראל עוסקים בתורה ובמצוות, ממהרת מידת הדין של יעקב ואומרת לבית דין: תנו לבני על פי הדין שהוא אמת כל צרכם, כי צדיקים הם וראויים להיטיב להם, וזהו סוד 'תתן אמת ליעקב חסד לאברהם'. והבן זה מאוד. ואחר שהודענוך זה, צריכים אנו להודיעך מה טעם הקדים בפסוק זה מידת יעקב. דע כי דרך העולם לקח לו בפסוק זה. כלומר, אם ישראל צדיקים ובעלי תורה ומצוות והרי הם ראויין להיטיב להם מצד הדין שהוא אמת של יעקב, מוטב; ואם לאו יקבלו טובה בצד החסד של אברהם, אף על פי שאינן ראויין, וזהו סוד: תתן אמת ליעקב, ואחר כך: חסד לאברהם (שם). ושמור אלו העיקרים הגדולים שביארנו לך בשער זה:

De la misma manera que Abraham, nuestro patriarca, sirvió al *Eterno*, bendito sea, a través de *Hessed*, es apropiado que los hijos sean recompensados a través de su padre. De este modo, Israel es preservado de muchos tipos de calamidades. Pero si Israel está comprometido con la *Torah* y el cumplimiento de las *Mitzvoth*, entonces la *Middah Din* de Jacob se levanta y dice al tribunal: «Concede a mis hijos *Emet* y todo lo que necesiten porque son justos y conviene satisfacerlos». Y

79b - 80a

éste es el secreto de «Cumplirás la verdad a Jacob, y a Abraham la misericordia». Entiende bien esto. Después de enseñarte esto, debemos explicarte por qué la *Middah* Jacob está escrita primero en el versículo. Has de saber que así se entiende el mundo. Es decir, si Israel es justo y tiene *Torah* y *Mitzvoth*, es merecedor de bendiciones a través del *Din*, que es el *Emet* de Jacob, que es muy bueno. Si no es así, recibirán un favor dependiendo del *Hessed* de Abraham, aunque no sean dignos de él. Y éste es el secreto de: «Concede *Emet* a Jacob, *Hessed* a Abraham». Guarda bien estos principios, tal y como se te han explicado en esta Puerta.

ונשאר לנו להודיעך מה טעם הזכיר בפסוק זה מידת יעקב שהיא אמת ומידת אברהם שהיא חסד, ולא הזכיר מידת יצחק שהיא פחד. דע שמידת אברהם שהיא החסד ומידת יעקב שהיא סוד הרחמים שהיא האמת, הוצרך להזכיר בפסוק זה; אבל מידת יצחק שהיא מידת הפחד לא הוצרך להזכירה מן הטעם שהזכרנו למעלה. ואם תקשה ותאמר: והכתיב וזכרתי את בריתי יעקב ואף את בריתי יצחק ואף את בריתי אברהם אזכור (ויקרא כו, מב), הרי זכר בפסוק הזה שלושתן? דע כי בפסוק זה לא הזכיר מידותיהן, אלא הזכיר הברית שכרת עמהם להיטיב לבניהם.

Y nos queda explicar la razón por la que este versículo menciona la *Middah* de Jacob, que es la *Middah* de *Emet*, y la *Middah* de Abraham, que es la *Middah* de *Hessed*, pero no menciona la *Middah* de Isaac, *Pajad*. Has de saber que la *Middah* de Abraham, que es *Hessed*, y la *Middah* de Jacob, que es *Emet*, que son el secreto de *Rajamim*, eran necesarias en este versículo. Pero la *Middah* de Isaac, que es *Pajad*, no era necesaria por las razones (80a) que explicamos anteriormente. Y si insistes y dices: «y yo me acordaré de mi pacto con Jacob, y asimismo de mi pacto con Isaac, y también de mi pacto con Abraham» (*Levítico* XXVI-42). ¿No menciona este versículo las tres cosas? Has de saber que este versículo no se refiere a sus *Middoth*, sino que se refiere sólo al pacto que se hizo con ellos por el bien de sus hijos.

השבועה בפסוק זה לא באה על ג' אבות, אלא להטיב לישראל, כמו שנאמר: ותדבר אליהם ארבה את זרעכם (שם) וכן הדבר בפסוק 'וזכרתי את בריתי יעקב' וגו', כי הברית והשבועה אחת היא. אבל כשהזכיר ברית יעקב וברית יצחק וברית אברהם, רצה לומר שראוי להיטיב לישראל בסיבת הברית והשבועה מצד הדין; כמי שיש לו פי־קדון אצל חבירו ותובעו ממנו בדין, כן ברית אברהם יצחק ויעקב אנו מבקשין אותו מלפני י"י יתברך מצד הדין.

El testimonio de esto se encuentra en las palabras: «Acuérdate de tus siervos Abraham, Isaac e Israel» (*Éxodo* XXXII-13), como ha sido dicho: «Yo multiplicaré vuestra simiente». En relación con «Me acordaré de mi alianza con Jacob, etc.», porque la alianza y el juramento son uno, por lo que cuando menciona la alianza de Jacob, Isaac y Abraham, equivale a conceder la gracia a través de la alianza y el juramento a través de *Din*, como alguien que tiene una prenda en manos de su amigo y lo demanda en el tribunal, y está de acuerdo con el pacto de Abraham, Isaac y Jacob. Hacemos una petición al *Eterno*, bendito sea, a través del *Din*.

וזהו הסוד של שני ענינים האלו שרמז בפסוק אחד ואמר: אם אין ישראל ראויין ליתן להם מצד הדין, תן להן מצד החסד, וזהו 'תתן אמת ליעקב חסד לאברהם', ואם אינן ראויין מצד החסד, תן להם מצד הדין ומצד השבועה שנשבעת לאברהם ליצחק ויעקב. ולפיכך אמר בסוף פסוק זה: אשר נשבעת לאבותינו מימי קדם. אבל כשהז־כיר מידת אברהם ומידת יעקב בפסוק אחד, הטעם כדפירשנו לעיל.

Y éste es el secreto de estos dos asuntos a los que se refiere en un versículo, cuando dice: «Si Israel es indigno del intermediario de *Din*, pasa por el intermediario de *Hessed*», éste es el significado de «*Emet* de Jacob y *Hessed* de Abraham». Si no son dignos de recibir a través de *Hessed*, se les da a través de *Din* y del juramento hecho a Abraham, Isaac y Jacob. Al final del versículo dice: «que tú juraste a nuestros

80a

padres desde tiempos antiguos».[16] Sin embargo, cuando un mismo versículo menciona las *Middoth* de Abraham y Jacob juntos, el significado es como lo interpretamos anteriormente.

וה' יורנו דרכו הנכונה אמן:

Que *el Eterno* nos guíe en su camino. Amén.

16. Véase *Miqueas* (VII-20).

Octava puerta

השער השמיני - הספירה השלישית:

Octava puerta - Tercera sefirah

יהו"ה אדנ"י חילי וישם רגלי כאילות ועל במותי ידריכני למנצח בנגינותי (חבקוק ג, יט):

«*El Eterno* Dios *es* mi fortaleza, el cual pondrá mis pies como de ciervas, y sobre mis alturas me hará andar victorioso en mis instrumentos de música» (*Habacuc* III-19)

אמר המחבר: ראינו לבאר בשער זה סוד השם השמיני הנכתב בעניין אחד ונקרא בעניין אחר; נכתב יהו"ה ונקרא אלהים, וגם הוא נקוד בניקוד אלהים, וזו היא הספירה הנקראת בינ"ה. צריך אתה לדעת כי זהו השם הקושר כל הספירות בקשר חיבור האצילות וההמשכה, לפי שזהו השם השלישי מן השלושה שמות העליונים המתאחדים והאדוקים במידת הכתר. ומן השם הזה ילך שפע האור והאצילות והברכה בכל הצינורות, עד שיתברכו ז' ספירות של מטה מג' ספירות של מעלה. ומה שתצטרך לדעת, כי מה שנכתב באותיות יהו"ה ונקרא בשם אלהים הוא סוד היותו נאחז לכאן ולכאן, לפי שהוא מתאחז בעולם הרחמים הגמורים שהוא סוד הכתר, ובכתר נאחזים שני שמות, אחד לימין ואחד לשמאל: לימין, שם י"ה, ולשמאל, השם הנכתב יהו"ה ונקרא אלהים, והוא סוד הבינ"ה:

El autor ha dicho: veremos, en esta Puerta, el secreto del octavo nombre, que se escribe de una manera y se pronuncia de otra. Se escribe IHVH (יהו"ה) y se lee *Elohim*, y también se puntúa con las vocales

80a - 80b

de *Elohim*, y es la sefirah denominada *Binah*.[1] Has de entender que este nombre une a todas las Sefirot en el nudo de *Atziluth* y de la atracción, ya que es el tercero de los tres nombres más altos que están íntimamente unidos por la *Middah Keter*. Desde este nombre, la luz, la emanación y la bendición fluyen a través de todos los canales hacia las siete Sefirot inferiores desde las tres Sefirot superiores. Y también has de saber que el nombre que está escrito con las letras de IHVH (יהו"ה) y se lee *Elohim*, es el secreto al que están unidos los nombres, de un lado y del otro, mientras se aferra al mundo de *Rajamim* total, que es el secreto de *Keter*, uno a la derecha, el otro a la izquierda. A la derecha está el nombre *Iah* y a la izquierda el nombre que está escrito con las letras de IHVH (יהו"ה)y se lee *Elohim* (80b), y es el secreto de *Binah*.

ומן השם הזה מתחלת מידת הדין להימשך בספירות אבל אינה מידת הדין גמורה, שהוא נאחז בעולם הרחמים. ולפיכך נכתב במכתב הר־חמים ונקרא בקריאת הדין, נכתב יהו"ה ונקרא אלהים. וזהו סוד קשר מידת הדין במידת הרחמים, למעמיקים בסתרי המרכבה. ודע והאמן כי השם הזה יתברך הוא המוליך מידת הדין בכל הספירות, והכיסא שלו הוא הנקרא אלהים שהוא מידת הגבורה והפחד, ומן השם הזה יבוא השפע לצד שמאל הנקרא אלהים. וצריכין אנו לעורר על עיקר גדול, כי בכל מקום שאתה מוצא בתורה שם אלהים, שלפעמים הוא רומז על הספירה הזאת הנכתבת יהו"ה ונקרא אלהים שהיא הנק־ראת בינה, כגון 'בראשית ברא אלהים' שהוא סוד הספירה הזאת, ליודעי שכל ומעמיקים להיכנם בסתרי הקבלה. ודבר זה הוא קשה מאוד להבינו זולתי בקבלה אמיתית מפה אל פה. והנני רומז: 'ברא־שית ברא אלהים', אלה תולדות השמים והארץ בהבראם ביום עשות יהו"ה אלהים ארץ ושמים (שם ב, ד), יהו"ה אדני חילי (חבקוק ג, יט), יהו"ה בחכמה יסד ארץ כונן שמים בתבונה (משלי ג, יט).

---

1. Véase a este respecto, Talmud (*Pesajim 50a)* donde se explica que si bien en este mundo se lee *Iod He* y se pronuncia *Alef Dalet*, en el mundo venidero se lee *Iod He* y también se pronuncia Iod He.

A partir de este nombre, la *Middah* de *Din* se distribuye a todas las Sefirot, pero no es un *Din* absoluto, ya que está unida al mundo de *Rajamim*. Se escribe como *Rajamim* y se lee como *Din*, se escribe como IHVH (יהו"ה) y se pronuncia como *Elohim*. Y éste es el secreto de la conexión entre la *Middah* de *Din* y *Rajamim*, para aquellos que penetran profundamente en los misterios de la *Merkavah*.[2] Y has de saber y creer que éste es el nombre que dispensa la *Middah* de *Din* a todas las Sefirot y su trono se llama *Elohim*[3] y es la *Middah* de *Guevurah* y *Pajad*, y de este nombre vendrá la *Shefa* al lado izquierdo, denominado *Elohim*. Y hemos de recordarte un gran principio: en cualquier lugar en el que en la *Torah* encuentres el nombre *Elohim*, a veces alude a la sefirah que se escribe con las letras IHVH (יהו"ה) y se pronuncia *Elohim*, denominada *Binah*, como en «En el principio creó *Elohim*...». Y éste es el secreto de esta sefirah para aquellos que tienen la capacidad de penetrar en los secretos de la cábala (סתרי הקבלה). Y esto es muy difícil de entender sin la profunda tradición oral de la cábala de boca a boca.[4] Y esto alude a «En el principio creó *Elohim*...», «Estos son los orígenes de los cielos y de la Tierra cuando fueron creados, el día que el *El Eterno Elohim* hizo la Tierra y los cielos» (*Ibíd*. II-4), IHVH (יהו"ה) *Adonai* es mi fuerza (*Habacuc* III-19), «IHVH (יהו"ה) con sabiduría fundó la Tierra; afirmó los cielos con inteligencia (*Proverbios* III-19).

וסימן הכולל העניין, שאמרו רבותינו ז"ל: חמישים שערי בינה נב־
ראו בעולם, בשלושים ושתיים נתיבות פליאות חכמה חקק יה יהו"ה.
והיודע לכוון אלו הפסוקים ואלו הסימנים יוכל להבין העיקר, ואין זה
מסור להבינו אלא בקבלה מפה אל פה. וסוד העיקר הזה הוא כולל
סדר כל העולמות הנעלמות, ובו נכללים 'בראשית ברא אלהים',

2. La carroza de la visión de Ezequiel, aunque para algunos autores correspondería también al conjunto del árbol sefirótico.

3. La guematria de “trono” (כיסא) es 91 y la de *haElohim* (האלהים) también.

4. O sea la cábala oral, de maestro a discípulo.

81a

מידת הגבורה, 'בראשית ברא אלהים', מידת המלכות. כי כל אחת מאלו הספירות הולידה סדרי עולם, ובכל אחת ואחת מהן נכלל סוד הפסוק 'בראשית ברא אלהים'.

(81a) La señal está en lo que dijeron sabios, de bendita memoria: «Cincuenta puertas de *Binah* fueron creadas en el mundo»[5] y «Por treinta y dos caminos maravillosos de *Jojmah* grabó IHVH (יהו"ה).[6] Aquel que sepa penetrar en estos dos versículos según estas implicaciones, podrá entonces comprender este principio, y esto sólo lo podrá comprender por la cábala de boca a boca. Y el secreto de este principio contiene todos los mundos ocultos, incluidos en «En el principio *Elohim* creó», que es la *Middah Guevurah*, «En el principio creó *Elohim*», que es también la *Middah* de *Maljut*, porque cada una de estas Sefirot generó el ordenamiento del mundo, y cada una es el secreto de «En el principio creó *Elohim*».

והדברים עמוקים, אין הכול יכולין להיכנס לעומקם, והמבין עיקרים הללו יוכל להבין סוד אמרם שבעים פנים לתורה ואם כן פקח עיניך להתבונן כי במקומות תמצא כתוב אלהים והוא רומז על ספירת בינה, כפי הרמזים שכתבנו הנה, ולפעמים הוא רומז על מידת הגבורה, ולה יאתה; ולפעמים הוא רומז על מידת המלכות בהיותה מתלבשת מלבוש הגבורה. כל זה במוצאך אלהים סתם, אבל במוצאך אלהים סמוך למילת צבאות, כגון אלהים צבאות השיבנו (תהלים פ, ח), הוא בהתאחז עמוד הן"ך השמאלי במידת הגבורה ולוקח כלי מלחמה ולובש בגדי קנאה: קנאת י"י צבאות תעשה זאת (ישעיהו לז, לב), וכבר רמזנו זה במה שקדם. ובכל מקום שתמצא 'אלהים חיים' הוא סוד מידת יסוד, שהיא מושכת מספירת בינ"ה את החיים, לפי שספירת בינ"ה היא נקראת חיי עולם, כמו שאנו עתידין לבאר.

5. Véase Talmud, tratado de *Rosh haSHannah* (21b).
6. Véase *Sefer Yetzirah* (I-1).

Y estas cosas son profundas, y nadie puede meterse en su profundidad, pues los que pueden entenderlas deben ser capaz de entender el secreto de: «Éstas son las setenta caras de la *Torah*».[7] Así pues, abre los ojos y date cuenta de que en cualquier lugar en el que esté escrito el nombre *Elohim*, a veces se refiere a la sefirah *Binah*, como hemos hecho aquí, a veces a la sefirah *Guevurah*, a la que está unido, y a veces a la *Middah* de *Maljut*, cuando se revela desde *Guevurah*. Este principio se aplica sólo cuando se menciona a *Elohim*. Por otro lado, cuando se asocia con *Tzevaoth*, como en: «*Elohim Tzevaoth*, haznos volver» (*Salmos* LXXX-8), se refiere directamente al pilar izquierdo de *Hod* con la *Middah* de *Guevurah*, armado para la guerra y cubierto de celos. «El celo de IHVH (יהו"ה) *Tzevaoth* hará esto» (*Isaías* XXXVII-32). Y ya lo dijimos anteriormente. Y en cualquier lugar en el que encuentres las palabras *Elohim Jaim*, se refiere la *Middah* de *Iesod*, que toma vida de la *Middah* de *Binah*, *Jaié Olam*,[8] como explicaremos más adelante.

ולפיכך נקראת מידת יסוד כשהיא מושכת מספירת בינ"ה את החיים על שמה, 'אלהים חיים'. וגם מידת מלכות כשהיא מקבלת שפע ברכה וחיים ממידת יסוד נקראת אלהים חיים, בלשון אלהים חיים, בלשון כי שמי בקרבו (שמות כג, כא). אבל כל מקום שתמצא כתוב אלהים אחרים, כבר פירשנו עניינו פירוש מרווח ואין צורך לכפול הדברים:

Y por eso se llama *Middah* de *Iesod*, cuando extrae de la sefirah *Binah* la vida, y también es llamada *Elohim Jaim*. Y también la *Middah* de *Maljut* es llamada *Elohim Jaim* cuando recibe la *Shefa*, la bendición y la vida de la *Middah* de *Iesod*, como en la expresión *Elohim Jaim*, como en la expresión «porque mi nombre está en medio de él» (*Éxodo* XXIII-21). Sin embargo, en cualquier lugar en el que encuen-

7. Alusión al secreto ya que la guematria de *Sod* (secreto) es 70.

8. Vida eterna.

tres escrito *Elohim Ajerim*,[9] ya hemos interpretado el asunto en una interpretación amplia y no hay necesidad de repetir las palabras.

והספירה הזאת, שהיא נכתבת יהו"ה ונקראת אלהים, דע שהיא סו־פרת וקושרת ט' הספירות העליונות בקשר אחד, וגם היא הסיבה להתאחד העשירית בתשיעית, ובא ממנה השפע והברכה לתשי־עית. והנה הספירה הזאת הנקראת בינ"ה הוא סוד גלוי השם הנעלם בבריאת עולם. ועליה נתייסדו כל השביעיות ממנה, ועליה המשכת אצילותם, ואליה תשוקתם. וממנה ועד מידת יסו"ד יש חשבון שבע ספירות, לפי שהיא הקושרת ג' העליונות וז' התחתונות, והיא סוד השלישית לעליונות והראשונה או השביעית - מלמעלה למטה או מלמטה למעלה, לו' התחתונות עד מידת יסוד, מלבד מידת המלכות שהיא האחרונה.

Y esta sefirah, que se escribe IHVH (יהו"ה) y se pronuncia *Elohim*, une a cada una de las nueve Sefirot superiores mediante un nudo único, y ésta es la razón de la unidad de la décima sefirah con la novena. Para la *Shefa* y la bendición llegar a través de la novena. Y he aquí que esta sefirah denominada *Binah*, es el secreto de la revelación de lo oculto en la creación del mundo. Y por ella fueron establecidas las siete y su emanación proviene de ella, y ésta es la razón por la que aspiran a ella. Y desde ella hasta la *Middah* de *Iesod*, hay siete Sefirot, pues es ella quien conecta las tres Sefirot (81b) superiores con las siete inferiores. Y he aquí el secreto de la tercera sefirah superior y la primera de las siete inferiores, o la séptima, contando las seis inferiores hasta la *Middah* de *Iesod*, excluyendo a la *Middah* de *Maljut*, que es la última.

והנה סוד קשר תש"ע ספירות העליונות הוא כשנתחיל למנות מס־פירת בינ"ה בדרך זה: בינ"ה, גדול"ה, גבור"ה, תפאר"ת, נצ"ח, הו"ד,

9. Otros dioses.

81b

יסו"ד. והנה בכל מקום שאתה מוצא בתורה ספירת יסו"ד שהיא שביעית, הוא בדרך זה: יסו"ד, שביעית למטה, בינ"ה, שביעית למ־עלה. והבינ"ה קושרת שש הספירות בשלוש, ויסוד קושר ספירה עשירית בתשע עליונות. והבן זה עד מאוד, כי אלו הן שני פרקי המ־רכבה והחיבור והיחוד, ועל זה נאמר: ביום ההוא יהיה יהו"ה אחד ושמו אחד (זכריה יד, ט). כשזכר בזה שתי פעמים 'אחד' הוא סוד שני פרקי החיבור והייחוד לעשר ספירות, בסוד אחד בשלוש ואחד בשבע:

Y he aquí el secreto de la conexión de las nueve Sefirot superiores cuando comenzamos a contar a partir de la tercera sefirah de *Binah*, de esta manera: *Binah, Guedulah, Guevurah, Tiferet, Netzaj, Hod, Iesod*. Y de este modo se encuentra en la *Torah* que *Iesod* es la séptima, y de abajo hacia arriba el séptimo lugar corresponde a *Binah*. Y *Binah* conecta a las seis Sefirot con las tres, y *Iesod* conecta a la décima sefirah con las nueve superiores. Y entiende bien esto, porque estos son los dos capítulos de la *Merkavah* y la conexión y la unificación. A propósito de esto ha sido dicho: «En aquel día IHVH (יהו"ה) será uno, y uno su nombre» (*Zacarías* XIV-9). Repetir dos veces *Ejad* (Uno) es el secreto de los dos lazos, de la conexión y la unificación, de las diez Sefirot en el secreto de un *Ejad* por las tres de arriba y un *Ejad* por las tres de abajo.

ואחר שידעת זה, דע כי בכל מקום שתמצא בתורה ספירת שביעיות, כמו שבע שנים, שבע פעמים, הוא סוד הספירות מן היסוד ועד הבי־נה, ובמקומות מן הבינה ועד היסוד, כמו שנאמר: כי ששת ימים עשה ה' את השמים ואת הארץ (שמות לא, יז) - ששת, ולא בששת ימל־בד ששת אלו יש ששת ימי החול שהם מקיפים כעגולה למידת יסוד, והם מבחוץ כדמיון קליפות ולפיכך נקראים ששת ימי חול. אבל שש הספירות שהן מתחילות מספירת בינ"ה ובאות ונמשכות עד השבי־עית שהיא יסו"ד, כולן קודש ואינן בכלל החול. ודבר זה גם כן עמוק עמוק וצריך קבלה מפה אל פה. והנני רומז: מלמעלה למטה ומלמטה

81b

למעלה, כל הספירות קודש וכל מה שבעיגולה מבפנים, קודש, ומב־חוץ לעיגולה, חול.

Ahora que has entendido esto, debes saber que en cualquier lugar en el que encuentres en la *Torah* el número siete, como en «siete años», «siete veces», es el secreto de las Sefirot de *Iesod* a *Binah*, y a veces de *Binah* a *Iesod*, así está escrito: «porque en seis días hizo el IHVH (יהו"ה) los cielos y la Tierra» (*Éxodo* XXXI-17). «Porque en seis» y no «en seis». Además de estos seis tenemos también los seis días comunes que envuelven como un círculo a la *Middah* de *Iesod*, y son por fuera como *Klipoth*,[10] y por eso se designan como días profanos. Y estas palabras también son muy profundas y hay que recibirlas (*Kabbalah*) de boca a boca. Y es lo que alude: «de arriba hacia abajo y de abajo hacia arriba», todas las Sefirot son sagradas y todo lo que está dentro del círculo es sagrado y lo que está fuera del círculo es profano.

וסוד זה רמזו חז"ל בסדר ההבדלה, במה שאמרו 'בין יום השביעי לששת ימי המעשה, ברוך המבדיל בין קודש לחול, בין אור לחושך, ובין ישראל לגויים'. המבין זה יבין סוד העיגולה מה שבחוץ ומה שב־פנים; ידע מה בחשוכא ונהורא עמה שרא (דניאל ב, כב); עד לא עשה ארץ וחוצות (משלי ח, כו) - שבעים שרים מבחוץ וישראל מבפנים, יסובבנהו יבוננהו (דברים לב, י); יצב גבולות עמים למס־פר בני ישראל; וכל זר לא יאכל קדש (ויקרא כב, י); כי חלק י"י עמו (דברים לב, ט); ואתם תהיו לי ממלכת כהנים וגוי קדוש (שמות יט, ו); ויעשו בני ישראל את הפסח במועדו (במדבר ט, ב); מאלה נפרדו איי הגוים בארץ (בראשית י, ה); ויאמר יהו"ה אל אברם לך לך מא־רצך אל הארץ וגו' (שם יב, א).

10. Plural de *Klippah*, «cáscara», «corteza». Corresponden a Esaú, que «era una corteza del Sitra Ajra», según el Zohar (III-163a). Véase el volumen XXIV de nuestra edición, pág. 155, Ediciones Obelisco, Barcelona, 2018.

Y este secreto es mencionado por nuestros sabios, de bendita memoria, en el *Seder* que separa el *Shabbat* de los demás días de la semana, cuando se dice: «Separación del séptimo día de los seis días de trabajo, entre la luz y la oscuridad, entre Israel y las naciones». Aquel que entienda esto, entenderá el secreto del círculo, externo o interno. «El revela lo profundo y lo escondido; conoce lo que está en tinieblas, y la luz mora con él» (*Daniel* II-22). «No había aún hecho la tierra, ni las campiñas» (*Proverbios* VIII-26). Los setenta Príncipes están fuera e Israel está dentro: «lo trajo alrededor, lo instruyó» (*Deuteronomio* XXXII-10). Estableció los límites para algunos de los hijos de Israel: «Ningún extraño (82a) comerá santificación» (*Levítico* XXII-10). «Porque la parte de IHVH (יהו"ה) es su pueblo» (*Deuteronomio* XXXII-9). «Os tendré por un reino de sacerdotes, una nación santa» (*Éxodo* XIX-6). «Los hijos de Israel harán la pascua a su tiempo determinado» (*Números* IX-2). «Por éstos fueron partidas las islas de los gentiles» (*Génesis* X-5). «IHVH (יהו"ה) dijo a Abram: «vete de tu tierra y de tu naturaleza, y de la casa de tu padre, a la tierra que yo te mostraré» (*Génesis* XII-1).

והכלל - מעשה מרכבה דיחזקאל: וארא והנה רוח סערה באה מן הצפון ענן גדול ואש מתלקחת ונגה לו סביב ומתוכה כעין החשמל מתוך האש; ישת חשך סתרו...מנוגה נגדו...ברד וגחלי אש (תהלים יח, יב); ונגה כאור תהיה קרנים מידו לו ושם חביון עוזו (חבקוק ג, ד); כי יש יתרון לחכם מן הכסיל כיתרון האור מן החשך (קהלת ב, יג); העם ההולכים בחשך ראו אור גדול (ישעיהו ט, א); כי אשב בחשך יהו"ה אור לי (מיכה ז, ח); כי הנה החשך יכסה ארץ וערפל לאומים ועליך יזרח י"י (ישעיהו ס, ב); היודע לכוון סוד אלה הפסוקים ורמזיהם, יכול להתבונן סוד עומק אלו הדברים שאמרנו. ואם תזכה, עדיין תשמע קבלתם פה אל פה; אשר הלך חשכים ואין נוגה לו יבטח בשם יהו"ה (שם נ, י).

Y en general, *Maasé Merkavah* de *Ezequiel*: «Y miré, y he aquí un viento tempestuoso venía del aquilón, y una gran nube, y un fuego que venía revolviéndose, y tenía en derredor suyo un resplandor, y en medio de él, en medio del fuego una cosa que parecía como de ámbar» (*Ezequiel* I-4). «Puso tinieblas por su escondedero, en sus alrededores de su tabernáculo oscuridad de aguas, nubes de los cielos. Por el resplandor delante de él, sus nubes pasaron; granizo y carbones de fuego» (*Salmos* XVIII-11 y 12). «Y su resplandor fue como la luz; cuernos le salían de su mano; y allí estaba escondida su fortaleza» (*Habacuc* III-4). «He visto que hay ventaja de la sabiduría sobre la insensatez como del día sobre las tinieblas» (*Eclesiastés* II-13). «El pueblo que andaba en tinieblas vio gran luz» (*Isaías* IX-2). «Si habito en las tinieblas, IHVH (יהו"ה) es mi luz» (*Miqueas* VII-8). «Que he aquí, que tinieblas cubrirán la Tierra, y oscuridad los pueblos; y sobre ti nacerá el IHVH (יהו"ה), y sobre ti será vista su gloria» (*Isaías* LX-2). Aquel que pueda penetrar en la profundidad del secreto de estos versículos, así como en todas sus insinuaciones, podrá comprender la profunda realidad de todo lo que hemos dicho y si eres merecedor, podrás escuchar los secretos de la cábala de boca a boca. «El que anduvo en tinieblas, y el que careció de luz, confíe en el nombre de IHVH (יהו"ה), y recuéstese sobre su Dios» (*Isaías* L-10).

שמור סדר ההבדלות שרמזו חכמים במוצאי שבת, ותמצא ששת ימי החול שהם חוץ לעגולה, וכן הגויים, וכן חושך המבדיל בין קודש לחול - מיצון ופנימי, ובין ישראל לגויים, חיצון ופנימי, ובין אור לחושך, חיצון ופנימי, ובין יום השביעי לששת ימי המעשה, חיצון ופנימי. בצנעה ניתנה שבת ואין לעובדי גילולים חלק בה. ביני ובין בני ישראל אות היא לעולם (שמות לא, יז), ואין לעובדי גילולים חלק בה. וזהו שהתקינו בתפילת שבת: ולא נתתו ה' אלהינו לגויי הארצות ולא הנמלתו מלכנו לעובדי פסילים וגם במנוחתו לא ישכנו ערלים כי לעמך ישראל נתתו, ופן תשא עיניך השמימה וראית את השמש וגו' אשר חלק י"י אלהיך אותם וגו' ואתכם לקח י"י (דברים ד, יא), וסימן, דור הפלגה. בהנחל עליון וגו' כי חלק י"י עמו (שם לב, ח(

Mantén el *Seder* de las *Havdaloth* sugerido por los sabios en la noche de *Shabbat*, y encontrarás que los seis días profanos están fuera del círculo, al igual que las naciones. Al igual que la noche separa lo sagrado de lo profano, el interior del exterior, la luz de las tinieblas, Israel de los gentiles y los días de trabajo del séptimo día. «El *Shabbat* fue dado en particular y las naciones no participaron en él».[11] «Señal es para siempre entre mí y los hijos de Israel» (*Éxodo* XXXI-17). Y los idólatras (*Jilulim*) no tienen parte en él. Y es lo que se estableció en la oración de *Shabbat*: «Y el IHVH (יהו"ה) nuestro Dios no dio a las naciones y a los pueblos de la Tierra, ni el refugio de nuestro rey a los idólatras, ni los incircuncisos no descansarán en este día, porque se lo ha dado al pueblo de Israel». «Y para que no alces tus ojos al cielo (82b), y viendo el Sol, la Luna y las estrellas, y todo el ejército del cielo, seas impulsado, y te inclines a ellos, y les sirvas; porque el IHVH (יהו"ה) tu Dios los ha concedido» (*Deuteronomio* IV-19). Y la señal es la generación de la dispersión, «Cuando el Altísimo dio a cada pueblo su heredad... pero su pueblo es posesión suya» (*Idem.* XXXII-8).

ואחר שרמזנו לך אלו הרמזים העמוקים נחזור לכוונת השער. דע כי בכל מקום שתמצא בתורה ספירת שביעיות, כמו: שבע שבתות תמימות תהיינה (ויקרא כג, טו), 'תספרו חמשים יום', וספרת לך שבע שבתות שנים (שם כה, ח), הכול הוא שבע ספירות שהן מספירה בינ"ה עד ספירת יסו"ד, ואנו מתחילים מספירת יסו"ד עד שאנו עולים לספירה בינ"ה. לפיכך יש חמישים יום מספירת העומר עד מתן תורה; שנת חמישים שנה, שנת היובל; חמישים שערי בינה נבראו בעולם, וחמשים עלו בני ישראל (שמות יג, יח), גאולת מצרים חמישים פעמים נזכר בתורה.

Y después de considerar estas profundas alusiones, volveremos al tema de esta Puerta. Has de saber que en cualquier lugar en el que

11. Véase Talmud, tratado de *Beitzah* (16a).

82b

encontréis los siete unidos en la *Torah*, como con: «contarás siete semanas completas» (*Levítico* XXIII-15) y «contarás siete semanas de años, siete veces siete años» (*Íbid.* XXV-8), se trata de las siete Sefirot que van desde la sefirah *Binah* a sefirah *Iesod* y de vuelta de *Iesod* a *Binah*. Por eso hay cincuenta días desde la cuenta del Omer hasta la entrega de la *Torah* el quincuagésimo año, el año del jubileo; cincuenta puertas de sabiduría fueron creadas en el mundo, y cincuenta fueron los hijos de Israel que subieron (*Éxodo* XIII-18), la redención de Egipto se menciona cincuenta veces en la *Torah*.[12]

למען תזכור את יום צאתך מארץ מצרים כל ימי חייך (דברים טז, ג), אלו הם ימי חיינו, ספירת שבע שביעיות חמישים יום; בשנת היובל הזאת תשובו איש אל אחוזתו (ויקרא כה, יג), גאולה תהיה לו וביובל יצא (שם כד). והנה במידת בינה שהוא סוד היובל יצאנו ממצרים, כמו שאנו עתידין לבאר בעזרת השם, ובחודש השלישי לצאת בני ישראל מארץ מצרים ניתנה תורה. כיצד? בבינ"ה יצאו ממצרים, כמו שנאמר: וחמשים עלו בני ישראל מארץ מצרים (שמות יג, יח). בגדול"ה נקרע הים, כמו שנאמר: וירא ישראל את היד הגדולה (שם יד), וסימן: חס"ד לאברהם, ויס"ע ויב"א וי"ט (שם טו); וגדול חס"ד. בגבורה ניתנה תורה, כמו שנאמרו: וידבר אלהי"ם את כל הדב־רים האלה לאמור (שם כ, א), ועתה למה נמות כי תאכלנו הא"ש הגדול"ה הזאת (דברים ה, כב) הווי אומר:

«Para que te acuerdes del día en que saliste de la tierra de Egipto todos los días de tu vida» (*Deuteronomio* XVI-3), esto se refiere a los días de nuestra vida, a la cuenta de siete veces siete y al día cincuenta. «En este año de jubileo volveréis cada uno a su posesión» (*Levítico* XXV-13), «otorgaréis redención a la tierra» (*Levítico* XXV-24), pues fue por la *Middah* de *Binah*, que es el secreto del Jubileo, que salimos de Egipto, como explicaremos más adelante, si Dios quiere. Y en el

12. Véase *Tikkunei haZohar* (22a).

mes tercero, cuando los hijos de Israel salieron de la tierra de Egipto, se entregó la *Torah*. ¿Cómo? Salieron de Egipto con *Binah*, como ha sido dicho: «Y cincuenta subieron los hijos de Israel de Egipto» (*Éxodo* XIII-18). El mar se abrió con *Guedulah*, como ha sido dicho: «cuando Israel vio el gran poder» (*Éxodo* XIV-31), y la señal es: *Hessed* de Abraham, en «y partió... y vino... y extendió (ויס»ע ויב»א וי»ט)»,[13] es el gran *Hessed*. La *Torah* fue dada por *Guevurah*, como ha sido dicho: «Y habló *Elohim* todas estas palabras, (83a) diciendo» (*Éxodo* XX-1). «Ahora pues, ¿por qué moriremos? Que este gran fuego (*Esh Guedulah*) nos consumirá» (*Deuteronomio* V-25). Y concluyó diciendo:

בחודש השלישי לצאת בני ישראל מארץ מצרים ביום הזה באו מדבר סיני (שמות יט, א) - לומר בבינה, שהיא ספירה שלישית לצאת בני ישראל מארץ מצרים ביום ההוא באו מדבר סיני. היודע סוד עיקרים הללו יזכה לחזות בנועם ה' ולבקר בהיכלו, כי זה כל האדם. הרי חמש ספירות, ובהן זכו למתן תורה חמישה חומשים, חמש כנגד חמש. ומשם והלאה, תורה נביאים וכתובים: תורה, אחת. נביאים, הלא כתבתי לך שלישים (משלי כב, כ) "; כתובים, אחת היא יונתי תמתי (שי"הש ו), מקבלת תשע אספקלריאות. והנני רומז. איזו ספירה היתה סיבת יציאתם ממצרים? אהי"ה אשר אהי"ה (שמות ג, יד). באיזו ספירה עלתה צעקתם? מן המצר קראתי י"ה (תהלים קיח, ה), ויזעקו ותעל שועתם (שמות ב, כג), מי לא ייראך מלך הגוים (ירמיהו י, ז). באיזו ספירה נענו ויצאו? ענני במרחב יה (תהלים קיח, ה), ויוצא למרמב אותי יחלצני כי חפץ בי (שמואל, כב, כ), ותעל שועתם אל האלהים מן העבודה (שמות ב, כג), וחמשים עלו בני ישראל (שם יג, יח).

«Al mes tercero de la salida de los hijos de Israel de la tierra de Egipto, en aquel día vinieron al desierto de Sinaí» (*Éxodo* XIX-1). Este versículo se refiere a *Binah*, la tercera sefirah, en tercer lugar, los

13. Que suman, entre los tres, 72 letras como la guematria de *Hessed*.

83a

hijos de Israel salieron de la tierra de Egipto en el día que fueron al desierto de Sinaí. Aquel que conozca el secreto de estos principios merecerá contemplar la agradable naturaleza de IHVH (יהו"ה) y podrá visitar su palacio, porque esa es la persona completa.[14] Después de todo, hay cinco Sefirot, la *Torah* está estructurada en cinco *Jumashim*, así podemos contar la *Torah*, los Profetas y los Escritos. La *Torah* cuenta como una, los Profetas como tres: «¿no te he escrito tres veces?» (*Proverbios* XXII-20), y los Escritos por: «Una es mi paloma, mi perfecta» (*Cantar de los Cantares* VI-9), que recibe nueve espejos.[15] Y voy a hacer una insinuación. ¿Cuál fue la sefirah que provocó la salida de Egipto? La sefirah que provocó el *Éxodo* de Egipto es «*Ehieh asher Ehieh*» (*Éxodo* III-14). ¿Cuál es la sefirah que hizo ascender sus gritos? «Desde mi angustia, clamé a *Iah*» (*Salmos* CXVIII-5), «y su clamor subió a *Elohim* desde su servidumbre» (*Éxodo* II-23), «¿Quién no te temerá, rey de las naciones?» (*Jeremías* X-7). ¿De qué sefirah procede la respuesta y la salida? «*Iah* me escuchó, me liberó» (*Salmos* CXVIII-5), «Me sacó a anchura; me libró, porque puso su voluntad en mí» (II *Samuel* XXII-20), «y su clamor subió a Dios desde su servidumbre» (*Éxodo* II-23), «Y cincuenta subieron los hijos de Israel de Egipto» (*Éxodo* XIII-18).[16]

עלתה מידת המלכות ונתאחדה בספירת הבינ"ה. באיזו ספירה נקרע הים? ויס"ע ויב"א וי"ט (שם, יד), חס"ד לאברהם. באיזו ספירה נתנה התורה? וידבר אלהי"ם (שם כ, כא), וההר בוער באש (דברים ה, כ) איזו היא הספירה הנקראת תורה שבכתב? תורת אמ"ת היתה בפיהו (מלאכי ב, ו), משפטי י"י אמ"ת (תהלים יט, ח), תתן אמת ליעקב (מיכה ז, כ). נמצאת למד תורה שבכתב ומשפטי אמ"ת ויעקב, כולן

14. En el sentido que ese es el verdadero destino del hombre.

15. O sea las nueve Sefirot superiores.

16. El cabalista Menahem ben Biniamin Recanati sostenía que "cincuenta subieron" corresponde a las 50 puerta de la *Binah*. Otros sabios lo asocian con los 50 días que se tardó en recibir la *Torah*.

עולין בקנה אחד, קו האמצעי: ישראל אשר בך אתפאר (ישעיהו מט, י), ולתתך עליון על כל הגוים אשר עשה לתהלה ולשם ולתפארת (דברים כו, יט). באיזו ספירה נשתמשו נביאים? כי את המלך יהו"ה צבאות ראו עיני (ישעיהו ו, ו), הלא כתבתי לך שלישים (משלי כב, כ).

La *Middah Maljut* se elevó y se unió a la sefirah *Binah*. ¿Qué sefirah abrió el mar? Los versículos que comienzan con «y partió… y vino… y extendió (ויס"ע ויב"א וי"ט)»,[17] del gran *Hessed*. ¿A través de qué sefirah se dio la *Torah*? «Y *Elohim* habló» (*Ídem*. XX-21), «Y la montaña se tragó el fuego» (*Deuteronomio* V-20). ¿Qué sefirah se llama «*Torah* escrita»? «La *Torah* de la verdad (*Emet*) estaba en su boca» (*Malaquías* II-6), «los juicios (*Mishpat*) de *Elohim* son verdad (*Emet*)» (*Salmos* XIX-8).[18] «Cumplirás la verdad (*Emet*) a Jacob» (*Miqueas* VII-20). De ello se desprende que la *Torah* escrita, los juicios de *Emet* y Jacob todos ellos están en la misma línea media: «Israel, que en ti me gloriaré» (*Isaías* XLIX-3), «y para ponerte alto sobre todos los gentiles que hizo, para loor, y fama, y gloria» (*Deuteronomio* XXVI-19). ¿Qué sefirah usaron los profetas? «Porque mis ojos han visto al rey IHVH (יהו"ה) *Tzevaoth*» (*Isaías* VI-6), «¿No te he escrito tres veces?» (*Proverbios* XXII-20).[19]

כתובים, 'אחת היא יונתי', אוצר חיים, גנזי ברכה, נחלתם של ישראל. התבונן באלו הרמזים העמוקים ותמצא כמה טובים נחלי ישראל בכל ספירה וספירה מי' הספירות, וסיבת נחלי כל הטובות הללו היא ספירת בינ"ה. לפיכך 'תספרו חמשים יום', והכול שבת, דיבוק ספירת המלכו"ת בספירת הבינ"ה: למנצח בנגינות על השמינית (תהלים ו, א). והסוד: ביום השמיני עצרת תהיה לכם (במדבר כט, לה), וביום השביעי עצרת לי"י אלהיך (דברים טז, ח), התשיעית שלו העשירית

17. Que suman, entre los tres, 72 letras como la guematria de *Hessed*.
18. *Mishpat y Emet* se atribuyen a Jacob.
19. Los cabalistas lo relacionan con la *Torah*, los Profetas y los Escritos.

שלנו, לפי שהיא נחלתנו וחלקנו. וכשהעשירית מתאחדת ומתדבקת בתשיעית, הרי כל ישראל כאחד דבקים בשם יתברך, כמו שנאמר:

Escritos, «Una es mi paloma», son los tesoros de la vida, el tesoro oculto de bendición, la herencia de Israel. Contempla estas profundas alusiones y descubrirás la multitud de favores que cada una de las diez Sefirot concede a los herederos de Israel. Y la causa de todos estos favores es la sefirah *Binah*. Por lo tanto, debemos contar cincuenta días. Porque todo el *Shabbat* es la unión de la sefirah *Maljut* con la sefirah *Binah*. «Al Vencedor: en *Neginot* sobre *Seminit*» (*Salmos* VI-1). Y el secreto es: «el octavo día tendréis solemnidad» (*Números* XXIX-35), «El séptimo día (83b) será una asamblea solemne para IHVH (יהו"ה) tu Dios» (*Deuteronomio* XVI-8).

ואתם הדבקים בי"י אלהיכם (דברים ה, ד) אין המקרא יוצא מידי פשוטו; את י"י אלהיך תירא אותו תעבוד ובו תדבק (שם י, כ), ואותו תעבודו ובו תדבקון, תדבקון בלי ספק ומה שכתבו רבותינו ז"ל וכי אפשר לאדם להידבק בשכינה? אפשר ואפשר, והכול גילו במה שא־מרו שיתדבק אדם בתלמידי חכמים. וידוע הוא מי הם תלמידי חכ־מים למודי י"י, וזהו סוד דיבוק ספירה עשירית בתשיעית בלי ספק, כי כל הגורם להתאחד כנסת ישראל בספירת יסו"ד הרי הוא נדבק בה, והיא נדבקת ביסו"ד ושניהן כאחד נדבקים ביהו"ה, ואין מקרא יוצא מידי פשוטו:

«Mas vosotros que os acercasteis al *Eterno* vuestro Dios» (*Deuteronomio* IV-4), este versículo no puede entenderse literalmente. «Es IHVH (יהו"ה) tu Dios a quien temerás y servirás, adhiriéndote a él» (*Deuteronomio* X-20). No te preocupes por lo que dijeron nuestros sabios, de bendita memoria: «¿Es posible que alguien se apegue a la *Shekinah*?»[20] De hecho, ya se dijo cuando decían que debíamos apegarnos

20. Véase Talmud, tratado de *Ketuvoth* (111b).

a los discípulos de los sabios. Sabemos quiénes son los sabios (*Talmidei Jajamim*), son los estudiantes (*Talmidei*) del Eterno, y éste es el secreto de la unión de la décima sefirah con la novena. Porque siempre que alguien promueve la unidad del pueblo de Israel con la sefirah *Iesod*, *Iesod* se adhiere a la *Shekinah*, que a su vez se adhiere a él, y ambos se adhieren a IHVH (יהו"ה), pues este versículo no puede entenderse literalmente.

ואחר שביארנו, יש לנו להאיר עיניך בעיקרים גדולים בעזרת המאיר לארץ ולדרים עליה. דע כי ספירת בינ"ה, נכתבת יהו"ה ונקראת אלהי"ם, הוא סוד גילוי שלוש ספירות עליונות אשר על ידיהם מתגלה אור הכתר והרצון, עד שמגיע האצילות והשפע והברכה למידת יסוד, שהיא סוד ז' ספירות; אז מידת יסו"ד חוזרת ומריקה כל מיני השפע ואצילות הברכות במידת המלכות הנקראת אדנ"י. ולפיכך נקראת בת שבע, כלומר ספירה המתפרנסת משבע ספירות אשר עליה שהם בינ"ה, גדול"ה, גבור"ה, תפאר"ת, נצ"ח, הו"ד, יסו"ד. וזהו בת שבע ובאר שבע, כלומר באר המתמלאת מז' ספירות. וכן סוד באר שבע נקרא ספירת בינ"ה, בדרך השפע והאצילות, בהיותה נובעת כל מיני שפע לז' ספירות אשר תחתיה.

Y después de aclararte esto, debemos explicarte los grandes principios por los cuales la Tierra y las generaciones son iluminadas. Has de saber que la sefirah *Binah*, escrita IHVH (יהו"ה) y pronunciada *Elohim*, es el secreto de la revelación de las tres Sefirot superiores, a través de las cuales se revela la luz de *Keter* y su voluntad, hasta que *Atziluth* y la *Shefa* han alcanzado la sefirah *Iesod*, el secreto de las siete Sefirot inferiores. Entonces la *Middah Iesod* vierte todo tipo de *Shefa* y de bendiciones en la *Middah Maljut*, denominada *Adonai*. Se llama entonces *Beth Sheva*,[21] para mostrar que esta sefirah se apoya en las siete que están por encima de ella, es decir, *Binah*, *Guedulah*, *Guevu-*

21. Esposa o hija de los siete.

83b

rah, Tiferet, Netzah, Hod y *Iesod.* Esto es *Beth Sheva* y *Beer Sheva,*[22] que es el pozo que se llena con las siete Sefirot. Por eso el secreto de *Beer Sheva* se llama sefirah *Binah,* pues es la fuente de la *Shefa* que fluye hacia las siete Sefirot que están debajo de ella.

זה הכלל: בא"ר שבע הוא סוד הבינ"ה להריק ברכה לז' ספירות של מטה, ב"ת שב"ע היא המלכות בהיותה מתמלאת ברכה מז' ספירות אשר עליה ואז היא משפעת ברכות על כל הנמצאים למעלה ולמטה. נמצאת למד כי אלו שתי הספירות, שהם בינ"ה ומלכו"ת, הם סיבת התגלות כת"ר עליון וסיבת השפע וברכה והקיום לכל הנמצאים: ספירת בינ"ה מושכת השפע העליון מן המקור לז' ספירות שתחתיה, עד שמתמלאת מידת המלכות מכל מיני שפע וברכה; וספירת המלכות מושכת מכל מיני ברכה ושפע ואצילות מן הספירות שעליה, ואז היא מפרנסת את כל הנמצאים למעלה ולמטה, לפ, שספירת מלכות היא סוד הפרנס הגדול המפרנס את כל הנבראים, כמו שביארנו בשער הראשון. אם כן אלו שתי הספירות, שהם בינ"ה ומלכות, הן מכוונות זו אצל זו. וממידת הבינ"ה יבואו כל הברכות למידת המלכו"ת, והסוד:

Ésta es la regla: *Beer Sheva* es el secreto de *Binah* pues de ella procede la bendición de las siete Sefirot de abajo. *Beth Sheva* es la sefirah *Maljut,* cuando es regada por la bendición de las siete Sefirot anteriores. Así, se aprende que las dos Sefirot, *Binah* y *Maljut,* son los agentes de la revelación de *Keter Elion,* la fuente de apoyo y bendición para todas las criaturas. La sefirah *Binah* atrae la *Shefa* suprema hacia las siete Sefirot de abajo, hasta que la *Middah Maljut* se llena de *Shefa* y bendiciones. Y la sefirah *Maljut* atrae varios tipos de bendiciones y abundancia de las Sefirot que están por encima de ella, por lo que sostiene todo lo que está por encima y por debajo de ella. Y entonces

---

22. Siete pozos. Los cabalistas lo relacionan con la sefirah de *Maljut,* que recibe de *Binah,* denominada a veces *Sheva.* Ambas *Sefirot* se asocian con la *Shekinah.* Para otros se trataría sencillamente de la siete sefirot inferiores.

83b

Maljut provee a todas las criaturas de arriba y de abajo, pues la sefirah *Maljut* es el secreto del gran sustentador, que sostiene a todas las criaturas, como ya hemos explicado en la primera Puerta. Siendo así, las dos Sefirot, *Binah* y *Maljut*, se contemplan mutuamente, y de la *Middah Binah*, proceden todas las bendiciones de la *Middah Maljut*, cuyo secreto es:

ונהר יוצא מעדן, הוא סוד בינ"ה היוצא ממקום הנתה, על ידי החכ־מה הנקרא רצון; והבינ"ה היא הנקראת רחובות הנהר. 'להשקות את הג"ן, זוהי ספירת המלכות המקבלת כל מיני שפע וברכה הנובעים על ידי ספירת הבינ"ה. 'ומשם יפרד', כלומר, מספירת המלכות ולמטה יתפרדו מיני השפע לפרנס כל הנבראים כפי הדין הראוי, כי עד ספי־רת המלכות הוא סוד הייחוד האמיתי השלם, וממידת מלכות ולמטה הוא סוד עולם הפירוד. 'והיה לארבעה ראשים', הוא סוד ארבע מח־נות אשר מהם נתפרדו כל החבילות בכל ברואי מעלה ומטה בעולם המלאכים, וכנגדם בשמים, וכנגדם בארץ, והכול בסוד ארבעה רא־שים, ועדיין נבאר זה בעזרת השם יתברך.

«y salió un río del Edén.[23] Y éste es el secreto de *Binah* que sale de un lugar inferior, con la ayuda de *Jojmah*, que se llama *Ratzon*.[24] Porque *Binah* se llama «anchuras del río»,[25] para «regar el jardín». Es la sefirah *Maljut* la que recibe la mayor *Shefa* y bendición de la sefirah *Binah*: «y de allí se divide». Esto significa que de la sefirah *Maljut* se separan diversas cualidades de la Abundancia, para sostener a todas las criaturas, según lo que se haya determinado para cada una. Porque *Binah*, a través de la sefirah *Maljut*, es el secreto de la unidad perfecta y verdadera. Y la *Middah Maljut* introduce el secreto de la separación del mundo «en cuatro brazos». Y éste es el secreto de los cuatro cam-

23. Véase *Génesis* (II-10).
24. Voluntad.
25. Véase *Génesis* (XXXVI-37).

83b - 84a

pamentos,[26] desde el cual todo se distribuye a las criaturas de arriba y de abajo, al mundo de los ángeles y a sus equivalentes celestes y terrestres, a través del secreto de los cuatro brazos. Y lo explicaremos, con la ayuda del *Eterno*, bendito sea.

אם כן דע והאמן כי ספירת הבינה וספירת המלכות שתיהן מכוונות זו אצל זו, וכשמידת המלכות מתוקנת בתיקון ישראל בקיום התורה והמצוות, אז ספירת בינה הופיעה להריק מכל מיני שפע וברכה דרך הספירות עד שספירת מלכות מתברכת ומתמלאת, ואז נמצאים בני העולם בהשקט ובביטחה, והברכה משתלחת בכל מיני מזונות, ונמצאת הברכה דבוקה לארץ, זהו 'אם בחוקותי תלכו' וסדר כל הברכות. ואם חס ושלום קלקלו ישראל את השורה ועברו תורות וחלפו חוק הפרו ברית, אז ספירת בינ"ה אינה משפעת ברכה וכביכול נמצאו הספירות בחסרון, שהרי המקור נפסק. לפיכך חוזרת ספירת יסו"ד להתאסף, לעלות אל מקום תשוקתה אל הבינה, ונשארת ספירת המלכות לבדה יבשה אין כ"ל, ואז נמצא העולם בכל מיני קללה, וזהו עניין הקללות האמורות בתורה, שעל ידי ישראל לוקה ספירת המלכות, כאמרו:

Por lo tanto, has de saber y creer que la sefirah *Binah* y la sefirah *Maljut* se contemplan mutuamente. Porque cuando la *Middah* es corregida por la reconstrucción de Israel, junto con el cumplimiento de la *Torah* y los preceptos, la sefirah *Binah* parece derramar toda su *Shefa* y su bendición a través de las Sefirot para que *Maljut* se llene de bendiciones. Entonces los hombres permanecen serenos y estables. La bendición se distribuye a través de varios tipos de alimentos[27] y la bendición se une a la tierra (84a), así: «si sigues mis instrucciones» todas estas bendiciones serán para ti. Pero si, Dios no lo quiera, Israel

26. Se trata de los cuatro campamentos que rodean a la *Shekinah*. Véase Zohar (I-71b), vol. III de nuestra edición, pág 87 y ss., donde se relacionan con las cuatro *Jaioth,* Ediciones Obelisco, Barcelona, 2007.

27. Véase Talmud, tratado de *Berajot* (35b).

transgrede estas instrucciones y renuncia a la alianza, entonces la sefirah *Binah* no propaga la bendición y las Sefirot están, por decirlo de algún modo, en estado de carencia, porque la fuente ha dejado de fluir. Entonces la sefirah *Iesod* intenta recibir más de la sefirah *Binah*, dejando a la sefirah *Maljut* angustiada y sola sin el *Kol.*[28] Entonces el mundo queda bajo una influencia maligna y son las maldiciones mencionadas en la *Torah*, ya que a causa de Israel, la sefirah *Maljut* es afectada, como ha sido escrito:

בן כסיל תוגת אמו (משלי י, א), ואומר: ובפשעיכם שלחה אמכם (ישעיהו נ, א). נמצאת ספירת התפארת שדודה מן הנחל שעליה הנקרא בינ"ה, ואו כנסת ישראל משולמת ונפרדת, כאמרו: משדד אב יבריח אם בן מביש ומחפיר (משלי יט, כו), ואומר: כי מפני הרעה נאסף הצדיק (ישעיהו נז, א) וכוונתו פירשנו בשערים הקודמים, ואומר: ונרגן מפריד אלוף (משלי טז, כח). אם כן נמצאת ספירת מלכות כל תשוקתה ותאוותה וחפצה בספירת הבינ"ה, ושתיהן מכוונות זו כנגד זו. ובשנת היובל מתאחדות בייחוד שלם, ונמצאת גאולה באה בספירת המלכות אשר היא סוד הארץ, וזהו שאמר הכתוב: ובכל ארץ אחוזתכם גאולה תתנו לארץ (ויקרא כה, כד): ואחר שידעת זה, התבונן בכל מקום בתורה שתמצא כתוב יהו"ה אדני, שניהם סמוכים זה לזה, ותדע ותשכיל כי אלו שתי הספירות, האחת ספירת בינ"ה הנכתבת יהו"ה ונקראת אלהים, והשני ספירת מלכות הנקראת אדנ"י, שזהו סוד: יהו"ה אדנ"י חילי (חבקוק ג, יט).

«El hijo loco es tristeza a su madre» (*Proverbios* X-1), y ha sido escrito: «y por vuestras rebeliones fue repudiada vuestra madre» (*Isaías* L-1). La asamblea de Israel es repudiada y dispersada, pues ha sido escrito: «El que roba a su padre y ahuyenta a su madre, es hijo avergonzador y deshonrador. «(*Proverbios* XIX-26). Y es «que delante de la aflicción es recogido el justo» (*Isaías* LVII-1). Ya hemos interpretado el

---

28. Todo.

84a

significado en las Puertas anteriores, diciendo: «el chismoso aparta los Príncipes» (*Proverbios* XVI-28). Siendo así, todos los deseos dependen de la sefirah *Maljut* y todos los conceptos dependen de la sefirah *Binah*, y ambas están orientadas la una hacia la otra. En el año del Jubileo, se reúnen en total unidad, concediendo así la redención a la sefirah *Maljut*, que es el secreto de *Eretz* (tierra), como está escrito: «Por lo tanto, en toda la tierra de vuestra posesión, otorgaréis redención a la tierra» (*Levítico* XXV-24). Y después de que sepas esto, en cualquier lugar en la *Torah* en el que encuentres a IHVH (יהו"ה) escrito *Adonai*, sabrás y entenderás que se refiere a las Sefirot: la *sefirah Binah*, que se escribe IHVH (יהו"ה) y se pronuncia *Elohim*, es la sefirah *Maljut*, que se pronuncia *Adonai*, y es el secreto de: «IHVH (יהו"ה) *Adonai* es mi fuerza» (*Habacuc* III-19).

ועתה צריכין אנו להודיעך כי בהתאחד שתי הספירות הללו זו עם זו אז נמצא העולם בתיקון ומילוי ובשלימות, שהרי כל הצינורות מתו־קנים והספירות מתאחדות והברכה משתלחת בספירת מלכות הנ־קראת אדנ"י. אבל הוא בשתי דרכים. במקומות תמצא כתוב אדנ"י יהו"ה, כאמרו: אדנ"י יהו"ה מה תתן לי (בראשית טו, ב); ובמקומות תמצא כתוב יהו"ה אדנ"י כאמרו: יהו"ה אדנ"י חילי (חבקוק ג, יט), והסוד: כל מקום שספירת מלכות מתקשטת ומתקנת בשלמות התו־רה למטה, אזי אנו קורין אדנ"י יהו"ה, אדני בתחילה, לעלות משם למעלת בינה הנכתבת יהו"ה ונקראת אלהי"ם.

Y ahora debemos enseñarte que cuando estas dos Sefirot está unidas, entonces el mundo está totalmente corregido y realizado, pues todos los canales fluyen, las Sefirot se unen y la bendición llega a la sefirah *Maljut*, llamada *Adonai*. Esto ocurre de dos maneras: En cualquier lugar en el que encuentres escrito *Adonai* IHVH (יהו"ה), como en: «*Adonai* IHVH (יהו"ה), ¿qué me darás?» (Génesis XV-2) y IHVH (יהו"ה) *Adonai*, como en: «IHVH (יהו"ה) *Adonai* es mi fuerza» (*Habacuc* III-19), éste es el secreto: en cualquier lugar en el que la sefirah *Maljut* se adorna con la perfección de la *Torah* desde abajo, leemos

84a

«*Adonai* IHVH (יהו"ה)». *Adonai* se escribe primero para llegar a *Binah*, que se escribe IHVH (יהו"ה) y se pronuncia *Elohim*.

כעניין אברהם שהיה מתקן ומקשט את כנסת ישראל במצוות ובמעשים טובים, כדי להריק עליה הברכות משפע הבינ"ה, כאמרו: אדנ"י יהו"ה מה תתן לי. ומניין שתיקן הדרך וקישט מידת המלכות? שנאמר: עקב אשר שמע אברהם בקולי וישמור משמרתי מצותי חקותי ותורותי (בראשית כו, ה), וכתיב: ויטע אשל בבאר שבע (שם כא, לג). הוא התחיל לנטוע הנטיעות שקצץ אדם הראשון, והיכן נטען? בבאר שבע.

Como en el caso de Abraham, quien reparó y decoró la Asamblea de Israel con *Mitzvoth* y buenas obras para colmarla de bendiciones y de la *Shefa* de *Binah*, así está escrito: «*Adonai* IHVH (יהו"ה), ¿qué me darás?» (*Génesis* XV-2). ¿Cómo sabemos que reparó y decoró la *Middah* de *Maljut* de esta manera? Porque ha sido escrito: «Por cuanto oyó Abraham mi voz, y guardó mi observancia, mis mandamientos, mis estatutos y mis leyes»[29] (*Génesis* XXVI-5). Y ha sido dicho: «Abraham plantó un bosque en Beer Sheva» (*Génesis* XXI-33). Empezó a replantar las plantaciones que *Adam haRishon* había cortado, y ¿dónde lo hizo? en Beer Sheva.

ועל זה כתיב: ויעל אלהים מעל אברהם (שם יז, כב), וכתיב: ויבן שם מזבח ליהו"ה (שם יב, ח). ולפי שהתחיל אברהם לתקן הקלקולים ולנטוע קיצוצי הנטיעות, הוא התחיל לומר אדנ"י יהו"ה, תיקן ספירת מלכות להריק ולהביא אליה ההמשכות דרך הצינורות מספירת בינ"ה, וזהו סוד שאמרו ז"ל: למען אדנ"י (דניאל ט, יז), למען אב שקראך אדון. והנני רומז. 'והאר פניך על מקדשך השמם למען אדנ"י', רוצה לומר האר פניך על מקדשך השמם, כלומר דבר מועט

29. Véase Talmud, tratado de *Kiddushin* (82a).

84a-84b

אני שואל מעמך. שהרי כשחטא אדם הראשון נסתלקה שכינה מכל וכל, בא אברהם אבינו וקבלה על גביו ונעשה כסא למרכבה, כמא דאת אמר:

A este respecto, está escrito: «subió Dios de estar con Abraham» (*Génesis* XVII-22) y ha sido escrito: «Construyó un altar para IHVH (יהו"ה)» (*Génesis* XII-8). Cuando Abraham comenzó a reparar lo que había sido destruido y a replantar los árboles talados, primero dijo: «*Adonai* IHVH (יהו"ה)». Rectificó la sefirah *Maljut* que estaba vacía (84b) y la llenó con los canales de la sefirah *Binah*, que es el secreto de las palabras de los sabios, de bendita memoria: «¡Por ti, *Adonai*!» (*Daniel* IX-17), por amor a un padre que es mi señor.[30] Y he aquí el significado: «Y que tu rostro resplandezca sobre tu templo desolado por amor de *Adonai*», lo cual quiere decir «deja que tu rostro brille en tu templo desolado», es decir, te pido una cosa muy sencilla. Porque cuando *Adam haRishon* pecó, la *Shekinah* se separó totalmente de nosotros. Entonces Abraham nuestro padre vino a llevarla sobre su espalda e hizo un trono para la *Merkavah*, como ha sido dicho:

ויעל אלהים מעל אברהם (בראשית יז, כב). עד שבא משה רבינו וקבע לה מקום במשכן, שנאמר: ונועדתי לך שם (שמות כה, כב). בא שלמה המלך וקבעה בבית הועד, שנאמר; בנה בניתי בית זבול לך וגו' (מלכים, ח). חטאו ישראל ונסעה עשר מסעות, בא דניאל ואמר: אין מסעות הללו כמסעות של אדם הראשון, שבזמן אדם הראשון לא היה לשכינה מקום קבוע, חטא אדם נסתלקה שכינה. משנקבע מקום לשכינה בארץ, משבנה שלמה בית המקדש, אף על פי שהיא מסתלקת לפעמים, אינה זזה ממקום קדושתה לעולם, שנאמר: זאת מנוחתי עדי עד פה אשב כי אויתיה (תהלים קלב, יד), ואומר: כי בחר י"י בציון אוה למושב לו (שם, יג).

30. Véase Talmud, tratado de *Berajoth* (1b).

84b

«Y subió *Elohim* de estar con Abraham» (*Génesis* XVII-22), hasta que Moisés, nuestro maestro, vino a preparar un lugar para él en el tabernáculo, según ha sido dicho: «y de allí me declararé a ti» (*Éxodo* XXV-22). Entonces vino el rey Salomón y la instaló en la casa, como ha sido escrito: «Te he construido una casa» (1 *Reyes* VIII-13). Israel pecó y fue exiliado durante diez días. Daniel vino y dijo: «estos desplazamientos no son como los de *Adam haRishon*», porque en la época de Adam no había un lugar permanente para la *Shekinah*, así que cuando Adam pecó, la *Shekinah* lo abandonó. Cuando hubo un lugar permanente en Israel para la *Shekinah*, en la época de la construcción del templo por parte de Salomón, valió la pena. Salomón construyó el templo, aunque de vez en cuando se aleja de él, nunca abandona su lugar sagrado, pues ha sido escrito: «éste será mi reposo para siempre; aquí habitaré, porque la he deseado» (*Salmos* CXXXII-14), «Porque IHVH (יהו"ה) eligió a Sion, quiso esta sede para sí» (*Salmos* CXXXII-13).

מאי איוה? כמי שמתרחק מאנשי ביתו ומתאוה להם. וכן אמר שלמה: מכון לשבתך עולמים (מלכים, ח, יג), כלומר אף על פי שמ־סתלק לפעמים, לכאן הוא חוזר, כאמרו: כה אמר ה' שבתי אל ציון ושכנתי בתוך ירושלים ונקראה ירושלים עיר האמת והר ה' צבאות הר הקודש (זכריה ח, ג), ואומר: וארשתיך לי לעולם וגו' (הושע ב, כא).

¿Qué significa esto? Es como alguien que se distancia de su familia y los añora. Salomón dijo: «asiento en que tú habites para siempre» (1I Reyes VIII-13). Esto significa que aunque ocasionalmente se escape de allí, es allí donde volverá, pues ha sido escrito: «Así dice IHVH (יהו"ה): yo restituiré a Sion, y moraré en medio de Jerusalén; y Jerusalén se llamará ciudad de *Emet*, y el monte de IHVH (יהו"ה) *Tzevaoth*, monte de Santidad» (*Zacarías* VIII-3). Y ha sido dicho: «me desposaré contigo para siempre» (*Oseas* II-21)

84b

ולפיכך אמר דניאל: שאלה קטנה אני שואל ממך, שתשוב למקו־
מך המקודש לך, ואי אפשר להיפרד ממנו, שאף על פי שנסתלקת
ממנו מקודש הוא לך, כאמרו: והאר פניך על מקדשך השמם (דניאל
ט, יז), מקדשך - בודאי, ואף על פי שהוא חרב, מקדשך הוא. והיינו
דאמר 'על מקדשך השמם', כאמרו: והשמותי את מקדשיכם (ויקרא
כו, לא), אף על פי שהן שממה, בקדושתן עומדים, וזהו שנאמר:

Por eso Daniel dijo: tengo una pequeña petición que hacerte, vuelve al lugar que te está consagrado, pues no puedes separarte de él, aunque lo hayas abandonado, está consagrado a ti. Y dijo: «haz que tu rostro resplandezca sobre tu santuario asolado» (*Daniel* IX-17). «Tu santuario», aunque asolado, es verdaderamente tuyo, ese es el significado de «Tu santuario asolado» como ha sido dicho: «he destruido vuestros santuarios» (*Levítico* XXVI-31). Aunque están asolados, siguen siendo sagrados, y esto es lo que ha sido dicho:

והאר פניך על מקדשך השמם. וזה מה טעם? שהרי כשנסתלקה שכי־
נתך, כשחטא אדם הראשון, לא היה לה מקום קבוע; ואברהם אבינו
קבע לה מקום על גביו, וזהו שאמר 'למען אדנ"י', למען אב שקראך
אדון, דהיינו אברהם. ולפיכך אברהם אבינו היה יכול לקשט ספירת
המלכות ולייחד השם יתברך בעולם, והסוד: אחד היה אברהם ויירש
את הארץ (יחזקאל לג, כד) על ידי שהיה אחד בכל איבריו לייחד את
השם, והכריז את שמו בעולם, וקבע מדרש לפרסם מלכותו, לפיכך
היה יכול לייחד את השם, והסוד:

«Haz que tu rostro resplandezca sobre tu santuario asolado». ¿Qué significa esto? Cuando la *Shekinah* partió después del pecado de *Adam haRishon*, no tenía un lugar permanente (donde residir) y por lo tanto Abraham hizo un lugar para ella sobre su espalda,[31] por lo que ha sido dicho: «Por ti, *Adonai*; por ti, padre, que te llamas *Adon*», es decir

31. Véase Zohar (I-98b): «y se posó sobre él la Shekinah completamente, de modo apropiado». Pág. 15 de nuestra edición, Vol. IV, Ediciones Obelisco, Barcelona, 2008.

84b

Abraham. Por lo tanto, Abraham pudo adornar la sefirah *Maljut* y unificar el nombre, Bendito sea, en el mundo. Y éste es el secreto de: «Abraham era uno, y poseyó la tierra; pues nosotros somos muchos; a nosotros es dada la tierra en posesión» (*Ezequiel* XXXIII-24). Podía unir el nombre con cada uno de sus miembros, proclamaba su nombre en todo el mundo para difundirlo en su Reino. Y el secreto es:

וילך למסעיו מנגב ועד בית אל (בראשית יג, ג) ולפי שתיקן אברהם אבינו הדרך, וייחד ספירת המלכות בספירת הבינ"ה, התחיל ואמר 'אדנ"י יהו"ה'. וזהו בנין אב, בכל מקום שתמצא כתוב אדנ"י יהו"ה, שהוא סוד תיקון השכינה והתקשטה להתאחד בספירת הבינ"ה. אבל כל מקום שתמצא כתוב יהו"ה אדנ"י הוא סוד השפע והאצילות מל־מעלה למטה, שספירת בינ"ה שופעת על כל הספירות עד שספירת מלכות מתמלאת כל מיני שפע ואצילות וברכה, כאמרו: יהו"ה אדני חילי (חבקוק ג, יט).

«Y volvió por sus jornadas de la parte del mediodía hacia Betel» (*Génesis* XIII-3). Porque Abraham, nuestro patriarca, adornó la sefirah *Maljut* de esta manera y la unió con la sefirah *Binah*, diciendo primero: «*Adonai* IHVH (יהו"ה)». Esto es una piedra angular pues en cada lugar donde se escribe «*Adonai* IHVH (יהו"ה)», se trata del secreto del *Tikkun* de la *Shekinah* para unirla con la sefirah *Binah*. Sin embargo, siempre que te encuentres con «IHVH (יהו"ה) *Adonai*'», éste es el secreto de la *Shefa* y la emanación que se extiende desde arriba hacia abajo. La sefirah *Binah* riega todas las Sefirot hasta la sefirah *Maljut*, para que ésta se llene de *Shefa*, amplitud y bendición, pues ha sido dicho: «IHVH (יהו"ה) *Adonai* es mi fortaleza» (*Habacuc* III-19).

זה הכלל: כל מקום שאתה מוצא אדנ"י יהו"ה הוא סוד התקשטות השכינ"ה למטה להתאחד בבינה ולקבל ממנה שפע ואצילות, ובכל מקום שאתה מוצא יהו"ה אדנ"י הוא סוד השפע הנמשך מלמע־לה למטה, והסוד: אמ"ת מארץ תצמח וצד"ק משמים נשקף (תה־

לים פה, יב). מה כתיב בתריה? גם יהו"ה יתן הטוב וארצנו תתן יבו־ לה. ועתה התבונן באלו המפתחות שמסרנו בידיך בשער זה, כי בהם תוכל לפתוח כמה שערים שננעלו בכמה מנעולים שאין הכול זוכים להיכנס בהן:

Ésta es la regla: en cada lugar en el que uno se encuentra con *Adonai* IHVH (יהו"ה), se trata del misterio de la *Shekinah* abajo para unirse con *Binah* para recibir su *Shefa* y su emanación. En cada lugar en el que uno se encuentra con IHVH (יהו"ה) *Adonai*, es el secreto de la *Shefa* que se extiende desde arriba hasta abajo, cuyo secreto es: «Verdad brotará de la tierra, y desde los cielos se inclinará Justicia» (*Salmos* LXXXV-12). ¿Qué está escrito después?: «IHVH (יהו"ה) dará también el bien; y nuestra tierra dará su fruto». Contempla ahora las llaves que te hemos entregado en esta Puerta, porque con ellas podrás abrir las puertas cerradas por muchos candados, que nadie es capaz de abrir.

והספירה הזאת נקראת במקומות הרבה בינ"ה, והטעם, כי הוא סוד המליץ העליון עומד בין הספירות העליונות ובין הספירות התחתונות, היא המאצלת על כל שאר הספירות אצילות שפע וברכה מן הכתר העליון. ועל ידי הספירה הזאת יתבונן האדם עיקר העיקרים ויסוד כל היסודות, שאלמלא היא אין דרך ליכנס לידיעת קדמותו יתברך, והרי היא כדמיון המליץ הנאמן, כאמרו: אנכ"י עומד בין יהו"ה וביניכם (דברים ה, ה).

(85a) Esta sefirah se llama *Binah* en muchos lugares, porque es el secreto de *haMelitz haElion*,[32] que se encuentra entre las Sefirot superiores y las inferiores. Difunde la *Shefa* y la bendición de *Keter Elion* sobre las Sefirot de *Atzilut*. Entendiendo esta sefirah, el hombre puede comprender el secreto de los secretos y el fundamento de los fundamentos, pues sin ella no es posible acceder a su conocimiento primige-

32. El abogado supremo.

nio, bendito sea, ya que es como un mediador fiel, por lo que ha sido dicho: «y yo estaba entonces entre IHVH (יהו"ה) y vosotros» (*Deuteronomio* V-5).

יבשבת, שהוא סוד המליץ התחתון, אומר: ביני ובין בני ישראל אות היא לעולם (שמות לא, יז) יכבר רמזו בעלי הקבלה שספירת הבינה כמו הלשון בפה באמת כמו הלשון בפה, מכמה צדדים. האחד, שהיא סוד הכתוב השלישי. השני, שהיא סוד הקשר שלוש ספירות עליונות ואצילות ברכתם על ז' הספירות התחתונות.

El *Shabbat* es secreto del abogado de abajo. Ha sido dicho: «Señal es para siempre entre mí y los hijos de Israel» (*Éxodo* XXXI-17). Los maestros de la cábala sugieren que la sefirah *Binah* es como la lengua en la boca; en verdad, como la lengua en la boca, por varias razones. La primera es que es el secreto de *Keter* de los tres. La segunda son las tres Sefirot superiores que derraman sus bendiciones sobre las siete Sefirot inferiores.

השלישי, שאלמלא הבינ"ה לא נכנס אדם לדעת קדמונו של עולם. והנה משה רבינו עליו השלום, שהוא המליץ הנאמן, השיג בבינ"ה מ"ט שערים כאומרם ז"ל: חמישים שערי בינה נברווו בעולם וכולם נמסרו למשה חוץ מאחד וכו'. ועוד הטעם שנקראת בינה, לפי שהיא סוד תולדות בנים ובנות בסוד בינ"ה ותבונ"ה. ולפיכך בעוון נדרים בנים מתים, בעוון נדרים אשתו של אדם מתה. וכל זה מידה במידה, לפי שהתבונה היא מקום הנדר, כמו שהוא ידוע למקובלים. והיודע תכונת האיברים ידע מה שאמרו רבותינו ז"ל: מוח הבן נמשך ממוח האב. וכל זה בסוד הבינ"ה והדע"ת, כי ממקום הבינ"ה נמשך מן המוח דרך הדע"ת במעברות חוט השדרה עד הגיעו למקום המוכן י,

En tercer lugar, si no hubiera *Binah*, nadie tendría acceso al conocimiento primordial del mundo. Y he aquí que Moisés, nuestro maestro, la paz sea con él, que era el mediador más fiel, se hallaba en la puerta cuarenta y nueve de *Binah*. Porque los nuestros sabios, de bendita memoria, dijeron: «Cincuenta puertas de *Binah* fueron creadas en el mundo, que Moisés atravesó, excepto una».[33] Otra razón para el nombre *Binah*, es que se trata del secreto de engendrar *banim* (hijos) y *banoth* (hijas), el secreto de los términos *Binah* y *Tevunah*. Ésta es la razón por la que romper un voto provoca la muerte de los hijos, por la ruptura de los votos muere la esposa del hombre. Y todo esto se mide con medida, porque la *Tevunah* es el lugar del voto, como es conocido por los cabalistas. Aquel que conoce la esencia de los miembros sabe lo que enseñaron nuestros maestros, de bendita memoria: «el cerebro del hijo es la prolongación del cerebro del padre»[34] Y todo esto en el secreto de *Binah* y *Daat,* ya que *Binah* se extrae del cerebro a través de *Daat* y circula por los canales de la columna vertebral para llegar al lugar preparado para ella.

והסוד :אדנ"י שפתי תפתח ופי יגיד תהלתך. וכבר רמזו בספר יצירה: כרת לו ברית בין עשר אצבעות הידים והוא ברית הפה, כרת לו ברית בין עשר אצבעות הרגלים והוא ברית מילה. והרמז כולו: מילת הלשון ומילת המעור. והמבין סוד העיקר הזה יכנס לדעת סוד הטעם שנקראת בינה. והנני מבאר; מי חכ"ם ויב"ן אלה נבו"ן וידע"ם כי ישרים (הושע יד, י), הבינ"ה עומדת בין החכמ"ה והדע"ת ומתאחדים להתאחז זו בזו, והסוד: בחכמ"ה ובתבונ"ה וברע"ת הכול רמוז. זהו סוד הקשר הספירות העליונות בתחתונות:

Y éste es el secreto: «*Adonai*, abre mis labios y mi boca te alabará». Y a esto alude el final del *Sefer Yetzirah*: «hizo un pacto entre los diez dedos de las manos y es el pacto de la boca», «hizo un pacto entre los diez dedos de los pies y es la circuncisión». Y esto alude a la circuncisión de la lengua y a la circuncisión de la desnudez (85b). Y el sabio que

33. Véase Talmud, tratado de *Rosh haShannah* (21b).

34. Véase Talmud, tratado de *Niddah* (31a).

85b

entienda esto llegará a comprender el secreto por el que se llama *Binah*. «¿Quién es sabio para que entienda esto, y prudente para que los sepa? Porque los caminos...» (*Oseas* XIV-9). *Binah* se levanta entre *Jojmah* y *Daat* y los tres se unen para fortalecerse entre sí. Y todo esto alude al secreto de «en sabiduría, y en inteligencia, y en ciencia».[35] Y éste es el secreto de conectar la Sefirot superiores e inferiores.

ולפעמים נקראת הספירה הזאת יובל, וכבר הודענוך כי כל מיני חירות וגאולה תלויה בספירה זו. והטעם, כי כל שבע הספירות התחתונות לפעמים נמצאה בהם לפי קלקול התחתונים חלילה וחס, והם דמיון הפסקת השפע, כמו שאמר בפסוק: ויקרא י"י אלהים צבאות ביום ההוא לבכי ולמספד וגו' (ישעיהו כב, יב).

A veces esta sefirah se llama Jubileo y ya mencionamos que varios aspectos de la liberación y la redención dependen de esta sefirah, en el sentido de que cada una de las siete Sefirot inferiores puede ser deteriorada, Dios no lo quiera, resultando en un cese de la *Shefa*, como se dice en el versículo: «Por lo tanto, el IHVH (יהו"ה) T*zevaoth*, llamó en este día a llanto y a endechas» (*Isaías* XXII-12).

ולפיכך כשבני אדם חוטאים למטה וספירת הבינ"ה ממעטת מיני ברכותיה כביכול נמצא בשאר הספירות כמה דרכים עד שמתאספות ומתעלות לספירת הבינ"ה, ונשאר החורבן למטה. אבל כשמתאחזות הספירות התחתונות בספירת היובל וממשיכות שפע ברכותיה למטה, אזי כל מיני חירות וגאולה נמצאים בכל הספירות ובכל המתפרנסים על ידי ספירת המלכות המקבלת שפע הברכה מהם. ודע כי יש זמן שעתיד להיות, שהצדיקים יתעלו עד שיתאחזו בספירת הבינ"ה שהיא סוד העולם הבא, ואז יצאו לחירות ויהיו נגאלין מכל

35. Véase *Éxodo* (XXXI-3).

85b

מיני משחית ומכל מיני פורעניות, בסוד: הגואל משחת חייכי (תהלים קג, ד).

Y, por lo tanto, cuando la gente peca abajo y la sefirah *Binah* disminuye sus bendiciones, por así decirlo, encontramos en las otras Sefirot otros medios para recoger la *Shefa* y elevarse a la sefirah *Binah* desde la desolación de abajo. Así, cuando las Sefirot inferiores se unen a la sefirah *Iobel*, entonces todo tipo de libertad y redención se encuentran en todas las Sefirot y la *Shefa* sigue fluyendo hacia abajo, provocando una gran abundancia de liberación y Redención en todas las Sefirot. Todos son sostenidos y reciben bendiciones a través de la sefirah *Maljut*. Has de saber que llegará un momento en el que los *Tzaddikim* se levantarán para participar en *Binah*, que es el secreto del *Olam haBa*, liberándose así. Serán liberados de muchas fuerzas destructivas y plagas, cuyo secreto es: «el que rescata del hoyo tu vida…» (*Salmos* CIII-4).[36]

וכנגד המידה הזאת וההבטחה הזאת, שאנו מזומנים להיכנס לחיי העולם הבא, נצטוינו בתורה כמה מצוות עשה ולא תעשה שמתן שכרן איננו זולתי בספירת בינ"ה הנקראת עולם הבא. ונקראת יובל לפי שבה יוצאין משיעבוד לגאולה, ומאבל ליום טוב, ומאפילה לאור גדול. ובזה הדרך הנני מוסר בידך רמזים שאם תזכה תתבונן עיקריהם. סוד הבינ"ה הנקראת יוב"ל, לפי שבה יצאו הכול לחירות. הטעם, כי כל הזוכה להידבק בה לעולם לא יראה דאגה ולא שום חסרון, לפי שהיא דבקה בספירות העליונות בבתי גואי, שאין שם דאגה ולא מחסור כל דבר, והנדבק ביובל הרי הוא נגאל לפי שאין סביב היובל שום דבר שיוכל להזיק, לא שר ולא מלאך ולא דבר בעולם אלא עולם הרחמים לבדו, לפי שעד ספירת הגדול"ה והגבור"ה הן המערערין והמעכבין להביא טובה לעולם.

36. Véase Zohar (I-185a), pág. 170 del volumen VI de nuestra edición, Ediciones Obelisco, Barcelona, 2008. ««Lo tomaron y lo arrojaron al pozo» lo cual se refiere al *Gehinom*, sitio en el que juzgan a aquellos que no se esforzaron en la *Torah*…»

85b

Y frente a esta *Middah* y esta promesa seremos acogidos en la vida del *Olam haBa*. La *Torah* prescribe preceptos positivos y negativos, cuya recompensa proviene nada menos que de la sefirah *Binah*, a veces denominada *Olam haBa*. Y se llama Jubileo según el cual salimos de la servidumbre a la libertad, y del luto para un buen día, y de la oscuridad a la gran luz. Y de esta manera te estoy dando pistas de las que, si eres digno, observarás sus puntos principales. El secreto de *Binah* se llama *Iobel*, porque a través de él todos pueden liberarse. Aquel que se apegue a ella estará sereno y nunca tendrá necesidad, porque así se apega a las Sefirot superiores en las moradas más íntimas. En este lugar no hay agitación y no falta nada. El que se apega a *Iobel* se libera, pues nada a su alrededor puede degradarlo, ningún Príncipe, ningún ángel, ni nada en el mundo. Es sólo un mundo de *Rajamim*, ya que sólo las Sefirot *Guedulah* y *Guevurah* pueden oponerse e impedir la bondad del mundo.

והנה בהיות ספירת היובל עולם הרחמים, נקראת נחלה בלא מצרים. והיא נחלת יעקב אבינו עליו השלום, לא כנחלת אברהם שהיו לה מצרים ולא כנמלת יצחק שהיו לה מצרים. ולפיכך כל הזוכה להידבק בספירת היובל, גאולה תהיה לו, לפי שאין שום דבר מעכב מונע ומקטרג, וזהו סוד: והרכבתיך על במותי ארץ והאכלתיך נחלת יעקב אביך (ישעיהו נח, יד), נחלת קו האמצעי שהיא עולה ומתאחזת בעולם הרחמים, ונשארו למטה 'במותי ארץ' שהן נחלת אברהם ויצחק. ואם תתבונן מה שאמרנו ברמזים הללו יפתחו לך כמה שערים.

Y he aquí que la sefirah *Iobel* es conocida como el mundo de *Rajamim*, denominado también «herencia son límites». Éste es el camino de Jacob, nuestro patriarca, la paz sea con él, y no la de Abraham, que corresponde a estos límites, ni el de Isaac, que también estaba limitado. Por lo tanto, si uno tiene el mérito de apegarse a la sefirah *Iobel*, tendrá redención, pues nada podrá impedirlo, disminuirlo o acusarlo. Y éste es el secreto de: «yo te haré subir sobre las alturas de la tierra, y te haré comer la heredad de Jacob tu padre» (*Isaías* LVIII-14). Y éste es

85b - 86a

el camino de la línea media que se eleva y se une al *Olam haRajamim*, dejando las alturas de la tierra, que es el camino de Abraham e Isaac. Y, por lo tanto, si consideras lo que se ha dicho alusivamente sobre las Sefirot de *Iobel*, muchas Puertas se abrirán ante ti.

ועוד, לפי שהוא כך, נקרא רחובות הנהר שהוא מקום שאין לו מצ־רים, ואין שום משטין ומעכב ומונע להטיב. וכל הזוכה בעולם הזה להיות נטוע באותן המקומות, פריו לא יתום ועלהו לא יבול (יחזקאל מז, יב). מה טעם? והיה כעץ שתול על פלגי מים ועל יובל ישלח שר־שיו ולא יראה כי יבא חום ובשנת בצורת לא ידאג ולא ימיש מעשות פרי (ירמיהו יז, ח). והטעם שאינו רואה כי יבוא חום וכיוצא בו, לפי שאין במקום זה מעכב ומשטין ומונע, כי מקום זה למעלה משבעים שרים הוא, ולפיכך נקרא 'רחובות', ועל זה נאמר: ויוצא למרחב אותי (שמוא, כב, כ). והבן זה מאוד:

Y, siendo así, se llama *Rejovot haNahar,* que es un lugar que no tiene limitaciones, y donde no hay nada que estorbe y obstaculice e impida hacer el bien. El que merece sembrar en cualquier lugar de este mundo: «Su fruto no cesará, ni se apagará su fuego» (*Ezequiel* XLVII-12). Por esta razón: «será como el árbol plantado junto a las aguas, que junto a la corriente echará sus raíces, y no verá cuando viniere el calor, sino que su hoja estará verde; y en el año de sequía no se fatigará, ni dejará de hacer fruto» (*Jeremías* XVII-8). La razón por la que no verá cuando viniere el calor… en el año de sequía no se fatigará, es (86a) que en este lugar no hay nadie que reduzca el exceso, proteste o cree impedimentos, pues este lugar está por encima de los setenta Príncipes, y por eso se llama *Rejovot.*[37] A propósito de esto, ha sido dicho: «Me sacó a anchura; me libró, porque había puesto su voluntad en mí» (2 *Samuel* XXII-20). Y entiende bien esto.

---

37. Anchuras.

86a

והספירה הזאת נקראת בלשון רבותינו ז"ל תשובה. והטעם, לפי שה־
נשמות נאצלות ממקום זה, והרוחות ממקום התפארת, והנפשות
מספירת המלכו"ת, והן נקשרות אלו באלו עד שזוכות להתאחד בס־
פירת הבינ"ה. כיצד? הנפש קשורה ברוח, והרוח בנשמה, והנש־
מה בספירת הבינ"ה, ואם חס ושלום חטאה הנפש ונתחייבה עונש
כרת הרי היא נכרתה מן הרוח שהיתה נאחזת בה, והפסידה הגמול
הטוב ואין לה דרך לעלות לעולם הבא שהרי נכרתה מן האילן העליון
שהיתה נאחזת בו, וזהו סוד כרת האמור בתורה:

En el lenguaje de los rabinos, de bendita memoria, esta sefirah se llama *Teshuvah.* Y la razón por la que las almas emanan de este lugar, es porque *Rejovot* es del lugar de *Tiferet* y las *Nefashot*[38] de la sefirah *Maljut.* Y están unidas entre sí, esperando merecer el apego a la sefirah *Binah.* ¿Cómo? *Nefesh* está conectado a *Ruaj*, *Ruaj* está conectado a la *Neshamah* y la *Neshamah* está conectada a sefirah *Binah.* Si, Dios no lo quiera, *Nefesh* peca e incurre en pena de muerte, entonces queda cortada del *Ruaj* que estaba adherido a ella. Pierde entonces esta recompensa y no tiene forma de ascender al *Olam haBa* porque fue cortada del árbol más alto al que se aferraba. Y éste es el secreto del *Karet*, mencionado en la *Torah.*

ונכרתה הנפש ההיא מעמיה (בראשית יז, יד). ואם אחר שסרחה
חזרה והטיבה דרכיה ותקנה נתיבותיה, אזי היא חוזרת להתאחז במ־
קום שנכרתה מתחילה ואז היא זוכה לעלות לספירת בינ"ה הנק־
ראת עולם הבא, ואז היא שבה אל המקום שנאבדה ממנו, וזהו סוד
תשוב"ה, כאמרו: ותשובתו הרמתה כי שם ביתו (שמואל, ז, יב).
ולפי שהנפשות נקשרות ברוחות, והרוחות נקשרות בנשמות, והנש־
מות נקשרות בעולם החיים, ולפיכך אמר הכתוב:

38. Las almas animales.

86a

«Aquella persona será cortada de su pueblo» (*Génesis* XVII-14). Y si, después de haber pecado, vuelve y mejora sus caminos y corrige sus sendas, entonces vuelve a quedarse en el lugar donde fue cortada desde el principio, y entonces se le permite ascender a la sefirah *Binah*, llamada *Olam haBa*. Vuelve al lugar donde se perdió, y éste es el secreto de la *Teshuvah,* como ha sido dicho: «Volvía después a Ramá, porque allí estaba su casa» (1 *Samuel* VII-17). Esto se debe a que las *Neshamot* están conectadas a las *Rujot*, las *Rujot* están conectadas a las *Neshamot*, y las *Neshamot* están conectadas al *Olam haJaim*, y por lo tanto dice el versículo:

והיתה נפש אדני צרורה בצרור החיים (שם כה, כם). אבל הנפשות שנכרתו ממקומן ולא שבו, נידונות בכמה עונשים רעים אחר שנכרתו ונעקרו ממקום מטען, והרי הן מטולטלות ונעות מעונש לעונש ומנגע לנגע, וזהו שאמר הכתוב: ואת נפש אויביך יקלענה בתוך כף הקלע (שם). ועניין כף הקלע דמיון האבן שזורקין אותה בכף הקלע ממקום למקום, כך הנפש משנכרתה ממקומה הרי היא נזרקת ממקום למ־קום במיני עונשים רעים הנקראים כף הקלע. ולפי דרך זה יש לך לה־תבונן מהו סוד התשובה הנאמרת בתורה, שזהו סוד תשובת הנפש למקום שנעקרה ממנו וחוזרת למנוחתה, כאומרו:

«Y él arrojará el alma de tus enemigos como de en medio de la palma de una honda» (*Íbid.* XXV-29). Sin embargo, las *Nefashot* que han sido cortadas de su lugar y no son devueltas son castigadas con muchos castigos, después de ser desarraigados y cortados del lugar que los mantenía, y ciertamente van de castigo en castigo, de azote en azote, y es lo que ha sido escrito: «Y él arrojará el alma de tus enemigos como de en medio de la palma de una honda» (*Íbid.* XXV-29). La honda evoca a la piedra lanzada de un lugar a otro. Lo mismo ocurre con el *Nefesh*, que, cuando es cortado de su lugar, es arrojado de un sitio a otro, un castigo simbolizado por la honda. A partir de esta idea, podemos entender el secreto de la *Teshuvah*, mencionado en la *Torah*, que

86a

es el secreto del retorno de la *Nefesh* al lugar del que fue desarraigado, por lo que ha sido dicho:

שובי נפשי למנוחיכי (תהלים קטז, ז). ובמה היא חוזרת למנוחתה? ברפואות הטובות שתיקנה התורה לכל מיני חטא ועון, כדאיתא בתו־רת כהנים. וזהו שאמר: תורת י"י תמימה משיבת נפש (שם יט, ח), משיבת נפש באמת ז, שאלמלא הודיעה התורה דרכי התשובה לא היה שום דרך לחזרה, אבל הנביא צווח ואומר: שובו בנים שובבים ארפא משובותיכם (ירמיהו ג, כב). ומנין לנו כי סוד ספירת הבינה הוא סוד תשובה? בנין אב לכל התורה כולה שנאמר:

«Vuelve, mi *Nefesh*, a tu reposo» (*Salmos* CXVI-7). ¿Cómo vuelve a su reposo? Por los buenos remedios prescritos por la *Torah* para toda clase de pecados e injusticias, como está escrito en *Torat Kohanim*. «La *Torah* de IHVH (יהו"ה) es perfecta, un consuelo para *Nefesh*» (*Íbid.* XIX-8). El alma retorna de verdad, pues si la *Torah* no hubiera enseñado los caminos del retorno, no habría posibilidad de retorno, por lo que el profeta se lamenta: «Volved, hijos rebeldes, quiero curar vuestras rebeldías» (*Jeremías* III-22). ¿Cómo sabemos que el secreto de la sefirah *Binah* es el secreto de la *Teshuvah*? Es la esencia de toda la *Torah*, por lo que ha sido dicho:

ובלבבו יבי"ן וש"ב ורפא לו (ישעיהו ו, י). ואם כן התבונן בהיות הת־שובה סוד העולם הבא. ואחר שביארנו לך הסוד הגדול הזה, יש לנו לחזור ולהודיעך סדר מעלות התשובה. כי כל אחד מישראל אחר שנמכר, יש לו דרך לשוב: גאולה תהיה לו וביובל יצא (ויקרא כה, כד), ואומר: בשנת היוב"ל הזאת תשובו איש אל אחוזתו (שם, יג). בסוד ספירת הבינ"ה יכולה הנפש לשוב ולהתאחז במקום שנכרתה ממנו, וזהו שאמר 'תשובו איש אל אחוזת"ו', לשון אחיזה:

86a - 86b

«Que su corazón entienda,[39] que vuelva y se cure» (*Isaías* VI-10). Así que date cuenta de que la *Teshuvah* es el secreto del *Olam haBa*. Y después de haberte explicado este gran secreto, debemos volver y describirte las etapas de la *Teshuvah* y su organización. Porque todo individuo en Israel tiene la oportunidad de regresar: «otorgaréis redención a la tierra» (*Levítico* XXV-24). Y ha sido dicho: «En este año de jubileo volveréis cada uno a su posesión» (*Íbid* XXV-13). A través del secreto de la sefirah *Binah*, el *Nefesh* puede volver a adherirse al lugar del que fue cortado. Esto es lo que significa «volveréis cada uno a su posesión».

והספירה הזאת גם כן נקראת למקובלים צד"ק עליו"ן. כלומר, הס־פירה אשר ממנה מתחלת מידת הדין, אף על פי שהיא נאחזת בעו־לם הרחמים. וזהו סוד צדק עליון המכוון כנגד צדק תחתון כי ספי־רת המלכות גם היא נקראת צדק תחתון, ושתיהן מכוונות זו כנגד זו: שערי צדק מכוונים כנגד שערי בינה, בסוד אדנ"י יהו"ה. ולפי שאלו שתי הספירות מכוונות זו כנגד זו, ושתיהן נקראות בשם צד"ק, אמר הכתוב: צדק צדק תרדוף (דברים טז, כ).

Esta sefirah también es llamada por los cabalistas *Tzedek Elion* para designar a la sefirah donde comienza la *Middah* de *Din*, aunque se aferre al mundo de *Rajamim*. Y éste es el secreto de *Tzedek Elion* en correspondencia con *Tzedek Tahaton,*[40] porque la sefirah *Maljut* también se llama *Tzedek Tahaton*. Y ambos están el uno enfrente del otro ya que las puertas de la justicia (86b) están relacionadas con las puertas de *Binah*, en el misterio de *Adonai* IHVH (יהו"ה). Cuando estas dos Sefirot están la una enfrente de la otra, ambas se llaman *Tzedek*, pues la Escritura dice: «*Tzedek Tzedek* buscarás» (*Deuteronomio* XVI-20).

---

39. La guematria de *Iabin, «entienda»* es 67, la misma que la de *Binah*.
40. Justicia desde abajo.

86b

כלומר, רדוף להשיג שערי צדק להיכנס מתוכן לחיי העולם הבא שהוא סוד צד"ק עליו"ן. ולפיכך אמר 'צד"ק צד"ק תרדוף', וחזר ופירש: 'למען תחי"ה', כנגד צדק עליון, 'וירש"ת את האר"ץ', כנגד צדק תחתון שהוא סוד ארץ ישראל, כאמרו 'משפ"ט צד"ק ילין בה', והבן זה מאוד ידע והאמן כי כל העתידים לזכות ולהיכנס לעולם הבא לא ייכנסו לו אלא מתוך הדין, וזהו שאמרו ז"ל שלוש כיתות ליום הדין ובאותו מקום הוא מתן שכרן של צדיקים שאין לו ערך ולא קיצבה ולא שיעור, זהו שאמרו ז"ל: א"ר חייא בר אבא א"ר יוחנן כל הנביאים לא נתנבאו אלא לימות המשיח אבל לעולם הבא עין לא ראתה אלהים זולתך (ישעיהו סד, ד):

En otras palabras «buscarás» cruzar las puertas de la justicia para alcanzar el *Olam haBa*, que es *Tzedek Elion*, ese es el significado de «*Tzedek Tzedek* buscarás». Luego el versículo menciona «vivir», en referencia a *Tzedek Elion*, entonces «y otorgaréis redención a la tierra», en correspondencia con *Tzedek Tahaton*, secreto de la tierra de Israel. Porque ha sido dicho: «Llena estuvo de juicio, en ella habitó *Tzedek*» (*Isaías* I-1). Entiende bien esto pues has de saber y conocer que aquel que en este mundo merece el *Olam haBa*, sólo puede entrar en él a través del paso del *Din*, por lo que nuestros sabios, de bendita memoria, dijeron que habrá tres categorías en el día del juicio. En ese lugar, donde se darán recompensas a los justos, no hay límite ni medida a la cantidad de recompensas, como han enseñado nuestros sabios, de bendita memoria: «Rabbí Jía bar Abba dijo en nombre de Rabbí Iojanan:[41] «cuando los profetas hicieron sus profecías, hablaron del tiempo mesiánico y no del *Olam haBa*, 'Ninguno de ellos había visto a *Elohim*, excepto tú, que hiciese por el que en él espera' (*Isaías* LXIV-4)».

והספירה הזאת נקראת גם כן למקובלים שכינה עילאה, לפי שהיא סוד קבלת השפע והאצילות מעולם העליון שהוא עולם הרחמים

---

41. Véase Talmud, tratado de *Berajoth* (34b).

86b

והיא משפעת כמה מיני שפע ואצילות בשאר הספירות שלמטה הימנה, וכשהבריות מקיימות התורה והמצוות אז היא שוכנת ומתג־לית בשאר כל הספירות, ומשפעת כמה מיני שפע ברכה וטובה בכל הספירות, ואז יתמלאו כל העולמות טובה וברכה. ואז ספירת המל־כות, הנקראת שכינה תתאה, גם היא חוזרת להריק ברכותיה על הת־חתונים והיא שוכנת ביניהם, כאמרו: ושכנתי בתוכם (שמות כה, ח), ונתתי משכני בתוככם (ויקרא כו, יא).

Los cabalistas también llaman a esta sefirah *Shekinah Eilah,*[42] porque es el secreto para recibir *Shefa* del mundo superior, que es el mundo de *Rajamim* absoluta que dispensa muchas clases de *Shefa* y emanación a las demás Sefirot de abajo. Cuando la comunidad cumple las leyes y los preceptos, se hace presente y se revela para todas las Sefirot, dispensando *Shefa*, bendición y bondades para todas las Sefirot, que así llenan todos los mundos de bendiciones y bondades. En este caso, la sefirah *Maljut*, denominada *Shekinah* de abajo, devuelve este bien y lo difunde a los seres de abajo, porque habita entre ellos, pues ha sido dicho: «para que yo habite entre ellos» (*Éxodo* XXV-8). Y: «haré mi morada entre vosotros» (*Levítico* XXVI-11).

ואז כל העולמות כולן בתיקון שלם ובמילוי מתוקן, לא יחסר כל בו. ואם חס ושלום קלקלו התחתונים שורת התורה והמצוות אז השכי־נה העליונה מסתלקת, ובהסתלקה נמנעו הצינורות ונחשכו המאורות ונאסף הצדיק, ואז שכינה תתאה מסתלקת מן התחתונים ונסתלקה העליונה מן העליונים, ואז הוא חורבן העולם.

Entonces todos los mundos están completamente corregidos, sin defecto alguno. Por otro lado, si, Dios no lo quiera, los seres inferiores rompen con la *Torah* y sus preceptos, la *Shekinah* se retira, y una vez retirada, los canales dejan de fluir, la luz se oscurece y el *Tzaddik* fene-

42. Presencia suprema.

86b

ce.[43] Entonces la *Shekinah* inferior abandona a los seres inferiores y la *Shekinah* superior se retira al reino superior. Y esto acarrea la destrucción del mundo.

ולפיכך היודעים לרצות את קונם יודעים לתקן דרך השכינה, להחזירה למקומה ולתקן קלקול הצינורות, ואז חוזרת שכינה עליונה להאציל ברכותיה לספירות ואז הספירות משפיעות הברכה לשכינה תתאה, ואז גם היא חוזרת למקומה להריק ברכה לעולם. סוף דבר: בהסתלק העליונה, תסתלק התחתונה, ובשוב העליונה, תשוב התחתונה. והסוד הידוע לשתיהן: וידעת היום והשבות אל לבבך כי יהו"ה הוא האלהים בשמים ממעל (דברים ד, לט), זו שכינה עליונה, 'ועל הארץ מתחת', זו שכינה תתאה. ושמא תאמר שתי רשויות, חלילה וחס? אינן אלא אחד לבדו, 'כי יהו"ה הוא האלהים בשמים ממעל ועל הארץ מתחת אין עוד'. והיודע הסוד הגדול הזה ידע סוד, ותקראנה לו השכנות שם לאמר יולד בן לנעמי (רות ד, יז), לפי שאותו הנולד, במקומות אלו היה עיקרו, והוא היורש נחלה מיוחדת בין שתי השכנות. והסוד: הר ציון ירכתי צפון (תהלים מח, ג), כטל חרמון שיורד על הררי ציון כי שם צוה ה' את הברכה חיים עד העולם (שם קלג, ג); ואומר: ציון היא עיר דוד (שמואל, ה, ז). והבן זה מאוד:

Los que saben cómo complacer a su creador, conocen la manera de reparar el camino de la *Shekinah*, devolviéndola a su lugar, restaurando los canales destruidos. Entonces la *Shekinah* suprema concede sus bendiciones a los seres de abajo, permitiendo a las Sefirot llenar a la *Shekinah* desde abajo, permitiéndole regresar a su lugar y generar bendiciones para el mundo. Y el secreto es que cuando lo de arriba se retira, lo de abajo se retira y cuando lo de arriba vuelve, lo de abajo vuelve. Y el secreto conocido por ambos es: «Aprende pues, hoy, y reflexiona en tu corazón que el *Eterno* es el único Dios arriba en el cielo, y abajo sobre la Tierra; no hay otro» (*Deuteronomio* IV-39). Es la *Shekinah* de arriba,

43. Véase *Jeremías* (LVII-1).

y «abajo sobre la Tierra» es la *Shekinah* de abajo. Si, Dios no lo quiera, dedujeras que hay dos autoridades separadas, debes saber que sólo hay una, ya que «el *Eterno* es el único Dios arriba en el cielo, y abajo sobre la Tierra; no hay otro «. Aquel que conoce este gran secreto, conoce también el secreto de: «Y las vecinas diciendo, á Noemi ha nacido un hijo, le pusieron nombre; y llamáronle Obed» (*Ruth* IV-17). Porque el que nace viene de dos lugares en principio, porque hereda un legado especial de las dos *Shekenoth*.[44] Y éste es el secreto de: «el monte de Sion, a los lados del norte» (*Salmos* XLVIII-2), «es el rocío de Hermón, que desciende sobre las alturas de Sion; allí te ha bendecido IHVH (יהו"ה), vida para siempre» (*Salmos* CXXXIII-3). Y ha sido dicho: «Sion era la ciudad de David» (2 *Samuel* V-7). Entiende bien esto.

והספירה הזאת גם כן נקראת למקובלים מקור החיים, לפי שהיא המושכת מעולם הרחמים שפע החיים בכל הנמצאות. ולפי שהיא מקור החיים, נקראת ספירת התפארת עץ החיים; כלומר, עץ המושך החיים מן המקור העליון. והנה עץ החיים בתוך הגן, קו האמצעי המ־ריק חיים בספירת היסוד, ונקראת אל חי ונקראת גם כן אלהים חיים, כמו שביארנו. ולפי שהספירה הנקראת מלכות מקבלת שפע החיים ממקור החיים, על ידי עץ החיים באמצעות אל ח"י, נקראת גם היא ארץ החיים, כמו שנאמר: אתהלך לפני י"י בארצו"ת החיים (תהלים קטו, ט). והבן זה מאוד. וסימן: ראה נתתי לפניך היום את החיים ואת הטוב. ואם חם ושלום היפך זה, 'את המות ואת הרע' (דברים ל, יא). וכבר ביארנו כמה ענינים בסוד זה בשער הראשון:

(87a) Los cabalistas también llaman a esta sefirah *Makor haJaim*,[45] porque atrae la *Shefa* del mundo de *Rajamim* y la concede a todos los seres. Por ser *Makor haJaim*, la sefirah *Tiferet* es llamada el Árbol de la Vida, en el sentido de que el Árbol de la Vida proviene de la fuente

44. Vecinas. Se trata de la misma raíz que la de Shekinah.

45. Literalmente "fuente de vida" o "manantial de vida". Véase Zohar (I-277b), vol. VIII de nuestra edición, pág. 142, Ediciones Obelisco, Barcelona, 2009.

suprema. Porque el Árbol de la Vida está dentro del Jardín, la línea media que llena de vida a sefirah *Iesod*, llamada *El Jai* pero también *Elohim Jaim*, como ya hemos explicado. Y como la sefirah *Maljut* recibe la *Shefa* de la Vida de *Makor haJaim* a través del Árbol de la Vida y a través de *El Jai*, se llama *Eretz haJaim*,[46] como ha sido dicho: «Caminaré delante de IHVH (יהו"ה) en la tierra de los vivos» (*Salmos* CXV-9). Entiende bien esto. Y la señal es: «Mira, yo he puesto delante de ti hoy la vida y el bien...», sino también, Dios no lo quiera, «la muerte y el mal» (*Deuteronomio* XXX-15). Y ya hemos explicado algunos aspectos de este secreto en la Primera Puerta.

והספירה הזאת: גם היא מלבנת עוונותם של ישראל ונקראת כיפורים; לפי שהיא סוד הלבנו"ן הנאחזת בעולם הרחמים שכולו לבן, היא מלבנת עוונותן של ישראל. והנני מבאר. כבר הודענוך כי כל זמן שישראל צדיקים אז ספירת מלכות מקושטת ומתאחדת בספירות העליונות, 'וככלה תעדה כליה'. ואם חס ושלום קלקלו ישראל שורת התורה והמצוות הרי סרחונן תלוי בה, כאמרו: ובפשעיכם שלחה אמכם (ישעיהו נ, א).

Esta sefirah: también blanquea la iniquidad de Israel y se llama *Kippurim*.[47] Éste es el secreto de Líbano, que depende del mundo de *Rajamim* donde todo es blanco (*Laban*), y blanquea las iniquidades de Israel. He aquí la explicación: ya hemos dicho que cuando Israel es justo, la sefirah *Maljut* viste y unifica a las Sefirot superiores como una novia. Pero si, Dios no lo quiera, Israel profana la *Torah* y sus preceptos, su mal olor los envuelve, pues ha sido dicho: «por vuestras rebeliones fue repudiada vuestra madre» (*Isaías* L-1).

---

46. Literalmente «tierra de los vivos» o «tierra de la vida».

47. La raíz de esta palabra significa, según Rashi, "borrar". En este día se borran las transgresiones que se realizaron a lo largo del año.

87a

י"י יתברך למען רחמיו וחסדיו תיקן לישראל יום אחד בשנה לטהרם מטומאותן ולרחץ אותם, וקרא אותו יום הכיפורים. וטעם שנקרא יום הכיפורים בלשון רבים, לפי ששתי אלו הספירות מתאמדות באותו היום: ספירת הבינה וספירת המלכות. והנה ספירת הבינה מטהרת ורוחצת כל מיני טינוף ולכלוך שנתנו ישראל בספירת המלכות. וכ־ ששתי אלו הספירות מתאחדות להפך בזכותן של ישראל ולטהר לכ־ לוכן, נקראות על זה יום הכיפורים. והנני רומז: אם יהיו חטאיכם כש־ נים כשלג ילבינו (שם א, יח).

El Eterno, bendito sea, en *Rajamim* y su *Hessed*, decretó un día al año, para que Israel sea limpiado de su impureza y sumergido en aguas puras, se llama *Iom haKippurim*.[48] La razón por la que *Iom haKippurim* se utiliza en plural es porque dos Sefirot se unen en este día: sefirah *Binah* y sefirah *Maljut*. Así, la sefirah *Binah* puede limpiar la inmundicia con la que Israel ha corrompido a *Maljut*. Porque cuando estas dos Sefirot se unen para anular los juicios contra Israel y limpiar su contaminación, se llama *Iom haKippurim*, según la alusión: «si vuestros pecados fueren como la grana, como la nieve serán emblanquecidos» (*Íbid.* I-18).

העליונה נקראת לבנו"ן, התחתונה בלובשה לבוש שנים צריכים יש־ ראל להפוך לבוש השני ללובן, ולפיכך נקראו יום הכיפורים. וזהו סוד לשון זהורית שהיה מלבין מפני טעם כיפורים, שהרי ספירת בינה הופיעה להאיר על ספירת מלכות ולטהר אותה מכל מיני טומאה. וזהו סוד השעיר המשתלח בזה היום. ולפי ששתי הספירות האלו מכוונות זו כנגד זו, בסוד אימא עילאה ואימא תתאה, מתעסקות בזה היום בטהרתן של ישראל, נאסר תשמיש המיטה ביום הכיפו־ רים והותר בשבתות וימים טובים, והסוד הידוע ליודעי חן; וגם אמנה אחותי בת אבי היא אך לא בת אמי ותהי לי לאשה (בראשית כ, יב). וזהו סוד שנקרא יום הכיפורים. והבן זה מאוד:

48. Más conocido como Día del perdón.

La de arriba se llama Líbano y la otra se considera vestida de grana, por lo que Israel debe transformar su vestimenta grana en blanca.[49] Por eso se llama *Iom haKippurim*, el secreto de la palabra grana que ha sido blanqueada por toda clase de perdones. La sefirah *Binah* iluminó la sefirah *Maljut*, limpiándola de muchas impurezas. Éste es el secreto del chivo expiatorio utilizado en este día. Estas dos Sefirot se enfrentan en este día y éste es el secreto de la madre de arriba y la madre de abajo, involucradas en la purificación de Israel. Ésta es la razón por la que las relaciones sexuales están prohibidas en *Iom haKippurim* y permitidas en *Shabbat* y otras festividades. El secreto de esto es conocido por aquellos que conocen la gracia: «Y a la verdad también es mi hermana, hija de mi padre, mas no hija de mi madre, y la tomé por mujer» (*Génesis* XX-12). Y éste es el secreto denominado *Iom haKippurim*. Entiende bien esto.

והספירה הזאת נקראת בלשון רבותינו ז"ל העולם הבא. ולפי שנקראת כיפורים כמו שביארנו, והיא סוד החיים כמו שכתבנו, אנו מתפללים ביום הכיפורים 'כתבנו לחיים בספר החיים' באותה הספירה ממש. וכמה מגדולי חכמי הדורות הללו נשתבשו בפירוש ידיעת החיי"ם שאנו שואלים מראש השנה ועד יום הכיפורים, ולא מצאו ידיהם ורגליהם והוצרכו לכמה פירושים רחוקים. והעיקר הוא שאנו מתפללין מראש השנה ועד יום הכיפורים שנזכה להיותנו טהורים מטומאות חטאתינו ונזכה להיכתב בספר הצדיקים בעולם החיים, שהוא העולם הבא; בין שנחיה כל אותה השנה, בין שנמות באותה השנה, שנהיה כתובים בספר הצדיקים שהוא ספר החיים, כאמרו: כל הכתוב לחיים בירושלים (ישעיהו ד, ד).

Esta sefirah se llama, en el lenguaje de nuestros rabinos, de bendita memoria (87b), *haOlam haBa*. Esto también se llama *Iom haKippurim*, como acabamos de decir. Y éste es el secreto de la vida, como

49. Es decir, convertir el rigor en misericordia.

87b

hemos escrito, y rezamos en *Iom haKippurim*: «para que nuestras vidas sean escritas en el Libro de la Vida», por el signo de esta misma sefirah. Y algunos de nuestros grandes maestros de nuestra generación se equivocan en la interpretación de cómo es la vida que pedimos desde *Rosh haShanah* hasta *Iom haKippurim*. Al no encontrarla en sus manos y en sus pies, utilizaron interpretaciones en esa dirección. Cuando rezamos durante el período que va de *Rosh haShanah* a *Iom haKippurim*, deseamos ser limpiados de nuestras impurezas para merecer ser inscritos en el Libro de los Justos, en el mundo de los vivos que es el *Olam haBa*. Tanto si vivimos en este año como si morimos en este año, debemos desear ser inscritos en el Libro de los Justos, que es el Libro de la Vida, pues ha sido dicho: «todos los que estén inscritos para vivir en Jerusalén...» (*Isaías* IV-3).

ובכלל זה אנו שואלין בשאר התפילה, כגון ביעלה ויבוא ובשאר מקומות, שנתקיים כל השנה בחיים טובים ונחיה ולא נמות, וכן אנו עושין בשאר מועדים וראשי חדשים. אבל 'זכרנו לחיים וכתבנו בספר החיים', שאנו אומרים בראש השנה ויום הכיפורים, אינו כי אם שנהיה מנויים עם כיתות הצדיקים הראויים לחיי העולם הבא, בין שנחיה באותה שנה בין שנמות.

Incluyendo esto pedimos en otras oraciones, que rezamos a lo largo del año como «que se eleve y llegue nuestra oración...» y en otros muchos lugares rogamos para que se nos conceda poder vivir un buen año y no morir, cuando rezamos durante las otras celebraciones y en *Rosh haShanah*. Sin embargo, cuando rezamos «Acuérdate de nosotros para la Vida e inscríbenos en el Libro de la Vida», durante *Rosh haShanah* y *Iom haKippurim*, significa que aspiramos a ser contados entre los *Tzaddikim* dignos del *Olam haBa*, los *Tzaddikim* que pueden disfrutar de la vida del *Olam haBa*, tanto si vivimos como si morimos durante el año.

87b

וזהו שאמרו ז"ל: שלושה ספרים נפתחים בראש השנה, אחד של צדיקים גמורים ואחד של רשעים גמורים ואחד של בינונים. ואם תתבונן היטב בהלכה זו, יראו עיניך וישמח לבך ותצא מכמה ספיקות ותתיישב דעתך על שיטת התלמוד בפירוש מה שאמרנו. ודיוק התלמוד כן, שלקח צדיקים ורשעים ובינונים; שאם אתה אומר שכוונת רבותינו ז"ל במקום זה היתה לשווילת חיי העולם הזה או חיים טובים, אין לך אדם מת שיהיה מנוי עם הצדיקים ואין לך אדם חי, באותה שנה, שיהיה מנוי עם הרשעים י, ונמצאו כמה עיקרי תורה נעקרים ממקומן. אבל האמת והישר כי כוונת מה שתיקנו בראש השנה וביום הכיפורים ב'זכרנו לחיים וכתבנו בספר החיים' שיכפר עונותינו ויסלח לחטאתינו ויכתבנו עם הצדיקים והראויים לחיי העולם הבא, שהם נכתבים בספר החיים, בין שנחיה בין שנמות. ושמור עיקר זה מאוד ואל תסתכל בפירוש אחר שכנגדו בעניין זה:

Es lo que dijeron nuestros sabios, de bendita memoria. Durante *Rosh haShanah* se abren tres libros, «uno para los que son totalmente justos, otro para los que están totalmente equivocados y otro para los mediocres».[50] Si analizas cuidadosamente esta *halajah*, tus ojos verán y tu corazón se alegrará, saldrás de muchas dudas, y asentarás tu mente en el método del Talmud al interpretar lo que dijimos. El Talmud es muy preciso a propósito de los justos, los malvados y los mediocres. Y si dijeras que la intención de nuestros rabinos, de bendita memoria, era ganar la vida de este mundo y no la del *Olam haBa*, que la muerte sería para los malvados y la vida para los *Tzaddikim*, se desarraigarían muchos principios fundamentales de la *Torah*. En verdad, el significado de las oraciones durante *Rosh haShanah* y *Iom Kippurim*, «Recuérdanos para la vida», es hacernos pedir perdón y ser inscritos en el libro de los *Tzaddikim* dignos del *Olam haBa*. Porque estos están escritos en el libro de la vida, estén vivos o muertos. Guarda este principio contigo y no consideres ninguna otra interpretación en este asunto.

50. Los *Beinonim*, véase Talmud, tratado de *Rosh haShannah* (16b).

87b

ולפי שהספירה הזאת היא עולם החיים, היא נקראת עולם הבא. והטעם שנקראת עולם הבא, שהיא מושכת תמיד ברכותיה ובאה בכל יום ובכל עת ובכל שעה ימשפעת ברכות לעולם, כד"א: ונהר יוצא מעדן (בראשית ב, י), יוצא, כלומר שאינו פוסק לעולם, כאמ־רו: וכמוצא מים אשר לא יכזבו מימיו (ישעיהו נח, יא). ונקרא עולם הבא, שהוא הולך ובא תמיד.

Y dado esta sefirah es el mundo de los vivos, se llama *Olam haBa*. Y el asunto es denominado *Olam haBa* porque dispensa perpetuamente sus bendiciones, cada día, cada momento, cada hora, abundando en bendiciones para el mundo. Como ha sido dicho: «un río sale del Edén» (*Génesis* II-10). Sale y no cesa, pues es: «como un manantial cuyas aguas no se secan» (*Isaías* LVIII-11). Es llamado *Olam haBa*, porque sale y entra en la eternidad.

ואם תאמר: והלא אמרנו שפעמים פוסק ברכותיו, אם יחטאו בני העולם? דע שאין כוונתנו לומר שיפסקו ברכותיו לגמרי, אבל כוונתנו לומר שאם בני אדם מיישרים דרכיהם למטה אז העולם העליון מש־פיע ברכות עד אין קץ ועד אין סוף, ואז כל צינורות הספירות מתמ־לאים כל מיני שפע וברכה עד שספירת המלכות מריקה ברכותיה עד בלי דיו ואם חס ושלום קלקלו בני אדם דרכיהם ומעשיהם אז מידת הבינה, שהיא עולם הבא, מונעת שפע ברכותיה ואינה מריקה אלא בצמצום, בעניים שאין הברכה מצויה בו אלא כדי שיעור מועט, בע־ניין שלא יחרב העולם מכול וכול, והרי הוא כאילו אין שם ברכה כלל.

Y si dijeras: ¿Y no dijimos que a veces cesan sus bendiciones, si la gente del mundo peca? Has de saber que nunca hemos insinuado que las bendiciones cesen por completo, sino que hemos dicho que si la gente del mundo rectifica su comportamiento abajo, entonces el mundo superior derrama suavemente la bendición del *Ein Sof*, y todos los canales se llenan de todas las cualidades de la *Shefa*, hasta la sefirah *Maljut* que derramará sus bendiciones sin límites. Por otro lado, si, Dios no lo quiera, la gente del mundo, se deja llevar a pesar de sus compromisos, entonces la *Middah Binah*, que es el *Olam haBa*, interrumpe la *Shefa* de la bendición, que se extiende entonces (88a) con restricción, dejando una pequeña cantidad de bendición, para que el mundo no sea destruido por completo, y es como si no hubiera ninguna bendición.

ועוד, שאותו המועט המטפטף מספירת בינה אינו בא דרך הצינורות לספירת המלכות, שהרי נתקלקלו כל הצינורות ונמצאת ספירת המלכות יבשה, ואותו הטפטוף המועט מטפטף לכאן ולכאן דרך השברים, בעניין שלא תימצא שם ברכה כלל. משל לצינורות המים שנתקלקלו ונשתברו, והרי אותן המים הבאים באותם הצינורות נשפכים דרך השברים והסדקים לכאן ולכאן, בעניין שלא תבוא מהן תועלת; וכשמגיעים המים הנשארים בצינורות למקום החפץ, כל כך נתמעטו בקלקול הסדקים והשברים עד שלא נשאר בהן שיעור להשקות האדמה לשתות ולהסתפק בשאר הצרכים, ונמצאת הקללה בעולם. ועוד, שאותן המים הנשפכים דרך הסדקים והשברים הולכים למקומות שלא היו ראויים ללכת בהן, עד שנמצאו מקבלים אותם מקומות תועלת בשעת הקלקול, ועל זה נאמר: תחת שנואה כי תבעל ושפחה כי תירש גבירתה תחת עבד כי ימלוך ונבל כי ישבע לחם (משלי ל, כג).

Y, además, lo poco que fluye por sefirah *Binah*, a través de los canales, no llega a la sefirah *Maljut*, porque todos los canales están dañados. *Maljut* está entonces seca, y la poca agua fluye por las grietas, lo que hace imposible recibir la bendición, como cuando se rompen las tuberías y el agua se pierde en parte. Así, cuando el agua restante llega a su destino, su cantidad se ha reducido a causa de las grietas y ya no es suficiente para regar la tierra y satisfacer las necesidades del mundo. Y entonces la maldición se encuentra en el mundo. Además, el agua que se cuela por las grietas y fracturas va a parar a lugares indignos que se benefician de este periodo de destrucción, por esta razón ha sido escrito: «Una hija odiosa se casa, una sirvienta hereda de su señora» (*Proverbios* XXX-23).

88a

ואם תבין העיקרים הגדולים שאנו מבארים במקום זה תיכנס לכמה חדרים, ותבין ותשיג הטעם מדוע ארץ ישראל שוממה מכול וכול, וארצות הגויים לא נחרבו לגמרי. ואם תקשה ותאמר: הלא ארץ ישראל עיקר הברכות, ושאר ארצות הגויים מתברכות על ידיה, כאמרו: ונברכו בך כל משפחות האדמה, ואומר: הנותן מטר על פני ארץ (איוב ה, י) דאחר כך, 'ושולח מים על פני חוצות', ומן הדין היה שאחר שנפסקה ההמשכה מארץ ישראל שיחרבו מאוד שאר הארצות שברכותיהן תלויה בברכותיה לגמרי? דע שאילו לא נתקלקלו הצינורות ונעשו בהם סדקים ושברים, אמת אתה אומר. אבל מאחר שנתקלקלו ונסדקו ונשברו, מטפטפים המים לכאן ולכאן ובאותו הטפטוף מתקיימים שאר הארצות.

Si entiendes estos grandes principios que explicamos, entrarás en varias habitaciones y descubrirás la razón por la que la tierra de Israel está ahora devastada, y las tierras de las naciones no han sido destruidas. Puedes sugerir que la tierra de Israel es la fuente a través de la cual todas las demás tierras de las naciones son bendecidas, ya que ha sido dicho: «y todas las familias de la tierra serán bendecidas por ti» (*Génesis* XII-4). Y ha sido dicho: «Derrama la lluvia sobre la tierra, envía las aguas sobre el campo» (*Job* V-10). Sería lógico, entonces, que una vez que Israel sea devastado, las otras tierras sean destruidas, ya que dependen totalmente de su bendición. Si no hubiera grietas en los canales, tendrías razón. Pero como los canales están estropeados, rajados y rotos, y el agua gotea por doquier, las otras tierras son sostenidas por el agua que se filtra de las grietas.

ועם כל זה, אין ברכה מצויה באותו הטפטוף, שאין הברכה מצויה בכל הארצות אלא כשהן שותות על ידי ארץ ישראל, שנאמר: ונברכו בך כל משפחות האדמה (בראשית יב, ג). והבן זה מאוד. הרי לך מבואר עניין גדול ונכבד בסוד המשכת השפע על ידי ספירת הבינה, בעת הרצון או בשעת הכעס והקלקול, ותראה דברים נסתרים נגלים לפניך. ואמנם שאר ענייני העולם הבא, עדיין תשמע בהם כמה

פלאים וכמה מרגליות בעזרת השם יתברך, אבל למה שאנו צריכים לבאר בחיבורנו זה, די במה שזכרנו:

Y con todo eso, no se encuentra bendición alguna en ese goteo, porque ninguna bendición se despierta hasta que haya llegado a las aguas que bebe Israel. Porque está escrito: «Y todas las familias de la Tierra serán bendecidas por ti» (*Génesis* XII-4). Y entiende bien esto. Así, este gran y glorioso principio te ha sido explicado, el secreto de esta noción depende de cómo la *Shefa* es distribuida por la sefirah *Binah*, en el momento del deseo o durante un tiempo de ira y devastación. Observa las palabras ocultas que se revelarán ante ti. Sin embargo, hay otros asuntos que conciernen al *Olam haBa* y ha llegado el momento de que escuches maravillas y prodigios, con la ayuda de Dios, bendito sea. Pero, ¿por qué tendríamos que profundizar en este tema? Lo que hemos explicado es suficiente.

ודע שהספירה הזאת נקראת שופר גדול. והטעם, לפי שהספירה הזאת נקראת יובל, וזהו שופר גדול שבו יצאו עבדים לחירות, וסי־מן לדבר: יום הכיפורים של יובל. אם תתבונן היטב במה שפירשנו למעלה בשער זה בעניין הספירה הזאת הנקראת גאול"ה, ונקראת כיפורי"ם, ונקראת יוב"ל, ונקראת חיי"ם, תבין סוד שופר גד"ל וכבר הודענוך כי במידה הזאת יצאנו ממצרים, ובמידה הזאת אנו עתידין ליגאל. והנני מבאר. כבר הודענוך כי המידה הזאת היא למעלה מכל שרי האומות, ונקראת במתי ארץ, כי כל שרי האומות אינן עולים ונאחזים אלא עד ספירת גדול"ה וגבור"ה שהן למטה מספירת בינ"ה.

Has de saber que esta sefirah se llama *Shofar Gaddol*. Esta sefirah también se llama *Iobel*, porque es el momento en que todos los esclavos son liberados, anunciado por el sonido del *Shofar Gaddol*. Esto está codificado por la expresión *Iom haKippurim* de *Iobel*. (88b) Si observas bien lo que te hemos explicado anteriormente, en la Puerta que contiene la sefirah llamada *Guedulah*, llamada *Kippurim*, llamada *Iobel* y llamada *Jaim*. entenderás el secreto del *Shofar Gaddol*, que, como ya

88b

hemos explicado, nos sacó de Egipto, y que es la *Middah* por la que seremos redimidos en el futuro. Voy a explicarte. Ya te hemos enseñado que esta *Middah* domina a todos los Príncipes de las naciones y se llama labores de la tierra, por parte de todos los Príncipes de las naciones. Porque sólo pueden alcanzar las Sefirot inferiores *Guedulah* y *Guevurah*, que están debajo de la sefirah *Binah*.

וכשגלו ישראל נתפזרו בכל הארצות ורדו בהם כל האומות, כאמרו :והפיצך י"י בכל העמים מקצה הארץ ועד קצה הארץ (דברים כח, סד). ואם כן בהיות השם יתברך מתעורר לקבץ נדחי ישראל צריך לעורר עליהם המידה שהיא למעלה מכל האומות, והיא ספירת הבינ"ה. וכשיעורר השם יתברך אותה הספירה העולה על כל האומות, אז ירגזו השרים העליונים ויפלו ואין מקום להם לעמוד, כאומרו: יפקוד י"י על צבא המרום במרום ועל מלכי האדמה על האדמה (ישעיהו כד, כא).

Cuando Israel fue exiliado, se dispersó por todas las tierras y las naciones se hundieron con él. Porque ha sido dicho: «IHVH (יהו"ה) os esparcirá entre todos los pueblos, desde un extremo del mundo hasta el otro» (*Deuteronomio* XXVIII-64). Esto es así, porque cuando el *Eterno*, bendito, despierta para reunir la extensión de Israel, debe despertar la *Middah* que se cierne sobre todas las naciones, es decir, sefirah *Binah*. Cuando Dios, bendito sea, despierta, esta sefirah se eleva por encima de todas las naciones. Entonces los Príncipes más altos tienen miedo y caen, porque no hay lugar para ellos; como ha sido dicho: «y sobre los reyes de la Tierra que hay sobre la Tierra» (*Isaías* XXIV-21).

ולפיכך:יתקע בשופר גדול ובאו האובדים בארץ אשור והנדחים בארץ מצרים (שם כז, יג), ואומר: וה' אלהים בשופר יתקע והלך בסערות תימן, וסמיך ליה: י"י צבאות יגן עליהם (זכריה ט, יד טו), בודאי יאם תשאל: במצרים כיון שנגאלו במידה זאת, מדוע לא נתקע בה שופר?

88b

לפי שאותה הגלות היתה תחת מצרים לבד, אבל גלות זו שהיא תחת כל השרים העליונים ותחת יד כל משפחות האדמה, צריך לעורר עליהם כוחו הגדול ברעם וברעש גדול ובקול שופר, כנאמר: והת־ גדלתי והתקדשתי ונודעתי לעיני גוים רבים (יחזקאל לח, כג). ואם תאמר: מדוע הוצרך למצרים כוחו הגדול, הואיל ואינה אלא משפחה אחת? דע שאין בכל שרי מעלה גדול משר של מצרים, זהו שאמ־ רו חכמים: ארץ מצרים שנייה לארץ ישראל. ולפיכך הוצרך לו לע־ שות אותות ומופתים ולהוציאם בכוחו הגדול ולהראות גדולתו. והבן זה מאוד. והנני רומז: כימי צאתך מארץ מצרים אראנו נפלאות יראו גוים ויבושו מכל גבורתם ישימו יד על פה אזניהם תחרשנה ילחכו עפר כנחש (מיכה ו, טו). בכאן רמז קציצת השרים העליוניים ונפילת האומות שתחת ממשלתם:

Por lo tanto: «Acontecerá también en aquel día, que se tañerá *Shofar Gaddol*, y vendrán los que habían sido esparcidos en la tierra de Asiria, y los que habían sido echados en tierra de Egipto» (*Íbid.* XXVII-13). Y ha sido dicho: «IHVH (יהו"ה) *Elohim* hará sonar el *Shofar Gaddol*, saldrá a las tormentas del sur» (Zacarías IX-14), en relación con: «IHVH (יהו"ה) *Tzevaoth* los protegerá»[51] Y si preguntaras que si fueron liberados de Egipto por esta *Middah*, entonces ¿por qué no hubo sonido del *Shofar*? Ese exilio fue sólo bajo el dominio de Egipto, pero en ese exilio, bajo el dominio de los Príncipes, bajo el yugo de todas las familias de la Tierra, debemos darles a conocer su gran poder, mediante el estruendo y el gran sonido del *Shofar*, pues ha sido dicho: «Y mostraré mi grandeza y santidad, y me daré a conocer a los ojos de muchas naciones» (*Ezequiel* XXXVII-23). Y si dijeras ¿por qué Egipto pudo ejercer un poder tan grande, ya que representa a una sola familia? Has de saber que ningún Príncipe tiene el poder del Príncipe de Egipto, por lo que los sabios dijeron: «La tierra de Egipto es la segunda respecto a la tierra de Israel».[52] Y por lo tanto tuvo que hacer señales y prodigios y sacarlos con su gran poder y mostrar su grandeza. Entien-

51. Véase *Zacarías* (IX-15).
52. Véase Talmud, tratado de *Ketuvoth* (12a).

88b

de bien esto. Pero déjame darte una pista: «Yo les mostraré maravillas como el día que saliste de Egipto. Los gentiles verán, y se avergonzarán de todas sus valentías; pondrán la mano sobre su boca, ensordecerán sus oídos. Lamerán el polvo como la culebra» (*Miqueas* VII-15 a 17). Aquí tenemos una alusión a la caída de los Príncipes celestiales y las naciones que estaban bajo su dominio.

ואחר שמסרנו לך אלו הכללים, נחזור לשאר. והספירה הזאת נקראת לפעמים גבורות, והסוד: מ"י ימלל גבורו"ת ה' (תהלים קו, ב). דע כי מידת הדין הנקראת גבור"ה, והיא פח"ד יצחק, נקראת גבורה יחידית ואינה נקראת גבורות, לפי שהרבה מצרים יש סביבותיה; וכשישראל חוטאים, כביכול אינה מתגברת לפי שהשרים שסביבותיה יש להן פתחון פה ואז היא נחלשת, והסוד: צור ילדך תשי, ואומר: עורי עורי לבשי עוז ורוע ה' (ישעיהו נא, ט), ואומר: איה קנאתך וגבורתך (שם סג, טו).

Y después de haberte proporcionado estos principios, volveremos a nuestro asunto. Esta sefirah se llama a veces *Guevuroth*, es el secreto de: «¿Quién expresará las valentías de IHVH (יהו"ה)?» (*Salmos* CVI-2). Has de saber que la *Middah Din*, llamada *Guevurah* y *Pajad* de Isaac, es *Guevurah* en singular y no *Guevuroth* en plural, porque está rodeada de muchos límites. Y cuando Israel peca, no puede, por así decirlo, superar estos límites, porque los Príncipes circundantes tienen un control y esto debilita la sefirah, cuyo misterio es: «Te olvidarás de la roca que te hizo nacer»[53] y ha sido dicho: «Despiértate, despiértate, vístete de fortaleza, oh brazo de IHVH (יהו"ה)» (*Isaías* LI-9), y ha sido dicho: «¿Dónde están tus celos y tu poder (*Guevurah*)?» (*Íbid.* LXIII-15).

53. Véase *Deuteronomio* (XXXII-18).

וכל זה לפי ששרי אומות העולם כנגד מידת הגבורה, שהם בעלי המצר. והנביא צועק ואומר על מידת הגבורה: גלתה יהודה מעוני היא ישבה בגוים כל רודפיה השיגוה בין המצרים (איכה א, ג), בין המ־צרים בוודאי. כל זה במידת גדול"ה וגבור"ה שיש להם מצרים, כמו שכבר ביארנו; אבל ספירת הבינ"ה, שהיא למעלה מכל שרי האומות ואין לה מצרים, היא הנקראת גבורות, כובשת הכול תחתיה, וזהו סוד שופ"ר גדו"ל וטעם גאולה וחירות. ולפי שהיא מתגברת על כל הגיבורים, ואין מי שיוכל להזדווג לה מכל השרים העליונים, הפסוק מכריז ואומר: מ"י ימלל גבורות י"י (תהלים קו, ב), וזהו שאמר הכ־תוב: והתברכו בו גוים ובו יתהללו (ירמיהו ד, ב). והבן זה מאוד כי צורך גדול הוא לכמה מקומות, ותדע ותבין מה שקבעו בתפילה 'מי כמוך בעל גבורות ומי דומה לך', דבר גדול רמזו כאן:

Y todo esto indica que los Príncipes de las naciones se enfrentan a la *Middah* de *Guevurah* y que son los dueños de la opresión. Así, el profeta se lamenta y dice a propósito de la *Middah* de *Guevurah*: «Se fue Judá en cautiverio, a causa de la aflicción y de la grandeza de servidumbre. Ella mora entre los gentiles, y no halla descanso» (*Lamentaciones* I-3). Todo esto se relaciona con las *Middoth* de *Guedulah* y *Guevurah* que están rodeadas de opresión. Como ya hemos explicado, cuando sefirah *Binah* domina a todos los Príncipes de las naciones, no hay opresión, entonces se la llama *Guevuroth*, porque lo tiene todo bajo su poder. Y éste es el secreto del *Shofar Gaddol* y la razón de la redención. Pues domina todos los poderes y ninguno (89a) de los Príncipes celestiales puede enfrentarse a él, pues el versículo pregunta: «¿Quién contará las proezas (*Guevuroth*) de IHVH (יהו"ה)?» (*Salmos* CVI-2). Y es lo que dice el versículo: «y se bendecirán en él los gentiles, y en él se gloriarán» (*Jeremías* IV-2). Entiéndelo bien, porque lo necesitarás a menudo.

והספירה הזאת היא נקראת תהילה, וצריכים אנו להודיעך עיקרים תלויים בזה העניין. צריך אתה לדעת כי שתי הספירות שהן יהו"ה אדנ"י מכוונות זו כנגד זו, והעליונה נקראת תהילה והתחתונה נקראת

89a

תפילה. והטעם, לפי שהעליונה דביקה בראש המעלות וממנה יבואו כל מיני אצילות ושפע וברכה ומיים, ולפיכך נקראת תהילה; כלומר, שעלינו לשבח ולהלל למ"י שעשה עמנו ועם אבותינו את כל הניסים האלה והוציאנו מעבדות לחירות, ועל זה נקראת תהילה.

Conocerás y comprenderás el significado de la oración, y necesitamos informarte de los principales puntos que dependen de este asunto. Debes saber que las dos Sefirot que son YHWH *Adonai* están situadas una enfrente de la otra, la superior se llama *Tehilah*[54] y la inferior *Tefilah*.[55] Porque la superior está unida a la primera sefirah, y de ella salen todo tipo de emanaciones, *Shefa*, bendiciones y vidas, por eso se llama *Tehilah*, para significar que nos corresponde glorificar a aquel que ha hecho tantos milagros por nosotros y nuestros antepasados. Porque él nos ha llevado de la esclavitud a la libertad, esto se llama *Tehilah*.

והתחתונה נקראת תפילה, והטעם לפי שהתחתונה דביקה בסוד התפילות והתחנונים לפי רוב החטאים והלכלוכין שחוטאים ומלכלכים הבנים הדביקים בה. ולפיכך ספירת המלכות היא סוד התפילה, וסימן: ואני תפלה (תהלים קט, ד) חהו סוד: אלהים אל דמי לך (שם פג, ב). ולפי שהתפילה דביקה במידה זו, נקבעו שערי כל התפילות בשם המיוחד לה שהוא אדני וסדרוהו בראש כל התפילות, אדנ"י שפתי תפתח ופי יגיד תהלתך, שזהו שער כל התפילות, כמו שכתבנו בשער הראשון.

La inferior se llama *Tefilah* porque está atada por el secreto de las *Tefiloth* y las súplicas correspondientes a los muchos pecados y suciedades que manchan a los que se atan a ella. Así, la sefirah *Maljut* es el secreto de la *Tefilah*, simbolizada por: «No soy más que *Tefilah*» (*Salmos* CIX-4). Y es el secreto de: «*Elohim*, no guardes silencio» (*Íbid.* LXXXXIII-2), pues la *Tefilah* va unida a esta *Middah*. Las otras puer-

---

54. Alabanza.
55. Oración, plegaria.

89a

tas de las oraciones están unidas al nombre unificado de *Adonai*. Éste es el nombre que representa todas las oraciones: «*Adonai* abre mis labios y que mi boca te glorifique»,[56] que es la puerta de todas las oraciones, como escribimos en la primera Puerta.

אבל ספירת בינ"ה, שהיא דביקה בראש המעלות וממנה יבואו החיים והברכות וכל מיני אצילות קיום ועמידה, היא סוד התהילה כלומר, להלל ולשבח לפאר ולרומם על כל הטובות הניסים והנפלאות שעשה עמנו תמיד, לפי שהיא סוד החירות והגאולה, כמו שכתבנו, ובהופיעה יופיעו הניסים והנפלאות לישראל. והנה סוד התפילה הוא עניין התחנונים ובקשת רחמים לרחם עלינו ולסלוח חטאתינו, ולהושיענו מצרינו, ולהשלים די מחסורנו ולהחיות אותנו, ולשמרנו מכל מיני משחית ופורענות, כל כיוצא באלו הבקשות התלויות בתפילה, וכל אלה הדברים הם דבקים בספירת המלכות.

Sin embargo, la sefirah *Binah* está apegada a la cabeza superior y de ella provienen vidas, bendiciones y todo tipo de emanaciones de existencia y apoyo. Ella es el secreto de la *Tehilah*, es decir, alabar y dar gracias por todas las bendiciones y maravillas que se hacen constantemente por nuestra nación, ella es el secreto de la libertad y la redención, como hemos escrito. Porque cuando ella aparece, aparecen milagros y maravillas para Israel. Y éste es el secreto de la oración y el valor de la súplica por la misericordia y el perdón de nuestros pecados, para que seamos salvados de nuestras pruebas y se nos conceda lo que necesitamos para que nuestra vida se sostenga y seamos preservados de los poderes destructivos de la estrechez. Porque él ha quitado los poderes destructivos y las plagas de nosotros, y por lo tanto debemos alabarlo y dar gracias por las muchas bendiciones que se nos han concedido. Todo esto depende del vínculo entre *Tehilah* y *Tefilah*. Esta última está apegada a la sefirah *Maljut*.

---

56. Véase *Salmos* (LI-17).

89a

אבל סוד התהילה הוא אחר שקיבל י"י יתברך תפילותינו, ואחר ששמע קולנו וקיבל תחנונינו וסלח חטאתינו והושיע אותנו מצרי־נו והשלים די מחסורנו ושמר אותנו מכל מיני משחית ופורענות, אז חובה מוטלת עלינו להלל ולשבח לפניו על רוב הטובות שגמלנו. ועתה ראה ההפרש שבין תהילה לתפילה. הרי לך כי התפילה דבי־קה בספירת המלכות, והתהילה דביקה בספירת הבינה שהיא סוד הגאולה והחירות וכל מיני הישועות. ולפיכך הכול ראויין לתפל"ה ואין הכול ראויין לתהילה; כי התפילה כל אחד כפי צערו מתפלל על צרתו, אבל התהילה מיוחדת להודות ולהלל לשם על גודל טובותיו שעשה, ומי הוא שיערך שבחו? לפיכך נאמר: לישרים נאוה תהלה (שם לג, א):

Pero el secreto de la *Tehilah* se realiza cuando *El Eterno* ha recibido nuestras oraciones, y después de escuchar nuestra voz, aceptar nuestras súplicas, perdonar nuestros pecados y liberarnos de nuestra angustia y suplir nuestra falta, nos guardó de toda clase de destrucción y calamidad. Sólo después de hacerse todo esto realidad tiene lugar la alabanza y la adoración por los favores que nos ha hecho. Y ahora observa la diferencia entre la *Tehilah* y la *Tefilah*. La *Tefilah* está apegada a la sefirah *Maljut*, y la *Tehilah* está apegada a la sefirah *Binah*, que es el secreto de la redención y la libertad, así como de muchos otros aspectos de la salvación. Por lo tanto, todos son aptos para la *Tefilah*, pero no todos son aptos para la *Tehilah*, ya que en la *Tefilah* cada uno reza según sus penas y angustias, pero la *Tehilah* se trata de actos de gracia y de alabanza al gran nombre es por las bendiciones que otorga. ¿Y quién es el que apreciará su alabanza? Es como ha sido dicho: «a los rectos conviene la alabanza» (*Íbid.* XXXIII-1).

וצריכים אנו לעורך על עיקרים גדולים רמזו אותם רבותינו בע־ניין התהילה, להודיע שאין כל אדם ראוי להלל ואין כל שעה ראויה להלל. לפי שהמעלה הזאת גדולה היא עד מאוד, אמרו בברכות פרק קמא: אמר רבי שמעון בן פזי מאה ושלוש פרשיות אמר דוד בספר תהלים ולא אמר הללויה עד שראה מפלתן של רשעים שנאמר: יתמו

89a

חטאים מן הארץ ורשעים עוד אינם הללויה (תהלים קד, לה) עתה התבונן שני דברים גדולים שרמזו. האחד, שאין ראוי להזכיר עניין התהילה זולתי במקום שהיא מזומנת, כלומר לעשות הניסים והנ־פלאות ולהשמיד הרשעים, כמו שעשה במצרים ששם נאמר הלל הראשון, כמו שנאמר: השיר יהיה לכם כליל התקדש חג (ישעיהו ל, כט).

Ahora debemos enseñarte algunos principios esenciales, a los que aluden nuestros rabinos, respecto a la *Tehilah*, cuando afirman que no todo el mundo es digno de glorificar o alabar. Como es algo muy elevado, dice el tratado de *Berajoth* en la sección 141:[57] «Rabbí Shimon ben Pazi dijo: David declaró ciento treinta capítulos del libro de los *Salmos* y no pronunció Aleluya hasta que vio la caída de los malvados, pues dijo: ¡Que los malvados desaparezcan de la tierra, los impíos, que nunca más estén! Aleluya» (*Salmos* CIV-35). Ahora has de comprender las dos reglas esenciales, a las que nos hemos referido. En primer lugar, la *Tehilah* sólo debe utilizarse para el bien. Esto significa: cuando se realizan milagros o cuando los malvados son derrotados, como fue el caso de Egipto, donde se gritó el primer «¡*Halel*!», pues ha sido dicho: «Vosotros tendréis canción, como en noche de fiesta» (*Isaías* XXX-29).

והשני, שאף על פי שראה דוד כמה נפלאות ה' לא מלאו לבו להז־כיר הלל, אלא באותו דבר הראוי להלל' משל במי שלובש בגדי מלכות ועוסק במלאכה פחותה, היש ביזוי גדול מזה? לפיכך אמרו רבותינו ז"ל: האומר הלל הגדול בכל יום הרי זה מחרף ומגדף. ולפי גודל מעלת הבינה אין ראוי להזכיר שבחיה אלא במקומות ובש־עות הראויות להזכיר. והנה הנביא מכריז ואומר כי אין כל אדם ראוי לתהל"ה: אני יהו"ה הוא שמי וכבודי לאחר לא אתן ותהלתי לפסילים (ישעיהו מב).

57. Véase Talmud, tratado de *Berajoth* (9b-10a).

89b

(89b) En segundo lugar, aunque David ha contemplado varias maravillas de *El Eterno*, se pregunta si su corazón es apto para la alabanza, pero si no es digno del *Halel*, ¿cómo son los que se adornan con ropas reales y se comportan como siervos? ¿Hay algo más vergonzoso? Por eso nuestros rabinos, de bendita memoria, decían: «La pronunciación del *Halel* todo el día es, como sabéis, algo blasfemo y difamatorio»[58] Porque, debido a la grandeza de *Binah*, sólo es apropiado alabar correctamente y en el momento adecuado, como afirma el profeta, diciendo que no todos son aptos para la alabanza. «Yo soy *el Eterno*. Éste es mi nombre; y a otro no daré mi gloria, ni mi alabanza a esculturas» (*Isaías* XLII-8).

וכי תעלה על דעתך שתהילתו אפשר לתת לפסילים? אלא דבר ידוע למקובלים כי כל תפילה שאינה הגונה נקראת פסולה, וקבלה היתה להם כך, וכן הוא פי' הפסוק: מי שלא נכנס לשמש בספירת המלכות, שהיא תחתונה בעת התפילה, איך אפשר לו ליכנס לפני רום המעלות, לפני ספירת הבינה? 'לישרים נאוה תהלה', אבל לא לפסילים. הבן זה מאוד.

¿Y qué ocurriría si se pudiera alabar a esculturas (ídolos)? Es un hecho bien conocido por los cabalistas que toda oración inadecuada se llama idolátrica (פסולה), ésta era su tradición y por lo tanto, la interpretación correcta del versículo es: «Aquel que no utiliza la sefirah *Maljut*, que es la más baja, en el momento de la oración, ¿cómo podrá alcanzar la sefirah *Binah*?». Porque a los rectos conviene la alabanza y no a los ídolos. Entiende bien esto.

ועתה צריך אתה להתבונן, כי כבר ביארנו למעלה בשער זה כי הנשמה דביקה בספירת התהל"ה, והרוח בספירת התפארת, והנפש בס-

58. Véase Talmud, tratado de *Pesajim* (11a).

פירת המלכות; והנה דוד פירש הדבר בסוד ואמר: כל הנשמה תהלל יה הללויה (תהלים קנ, ו). וכבר ידוע הוא למקובלים כי שם י"ה רמז לשלוש ספירות עליונות, ולפיכך תלה בהן הנשמה וההלל ואמר 'כל הנשמה תהלל יה'.

Y ahora debes entender, por lo que hemos explicado antes en esta Puerta, que la *Neshamah* está apegada a la sefirah *Tehilah*, que el *Ruaj* está apegado a la sefirah *Tiferet* y que el *Nefesh* está apegado a la sefirah *Maljut*. David explica este secreto diciendo: «todo lo que respira alabe a *Iah*» (*Salmos* CL-6). Ya sabemos por los cabalistas que el nombre *Iah* se refiere a las tres Sefirot superiores, y por eso la *Neshamah* se apegó a ellas y lo alabó y dijo «todo lo que respira alabe a *Iah*».

ואם תאמר; והכתיב הללי נפשי את יהו"ה (שם קמו, א), הרי ההלל תלוי בנפש? דע כי הלל הנשמה תלוי בשם י"ה, והלל הנפש תלוי בשם יהו"ה כי בו נכללת ספירת המלכו"ת שהיא סוד ה"א אחרונה של שם. ושני מיני הלל הם: הלל גמור והלל שאינו גמור. הלל גמור תלוי בספירת הבינ"ה, מקום שאין בו חסרון כל דבר ולא נדבק בה פגם לעולם, לפי שהיא למעלה מכל השרים והיא דביקה בעולם הרחמים. והלל שאינו גמור תלוי בספירת המלכו"ת, ולפי שלפעמים הרבה היא נפרצת ופגם דבק לה כשישראל חוטאים ומכעיסים, כך הלל שאינו גמור והוא בדילוגין נקרא כנגדה. זהו סוד הלל גמור והלל שאינו גמור, והבן זה מאוד. והלל של ראש חודש, שאמרו שהוא מנהג לפי שזמן כפרה הוא והלבנה פגומה היתה וחזרה להתחדש. אבל הלל הניסים והנפלאות והלל השמחות והטובות, כהלל הפסח שבועות וסוכות, באותן הזמנים הופיעה ספירת הבינ"ה.

Y si dijeras «Mi alma alaba a IHVH (יהו"ה)» (*Salmos* CXLVI-1), ¿vemos entonces que el *Halel* está vinculado al *Nefesh*? Has de saber que el *Halel* de la *Neshamah* está unido a *Iah*, mientras que el *Halel* del *Nefesh* está unido a IHVH (יהו"ה), ya que implica a la sefirah *Maljut*, el secreto de la última *He* del nombre. Hay dos tipos de *Halel*: el *Halel* completo y el *Halel* incompleto. El *Halel* completo está adherido a la

89b

sefirah *Binah*, el lugar donde no falta nada, sin defecto, porque domina sobre todos los Príncipes y depende del mundo de *Rajamim*. El *Halel* incompleto está adherido a la sefirah *Maljut*, porque en muchas ocasiones *Maljut* se quebranta y es corrompida cuando Israel peca. Es un *Halel* incompleto cuando no se puede proclamar el *Halel* completo. Y éste es el secreto del *Halel* completo y del *Halel* incompleto. Entiende bien esto. El *Halel* a principios de mes es, según nuestra costumbre, un momento de perdón y absolución, ya que la Luna ha decaído y volverá a recuperar su brillo. Es el *Halel* de los milagros y las maravillas, el *Halel* de la alegría y las bendiciones, como el *Halel* de *Pesaj, Shavuoth* y *Sukoth*, momentos en los que aparece la sefirah *Binah*.

בפסח:וחמשים עלו בני ישראל (שמות יג, יח) ובה נגאלו. בעצרת: תספרו חמשים יום (ויקרא כג, טז), והיא גרמה למתן תורה. בסוכות: שמונה ימים עם חג העצרת, וכבר הודענוך שהם שמונה ספירות שמתחילות להימנות מספירת הבינה ושבע תחתיה, 'תן חלק לשבעה וגם לשמנה' (קהלת יא, ב). והנה רמוז:הוא חמישים הוא שמונה, והמבין יתבונן. אבל שמונת ימי חנוכה שתיקנו, השמן בא מן הרצון לספירת הבינ"ה, והבינ"ה סוד המנורה ונרותיה; אל מול פני המנורה יאירו שבעת הנרות (במדבר ח, ב). המנורה והנרות לפקוח עינים עוורות, פקח עיניך וראה כי שמונת ימי חנוכה הם סוד העניין והנס הגדול. והיודעים עיקרי הדברים יודעים כי הנס הנעשה בשמן - על ידי ספירת הבינה הוא, כי משם תולדת השמן מן הרצון, ולפיכך המנורה והנרות והשמן, סוד כל הספירות.

Durante Pésaj «Y subieron los hijos de Israel de Egipto armados» (*Éxodo* XIII-18),[59] con *Binah* se redimieron. Durante *Shavuoth*: «Cuento cincuenta días» (*Levítico* XXIII-16), y es la entrega de la *Torah*. Durante *Sukoth*: «al octavo día os reuniréis». Sabemos que hay ocho Sefirot hacia abajo, contando la sefirah *Binah*: «Reparte a siete, y

59. En vez de «armados» podemos leer «cincuenta».

aun a ocho» (*Eclesiastés* XI-22). Y ésta es la alusión: puede tener cincuenta o puede tener ocho. Compréndelo y contémplalo. Pero en los ocho días decretados por *Janukah*, el aceite pasa del *Ratzon*, a la sefirah *Binah*, (90a) que es el secreto de la *Menorah* y sus luces: «Cuando encendieres las lámparas, las siete lámparas alumbrarán frente a frente del candelero» (*Números* VIII-2). La *Menorah* y sus luces abren los ojos de los ciegos. Abre los ojos y mira, porque los ocho días de *Janukah* son el secreto de una revelación y un gran secreto. Aquellos que conocen el milagro del aceite, saben que tuvo lugar a través de la sefirah *Binah*, porque el origen del aceite es del deseo, y por lo tanto la *Menorah* y las velas y el aceite, son el secreto de todas las Sefirot.

והמגלה סוד זה מנורת זכריה: שני צנתרות הזהב המריקים מעליהם הזהב (זכריה ד, יב), שאינם צריכים להביא שמן ממקום אחר אלא שני הצנתרות מריקים בשנים זיתים עליה. המבין זה יבין סוד י"ה, וסוד 'כל הנשמה תהלל י"ה', וסוד הלל גמור בשמונה ימי חנוכה. הרי רמזנו לך רמזים גדולים וחזקים ועמוקים במה שתוכל להתבונן בסוד ההלל ובסוד כל מקום שנאמר בו תהילה. ולא לחינם אמרו: כל האומר תהילה לדוד בכל יום מובטח לו שהוא בן העולם הבא דברים גדולים רמזו הנה, כי סוד תהילה הוא סוד העולם הבא, כמו שפירשנו בשער זה. ואל תקשה ותאמר: והלא אמרנו כל האומר ההלל גמור בכל יום הרי זה מחרף ומגדף? הלל גמור לחוד, תהילה לחוד; הלל גמור אינו נאמר אלא על טעם ידוע, תהילה הוא סוד ערך תיקון הספירה ותכסיסיה ומעלותיה אבל אינו גוף ההלל.

Este secreto fue revelado por la *Menorah* de Zacarías: «¿Qué significan las dos ramas de olivas que por medio de dos tubos de oro vierten de sí aceite como oro?» (*Zacarías* IV-12). Porque no necesitan traer su aceite de ningún otro lugar, sino de las dos ramas de olivas de arriba. Aquel que entienda esto, entenderá el secreto de *Iah*, el secreto de «toda *Neshamah* que alaba a *Iah*» completo durante los ocho días de *Janukah*. De este modo, te hemos dado una visión de grandes, poderosas y profundas alegorías por las que podrás entender el secreto del *Halel* y el

90a

secreto de cada lugar donde aparece la *Tehilah.* No en vano ha sido dicho: «Aquel que dice la *Tehilah* por David cada día tendrá asegurado el *Olam haBa*».[60] Aquí se alude a muchas cosas, pues la *Tehilah* es el secreto del *Olam haBa* como hemos explicado en esta puerta. No te compliques y recuerda: «¿Acaso no dijimos que aquel que dice un *Halel* completo cada día está insultando y blasfemando? Porque hay que considerar por separado «completo» y *Tehilah,* porque el *Halel* completo sólo se pronuncia en una situación particular, mientras que la *Tehilah* es el secreto del mérito que rectifica la sefirah, la disposición y los grados, ¡pero no es el cuerpo del *Halel*!

ולפיכך אמרו 'כל האומר תהילה לדוד' וגו'; כלומר, כל האומר המ־זמור הזה בכל יום, שהוא מתחיל בלשון תהילה שהוא סוד ספירת הבינ"ה ויש בו כמה תכסימים ומעלות משתי הספירות המכוונות זו לזו שהן בינ"ה ומלכו"ת, מובטח לו שהוא בן העולם הבא. ואם תזכה ליכנס בחדרי המעלות שבמזמור הזה, תראה ותשמח:

Por esta razón ha sido dicho: «todo el que dice la *Tehilah* por David». Es decir, el que recita cada día este Salmo que comienza con la palabra *Tehilah,* que es el secreto de la sefirah *Binah,* y en el que hay diferentes cargos y virtudes asumidos por las dos Sefirot: *Binah* y *Maljut,* asegurándole el *Olam haBa.* Si mereces entrar en las cámaras superiores de estos *Salmos,* contemplarás y te alegrarás.

ואחר שידעת זה, התבונן בסוד המלכות שהיא אדנ"י שהוא סוד הת־פילה, כמו שפירשנו בשער הראשון, הוא השער שבו נכנסים להגיע לספירת התהילה שהיא שמינית לה, ולפיכך כללם כאחד בזה הפסוק ואמר בתחילה 'אדנ"י שפתי תפתח' שהוא סוד התפילה, ואחר כך: 'ופי יגיד תהלתך'. כלומר, בהיותי זוכה לסדר התפילה כהוגן, אזכה

60. Véase Talmud, tratado de *Berajoth* (4b).

90a

להיות ראוי להעריך תהילה, כמו שביארנו לישרים נאוה תהלה (תה־לים לג, א), וכמו שפירשנו בפסוק 'וכבודי לאחר לא אתן ותהלתי לפסילים'.

Y después de saber esto, examina el secreto de *Maljut*, que es *Adonai* y que es el secreto de la *Tefilah*, como se explica en la primera Puerta. A través de esta puerta uno entra en la sefirah de *Tehilah*, que es la octava Puerta desde *Binah* en adelante. Y por lo tanto se unieron en este versículo diciendo «*Adonai,* abre mis labios», que es el secreto de la *Tefilah*, y que continúa con «y mi boca amará tu *Tefilah*». Esto significa que debo organizar mis oraciones adecuadamente y que debo ser digno de la *Tefilah*. Como hemos explicado: «la *Tehilah* es para los justos» (*Salmos* XXX-1),[61] y como explicamos con el versículo: «No daré mi gloria a otros, ni mi *Tehilah* a los indignos».

ושמור העיקרים הללו בעניין תהילה ותפילה. והספירה הזאת היא אות שנייה מאותיות השם, והיא סוד ה' ראשונה של שם יהו"ה יתב־רך. וכבר הודענוך בשער הזה היאך אלו שתי הספירות, שהם בינ"ה ומלכו"ת, מכוונות זו לזו בשמונה הספירות, ואלו הן הנקראות בכל התורה יהו"ה אדנ"י בבואם כאחד, כמו שביארנו. והנה סוד הבינ"ה היא שער הספירות העליונות, וממנה יקבלו שפע ברכה שבע הס־פירות התחתונות כמו כן ספירת המלכות היא שער כל עשר הספי־רות, וממנה יקבלו שפע ברכה וקיום ועמידה כל הנמצאים שבעולם עליונים ותחתונים.

Guarda estos principios con respecto a *Tehilah* y *Tefilah*. Esta sefirah alude a la segunda de las cuatro letras del nombre, es el secreto de la primera *He* del nombre IHVH (יהו"ה), bendito sea. Y ya te he informado en esta Puerta de cuáles son estas dos Sefirot, *Binah* y *Maljut*, que se dirigen a través de las ocho Sefirot. Esto es lo que se llama en

61. Véase fol. 89b.

90a-90b

toda la *Torah*, IHVH (יהו"ה) *Adonai*, unidos como uno, como hemos explicado. Y éste es el secreto de *Binah*, la puerta de entrada a las Sefirot superiores, a través de la cual las siete Sefirot inferiores reciben el influjo de la bendición. Por el contrario, la sefirah *Maljut* es una puerta para cada una de las diez Sefirot, que reciben *Shefa*, bendición y existencia todos los que están en los mundos de arriba y de abajo.

והנה ספירת המלכות היא בית קיבול לכל הברכות הבאות מספירת הבינ"ה, ולפיכך זו דוגמת זו. ושתיהן, בינ"ה ומלכו"ת, הן סוד שתי ההי"ן אשר בשם יהו"ה יתברך: ה"א ראשונה, בינ"ה, ה"א אחרונה, מלכו"ת. והנה המלכו"ת מקבל סוד שפע הברכות הנמשכות מן הבינ"ה, כמו שפירשנו, ולפיכך זו שמיט"ה וזו יוב"ל; זו שכינה עילאה וזו שכינה תתאה; זו אם עילאה וזו אם תתאה; זו בית שער לספירות עליונות וזו בית שער לספירות התחתונות; על ידי ה' ראשונה מקבלות ברכות שאר כל הספירות ועל ידי ה' אחרונה מקבלים ברכות וקיום כל הנמצאים הנבראים; זו נקראת תהילה וזו נקראת תפילה; זו נקראת כיפור וזו נקראת כיפורים; זו נקראת שמינית וזו נקראת שמינית, מלמעלה למטה מלכות שמינית, מלמטה למעלה בינה שמינית, לפי ששתי הספירות העליונות כלולות בבינ"ה, כמו שפירשנו, וזהו סוד: ביום השמיני עצרת תהיה לכם (במדבר כט, לה), וכבר ביארנו למעלה:

Y he aquí que la sefirah *Maljut* es un receptáculo para todas las bendiciones de la sefirah *Binah*. Por lo tanto, ambas, *Binah* y *Maljut*, son el secreto de las dos *He* del nombre IHVH (יהו"ה), Bendito sea. La primera *He* es *Binah* y la segunda *He* (90b) es *Maljut*. Así, *Maljut* recibe el secreto de la afluencia de bendiciones de *Binah*, como hemos explicado. Por lo tanto, en lo que respecta a la *Shemitah* y *Iobel*, una es la *Shekinah* superior y la otra la *Shekinah* inferior, la madre superior y la madre inferior, el receptáculo de las Sefirot superiores y el receptáculo de las Sefirot inferiores. Por un lado, el primero aquel a través del cual todas las Sefirot reciben bendiciones, y por otro lado, el segundo aquel a través del cual todas las existencias y todas las criaturas reciben bendiciones. Una se llama *Tehilah* y la otra *Tefilah.* Una se llama *Kippur* y la otra *Kippurim.* Una se llama *Sheminith* de arriba abajo la octava es *Maljut* y de abajo a arriba la octava es *Binah.* Esto se debe a que las dos Sefirot superiores están contenidas en *Binah,* como hemos explicado. Y éste es el secreto de: «El octavo día tendréis solemnidad» (*Números* XXIX-35), y esto ya ha sido explicado.

ותפוש בידך עיקר גדול בשתי אלו הספירות, שהן בינ"ה ומלכו"ת. כבר הודענוך ששתיהן מכוונות זו לזו ומקבלות שפע ברכה זו מזו, ועתה תצטרך לדעת ששתיהן סוד הפרנסים אשר חותם כל שם יהו"ה יתברך מסור בידיהם. ה' העליונה שהיא הבינ"ה היא סוד הפרנס העליון, שממנה יקבלו כל הספירות שפע וברכה, ולפיכך תמצא שחותם כל השם מסור בידה שהרי השם הנכתב יהו"ה והוא נקוד בניקוד אלהים, והוא נקרא בשמו בדרך זה יהו"ה ונקרא אלהים, הרי השם הנקרא בניקודה לפי שהיא נושאת כל החותם. ה' אחרונה שהיא המלכות היא סוד הפרנס הגדול האחרון, שממנה יקבלו עולם המלאכים נציבותם ומחנותם שפע קיום פרנסה וחיים, וכן עולם השמים חמה ולבנה וכוכבים, וכן צבא הארץ מיני מתכות צמחים ובעלי חיים למיניהם, כולם יקבלו כוח קיום ועמידה וחיים כפי הראוי מספירת המלכות שהיא סוד ה' אחרונה של שם.

Entiende bien este gran concepto, en estas dos Sefirot que son *Binah* y *Maljut.* Ya te hemos dicho que ambas se dirigen la una hacia la otra y reciben muchas bendiciones la una de la otra. Ahora debes saber que ambas son el secreto del sustento que está contenido en la inscripción de cada nombre IHVH (יהו"ה), bendito sea. La superior, que es *Binah,* es el secreto del sustento superior, a través del cual todas las Sefirot reciben la *Shefa* y la bendición. Así se puede ver que el secreto del nombre completo está en su mano, porque el nombre se escribe IHVH (יהו"ה) y se pronuncia con las vocales de *Elohim.* Después de todo, se pronuncia por su vocalización que lleva todo el sello. La última *He,* que es *Maljut,* es el secreto del siguiente gran sustento, a través del cual los mundos superior e inferior reciben abundante sustento y

90b

vida. Esto se aplica tanto al mundo celeste como a la Luna y las estrellas, así como la jerarquía terrestre, las categorías de metales, plantas y todo tipo de vida. Todos reciben fuerza, sustento y vida de la sefirah *Maljut*, que es el secreto de la última *He* del nombre.

ולפיכך תמצא שחותם כל השם מסור בידיה, והיא נקראת בשמו בדרך זה נכתב יהו"ה ונקרא אדנ"י, הרי השם הנקרא בנקודה. נמ־צאת למד כי שם יהו"ה יתברך שני ניקודים יש לו בתורה. האחד, ני־קוד אלהים, שהוא סוד הבינ"ה, בדרך זה יהו"ה בפסוק 'יהו"ה אדנ"י חילי', ובפסוק 'אדנ"י יהו"ה במה אדע כי אירשנה' (בראשית טו, ח), וכן כיוצא בהן. השני, ניקוד אדנ"י, שהוא סוד המלכו"ת, בדרך זה יהו"ה בכל התורה. ואם תתבונן העיקר הגדול הזה שמסרנו בידך במקום זה, תבין סוד שתי ההי"ן שבשם היאך הן מכוונות זו כנגד זו, ומפתחות השם בידיהן, זו למעלה וזו למטה - בניקוד שתיהן השם נקרא בכל התורה, לא בניקוד אחר. ומכאן תבין סוד שכינה ביחוד ב' ההי"ן, ושתיהן כוונה אחת, זו שואבת מזו, והכול יחוד שלם לשם יתברך. והיודע לכוון סוד שתי אלו ההי"ן שבשם, צריך לכוון בשעת הייחוד, כי בשתיהן הוא סוד הייחוד השלם, ועל שתיהן נאמר 'יהיה יהו"ה אחד ושמ"ו אחד', לכוון זו כנגד זו ולייחד הספירות זו לזו.

Y por lo tanto encontrarás que todo el nombre está sellado en sus manos. Su bendito nombre se escribe IHVH (יהו"ה) y se pronuncia *Adonai*, como sabes, el nombre se pronuncia por su vocalización. Podemos deducir de esto que el nombre IHVH (יהו"ה), bendito sea, tiene dos vocalizaciones en la *Torah*. La primera, vocalizado *Elohim*, es el secreto de *Binah*, como en el versículo «IHVH (יהו"ה) *Adonai* es mi fuerza», y en el versículo «*Adonai* IHVH (יהו"ה), ¿cómo sabré que lo tengo?». La segunda, vocalizado *Adonai*, que es el secreto de *Maljut*, y de este modo es IHVH (יהו"ה) en toda la *Torah*. Si meditas en este gran principio, que te hemos dado aquí, comprenderás el secreto de los dos *He* del nombre, así como la forma en que se influyen mutuamente, las claves que poseen arriba y abajo, vocalizadas en toda la *Torah*, de ciertas maneras y no de otras. Ahora debes comprender la intimidad del secreto de la unidad de los dos *He*, que están animadas por la misma intención, porque ambas son el secreto de la unicidad completa. A propósito de ellas se dice «IHVH (יהו"ה) es uno y su nombre es uno», se corresponden entre sí y unen las Sefirot entre sí.

וזהו עיקר ליודעים עיקר קבלת ייחוד י"י יתברך. והנה הודענוך בשתי אלו ההי"ן שהם סוד כל מקום שאתה מוצא בתורה כתוב בפסוק אחד אדנ"י יהו"ה או יהו"ה אדנ"י. ואחר שמסרנו בידך אלו העיקרים בשער זה, יש לנו להיכנס בשאר השערים שכוונתנו בחיבור זה בהם. והשם למען רחמיו וחסדיו יורנו דרך האמת:

Y éste es un principio esencial para aquellos que conocen los principios de la cábala de la unificación de IHVH (יהו"ה), bendito sea. Así, hemos llamado la atención sobre el secreto de las dos *He*, En cualquier lugar en que se encuentran en la *Torah*, escritas en un versículo que une *Adonai* IHVH (יהו"ה) o IHVH (יהו"ה) *Adonai*. Después de haber puesto en tus manos los misterios de esta Puerta, debemos pasar por las otras Puertas, que debemos explicar. Que *El Eterno*, por su misericordia y bondad, nos muestre el verdadero camino.

91a

NOVENA PUERTA

שער התשיעי - הספירה השנייה:

Novena puerta - Segunda sefirah

מן המצר קראתי יה ענני במרחב יה (תהלים קיח, ה):

(91a) «Desde la angustia invoqué a *Iah*; y me respondió *Iah* poniéndome en anchura» (*Salmos* CXVIII-5)

השם התשיעי משמות הקודש הוא הנקרא י"ה. צריך אתה לדעת כי השם הגדול שהוא יהו"ה יתברך הוא הנקרא שם המיוחד, כלומר סוד ייחוד כל י' ספירות כאחת. וכבר ביארנו כי שתי הספירות הראשונות כלולות באות יו"ד של שם המיוחד: קוצו של יו"ד סוד הכתה, ועיקר היו"ד, סוד החכמה. והספירה השלישית, מתאחדת בשתיהן, היא סוד הבינה הכלולה בסוד ה' ראשונה של שם.

El noveno nombre de entre los nombres sagrados, se llama *Iah*. Has de saber que el gran nombre IHVH (יהו"ה), bendito sea, es denominado nombre unificado, dado que contiene el secreto de la unidad de las diez Sefirot. Ya hemos explicado que las dos primeras Sefirot están contenidas en la letra *Iod* del nombre unificado: la punta de la *Iod* es el secreto de *Keter* y la raíz de la *Iod* es el secreto de *Jojmah*. La tercera sefirah, que está unida a las otras dos, es el secreto de *Binah*, contenido en el secreto de la primera *He* del nombre.

91a

נמצאו שתי אותיות של שם שתיהן כלולות בג' ספירות עליונות. ואות ואו"ו של שם היא כוללת שש ספירות: ג' מחצי אות וא"ו ולמעלה, ואלו הן גדול"ה גבור"ה תפאר"ת; וג' מחצי אות וא"ו ולמטה, ואלו הן נצ"ח הו"ד ויסו"ד; והספירה האחרונה של שם, שהיא עשירית, כלולה באות אחרונה של שם שהיא אות ה':

Resulta que las dos primeras letras del nombre contienen las tres Sefirot superiores y la siguiente letra, la *Vav*,[1] contiene las otras seis Sefirot. Tres en la mitad superior de la letra *Vav*, a saber: *Guedulah*, *Guevurah*, *Tiferet*, y tres en la mitad inferior de la letra *Vav*, a saber: *Netzaj*, *Hod*, *Iesod*. Mientras que la sefirah inferior, la décima, está contenida en la última letra del nombre, es decir, la letra *He*.

ועתה צריכים אנו להודיעך מה טעם שתי אותיות הראשונות של שם נקראו בפני עצמן, ושתי אותיות אחרונות של שם אינן נקראות בפני עצמן. כבר ידעת מה שפירשנו בשתי ההי"ן של שם: ה' ראשונה שהיא הבינה מייחדת ז' ספירות תחתונות, ה' אחרונה שהיא מלכות היא מתייחדת עם ט' ספירות עליונות על ידי יסוד. סוף דבר: עיקר כל עשר הספירות הוא ג' ספירות עליונות אשר מהן נשפעות כל שבע התחתונות, ואם חס ושלום ייפסקו המשכות השלוש אז נמצאת חורבן הבית ושריפת ההיכל וגלות הבנים בין האומות.

Y ahora debemos enseñarte por qué las dos primeras letras del nombre se pronuncian y las dos últimas no. Ya hemos explicado la función de las dos *He*. La primera *He*, que es *Binah*, unifica las siete Sefirot inferiores, mientras que la última *He*, que es *Maljut*, está unida a las nueve Sefirot superiores por medio de *Iesod*. Sin duda, la esencia de las diez Sefirot es que las tres Sefirot superiores influyen en las siete inferiores. Si, Dios no lo quiera, estas tres dejaran de fluir, entonces el

1. Cuyo valor numérico es 6, como ya hemos visto.

templo sería destruido, el palacio sería incendiado, y los hijos dispersados entre las naciones.

ולפיכך חצי השם הראשון שהוא י"ה אפשר לו להיקראות בפני עצמו, וחצי שם האחרון שהוא ו"ה איאפשר לו להיקראות בפני עצמו לפי שהוא קציצה בנטיעות, כי אין העליונות תלויות בתחתונות. וגם במניינו אינו עולה בכל השם, וכשאתה קורא י"ה הרי גם חצי השם האחרון נכלל בו ואין זה שום קציצה, וכן מניינו במילואו בסוד יו"ד ה"א עולה כ"ו, וחציו ככולו. וזה בחצי השם הראשון, אבל חצי השם האחרון עמידתו וקיומו בסוד י"ה הוא:

Por esta razón es posible pronunciar la primera mitad del nombre, que es *Iah*, mientras que la otra mitad, que es *Vav He*, no es pronunciable, porque las cosas superiores no dependen de las inferiores. Además, su valor no contiene todo el nombre, cuando se pronuncia *Iah*, la segunda mitad del nombre ya está incluida y no es posible la separación, en el secreto de *Iod He*,[2] que es 26 y la mitad de la totalidad. El secreto de *Iod He* sólo la primera mitad del nombre, pues la otra mitad del nombre se apoya y existe en el secreto de *Iah*.

וצריכין אנו לעוררך על מקומות הרבה בתורה שנאמר בהן שם י"ה, כגון: כי יד על כס י"ה מלחמה ליהו"ה בעמלק מדר דר (שמות יז, טז). מהו 'מדור דור'? וזהו פירוש הפסוק: עמלק הרשע בא מכוח נחש הקדמוני, ושם הוא דיבוקו וכוחו ומעת הטיל נחש הקדמוני זוהמה בחוה קיצץ אדם בנטיעות למעלה והפריד אלוף, וזהו סוד סילוק שכינה שעיקרה בתחתונים היתה: ולא מצאה היונה מנוח לכף רגלה (בראשית ח, ט).

2. Se refiere a la denominada guematria *Millui o completa que es 26, como la guematria Raguil de IHVH.*

91a-91b

Debemos informarte de los muchos lugares en los que se menciona el nombre de *Iah* en la *Torah*, como en: «Por cuanto Amalek levantó la mano sobre el trono del *Iah*, IHVH (יהו"ה) tendrá guerra con Amalek de generación en generación» (*Éxodo* XVII-16). ¿Qué significa «de generación en generación»? El versículo significa que Amalek el malvado vino del poder de la serpiente antigua, y allí obtuvo su poder y cuando la serpiente antigua arrojó inmundicia sobre Eva, Adán fue alejado de su fuente superior y fue separado de su maldad. Éste es (91b) el secreto de cómo la *Shekinah* fue exiliada y cómo se encuentra principalmente en los mundos inferiores: «Y no halló la paloma donde sentar la planta de su pie» (*Génesis* VIII-9).

אף על פי שעמדו ישראל בסיני ופסקה זוהמתן, עם כל זאת פגם הל־בנה לא הוסר מעולם כי אם לפעמים, בדילוגים, בבוא קרבנות ידו־עים, שעירים ידועים שבהן נדבק שעיר, ראשית כוחו של עמלק, וסי־מן: ראשית גוים עמלק (במדבר כד, כ).

Aunque Israel estuvo en el Sinaí y la huella de la inmundicia ha sido eliminada, la imperfección de la Luna no ha sido eliminada del mundo, y de vez en cuando se ofrecen ciertos sacrificios, *Sheirim,* que se sabe que corresponde a *Seir*, la fuerza de Amalek, y la señal es: «¡Amalek: cabeza de las naciones!» (*Números* XXIV-20).

וכשבא עמלק הוסיף פשע על פגם הלבנה ונגע בכף ירך יעקב, ולפיכך נפרצה מלכות בית דוד. והנה כשנקצצו הנטיעות בזמן אדם הראשון ונגע עמלק בכף ירך יעקב, נקבעה פרשת זכור. והרי שתי אותיות אח־רונות של שם כביכול פגומות על ידי עמלק, והטעם כי יד יהו"ה נגעה בם, כאמרו: והיתה יד יהו"ה בכם (שמואל, יב, טו) ואומר: דרך נחש עלי צור (משלי ל, יט), וסימן: ויבא עמלק וילחם עם ישראל ברפי־דים (שמות יז, ח) ברפיון ידים. ולפיכך הוצרך לומר כי נחש הקדמוני ועמלק שניהם נגעו בשתי אותיות אחרונות שהם ו"ה, ולא נשאר מן השם שלא פשטו יד בו כי אם אותיות י"ה לפי שאין בהם מקום אחי־

זה לשרים העליונים, לפי שהן למעלה, כמו שביארנו. ולפיכך אמר 'כי יד על כס י"ה', נגעו בכסא ונתנו בו פגם ונשאר כ"ם, נגעו בשתי אותיות אחרונות ונשאר י"ה, ולפיכך, על כ"ס י"ה:

Cuando llegó Amalek, intensificó la imperfección de la Luna y golpeó el costado de Jacob, haciendo que la casa de David se dispersara. Así, el momento en que *Adam haRishon* fue cortado de su fuente y Amalek golpeó el lado de Jacob, está establecido por la parashah de *Zajor.*[3] Y, como sabes, las dos primeras letras del nombre fueron dañadas, en cierto sentido, por Amalek, pues la mano de IHVH (יהו"ה) se posó sobre ellas, como está escrito: «la mano de IHVH (יהו"ה) pesará sobre ti» (1 *Samuel* XII-15). Y ha sido dicho: «el camino de la serpiente sobre la roca» (*Proverbios* XXX-19), y la señal es: «Y vino Amalek y peleó con Israel en Refidim» (*Éxodo* XVII-8), que debe ser leído «en la debilidad de las manos». Ésta es la razón por la que se dice que la serpiente primordial y Amalek golpearon juntos las dos últimas letras del nombre, VH (ו"ה) y que sus manos alcanzaron todo lo que contiene el nombre, excepto las letras IH (י"ה), pues no tenían posibilidad de alcanzar a los Príncipes superiores, ya que residen en lo alto, como ya hemos explicado. Ha sido dicho: «en la debilidad de las manos»[4] lo que quiere decir que mancillaron y dañaron el trono convirtiéndolo en un *Kes* (כס) defectuoso. Quita las últimas letras y queda *Iah.* Y el resultado: «En el *Kes* (כס) estandarte de *Iah*».

והמבין זה יבין סוד פרשת זכור ופרשת מעבר יבק, כי הכול כלול במקומות הללו. והנני רומז: כל גוים סבבוני (תהלים קיח, י), במקום שיש להם לשרי האומות מקום אמיזה. וזהו סוד וא"ו של שם הכו־ללת שש הספירות, כי סוד וא"ו של שם נקרא יהו"ה בכל התורה, וסימן: לך יהו"ה הגדולה והגבורה והתפארת והנצח וההוד, יסו"ד - עוקץ תחתון.

3. Véase *Éxodo* (XVII-14).

4. Véase *Éxodo* (XVII-8).

91b-92a

Aquel que comprenda esto, comprenderá el secreto de la parashah *Zajor* y la parashah del paso del *Iabok*,[5] porque todo está contenido en estos lugares. Es una alusión a «todas las naciones me cercaron» (*Salmos* CXVIII-10). Aquí los Príncipes de las naciones tienen un lugar para estar. Y éste es el secreto de la letra *Vav* del nombre, que contiene seis Sefirot, ya que el secreto de la *Vav* del nombre, se llama «IHVH (יהו"ה)» en toda la *Torah*, señalado por: «A ti IHVH (יהו"ה): *Guedulah, Guevurah, Tiferet, Netzaj* y *Hod*» (1*Crónicas* XXIX-11), *Iesod* se despertará abajo.

ועל זה נאמר 'כל גוים סבבוני', כי סביב אות וא"ו של שם מקיפין כל שרי האומות, ומאות וא"ו ולמעלה שהוא סוד י"ה אין להם עלייה: ואתה על במותימו תדרוך (דברים לג, כט), והרכבתיך על במותי ארץ והאכלתיך נחלת יעקב אביך (ישעיהו נח, יד). ולפי שאמר 'כל גוים סבבוני', נאמר: ראשית גוים עמלק (במדבר כד, כ). ולפיכך הוא נכנס תחילה לגלות סתריהם של ישראל ופשט יד בשתי אותיות אחרונות של שם ו"ה, לפיכך: כי יד על כס יה מלחמה לי"י בעמלק. כשהוא אומר 'מלחמה לי"י בעמלק', איני יודע מי במי; כשהוא אומר 'מדור דור' גילה הדבר וגילה המקום שפשט בו יד עמלק, וסימן: דור הולך ודור בא והארץ לעולם עומדת, זה שמי לעולם וזה זכרי לדור דור (שמות ג, טו).

A este respecto, ha sido dicho: «Todas las naciones me cercaron», pues la letra *Vav* del nombre está rodeada por todos los Príncipes de las naciones. Pero no pueden ir más allá de la *Vav*, que es el secreto de *Iah*, al que no pueden ascender: (92a) «y tú hollarás sobre sus alturas» (*Deuteronomio* XXXIII-29), «y yo te haré subir sobre las alturas de la tierra, y te daré a comer la heredad de Jacob tu padre» (*Isaías* LVIII-14). De acuerdo a lo dicho: «todas las naciones me cercaron», dice: «Amalek, principio de las naciones» (*Números* XXIV-20). Y por lo tan-

5. Véase *Génesis* (XXXII-23).

to fue el primero en descubrir los secretos de Israel, y buscó la mitad de las letras del nombre, VH (ו"ה), y por lo tanto: «¡El estandarte de *Iah* en la mano! *El Eterno* tendrá guerra con Amalek» (*Éxodo* XVII-16). Cuando dice: «IHVH (יהו"ה) tendrá guerra con Amalek», no sé de quién se trata. Cuando dice: «de generación en la generación», revela el secreto y el lugar que ocupa Amalek. Y la señal es: «Generación va, y generación viene; mas la tierra siempre permanece» (*Eclesiastés* I-4), «Éste es mi nombre para siempre, éste es mi memorial por todos los siglos» (*Éxodo* III:15).

לפיכך:זכור יהו"ה לבני אדום את יום ירושלים האומרים ערו ערו עד היסוד בה (תהלים קלז, ז). ואחר שידעת זה תוכל להתבונן מה שק־בעו הנביאים בשני מקומות. עובדיה גר אדומי אמר בנבואת אדום: ועלו מושיעים בהר ציון לשפוט את הר עשו והיתה ליהו"ה המלו־כה (עובדיה א, כא). זכריה אמר: ואספתי את כל הגוים אל ירושלים למלחמה וגו' ויצא ה' ונלחם בגויים ההם כיום הלחמו ביום קרב, ואז: והיה י"י למלך על כל הארץ ביום ההוא יהיה י"י אחד ושמו אחד (זכ־ריה יד, ב; ט), ואומר: ראשית גוים עמלק. זהו סוד 'כי יד על כס יה מלחמה ליהו"ה בעמלק מדור דור .

Así: «Acuérdate, IHVH (יהו"ה), de los hijos de Edom en el día de Jerusalén, quienes decían: arrasadla, arrasadla hasta los cimientos» (*Salmos* CXXXVII-7). Después de saber esto, puedes observar lo que los profetas dijeron en dos lugares. Abdías, el edomita, dice en su profecía sobre Edom: «¡Y vendrán salvadores al monte de Sion para juzgar al monte de Esaú; y el reino será de IHVH (יהו"ה)! (*Abdías* I-21). Y Zacarías dijo: «Porque yo reuniré a todas las naciones en batalla contra Jerusalén» (*Zacarías* XIV-2), y también: «Entonces IHVH (יהו"ה) será rey sobre toda la tierra; en aquel día IHVH (יהו"ה)será uno, y su nombre uno» (*Zacarías* XIV-9). Ha sido dicho: «La cabeza de las naciones, Amalek», porque es el secreto de: «¡Bandera de *Iah* en mano! IHVH (יהו"ה) está en guerra con Amalek de generación en generación».

92a

ורבותינו ז"ל תיקנו בפסוקי דזמרה שני אלו הפסוקים בסוף: ועלו מו־שיעים בהר ציון לשפוט את הר עשו והיתה ליהו"ה המלוכה והיה יהו"ה למלך על כל הארץ ביום ההוא יהיה יהו"ה אחד ושמו אחד. במקום זה הקריבו שתי הנבואות זו לזו. ובהתאחד אלו שתי נבואות, יתייחד השם יתברך ב"ה. והמבין עומק מה שתיקנו בדבר זה יבין סוד 'כל גוים סבבוני בשם יהו"ה כי אמילם', וסוד 'ראשית גוים עמלק', וסוד פרשת זכור ופרשת מעבר יבק. לפיכך יש לך להתבונן מה שכ־תוב בתורה 'כי יד על הס יה', על ידו יבואו התשועות והגאולות והטו־בות לישראל; כי בשעה שישראל בגלות, כביכול נוגעת הצרה לא־ברהם יצחק ויעקב ודוד הכלולים בסוד ו"ה, ולפיכך שם י"ה צריך להושיע ולגאול, וסימן: עזי וזמרת י"ה ויהי לי לישועה (שמות טו, ב), ואומר: מן המצר קראתי יה (תהלים קיח, ה), מן המצר שהוא סוד ו"ה שיש לה מצרים, שבעים שרי האומות סביב: כל רודפיה השיגוה בין המצרים (איכה א, ג). לפיכך: 'מן המצר קראתי י"ה', שאין לו מצרים, לפי שהוא מקום הרחובות הנהר ועולם הרחמים שאין בהן מקום אחיזה לשרים העליונים ולא לגוייהם, אלא ליעקב שהוא קו האמצעי ועולה למעלה מאברהם ויצחק, לפיכך: והרכבתיך על במותי ארץ והאכלתיך נחלת יעקב אביך, ולפיכך:

Y nuestros rabinos, de bendita memoria, corrigieron el final y ordenaron que se leyeran los versículos «Y vendrán salvadores al monte de Sion para juzgar al monte de Esaú; y el reino será de IHVH (יהו"ה)»[6] y «Y IHVH (יהו"ה) será rey sobre toda la Tierra. En aquel día IHVH (יהו"ה) será uno, y su nombre uno».[7] En este lugar las dos profecías se unen la una a la otra y uniéndose IHVH (יהו"ה), bendito sea, también se une. Y aquel que entienda la profundidad de lo que hemos explicado sobre este asunto entenderá también el secreto de «Todas las naciones me cercaron; en el nombre de IHVH (יהו"ה), que yo los talaré» (*Salmos* CXVIII-10), así como el secreto de «cabeza de las naciones, Amalek» y el secreto de la *parashah* de *Zajor* y la *parashah* del paso del Iabok. Por lo tanto, debes entender por qué está escrito en la *Torah*:

6. Véase *Abdías* (I-21).

7. Véase *Zacarías* (XIV-9).

92a

«porque la mano está en el estandarte de *Iah*», a través de su mano vendrá la redención y el beneficio de Israel. Porque mientras Israel está en el exilio, por así decirlo, la tribulación concierne a Abraham, Isaac, Jacob y David, quienes están incluidos en el secreto de VH (ו"ה), y por lo tanto IH (ו"ה) es indispensable para salvar y redimir. Y la señal es: «*El Eterno* es mi fortaleza, y mi canción, él me es por salud; éste es mi Dios» (*Éxodo* XV-2). Y ha sido dicho: «Desde la angustia invoqué a *Iah*» (*Salmos* CXVIII-5). La angustia es el secreto de VH (ו"ה),, y es Egipto con los setenta Príncipes de las naciones a su alrededor: «Todos sus perseguidores la alcanzaron entre las estrechuras» (*Lamentaciones* I-3). Por lo tanto, «desde la angustia invoqué a *Iah*», que no es Egipto, porque éste es el lugar de los canales del río y del mundo de *Rajamim*, un lugar al que no pueden llegar los Príncipes superiores ni sus naciones. Únicamente Jacob puede alcanzarlo porque es la línea media y, por lo tanto, puede elevarse más que Abraham e Isaac. De este modo: «y yo te haré subir sobre las alturas de la tierra, y te haré comer la heredad de Jacob tu padre» (*Isaías* LVIII-14).

מן המיצר קראתי י"ה. ומה שאמר 'ענני במרחב י"ה', כלומה, שלוש הספירות העליונות, השתיים מהן אינן נגלות לעולם, והשלישית שהיא הבינ"ה נגלית מקצתה, לא כולה. כמו שאמרו רבותינו ז"ל: חמישים שערי בינה נבראו בעולם וכולם נתנו למשה חוץ מאחד, והיא שקולה כנגד כל המ"ט שערים שעמה. ולפי שהבינה היא ספירה שלישית ועל ידיה פועלות שתי הספירות העליונות שאינן נראות כלל, והבינ"ה נקראת רחובות הנהר ועל ידיה באות התשועות והגאולות, כמו שביארנו, לפיכך: 'ענני במרחב י"ה', באותה המפירה השלי־שית הנקראת רחובות. ויצחק אמר: כי עתה הרחיב יהו"ה לנו (ברא־שית כו, כב), והפסוק הזה צורך גדול הוא. והנה על ידי הבינ"ה, שהיא רחובות והיא סוד חמישים, יצאנו ממצרים, והיא סוד התשו־עות והגאולות, כמו שביארנו, ולפיכך: עוי וזמרת י"ה ויהי לי לישועה (שמות טו, ב).

92a-92b

«Desde la angustia invoqué a *Iah*». La razón por la que después dice: «y respondió poniéndome en la anchura», se refiere a las tres Sefirot superiores, dos de las cuales no se revelan (92b) al mundo y una tercera, que es *Binah*, que se revela parcial pero no totalmente. Como dijeron nuestros maestros, de bendita memoria: «Cincuenta puertas de *Binah* fueron creadas en el mundo, que Moisés atravesó, excepto una».[8] Esto corresponde a las cuarenta y nueve puertas que la acompañan, pues *Binah* es la tercera sefirah, y a través de ella se manifiestan las otras dos Sefirot superiores, que permanecen ocultas. Porque *Binah* es llamada «canales del río», a través de ella llegan la salvación y la redención, como ya hemos explicado. Por lo tanto, «y respondió poniéndome en la anchura», con la tercera sefirah denominada «canales». Isaac dijo: «Porque ahora nos ha hecho ensanchar *El Eterno*» (*Génesis* XXVI-22). Este versículo es muy necesario. Por otra parte, *Binah*, que se llama «canales», es el secreto de los cincuenta, «salimos de Egipto» es el secreto de la salvación y la redención, como hemos explicado. Por lo tanto, «*Iah* es mi fortaleza, y mi canción, él me es por salud» (*Éxodo* XV-2).

התורה אמרה ברמז, והנביא גילה יותר ואמר: הנה אל ישועתי אבטח ולא אפחד כי עזי וזמרת י"ה ויהי לי לישועה (ישעיהו יב, ב), אין שם מקום פחד, שאין שם קצרים. התורה אמרה 'עזי וזמרת יה' וגו' והנ־ביא פירש, כלומר עזי וזמרת י"ה, כלומר בהתאחז שפע י"ה בשתי אותיות אחרונות; כי עתה הוא י"ה, וכשיתייחד ויהיה 'יהו"ה אחד', זו היא התשועה השלימה. והמבין זה יבין סוד כי יד על כס יה מלחמה ליהו"ה (שמות יז, טז), וסוד והיתה ליהו"ה המלוכה (עובדיה א, כא) וסוד ביום ההוא יהיה יהו"ה אחד ושמ"ו אחד (זכריה יד, ט), בשם שלם, י"ה עם ו"ה:

La *Torah* lo dice de forma alusiva, pero el profeta lo dice de forma más explícita: «he aquí oh Dios, salud mía; me aseguraré, y no temeré;

8. Véase Talmud, tratado de *Rosh haShannah* (21b).

porque mi fortaleza y mi canción es *Iah, El Eterno*, el cual ha sido salud para mí» (*Isaías* XII-2). No hay lugar para el miedo, ni hay lugar para la estrechez. La *Torah* dice: «*Iah* es mi fortaleza, y mi canción», y el profeta interpreta: «mi fuerza y mi canción es *Iah*», cuando la *Shefa* de *Iah* se conecta desde arriba con las dos últimas letras, porque entonces es *Iah*. Y cuando se unen y se convierte en «Un IHVH (יהו"ה)», y ésta es la salvación completa. Aquel que entienda esto, entenderá el secreto de: «Por cuanto Amalek levantó la mano sobre el trono de IHVH (יהו"ה), IHVH (יהו"ה) tendrá guerra con Amalek de generación en generación» (*Éxodo* XVII-16), y el secreto de «el reino será del *Eterno*» (*Abdías* I-21) y el secreto de: «En aquel día *el Eterno* será uno, y su nombre uno» (*Zacarías* XIV-9), por el nombre completo: IH (י"ה) con VH (ו"ה).

ואחר שהודענוך אלו הכללים העליונים צריכים אנו לומר סוד מה שאמר חזקיה בתפילתו: אמרתי לא אראה י"ה י"ה בארץ החיים (ישעיהו לח, יא). מהו 'לא אראה י"ה'? כלומר, מאחר שנאמר לו 'מת אתה ולא תחיה', אמר חזקיה: הרי איני רואה עולם הבא, שהוא עולם החיים שהוא י"ה, כמו שביארנו למעלה; ואילו אומר שאהיה זוכה לראות אפילו ספירת מלכות שהיא אחרונה, גם היא אמרתי שלא היה לי זכות לראות. מה טעם? כי שם יופיעו הספירות הבאות משם י"ה; ומלכות נקראת ארץ החיים, כלומר המקבלת שפע מעולם החיים שהוא סוד י"ה שהבינה נכללת בו; ולא אביט אדם עוד עם יושבי חלד, שזהו סוד אדם הראשון שחזר בתשובה וחדל מעשות עוון, ועדיין תשמע זה בעזרת השם:

Después de enseñarte estos principios elevados, debemos hablarte del secreto expresado en la oración de Ezequías: «No veré a *Iah*, a *Iah* en la tierra de los que viven» (*Isaías* XXXVIII-11). ¿Qué significa «No veré a *Iah*»? después de haber dicho «morirás y no vivirás»? Ezequías responde: significa que no veré el *Olam haBa*, el mundo de los que viven, que es *Iah*, como explicamos antes. Si contemplara sólo la sefirah *Maljut*, que es la última, también diría «no merezco verla», ¿por

92b-93a

qué? Porque se trata de Sefirot que provienen del nombre *Iah* y *Maljut* se llama «Tierra de los que viven», es decir, recibe la *Shefa* del mundo de los vivos, el secreto de *Iah*, en el que está contenida *Binah*. Y ya no contemplaré a Adán, ni a los que habitan en el mundo, porque este es el secreto de *Adam haRishon* que hizo *Teshuvah* y dejó de pecar. Pronto escucharás más acerca de esto, con la ayuda de Dios.

ואם כן התבונן בכל מקום שאתה מוצא י"ה, אף על פי שהוא סוד ספירת החכמה, הוא רומז על עולם הרחמים שהוא סוד ג' ספירות עליונות; ואם יש בהן קצת דין הוא בחכמה ובינ"ה, אבל הכתר כולו רחמים גמורים. ואף על פי שהוא עולם הרחמים, אף על פי כן קצת דין מעורב בשם יה שהרי חכמה ובינה הן ראשית מידת הדין. ואף על פי שאינו דין גמור, שהרי הדין הגמור מתחיל מגדולה וגבורה שסבי־בותן השרים נאהזים ושם קבועים כמה סנהדראות ובתי דינים כמו שביארנו, עם כל זה קצת דין יש בשם י"ה אבל בנחת ולא בפסק דין, שאין פסק דין אלא מגדול"ה וגבור"ה ולמטה. ולפיכך אמר: אם עו־נות תשמר י"ה אדנ"י מי יעמוד (תהלים קל, ג).

Así pues, observa que en cualquier lugar donde encuentres el nombre *Iah*, aunque sea el secreto de la sefirah *Jojmah*, se refiere siempre al mundo de *Rajamim*, el secreto de las tres Sefirot superiores. Si hay algún *Din* en él, es sólo en *Jojmah* y *Binah*, pues *Keter* es *Rajamim* absoluto. Aunque *Iah* se llama mundo de *Rajamim*, una cierta cantidad de *Din* está mezclada, ya que *Jojmah* y *Binah* son el origen de la *Middah Din*. Aunque no constituyen el *Din* absoluto, que sólo comienza con las Sefirot *Guedulah* y *Guevurah*, rodeadas por los Príncipes, y hay muchos sanhedrines y tribunales, como hemos explicado (93a). Con todo esto, todavía hay algún *Din* en el nombre *Iah*, pero en paz y no es severo, porque el juicio severo depende sólo de *Guedulah*, *Guevurah* y los Sefirot inferiores. A este respecto está escrito: «Si retienes las iniquidades, *Iah*, *Adonai*, ¿quién permanecerá?» (*Salmos* CXXX-3).

93a

ופירוש הפסוק:אם י"ה שהוא עולם הרחמים שומר העוונות, כשאנו באים בדין לפגוע בדין הגבורה כשנמסר ביד המלכות שהוא אדנ"י לגמרו, מי יעמוד ומי יתקיים? וכבר ביארנו בשער הראשון כי כשמידת המלכות מתעוררת לגמור הדין בנבראים הרי היא מכלה מנפש ועד בשר, כמו שביארנו בפסוק צדק ומשפט מכון כסאך (תהלים פט, טו), והרבה הרחבנו המאמר בפירוש דבר זה.

Y la interpretación de este versículo es la siguiente: si *Iah*, que es el mundo de *Rajamim*, retiene las faltas por las que somos juzgados, del mismo modo que *Maljut*, que es *Adonai*, y si lo que nos espera es el *Din* de *Guevurah*, ¿quién podrá soportarlo? Ya hemos explicado, en la primera Puerta, que cuando la *Middah* de *Maljut* se eleva para realizar el *Din* en lo creado, lo hace desde *Nefesh* hacia la carne, como hemos explicado a propósito del versículo «*Tzedek* y *Mishpat* son el soporte de tu reino» (*Salmos* LXXXIX-15). Ya hemos hablado largo y tendido sobre este asunto.

ולפיכך 'אם עונות תשמר י"ה' שהוא עולם הרחמים, 'אדני' שהוא עולם הדין, מי יעמוד לפניך ומי יוכל להתקיים? ועתה הנה מסרנו בידך כמה מפתחות לכל מקום שאתה מוצא בתורה שם י"ה, וממה שמסרנו בידך תוכל להתבונן בשאר מקומות ותבין דבר מתוך דבר' וצריך אתה לדעת הדרך שפתח בספר יצירה: בשלושים ושתיים נתיבות פליאות חכמה חקק י"ה י"י צבאות וגו'. מה טעם הוצרך להזכיר י"ה במקום זה? והטעם, כי י"ה הוא סוד שלוש ספירות עליונות עולם הרחמים, יהו"ה הוא סוד התפארת מקום דיבוק משה רבינו עליו השלום ומקום יניקת האבות, צבאות הוא סוד יניקת הנביאים. ודרך המעלות בספירות מנה כאן, ועדיין תשמע זה אם ירצה ה' יתברך. ואחר שמסרנו בידך אלו הכללים בשם י"ה נכנס לבאר שאר השמות שהספירה הזאת נקראת בתורה, למען תבין ותדע ותשכיל בעזרת השם:

Por lo tanto, «Si retienes las iniquidades, *Iah*», que es el mundo de *Rajamim*, entonces *Adonai*, que es el mundo del *Din*, «¿quién perma-

93a

necerá? Ahora te hemos dado las claves de todos los lugares de la *Torah* donde puedes encontrar el nombre *Iah*; con lo que se te ha dado, podrás entender su uso en otros lugares y conectar los significados entre sí. Debes conocer el camino abierto por el *Sefer Yetzirah*: «Por treinta y dos caminos maravillosos de *Jojmah* grabó IHVH (יהו"ה) *Tzevaoth* etc...» ¿Por qué es necesario mencionar a *Iah* en este contexto? Porque *Iah* es el secreto de las tres Sefirot superiores del mundo de *Rajamim*. IHVH (יהו"ה) es el secreto de *Tiferet*, en el que se apoyó Moisés y por el que se sostuvieron nuestros padres. *Tzevaoth* es el secreto de las visiones de los profetas y el camino de los grados de las Sefirot. Oirás algunas cosas más, si le agrada al *Eterno*, bendito sea. Y después de entregarte esta regla a propósito del nombre *Iah*, vamos a explicarte los otros nombres por los que se conoce esta sefirah en la *Torah*, para que puedas entender, conocer y ser sabio, con la ayuda de Dios.

דע כי הספירה הזאת נקראת בתורה י"ש, וצריך אתה לדעת הטעם. כי הספירה הראשונה שהיא הכתר, לפי שנעלמה מעיני כל חי ואין מי שיוכל להתבונן בה, נקראת אי"ן, כמו שאנו עתידין לבאר בעז־רת השם. ואם בא אדם לשאול בה דבר, תשובת שאלתו היא, אי"ן, כלומר אין מי שיוכל להתבונן בסוד עומקה ומעלתה. ולפיכך אינה מסויימת באות ידועה אלא ברמיזה, בקוצה של יו"ד.

Has de saber que esta sefirah se llama *Iesh* en la *Torah*, y has de conocer la razón. La primera sefirah, que es *Keter*, está oculta para todos los seres vivos y nadie puede verla porque se llama *Ein*. Lo explicaremos más adelante, con la ayuda de Dios. Si alguien viene a preguntar algo sobre ella, la respuesta será *Ein*, porque nadie puede contemplar el misterio de su profundidad y su excelencia. Por lo tanto, no se indica con una letra específica, sino sólo con la corona que está en la parte superior de la letra *Iod*.

93a

אבל תחילת התפשטות המחשבה וראשית התגלות הסדר הוא הס־
פירה השנייה הנקראת חכמה, ובמקום זה אפשר לשאול; אף על
פי שאינה נגלית, איננה נסתרת מכול וכול כמו הראשונה. ובספירה
השנייה שהיא החכמה היא סוד התחלת השאלה.

Pero el comienzo de la expansión del pensamiento y el comienzo de la revelación del orden es a partir de la segunda sefirah, llamada *Jojmah*, un lugar adonde sí es posible dirigirse. Pues aunque no es visible, no está oculto para todos como el primero. Y en la segunda sefirah, que es *Jojmah*, se encuentra el secreto del comienzo de las preguntas.

ולפי שהראשונה מרוב הת # שער תשיעי, הספירה השנייה עלמותה
נקראת אין, השנייה לפי שיש בה קצת שאלה, לפי התפשטות אצי־
לות הספירות מן הכתר, לפיכך נקראת יש. וכבר גילה יעקב אבינו
מסתרי הספירה הזאת, כי לו יאתה יותר מאברהם ויצחק לפי שנחל־
תו עולה בקו האמצעי שהוא הדעת עד עולם הרחמים, ולפיכך: ויח־
לום והנה סולם מוצב ארצה וראשו מגיע השמימה וגו'. והנה יהו"ה
נצב עליו ויקץ יעקב משנתו ויאמר אכן י"ש יהו"ה במקום הזה (ברא־
שית כח, יב).

Y, de hecho, la primera sefirah, debido a la ocultación, se llama *Ein*, la segunda sefirah, que contiene una parte interrogativa, cuya fuente es *Keter* y se llama *Iesh*. Jacob, nuestro patriarca, se nutrió de los secretos de esta sefirah, pues estaba más conectado a ella que Abraham e Isaac, ya que pudo ascender por la línea media, que es *Daat*, para llegar al mundo de *Rajamim*. Por lo tanto: «Y soñó, y he aquí una escalera que estaba apoyada en tierra, y su cabeza tocaba en el cielo… Y he aquí, *el Eterno* estaba encima de ella… Y despertó Jacob de su sueño, y dijo: ciertamente *el Eterno* está en este lugar, y yo no lo sabía (*Génesis* XX-VIII-12).

93a

ולו יאתה לרמוז דבר זה, כי עליו נאמר; והרכבתיך וגו' (ישעיהו נח, יד). והנני רומז. במראות חלום זה נאמר: ופרצת ימה וקדמה וגו' (בראשית שם, יד), מה שאין כן בשאר האבות, ולפיכך עלה על במותי ארץ ואמר: אכן יש יהו"ה במקום הזה. ופירוש פרשה זו ארוך, ואין אנו עכשיו בביאורו:

Y es lo que se dice en estas palabras: «y yo te haré subir sobre las alturas de la Tierra» (*Isaías* LVIII-14). Aludiendo a las visiones de este sueño ha sido dicho: «y te extenderás al occidente, y al oriente, y al norte, y al sur» (*Génesis* XXVIII-14), cosa que no se dijo de los demás patriarcas, y por lo tanto, subió a las alturas de la Tierra. Y dijo: «ciertamente IHVH (יהו"ה) está en este lugar, y yo no lo sabía». La interpretación de esta *parashah* es muy amplia y no vamos a poder entrar en ella ahora.

וזהו 'י"ש' שישראל לבדם דבקים בו שייכנסו לחיי העולם הבא, ואז יהיו יונקים מכל מיני שפע וטובה וברכה שאין להם שיעור וקיצבה מזאת הספירה הנקראת י"ש. ולפי שהבטיח י"י יתברך את יעקב במקום זה על מתן שכר שאין לו שיעור, בסוד 'ופרצת ימה וקדמה', ולפיכך אמר: אכן י"ש יהו"ה במקום הזה. ועל זה נאמר: להנחיל אוהבי יש ואוצרותיהם אמלא

Y es sólo a *Iesh* a lo que se apega Israel, para poder disfrutar del *Olam haBa* y ser colmado de todo tipo de *Shefa*, bondades y bendiciones, que no tienen la forma de esta sefirah llamada *Iesh*. Y de acuerdo a lo que prometió *El Eterno*, bendito sea, Jacob será bendecido en este lugar con una recompensa que no tiene forma, y es el secreto de: «y te extenderás al occidente, y al oriente», de acuerdo con la palabra: «Estoy seguro de que *Iesh* IHVH (יהו"ה) está en este lugar». A este respecto ha sido dicho: «para dar *Iesh* a los que me aman, y llenar sus tesoros» (*Proverbios* VIII-21).

, ואומר: ואתם חזקו ואל ירפו ידיכם כי יש שכר לפעולתכם (דבה"י, טו, ז). כי 'י"ש' הוא השכר להשפיע הברכה והטובה ולהכניס אתכם לעולם הבא בשביל מעלותיכם הטובות. וזהו סוד שלוש מאות ועשר עולמות שהן לפי גדולת עליון, אין כל בני אדם לנגדן כדאי ואף על פי כן מסר ה' יתברך חותמן ביד אברהם במידת א"ל, כי סוד אל הוא חותם י"ש עולמות, כמו שכבר ביארנו וכל אותן העולמות מלאים שפע וברכה שאין סוף וקץ לשיעורם.

Y ha sido dicho: «Esforzaos pues vosotros, y no descoyunten vuestras manos; porque *Iesh* recompensa vuestra obra» (2 *Crónicas* XV-7). Porque *Iesh* es la recompensa que concede la bendición, la bondad y el acceso al *Olam haBa*, a cambio de las buenas acciones. Y éste es el secreto de los trescientos diez mundos, conforme a la grandeza del altísimo; ningún hijo de Adán es digno de ellos, pero aún así el *Eterno*, bendito sea, los entregó en manos de Abraham a través de la *Middah El*, ya que el secreto de *El* está relacionado con los trescientos diez mundos, como hemos explicado. Todos estos mundos (93b) están llenos de *Shefa* y bendición, sin limitación y sin fin.

וכשנכנסים ליטול מאותם האוצרות של אלו העולמות, עומדים לקטרג י"ש כיתות של שומרי השערים העומדים בבית דין של גבורה כנגד י"ש עולמות, ולפיכך אמר: קרנים מידו לו ושם חביון עוזו (חבקוק ג, ד) כמה פעמים נמשכים כמה מיני שפע מאלו י"ש עולמות על ידי גדולה שהיא סוד אל, וכשמגיעים למידת הגבורה נדונים אם ראויים אותם מיני שפע לרדת למטה, ואם יצא מן הדין שאינם ראויים לרדת למטה נשארים שם באוצרות הגבורה הנקראים אוצרות צפון, ועל זה נאמר: מה רב טובך אשר צפנת ליראיך (תהלים לא, כ), ועל זה נאמר:

Y cuando alguien entra a tomar de esos tesoros de esos mundos, aparecen 310 acusadores, son los guardianes de la corte de *Guevurah*

93b

que equivalen a 310 mundos.[9] Y ha sido dicho: «Y su resplandor fue como la luz; cuernos le salían de su mano; y allí estaba escondida su fortaleza» (*Habacuc* III-4). Con frecuencia emanan muchos tipos de efluvios de los 310 mundos, a través del lado de *Guedulah*, el secreto de *El*. Cuando alcanzan la *Middah Guevurah*, descienden. Si después de este *Din* no se consideran aptos para el descenso, se guardan en los tesoros de *Guevurah*, denominados «Tesoros del Norte». A este respecto, ha sido dicho: «Cuán grande es tu bien, que has guardado para los que te temen» (*Salmos* XXXI-19). Y a propósito de esto, ha sido dicho:

להנחיל אוהבי יש ואוצרותיהם אמלא, וקצת המקובלים אומרים שהוא היש הצפון לצדיקים. ומה שאמר היש יהו"ה בקרבנו אם אין (שמות יז, ז), בכאן נרמזו שתי ספירות עליונות; כלומר, צריכים אנו לדעת באיזו ספירה מתנהג עמנו במדבר, אם בספירה ראשונה שכולה רחמים ואין בה דין כלל והיא ספירת אי"ן, או בספירה שיש בה תערובת דין והיא 'יש' ויש לה י"ש כיתות מערערים ומעכבים. ואם תאמר: למה נענשו, שהרי כהוגן שאלו? דע שאילו לא שאלו על ידי מס"ה ומריב"ה אלא על ידי נחת רוח היתה שאלתם הגונה, אבל שאלתם היתה באמצעות דברים קשים, ולפיכך פגע בהם הכלב השומר בראש המקטרגים והמערערים, כדאיתמר: ראשית גוים עמלק (במדבר כד, כ), שהרי 'דרך נחש עלי צור', ולמעלה מן העניין מה הוא אומר? הנני עומד לפניך שם על הצור בחורב (שמות יז, ו). ובמקום קשה נתאחזו, על ידי שאלת דבר קשה נכנסו לומר 'היש יהו"ה בקרבנו אם אין'.

«Para hacer heredar a mis amigos el ser, y que yo llene sus tesoros».[10] Los cabalistas dicen que esto se refiere al *Iesh* que está reservado para los *Tzaddikim*. Y a propósito de esto ha sido dicho: «¿*Iesh* IHVH (יהו"ה) entre nosotros o no? (*Éxodo* XVII-7). Nos referimos aquí a las

9. Véase fol. 76a.

10. Véase *Proverbios* (VIII-21).

93b

dos Sefirot superiores, en el sentido de que debemos entender qué sefirah guió a nuestro pueblo en el desierto. Si fue la primera sefirah, entonces todo es *Rajamim* y no hay *Din* en absoluto, y es la sefirah *Ein*. Si fue con una sefirah en la que había mezcla de *Din*, teniendo *Iesh*, 310 tipos de escuadrones avanzan y retroceden. Y si dijeras: ¿Por qué fueron castigados, si pidieron debidamente? Has de saber que si hubieran pedido de manera amable y amistosa y no de manera impetuosa y agresiva, su petición habría sido concedida. Su petición fue hecha con palabras duras, y por eso el perro[11] que guardaba la cabeza de los acusadores y fiscales, los atacó. Y ha sido dicho: «Amalek, cabeza de gentiles» (*Números* XXIV-20), «el rastro de la culebra sobre la peña» (*Proverbios* XXX-19). ¿Qué está escrito antes? «He aquí que yo estoy delante de ti allí sobre la peña en Horeb» (*Éxodo* XVII-6). Porque se apegaron a un lugar difícil, cuando hablaron con dureza: «¿Está *Iesh* IHVH (יהו"ה) entre nosotros, o no?».[12]

והנני רומז: לא נכנסו בדרך הנקרא אהבה אלא בדרך הנקרא צור, והיה הנחש שומר, שהוא עיקר הכלב, ולפיכך 'מסה ומריבה'. והנני מבאר יותר; רצו להעמיק בשאלה לדעת מה בין ספירת אי"ן לספירת י"ש על דרך עיקר י: ולפי ששאלו על ידי המקום שיש בו כמה מקטריגים, ונקראו 'מסה ומריבה', נענשו להתאחז בהן הנח"ש והכלב על ידי שור וחמור:

Y esto alude a que no entraron en el camino llamado *Ahavah* (amor) sino en el camino llamado *Tzur* (roca) y ahí se encontraba la serpiente, que es el principio del perro, estaba guardándolo; por lo tanto: *Massah* o *Meribah* (tristeza y pelea).[13] Permíteme que te lo aclare más. Querían escudriñar más profundamente para saber qué hay entre la sefirah de *Ein* y la sefirah de *Iesh* principalmente. Porque miraron en un lugar

11. Alusión a Amalek.
12. Véase *Éxodo* (XVII-7).
13. Véase *Éxodo* (XVII-7).

93b-94a

donde hay detractores, llamado *Massah* o *Meribah* fueron castigados como la serpiente y el perro por medio del toro y el asno.

ואחר שהודענוך אלה הכללים בעניין שתי הספירות הראשונות שהן אי"ן וי"ש, יש לנו להודיעך עיקר גדול והוא כי יעקב אבינו עליו הש־לום לפי שהוא קו האמצעי, אף על פי שהוא משתעבד עם אברהם ויצחק הנאחזים בין שרי האומות, סוף סוף יעקב עולה למעלה ונא־חז בספירת הכתר על ידי החכמה והבינה, וזהו: ופרצת ימה וקדמה וצפונה ונגבה (בראשית כח, יד), ואומר: והרכבתיך על במותי ארץ (ישעיהו נח, יד). ולפי שזכה יעקב להתאחז בראש הספירות למעלה, הנה אברהם נמצא לו ימין ויצחק שמאל ודוד, שהוא רגל רביעי, הוא סוף עשר ספירות והוא נאחז בקוצו של וא"ו התחתון שהוא נקרא יסוד.

Y después de haberte ilustrado respecto a estos principios que contienen las dos primeras Sefirot *Ein* y *Iesh*, debemos llamar tu atención sobre un gran principio. Y éste es que Jacob, nuestro patriarca, la paz sea con él, que es la línea media, aunque está conectado con Abraham e Isaac, retenidos por los Príncipes de las naciones (94a), Jacob puede, a pesar de todo, elevarse y aferrarse a la sefirah *Keter* por encima de *Jojmah* y *Binah*. Ha sido dicho: «y te extenderás al occidente, y al oriente, y al norte» (*Génesis* XXVIII-14). Y ha sido dicho: «y yo te haré subir sobre las alturas de la tierra» (*Isaías* LVIII-14). Como Jacob puede aferrarse a la parte superior de la sefirah superior, Abraham está en el lado derecho, Isaac está en el lado izquierdo, y David, que es el cuarto pie, está en la punta de la sefirah. Él agarra la punta inferior de la *Vav*, denominada *Iesod*.

והרי הן כפי כל המקובלים שתי יודין: יוד עליונה חכמה, יוד תחד־תונה:, יסוד. לפיכך: 'ישי אבי דוד' (רות ד, יז). יש שיעקב נאחז בו למעלה, גם דוד נאחז בו למטה. לפיכך: ישי אבי דוד, יוד למעלה, יוד למטה, שלושה אבות באמצע; שין של שלושה ראשין, הגדולה

94a

והגבורה והתפארת, נצח והוד יסוד. והמבין זה יבין מה שאמר בישי בפרק הרואה; והאיש בימי שאול זקן בא באנשים (שמואל, יז, יב), זה ישי שנכנס באוכלוסא ויוצא באוכלוסא. ואחר שהודענוך זה, התבונן מה שנאמר; רק באבותיך חשק ה' לאהבה אותם; האבות הם הם המרכבה, חשק, כדאיתמר; וחשוקיהם כסף (שמות כז, יא):, ויבחר בזרעם אחריהם (דברים י, טו), זה דוד, זרעם ממש, כדאיתמר: אור זרוע לצדיק (תהלים צז, יא), זרוע ממש, ויסוד הוא עיקר הזרע' והסימן:

Como sabes, según todos los cabalistas, hay dos *Iod*: la *Iod* superior de *Jojmah* y la *Iod* inferior de *Iesod*. Así: «*Ishai* (ישי)[14] es el padre de David» (*Ruth* IV-17). En *Iesh*, Jacob representa la *Iod* superior y David la *Iod* inferior, y las tres cabezas de la *Shin* representan los tres patriarcas del centro: *Guedulah*, *Guevurah*, *Tiferet* y *Netzaj*, *Hod*, *Iesod*. Quien entienda esto, comprenderá lo que está dicho a propósito de *Ishai* en el capítulo *haRoeh*,[15] «y era este hombre en el tiempo de Saúl, viejo, y de gran edad entre los hombres» (1 *Samuel* XVII-12). Este versículo alude a *Ishai* que «viene con una legión de hombres y se va con una legión de hombres». Ahora que te hemos enseñado esto, entiende lo que está dicho en: «Solamente de tus padres se agradó IHVH (יהו"ה) para amarlos» (*Deuteronomio* X-15). Los padres son la *Merkavah* y «se agradó» tiene el mismo significado que en: «y sus molduras, de plata» (*Éxodo* XXVII-11), «y escogió su simiente después de ellos» se refiere a David, la semilla verdadera, por lo que ha sido dicho: «Luz está sembrada para el justo» «(*Salmos* XCVII-11), la semilla verdadera. *Iesod* es la esencia de la semilla, y la señal es:

ויצא חוטר מגזע ישי ונצר משורשיו יפרה ונחה עליו רוח ה' רוח חכמה ובינה רוח עצה וגבורה רוח דעת ויראת ה' (ישעיהו יא, א),

14. Señalemos que esta palabra contiene dos letras *Iod*.

15. Véase Talmud, tratado de *Berajoth* (58a).

94a

כללים גדולים כלל הנה. ואחר שהודענוך אלו העיקרים הנכללים במילת יש, נכנוס בעזרת השם לשאר העניינים הנכללים בספירה זו:

«Y saldrá una vara del tronco de Ishai, y un renuevo retoñará de sus raíces. Y reposará sobre él el espíritu de IHVH (יהו"ה), espíritu de sabiduría y de inteligencia, espíritu de consejo, y de fortaleza, espíritu de conocimiento y de temor de IHVH (יהו"ה)» (*Isaías* XI-1). Aquí se incluyen todos los grandes principios. Y después de haberte informado de los principios incluidos en la palabra *Iesh*, nos adentraremos en los demás asuntos incluidos en esta sefirah, con la ayuda de Dios.

והספירה הזאת נקראת במקומות ידועים מכמה. וצריך אתה לדעת כי הספירה הזאת הנקראת חכמה היא סוד יוד של שם המיוחד, ומה שאמרנו שנקראת במקומות ידועים חכמה, לא בכל מקום. לפי שיש מקומות שהספירה העשירית, הנקראת מלכו"ת, נקראת לפעמים חכמ"ה גם היא, כדאיתמר: וי"י נתן חכמה לשלמה (מלכים, ה, ט). אבל חכמה עליונה, שהיא סוד יוד של שם, אפילו למשה רבינו עליו השלום נתעלמה, ואין כל בריה יכולה להיכנם בה, שהרי לא השיג כל שערי בינ"ה, והחכמ"ה לפנים מן הבינ"ה. ועל החכמ"ה הזאת, שהיא סוד יו"ד של שם, אמרו המקובלים: חכמ"ה ברא"ש; ועל החכמה האחרונה, שהיא סוד המלכו"ת, אמרו: חכמ"ה בסוף.

Has de saber que esta sefirah, denominada *Jojmah*, es el secreto de la *Iod* del nombre inefable. Hemos dicho que se llama *Jojmah* sólo en algunos lugares conocidos, pero no en todos. Porque en algunos lugares la décima sefirah, denominada *Maljut*, se llama también *Jojmah*, como ya hemos dicho: «Y *Elohim* dio *Jojmah* a Salomón» (1 *Reyes* V-9). Sin embargo, la *Jojmah* superior, que es el secreto del *Iod* del nombre, fue inaccesible incluso para *Moshe Rabbeinu*, la paz sea con él, ya que no logró pasar por las cincuenta puertas de *Binah*, y *Jojmah* está por encima de *Binah*. Y a propósito de *Jojmah*, que es el secreto de la *Iod* del nombre, los cabalistas dicen: «es el principio del *Jojmah*». Y a propósito de la *Jojmah* inferior, que es el secreto de *Maljut*, dicen: «Es el final del *Jojmah*».[16]

כלומר, אות ראשונה של שם שהיא אות יו"ד, ואות אחרונה שהיא אות ה"א, שתיהן מיוחדות בשם חכמה, ועל זה אמרו: חכמה בראש וחכמה בסוף. ולפי שהחכמה הראשונה היא סוד התפשטות המחשבה מן הכת"ר, אין לה שיעור וגבול אצל דבר מכל מה שאחריה, ועליה נאמר: והחכמה מאין תמצא (איוב כח, יב), מאי"ן שהיא סוד התפ־שטות המחשבה מן הכתר. 'אלהים הבין דרכה' אבל לא מקומה. והת־בונן כי 'אלהים הבין דרכה', בבינ"ה נכנסים להשיג החכמה העליונה; 'והו"א ידע את מקומה', והו"א סוד הכתר אשר ממנו נמשכת החכמה בוודאי הוא ידע את מקומה. וזו היא החכמה שהיא תחילת התפשטות המחשבה, ראש האצילות, ועליה נאמר: י"י בחכמ"ה יסד ארץ כונן שמים בתבונ"ה בדעתו תהומות נבקעו (משלי ג, יט כ), ואין אנו בפי־רוש אלו הפסוקים עכשיו. ומה שיש לך לדעת ולהתבונן, :

Es decir, la primera letra del nombre, es la *Iod*, y la última letra del nombre es la letra *He*, y ambas están unidas por el nombre de *Jojmah*. A este respecto ha sido dicho: «El principio de la sabiduría y el fin de la sabiduría». Y dado que la primera *Jojmah* es el secreto de la expansión del pensamiento de sefirah *Keter*, sin ninguna dimensión ni límite a todo lo que le sucede, ha sido dicho: «Mas ¿dónde (*MeEin*) se hallará la sabiduría?» (*Job* XXVIII-12). En efecto, gracias a *Ein*, que corresponde al secreto de la expansión del *Majshavah* (pensamiento) de *Keter*, *Elohim* da a conocer su camino, pero no su lugar. Y observa que *Elohim* da a conocer su camino a través de *Binah* para alcanzar la *Jojmah* suprema. Y «Dios entiende el camino de ella, y él sólo conoce su lugar».[17] Y ésta es *Jojmah* que es el comienzo de la expansión del *Majshavah* (pensamiento), el comienzo de la primera emanación, de la

16. Los cabalistas relacionan a la *Jojmah* superior y la *Jojmah* inferior con las dos letras *Iod* que podemos encontrar unidas por una letra *Vav* en la letra *Alef*.

17. Véase *Job* (XXVIII-23).

94a - 94b

que ha sido dicho: «IHVH (יהו"ה) con *Jojmah* fundó la tierra; afirmó los cielos con *Tevunah*, con su *Daat* se partieron los abismos» (*Proverbios* III-19 a 20). No comentaremos ahora este versículo. (94b) Lo que debes saber y entender es en cada lugar donde te encuentres con *Jojmah*, has de elucidar si corresponde a *Jojmah* de arriba o a *Jojmah* de abajo.

ודע כי זו היא החכמה שאינה נפרדת מן הבינ"ה עולמית לפי ששתיהן אדוקות בספירת הכתר שהיא עולם הרחמים, המקום שאין שם לא עצב ולא רוגז ולא פירוד אלא הוד והדר עוז וחדוה. ולפי ששתי אלו הספירות מתאחדות לעולם, חכמ"ה ובינ"ה, לפיכך שם י"ה אינו משתנה לעולם. ואם חס ושלום חוטאים ישראל וגורמים פירוד לחכמה אחרונה, מפרידים אותה מן הדעת, כדאיתמר; ונרגן מפריד אלוף (משלי טז, כח). לפיכך לפעמים נפרדת ה' אחרונה מן הוא"ו, וכשהיא נפרדת מן הוא"ו אז הוא"ו מתאספת למעלה ואינה נראית, מאחר שבת זוגו שהיא ה' אחרונה נפרדת ממנה, וזהו:

Y has de saber que esta *Jojmah* no está separada de *Binah*, pues ambas están unidas a la sefirah *Keter*, que es el mundo de *Rajamim*, en el que no hay tristeza, miseria ni división, sólo gloria, belleza y gracia. Como estas dos Sefirot, *Jojmah* y *Binah*, están eternamente unidas, el nombre *Iah* es eternamente inmutable. Pero si, Dios no lo quiera, Israel se equivoca y divide y causa la disolución de la *Jojmah* inferior, por la separación del *Daat*, como está escrito: «y el chismoso aparta los Príncipes» (*Proverbios* XVI-8), entonces la última *He* se separa de la *Vav*. En este caso la *Vav* se retira hacia arriba y deja de verse, porque le falta su pareja, la última *He*. Y éste es el significado de:

המסתיר פניו מבית יעקב (ישעיהו מ, יז) כיוון שגלתה שכינה שהיא ה', אז אות וא"ו אינה נראית אלא י"ה לבדו, המקום שאין שם פירוד, וזהו: כי מפני הרעה נאסף הצדיק (שם נז, א). כי בהסתלק וא"ו שהיא התפארת, נאסף הצדיק שהוא קוצו של וא"ו התחתון. ומה

94b

שאמרנו שחכמה ראשונה היא מיוחדת במקומות הרבה בתורה בפסוקים ידועים, אין כוונתנו שאותו הפסוק מייחד לדבר מה שגם חכמה אחרונה אינה נרמזת בה, שלפעמים הרבה ידבר הפסוק בחכ־מה ראשונה ויהיה רומז בחכמה אחרונה, כמו שאמר: י"י בחכמה יסד ארץ כונן שמים בתבונה. וכי איזו משתי ספירות הללו, יותר גדו־לה? אלא ודאי היא חכמה, ואם כן היאך בחכמה יסד ארץ, והשמים, שהם למעלה - בתבונה? אלא הדבר מדבר בחכמה ראשונה, ורומז בחכמה אחרונה. בחכמה יסד ארץ - סוד חכמה שהיא רחמים יותר מן הבינה, והוא צורך לבני אדם. אבל שמים, שאין שם זולתי יושר וטהרה, תיקנם במידה שהיא יותר דין מן החכמה. וכן 'י"י בחכמה יסד ארץ' מדבר בחכמה אחרונה, שהיא עיקר הארץ, 'כונן שמים בתבונה', היא סוד מידת הדין קצת כנגד שמים. הרי הדבר מדבר בחכמה ראשונה, ורומז בחכמה אחרונה. ואחר שמסרנו בידך אלו העיקרים הגדולים במילת חכמה, יש לנו להודיעך שאר הדברים הכ־לולים בספירה זו בעזרת השם:

«Esconde su rostro de la casa de Jacob» (*Isaías* VIII-17). Entonces la *Shekinah*, que es la *He*, es exiliada, y la *Vav* ya no es visible, sólo queda *Iah* en un lugar indivisible, y es: «delante de la aflicción es recogido el *Tzaddik*» (*Íbid.* LVII-1). Porque al quitar la *Vav*, que es *Tiferet*, se quita también el *Tzaddik*, que es la punta de la *Vav* inferior. Y ya dijimos que la primera *Jojmah* es especial en muchos lugares de la *Torah* en versículos conocidos. No queremos descartar la última *Jojmah*, pues en muchos casos el versículo se dirige a la primera *Jojmah* y es insinuado por la última *Jojmah*, como ha sido dicho: «IHVH (יהו"ה) con *Jojmah* fundó la Tierra; afirmó los cielos con *Tevunah*». Entonces, de las dos Sefirot, *Jojmah* y *Binah*, ¿cuál es la mayor? Es sin duda *Jojmah*, con la que fundó la Tierra», que es el más elevada. En ese caso, ¿cómo se fundó la Tierra con *Jojmah* y los cielos, que están sobre la Tierra, con *Binah*? Porque estamos hablando de la primera *Jojmah*, mientras que el versículo menciona a la última *Jojmah*. «Con *Jojmah* fundó la Tierra», éste es el secreto de *Jojmah* que contiene más *Rajamim* que *Binah* y es una necesidad para los hijos de Adán. Sin embargo, los cielos, donde no hay más que honestidad y pureza, fueron construidos por

94b

una *Middah* que contiene más *Din* que *Jojmah*. Y «IHVH (יהו"ה) con *Jojmah* fundó la Tierra» se refiere a la última *Jojmah*, que es la esencia-de la tierra. «Afirmó los cielos con *Tevunah*» es el secreto de la *Middah* de *Din*, un poco rebajado para los cielos. Así, habla de la primera *Jojmah* y alude a la última *Jojmah*. Habiéndote revelado estos grandes principios sobre el término *Jojmah*, debemos enseñarte otros conceptos incluidos en esta sefirah, con la ayuda de Dios.

וספירה זו נקראת למקובלים רצון. כלומר, אחר המשכת החפץ באצילות הספירות והתגלותם מכתר עליון, זהו המקום שאין כוח להתבונן בו כלל לפי שאין כל נברא למעלה ולמטה יכול לדעת כיצד דרך התפשטות החפץ באצילות הספירות. ומשה רבינו עליו השלום שאל: הודיעני נא את דרכיך (שמות לג, יג), והיתה התשובה: 'וקראתי בשם יהו"ה לפניך'. כלומר, יש דרך שהוא לפני ולפנים מהשגתך ואין לך דרך להיכנס בה, וזהו סוד 'וקראתי בשם יהו"ה לפניך', ולפיכך אומר: וחנותי את אשר אחון ורחמתי את אשר ארחם (שם, יט), שאין דרך ועניין לכל נברא להתבונן בהתפשטות הרצון לא מעט ולא הרבה, ולפיכך נקרא רצון באין גבול. וכמו שאין אנו משיגים דרך הספירה הראשונה, לפי שאין קץ וסוף לה, כך הרצון הדבק בה אין לו גבול. ובמידת הרצון מרחם הקב"ה על הדבקים במידת היראה, כלומר מראש החפץ והמחשבה, אשרי הזוכה לכך. ועל זה באמר: רוצה י"י את יראיו (תהלים קמז, יא).

Esta sefirah es llamada *Ratzon* por los cabalistas. Es decir, más allá de la emanación de las Sefirot y la revelación del *Keter* supremo, hay un lugar que ninguna criatura de arriba o de abajo tiene el poder de aprehender. Nadie puede percibir la forma de expansión de las Sefirot. *Moshe Rabbeinu*, la paz sea con él, dijo: «ruégote que me muestres ahora tu camino» (*Éxodo* XXXIII-13), y la respuesta fue: «y proclamaré el nombre de IHVH (יהו"ה) ante ti».[18] Es decir, hay un camino

18. Véase *Éxodo* (XIII-19).

antes y más allá de tu percepción y no tienes forma de entrar en él, pues éste es el secreto de «y proclamaré el nombre de IHVH (יהו"ה) ante ti». Y por eso ha sido dicho: «y tendré misericordia del que tendré misericordia, y seré clemente para con el que seré clemente» (*Íbid.* 19). No hay forma ni manera de que todas las criaturas comprendan la expansión del *Ratzon*, ni siquiera un poco o mucho. Por eso se le llama *Ratzon* ilimitado y como no lo podemos comprender la primera sefirah, no tiene límite ni fin. Es a través de la *Middah Ratzon* de la misericordia, que el Santo, bendito sea, se une a la *Middah Irah* (miedo), es decir, la fuente del deseo y del pensamiento. Bienaventurado es el que merece (comprender) esto, de quien ha sido dicho: «IHVH (יהו"ה) ama a los que le temen» (*Salmos* CXLVII-11).

ואומר:רצון יראיו יעשה וגו' (שם קמה, יט): ועתה צריכים אנו להודיעך סוד שני מקראות שקבעו חכמים, אחד בראש התפילה והוא 'אדני שפתי תפתח', והשני בסוף, 'יהיו לרצון אמרי פי'. וצריך אתה לדעת כי הראשון, הקבוע בראש התפילה, הוא השער שבו נכנסים בני עולם לבקש רחמים לפני י"י יתברך, וזהו 'אדני שפתי תפתח', ועל זה נאמר: פתחו לי שערי צדק אבא בם אודה יה (שם קיח, יט).

(95a) Y ha sido dicho: «Cumplirá el deseo (*Ratzon*) de los que le temen» (Salmos CXLV-19). Ahora debemos informarte del secreto de dos lecturas determinadas por los sabios. La primera, al principio de la oración «*Adonai*, abre mis labios», y la segunda, al final: «las palabras de mi boca son para *Ratzon*». Has de saber que la primera, siempre al principio de la oración, es la puerta por la que los hijos del mundo entran a pedir *Rajamim* ante IHVH (יהו"ה), bendito sea. Es «*Adonai* abre mis labios», por lo que se dice dicho: «¡Abridme las puertas de la justicia, entraré, daré gracias a IHVH (יהו"ה)!» (*Íbid.* CXVIII-19).

וסוף התפילה ההגונה שהיא מתגברת ועולה מספירה לספירה עד שמגעת עד הרצון שהוא דבוק בכתר, ולפיכך אמר בסוף 'יהיו לרצון

95a

אמרי פי'. וכשהתפילה מגעת למקום הרצון אז כל השערים למעלה ולמטה נפתחים לפניו ואין שם מעכב ומונע על בקשתו, שהרי בעו־לם הרחמים הוא; ואז יפיק כל צרכיו ושאלותיו ואין דבר עומד לפניו, שהרי ממקום הרצון הוא שואב, ויכול לחדש אותות ומופתים חדשים כאילו באותה שעה נברא העולם ואין דבר עומד לפניו. וזה שנאמר: בני חיי ומזוני לא בזכותא תליא מילתא אלא במזלא תליא מילתא, לפי שהכול תלוי בעולם הרחמים שהוא המקור, במקום הנקרא מזל.

Al final de la oración correspondiente, se eleva de sefirah en sefirah, para llegar al *Ratzon*, que está unido a *Keter*. Por eso se termina diciendo: «Las palabras de mi boca son para *Ratzon*». Cuando la oración llega al lugar del *Ratzon*, entonces todas las puertas de arriba y de abajo se abren ante ella, sin que nada se interponga o dificulte su petición; estando en el mundo de *Rajamim*, todas sus necesidades y peticiones serán atendidas, nada se interpondrá en el camino, pues es del lugar de *Ratzon*. Los signos pueden ser renovados y el mundo recreado, pues nada puede interponerse en el camino. Por eso se ha dicho: «Hijos, la vida y el sustento, dependen del *Mazal* y no del mérito».[19] Porque depende enteramente del mundo de *Rajamim*, cuya fuente está en un lugar denominado *Mazal*.

ואם תתבונן בעניין זה תבין סוד חנה, עד איזה מקום עלתה תפיל־תה כשאמרה: ותדר נדר ותאמר יהו"ה צבאות אם ראה תראה בעני אמתך (שמואל, א, יא). וכן תבין מכאן סוד תפילות כל הצדיקים שהתפללו והפיקו כל צרכיהם בדרך נסים ונפלאות, הוא שנכנסו בת־פילתם עד עולם הרחמים שהוא המקום אשר משם נתחדש העולם. וכמו שנתחדש העולם וכל ברואיו מאותו המקום, כך הצדיקים המת־כוונים בתפילתם לאותו המקום יכולים לחדש בעולם אותות ומופתים ולשנות מנהגו של עולם. וזהו מקום הביטחון הגמור, וזהו סוד הרצון, כי המגיע למקום הרצון הרי הכול בידו לעשות כפי רצונו וחפצו, כמו

19. Véase *Tikkunei haZohar* (127a).

95a

שאמר 'רצון יריאיו יעשה ואת שועתם ישמע ויושיעם'. והמבין זה יוכל להתבונן כל מקום שנאמר בתורה אותות ומופתים וגאולות ותשועות ושינוי מנהגו של עולם. ולפיכך קבעו בסוף התפילה 'יהיו לרצון אמרי', והוא סוד שאנו מתפללים 'יהיו לרצון', כלומר שיתחדש הדבר שאנו מתפללים עליו ממקור הרצון והמחשבה, כמו שנתחדש העולם מאותו המקור. והמבין זה, עליו נאמר; וטהר ידים יוסיף אומץ (איוב יז, ט).

Si entiendes este asunto, podrás comprender el secreto de Hannah cuya oración se elevó, cuando se dice: «e hizo voto, diciendo: IHVH (יהו"ה) *Tzevaoth*, si te dignares mirar la aflicción de tu sierva» (1 *Samuel* I-11). Y a partir de esto entenderás el secreto de los *Tzaddikim*, que fueron respondidos con milagros y maravillas. A través de sus oraciones entraron en el mundo de *Rajamim*, que es el lugar desde donde el mundo será renovado. Y así como el mundo y todas sus criaturas se renovarán desde ese lugar, así los justos que dirigen sus oraciones a este lugar pueden renovar los signos y milagros en el mundo, cambiando así el curso del mundo. Es un lugar de total seguridad, y éste es el secreto de *Ratzon*. Porque quien llega al lugar de *Ratzon*, puede ver cumplida su voluntad y deseo, pues ha sido dicho: «Cumplirá el *Ratzon* de los que le temen; y su clamor oirá, y los salvará».[20]Aquel que entienda esto también podrá entender los pasajes de la *Torah* que hablan de signos, maravillas, redención, salvación y cambios en la conducción del mundo. De acuerdo con el final de la oración: «Hágase mi voluntad (*Ratzon*)». Y éste es el secreto de por qué rezamos «sea tu voluntad (*Ratzon*)», es decir, que devuelve el objeto de nuestras oraciones a la fuente del *Ratzon* y del pensamiento, del mismo modo que el mundo es renovado por la misma fuente. A propósito del que entiende esto ha sido dicho: «el limpio de manos aumentará la fuerza» (*Job* XVII-9).

20. Véase *Salmos* (CXLV-19).

95a

ודע כי כל הניסים והנפלאות שנעשו בזמן הנביאים או התנאים והאמוראים, כולם היו אפשריים כשהיו מגיעים בתפילתם עד מקור הרצון. ואותם חכמי הדורות שעברו שהיו חוששים לשינוי הרצון, אם היו יודעים מהו המקור הנקרא רצון לא היו חוששים לשינוי רצון, לפי שהיודע מהו רצון יודע שאין בו שינוי. אבל כל הזוכה להגיע תפילתו עד המקור הזה יכול להפיק צרכיו מאין גבול, וזהו: ויפק רצון מי"י (משלי ח, לה), כלומר ממציא וממשיך חפצו ממקור הרצון מאין סוף. והמבין זה לא יקשה בעיניו שינוי הטבע וחידוש אותות ומופתים בעולם; משל כשיש בחדר כל מינים שבעולם, כל מי שזוכה להיות המפתח בידו מפיק ממנו צרכיו, ומה שינוי רצון יש בזה? והספירה הזאת נקראת עומק, כלומר עומק מחשבה.

Y has de saber que todos los milagros y maravillas realizados durante la época de los profetas o durante el periodo de los tanaítas, fueron posibles porque sus oraciones pudieron llegar a la fuente del *Ratzon*. Estos sabios de las generaciones pasadas tenían miedo de cambiar el *Ratzon*, sabían que la naturaleza del *Ratzon* no podía ser cambiada. Pero aquel cuya oración alcanza la fuente del *Ratzon*, puede cambiarlo sin límites en todas sus necesidades, es decir: «Y alcanza el *Ratzon* de IHVH (יהו"ה)» (*Proverbios* VIII-35). Es decir, encontrará y obtendrá sus deseos de la fuente del *Ratzon* del *Ein Sof.* Aquel que entienda esto no se sorprenderá de los cambios en la naturaleza de los signos y maravillas en el mundo. Una parábola: si hubiera una habitación que encerrara todas las cosas, aquel que posee la llave podría hacer lo que quisiera en esa habitación. Por lo tanto, ¿cómo podría la naturaleza del cambio de *Ratzon*? Esta sefirah se llama *Omek* (profundidad), es decir, la profundidad del *Majshavah* (pensamiento).

ואל תטעה שתחשוב כי דבר עומק במקום זה הוא דבר שפל ונמוך, כי הכוונה בלשון עומק הוא מופלא ורחוק להשיגו, כמו שנאמר: רחוק מה שהיה ועמוק עמוק מי ימצאנו (קהלת ז, כד) וזהו סוד ממעמקים קראתיך י"י (תהלים קל, א), כלומר, מעומק המחשבה שהוא הרצון באין סוף וגבול. ועל דרך זה נאמר בספר יצירה 'עומ"ק

95a-95b

רום עומ"ק תחת' הרי גילה כי לשון עומק הוא בדבר שאין לו סוף וגבול ואינו לשון שפל לבד, אלא כי כל דבר שהוא גבוה ונאמר בו לשון עומק, הוא לשון מסייעו לגבהו ואומר שהוא גובה בלא שיעור לרוב גבהו; וכן כשאמר בעניין שהוא למטה, מסייעו לומר שהוא יורד למטה הרבה. סוף דבר: לשון עומק בכל מקום שתמצאנו הוא מסייעו ללשון שהוא מוצא שנאמר עליו, אם למעלה, למעלה, אם למטה, למטה, אם לצדדים - לצדדים. ועל זה נאמר בספר יצירה: עומק רום עומק תחת, עומק מזרח עומק מערב'. ואם כן התבונן מה שאמר 'ממעמקים קראתיך י"י', כלומר מעומק הרצון, שהיא אות ראשונה של שם והיא הנקראת אות המחשבה, כמו שאנו עתידין לבאר בעז־רת השם. ולפיכך אמר; מאד עמקו מחשבותיך (תהלים צב, ו), אמר לשון 'עומק' במחשבה. והמבין זה יבין מה שאמר: מגלה עמוקות מני חשך (איוב יב, כב), ואמר: הוא גלא עמיקת"א ומסתרתא (דניאל ב, כב)

Y no cometas el error de pensar que la palabra *Omek* aquí es algo hundido y bajo, pues la intención de la palabra *Omek* es maravillosa y está muy lejos de ser alcanzable. Como ha sido dicho: «lejos está lo que fue; y lo muy profundo (*Omek*) ¿quién lo hallará?» (*Eclesiastés* VII-24). Y éste es el secreto de: «De lo profundo te llamo, IHVH (יהו"ה)» (*Salmos* CXXX-1). Esto se relaciona con la profundidad del *Majshavah* (pensamiento), que es el *Ratzon* en el *Ein Sof* (95b). En este sentido, se dice en el *Sefer Yetzirah*:[21] «profundidad de arriba, profundidad de abajo», para indicar que el término *Omek* representa algo sin fin o límite, y no es una mera expresión. Una cosa elevada se expresa con la palabra *Omek*, para indicar que su dimensión no tiene límite. Es como cuando hablamos de una cosa baja, que desciende muy profundo. Sin duda, cuando *Omek* se aplica a una altura, se supone que aumenta su tamaño, y si se refiere a una anchura, entonces lo aumenta lateralmente. Por eso se dice en el *Sefer Yetzirah*: «*Omek* desde arriba, *Omek* desde abajo, *Omek* desde el este, *Omek* desde el oeste». Esto es lo que

21. Véase *Sefer Yetzirah* (1:5)

95b

se entiende por las palabras: «De lo profundo te llamo, IHVH (יהו"ה)», es decir, desde la profundidad del *Ratzon*, que es la primera letra del nombre y se llama la «letra del *Majshavah* (pensamiento)». Lo explicaremos más adelante, con la ayuda de Dios. Así, está escrito: «Tus pensamientos son muy profundos (*Omek*)» (*Salmos* XCII-6). El término *Omek* se asocia con *Majshavah* (pensamiento). Aquel que lo perciba comprenderá también el significado de las palabras: «descubre las profundidades de las tinieblas» (*Job* XII-22), y de «Él revela lo profundo (*Amikatah*) y lo escondido» (*Daniel* II-22).

והספירה הזאת נקראת מחשבה, כלומר נקודה מחשבית שהוא סוד התחלת התפשטות החפץ באצילות הבריאה וההמשכה, וזו היא יו"ד ראשונה של שם, שהיא יו"ד, נקודה מחשבית פנימית סתומה בכתר עליון כלולה באין סוף, לפי שמן הנקודה הזאת ולמעלה הוא עולם הרחמים הגמורים שאין לו סוף וקץ וגבול ושיעור, והיא מתפשטת בסוד רוחבם ועומקם בדיבוק הכתר ועליה נאמר 'מאד עמקו מחשבותיך', ואומר מחשבותיך לשון רבים, הם סוד ל"ב נתיבות המחשבה ואין מי שיוכל להתבונן בהם לפי שנקראים עומק רום, כלומר מתפשטים מן הכתר שהוא רום עליון. ואין מי שיוכל להתבונן בהם זולתי כמי ששואב מים בדלי מבאר עמוק שאין לו סוף, והדולה אינו נכנס בעצמו בבאר לדלות אלא בדלי שואב מים מן הבאר; כך אין כל בריה יכולה להתבונן בסוד עומק המחשבה אלא על ידי הבינה שהיא בדמיון הדלי שהיא נכנסת לשאוב מעומק באר המחשבה, והדולה עומד מחוץ, וסימן:

Esta sefirah se llama *Majshavah* (pensamiento), es decir, el punto del pensamiento, el secreto del comienzo de la expansión del objeto, a través de la emanación de la creación y la efusión. Ésta es la *Iod Rishonah* del nombre,[22] el punto *Iod* del pensamiento oculto dentro de *Keter Elion*, contenido en el *Ein Sof*. Este punto está por encima, es el mun-

22. La *Iod por la que comienza IHVH.*

do de la *Rajamim* Absoluta, ilimitado, sin fin y sin dimensiones. Florece lateral y profundamente, adhiriéndose a *Keter*. Así, ha sido dicho: «Tus pensamientos son muy profundos (*Omek*)». El término *Majashvoteija* (tus pensamientos) se escribe en plural, porque éste es el secreto de los 32 caminos de *Majshavah* (pensamiento), que nadie puede contemplar, porque se llaman *Omek Ram*, es decir, la expansión de *Keter*, que es la elevación (*Ram*) suprema. Y no hay nadie que pueda observarlas, es como alguien que saca agua del pozo cuya profundidad es infinita. Por lo tanto, ninguna criatura puede penetrar en el secreto de *Omek Majshavah*, excepto *Binah*, que es comparable a un cubo que permite extraer de las profundidades del pozo de *Majshavah* (pensamiento), mientras que el que extrae permanece fuera. Y ésta es la señal:

מים עמוקים עצה בלב איש ואיש תבונה ידלנה (משלי כ, ה), שאין דרך לדלות מים מעומק המחשבה אלא על ידי תבונ"ה. והמבין זה יתבונן מה שאמרנו למעלה, שלא נכנס אדם לעולם לפנים מן הבינ"ה ואפילו מרע"ה, ואם השיג כלום בב' הספירות העליונות, חוצה להם עמד ושאב מהן על ידי ספירת בינ"ה. ומה שאמר רחוק מה שהיה ועמוק עמוק מי ימצאנו, מילת 'מ"י, ביארנו בשערים הקודמים, 'עמוק עמוק' הן ב' ספירות עליונות, הכתר והמחשבה שהיא דביקה בו, לפי שאין סוף וקץ וגבול ושיעור לעולם הרחמים, ואם ישיג המשיג בהם דבר - לא ימצאנו אלא על ידי הספירה הנקראת מ"י שהיא הבינה, וזהו 'עמוק עמוק מ"י ימצאנו' ולשון 'מ"י' הנני רומז: מבטן מ"י יצא הקרח (איוב לח, כט) הקרמ, סוד ה' אחרונה דאקרישו מימוי; מ"י נתן לשאלתא, עד כאן שאלתא, מכאן ואילך כנותן אצבע בעין.

«Como aguas profundas es el consejo en el corazón del hombre; mas el hombre inteligente lo alcanzará a sacar» (*Proverbios* XX-5). Porque no hay manera de sacar agua del *Omek Majshavah*, excepto a través de *Tevunah*. Aquel que entienda esto, entenderá lo que hemos dicho antes. Ningún hombre entra en el mundo si no es por *Binah*, incluso *Moshe Rabbeinu*, la paz sea con él. Para percibir las dos Sefirot superiores, siempre se quedaba fuera y dibujaba con la sefirah *Binah*. Y lo que dijo: «Lejos está lo que fue; y lo muy profundo ¿quién lo hallará?» (*Eclesiastés* VII-24), hemos explicado el término *Mi* (quien) en las Puertas anteriores. «*Omek*, *Omek*», representan las dos Sefirot superiores, *Keter* y *Majshavah*, que están conectadas en él. No hay fin, ni límite, ni extremo, ni dimensión en el mundo de *Rajamim*. Si uno quiere percibir algo, sólo puede hacerlo a través de la sefirah denominada *Mi*, que es *Binah*. Y éste es el significado de «*Omek*, *Omek*», *Mi* lo descubrirá. La palabra *Mi* es aludida en: «del vientre de *Mi* ha salido el hielo» (*Job* XXXVIII-29). El hielo es el secreto de la última *He*, donde se reúnen las aguas. No se permite penetrar más allá de este punto, ya que sería como meter un dedo en el ojo.

מי מלל גבורות י"י (תהלים קו, ב), מ"י ברא אלה (ישעיהו מ, כו) למן היום אשר ברא אלהים אדם על הארץ אתה שואל; את מ"י נועץ ויבינהו (שם מ, יד). וסימן: אז ישיר משה ובני ישראל (שמות טו, א), נכון כסאך מא"ז (תהלים צג, ב) והנני רומז: אחת ואחת, אחת ושתיים, אחת ושלוש, אחת וארבע, אחת וחמש, אחת ושש, אחת ושבע, יצא והניחו על כן הזהב. כי יום כיפורים הוא, הוא יום כיפורים ממש, א"ז מלמעלה למטה וא"ז מלמטה למעלה. ובהזאת יום הכי־פורים לא היה מתכוון להזות לא למעלה ולא למטה אלא כמצליף. ושלמה צווח ואמר ביום שנקבעה שכינה בדיבור ונקבעת במקומה למטה, אז אמר שלמה י"י אמר לשכון בערפל בנה בניתי בית זבול לך (מלכים, ח, יב), וסימן: כרחל וכלאה אשר בנו שתיהם את בית יש־ראל (רות ד, יא). רחל ולאה, שמטה ויובל, ה"א עילאה וה"א תתאה:

«*Mi* dirá las *Guevuroth* de IHVH (יהו"ה)» (*Salmos* CVI-2). «*Mi* ha creado esto» (*Isaías* XL-26). Pregúntate sobre el día en que *Elohim* creó a Adán en la Tierra: «Consulté a *Mi* y él entendió (*Íbid.* XL-14). (96a) Y la señal es: «entonces cantó Moisés y los hijos de Israel» (*Éxodo* XV-1), y «Tu reino está establecido desde entonces (*Az*) (*Salmos* XCIII-2). Esto es una alusión a: «Uno y uno, uno y dos, uno y tres, uno y cuatro, uno y cinco, uno y seis, uno y siete. Después salía y colocaba el pedestal de oro para él es *Iom Kippurim*, que es verdaderamente el día del perdón

(*Iom Kippurim*). *Az* de arriba a abajo y *Az* de abajo a arriba. En *Iom Kippurim*, uno no debe mirar hacia arriba o hacia abajo, sino como si estuviera fustigando.[23] Salomón lloró y dijo esto el día en que la *Shekinah* se fue a un lugar más bajo. Entonces Salomón dijo: «*El Eterno* ha dicho que él habitaría en la oscuridad. Yo he edificado casa por morada para ti» (1 *Reyes* VIII-12 y 13). Y la señal es «como a Raquel y a Leah, las cuales edificaron la casa de Israel» (*Ruth* IV-11). Raquel y Leah representan la *Shemitah* y el *Iobel*, la *He* superior y la *He* inferior.

וצריכין אנו לעוררך על אשר אמרו רבותינו 'עלה במחשבה' כלומר מי, (בינה) הוא שימצא את העמוק עמוק (חכמה וכתר). ולא אמרו ירד. דע כי סוד מה שאמר עלה במחשבה כלומר שהמחשבה העליונה, הנקראת רצון באין גבול והיא ספירה שנייה, אינה מתנודדת לצאת חוץ לעולם הבינ"ה, אלא המחשבה הזאת מתבודדת והיא נאחזת בכת"ר עליון תמיד.

Y necesitamos recordarte lo que dijeron nuestros rabinos, «elevarse por *Majshavah*», es decir que *Mi* (*Binah*) está en «*Omek Omek*» (*Jojmah* y *Keter*) y no abajo. Has de saber que el secreto de «elevarse por *Majshavah*», es decir, en el pensamiento, se llama *Ratzon* sin límite, es la segunda sefirah. No duda de salir del mundo de *Binah*. Sin embargo, esta *Majshavah* está, por así decirlo, constantemente unida a *Keter Elion*.

ואם יצטרך המצטרך להפיק בה דבר, עולה אליה על ידי הבינ"ה הנכנסת להפיק ממנה, אבל אין המחשבה יורדת למטה. וכל הדברים וכל הנבראים שנבראו בעולם הם כפי שעלו במחשבה ", כמו שאומר בתלמוד 'כך עלה במחשבה'. ולפעמים שספירת מלכות מתרוממת ומתעלית עד שתעלה עד הבינה ונמצאת דביקה במחשבה, וגם כן

23. Véase Talmud, tratado de *Iomah* (52b).

96a

אומרים עליה 'כך עלה במחשבה'. אבל לצפיית המרכבה אומרים לשון ירידה כמה דאת אמר: ירד למרכבה. ולשון ירד, כי הצופה במרכבה נכנס למעלה רום עד מקום האור שממנו מקבל שפע הצפייה, וחוזר ויורד וצופה במרכבה. ודברים אלו עמוקים עד מאוד, ואם תזכה עדיין בעזרת השם תשיג בהם עיקרים גדולים. סוף דבר: לעולם אין המחשבה מתפרדת מן הכתר' והסוד, כי אות אחת כוללת שתיהן, היו"ד וקוצה, והבן זה עד מאוד. ואם זוכה הזוכה לעלות, עולה על ידי הבינה. וסוף דבר: עלה במחשבה ולא עלה על המחשבה, כי כל הדברים שנבראו בעולם עלו במחשבה ולא עלו על המחשבה, לפי שאין מי שיוכל להיכנס בה זולתי 'מ"י':

Si uno necesita producir algo que depende de ella, debe acceder a ella a través de *Binah*, que entonces puede recibir de *Jojmah*, porque la *Majshavah* nunca desciende. Pues todos los seres y criaturas creados en el mundo fueron creados de acuerdo con la *Majshavah*, porque se dice en el Talmud: «elevarse por *Majshavah*».[24] A veces la sefirah *Maljut* se exalta y se eleva, llegando hasta *Binah*, conectando así con la *Majshavah*. En este caso, se dice al respecto: «elevarse por *Majshavah*». Sin embargo, cuando hablamos de la contemplación de la *Merkavah*, el verbo que se utiliza es descender, porque decimos: «Descender a la *Merkavah*». El verbo «descender» se utiliza porque el que contempla la *Merkavah* entra en un lugar elevado de luz y recibe el influjo de la contemplación, que vuelve y desciende y así contempla la *Merkavah*. Estas cosas son muy profundas, si eres digno, y con la ayuda de Dios, podrás entender sus principios esenciales. Por último, la *Majshavah* nunca se separa de *Keter*. El secreto está en la letra *Iod* que contiene a la letra y la parte superior de la misma. Entiende bien esto. El que merece ascender, lo hará a través de *Binah*. Por último, hay que «elevarse por *Majshavah*» y no elevarse por encima de la *Majshavah*. Por lo tanto, nadie es capaz de hacerlo excepto *Mi*.

---

24. Véase Talmud, tratado de *Berajoth* (61a).

ועתה הט אוזנך ושמע מה שאפשר לך לשמוע בדבר זה: כל מקום שנאמר בו עלה במחשבה הוא לשון שתוק כי השערים ננעלו לפניך בדבר זה, שהרי סתום וחתום בחדר העליון שאין כל בריה יכולה לי־כנס בה, והוא חדר המחשבה העמוקה הנקראת רצון באין גבול, לכן בלום פיך מלדבר. וזהו שאמר בעניין רבי עקיבא, בעניין מראית משה רבינו עליו השלום כשראה שהיו סורקין את בשרו ואמר: זו תורה וזו שכרה. אמר לו: שתוק שכך עלה במחשבה כלומר, שאלתך אינה במקום שתוכל להשיג בה דבר, אלא שתוק. ומה טעם? שהרי כך עלה במחשבה. הרי היא במקום שאינך יכול לעלות לה, וגם היא אין דרכה לרדת ממקומה ולצאת ולהגיע אליך, לפי שהיא דביקה בעולם הרחמים בכתר עליון, ואם כן, שתוק.

Y ahora inclina tu oído y escucha lo que puedas escuchar sobre este asunto. En cualquier lugar en el que se menciona la expresión (96b) «elevarse por *Majshavah*» guarda silencio porque las puertas se han cerrado frente a ti en este asunto. Están selladas en la cámara superior donde ninguna criatura penetra jamás; ésta es la cámara de la *Majshavah* profunda, llamada *Ratzon* sin límite; aquí, cierra la boca y calla. Esto es lo que se relata sa propósito de Rabbí Akiva, cuando *Moshe Rabbeinu*, lo miró, y vio que lo desollaban con peines de hierro brillantes, dijo: «¡Él era la *Torah* y ésta es su recompensa! Dios le dijo: «¡Calla!». Y así se elevó por «*Majshavah*».[25] Esto significa que la pregunta se hizo en un lugar donde no es posible entender, y que uno debe permanecer en silencio. ¿Por qué? Porque fue criado allí por la *Majshavah*. Es un lugar donde no puedes acercarte a ella, y tampoco tiene forma de bajar de su lugar y salir a buscarte, porque está apegado al mundo de *Rajamim* en *Keter Elion*. Por eso, «cállate».

עתה מסרנו בידך כלל גדול לכל מקום שתמצא 'כך עלה במחשבה', כי הדברים סתומים ואין כל בריה יכולה להתבונן בהם לפי שהמחש־

25. Véase Talmud, tratado de *Menajoth* (29b).

96b

בה אין בה צפייה כלל. ולפי שאין דרך להיכנס אליה ואין לה תכלית וסוף, ואם כן היאך יכול מי שיש לו גבול לשער דבר שאין לו גבול? על כיוצא בזה נאמר: מאד עמקו מחשבותיך (תהלים צב, ו). ובדבר זה נאחז עניין רשע וטוב לו צדיק ורע לו, ישתבח בעל הרצון אשר לא יושג תכלית כוונתו וחכמתו, וכמו שאמרנו בעניין רבי עקיבא:

Y ahora que te hemos confiado una regla importante, podrás aplicarla en todo lugar donde encuentres la expresión «elevarse por *Majshavah*». Porque estas cosas son ocultas y ninguna criatura puede entenderlas, porque la *Majshavah* no se puede entender ni hay camino que conduzca hasta ella. Pero si es inaccesible, ilimitada e interminable, ¿cómo puede concebirla un ser finito? A este respecto, ha sido dicho: «Muy profundos son tus pensamientos» (*Salmos* XCII-6). De este modo, se podrían explicar las razones por las que a veces los *Tzaddikim* se enfrentan a dificultades y a veces los malvados viven una vida tranquila. Bendito sea el que es dueño del *Ratzon*, cuya intención o sabiduría nadie entiende, como dijimos en el asunto de Rabbí Akiva.

שתוק, כך עלה במחשבה. וסימן הדבר בזה המזמור: מה גדלו מעשיך ה' מאד עמקו מחשבותיך, איש בער לא ידע וגו' בפרוח רשעים וגו' (שם) ומה טעם? ואתה מרום לעולם י"י (שם). כלומר, ברום המחשבה דבר זה ואין מי שיוכל להגיע לדבה, שהרי כך עלה במחשבה. ואף על פי שאין כוח באדם להשיג בדבר צפיית המחשבה, הצדיקים יש להם קבלה לשמע אוזן. לפיכך אמר: בקמים עלי מרעים תשמענה אזני, צדיק כתמר יפרח (שם) הרי הכול מבואר ברמזים.

«¡Silencio!» y así ascendió a través de la *Majshavah*. Y la señal de esta palabra es: «¡Cuán grandes son tus obras, oh IHVH (יהו"ה)! Muy profundos *son* tus pensamientos. El hombre necio no sabe, y el loco no entiende esto: florezcan los impíos como la hierba, y reverdezcan todos los que obran iniquidad» (*Íbid.* XCII-5 a 7). Pero, ¿qué significa decir: «Mas tú, IHVH (יהו"ה), para siempre eres Altísimo» (*Íbid.* XCII-8)? Significa que está en las alturas de la *Majshavah* y que nadie puede

96b

alcanzarlo, porque «es elevarlo por *Majshavah* «. Y aunque ningún humano tiene la fuerza para percibir la *Majshavah*, los *Tzaddikim* tienen la capacidad de escucharla, por lo que ha sido dicho: «oyeron mis oídos mi deseo de los que se levantaron contra mí». «El justo florecerá como la palma» (*Íbid.*). Sin embargo, todo esto es alegórico.

וזהו מה ששאל משה רבינו עליו השלום להשיג הדבר בצפיית המחשבה ונעלם ממנו, והיתה התשובה אליו: וחנותי את אשר אחון ורחמתי את אשר ארחם (שמות לג, יט). ואין דבר זה ידוע לשום נברא, ואל זה רמז הכתוב: רבות עשית אתה י"י אלהי נפלאותיך ומחשבותיך אלינו אין ערוך אליך אגידה ואדברה עצמו מספר (תהלים מ, ו). ובכל מקום שאתה מוצא לשון נפלאות הוא דבר מכוסה מן הבריות ואין ידוע לזולתו יתברך, ועל זה כתיב: לעושה נפלאות גדולות לבדו (שם קלו, ד), בוודאי. ועל זה כתיב: נפלאות ממני ולא אדע (איוב מב, ג);

Cuando *Moshe Rabbeinu*, pidió contemplar la *Majshavah*, se le ocultó, y respondió: «y tendré misericordia del que tendré misericordia, y seré clemente para con el que seré clemente» (*Éxodo* XXXIII-19). Y este asunto no es conocido por ninguna criatura, pues está escrito de forma alusiva: «Aumentado has tú, oh *Eterno* Dios mío, tus maravillas; y tus pensamientos para con nosotros, no te los podremos contar, anunciar, ni hablar; no pueden ser narrados. (*Salmos* XL-6). Siempre que se utiliza el término «maravillas», se refiere a algo oculto a las criaturas y conocido sólo por el bendito. A este respecto, ha sido escrito: «Al único que hace grandes maravillas» (*Salmos* CXXXVI-4), ciertamente. Y: «cosas maravillosas, que no las sabía» (*Job* XLII-3).

והמלאך אמר למנוח:למה זה תשאל לשמי והוא פלאי (שופטים יג, יח), כלומר אין לי שם קבוע אלא במחשבה; נורא תהלות עושה פלא (שמות טו, יא); פלא עצות מרחוק (ישעיהו כה, א) ואפילו במה שיש כוח באדם להשיגו, בזמן שהוא נעלם ממנו נקרא בלשון פלא:

96b-97a

כי יפלא ממך דבר למשפט (דברים יז, ח), הנני יוסף להפליא את העם הזה הפלא ופלא ואבדה חכמ"ת חכמי"ו ובינ"ת נבוניו תסתתר (ישעיהו כט, יד). ועל כיוצא בזה נאמר: מאד עמקו מחשבותיך (תה־לים צב, ו), בפסוק זה רמז לחכמ"ה ובינ"ה, הכול אמור כבר. ובפ־סוק זה נאחז סוד צדיק ורע לו רשע וטוב לו. והספירה הזאת נקראת יראה. כלומר, המגיע לחשוב במקום נכללין הענוה והחכמה; והיראה נאחזת בין שתיהן, הוא מקום החיבור והדיבוק. הרי אלו שני פסו־קים מבוארים היטב, והפסוק השלישי 'הן יראת אדני היא חכמה', כי היראה היא המעלה הגדולה במעלות.

El ángel le dijo a Manoa: «¿Por qué preguntas por mi nombre? Es prodigioso» (*Jueces* XIII-18), es decir, no tengo ningún nombre determinado, excepto *Majshavah*: «terrible en loores, hacedor de prodigios» (*Éxodo* XV-11), «porque has hecho maravillas, los consejos antiguos» (*Isaías* XXV-1). E incluso en lo que una persona tiene el poder de lograr, mientras le está vedado, se llama un milagro. «Cuando alguna cosa te fuere oculta en el juicio» (*Deuteronomio* XVII-8), «Por tanto, he aquí que nuevamente excitaré yo la admiración de este pueblo con un prodigio grande y espantoso; porque perecerá la sabiduría de sus sabios, y se desvanecerá la prudencia de sus prudentes» (*Isaías* XXIX-14). También ha sido escrito: «muy profundos son tus pensamientos» (*Salmos* XCII-5). Este versículo se refiere a *Jojmah* y *Binah*, como ya se ha dicho. Porque este versículo también contiene el secreto de por qué a veces los justos tienen mal y los malvados tienen bien. Y esta sefirah se llama *Irah* (temor). Es decir, aquel que medita en este lugar (97a) que incluye humildad y sabiduría, y el temor está entre ambas, y es el lugar de la conexión y el apego. Y después de haberte explicado estos dos versículos, viene el tercer versículo «He aquí que el temor del *Eterno* es la sabiduría»,[26] porque el temor es la mayor virtud entre las virtudes.

26. Véase *Job* (XXVIII-28).

97a-97b

ואם תאמר: והרי העובד מאהבה גדול מהעובד מיראה? דע כי האהבה והיראה הדבקים בעבודה הן עניין אחד, כי היראה יש לה שתי פנים: יש יראה חיצונית, ויש יראה פנימית. יראה חיצונית, בעוד אשר לא השיג האדם גדולת י"י יתברך והוא עובד מיראת העונש והיסורים, והיא יראה חיצונית, והרי הוא כמי שמונע עצמו מלהרוג או לגנוב מיראתו שמא יהרגו אותו. והנה היראה הזאת איננה ודאית, מכל מקום היא כוונה טובה, אף על פי כן יש יראה פנימית גדולה מזו, והיא היראה הבאה על דרך ההשגה. כיצד? אם זכה אדם להשיג מגדולת הבורא יתברך ועוצם נוראותיו, והטובות והמעלות ומיני שפע והברכות האדוקות בעוצם השגתו ומעלתו, כשמכיר מעלתו יכיר גר־עון גופו שהוא רימה ותולעה, אז יפחד האדם ויירא מלמרוד במלך גדול כמוהו, ויאמר: מי הביאני עד הלום להכיר ולהביט מלך גדול ונורא מלך מלכי המלכים הקב"ה, בהיותי בריה שפלה ונקלה ונבזה? מה אני, מה חיי, להיותי ראוי לגודל מעלת מקום זה? ונמצא שהוא ירא שמא לא יהיה הגון להתקבל בהיכל מלך מלכי המלכים הקדוש ברוך הוא.

Y si dijeras: ¿Acaso el que trabaja por amor es mayor que el que trabaja por temor? Has de saber que el amor y el temor se adhieren al trabajo como una única cosa, porque el temor tiene dos caras. Existe el temor externo y existe el temor interno. El temor externo mientras el hombre no ha alcanzado la grandeza del *Eterno,* bendito sea, y obra por miedo al castigo y al sufrimiento (97b). Y será un miedo externo, y es como aquel que impide matar o robar por miedo a que lo maten. Y he aquí que ese tipo de temor no es seguro, en cualquier caso, es una buena intención. Sin embargo, hay un temor interior superior a éste, y ese temor es el que hay que lograr. ¿Cómo? Si un hombre tiene el privilegio de alcanzar la grandeza del Creador, bendito sea, y su terrible poder, y la bondad y las virtudes y tipos de *Shefa* y las bendiciones piadosas adhiriéndose a la fuerza de su logro y virtud, cuando conozca su virtud conocerá la debilidad de su cuerpo que es como un fraude y un gusano. Entonces el hombre tendrá miedo y temor de rebelarse contra un gran rey como él, y dirá: ¿Quién me trajo aquí para conocer y mirar a un rey grande y terrible, el rey de reyes, el Santo,

97b

bendito sea, siendo una criatura vil e insignificante y despreciada? ¿Qué soy yo, qué es mi vida, para ser digno de la magnitud y virtud de este lugar? Y se encontró que temía que no sería apto para ser recibido en el salón del rey de todos los reyes, el Santo, bendito sea.

ונמצא בסיבה זו משתדל ומתקן עצמו, ומזרז נשמתו ומייפה אותה, אולי ימצא חן בעיני י"י יתברך ויקבלהו לשמש בהיכל המלך. והנה בהיות האדם דבק ביראה זו, נמצאת עצמו קשורה למעלתו, שומר גופו ונשמתו שלא יפול בהם מום, ונמצא שיתקן גופו ויטהר נשמ־תו ויזקק טוחותיו כדי שימצא חן בעיני אלהים חיים. וזו היא היראה שנאמר באברהם אחר עשר נסיונות שנתנסה בהן וכולן קבלם מאהבה ז, שנאמר; עתה ידעתי כי ירא אלהים אתה (בראשית כב, יב). וזו היא המעלה שאין למעלה הימנה וגדולה היא מאהבה, וזו היא מידת היראה הדבקה בספירת אות י' שהיא סוד הרצון והמחש־בה:

Y por esta razón, tratará de mejorar y rectificar su esencia, y hacer su alma más bella, para encontrar el favor a los ojos del *Eterno*, bendito sea, y ser recibido en el palacio del rey. Por ello, el hombre está conectado al temor y se adhiere a su elevación. Vela por su cuerpo y su alma para que no tengan defectos, mejorando su cuerpo y purificando su alma, para refinarse interiormente y encontrar el favor de los ojos del *Elohim* viviente. Y éste es el temor del que se habla para Abraham, después de las diez pruebas que aceptó por amor, por lo que ha sido dicho: «que ya conozco que temes a *Elohim*» (*Génesis* XXII-12). Y ésta es la virtud que no se encuentra arriba, y es mayor que el amor, y éste es el grado de temor que se adhiere a la sefirah de la letra *Iod*, que es el secreto del deseo y del pensamiento.

ואחר שהודענוך זה, יש לך להתבונן סוד היראה החיצונית וסוד היראה הפנימית. יראה חיצונית היא המונע עצמו מן העבירות לי־ראת תוקף העונש, אבל לא יהיה דבק במצוות עשה, אותן שאין בהן

97b

עונש. ויראה פנימית היא אשר חושק לקיים מצוות עשה כדי לקיים מאמר בוראו, אבל להרחיק עצמו מן העבירות הוא נקל בעיניו. ול-פיכך ימסור עצמו וממונו ואשתו ובניו לעבודתו של מלך, וכל זה מרוב התדבקותו בשם יתברך. והנה הוא סוד והלכת בדרכיו (דברים כח, ט), ומה שדרשו בו: מה הוא חנון אף אתה היה חנון, מה הוא רחום אף אתה היה רחום כלומר, הרגל עצמך להתקשט בתכשיטין הנהוגים בבית המלך כדי שתהיה ראוי להיכנס בהיכלו ולשמש לפניו; שאילו לא תלבש אותן המלבושים ואותן התכשיטין, לא יקבלוך בבית המלך.

Y después de haber sido informado de esto, debes comprender el secreto del temor externo y el secreto del temor interno. El temor externo es el miedo al castigo por la falta, pero no depende de los preceptos positivos, a los que no se les aplica ningún castigo. El temor interno, se refiere a una persona que aspira a cumplir los preceptos positivos, para realizar la palabra de su creador, pero cuya preservación del pecado sigue siendo difícil a sus ojos. Por lo tanto, dedica su propiedad, su esposa, sus hijos al servicio del rey, y todo esto por su apego al *Eterno*, bendito sea. Y he aquí que es el secreto de «y caminarás por sus caminos» (*Deuteronomio* XXVIII-9). Y éste es el comentario: «Así como él es misericordioso, así seréis vosotros, como yo soy misericordioso, así seréis vosotros».[27] Es decir, hay que prepararse adornándose con las joyas que se llevan en el palacio del rey, para estar listo para entrar en el palacio y servirle. Porque si uno no se adorna con estas joyas, no puede entrar en la casa del rey.

ומה הן התכשיטין? הן כל מצוות עשה למיניהן. וזהו סוד 'והל-כת בדרכיו', וסוד קדושים תהיו (ויקרא יט, ב). וזהו סוד יראה פני-מית. ואותה ירש אברהם בעקדה, שהיא למעלה מן האהבה, שהרי עבודתו של אברהם על ידי אהבה היתה תמיד, כאומרו: אברהם

27. Véase *Tanna Devei Eliahu,* cap. 26.

97b

אוהבי (ישעיהו מא, ח), אהובי לא נאמר, אלא אוהבי; ואומר: להנ־חיל אוהבי יש. וזהו העולם שהיה חזקיה מתיירא שלא יזכה לו, כמו שאמר: אמרתי לא אראה יה יה בארץ החיים (ישעיהו לח, יא) ואם כן שמור הכללים הגדולים שאמרנו לך, בדרך זה:

¿Cuáles son estas joyas? Son todos los preceptos positivos y el secreto de «y caminarás por sus caminos», así como el secreto de «sed santos» (*Levítico* XIX-2). También es el secreto del temor interno que Abraham ganó cuando hizo la atadura,[28] que es un acto supremo de amor, porque Abraham siempre sirvió con amor, por lo que ha sido dicho: «Abraham mi amigo» (*Isaías* XLI-8). No dice «mi amado», sino «mi amigo». Y ha sido dicho: «para hacer heredar a mis amigos el *Iesh*».[29] Éste es el mundo que Rabbí Ezequías temía no recibir, como ha sido dicho: «No veré a *Iah* en la tierra de los que viven» (*Isaías* XXXVIII-11). Guarda estos principios esenciales, tal como los hemos explicado, de esta manera:

יראה חיצונית, אהבה למעלה ממנה, יראה פנימית, עולה למעלה מן האהבה. לפיכך אלהי אברהם הוא סוד יראה פנימית שהיא סוד חכמה, אשר משם יניקת מידתו שהיא הגדול"ה, ובשעת העקדה בא להידבק בה, כמו שנאמר: כי עתה ידעתי כי ירא אלהים אתה (בראשית כב, יב).

El amor está por encima del temor externo y el temor interno está por encima del amor. Por lo tanto, *Elohi Abraham* es el secreto del temor interno, que es el secreto de *Jojmah* por la que se fortalece la *Guedulah*, y que durante la atadura, fue atada en ella. Porque ha sido dicho: «que ya conozco que temes» (*Génesis* XXII-12).

---

28. La *Akedah,* o ligamiento de Isaac.
29. Véase *Proverbios* (VIII-21).

וזהו שאמר 'אלהים', לפי שאין נכנסים למידה זו כי אם על ידי ני־סיון שהוא על ידי אלהים, ולפיכך נקראת יראה, שמא לא יצא מן הדין להיכנס לה. והניסיון על ידי 'אלהים', זהו שאמר הכתוב באב־רהם: והאלהים נסה את אברהם (שם, ב), ובמעמד הר סיני: לבעבור נסות אתכם בא האלהים (שמות כ, כ). עתה פקח עיניך והתבונן בכל מקום שתמצא בתורה יראה, לאיזה צד הוא נוטה: אם לצד יראה חיצונית שבה נקשרים כל מיני עונשים ומכות ונגעים, אם לצד יראה פנימית שבה נקשרים כל מיני שפע ואצילות ברכה וחיים.

Y se dice «*Elohim*», para enseñar que ha sido probado por *Elohim*. Se llama temor, porque no se entra en este saber sino por medio de *Elohim*. Por esto se llama temor, ¿acaso no se libró del *Din* para entrar en el temor? ¿Cómo sabemos que el juicio fue hecho por *Elohim*? Porque el versículo dice: «Y *Elohim* probó a Abraham» (*Éxodo* XXII-2). Durante la demostración en el Monte Sinai: «*Elohim* sólo vino a probarte» (*Éxodo* XX-18). Ahora abre tus ojos y observa que en cualquier lugar en el que te encuentres con «temor» en la *Torah*, debes observar hacia qué lado (98a) se inclina. Ya sea del lado del temor exterior, con sus castigos, dolores y plagas asociados, o del lado del temor interior que dispensa todo tipo de *Shefa*, emanación, bendición y vida.

והמבין עיקר זה יבין מעלת אברהם אבינו עליו השלום, וסוד יראת י"י טהורה עומדת לעד (תהלים יט, ח), וסוד אשרי איש ירא את ה' במצותיו חפץ מאד (שם קיב, א), וסוד אשרי כל ירא י"י ההולך בד־רכיו (שם קכח, א). כי פירוש הפסוק, מאחר שאמר 'אשרי כל ירא י"י', מאי 'ההולך בדרכיו'? כלומר, יראה שאנו אומרים במקום זה היא סוד יראה פנימית, שהוא 'ההולך בדרכיו', שהוא סוד 'במצותיו חפץ מאד', וסוד 'והלכת בדרכיו'.

Y aquel que entienda este concepto, comprenderá la virtud de Abraham, nuestro patriarca, la paz sea con él, y el secreto de: «El temor de IHVH (יהו"ה) es limpio, que permanece para siempre» (*Salmos* XIX-8), de: «Bienaventurado el varón que teme a IHVH (יהו"ה) y en

98a

sus mandamientos se deleita en gran manera» (*Íbid.* CXII-1), y de: «bienaventurado todo aquel que teme a IHVH (יהו"ה), que anda en sus caminos» (*Íbid.* CXXVIII-1). ¿Cuál es la explicación del versículo, después de decir: «bienaventurado todo aquel que teme a IHVH (יהו"ה)», por qué dice: «que anda en sus caminos»? Significa que el temor, del que hablamos en este lugar, es el secreto del temor interior, que es «andar en sus caminos».

ולפיכך פתח בשני פסוקים אלו ב'אשרי', לפי שהיא פרשה חביבה. וכמה עיקרים גדולים תלויין במקום זה, והתבונן בכל הפסוקים שנאמר בהן יראה. והספירה הזאת נקראת בתורה עדן, כלומר התחלת התפשטות המחשבה והמקור אשר משם נתגלו כל הספירות מכתר עליון. וזהו המעיין והמקור אשר ממנו נמצאים כל הנמצאים בהתגלות הספירות מכתר עליון. ולשון עדן הוא לשון מקור אשר ממנו נמשך הדבר, והסוד: ונהר יוצא מעדן (בראשית ב, י), כלומר נהר יוצא מן המקור והמעיין, שזהו לשון עדן; כעניין שרה כשנפסק ממנה המקור וחזרה לה, אמרה 'אחרי בלותי היתה לי עדנה' (שם יח, יב) שנתחדש לי המקוה. וכבר ביארנו ונה"ר יוצא מעדן, זה בינ"ה, יוצא מעדן, יוצא מן החכמה שהוא סוד המקור הנמשך מכתר עליון.

Así, ambos versículos comienzan con *Asarei* (אשרי) porque es una *parashah* agradable. En este lugar se encuentran muchos principios esenciales. Contempla así todos los versículos que mencionan el temor. En la *Torah*, esta sefirah se llama *Edén*, es decir, el origen de la expansión del *Majshavah* y la fuente a través de la cual se revelan todas las Sefirot desde el *Keter* supremo. El término «Edén» se refiere a la fuente desde la que se propaga la palabra. Es el secreto de: «Un río salió del Edén» (*Génesis* II-10). Es decir, del manantial y la fuente, representados por la palabra Edén, sale un río. En cuanto a Sarah, cuando la fuente se secó, cuando volvió, dijo: «¿Después que he envejecido tendré deleite?» (*Íbid.* XVIII-12), que la fuente ha vuelto a mí. Ya hemos explicado que el «río que sale del Edén» es la *Binah* que sale de *Jojmah*, el secreto del manantial que surge de *Keter* supremo.

98a

להשקות את הגן, להשקות ספירת מלכו"ת. והבינ"ה שהיא סוד הנהר משקה המלכות שהיא הגן, באמצעות ו' ספירות - גדולה, גבו־רה, תפארת, נצח, הוד, יסוד, שהוא סוד ו' שבין אות ה' ראשונה של שם לה' אחרונה. וממלכות ולמטה הוא עולם הפירוד, והיה לד' רא־שים, סוד ד' מחנות שכינה המתפרדות מסוד עולם הייחוד; שהוא סוד ארבע אותיות בייחוד, וד' ראשים בפירוד. ועתה צריכים אנו להודיעך מה שנאמר בתורה ויטע ה' אלהים גן בעדן מקדם (שם, ב, ח).

«Para regar el jardín». Para regar la sefirah *Maljut*, y *Binah* es el misterio del río que riega a *Maljut*, el jardín, a través de las seis Sefirot: *Guedulah*, *Guevurah*, *Tiferet*, *Netzaj*, *Hod*, *Iesod*, secreto de la *Vav* entre la primera *He* y la última *He* del nombre. De *Maljut* y abajo está el mundo de la separación, «y se separa en cuatro brazos». El secreto de los cuatro campamentos, que están separados del misterio del mundo de la unidad, el secreto de las cuatro letras de la unidad y de los cuatro brazos separados. Ahora debemos informarte sobre la palabra de la *Torah*: «IHVH (יהו"ה) *Elohim* plantó un jardín en el Edén, en el Oriente» (*Íbid.* II-8).

וכי היאך אפשר זה, והרי אנו אומרים שהוא סוד עולם הכתר שהוא סוד עולם המחשבה שלא ראהו עין מעולם, והיאך תאמר שהגן נטוע בעדן? ועוד: הרי רבותינו ז"ל גילו הדבר בפרק אין עומדין א"ר יהושע בן לוי: מאי עין לא ראתה? זה יין המשומר בענביו מששת ימי ברא־שית. רשב"ל אומר זה עדן שלא ראתה עין מעולם. ואם תאמר אדם היכן היה? דר בגן. ואם תאמר גן זה עדן? תלמוד לומר ונהר יוצא מעדן להשקות את הגן. עד כאן לשונו התבונן כמה גלו ז"ל במקום זה לומר כי עדן לחוד וגן לחוד' ואם כן היאך יתיישב פשוטו של מקרא, שהרי לא גמרו לפרש בתלמוד? והנני רומז. ויטע ה' אלהים גן בעדן, נטע שרשי הגן, שהוא סוד ספירת המלכות, בעדן שהיא סוד ראשית המחשבה שהוא סוד חכמה בראש וחכמה בסוף, שהכול יחוד אחד, וזהו סוד הנטיעה כיצד? ה' אחרונה של שם נטיעותיה הולכות באות

98a - 98b

ואי"ו, ומשם מתפשטות והולכות עד אות ה' ראשונה, ומשם יונקות מאות יו"ד שהיא אות ראשונה של שם.

¿Cómo podemos decir que éste es el secreto del mundo de *Keter*, que es el secreto de *Majshavah*, que ningún ojo ha visto, y decir que el jardín está plantado en el Edén? Además, nuestros rabinos, de bendita memoria, mencionaron que en el capítulo *Ayin Omedim*,[30] Rabbí Iehudah ben Levi dijo: «¿Por qué el ojo no lo ve? Es un vino conservado en sus racimos durante los seis días de la creación. Rabbí Shimon ben Levi dijo: «éste es el Edén que ningún hijo ha visto. Si preguntas: ¿dónde estaba Adán? Estaba en el jardín. Si dices: ¿es el jardín el Edén? El Talmud dice: un río sale del Edén para regar el jardín. Comprende lo que ellos, de bendita memoria, han expresado al decir que el Edén y el jardín están separados. Entonces, ¿cómo podemos entender el significado literal del versículo que no fue tratado completamente en el Talmud? Deja que te explique. «IHVH (יהו"ה) *Elohim* plantó un jardín en el Edén, en el Oriente» plantó las raíces del jardín, que es el secreto de la sefirah *Maljut*, «en el jardín», que es el secreto del comienzo de *Majshavah* y el misterio del *Jojmah* original y el *Jojmah* final, en unidad. El secreto de la «plantación». ¿Qué es? La siembra de la primera *He* del nombre se extiende en la *Vav*, y de ahí se extiende y asciende, hasta la primera *He*, reforzada por la letra *Iod* (98b), que es la primera letra del nombre.

וזהו סוד 'ויטע י"י אלהים גן בעדן', שזהו סוד גדול כמוס וחתום בד' אותיות של שם. וכל זה מאיזה מקום נמשך? מקדם, זהו סוד קוצו של יו"ד. אשרי היודע לכוון הדרך בסדר מטע הגן, מסוד ספירת המלכות עד ספירת החכמה, שזהו סוד הייחוד השלם האמיתי; נצר מטעי מעשה ידי להתפאר (ישעיהו ס, כא). אם תבין מה שרמזנו תבין שהפסוק מתיישב על פשוטו, ומה שדרשו ז"ל עליו מתיישב, על

30. Véase Talmud, tratado de *Berajoth* (34b).

98b

עדן, לא ראתה עין, והנהר יוצא ממנו להשקות את הגן, האמת כי כן הוא, ואדם היה דר בגן לא בעדן. והטעם 'עין לא ראתה', עכב כמה דברים בבריאה. ואם תזכה תקבל מפה אל פה קבלות עמוקות וסתו־מות בהם שרמזנו במילת עדן, כי הדברים שכתבנו בדמיון רמזים הם, וכבר רמזו ז"ל בב"ר עיקרים גדולים בדבר זה:

Y éste es el secreto de «Y IHVH (יהו"ה) *Elohim* plantó un jardín en el Edén», que es un secreto tan grande como un libro y sellado con las letras del *Eterno*. ¿De dónde viene todo esto? De *Kedem* (Oriente), secreto de la corona de la *Iod*. Dichoso el que sabe guiarse por el camino del jardín, a través del secreto de la sefirah *Maljut* hasta la sefirah *Jojmah*. Éste es el secreto de la unidad completa y verdadera: «serán renuevos de mi plantío, obra de mis manos, para glorificarme» (*Isaías* LX-21). Si comprendes lo que insinuamos, comprenderás que el versículo se basa en su sencillez, y la forma en que nuestros maestros, de bendita memoria, lo han interpretado: «en cuanto al Edén, ningún ojo lo ha visto y el río sale de él para regar el jardín». En realidad, así es como sucedió y Adán vivió en el jardín y no en el Edén. La razón por la que nadie lo vio es que en la creación muchas cosas estaban ocultas. Si eres digno, recibirás profundas tradiciones y secretos, por los cuales nos referimos a la palabra Edén. Pues lo que hemos escrito, en forma de diversas alusiones, son alegorías a las que ya se refirieron nuestros maestros, de bendita memoria, en los grandes principios de esta materia.[31]

וצריך אתה להתבונן כי יש פסוק אחד מוקשה עוד, והוא מה שאמר: בעדן גן אלהים היית (יחזקאל כח, יג) שמורה שעדן הוא הגן. הנני מתיר קשרי הספיקות. חיר"ם מלך צור עלה בתחילת המחשבה שהוא עדן והוא ענ"ב, וזהו עניין נסתר בכמה דברים בבריאה: ואלה המלכים אשר מלכו בארץ אדום (בראשית לו, לא), וזהו סוד 'בעדן

31. Véase *Génesis Rabbah* (3,9).

98b

גן אלהים היית', משעלית במחשבה, שהוא עדן, יצאת דרך שור־שי נטיעות הגן ונקבעת במקום שנקבעת. ואם תזכה תשמע קבלות עצומות בדבר זה מפה אל פה, דברים שהם כבשונו של עולם והנני רומז לך דרך נטיעות הגן בעדן: ירויון מדשן ביתך ונח"ל עדניך תשקם (תהלים לו, ט), דע והאמן כי יש עדן לפנים מעדן, שהוא מקור כל המקורות, וזהו סוד סתר הכתר אין סוף לעומקו, והכול בדיבוק אחד שלם ובייחוד:

Debes analizar un versículo muy difícil, que dice: «en el Edén, en el huerto de *Elohim* estuviste» (*Ezequiel* XXVIII-13). Observa que el Edén es el jardín. Aquí hay una duda. Hiram, rey de Tiro, ascendió a la *Majshavah*, que es el Edén, y la uva, la fuente oculta de muchas cosas creadas: «y los reyes que reinaron en la tierra de Edom» (*Génesis* XXXVI-31). Éste es el secreto de «en el Edén, en el huerto de *Elohim* estuviste», fuiste criado por el *Majshavah*, que es el Edén, saliste a través de las raíces plantadas en el jardín y te estableciste en un lugar determinado. Si eres digno, escucharás las grandes tradiciones que de boca en boca explican los secretos del mundo. Aquí se alude a la forma en que se plantó el jardín en el Edén: «Se embriagarán de la grosura de tu Casa; y tú los abrevarás del torrente de tus delicias» (*Salmos* XXXVI-8). Has de saber que hay un Edén dentro del Edén, que es la fuente de todas las fuentes, el secreto oculto de *Keter* sin límites (*Ein Sof*) de su profundidad y todo en una conexión completa y única.

והספירה הזאת היא אות יו"ד אות ראשונה של שם, והוא המקור אשר עדיו יגיעו כל הנחלים וכל מיני החפץ, ומשם ולמעלה עולם הר־חמים הגמורים, הכול סתום וחתום, אין לחשב ואין להרהר, לא מעט ולא הרבה. כי בחיבורנו זה יש לנו ראיות ברורות מכל מה שנודיעך הן ברמו הן בפירוש. וכשאנו מתכוונים בייחוד השלם עד שאנו מגי־עים לסוד אות יו"ד, וכשהגיעה המחשבה עד י"ה, שם אנו מייחדים הכול בקוצו של יו"ד, מכאן ואילך אין לך רשות להרהר, עד פה תבוא ולא תוסיף. וכל המעביר על מחשבתו מן המקום הזה, כאילו לא חס על כבוד קונו וראוי לו שלא בא לעולם:

98b-99a

Esta sefirah es la letra *Iod*, la primera letra (99a) del nombre. Es la fuente de la que vienen todos los ríos, así como todo tipo de cosas. Por encima está el mundo del *Rajamim* absoluto, donde todo está cerrado y sellado. Donde no hay cálculo ni especulación, ni mucho ni poco, porque en nuestro trabajo tenemos constancia clara de todo te informaremos tanto en nivel como en interpretación ya sea implícita o explícitamente. Cuando la intención perfecta se mantiene hasta llegar al secreto de la letra *Iod*, y cuando el *Majshavah* alcanza a *Iah*, es cuando todos nos unimos con la corona del *Iod*. A partir de este punto, no hay lugar para la especulación, puedes ir a este lugar pero no más allá. Todos aquellos que dirigen sus pensamientos a este lugar, carecen de respeto por el creador y sería mejor que no hubieran venido al mundo.

ודע והאמן כי המבין סוד אות יו"ד של שם יתבונן סוד הפסוק שנא־מר פותח את ידיך ומשביע לכל חי רצון (תהלים קמה, טו), אל תקרי ידיך אלא יו"דיך. בשעה שהאדם מכוון בייחוד, יתבונן בפתח היו"ד ויבין היאך הרצון נמשך לעולם החיים שהיא הבינה, ומשם והלאה, 'לך יהו"ה הגדולה והגבורה והתפארת והנצח וההוד', ואז יסוד ומל־כות מתאחדים כאחד ונמצא העולם בייחוד שלם, ואז הברכה מצויה בעולם, ואז שבעת ימי המילואים נמצאים על מתכונתם וכבוד יהו"ה יתברך נראה בשמיני, ואז הכול בתיקון שלם, אשרי עין שיכולה להס־תכל בעומק הדבר הזה שעליו נאמר: ויאמר לי עבדי אתה ישראל אשר בך אתפאר (ישעיהו מט, ג).

Y has de saber y conocer que la contemplación del secreto de la letra *Iod* del nombre, nos permite entender el secreto del versículo: «Abres tu mano, y sacias el deseo de todo viviente» (*Salmos* CXLV-16). No leas «tu mano» (*Iadeja*) sino «tu *Iod*» (*Iodeja*). Cuando un hombre se concentra en la unidad, contempla la apertura de la *Iod* y comprende cómo se extiende el *Ratzon* en el mundo de los vivos, que es *Binah*, y más allá. «A ti IHVH (יהו"ה): *Guedulah*, *Guevurah*, *Tiferet*, *Netzaj* y *Hod*». Entonces *Iesod* y *Maljut* se unen como uno y el mundo está entonces en total unidad, la bendición recorre el mundo, y los siete

99a

días de plenitud están en orden y la gloria de IHVH (יהו"ה), bendito sea, aparece en el octavo día. Entonces el *Tikkun* está completo, feliz es el ojo que puede contemplar la profundidad de esto, de lo que ha sido dicho: «Y me dijo: mi siervo eres, oh Israel, que en ti me gloriaré» (*Isaías* XLIX-3).

והיודע סוד אות יו"ד בשלימות ג' אותיות, יבין היאך שלוש ספירות עליונות מתאחדות בנקודת אות יו"ד, וגם היא מושכת מבפנים ברכות לאות וא"ו, ומאות וא"ו מקבלת שפע ברכות אות דל"ת שהיא סוד ייחוד ה' אחרונה 'ברביעי בחמישה לחדש' (יחזקאל א). וכמדומה לנו כי די לך בזה המועט שרמזנו לך בשער זה בסוד י"ה יתברך ובשאר כינוייו שהוא נקרא בתורה. ומתוך מה שכתבנו בענייניו יתבאר לך שאר עומקיו ומסתריו, בעניין שתבין דבר מתוך דבר. וה' יתברך למען רחמיו וחסדיו יורנו הדרך אשר בה נתקרב אל אמיתתו כן יהי רצון אמן:

Aquel que conoce el secreto de la letra *Iod*, en la totalidad de las tres letras,[32] comprenderá la forma en que las tres Sefirot superiores se unen en el punto de *Iod*, atrayendo también la bendición en la letra *Vav*. Y de la letra *Vav*, la letra *Dalet* recibe la *Shefa* y la bendición, a través del secreto de la unidad de la última *He*: «en el mes cuarto, a los cinco del mes» (*Ezequiel* I-1). Y nos parece que esto que os insinuamos en esta Puerta es suficiente a propósito del secreto de *Iah*, bendito sea, y el resto de sus apodos que aparecen en la *Torah*. Más adelante le explicaremos la profundidad y el misterio de lo que hemos escrito, para que puedas avanzar de una cosa a otra. IHVH (יהו"ה), bendito sea, a través de su misericordia y bondad, nos enseñará el camino para alcanzar su verdadera esencia, que es el *Ratzon*. Amén.

32. O sea, la *Iod, la Vav y la Dalet.*

DÉCIMA PUERTA

השער העשירי - הספירה הראשונה:

Décima puerta - Primera sefirah

מי אל כמוך נושא עון ועובר על פשע לשארית נחלתו לא החזיק לעד אפו כי חפץ חסד הוא (מיכה ז, יח)

(99b) «¿Qué Dios como tú, que perdonas la iniquidad, y que pasas por la rebelión con el remanente de su heredad porque es amador de misericordia?» (*Miqueas* VII-18).

השם העשירי משמות הקודש נקרא אהי"ה. זהו השם העולה בראש הכתר שאין בו ידיעה לזולתו. הוא השם המסתתר בשפריר חביון דהממונה על עולם הרחמים. והנה זה השם יש לו שנים עשר צירופים, ונקודת הרחמים מקור ההוי"ה באמצע. ואלו שנים עשר מיני צירופים ונקודה האמצעית, שהוא סוד תליסר מכילן דרחמי אשר כולם רחמים גמורים ואין בהם תערובות דין. ובדוגמתן השם המיוחד יהו"ה באמצע הספירות למעלה ולמטה ולצדדין, כמו שכבר רמזנו בשערים שכתבנו, ואותן י"ב צירופים של השם המיוחד והקו האמצעי המתווך בינתים הן סוד י"ג מידות המחזיקות דין ורחמים.

El décimo de los nombres sagrados se llama *Ehieh*.[1] Es un nombre que está en la cima de *Keter*, que nadie más que ella (la corona) puede conocer. Es el nombre que se oculta en la sombra oculta y está a cargo

1. Véase *Éxodo* (III-14).

99b

del mundo de *Rajamim*. Este nombre tiene doce combinaciones, y un punto de *Rajamim*, la fuente de su naturaleza, en el centro. Estas doce combinaciones y el punto central son el secreto de los trece cofres de *Rajamim*, que contienen la *Rajamim* absoluta, que no está mezclada con ningún *Din*. Al igual que el nombre unificado, IHVH (יהו"ה), que reside en el centro de las Sefirot de arriba, de abajo y de cada lado, como se explica en las Puertas anteriores. Este nombre unificado también tiene doce combinaciones y una línea media que las une, el secreto de las trece *Middoth* que contienen *Din* y *Rajamim*.

וכשיופיעו מידות עליונות משם הכתר שהוא אהי"ה, אשר כולם רחמים, אז יתמלאו כל העולמות וכל הספירות ברכה וחיים ורחמים וכל מיני שפע. וכבר ביארנו בשער הראשון היאך שם יהו"ה הוא עומד באמצע שני השמות שהם אהי"ה אדנ"י, ושם אדנ"י הוא אוצר לקבל כל מיני השפע הבאים משניהם. והנני מבאר. דע כי בהיות שם אהי"ה למעלה בעולם הרחמים, ובהיות שם יהו"ה באמצע בעולם המשפט, ובהיות שם אדנ"י למטה בעולם - גמר דין, צריך אתה לדעת היאך פועלים בהתחבר אלו לאלו, או בהיות כל אחד מהם פועל בפני עצמו:

Sin embargo, cuando las *Middoth* superiores del nombre de *Keter*, que es *Ehieh*, se llenan de *Rajamim*, entonces todos los mundos y todas las Sefirot se llenan de bendición, de vida y de todo tipo de *Shefa*. (100a) Anteriormente, explicamos en la primera Puerta, la forma en que el nombre IHVH (יהו"ה) se interpone entre los dos Nombres: *Ehieh* y *Adonai*. *Adonai* es el tesoro a través del cual recibimos toda clase de *Shefah* de ambos. Deja que te lo aclare. Ya que el nombre *Ehieh* está en la cima en el mundo de *Rajamim*, el nombre IHVH (יהו"ה) está en el centro en el mundo de *Mishpat* (equidad) y el nombre *Adonai* está en la parte inferior en el mundo del *Din* absoluto, debes conocer sus actividades cuando están unidos el uno al otro y cuando cada uno de ellos funciona de forma independiente.

99b - 100a

דע כי פעולת השם העליון שהוא אהי"ה הוא פעולת הרחמים הגמו־
רים, והוא השם המטיב והנותן מתנת חינם ומרחם שלא מצד הדין
אלא מצד הרחמים הגמורים, כמו שאמר: וקראתי בשם יהו"ה לפניך
וחנותי את אשר אחון ורחמתי את אשר ארחם (שמות לג, יט).

Has de saber que la función del nombre superior, *Ehieh*, es una función de *Rajamim* absoluto, es el nombre que concede el beneficio y la libertad. Es una *Rajamim* que no contiene nada de *Din*, sino que contiene *Rajamim* absoluta. Así, ha sido dicho: «Pronunciaré el nombre de IHVH (יהו"ה) delante de ti; y tendré misericordia del que tendré misericordia, y seré clemente para con el que seré clemente» (*Éxodo* XXXIII-19).

את אשר אחון ואת אשר ארחם, הכול כפי הרצון שאין בו ידיעה
לכל נברא. ובמידת השם הזה שכולו רחמים, שהוא אהי"ה, יצאו
ממצרים. וצריכים אנו לפתוח לפניך שערים אשר בהם תיכנס לכמה
עניינים גדולים. נאמר בתורה בדרך סתם, ואין בני אדם חוששים לפ־
קוח עיניהם ולראות כמה מרגליות גנוזים באותן המקומות, ואלמלי
נפתחו עיניהם היו מוסיפים אומץ בטחון בשם יתברך שהודיענו כמה
דרכים אשר בהם נכנוס לכמה חדרים שנסגרו עליהם השערים, וכו־
לם מלאים מיני נחמות ושפע ברכה וגמול טוב וכמה מיני שמחות

«A quien protegeré y de quien tendré piedad», de acuerdo con la *Ratzon*, a quien ninguna criatura puede conocer. Ésta es la *Middah* que representa el *Rajamim* absoluto, el nombre *Ehieh*, que nos sacó de Egipto. Ahora debemos abrirte muchas Puertas, a través de las cuales accederás a grandes conceptos. Algunos están ocultos en la *Torah* y ningún hijo de Adán tiene la capacidad de abrir los ojos y contemplar la cantidad de joyas ocultas en este lugar. Si abrieran los ojos, hallarían valor y confianza en *El Eterno*, bendito sea, que nos ha dado a conocer muchos caminos por los que podemos describir muchas habitaciones, cuyas puertas habían sido cerradas, y que están llenas de consuelos, abundantes bendiciones, muchos tipos de alegrías. (100a)

100a

והנני מבאר.דע כי השם יתברך תיקן במרכבה כמה בתי דינים קבו־
עים לדון בהן הבריות, וכל אותן הדינין אמת ומשפט ישר, אין בהם
נפתל ועיקש. וכבר ביארנו בשער השישי, בשער יהו"ה, שכל בני
העולם נדונים בבית דין הגדול העומד בין שם יהו"ה ובין שם אלהים,
והיאך דנים את האדם על כל מעשיו, וסוד 'מעביר ראשון ראשון',
וסוד 'מטה כלפי חסד', וסוד 'ארך אפים' קודם הדין, 'ורב חסד'
בשעת הדין, 'ואמת' אחר גמר דין, וגילינו בהם כמה סתרים עליונים.
וסוף סוף, אם האדם חוזר בתשובה קודם שיגיע לו עונש הדין, מק־
בלים אותו, ואם לאו, הדין פוגע בו על ידי בית דין התחתון הנקרא
אדנ"י:

Deja que te lo aclare. Has de saber que *el Eterno*, bendito sea, ha establecido en la *Merkavah* varios tribunales de justicia, en los que se juzga a las criaturas. Cada uno de ellos proporciona juicios verdaderos y sentencias justas, ninguno de ellos es sinuoso y tortuoso. Ya hemos explicado, en la Sexta Puerta, en la Puerta de IHVH (יהו"ה), que los hijos del mundo son juzgados en un gran tribunal, que se encuentra entre el nombre IHVH (יהו"ה) y el nombre *Elohim*. ¿Y cómo se juzga a una persona por todas sus acciones? Éste es el secreto de «él da uno por uno», el secreto de «él se inclina hacia el *Hessed*», el secreto de «lento a la ira» durante el juicio. «La verdad» es el cumplimiento del juicio. Así hemos revelado varios secretos supremos. En última instancia, si un hombre se arrepiente y se cuestiona antes de ser condenado, lo aceptaremos, de lo contrario, la sentencia será pronunciada por el tribunal de abajo, llamado *Adonai*.[2]

וצריכים אנו להודיעך גדולת רחמי השם יתברך על הבריות שהודיענו
סתרים עליונים, שאף על פי שבני העולם נדונים בבית דין של מעלה
וראויים לכל מיני עונשים, יכולין התחתונים להפוך כל אותו הדין
והעונש לטובה, וזהו שאמר: צדיק מושל יראת אלהים (שמואל, כג,

2. Véase Fol. 53b.

100a

ג), ופירשו בו: מי מושל בי? צדיק, שאני גוזר גזירה והוא מבטלה כיצד דע בשעה שיש צדיק בעולם שהוא ראוי להתבונן בתפילתו ולהתבונן עד עולם הרצון והרחמים, אף על פי שנגזרה גזירה בבית דין של מעלה, כשאותה תפילה של אותו צדיק עולה עד הכת"ר אזי נפתחים שערי עולם הרחמים, וכשייפתמו, כל אותם הדינים שנגד־רו מתבטלים לפי שמאורות הרחמים הופיעו, ונתמלאו כל הספירות רחמים ומיני שפע ברכה ואצילות, ואין בכל הספירות באותה שעה מקום שיהיה מחזיק דין ואין שם מידה מחזקת כעס ורוגז, לפי שהאל (עומד בשמחה וברצון, ועברו כל פני זעם ונתהפכו כל בעלי הדין לרחמים.

Y necesitamos informarte de la grandeza de la misericordia de *Eterno*, bendito sea, sobre la humanidad, que nos ha revelado los secretos más elevados. Aunque los hijos del mundo son juzgados en el tribunal celestial y merecen muchos castigos, los seres de abajo pueden invertir la sentencia y el castigo será así más suave. Porque ha sido dicho: «justo señoreador en el temor de *Elohim*» (2 *Samuel* XXIII-3). Y ha sido comentado: «¿Quién gobierna en mí? Los justos, porque yo hago decretos y los anulo.»[3]¿Cómo es esto? Has de saber que cuando hay una persona justa en el mundo, digna de contemplar en sus oraciones, llega al mundo de la *Ratzon* y la Misericordia. Aunque se haya dictado una sentencia en el tribunal superior, cuando la oración del *Tzaddik* (justo) se eleva a *Keter*, se abren las puertas del mundo de *Rajamim*. Entonces las sentencias decretadas son anuladas por la aparición de las luces de *Rajamim*, que llenan todas las Sefirot de *Rajamim* con abundantes bendiciones y efusiones, así ninguna sefirah es capaz de contener el *Din* y ninguna *Middah* tiene ira o furia. Porque él está en la alegría y *Ratzon*, y vence los rostros enojados, convirtiendo el *Din* en *Rajamim*.

---

3. Véase Talmud, tratado de *Moed Katan* (16b).

100a - 100b

וכל המידה הזאת שופעת הרחמים הגדולים המשפיעים דרך י"ג צינו־רות העליונים בי"ג מידות אשר בעולם המשפט וכל זה איננו מצד גזר דין אלא מצד רצון ורחמים ואף על פי שאין בני העולם ראויים לכך, מאמר שאותו צדיק גרם להיות שערי רחמים פתוחים, האל מתנהג במידת רחמים שלא מצד הדין. וזהו 'וחנותי את אשר אחון', אף על פי שאינו מצד הדין 'ורחמתי את אשר ארחם', אף על פי שלא יצא מן הדין, שהרי כשיופיע פני הרחמים מהכתר, כולם נהפכים לרחמים. וזה העניין יהיה מצד התפילה, וגם מצד עשיית קצת מצוות שהן גו־רמות להיות שערי עולם הרחמים נפתחים, כגון נשיאות כפים וסוד הקטורת דשאר מצוות כיוצא בהן. ובעת שנפתחים שערי עולם הר־חמים אז נקרא עת רצון, כלומר באותו העת כל העולמות למעלה ולמטה מלאים חסד ורחמים ורצון, ואין שם דין ועונש לא מעט ולא הרבה.

Entonces toda la *Middah* abunda en gran *Rajamim* que fluye a través de los trece canales superiores en las trece *Middoth* del mundo de *Mishpat* (equidad) y todo esto no depende del lado del *Din*, sino del lado de *Ratzon* y de *Rajamim*. Aunque nadie en el mundo lo merece, porque este mismo *Tzaddik* ha abierto las puertas de *Rajamim*, *el Eterno* actúa con la *Middah* de *Rajamim*, que no está del lado del *Din*. Y es: 'Hago misericordia con quien tiene misericordia', aunque no es del lado de *Din*. Después de todo, cuando el rostro de *Rajamim* emerge de *Keter*, todo se transforma en *Rajamim*. Este concepto depende de la *Tefilah* y de algunos preceptos (100b), que abren las puertas del mundo de *Rajamim*, como la presentación de las palmas y el secreto de la ofrenda de incienso,[4] así como otros preceptos similares. Cuando las puertas del mundo de *Rajamim* se abren, se llama el tiempo de *Ratzon*, es decir, en ese momento todos los mundos de arriba y de abajo están llenos de *Hessed*, *Rajamim* y *Ratzon*, no hay parte de *Din* ni castigo, ni poco ni mucho.

4. Véase Talmud, tratado de *Shabbat* (89a).

100b

והשם יתברך בשעה שנתרצה למשה לכפר על עונותיהם של ישראל, מסר לו מתנה לפתוח עולם הרחמים בעת הכעס ולהפוך כל מידת הדין לרחמים גמורים, ומסר לו י"ג מידות של רחמים, וזה שאמ־רו רבותינו ז"ל: ברית כרותה לי"ג מידות שאינן חוזרות ריקם, ובזמן שמזכירים אותן לפניו חוזרת מידת הדין לרחמים וסולח עוונותיהם, כמו שאמרו רבותינו ז"ל: מלמד שנתעטף הקב"ה כשליח ציבור והראה למשה בסיני ואמר לו: כל זמן שישראל חוטאים יעשו לפני כסדר הזה ואני מוחל להם עוונותיהם והמבין מה שאמרנו יבין עומק מה שגילו בהלכה זאת:

Y *el Eterno*, bendito sea, cuando quiso para Moisés la remisión de todos los pecados de Israel, le dio un don con el que podía abrir el mundo de *Rajamim* en tiempos de ira y transformar toda *Middah* de *Din* en una *Middah* de *Rajamim* absoluto. Le dio trece *Middoth* de *Rajamim*, como dicen nuestros rabinos, de bendita memoria:[5] se hizo un pacto con las trece *Middoth* para que no volvieran en vano. Porque cuando presentamos estas *Middoth* ante él, la *Middah Din* se transforma en *Rajamim* y nuestras faltas son perdonadas, como han dicho nuestros rabinos, de bendita memoria: «Nos enseña que el Santo, bendito sea, envuelve a quien trae nuestras oraciones, como se lo mostró a Moisés en el Sinaí. Dijo: «Siempre que Israel peque, que rece ante mí en este orden y le absolveré de sus pecados». Aquel que entienda esto, comprenderá la profundidad de esta *Halajah*.

ואחר שמסרנו בידך זה העיקר הגדול, יש לנו להודיעך כי כשהגיע הזמן, שאמר הקב"ה לאברהם לגאול את ישראל ממצרים, לא היינו ראויים לגאולה, כמו שגילה הסוד הזה יחזקאל: ביום בחרי ביש־ראל ואשא ידי לזרע בית יעקב ואודע להם בארץ מצרים וגו' ואומר אליהם איש שקוצי עיניו וגו' וימרו בי ולא אבו לשמוע וגו' ואומר לשפוך חמתי וגו' ואעש למען שמי וגו' (יחזקאל כ, ט).

---

5. Véase Talmud, tratado de *Rosh haShannah* (17b).

100b

Y después de poner en tus manos este profundo concepto, debemos contarte lo que el Santo, bendito sea, le dijo a Abraham, que redimiera a Israel de Egipto, que no estaba preparado para la redención, como se muestra en este versículo de Ezequiel: «el día que escogí a Israel, y que alcé mi mano por la simiente de la casa de Jacob, y que fui conocido de ellos en la tierra de Egipto, mas ellos se rebelaron contra mí, y no quisieron obedecerme, dije que derramaría mi ira sobre ellos» (*Ezequiel* XX-5 y 8).

מה עשה הקב"ה? ראה שהגיע הקץ וראה שלא היו ישראל ראויים לגאולה, אז נתגלו פני הכתר הוא עולם הרחמים הגמורים ואז נתמ־לאו כל הספירות וכל הצינורות חסד ורחמים ועברו פני הזעם, שהרי כל הספירות היו עומדות בשמחה ובחדווה שהרי נתגלו פני הרחמים הגמורים, וזהו שאמר הקב"ה למשה: כה תאמר לבני ישראל אהי"ה שלחני אליכם (שמות ג, יד).

¿Qué hizo el Santo, bendito sea? Vio que había llegado el momento y comprendió que Israel no estaba preparado para la redención, así que descubrió la cara de *Keter*, el mundo de *Rajamim* absoluto, y todas las Sefirot y todos los canales se llenaron de *Hessed* y *Rajamim*, y el enfado pasó. Pues todas las Sefirot se pusieron de pie en la alegría y en la revelación del rostro del *Rajamim* absoluto. Así, el Santo, bendito sea, dijo a Moisés: «Dirás a los hijos de Israel: *Ehieh* me ha enviado a vosotros» (*Éxodo* III-14).

כלומר, עולם הרחמים הגמורים נתגלה על כל הספירות, והופיע שם אהי"ה ונהפכה מידת הדין לרחמים, ובסיבה זו אתם נגאלים. כי לא הייתם ראויים להיגאל מצד מעשיכם הרעים, אלא שהגיע הקץ ונת־גלו פני הרחמים ובשם הרחמים שהוא אהי"ה אתם נגאלין, אף על פי שאינכם ראויים לכך, לפי שזה השם שהוא אהי"ה שהוא עולם הרחמים עושה חסד ומטיב ומרחם וחונן שלא מצד הדין, כמו שנא־מר 'וחנותי את אשר אחון'. וזהו סוד שמסר הקב"ה למשה בגאולת

מצרים. והמבין מה שביארנו בשער זה יוסיף בטחון ושמחה וידע כמה הם רחמים של השם יתברך על בריותיו, ויותר על ישראל שהוא מטיב להם וחונן ומרחם עליהם בהתגלות עולם הרחמים, אף על פי שאינם ראויים לאותם הרחמים, וזהו עניין יציאת מצרים והטעם שה־זכיר בה אהי"ה:

Es decir, en el mundo de *Rajamim* absoluto apareció sobre todas las Sefirot, y el nombre *Ehieh* fue revelado, transformando la *Middah Din* en *Rajamim*. Y ésta es la razón por la que fuiste redimido. Porque no eras digno de ser redimido, a causa de tus malas acciones. Pero llegó el momento y el rostro de *Rajamim* dijo: por el nombre de *Rajamim*, *Ehieh*, eres redimido, aunque no eras digno. Por eso este nombre *Ehieh* representa el mundo de *Rajamim* que actúa con compasión, dispensando exclusivamente el bien, la misericordia, la gracia sin ningún *Din*. Porque ha sido dicho: «Doy gracia a quien doy gracia». Y éste es un secreto que el Santo, bendito sea, transmitió a Moisés para la redención de Egipto. Aquel que comprenda lo que acabamos de explicar en esta Puerta, reforzará su confianza y su alegría en el conocimiento de la benéfica *Rajamim* del *Eterno*, bendito sea, para con sus criaturas. Y más para con Israel, a quien él concede la bendición y la gracia, a través de la revelación del mundo de *Rajamim*, aunque no lo merezca. Esto explica la salida de Egipto y la razón de la mención del nombre *Ehieh*.

ואחר שביארנו לך אלו העיקרים, צריכים אנו להודיעך כי בהיות שם אהי"ה מסתתר בחביונו ושם יהו"ה יתברך דן את בריותיו, כפי הדרך שביארנו בשער השישי, אז הדין נגמר בטוב וברע. ואם חס ושלום גרמו ישראל ונפסק הדין בבית דינו של יהו"ה יתברך, ויצא מן הדין שספירת יסוד ראויה להסתלק ממידת המלכות, אז היא עת החורבן והגלות, ונקראת עת רעה. זהו שאמר הכתוב: מפני הרעה נאסף הצ־דיק (ישעיהו נז, א) ואז נשארת ספירת מלכות הנקראת אדנ"י יבשה מכל טוב עליון, ומתמלאת מכל מיני דין ועונש ומיני משחית.

100b

Y después de exponerte estos principios, debemos enseñarte que como el nombre *Ehieh* el que se esconde en su secreto y el nombre IHVH (יהו"ה), bendito sea, el que juzga a sus criaturas, como explicamos en la sexta Puerta, el juicio se pronuncia en una mezcla de bien y mal. Y si, Dios no lo quiera, la misericordia y la paz fueran traídas por Israel y el juicio fuera decidido en la corte de IHVH (יהו"ה), bendito sea, y se decreta que sefirah *Iesod* debe partir de *Maljut*, entonces sería un período de destrucción y exilio, llamado *At Ra* (tiempo de mal). Y esto es lo que dicen los escritos: «delante de la aflicción es recogido el justo» (*Isaías* LVII-1). Entonces la sefirah *Maljut*, llamada *Adonai*, permanece seca, privada de todas las bendiciones celestiales y está llena de juicios, castigos y todo tipo de corrupción.

אוי לבריות שפוגעת בהן באותה שעה, שאין מי שימלט מידה, וגומרת הדין באף ובחימה ובקצף גדול. אבל בהופיע שם אהי"ה יתברך, וירדו הרחמים דרך הצינורות לשם יהו"ה, אז כל הספירות מתוקנות וכל הצינורות מתישרים, והולכים בהם מיני שפע ורחמים וברכות לשם אדני, אז היא עת רצון. ואז ספירת המלכות מקבלת כל מיני שפע וברכה משם אהי"ה ומשם יהו"ה, ואז כל ברואי עולם עליונים ותחתונים בשמחה ובששון ובכל מיני נחת רוח, ונמצא כל העולם מלא שלום וריעות. והיודעים לסדר שלושת המערכות האלו בזמן הנביאים והתנאים והאמוראים היו דוחין כל גזירות וכל מיני פורענות, והיו עומדים לישראל מגן וצינה וסוחרה, והיו מכוונים ומתקנים צינורות יהו"ה יתברך להיות נמשכים לשם אדנ"י, והיו עולים בתפילתם עד מקור הרצון והיו פותחים שערי עולם הרחמים והיו הספירות מתמלאות שפע ורחמים ואור שאין לו סוף ושיעור, זה שכתוב: אל י"י ויאר לנו (תהלים קיח, כ):

¡Ay de la criatura que los sufra en este momento, porque nadie puede escapar de esta *Middah*, cuyo juicio es la ira, la furia y un gran furor! Sin embargo, cuando aparece el nombre *Ehieh*, bendito sea, *Rajamim* desciende por los canales hasta el nombre IHVH (יהו"ה), entonces todas las Sefirot son reparadas y todos los canales se enderezan y se llenan de *Shefa*, *Rajamim* y bendiciones hasta el nombre *Adonai*. Entonces es tiempo de *Ratzon*. La sefirah *Maljut* recibe toda clase de *Shefa*, bendiciones (101a) del nombre *Ehieh* y del nombre IHVH (יהו"ה). Todas las criaturas de los mundos de arriba y de abajo están en alegría y gozo, el mundo está en paz y hermandad. Aquellos que sabían ordenar las tres Sefirot durante la época de los profetas y los tanaítas, podían soportar todo tipo de sentencias o desastres y defendían a Israel dirigiendo sus oraciones para restaurar las bendiciones de IHVH (יהו"ה), bendito sea, para que continuaran hasta el nombre *Adonai*. Las Sefirot estaban llenas de *Shefa*, *Rajamim* y una luz sin fin ni medida. Y ha sido dicho: «*El* IHVH (יהו"ה), ilumínanos» (*Salmos* XCXVIII-20).

וצריך אתה לדעת עניינים גדולים נרמזו במקרא ואין בני אדם מתעוררים לשית לב עליהם. דע כי בהופיע אור עולם הרחמים, כמו שכתבנו, יופיעו עמו כל מיני טובה ורחמים וחיים. אימתי? בזמן שפני הכת"ר מסתכלין את פני עולם המשפט, וזה שאמר הכתוב: באור פני מלך חיים (משלי טז, טו). ובכל מקום שאתה מוצא בתורה אור פנים, למעלה הוא הסוד, בהיות שערי עולם הרחמים הגדולים נפתחים וכל הספירות מתמלאות רחמים וחיים, ואז כל העולמות בחסד ורחמים ואין כוח בכל בעלי דינים לפגוע בשום בריה בעולם מצד הדין ועונש כלל. וזהו הסוד שאמר: רבים אומרים מ"י יראנו טוב נסה עלינו אור פניך יהו"ה (תהלים ד, ז), אל יהו"ה ויאר לנו (שם קיח, כ), האירה פניך על עבדך (שם לא, יז), כי צדיק י"י צדקות אהב ישר יחזו פנימו (שם יא, ז), פניו מיבעי ליה, אלא בהיות עולם הרחמים ועולם הדין מסתכלין פנים אל פנים אז הכול ברחמים ובשלימות.

Debes saber que en este pasaje se alude a grandes principios, pero ningún hijo de Adán puede revelar el corazón del mismo. Has de saber que cuando aparece la luz del mundo de *Rajamim*, como hemos escrito, aparecen muchas bondades de *Rajamim* y de vida. ¿Cuándo? Cuando la cara de *Keter* se vuelve hacia la cara del mundo de *Mishpat*. Y

101a

esto es lo que está escrito: «en la luz del rostro del rey está la vida» (*Proverbios* XVI-15). Y en cualquier lugar en el que encuentres en la *Torah*: *Or Panim*,[6] su secreto está arriba, cuando las puertas del mundo de la *Rajamim* se abren de par en par y todas las Sefirot están llenas de *Rajamim* y vida, cuando todos los mundos están en *Hessed* y *Rajamim*, ningún juez tiene el poder de infligir nada a las criaturas. Y éste es el secreto de las palabras: «¿Quién nos mostrará el bien? Alza sobre nosotros, oh *Eterno*, la luz de tu rostro» (*Salmos* IV-6). «Dios es el *Eterno* que nos ha resplandecido» (*Ibid.* CXVIII-27). «Haz resplandecer tu rostro sobre tu siervo» (*Ibid.* XXXI-16), «Porque el justo. oh *Eterno*, amó la justicia, al recto mirará sus rostros» (*Ibid.* XI-7). Debería, «rostro» (en singular) pero cuando el mundo de *Rajamim* y el mundo de *Din* están uno frente al otro, entonces todo se cubre de *Rajamim* e integridad.

הנני מבאר.ברוב רחמי השם יתברך על ישראל ציווה לכהניו המקודשים לברכם, ולפי שאפשר שלא יהיו ישראל הגונים לקבל אותה ברכה, שמא יהיו מלוכלכים בכל מיני חטא ועוון, שמא חס ושלום יקטרגו עליהם בעלי הדין הקשה ויאמרו שאין ישראל ראויין לאותה ברכה מאחר שיש בהן חטא ועוון המעכב את הברכה, מה עשה השם יתברך? מסר ביד כהניו המקודשים מפתחות עולם הרחמים ואמר להם: כל זמן שאתם באים לברך את ישראל, פתחו שערי הרצון והכתר כדי שיתעוררו רחמים העליונים ויפתחו שערי החסד והרצון והרחמים הגדולים, ויהיו כל העולמות בשעה שאתם מברכים את ישראל כולן בחפץ וברצון ובחסד וברחמים, ולא יהיה שם מעכב ומקטרג על הברכה. שהרי כששערי הרחמים נפתחים ופנים עליונים מאירים בפנים התחתונים, באותה השעה אין כוח במקטרג ולא בבעל דין למעלה לעורר דין ולא עונש ולא לקטרג, שהרי כל העולמות אחדים וכולם בברכה ובשלמות וברחמים, והלכו פנים של זעם, ואז כל הפנים מאירים. וזהו סוד שציווה בברכת כהנים ואמר: כ"ה

6. Caras de luz.

101a

תברכו את בני ישראל (במדבר ו, כג), כ"ה, בשם המפורש הפותח שערי העליונים ואז כל הפנים מאירין. ומה אתם אומרים? 'יברכך י"י וישמרך', ולקיים הברכה:

Deja que te lo aclare: en su gran misericordia para con Israel, *El Eterno*, bendito sea, ha ordenado a sus sacerdotes que los bendigan, pero teme que Israel no sea apto para recibir la bendición, a causa del pecado y la transgresión, o porque, Dios no lo quiera, de las graves acusaciones que demostrarían que Israel no sea lo suficientemente digno de la bendición. ¿Qué hizo *El Eterno*, bendito sea? Puso en las manos de sus santos sacerdotes las llaves del mundo de la *Rajamim* y les dijo: cada vez que vengáis a bendecir a Israel, abrid las puertas del *Ratzon* y de *Keter*, para que se eleven las misericordias supremas y se abran las puertas de *Hessed*, el *Ratzon* del gran *Rajamim*. Este será para todos los mundos el tiempo de las bendiciones de Israel que contienen el *Ratzon*, *Hessed* y *Rajamim* y nadie podrá pedir contra esta bendición. Porque cuando se abren las puertas de *Rajamim*, los lados superiores brillan sobre los lados inferiores. En ese momento el acusador no tiene fuerzas para protestar, pues los mundos están unidos y llenos de bendiciones, paz y misericordia. Pues los rostros iracundos han dado paso a los rostros luminosos. Y éste es el secreto del precepto *Birkat haKohanim*:[7] *Koh*[8] que bendice a los hijos de Israel» (*Números* VI-23). *Koh*, en el nombre inefable, abre las puertas superiores e ilumina todos los lados. ¿Qué queremos decir? «Que IHVH (יהו"ה) te bendiga y te guarde», y realice la bendición.

'יאר י"י פניו אליך ויחנך'. מהו 'יאר י"י פניו אליך ויחונך'? כלומר, בשעה שיופיעו הרחמים הגדולים מן הכתר העליון, שהם הפנים המאירים לכל הספירות, באותה השעה יגמור רצונך וימלא חפצך מכל צד. ואם הוא אינו מן הדין, שאין אתה ראוי לרחמים, יתן לך

7. La bendición sacerdotal.

8. Así. La guematria de esta palabra es 25.

101a

מתנת חינם ואף על פי שאינך ראוי, כי זו היא דרך הרחמים העליונים והפנים המאירים לתת מתנת חינם לנבראים, כמו שנאמר 'וחנו־תי את אשר אחון', וזהו סוד 'יאר י"י פניו אליך ויחונך והבן זה מאוד. והנה זה מפתח שבו תיכנס לכמה חדרים בתורה אשר ננעלו עליהם השערים, ואשרי הזוכה והעם אשר נתן להם י"י יתברך מתנה גדולה כזאת.

¿»Que IHVH (יהו"ה) ilumine tu rostro y te ame»?[9] Esto significa que cuando el gran *Rajamim* emerja del *Keter Elion*, en el que están los rostros iluminados y todas las Sefirot, tu deseo será completo y tus deseos concedidos. Si la bendición no es merecida y no eres digno de la *Rajamim*, él te concederá un regalo gratuito, aunque no seas digno. Porque ésta es una manera para el *Rajamim* superior y de los rostros iluminados de conceder un don a las criaturas, como ha sido dicho: «y seré clemente para con el que seré clemente».[10] Y éste es el secreto de: «IHVH (יהו"ה) iluminará su rostro hacia ti y encontrarás favor». Entiende bien esto. Y ésta es la llave con la que se puede entrar en muchas habitaciones de la *Torah*, cuyas puertas estaban cerradas. Bendito sea el vencedor y el pueblo a quien IHVH (יהו"ה), bendito sea, ha dado tan gran regalo.

והמבין זה יבין מה שאמר בראש השנה בעניין גזר דין דצבור או די־חיד שהוא נקרע, ומה שאמר בתורה: ומי גוי גדול אשר לו אלהים קרובים וגו' (דברים ד, ז). והנני רומז. דרשו ה' בהמצאו (ישעיהו נה, ו), הרוצה להשיג חפצו ולקרוע גזר דינו ידרוש י"י יתברך בהימצאו, בסוד הכתר העליון שהוא עיקר מציאות קדמון אשר מאמיתתו נגלו הספירות. וזהו דבר עמוק, ועדיין תבין בו עיקרים גדולים בעזרת השם יתברך, ובמילת 'קדם' נבאר בשער זה בעזרת השם יתברך דברים מגלים כמה סתרים בעניין זה.

9. Vèase *Números* (VI-25).

10. Véase *Éxodo* (XXXIII-19).

Aquel que entienda esto, comprenderá lo que se dijo en *Rosh haShanah*, a propósito de s severos veredictos que él emitió.[11] Por eso se dice en la *Torah*: «¿Qué gente grande hay que tenga los (101b) dioses (*Elohim*) cercanos a sí como lo está *El Eterno* nuestro Dios en todo cuanto le pedimos?» (*Deuteronomio* IV-7). Y he aquí una alusión: «llamadle en tanto que está cercano» (*Isaías* LV-6). Aquel que desee cumplir sus deseos y abrogar su severo veredicto, debe buscar a IHVH (יהו"ה), bendito sea, en el lugar donde él está, en el secreto de *Keter Elion*, que es la esencia de la realidad primordial, cuya verdad revelaron las Sefirot. Éste es un asunto profundo y pronto entenderás sus grandes principios, con la ayuda de Dios, bendito sea. La palabra *Kedem*,[12] será explicada en esta Puerta, con la ayuda de Dios, bendito sea, y explicaremos muchos aspectos ocultos de esta palabra.

עתה פקח עיניך וראה מה שמסרנו בידך בשער זה ותוסיף בטחון גדול ותוחלת ותקווה, ותדע ותשכיל כמה היא תועלת התפילה והתחנונים וכמה הוא גדול כוח המצוות שיכולין לפתוח שערי עולם הרחמים ולקרוע גזר דין לדחות כמה מיני עונשים ונזקים, וכשתהיה בוטח בשם יתברך בטחון בלב שלם אז תקרא וי"י יענה (שם נח, ט). והבן מה שאמר: יקראני ואענהו עמו אנכי בצרה וגו' (תהלים צא, טו), ופירוש הפסוק: יקראני, במידת הרחמים הגדולים, ואז, אענהו, עמו אנכי בצרה אחלצהו ואכבדהו. שהרי בשעה שאדם נענש למטה, כביכול יש קלקול בצינורות למעלה, והנני רומז: צור ילדך תשי (דברים לב, יח) השיב אחור ימינו (איכה ב, ג), בכל צרתם לו צר (ישעיהו סג, ט).

Ahora abre los ojos y contempla lo que te hemos dado en esta Puerta, para que crezcan tu confianza y tu esperanza, y sepas cuán útiles son la alabanza y la oración. Conocerás la inmensidad de los preceptos que pueden abrir las puertas del mundo de *Rajamim* y abrogar los du-

11. Véase Talmud, tratado de *Rosh haShannah* (17b).

12. Oriente, este. Alude a lo primordial.

101b

ros veredictos, salvándote así de muchas tribulaciones y castigos. Cuando confíes en *El Eterno*, bendito sea, con un corazón limpio, llamarás y *El Eterno* responderá. Comprende las palabras: «Me invocará, y yo le responderé; con él estaré yo en la angustia» (*Salmos* XCI-15). La explicación del versículo es: «Me invocará», por medio de la *Middah* del gran *Rajamim*, entonces «y yo le responderé que estoy cerca para huir en la angustia, lo libraré, y le glorificaré», cuando un hombre es castigado abajo, los canales son, por así decirlo, destruidos arriba. Así, alegóricamente: «del fuerte que te engendró, te has olvidado» (*Deuteronomio* XXXII-18). «hizo volver atrás su diestra» (*Lamentaciones* II-3). «En toda angustia de ellos él fue angustiado» (*Isaías* LXIII-9).

וזהו סוד 'עמו אנכי בצרה', ואומר בסוף הפסוק 'אחלצהו ואכבדהו'. מהו 'ואכבדהו' במקום זה? אלא עניין גדול מפרש: לא די לו לצדיק הקורא שאחלצהו מצרתו, אלא מאחר שיופיע עולם הרחמים הגדולים ואז כל הספירות העליונות והתחתונות מלאים כל מיני שמחה וברכה וכל מיני אצילות, כל זה היה סיבת זה הצדיק שפתח שערי עולם הרחמים. ומאחר שגרם להיות כל הספירות מתברכות בשבילו, ראוי הוא לנהוג בו כבוד מלמעלה ולמטה, בסוד נגד זקניו כבוד (שם כה, כג), כבוד חכמים ינחלו (משלי ג, לג). והנני רומז:

Y éste es el secreto de «con él estaré yo en la angustia», y al final del versículo dice: «lo libraré, y le glorificaré». ¿Qué significa «le glorificaré» en este contexto? Aquí se explica un concepto importante. Aunque el mundo del Gran *Rajamim* ha aparecido y todas los Sefirot superiores e inferiores se han llenado de alegría, bendiciones y emanaciones, y todo ello gracias al *Tzaddik* que es el que abre las puertas del mundo de *Rajamim*. Después de haber provocado la bendición de todas las Sefirot, es conveniente que sea glorificado arriba y abajo: «y delante de sus ancianos fuere glorioso» (*Isaías* XXIV-23). «los sabios heredarán la honra» (*Proverbios* III-35).

ואכבדהו, אדבקהו באור הנקרא כבוד. והבן זה. אמנם יש לך להתבו־נן בכל מה שביארנו בשער זה כי שם אהי"ה הוא סוד עולם הרחמים, הוא סוד הכתר העליון, והוא הרמוז בקוצו של יו"ד של שם יהו"ה יתברך, וממנו ישאבו כל הספירות עד הגיעם לספירת המלכות שהוא סוד אדנ"י. ובעזרת השם אם תזכה עדיין תשמע בשם אהי"ה קבלות עמוקות ונסתרות, ואין כוונתנו להאריך בעניין זה יותר משיעור זה עכשיו:

«Le glorificaré», le adjuntaré la luz llamada *Kavod* (Gloria). Entiende bien esto. Ciertamente, has de contemplar lo que hemos explicado en esta Puerta, a saber, que el nombre *Ehieh* es el secreto del *mundo de Rajamim*, el secreto de *Keter Elion*, que alude a la corona de la *Iod* del nombre IHVH (יהו"ה), bendito sea, del cual se derivan todas las Sefirot hasta *Maljut*, que es el secreto del nombre *Adonai*. Con la ayuda de Dios, si eres digno, entenderás por el nombre *Ehieh* tradiciones profundas y ocultas, pero no es nuestra intención extendernos en este tema por el momento.

והספירה הזאת נקראת בתורה במקומות הרבה בדרך רמז הוא. והנני מבאר. דע כי בהיות ספירת הכתר נסתרת ונעלמת, אין מי שיוכל להת־בונן בה דבר כי אם על ידי שמיעת האוזן ולא על ידי ידיעה, כדמיון מה שאמר: אבדון ומות אמרו באזנינו שמענו שמעה אלהים הבין דרכה והוא ידע את מקומה (איוב כח, יג). ולפי רוב התעלמותה נק־ראת בתורה בלשון 'הוא', כמי שאינו עומד לנוכח הפנים. כיצד? כבר ביארנו כי הכתר עליון הוא אהי"ה, וקו האמצעי הוא יהו"ה יתברך, וסוד המלכות הוא אדנ"י; כל אלו הג' ספירות הן סוף וראש ואמצע, לכל אחת מהן יש בתורה לשון ידוע שרומז על אותה ספירה.

Esta sefirah se llama alusivamente *Hu* (él) en la *Torah* y en muchos lugares. Y he aquí la explicación. Has de saber que, ya que la sefirah *Keter* está oculta y escondida, nadie puede contemplar nada más que por medio del oído y no por conocimiento, como lo h dicho: «El infierno y la muerte dijeron: su fama hemos oído con nuestros oídos» (*Job*

101b-102a

XXVIII-22). Debido a su intensa ocultación, se le llama *Hu* en la terminología de la *Torah*, como alguien que nunca se encuentra cara a cara. ¿Cómo? Hemos explicado que *Keter Elion*, es *Ehieh*, que la línea del medio, es IHVH (יהו"ה), bendito sea, y que el secreto de *Maljut*, es *Adonai*, estas tres Sefirot representan el final, el principio y el medio. Con cada una de ellas tiene un término en la *Torah* que alude a ella.

כיצד? שם אהי"ה נרמז בתורה בלשון 'הו"א', כמי שאינו עומד פנים בפנים לפי רוב התעלמותו, ואל זה רמז בכמה מקומות בתורה, לפי שזהו עולם הרחמים וממנו יבאו כל מיני סליחה וכפרה, כמו שביארנו בשער זה, והוא מעביר כל מיני דינין קשים ומבטלן בהתגלותו. ולפיכך אמר והו"א רחום יכפר עון ולא ישחית והרבה להשיב אפו ולא יעיר כל חמתו (תהלים עח, לח).

¿Cómo? El nombre *Ehieh* está representado de forma alusiva por el término *Hu*. Como quien no puede afrontar su inmensa ocultación (102a). Y a esto se alude en varios lugares de la *Torah*, pues es el *Mundo de Rajamim* del que vendrán el perdón y la expiación, como ya hemos explicado en esta Puerta, donde tienen lugar todo tipo de juicios severos que son anulados por su aparición. Por eso ha sido dicho: misericordioso, perdonaba su iniquidad, y no los destruyó; y abundó su misericordia para apartar su ira, y no despertó toda su ira» (*Salmos* LXXVIII-38).

ואם תתבונן בפסוק זה תראה כמה דברים שפירשנו בשער זה, שכולן נכללים בזה הפסוק יאל זה רמז: צדיק וישר הו"א (דברים לב, ד), וכן בשאר כל המקומות שתמצא לשון 'הו"א' מדבר בשם יתברך יש לך להתבונן בעומק רמזיו כיצד הוא ראוי להתבונן. וכן: הו"א תהלתך והו"א אלהיך (שם י, כא), כי הו"א אלהינו ואנחנו עם מרעיתו (תהלים צה, ז), י"י הו"א האלהים (מלכים, יח, לט). וצריך להתבונן בכל התורה בכיוצא באלו המקומות ולדעת כיצד ספירת הכתר מתגלית בשאר הספירות, בכל פסוק כפי שהוא רמוז, ולדעת מה טעם קשר

'הו"א' עם תהילה ו'הו"א' עם אלהים כשאמר 'הו"א תהלתך והו"א אלהיך'.

Y si analizas este versículo con atención, descubrirás varias cosas que hemos explicado en esta Puerta. Todo está contenido en este versículo: «*Hu* es justo y recto» (*Deuteronomio* XXXII-4). Del mismo modo, en otros lugares en los que se utiliza la palabra *Hu* para designar al Eterno, bendito sea, se puede contemplar la profundidad de la alusión y la forma de entenderla. Así: «*Hu* es tu alabanza, *Hu* es tu Dios» (*Deuteronomio* 10:21), «porque *Hu* es nuestro Dios y nosotros el pueblo de su prado» (*Salmos* XCV-7), «IHVH (יהו"ה), *Hou* es *Elohim*» (1 *Reyes* XVIII-39). Es necesario analizar pasajes similares a lo largo de la *Torah* y conocer la forma en que se revela la sefirah *Keter* en las demás Sefirot, en todos los versículos que aluden a ella, para descubrir la conexión entre *Hu* y alabanza y *Hu* y «*Elohim*», cuando se dice: «*Hu* es tu alabanza, *Hu* es tu Dios».

אשרי אוזן שומעת להבין דבר זה. וכבר הוא ידוע למקובלים מהו 'תהלתך' ומהו 'אלהיך', כי במקום זה רומז על צדק עליון ועל צדק תחתון, שהן סוד שתי ההי"ן של שם המיוחד שבהן כל הספירות נקשרות. ולפיכך אמר לשון 'הו"א' עם כל אחת מהם, כלומר שבעולם הרחמים נתגלה לישראל בצאתם ממצרים ובזה מתנהג עמהם במדבר, כאומרו: אשר עין בעין נראה אתה י"י (במדבר יד, יד), וזהו סוד: ותחס עיני עליהם משחתם ולא עשיתי אותם כלה במדבר (יחזקאל כ, יז).

Dichoso es el oído que escucha y entiende esto. Ya es conocido por los cabalistas que *Hu* es «tu alabanza» y «tu Dios», pues aquí hay una alusión a la justicia superior y a la Justicia inferior, que son el secreto de las dos *He* del nombre unificado, al que están conectadas todas las Sefirot. Así, el término *Hu* se menciona con cada una de ellas, para indicar que a través del Mundo de *Rajamim*, él estuvo con Israel durante el exilio en Egipto y en el desierto, pues ha sido dicho: «que ojo

102a

a ojo aparecías tú, IHVH (יהו"ה)» (*Números* XIV-14). Y éste es el secreto de: «Con todo, los perdonó mi ojo, no matándolos, ni los consumí en el desierto» (*Ezequiel* XX-17).

וזהו טעם המן, והבאר, והשלו, ועֲנני הכבוד, ושאר נסים ונפלאות שבמדבר. לפיכך נאמר 'הוא תהלתך והוא אלהיך', שאלמלא שספירת הרחמים הנקראת 'הו"א' היתה נגלית תמיד במדבר על ספירת אדנ"י והיתה משפעת לה ברכותיה ואור הפנים והרחמים, כמה פעמים עשתה ספירת אדנ"י לישראל כלה במדבר, וזהו סוד: ועתה יגדל נא כח אדנ"י כאשר דברת לאמר (במדבר יד, יז), ואומר: יהו"ה ארך אפים ורב חסד.

Es el sabor del maná, el bien, la serenidad, las nubes de *Kavod* (gloria) y las demás maravillas que ocurrieron en el desierto. Así, ha sido dicho: «*Hu* es tu alabanza, *Hu* es tu Dios». Porque si no hubiera sido por la influencia permanente de sefirah *Rajamim*, llamada *Hu*, sobre sefirah *Adonai* durante la estancia en el desierto, y si no hubiera extendido su bendición, su rostro radiante y su misericordia en muchas ocasiones, sefirah *Adonai* habría dejado a Israel en el desierto. Y éste es el secreto de: hora, pues, yo te ruego que sea magnificada la fortaleza de *Adonai*, como lo hablaste, diciendo» (*Números* XIV-17). Y ha sido dicho: «IHVH (יהו"ה) lento a la ira y abundante en compasión».

כמה עמוקים כלולים במקומות הללו. וזהו סוד שאמר: הו"א תהלתך והו"א אלהיך, ולפיכך אמר להלן בפסוק זה: אשר עשה אתך את הגדולות ואת הנוראות האלה אשר ראו עיניך. ובדרך זה צריך אדם להתבונן בכל מקום שנאמר בתורה בעניין זה לשון 'הו"א' כי הדבר רומז בקשר ספירת עולם הרחמים עם שאר הספירות. ודבר זה עמוק עד מאוד, צריך אדם למסרו בקבלה פה אל פה לדעת הדרך אשר ילך בה להתבונן כיצד ספירת הרחמים נגלית על שאר ספירות וכיצד הוא מהפך מידת הדין למידת רחמים. וכל זה ברמזים שבאו בתורה בלשון

'הו"א, וכן מה שאמר: ראו עתה כי אני אני הוא (דברים לב, לט), וכמה כיוצא בזה:

¡Cuánta profundidad contienen estos lugares! Éste es el secreto de lo dicho: «*Hu* es tu gloria y *Hu* es tu Dios». Por eso el versículo continúa con: «Él ha hecho por ti esas cosas grandes y asombrosas que tus ojos han visto». De este modo, hay que analizar cada lugar en el que la *Torah* utiliza el término *Hu*, porque alude a la unión de la sefirah del mundo de *Rajamim* y las demás Sefirot. Ésta es una palabra muy profunda, que el hombre recibe a través de la Cábala oral para saber cómo progresar y entender la forma en que la sefirah de *Rajamim* está conectada con las otras Sefirot y cómo mezcla la *Middah* del *Din* con la *Middah* de *Rajamim*. Todo esto se insinúa en la *Torah* utilizando el término *Hu*, así ha sido dicho: «Mira ahora que yo, yo soy *Hu*» (*Deuteronomio* XXXII-39). Y hay otros (ejemplos) como éste.

ואחר שביארנו לך קצת הרמזים בספירת הכתר הנקראת 'הוא', צריכים אנו לומר לך כי ספירת התפארת הנקראת יהו"ה יתברך גם היא הרמז המורה עליה בתורה הוא לשון 'את"ה', וסימן: את"ה נורא את"ה (תהלים עו, ח). וכבר כתבנו זה בשער השישי ורמזנו בשער א'. ולפי שספירת התפארת הנקראת יהו"ה פעולותיה גלויות יותר מספירת הכתר, נקראת בתורה ברמז בלשון 'את"ה' כמו שאומר לנוכח. וזהו סוד התחלת התפילות: 'את"ה חונן לאדם דעת', 'את"ה קדשת את יום השביעי', 'את"ה בחרתנו מכל העמים', ולשון קביעות הברכות בלשון 'אתה' כאומרו: ברוך אתה י"י למדני חקיך (שם קיט, יב). וכבר ביארנו זה בשער ה':

Y después de haberte explicado algunas alusiones relativas a la sefirah *Keter*, llamada *Hu*, debemos enseñarte que (102b) la sefirah *Tiferet*, llamada IHVH (יהו"ה), bendito sea, también tiene un término que la designa por alusión en la *Torah*, es *Atah* (tú). Y la señal es: «Tú, terrible eres tú» (*Salmos* LXXVI-8). Ya lo hemos escrito en la sexta Puerta y hemos aludido a ello en la primera. De acuerdo con la sefirah

102b

Tiferet, llamada IHVH (יהו"ה), cuyos actos son más aparentes que la sefirah *Keter*, se refiere alusivamente en la *Torah* como *Atah*, como se hace en presencia de alguien. Y éste es el secreto del comienzo de las oraciones: «*Atah* dio conocimiento al hombre», «*Atah* santificó el séptimo día», «*Atah* nos ha elegido entre las naciones». El término utilizado en las bendiciones es *Atah* pues se dice: «Bendito seas *Atah* IHVH (יהו"ה), enséñame tus leyes» (*Salmos* CXIX-12). Ya lo hemos explicado en la Quinta Puerta.

וכן הספירה האחרונה הנקראת אדנ"י, הלשון הרומז עליה בתורה הוא לשון אנ"י: ראו עתה כי אנ"י אנ"י הוא. מהו 'אנ"י אנ"י'? הודיע סוד יניקתה דרך גדולה וגבורה ודרך נצח והוד; פעמים יונקת מצד הרחמים וכל העולם בטוב ושלמות, ופעמים יונקת מצד הדין וכל העולם במיני צער ועונש. זהו שאמר הכתוב 'ראו עתה כי אנ"י אנ"י הוא', וחזר ופירש: 'אני אמית ואחיה מחצתי ואני ארפא', הרי הכול מבואר.

Así, la última sefirah llamada *Adonai*, se indica alusivamente en la *Torah* con el término *Ani* (yo). Ahora observa: *Ani Ani Hu* (Yo soy él) ¿Por qué *Ani, Ani*? Esto anuncia un secreto, *Ani* es reforzado por una parte por *Guedulah* y por otra por *Netzaj* y *Hod*. A veces depende del lado de *Rajamim* y el mundo es totalmente bueno e integrado, y a veces depende del lado del *Din*, entonces el mundo sufre todo tipo de castigos y tormentos. Esto es lo que está escrito: «Mira, ahora *Ani, Ani, Hu*», y continúa con: «Soy yo quien mata y da vida; cuando he herido, soy yo quien cura»[13] y así se explica todo.

---

13. Véase *Deuteronomio* (XXXII-39).

102b

והנני רומז: עץ הדעת טוב ורע, גמלתהו טוב ולא רע כל ימי חייה (משלי לא, יב), כי הוא רומז אל החיים הנצחיים. המבין זה יבין למה כפל הלשון 'כי אנ"י אנ"י הוא' והסוד: אנ"י י"י אלהיכם אשר הוצא־תי אתכם מארץ מצרים להיות לכם לאלהים אנ"י י"י אלהיכם. המ־בין בפסוק זה ראש וסוף יבין סוד 'כי אנ"י אנ"י הוא', וסוד 'אני אמית ואחיה'. וזהו סוד שרמזו בתורה בכמה מקומות, במצות עשה ובמ־צות לא תעשה, 'אנ"י י"י': לעני ולגר תעזוב אותם אני י"י (ויקרא יט, י), לא תקלל חרש ולפני עור לא תתן מכשול ויראת מאלהיך אני י"י (שם, יד), ושתי המידות כאחד י, לא תקום ולא תטור את בני עמך ואהבת לרעך כמוך אני י"י (שם, יח).

He aquí la pista: el árbol del conocimiento del bien y del mal, «le dará bien y no mal, todos los días de su vida» (*Proverbios* XXXI-12), porque alude a la vida eterna. Aquel que entienda esto, comprenderá la expresión *Ani Ani Hu* y el secreto de: «*Ani El Eterno* tu Dios, que te sacó de la tierra de Egipto, para ser tu *Elohim. Yo soy El Eterno Elohim*». Aquel que penetra en el versículo al principio y al final, comprenderá el secreto de: porque *Ani*, yo soy *Hu*, y el secreto de «*Ani* doy la muerte y vida». Y éste es un secreto que aparece insinuado en la *Torah* en varios lugares, en los preceptos positivos y en los preceptos negativos sobre «*Ani el Eterno*», para el pobre y para el extranjero los dejarás, *Ani El Eterno* vuestro *Elohim*» (*Levítico* XIX-10), y: «No maldigas al sordo, y delante del ciego no pongas tropiezo, mas tendrás temor de tu Dios. *Ani el Eterno*» (*Íbid.* XIX-14). Y estas dos *Middoth* se combinan en: «No te vengarás, ni guardarás rencor á los hijos de tu pueblo: mas amarás a tu prójimo como a ti mismo: *Ani el Eterno*» (*Íbid.* XIX-18).

הכול מבואר היטב. וכמה הלכות ומדרשות בתלמוד שאין להם סוף תלויות באלו הרמזים שכתבנו. הנה בכל מקום שדרשו 'אני י"י', פע־מים דרשוהו, דיין להיפרע, פעמים דרשוהו, ראוי לשלם שכר. המבין מה שביארנו יבין מאיזה טעם דרשוהו חכמים דברים אלו. ובשני אלו הדברים שאמרנו נכללים כל הדרשות שפירשו חכמים בכל מקום שאמר 'אני י"י', ואף על פי שנשתנו הלשונות בדרשות רכבר הרח־

102b

בנו הביאור במילת 'אני י"י' בשער ה' וכתבנו שם דברים המאירים עיניך, ואתה התבונן בהם ובמה שכתבנו כאן והיו לאחדים בידך, ואז תראה כמה נפלאות רמוזות בתורה ותשמח באורך ותראה סתריהם גלויים לעיניך. וכמדומה לנו שדי לך במה שרמזנו לך בשער זה במי־לת 'הו"א' הנאמר בשם יתברך, ובעזרת השם אם תזכה עוד תקבל סתרים ונעלמות בעניינים הללו מפה אל פה. והספירה הזאת נקראת בתורה בלשון אין. צריך אתה לדעת כי לפי רוב התעלמות ספירת הכת"ר והיותה נסתרת מכל הנבראים ואין מי שיוכל להתבונן בה זולתי לשמע אוזן, כמו שכתבנו למעלה, לפיכך נקראת בלשון אי"ן: הי"ש ה' בקרבנו אם אי"ן (שמות יז, ז), שהם סוד שתי הספירות הע־ליונות המתאחדות באות יו"ד של שם יתברך. וצריך אתה לדעת גם כן סוד מה שרמז:

Y todo está bien explicado. Y muchas leyes y sermones interminables en el Talmud dependen de esas alusiones que escribimos. A veces han entendido *Ani* IHVH (יהו"ה) como que él es un juez que dicta su sentencia, a veces como que dispensa una recompensa. Aquel que entienda lo que hemos dicho, comprenderá la forma en que los sabios interpretan estas cosas. Estas dos afirmaciones, que acabamos de exponer, incluyen todas las interpretaciones de los sabios para todos los lugares donde dice: *Ani* IHVH (יהו"ה), aunque la terminología puede cambiar según los sermones. En la quinta Puerta ya dimos una interpretación de *Ani* IHVH (יהו"ה) y escribiremos cosas que iluminarán tus ojos y podrás entender nuestra presentación, que está en tus manos, descubrirás las maravillas aludidas en la *Torah*. Te regocijarás en tu luz y verás sus misterios revelados a tus ojos. Creemos que te hemos dado suficiente información en esta Puerta, sobre la palabra *Hu*, mencionada en el nombre, bendito sea, y con la ayuda de Dios, si eres digno, recibirás los misterios relativos a los temas de la tradición oral. Y esta sefirah recibe en la *Torah* el nombre *Ein* (nada). Debes saber que debido a la naturaleza oculta de la sefirah *Keter*, porque está oculta a todas las criaturas y nadie puede contemplarla sino escuchando, como hemos escrito anteriormente, se la designa con el término *Ein*: «¿Está (*Iesh*), pues, *el Eterno* entre nosotros, o no (*Ein*)?» (*Éxodo* XVII-7). Y éste es el secreto de las dos Sefirot superiores, unificadas por la letra *Iod* del nombre, bendito sea. También necesitas conocer el secreto de lo que hemos aludido:

והחכמ"ה מאי"ן תמצא (איוב כח, יב). באמת הסוד יו"ד של שם מסוד הקוץ העליון נתגלית, וזהו 'והחכמה מאין תמצא', וסימן, אות יו"ד ונקודה שעליה. ודע כי בהיות העולם נדון בכמה דינים קשים לפי רוב פשעיהם וחטאתם, צריכים בני העולם למהר ולהתאחז בספירה זאת למען ימצאו רפואה לכל נגע ולכל מחלה, וזהו שאמר הכתוב: שיר למעלות אשא עיני אל ההרים מאי"ן יבא עזרי (תהלים קכא, א). המבין פסוק זה יתבונן כמה דברים שרמזנו בשער זה, כי בהתג־לות עולם הרחמים ונמצאו פנים מאירים אז מידת הדין נהפכת למי־דת הרחמים, וזהו 'מאין יבא עזרי' ו'עזרי מעם י"י', ולא אמר מאת י"י או מי"י אלא 'מעם י"י', שזהו קוץ יו"ד של שם המיוחד וזהו מעם י"י, ואם תתבונן תתפלא ותשמע ותבין, כי אין כוח בכל אדם להבין דבר זה על עיקרו לפי שישתבשו בכמה מקומות שמוצאים כתוב בדמיון זה, כאמרו ויהי שם עם י"י (שמות לד, כח) ויחשבו שזה שווה לזה, וכמה גבולים יש ביניהם ואין אנו בביאור זה עכשיו.

«La *Jojmah* está en *Ein*» (*Job* XXVIII-12). En verdad, el secreto de la *Iod* del nombre es el secreto de la corona superior, revelado por «*Jojmah* está en *Ein*». Esto se simboliza con la letra *Iod* y por el punto superior. Has de saber que (103a) sometidos a muchos severos juicios debidos a los pecados y transgresiones del mundo, nosotros, los hijos del mundo, debemos apresurarnos a apegarnos a esta sefirah, para que seamos curados de todas las plagas y enfermedades, como dice lo que está escrito: «Canto de las alturas. Alzaré mis ojos a los montes, de donde (*Ein*) vendrá mi socorro.» (*Salmos* CXXI-1). Aquel que entienda este versículo comprenderá muchas de las cosas a las que nos hemos referido en esta Puerta. Porque cuando el *Mundo de Rajamim* se revela y el rostro se ilumina, entonces la *Middah Din* se transforma en la *Middah Rajamim*. Y éste es el significado de «de *Ein* vendrá mi socorro», y no «mi socorro viene de lo que está con IHVH (יהו"ה)», que es la co-

103a

rona de la *Iod* del nombre unificado, que significa «lo que está con IHVH (יהו"ה)». Si piensas así, te asombrarás, escucharás y comprenderás que ningún humano tiene la capacidad de entender esto, porque se equivocaría al entender ciertos pasajes, como: «Y estaba allí con IHVH (יהו"ה)» (*Éxodo* XXXIV-28), pensando que son equivalentes, sin poder discernirlos, pero no tenemos espacio para explicarlo ahora.

עוד צריך אני לעוררך ברמזים במקום זה בסוד מילת אי"ן, שהיא הספירה הראשונה, ובסוד ספירת אנ"י, שהיא הספירה האחרונה. א', סוד קוצו של יו"ד, עולם הרחמים, אהי"ה, י', סוד עצם החכמה והתפשטות המחשבה, אות ראשונה של שם. נו"ן פשוטה סוד המ־שכת שפע הברכה והרחמים מספירה לספירה עד הגיעם לספירת המלכו"ת. והנני מבאר ן' פשוטה נ' כפופה: ן' פשוטה, עולם הרחמים אשר הם נמשכים דרך קו התפאר"ת; נ' כפופה היא סוד המלכות המקבלת שפע הברכות ומיני האצילות הנשפעים מספירת אי"ן, דרך הצינורות על ידי הספירות, עד הגיעם לספירת אנ"י. וזהו סוד עולם המשפיע ואינו מקבל, וסוד המקבל ואינו משפיע לכיוצא בדבר שהוא מתאחד בו אלא לדברים שחוץ לו ממנו.

También me gustaría llamar tu atención con alusiones relativas al secreto de la palabra *Ein*, que es la primera sefirah, y el secreto de la sefirah *Ani*, que es la última sefirah. *Alef* es el secreto de la corona de *Iod*, el *Mundo de Rajamim*, *Ehieh*. *Iod*, el secreto de la sustancia de *Jojmah* y la expansión del *Majshavah*, es la primera letra del nombre. La *Nun* alargada (de final de palabra) es el secreto de la Shefa, de la bendición y la misericordia que se transmite de sefirah a sefirah para llegar a la sefirah *Maljut*. Aquí está la explicación. La *Nun* final es alargada y la *Nun* es curvada. La *Nun* alargada es el *Mundo de Rajamim* que se extiende por el eje de *Tiferet*. La *Nun* doblada es el secreto de *Maljut*, que recibe la afluencia de bendiciones y todo tipo de emanaciones de la sefirah *Ein*, viajando por los canales a través de las Sefirot, para llegar a sefirah *Ani*. Y éste es el secreto del mundo que influye y no influye, mientras que el secreto de lo que influye y no influye se refiere a las cosas fuera de él.

ורמז הדבר שהרי אותיות אנ"י הן כאותיות אי"ן; ומה שהמיר הלשון, פעם הנו"ן קודם ליו"ד ופעם היו"ד קודם לנו"ן, התבונן במה שפירשנו לעילא בנו"ן כפופה נו"ן פשוטה ויתגלה לך האמת. ובשלושה דרכים מקבלת ספירת אנ"י מספירת אי"ן. האחד רמוז: וישם כתר מלכו"ת בראשה (אסתר ב, יז) השני: יהו"ה אדנ"י חילי (חבקוק ג, יט) והש־לישי: ברוך יהו"ה מציו"ן שוכן ירושלי"ם (תהלים קלה, כא), היודע לכוון דרך שלושה דרכים הללו ויודע לכוון הצינורות לספירות, עליו נאמר: אשגבהו כי ידע שמי (תהלים צא, יד):

Esto se refiere a las letras de *Ani*, que son idénticas a las letras de *Ein*. La diferencia es que a veces la *Nun* precede a la *Iod* y a veces la *Iod* precede a la *Nun*. Contempla lo que hemos explicado anteriormente, en relación con la *Nun* alargada y la *Nun* curvada y la verdad se te presentará. La sefirah *Ani* está relacionada con la sefirah *Ein* de tres maneras. La primera es alusiva: «Puso *Keter Maljut* sobre su cabeza» (*Esther* II-17). La segunda: «IHVH (יהו"ה) *Adonai* es mi fuerza» (*Habacuc* III-19). La tercera: «Bendito sea IHVH (יהו"ה) de Sion, que habita en Jerusalén» (*Salmos* CXXXV-21). Aquel que sabe dirigir sus pensamientos según estos tres caminos, sabe dirigir los canales hacia las Sefirot, y ha sido dicho a propósito de él: «pondrélo en alto, por cuanto ha conocido mi nombre» (*Salmos* XCI-14).

והספירה הזאת נקראת קדם. והנני מבאר. דע כי קודם בריאתו של עולם אין בשום בריה כוח לדרוש ולחקור, לפי שהפרגוד ננעל לפניו וכאילו לא חס על כבוד קונו. וכבר אמרו בפרק אין דורשין: למן היום אשר ברא אלהים אדם על הארץ (דברים ד, לב), יכול ישאל אדם קודם שנברא העולם? תלמוד לומר למן היום אשר ברא אלהים אדם על הארץ אתה ראוי לשאול, אבל קודם לכן לא ולפי שספירת הכת"ר הנקראת אהי"ה קדמה לכל, ובה היו כל הספירות נכללות ונסתרות

103a - 103b

קודם שנברא העולם, וכשעלה במחשבה לברוא העולם נתגלו הס־
פירות מסת"ר הכת"ה, לפיכך נקראת 'קדם', שהיא קודמת לכול לפי
שהיא הספירה אשר ממנה נתגלו סתרי הספירות. והנני מבאר.

Esta sefirah se llama *Kedem*. Y he aquí la explicación. Has de saber que antes (*Kodem*) de la creación del mundo, ninguna criatura tenía la capacidad de cuestionar e investigar, pues la cortina de separación, el *Pargod*, se extendía ante ellas, como si el creador no se interesara por ellas. Se ha dicho, en la sección *Ein Deroshin*:[14] «desde el día en que *Elohim* creó a Adán en la Tierra» (*Deuteronomio* IV-32), uno podría preguntar, ¿fue Adán creado antes de que el mundo lo fuera? El Talmud dice que desde el día en que *Elohim* creó a Adán en la Tierra se puede preguntar, pero no. Porque la sefirah *Keter*, llamada *Ehieh*, precedió a todo, y todo (103b) estaba contenido en ella antes de que el mundo fuera creado. Cuando el pensamiento surgió para crear el mundo, fueron revelados por el misterio de *Keter*, que se llama hecho *Kedem*, que precede a todo, porque es la sefirah que desvela todos los misterios de las Sefirot. Y he aquí la explicación:

ויטע י"י אלהים גן עדן מקד"ם (בראשית ב, ח), סוד נטיעו"ת הג"ן
ערוכות בעד"ן נטועו"ת בג"ן. פירוש; הנטיעו"ת נטועו"ת בג"ן והג"ן
נטו"ע בעד"ן, והוא סוד הייחוד השלם האמיתי. והנטיעו"ת והג"ן
והעד"ן מהיכן נתגלו? מקד"ם, מן הכת"ר העליון; 'ויטע ה' אלהים
גן בעדן', מהיכן נטעו? מקדם. והכול מבואר, והנני רומז: ומוצאותיו
מקדם מימי עולם (מיכה ה, א), מוצאותיו בוודאי הם מקדם, כי
מקדם יצאתה התפשטות המחשבה וסוד התגלות הספירות. ובעוד
שספירת קד"ם מאירה פניה ומתגלית אז כל הספירות בחדווה ובהש־
קט ובשמחה וכל העולמות ברצון. שער עשירי הספירה הראשונה:

14. Véase Talmud, tratado de *Jaguigah* (11b).

103b

«Y IHVH (יהו"ה) *Elohim* plantó un jardín Edén *meKedem*» (*Génesis* II-:8). El secreto es que las plantaciones en el jardín fueron preparadas en el Edén y luego plantadas en el jardín. Esto significa que las plantaciones están plantadas en el jardín y el jardín está plantado en el Edén, y es el secreto de la unidad completa y verdadera. ¿Desde dónde se revelan las plantaciones, el jardín y el Edén? De *Kedem*, de *Keter Elion*. ¿»IHVH (יהו"ה) *Elohim* plantó un jardín»? ¿Desde dónde se plantó? De *Kedem*. Ahora todo está explicado. Esta es la señal: «desde los días de los siglos» (*Miqueas* V-2). Sus orígenes provienen naturalmente de *Kedem*, ya que es de *Kedem* de donde provienen la expansión de la *Majshavah* y el secreto de la revelación de las Sefirot. Cuando la sefirah *Kedem* ilumina su rostro y despierta, todas las Sefirot se llenan de alegría y de todos los mundos de *Ratzon*.

ודע כי דור הפלגה תחילה היתה ישיבתם בחיבור אחד, שנאמר: שפה אחת ודברים אחדים (בראשית יא, א), ועל זה רמז: ויהי מושבם ממשא בואכה ספרה הר הקדם (שם י, ל). וכשרצו לקצץ בנטיעות כתיב: ויהי בנסעם מקדם וימצאו בקעה בארץ שנער (שם יא, ב), אותה הבקעה מקום התקלה מוכנת לפורענות, וראויה היתה להיותה סיבה למרוד ביחידו של עולם, ואלמלא שנתפלגו ונתפזרו יכולין היו לקצץ בנטיעות הגן והעדן. ואף על פי שלא נגמרה מחשבת דור הפלגה באותה בקעה, לאחר זמנם נתגלה פורענותם.

Has de saber que la generación de la división[15] estaba originalmente unificada, pues ha sido dicho: «Todo el pueblo usaba la misma lengua y las mismas palabras» (*Génesis* XI-1). Y alegóricamente: «Y fue su habitación desde Mesa viniendo de Sefar, monte de Kedem» (*Génesis* X-30). Cuando quisieron reducir lo que se había plantado, está escrito: «Y aconteció que, cuando partieron de oriente, hallaron una vega en la tierra de Sinar» (*Génesis* X-2). Este mismo valle, un lugar donde se

15. Se trata de la generación de la torre de Babel.

103b - 104a

puede tropezar fácilmente, está preparado para el tormento, y se presta a la rebelión contra el único en el mundo. Y si no se hubieran dispersado y dividido, habrían asolado lo que estaba plantado en el jardín y en el Edén. Aunque los pensamientos de la generación dividida no cesaron en ese valle, después del tiempo que pasaron se descubrió su desgracia.

הם אמרו: ונעשה לנו שם (שם, ד) ובא נבוכדנצר אחר שהחריב ארצות ועקר מלכויות ופשט ידו בבית המקדש, וירא כי יכול לו, חזר להוציא לפועל המחשבה הרעה אשר יזמו דור הפלגה לעשות. וזהו סוד שאמר: נבוכדנצר מלכא עבד צלם די דהב רומה אמין שתין פתיה אמין שת אקימה בבקעת דורא במדינת בבל (דניאל ג, א), וזהו:

Dijeron: «y hagámonos un nombre» (*Génesis* XI-4). Y Nabucodonosor vino tras él, que destruyó tierras y desarraigó reinos y devastó el templo, al ver que podía hacerlo, volvió a activar el mal pensamiento que la generación de la división había fabricado (104a). Y éste es el secreto de las palabras: «El rey Nabucodonosor hizo una estatua de oro, la altura de la cual era de sesenta codos, su anchura de seis codos; la levantó en el campo de Dura, en la provincia de Babilonia» (*Daniel* III-1).

'וימצאו בקעה בארץ שנער על כן קרא שמה בבל' (בראשית יא, ט). ואותו הרשע רצה לגמור כוונת דור הפלגה שלא יכלו לה, ומה עשה? ציוה לקבץ כל האומות להשתחוות לאותו צלם ורצה לקיים בה מה שאמרו 'ונעשה לנו שם'. ובאותו היום קיבץ כל עממיא אומיא ולשניא לחנוכת צלמא והכניס בפיו כלי מכלי בית המקדש שהיה שם חקוק בו, כדי לגמור מחשבת דור הפלגה. והכרוז קורא למעלה: ופקדתי על בל בבבל והוצאתי את בלעו מפיו ולא ינהרו אליו עוד גוים (ירמיהו נא, מד), ובא דניאל וגזר לצאת בלעו של צלם מפיו ואז נפל הצלם ונשבר, 'על כן קרא שמה בבל כי שם בלל ה' שפת כל הארץ

104a

ומשם הפיצם ה' וגו'. המבין זה יבין סוד כל מה שנאמר בפרשת דור הפלגה ופרשת צלם נבוכדנצר, וידע היאך הדברים אחדים, וידע עד היכן הגיעה כוונתו של אותו הרשע באותו צלם, וידע מה שאמרו ז"ל בפרק חלק בפסוק רפאנו את בבל ולא נרפתה (שם נא, ט), לפי שכל האומות יש להן אמיזה במרכבה בסוד גרי הצדק, מלבד אותו הרשע. וכל זה רמוז בסוד הפלגה באומרם 'ויהי בנסעם מקדם וימ־צאו בקעה'. ונאמר בלוט: ויסע לוט מקדם (בראשית יג, יא), מה כתיב בתריה? 'ויפרדו איש מעל אחיו', כל הדברים אמורים ברמז ומה שתמצא כתוב מן ארם ינחני בלק מלך מואב מהררי קדם (במ־דבר כג, ז), הרים המסתירים הדרך הישר להגיע לקד"ם ומה שאמר הנביא: כי נטשתה עמך בית יעקב כי מלאו מקדם ועוננים כפלשתים (ישעיהו ב, ו) - הנביא מתרעם עליהם ואמר: מדוע נטש ה' את בית יעקב? לפי שהוא לבדו מרום וקדוש בחר את ישראל להיות לו לעם סגולה, ומילא אותם מאורו הגדול השופע מספירת קד"ם, ונתן ליש־ראל נביאים מלאים מרוח הקודש וממקור האצילות העליונה, ואמר להם: כי הגוים האלה אשר אתה יורש אותם אל מעוננים ואל קוס־מים ישמעו ואתה לא כן נתן לך י"י אלהיך נביא מקרבך מאחיך כמוני (דברים יח, טו), וזהו 'כי מלאו מקדם' - והם לא רצו משפע התורה והנבואה שבאה להם מספירת קדם, רק הם 'עוננים כפלשתים'. והכול מבואר. ואחר שביארנו זה, דע כי עולם הרחמים הנקרא קדם בהיותו מאיר פנים על כל הספירות אז כל העולמים ברצון ובמילוי, ועליו נאמר: במה אקדם ה' וגו' האקדמנו בעולות (מיכה ו, ו), נקדמה פניו בתודה (תהלים צה, ב).

«Hallaron una vega en la tierra de Sinar, y se asentaron allí.... Por esto fue llamado el nombre de ella Babel» (*Génesis* XI-2 y 9). Y aquel hombre malévolo quería cumplir el deseo que no pudo hacer la generación dividida. ¿Qué hizo? Ordenó a todas las naciones que se reunieran y se inclinaran para adorar a la estatua. Puso en su boca todos los utensilios del *Beit haMikdash*, en los que estaba grabado el nombre, para realizar el designio de la generación dividida. Entonces se proclamó en lo alto: «Y visitaré al mismo Bel en Babilonia, y sacaré de su

104a

boca lo que ha tragado y no vendrán más a él gentiles».[16] Daniel vino y decretó que se quitara lo que bloqueaba la garganta de la estatua, por lo que ésta se derrumbó y se rompió: por esto fue llamado el nombre de ella Babel, porque allí mezcló *el Eterno* el lenguaje de toda la Tierra, y de allí los esparció» (*Génesis* XI-9). Aquel que entienda esto comprenderá el secreto de todo lo que se dice en el relato de la generación de la división y el relato de la estatua de Nabucodonosor, y se dará cuenta de la similitud de estas cosas, sabrá hasta dónde llega la intención maliciosa de la estatua y el significado de las palabras de los sabios cuando dijeron en la parte del capítulo[17] que trata del versículo «Quisimos sanar a Babilonia, pero no ha sanado» (*Jeremías* LI-9), pues todas las naciones tienen parte en la *Merkavah*, por el secreto de la justicia excepto el malvado. A todo esto se alude en el secreto de la división, cuando dice: «Y aconteció que, cuando partieron de oriente, hallaron una vega» (*Génesis* 11:2). «Y Lot se fue al oriente» (*Génesis* XIII-11). ¿Qué está escrito a continuación? «Se apartaron el uno del otro». Todo se dice de por alusión, por eso está escrito: «De Aram me trajo Balak, rey de Moab, de los montes del oriente» (*Números* XXIII-7). Éstas son las colinas que ocultan la ruta directa a oriente, como dice el profeta: «ciertamente tú has dejado tu pueblo, la casa de Jacob, porque son henchidos de oriente, y de agoreros, como los filisteos» (*Isaías* II-6). El profeta castigó a Israel diciendo: ¿Por qué abandonó *El Eterno* la casa de Jacob? Porque él, el único, el exaltado y santo, eligió a Israel para que fuera su pueblo virtuoso y los llenó con su luz abundante, y de la *Shefa* de sefirah *Kedem*. Dio a Israel profetas llenos del espíritu de santidad y la fuente suprema de la emanación. Les dijo: «Porque estas naciones a las que habéis desposeído han escuchado a encantadores y adivinos, pero vosotros no habéis hecho esto, *El Eterno* os da un «profeta de en medio de ti, de tus hermanos, como yo, te levantará *El Eterno* tu Dios; a él oiréis» (*Deuteronomio* XVIII-14 y 15). Éste es el significado de: «porque está lleno de *Kedem*», no aceptaron la *Shefa* de

16. Véase *Jeremías* (LI-44)

17. Del Talmud, tratado de *Sanhedrín* (96b).

la *Torah* ni la profecía que llegó a ellos a través de sefirah *Kedem*. En lugar de eso, ellos se convirtieron en «agoreros, como los filisteos». Todo tiene un significado. Y después de haber explicado esto, has de saber que el mundo de *Rajamim*, llamado *Kedem*, porque hace brillar los rostros de todas las Sefirot, por lo que todos los mundos están en *Ratzon* y plenitud. Y a propósito de él ha sido dicho: «¿con qué me presentaré ante *el Eterno*, y adoraré al Dios Altísimo? ¿Vendré ante él con holocaustos?» (*Miqueas* VI-6), «lleguemos ante su presencia con alabanza» (*Salmos* XLV-2).

וכי יש מי שהוא מקדים לשם יתברך, והכתיב 'מי הקדימני ואשלם'? (איוב מא, ב). אלא במה אקדם - באיזו תפילה ותחנונים ומעשים טובים אעשה בעניין שיתגלה פני הרחמים הנקראים 'קדם' בשאר הספירות, וזהו 'במה אקדם ה'. והמבין זה העיקר, יבין כמה עניינים וסודות נאמרו בתורה בדמיון רמזים: חדש ימינו כקדם (איכה ה, כא), מעונה אלהי קדם ומתחת זרועות עולם (דברים לג, כז), למטה מג' ספירות הנקשרות כאחד בספירת קדם הם זרועות עולם, והכול רמוז. עתה התבונן כיצד ביארנו לך עניינים עמוקים ופקח עיניך אולי תתבונן נפלאות אל בעניינים שאין הכול זוכים להשיגם:

Ciertamente (104b) hay quienes se presentan ante *el Eterno* según ha sido escrito: ¿Por ventura multiplicará él ruegos para contigo? (*Job* XLI-3). Pero, «¿con qué voy a avanzar»? ¿Con la oración, las súplicas, las buenas acciones? ¿Para que el rostro misericordioso, llamado *Kedem*, se revele a los demás Sefirot? Éste es el significado de «con qué presentarse ante IHVH (יהו"ה)» (*Miqueas* VI-6). Aquel que entienda esta idea comprenderá muchos otros conceptos y secretos de los que habla la *Torah* por alusión: «renueva nuestros días como antaño (*Kedem*)» (*Lamentaciones* V-21), «La habitación del Eterno es eterna (*Kedem*) es tu refugio. Y debajo de brazos eternos» (*Deuteronomio* XXXIII-27). Por debajo, las tres Sefirot que se unen por la sefirah *Kedem*, son los «brazos eternos», y todo es alegórico. Ahora mira cómo te explicamos estos

104b

asuntos profundos y abre los ojos, quizás puedas contemplar los asuntos maravillosos que no todos llegan a alcanzar:

והספירה הזאת נקראת גם כן כת"ך, והטעם, כמו שהכתר סובב על הראש כך הספירה הזאת סובבת ומקפת כל הספירות לפי שהיא עולם הרחמים הסובבים והמקיפים בכול. ועדיין בעזרת השם תשמע בספירה הזאת כמה סתרים וכמה סודות וכמה תעלומות חכמה. ודע כי הכתר הזה מלא סביב כמה משכיות ועולמות וכמה מיני רחמים וכמה מיני חסדים ואל הכתר הזאת מתכוונים שרי המרכבה להכתיר ואינם יודעים לו מקום, אלא שמקבצים כל מיני מהלל ושבח וזמרה ומשלחין אותן על ידי השם הגדול והקדוש, ומאליהן יעלו ויידבקו בכתר ודע כי הימים שיש בהם תפילת מוסף צריכים להזכיר בקדושה תפילת כתה, וזהו שאמר: כתר יתנו לך ה' אלהינו המוני מעלה עם המוני מטה.

Esta sefirah también se llama *Keter*, así como una corona rodea la cabeza, esta sefirah rodea todas las Sefirot, pues es el *Mundo de Rajamim* que rodea y envuelve todo. Con la ayuda de Dios, descubrirás en esta sefirah muchos misterios, secretos y misterios de la sabiduría. Has de saber que *Keter* llena y rodea muchas visiones, mundos y tipos de *Rajamim* y *Hessed*. Esta *Keter* corona a los Príncipes de la *Merkavah*, pero ninguno conoce el lugar. Simplemente recogen todo tipo de alabanzas y canciones y las envían a través del gran y santo nombre. Algunos de ellos se levantan y se adhieren a *Keter*. Has de saber que los días con oraciones adicionales, deben ser dedicados con una oración a *Keter*. Así, decimos: «*Keter*, IHVH (יהו"ה) nuestro Dios, te dará las categorías de arriba y las categorías de abajo». Este mismo *Keter* recoge las oraciones y alabanzas que han sido elevadas por las oraciones del *Iotzer*[18] y todas «las multitudes de arriba y las multitudes de abajo».

---

18. Oración al *Iotzer Or, el creador de la luz en el Shemah.*

104b

ואותו הכתר הוא מקבץ כל התפילות והמהללים שנעשו בתפילת יוצר, וכל המוני מעלה ומטה מתאחדים כאחד בשליחות הכת"ר אל עומק מציאות ראשונה, וממתינים אלו לאלו כדי שיתאחדו כולם ותהיינה התפילות עולות כאחד בעולם הרצון, כדי שתהיה פרנסת כל העולמות נמשכת מעומק המציאות, כי כל המוני מעלה מצפים ומ־חכים מתי תבא אליהם מנת הכתר במה שיתקיימו, וסימן: עיני כל אליך ישברו (תהלים קמה, טו). והנני רומז: פותח את ידיך ומשביע לכל חי רצון (שם טז). ודע כי על ידי הרצון יפיק כל ח"י צרכיו מאת הכת"ה. ואם ירצה השם יתברך עדיין נחבר ונסדר חיבור בענייני עולם הכת"ר ומוצאיו ומובאיו במה שהשיגנו, כי הדברים עתיקים:

Y en *Keter* se agrupan todas las oraciones e himnos que se hicieron en la oración del creado, y todas «las multitudes de arriba y las multitudes de abajo» se unen como una sola a través de *Keter*, a la profundidad de la realidad primordial. Y se esperan unas a otras para que todas se unan y las oraciones se eleven como una sola en el mundo de *Ratzon*, para que la vida de todos los mundos se perpetúe desde la profundidad de la realidad. Porque todas las multitudes de arriba esperan el momento en que llegue la porción de *Keter* que las sostendrá. Y la señal es: «Los ojos de todas las cosas esperan a ti» (*Salmos* CXLV-15). Y esto alude a: «abres tu mano, y sacias el deseo de todo viviente «(*Salmos* CXLV-16). Has de saber que es a través de *Ratzon* como los vivos obtienen todo lo necesario de *Keter*. Si *el Eterno*, bendito sea, quiere, organizaremos una conexión para que entiendas los conceptos del mundo de *Keter* y sus orígenes. Aportaremos lo que hemos entendido, pues estas cuestiones son muy antiguas.

והספירה הזאת נקראת "אש הלבנה". והטעם, לפי שהספירה הזאת היא סוד עולם הרחמים הגדולים והרצון והחפץ, והיא מלבנת עוונו־תיהם של ישראל בהתגלות פני הרצון והרחמים. והנני רומז. ראשית כל המראות לובן, תכלית כל המראות שחרות. הספירה הזאת בת־כליתה לובן, ויש מקום אחד מחוץ למחנה בתכלית השחרות, וסי־מן: 'המבדיל בין קודש לחול ובין אור לחושך'. והכול רמוז: עד זקנ"ה

104b - 105a

אנ"י הוא ועד שיבה אני אסבול (ישעיהו מו, ד), מפני שיב"ה תקום והדרת פני זק"ן)ויקרא יט, לב).

Esta sefirah se llama *Rosh haLevanah*,[19] porque esta sefirah es el secreto del mundo de la gran misericordia, *Ratzon* y deseo. Blanquea los pecados de Israel revelando el rostro de *Ratzon* y *Rajamim*. Y alude a esto. El principio de todas las visiones es *Loven*,[20] y el final de todas las visiones es la oscuridad. Esta sefirah es extremadamente blanca, y hay un lugar fuera del campamento que es extremadamente negro. Y la señal es: «el que distingue entre lo sagrado y lo profano y entre la luz y la oscuridad». Todo está sugerido por: «Y hasta la vejez yo mismo; y hasta las canas, yo os soportaré» (*Isaías* XLVI-4), «delante de las canas te levantarás, y honrarás el rostro del anciano» (*Levítico* XIX-32).

ודע כי יש לבן הארמ"י המרמה את הבריות וצד אותם למדורי החו־שך: יש דרך ישר לפני איש ואחריתה דרכ"י מו"ת (משלי יד, יב), כי נופת תטופנה שפתי זרה ואחריתה מרה כלענה (שם ה, ד). וזה לבן הארמי בקש להזדווג ליעקב ולעקור את הכול שורש וענף, כי כן דרכו לכל מי שהוא פוגע בו, לולי אלהי אברהם ופחד יצחק. ויעקב בכוח עליון שהיה בו הציל כל ממונו של לבן הארמי בכוח המקלות אשר פיצל מחשוף הלבן אשר על המקלות. ולפיכך: אם יהיו חטאיכם כשנים כשלג ילבינו אם יאדימו כתולע כצמר יהיו (ישעיהו א, יח). ואם תתבונן בעיקרים אלו, תבין סוד ישבעו עצי ה' ארזי לבנון אשר נטע (תהלים קד, טז), מהיכן היו הנטיעות? מקד"ם.

(105a) Has de saber que Labán el arameo engaña a las criaturas y las extravía en los lugares oscuros. «Hay camino que al hombre parece derecho; pero su fin es camino de muerte» (*Proverbios* XIV-12), «su paladar es más blando que el aceite, mas su fin es amargo como el ajenjo» (*Proverbios* V-3 y 4). Fue Labán el arameo quien quiso enfren-

---

19. Cabeza blanca.

20. Blancura.

tarse a Jacob y arrancarle todo, desde la raíz hasta las ramas.[21] Porque esto le ocurrió a todos los que le ofendieron, excepto al *Elohi* de Abraham y *Pajad* de Isaac. Y Jacob encontró una fuerza elevada en sí mismo para preservar toda su riqueza de Labán el arameo, «Luego tomó Jacob varas de álamo verdes, y de almendro, y de castaño, y descortezó en ellas mondaduras blancas, descubriendo así lo blanco de las varas».[22] Por eso: «si vuestros pecados fueren como la grana, como la nieve serán emblanquecidos; si fueren rojos como el carmesí, serán tornados como la lana» (*Isaías* I-18). Si analizas estos principios, comprenderá el secreto de: «Se sacian los árboles del *Eterno*, los cedros del Líbano que él plantó» (*Salmos* CIV-16). ¿De dónde eran estas plantaciones? De *Kedem*.

המבין יתבונן סוד לשון של זהורית מלבין, והטעם כי יום כיפורים הוא. ובעיקרים אלו נכללת ספירת הלבנה, והיודע סוד כמוס וחתום בסוד ראש הלבן יתבונן בסוד הלבנה ראש וסוף. והנה נחש הקדמו־ ני, הנמשך מכוח לבן הארמי, הטיל פגם בלבנה על ידי אדם הרא־ שון שלא היה יכול להמתין שעה אחת על ידי ערלה, ואכל מן העץ בהיותו טוב ורע ולא המתין לו עד שלקח חלקו במקומו הדבר הנק־ רא ערלה ז, ואז היה העץ הנקרא טוב ולא רע והיה יכול לאכול ממנו כל חפצו ואכל וחי לעולם, בסוד עץ החיים שהיה דבק בעץ הדעת להיותו טוב לבד. וסימן: ראה נתתי לפניך היום את החיים ואת הטוב ואת המות ואת הרע (דברים ל, א), והכול מבואר היטיב: גמלתהו טוב ולא רע כל ימי חייה (משלי לא, יב , (בודאי. ואילו המתין אדם הראשון לחתוך הערלה לא היה עץ הדעת טוב ורע אלא טוב לבד, אבל בשעה שאכל ממנו היה טוב ורע. אשרי המבין הסוד הגדול הזה, כי ממנו יבין סוד לב"ן ולבנ"ה ראש וסוף, וממנו יבין סוד לב"ן הארמי אשר ממנו נולד פגימת הלבנה והוא הגורם להסגיר עולם הר־ חמים. וזה מבואר לעין.

---

21. Pero, como nos enseña el Zohar (I-166b), no pudo con Jacob. Véase nuestra edición, Vol. VI, pág. 19 y ss., Ediciones Obelisco, Barcelona, 2008.
22. Véase *Génesis* (XXX-37).

105a

Aquel que conozca el significado, conocerá el secreto de los términos carmesí y blanco, que es su *Iom Kippurim*. En estos principios está contenida la sefirah *Levanah*[23] y el conocimiento del secreto sellado y oculto en el arcano *Rosh haLaban* que disimula la blancura desde el principio hasta el final. Y es la serpiente primordial, atraída por el poder de Labán, que puso un defecto en la Luna a través de *Adam haRishon*, que no fue capaz de esperar la hora de *Orlah*,[24] comió del árbol del bien y del mal y no esperó a que llegara a su lugar llamado *Orlah*. Si hubiera esperado, el árbol se habría llamado «bien sin mal», y podría haber comido todo lo que quisiera y vivir para siempre, pues en el secreto del Árbol de la Vida estaba apegado al árbol del conocimiento para ser bueno solo. Y la señal es: «Mira, yo he puesto delante de ti hoy la vida y el bien, la muerte y el mal» (*Deuteronomio* XXX-15). Todo esto ha sido claramente explicado: «Ella le dará bien y no mal, todos los días de su vida» (*Proverbios* XXXI-12), por supuesto. Mientras que el primer Adán esperaba para cortar el prepucio, el árbol del conocimiento no era bueno y malo, sino solo bueno, pero cuando comió de él, fue bueno y malo. Dichoso aquel que entienda este gran secreto, pues comprenderá el secreto de *Labán* y *Levanah*, del principio y del fin. A partir de esto, comprenderá el secreto de *Labán* el arameo que causó la imperfección de *Levanah* y que provocó el cierre del mundo de *Rajamim*. Esta explicación es muy clara.

ולפיכך הצרעת בסוד לבן הארמי היא באה: והנה ידו מצורעת כשלג (שמות ב, ו). המבין זה יבין סוד הצרעת, שהיא סימן הסגר עולם הרחמים, ולפיכך תרגום צרעת סגירו; מצורע מוסגר אפשר שיבוא לידי מצורע מוחלט, ואפשר שייטהר. וזהו הסוד הגדול. והצרעת בא על ידי לשון הרע, והכול מבואר, כי הכול נמשך ממקום נחש הקד־מוני והוא הגורם להסגר שערי רחמים. ואם יש מלאך מליץ אחד מני

23. La Luna, literalmente «la blanca».

24. Prepucio. Corresponde a la fruta prohibida. Véase también *Levítico* (XIX-23).

אלף, גורם להיפתח עולם הרחמים שנסגר, ואז מצורע מוסגר אפשר שלא יבוא לידי החלט; ואם אין עליו מליץ, נעשה מצורע מוחלט:

Por lo tanto, la lepra proviene del secreto de *Labán* (105b) el arameo: «y he aquí que su mano estaba leprosa, blanca como la nieve» (*Éxodo* IV-6). Y aquel que comprenda esto comprenderá el secreto de la lepra, que es una señal del cierre del mundo de *Rajamim*. Así, la lepra corresponde al cierre. Un leproso confinado puede convertirse en un leproso irreversible, pero también es posible que se purifique. Y éste es un gran secreto. La lepra resulta del *Lashon haRa*,[25] y todo se explica, porque todo proviene del dominio de la serpiente primordial, que es la causa del cierre de las puertas de *Rajamim*. Sólo hace falta un ángel defensor entre mil para que se abran las puertas de *Rajamim*, así que el confinamiento del leproso evitará que se convierta en un leproso irreversible.

המבין הרמזים הגדולים שרמזנו הנה בעניין אכילת אדם הראשון מעץ הדעת בימי ערלה, ידע מדוע נקראת עץ הדעת ומדוע נקרא טוב ורע. ואפשר שיהיה נקרא טוב ולא רע, כל זה בהתחבר אליו עץ החיים ולא הדבר הנקראת ערלה, וזהו 'גמלתהו טוב ולא רע כל ימי חייה'. ועתה ראה כמה כוחן של ישראל גדול במצוות השם יתברך:

Aquel que comprenda estas grandes alegorías, relativas al hecho de que *Adam haRishon* consumió del Árbol del Conocimiento durante el período en que el árbol era *Orlah*, sabrá por qué el árbol se llama Árbol del Conocimiento y por qué se llama del bien y del mal. Habría sido posible que se llamara del bien y no del mal, si el Árbol de la Vida hubiera estado unido al Árbol del Conocimiento en lugar de a lo que se llama *Orlah*. Es: «Ella le dará bien y no mal, todos los días de su

25. La maledicencia.

105b

vida».[26] Ahora observa el gran poder de Israel, cuando actúa bajo el mandato del *Eterno*, bendito sea.

ציווה לאדם הראשון שיהיה ממתין שעה אחת באכילת הערלה ולא יכול, וציווה את ישראל להמתין ג' שנים וממתינים, ההוא דכתיב: שלש שנים יהיה לכם ערלים לא יאכל (ויקרא יט, כד). והנני רומז: 'כי טוב העץ למאכל', 'ונטעתם כל עץ מאכל', 'וערלתם ערלתו את פריו', 'ותקח מפריו' ז'שלש שנים יהיה לכם ערלים', ג' מחיצות ערלה 'ובשנה הרביעית קדש הלולים', מחיצה רביעית דקה, 'ובשנה החמי־שית תאכלו את פריו', אילו היה אדם הראשון אוכל את הפרי כשהיה עומד בסוד הדבר הנקרא חמישית, לא הביא שוחה לעולם. והכול מבואר. ודע כי המבין סוד שנה רביעית ושנה חמישית הנזכרים בפ־רשת ערלה, יבין סוד דיבוק הערלה בעץ הדעת טוב ורע וסוד היבדלו ממנו בחמישית: ויהי בשלשים שנה ברביעי בחמשה לחדש, וארא והנה רוח סערה באה מן הצפון, ומתוכה כעין החשמל (יחזקאל א, לא), והכול מבואר לבעלי עיניים. המבין זה, יבין זה שאמרו רבותינו ז"ל אדם הראשון מושך בערלתו היה, ומה שאמרו אדם הראשון מין היה, ושאר מה שאמרו בסנהדרין, כל אותן ההלכות מתבארות מתוך אלו המפתחות. ואחר כך התבונן הכללים הגדולים שמסרנו בידך בר־מזים בסוד ראש הלב"ן, בכל מקום שתמצא בתורה לשון לובן, והת־בונן אם הוא מן הלובן הבא מאת לבן הארמי או אם הוא מן הלבן הטהור הנקי שהוא עולם הרחמים, כי הכול מבואר לפניך:

Le ordenó a *Adam ha Rishon* que esperara una hora y que no comiera la *Orlah*, pero no fue capaz. Ordenó a Israel que esperara tres años, y esperaron como ha sido escrito: «tres años os será incircunciso: su fruto no se comerá» (*Levítico* XIX-23). Y he aquí la alusión: «vio que el árbol era bueno para comer»[27] «plantaréis todo árbol comestible»,[28] y «tomarás de su fruto», «tres años os será incircunciso (*Orlah*)». Estos

---

26. Véase *Proverbios* (XXXI-12).

27. Véase *Génesis* (III-6).

28. Véase *Levítico* (XIX-23).

tres años corresponden a las tres pieles del prepucio. «Y al cuarto año todo su fruto será santidad de loores».[29] El cuarto año corresponde a la cuarta piel, que es delgada. «Mas al quinto año comeréis el fruto de él».[30] Si *Adam haRishon* hubiera esperado a comer la fruta hasta estar en el secreto de lo que se llama «quinto», no habría provocado el abismo eterno. Has de saber que aquel que comprenda el secreto del cuarto año y del quinto año mencionados en el capítulo que trata de la *Orlah*, comprenderá también el secreto de la adhesión de la *Orlah* al árbol del conocimiento del bien y del mal, y el secreto de su separación por el quinto: «a los treinta años, en el mes cuarto, a los cinco del mes, miré, y he aquí un viento tempestuoso venía del aquilón y en medio de él, en medio del fuego una cosa que parecía como de ámbar» (*Ezequiel* I-1 y 4). Y todo se explica a los que tienen ojos. Aquel que entienda esto, entenderá lo que dijeron nuestros maestros, de bendita memoria, que *Adam haRishon* fue el primero en rechazar la circuncisión y dijeron que *Adam haRishon* fue un hereje. Esto es lo que se dice de *Adam haRishon* y lo que se dice en el (tratado de) *Sanhedrín*.[31] Todo esto se puede explicar con las claves mencionadas. A continuación, analice todos los grandes principios que hemos enunciado en forma alusiva al secreto de *Rosh haLabán*. En cualquier lugar en el que encuentres el término *Loven* en la *Torah*, discierne si proviene de Labán el arameo o del *Loven* puro que refleja el *mundo de Rajamim*, pues todo esto ha sido explicado.

ואחר שמסרנו בידך אלו הכללים יש לנו להודיעך על דבר שהוא חתימת הספר. כבר הודענוך בכמה מקומות כי הכתר העליון אין כל בריה יכולה להתבונן בו אלא על ידי שמיעת האוזן. ולא תאמר הכתר העליון לבד, אלא בספירת החכמה הנאצלת ממנו תחילה אין מי שיוכל להתבונן, כאומרו: והחכמה מאין תמצא וגו'; באזנינו שמ־

29. Véase *Levítico* (XIX-24).

30. Véase *Levítico* (XIX-25).

31. Véase Talmud, tratado de *Sanhedrín* (38b).

105b - 106a

ענו שמעה, אלהים הבין דרכה והוא ידע את מקומה, כמו שביארנו בשער ט'. אם כן התבונן כי אין לכתר אות מסוימת בשם המיוחד אלא קוצו של יו"ד לבד, כדמיון רמז לדבר שאין בנו כוח להשיגו. ודע כי הג' ספירות העליונות הכלולות בשם י"ה יתברך שלושתן נעלמות, ואף על פי שנתגלה קצת הבינ"ה למשה רבינו עליו השלום. ואם תאמר: רובם השיג, חמישים שערי בינה חסר אחד אותו השער מכריע את כולן. וכל אלו ההשגות שאנו אומרים בעניין השם יתברך הם בעולם הזה, אבל בהיותנו זוכים לחיי העולם הבא באותה שעה נשיג השגה גדולה בג' ספירות העליונות. והנני רומו: המקום גורם הר, המפתח מסור בידך:

Después de haberte entregado estas reglas, debemos llamar tu atención sobre una cosa que cerrará este libro. Ya te hemos enseñado en varios lugares que *Keter Elion* no puede ser contemplado por ninguna criatura, pero puede ser percibido por el oído. No pienses que esta regla se aplica sólo a *Keter Elion*, también se refiere a la sefirah *Jojmah*, que es la primera emanación que no puede ser vista por ninguna criatura, como ha sido dicho: «Mas ¿dónde se hallará *Jojmah*?, etc.",[32] «su fama hemos oído con nuestros oídos»,[33] «*Elohim* entiende el camino de ella, y él solo conoce su lugar»,[34] como explicamos en la novena Puerta. Así, entiende que *Keter* no se distingue por una letra concreta del nombre unificado, sino sólo por la corona de la *Iod* (106a), en alusión a la palabra que nadie tiene el poder de alcanzar. Has de saber que las tres Sefirot superiores, contenidas en el nombre *Iah*, bendito sea, están todas ocultas, aunque parte de *Binah* fue revelada a *Moshe Rabbeinu*, la paz sea con él. Si dijeras: «¿No podría alcanzar las cincuenta puertas de *Binah*, excepto una puerta que es más elevada que todas ellas? Todo lo que hemos dicho sobre *El Eterno*, bendito sea, es sólo para este mundo, pero cuando nuestras vidas alcancen el *Olam haBa*, en ese momento tendre-

32. Véase *Job* (XXVIII-12).
33. Véase *Job* (XXVIII-22).
34. Véase *Job* (XXVIII-23).

mos la gran percepción de las tres Sefirot superiores. Y he aquí la alusión: «el lugar hace la montaña».[35] Hemos puesto la llave en tus manos.

עתה בני שמע בקולי, הנה מסרנו בידך עשרה מפתחות בחיבור אשר מתוכן תוכל להיכנס לכמה שערים הנסגרות אשר אין הכול זוכין להיכנס אליהם. וצריך אתה להתבונן על כל שער ושער ולהעמיד הד־ברים על בוריין ולדעת כיצד התורה נארגת על הכינויין, והכינויין על שלושה שמות הקודש, ושמות הקודש כולן נארגים על שם יהו"ה ית־ברך שהוא המייחד את כולן למעלה ולמטה ולצדדין, ומה שתצטרך לשמור בעניין הכינויין, לדעת מאיזה שם הוא אותו הכינוי, ולדעת על איזו ספירה רומז אותו השם, ולדעת כיצד הספירות מתאחדות עם שמות הקודש באותיות שם יהו"ה יתברך. וכשתזכה לייחד את השם בדרך זה, תיכנס לכמה חדרים בתורה ואז תקרא וי"י יענה, ותהיה מן הזוכים שנאמר בהם: אשגבהו כי ידע שמי יקראני ואענהו (תהלים צא, טו).

Ahora, hijo mío, escucha mi voz, he aquí que pusimos en tus manos diez llaves que te permitirán atravesar muchas puertas,[36] que muchos nunca merecerán atravesar. Debes contemplar cada Puerta y considerar estas cosas con claridad, entonces sabrás que la *Torah* fue tejida sobre apodos, los apodos sobre tres nombres sagrados y los nombres sagrados están tejidos sobre el nombre IHVH (יהו"ה), bendito sea, que los unifica de arriba a abajo y en ambos lados. En cuanto a los apodos, debes saber qué nombre corresponde a cada apodo, conocer a qué sefirah se refiere el nombre, y saber cómo se unifican las Sefirot con los nombres sagrados en las letras del nombre IHVH (יהו"ה), bendito sea. Cuando merezcas unificar el nombre, bendito sea, de esta manera, entrarás en muchas cámaras de la *Torah*, llamarás y IHVH (יהו"ה) te responderá. Serás uno de los dignos, de los que ha sido di-

35. Véase Talmud, tratado de *Sotah* (45a).

36. Las explicaciones de las diez Sefirot.

106a

cho: «yo también lo libraré; lo pondré en alto, por cuanto ha conocido mi Nombre» (*Salmos* XCI-14).

וכשתיכנס לחדרים הללו בעולם הזה, תזכה לדעת תעלומותיהם לחיי העולם הבא. כי כמה חדרים לפנים מחדרים ותעלומות לפנים מתעלומות יש בכל אות ואות מאותיות התורה, וחז"ל אמרו: עתיד הקב"ה לגלות סתרי תורה לישראל ואף על פי שנתחכם שלמה על כל אדם, לא היה יכול להגיע לאחד מן התעלומות ואמר: כל זה נסיתי בחכמה אמרתי אחכמה והיא רחוקה ממני. ואם אמרו חז"ל כי זה בסוד פרה אדומה, דע כי פרה אדומה היא בית שער להיכנס לשאר תעלומות. וזהו שאמר שלמה כי בבית שער אינו יכול להיכנס, כל שכן לשאר חדרי חדרים התעלומות שבפנים. וכל זה רמוז בפסוק 'זאת חקת התורה' (במדבר יט, ב), והכול מבואר.

Cuando entres en estas cámaras en este mundo, merecerás conocer los secretos de la vida del *Olam haBa*. Porque hay muchas cámaras dentro de las cámaras y secretos dentro de los secretos, en cada de las letras de la *Torah*. Nuestros maestros, de bendita memoria, dijeron: «En el futuro el Santo, bendito sea, revelará los secretos de la *Torah* a Israel».[37] Aunque Salomón era el más sabio de todos los hombres, no alcanzó estos secretos y dijo: «Todas estas cosas probé con sabiduría, diciendo: me haré sabio; mas ella se alejó de mí».[38] Si nuestros maestros, de bendita memoria, dijeron que éste es el secreto de la vaca roja, has de saber que la vaca roja es la puerta de entrada a los demás misterios. Por eso Salomón dijo: «porque por la puede entrada nadie puede entrar», y menos aún en las otras cámaras y en los misterios del interior. A todo esto alude el versículo: «*Zoth* es un *Jok* de la *Torah*» (*Números* XIX-2). Y todo ha sido explicado.

---

37. Véase Midrash *Ialkut Shimoni, Isaías, 529.*
38. Véase *Eclesiastés* (VII-23).

106a

ועתה בני התבונן בחיבור זה, ואם יזכנו השם יתברך הנה הוא כבית
שער להיכנס לכמה חדרים שתרצה ולבארם בעזרת השם, למען רח־
מיו יזכנו להיות מן התלמידים לשמוע הלכה מפיו, ויקויים בנו מקרא
שכתוב: וכל בניך למודי י"י ורב שלום בניך וגו' (ישעיהו נד, יג):

Y ahora, hijo mío, medita en esta obra, y si *El Eterno*, bendito sea, se complace en ti, será una puerta de entrada a muchas habitaciones que comprenderás, con la ayuda de Dios. Por su misericordia serás digno de los discípulos que escuchan la *Halajah* de su boca. Que confirmemos lo que está escrito: «Y todos tus hijos serán enseñados por *el Eterno*; y multiplicará la paz de tus hijos» (*Isaías* LIV-13).

ÍNDICE